陳鴻瑜───作者

A HISTORY OF VIETNAM

越南史

自　序

　　越南是隔著南海與臺灣相望的鄰居，兩國在最近的二十多年發展著密切的經濟和文化關係，雙方通婚的人數亦有數萬人。越南雖採取社會主義制度，但究其實還是難以消除其一千多年的傳統儒家文化的影響力，此點與臺灣的思想文化相近，因此台商大量進入越南投資，越南年輕學生則相率到臺灣就學或受技術訓練。臺灣成為越南學習的對象，在互賴和相互提攜的情況下，兩國關係與日增強。

　　越南曾受中國一千多年的殖民統治，其人文和社會風俗習慣深受中國影響。在地緣政治上，亦因與中國領土相鄰，而有唇齒相依的關係。越南自古為中國南方的屏障，友好越南，有助於中國南疆的安全。當第十九世紀越南遭法國入侵時，中國被迫出兵協助越南抗法，終因不敵法國軍力，而被迫承認越南為法國保護國，連帶影響中國南疆的安全。當越南企圖建立其在印度支那的霸權地位時，不僅會改變印度支那的權力關係，而且會影響中國南疆的安全，以致於爆發越南入侵柬埔寨及中國發動對越南之懲罰戰爭。越南位處中國的南鄰，雙方存在著微妙的關係，多年前一位越南駐臺代表問筆者一個問題：「越南應如何與中國相處？」他的問題反映了越南面臨著中國之壓力，無所適從。筆者贈予他四個字「若即若離」，意思是說中國是一個大國，你與它過於親近，將因其政治和文化之滲透而受制於它。你若與它疏遠，有損其大國威望，將引發它的不滿，以為你有不利於它的行為，而引發武力攻擊。在國際間，越南最好不要採取 1978 年的作法，企圖聯合蘇聯對抗中國，其結果就是引來中國的報復。越南應該像現在加入東協，採取中立不結盟立場。

　　古越南國版圖只到義安以北，以後逐步向南發展，滅了越南中部的占城國，再繼續南下占領原屬柬埔寨的湄公河下游三角洲地區。到第十九世紀中葉，甚至向西發展控制柬埔寨。泰國見作為緩衝國地位的柬埔寨遭越南侵占，亦起野心，出兵入侵柬埔寨，導致泰國和越南分別控制柬埔寨。柬埔寨需同時向越南和泰國朝貢。1863 年，法國勢力進入柬埔寨，才驅逐越南和泰國的勢力，而成為新的殖民主人。從該簡述可知，越南有領土擴張的歷史軌跡，其入侵柬埔寨是滅人國家，為國際法所不容。同樣地，越南指稱西沙群島和南沙群島為其所有，亦是貪圖非其所有之領土，總有一天會為此付出代價。

　　在近代史上，越南人受盡戰爭苦難，此並非越南人好戰，乃因少數菁英誤導國家發展方向，而引進外國勢力，最後卻被外國勢力反噬。戰爭是一時的，不會長期都在打戰，而越南卻從二次大戰結束後一直打到1979 年，甚至 1988 年還跟中國在南沙群島發生海戰，沒有一國的領導人會以長時戰爭為傲，吾人亦無法以此而讚揚戰爭英雄人物，因為在這漫長的戰亂中，死難人數超過三四百萬人，而戰爭的結果卻是回到當年要打倒的政經體制。這是歷史的諷刺，戰爭並不能解決正義的問題。

　　筆者在 2009 年寫了**越南近現代史**，當時還沒有想寫越南古代史，因為越南學者陳重金的**越南通史**已處理過該段歷史。經過這些年，在教學之餘，對於越南古代史還有一點心得，因此開始整理上課筆記，逐步完成本書。

　　對於越南第十到第十九世紀之文獻資料，越南文獻有限，主要有**大越史記全書**、**欽定越史通鑑綱要**及**大南寔錄**等部史書，因此本書在處理該一階段的歷史時，引述上述諸書，再輔以中國文獻，作為對照。本書處理方式是依據越南各個王朝為經，再以其任內之內政和對外關係為緯，按年代順序摘要、論述重要政策內容。為便於讀者知悉政策內容，所以有時會摘錄史料全文，若中國文獻和越南文獻對於同一件史事有不同記載，則將兩種文獻資料並列。此一處理方式之目的，即在讓讀者對越南

史有一個比較完整及可靠的資訊。

　　本書如有疏漏之處，敬請博雅讀者諸君不吝賜教。

臺灣花蓮市人
陳鴻瑜謹誌
2018 年 3 月 22 日

目　次

圖目次

表目次

第一章

導　論

第一節　地緣和種族

　　越南位在印度支那半島的東部，國土地形狹長，呈 S 狀，南北距離長達 1,650 公里，東西最狹窄處只有 50 公里。北部為紅河流域沖積形成的三角洲平原，平原以北和以西則為高山峻嶺，北部與中國為鄰，西部與寮國為界。中部有香江，其所沖積形成的河川平原，構成沿海狹長的平地，是南北交通的孔道。南部為湄公河和西貢河兩河沖積形成的三角洲，廣大的平原地帶是生產稻米的穀倉以及種植橡膠、胡椒香料等熱帶經濟作物的所在。東部面臨南海，海岸線長達 3,260 公里，但因為科技不發達，漁業還無法使用現代設備的捕魚設施。越南位處熱帶氣候區，北部山區則屬於溫帶，冬季溫度較低。

　　截至 2018 年 1 月之統計，越南人口數達 96,110,789 人，[1] 再過幾年將會突破一億人口。目前東南亞國家中以印尼人口居第一位，達 2 億 6,000 萬人，菲律賓人口居次，達 1.033 億人口。越南排名第三。

　　根據越南國家旅遊局（Vietnam National Administration of Tourism）的資料，越南文化是由中國和印度兩大文化形鑄而成，而形成其特殊的文化特點。因此其種族構成包括蒙古種和印度尼西亞種（Indonesians）。越南官方公布共有 54 個種族，京族（Kinh），即越族（Viet）為最大種族，約占總人口87.5%。華人為少數民族，人口僅 100 萬。越南的語系有 8 個，各有不同的種族。

　　（一）越孟（Viet–Muong）語系：包括朱特族（Chut）、京族（Kinh）、孟族（Muong）、壽族（Tho）等族。

　　（二）岱泰（Tay–Thai）語系：包括保伊族（Bo Y）、甲伊族（Giay）、寮族（Lao）、魯族（Lu）、倫族（Nung）、山澤族（San Chay）、岱族（Tay）、泰族（Thai）等八族。

　　（三）孟高棉（Mon–Khmer）語系：包括巴拿族（Ba Na）、布勞族（Brau）、布盧萬基攸族（Bru-Van Kieu）、遮羅族（Cho Ro）、戈族（Co）、戈賀族（Co Ho）、戈土族（Co Tu）、吉特林族（Gie Trieng）、赫里族（Hre）、

---

1. "Vietnam Population," http://www.worldometers.info/world-population/vietnam-population/ 2018 年 2 月 10 日瀏覽。

寬族（Khang）、高棉族（Khmer）、庫木族（Kho Mu）、瑪族（Ma）、曼族（Mang）、儂族（M'nong）、歐杜族（O Du）、羅曼族（Ro Mam）、塔歐伊族（Ta Oi）、新慕恩族（Xinh Mun）、蘇旦族（Xo Dang）、色登族（Xtieng）等二十一族。

（四）蒙道（Mong - Dao）或苗邵（Meo-Zao）語系：包括道族（Dao）（Dan Nhiem Van 的書寫為 Zao）、蒙族（Mong）、葩真族（Pa Then）等三族。

（五）卡代（Kadai Group）或混和（Composite）語系：包括：戈寮族（Co Lao）、拉契族（La Chi）、拉哈族（La Ha）、蒲驃族（Pu Peo）等四族。

（六）南道（Nam Dao）或馬來由－波里尼西亞（Malayo-Polynesian）語系：包括占族（Cham）、朱路族（Chu Ru）、伊德族（Ede）、嘉萊（Gia Rai）、拉格萊族（Raglai）等五族。

（七）漢（Han）語系：包括華族（Hoa）、葛埃族（Ngai）（為客家人）[2]、山由族（San Diu）等三族。

（八）唐（Tang）或藏緬（Tibeto-Burmese）語系：包括康族（Cong）、哈尼族（Ha Nhi）、拉胡族（La Hu）、倮倮族（Lo Lo）、浦拉族（Phu La）、西拉族（Si La）等六族。[3]

越南總共有 54 個種族，除京族外，其他少數民族約占總人口 15%。而少數民族中有 75% 是生活在貧窮線下。[4]

第二節　史前史

1964 年，考古學家在越北的諒山（Lang Son）省唐原（Tan Yan）村發現

---

2. 葛埃族，又叫山葛埃族（San Ngai），人數很少，僅有約 1,500 人，分布在廣寧省和海防省海邊地帶，亦有分布在 Ha Bac、Cao Bang、Lang Son、Ha Tuyen 等省。他們主要從事漁業和農業為生。參見 Dang Nghiem Van , Chu Thai Son, Luu Hung, *Ethnic Minorities in Vietnam*, Foreign Languages Publishing House, Hanoi, 1984, pp.264-265.

3. http://www.vietnamtourism.com/e_pages/vietnam/54dantoc/54dantoc.htm 2005 年 2 月 20 日瀏覽。 另外亦可參考 Dang Nghiem Van , Chu Thai Son, Luu Hung, *op.cit.*, 1984.

4. *南洋星洲聯合早報*（新加坡），2001 年 3 月 19 日，頁 15。

人類牙齒和骸骨，時間約在 50 萬年前。[5] 新石器時期的和平洞窟遺址（Hoa Binh sites）位在河內以南的山區，沿著紅河，發現動物骨骸和人類頭骨、以及石頭器具。[6] 和平洞窟遺址的時間約在 1 萬年前。[7] 在和平洞窟遺址附近的班揚河谷洞窟（Banyan Valley Cave）發現稻米遺跡，其時間約比和平洞窟遺址晚 5,500 年。[8] 清化省東山（Dong Son）墳墓的時間約距今 10,000—12,000 年間。[9] 巴松遺址（Bac Son sites）位在紅河三角洲的中心地帶，發現人類頭骨和石器，其人種身高較和平遺址的土著高、皮膚顏色較淡，精於編製竹製籃子，使用雙刃磨利的石器。巴松遺址的時間約在西元前 2,500 年。[10] 東山遺址發現當地人使用的銅鼓，時間約在西元前 800—200 年之間。[11]

中國在四川三星堆進行考古發掘，發現的牙璋與越南富壽省的馮原遺址發現的牙璋一樣，還有玉璋也相同。很可能他們是從四川西昌遷移到雲南，再遷移到北越地區。三星堆文明距今 6,000 年前。根據越南古書記載，其祖先原居住在洞庭湖畔，而洞庭湖畔的人原先可能居住在四川，順著長江而下，定居在洞庭湖畔。**史記**卷四十三記載：「**索隱劉氏**云：『今珠崖、儋耳謂之甌人，是有甌越。正義，按屬南越，故言甌越也。**輿地志**云：『交趾周時為駱越，秦時曰西甌，文身斷髮，避龍，則西甌駱又在番吾之西。南越及甌駱皆羋姓也。』**世本**云：『越，羋姓也，與楚同祖是也。』」 [12]

越族人與楚國人居住在湖南、湖北、洞庭湖。後來越族往長江下游遷移。

根據中國**書經·堯典**之記載：「申命羲叔，宅南交，平秩南訛。」即堯時曾命羲叔居住在南方交趾，「平秩南訛」，指夏辰物長盛所當變化之事也，理南訛以正夏至。也就是使南方節氣正常，以利農作物生長。

---

5. Nguyen Khac Vien, *Vietnam: A Long History*, Foreign Languages Publishing House, Hanoi, Vietnam, 1987, p.7.

6. Nguyen Khac Vien, *op. cit.*, p.9.

7. Peter Bellwood, "Southeast Asia before History," in Nicholas Tarling(ed.), *The Cambridge History of Southeast Asia*, Vol.One, From Early Times to C. 1500, Cambridge University Press, U.K., 1999, pp.55-136,at p.87.

8. Peter Bellwood, *op.cit.*, p.88.

9. http://english.vietnamnet.vn/lifestyle/2004/09/265766/ 2006 年 6 月 10 日瀏覽

10. http://www.hawaii.edu/cseas/pubs/vietnam/vietnam.html、http://www.bvom.com/resource/vn_history.asp?pContent=Pre-History 2006 年 6 月 9 日瀏覽。

11. http://www.hawaii.edu/cseas/pubs/vietnam/vietnam.html 2006 年 6 月 9 日瀏覽。

12. [漢] 司馬遷，**史記**，卷四十三，頁 27。收錄在**欽定四庫全書**。

另根據元朝金履祥撰的**御批通鑑綱目前編**之記載：「唐堯戊申五載（西元前 2353 年），越裳氏來朝獻神龜。」[13]

史記亦記載：「周成王辛卯六年（西元前 1110 年），交趾南有越裳氏重三譯而來獻白雉。周公曰：『德澤不加，君子不饗其贄，政令不施，君子不臣其人。』譯曰：『吾國之黃耇曰：天無烈風淫雨，海不揚波三年矣。意者中國有聖人乎，於是來朝，周公致薦於廟。使者迷其歸路，周公錫以軿車五乘，皆為指南之制。使者載之由扶南、林邑海際，期年而至其國。故指南車常為先導，示服遠人以正四方。」

依據清朝陳夢雷撰的**古今圖書集成**之記載：「按史記 • **五帝本紀**不載，按通鑑：前編陶唐之世，南夷有越裳氏重譯來朝獻神龜，龜千歲，方三尺餘，背有蝌蚪文，記開闢以來，堯命錄之，謂之龜曆。」[14]

以上諸書提及的越裳，位在今中越廣平到廣義一帶。越裳一詞應為越和裳之合音，越為越族，裳為緬甸的撣族的「撣」（Shan）與泰國的暹族的「暹」（Siam）、南掌的「掌」（Xang）和中越占族的「占」（Cham）等相同的古音而不同的音譯，都是指古代的暹種族。

文郎國

跟其他民族一樣，越南人寫其歷史時，亦創造一個先祖，就是鴻龐時代有一位國王涇陽王，其子貉龍君娶嫗姬，生百男，是為百粵之祖。推其長者為雄王，嗣君位，建國號文郎國，都峰州，相傳十八世皆稱雄王。峰州當即今山西之永祥、臨洮諸府地，轄山圍縣。[15]

水經注記載：「**交州外域記**曰：交趾昔未有郡縣之時，土地有雒田，其田從潮水上下，民墾食其田，因名為雒民，設雒王、雒侯，主諸郡縣。縣多為雒將，雒將銅印青綬。」[16]

---

13. [越] 陳文為等纂修，**欽定越史通鑑綱目前編**，第一冊，卷之一，雄王，中越文化經濟協會，臺北市，1969 年重印，頁 6。
14. [清] 陳夢雷撰，**古今圖書集成**（電子版），曆象彙編乾象典，雲南土司部，彙考，雲南土司老撾考，乾象典，第 1515 卷，第 180 冊第 48 頁之 1。
15. [越] 陳文為等纂修，**欽定越史通鑑綱目前編**，第一冊，卷之一，雄王，頁 2。
16. [後魏] 酈道元，**水經注**，卷三十七，葉榆河，頁 7。收錄在**欽定四庫全書**。

欽定越史通鑑綱目前編卷之一對於前述「相傳十八世」之註解說：「高熊徵安南志，原交趾之地未有郡縣。辰有駱田，隨潮上下墾其田者為駱民，統其民者為駱王，副貳者為駱將，皆銅印青綬，號文郎國，以淳樸為俗，結繩為治，傳世十八。」該一註解正確的指出早期越族之祖先是居住在河、海邊的駱民，駱或寫為雒，是指住在河邊的人，亦是海邊的人（Laut）之音譯。早期四川有許多地名皆有雒字，如雒縣，顯然越北出現雒字族群，跟四川脫離不了關係。此外，雒民若是指海人，亦與早期散居在從馬來半島到越南、中國廣東海南和福建沿海一帶的民族有關連，是屬於馬來由一波里尼西亞族群（Malayo-Polynesians），在中國稱之為蛋（蜑）民。因此，雒民之首領應為雒王，後來訛誤為雄王。在第十四世紀，雄王甚至被尊奉為越族祖先，當成神一樣崇祀，猶如中國漢族所創造的黃帝一樣。

西元前第五世紀時，浙江、福建、廣西、廣東、安南的居民，有一種密切的關係。西元前 473 年，位在浙江一帶的越國滅吳國，夫差自殺，范蠡離開越國。西元前 472 年，越王勾踐最盛時的領地，北逾江蘇全省，到達山東南境。西元前 465 年勾踐死，其後代不能保存其領地。至西元前 379 年僅能保有浙江一帶。

西元前 333 年，楚國伐越國，殺越王，越國由是瓦解，其人民流離分散，南遷大庾嶺之南。史記卷四十一：「而越以此散，諸族子爭立，或為王，或為君，濱於江南海上。」這些小國通稱為「百越」，較重要的王朝有位在溫州的「東甌越」，在福州和泉州的「閩越」，在番禺、西江下游的「南越」，在東京、廣西南境的「駱越」（雒越），或「西甌雒」。[17]

欽定越史通鑑綱目前編卷之一記載，文郎國統治十五部，分別為交趾、朱鳶、武寧、福祿、越裳、寧海、陽泉、陸海、武定、懷驩、九真、平文、新興、九德、文郎。其國土疆域東夾南海、西抵巴蜀、北至洞庭湖、南接胡孫（占城國）。但該書註解說，「我世祖高皇帝大定神州奄有全越，東際大海，西接雲南，南接高蠻，北接兩廣，幅員之大，前此未之有也。然與洞庭、

---

17. [法] 鄂盧梭（L. Aurouseau），秦代初平南越考，臺灣商務印書館，臺北市，1971 年，頁 100。

巴蜀相距猶在絕遠，乃舊史官載文郎國西抵巴蜀，北至洞庭，無奈過其實歟。
洞庭地夾兩湖，實在百粵之北，巴蜀猶隔雋滇（今屬雲南），不相接壤，舊
史侈大其辭，殆後蜀王之事，皆屬傳虛而未之考也。況所分十五部，皆交趾、
朱鳶以內，全無一部在北，可證其誣也。」[18] 該文指出早期文郎國跟洞庭、
巴蜀二者無關，因為地理距離過遠。因此文郎國應該是遷移到紅河流域下游
的百越族群建立的國家。

文郎國之政府體制，其最高統治者為雒王，初置相曰雒侯，將曰雒將，
有司曰蒲正，王子曰官郎，女曰媚娘，世世以父傳子，曰父道。

蜀國

西元前 316 年，秦國滅蜀國，蜀民南遷進入北越地區，在紅河上游一帶
建立政權。它應是紅河流域與越族的文郎國居於相鄰對立的國家。蜀民應屬
於苗族、猺族、泰族等族群，他們從雲南和廣西交會處順著西江或瀾滄江而
下進入越南西北部，至今該一地區仍有印支半島最古老的苗族、猺族和暹族
（或稱裳族）。

第十五世紀吳士連撰的 **大越史記全書**，外紀，卷之一記載：「安陽王在
位五十年，王諱泮，舊史云，姓蜀，巴蜀人也。」[19] 該書說安陽王是在周赧
王五十八年（西元前 257 年）立國。**越史通鑑綱目前編** 卷之一則說蜀國不是
中國四川的巴蜀，而是國王姓蜀。鄂盧梭批評 **大越史記全書** 該書有關安陽王
立國的西元前 257 年至西元前 214 年的史事都是神話，不足取。但他認為有
蜀國存在。[20]

大越史記全書 又記載，文郎國「其國東夾南海，西抵巴蜀，北至洞庭湖，
南接胡孫國，即占城國，今廣南是也。」[21] 洞庭湖一帶為古代楚國，楚國沿
長江而下出兵滅越國。後被秦國所滅，因此，楚人可能南遷進入越北。

從上述各項記載可瞭解，越北地區的族群結構包含四個族群，第一個是

---

18. [越] 陳文為等纂修，**欽定越史通鑑綱目前編**，第一冊，卷之一，雄王，頁 4。
19. [越] 吳士連、范公著、黎僖等撰，**大越史記全書**（電子版），外紀，卷之一，安陽王條。
20. [法] 鄂盧梭（L. Aurouseau），前引書，頁 72、105。
21. [越] 吳士連、范公著、黎僖等撰，**大越史記全書**，外紀，卷之一，雄王條。

原居河、海岸地帶的雒族，第二是從浙江、福建、廣東下來的越族，第三是從中國四川和湖南來的苗族、猺族和暹族（或稱裳族），第四個是交趾在中國將近一千多年殖民統治下移入的漢族。

甌雒國

據傳蜀國國王想娶文郎國公主媚娘，遭拒，懷恨在心，乃囑後世子孫必滅文郎國。至其孫泮屢出兵攻打文郎國，「後蜀王子將兵三萬來討雒王雒侯，服諸雒將，蜀王子因稱為安陽王。」[22]

因文郎王有神力，所以蜀國第一次進攻沒有成功。由於文郎王自恃有神力，當蜀軍入侵時，還飲酒作樂，不修武備，蜀軍入侵了猶沉醉未醒，逮逼近乃吐血赴井，文郎軍兵敗投降。蜀泮自號安陽王，改國號為甌雒，都封溪。**欽定越史通鑑綱目前編**卷之一說安陽王元年為周赧王五十八年（西元前 257 年）。封溪在今北寧省東岸縣古螺城。該書說蜀國不是中國四川的巴蜀，而是國王姓蜀。然而，蜀國建國號為甌雒，是歷史的偶然嗎？還是蜀人的一種懷鄉的反射？據**漢州全志**之記載，「廣漢名區雒城舊壤，連嶺矗矗以蔚霞，沱江翩翩而翔雁。其東則湧泉萬斛，其西則伴月三星，南鄰省會，民物殷繁，北拱神京，輪裳絡繹。」[23]「在前漢時，廣漢為縣名，非郡也，今遂寧鹽亭及蓬溪半。」[24] 從而可知，在西漢時期，廣漢縣為區雒城舊地，就是甌雒城，從四川到越北，兩地相隔千里，竟然會出現相同的國家和城市名稱，應該不是巧合，一種最大的可能是蜀民移入越北後，以其故鄉之地名來稱呼其國名。如此一推論可靠，則蜀國存在於越北是可接受的。

安陽王三年（西元前 255 年）春 3 月，古螺城建成，又號思龍城。[25] 因其沿山而建，像螺形一樣，故稱螺城。思龍城，華人稱為崑崙城。相傳在建城時，有妖怪搗亂，屢建不成，安陽王乃設壇祈神，有金龜顯靈，授王以驅除妖怪之術，始建成。金龜神又授王以一爪，用作弩機，可一次發射十枝箭。

---

22. [後魏] 酈道元，**水經注**，卷三十七，葉榆河，頁 7。
23. [明] 王大才等撰，**漢州全志**（電子書），卷四下，形勢志，明萬曆 30 年，頁 4。
24. [明] 王大才等撰，**前引書**，卷三，建置沿革，頁 4。
25. [越] 陳文為等纂修，**欽定越史通鑑綱目前編**，第一冊，卷之一，蜀安陽王三年，頁 9。

秦國勢力進入五嶺以南

西元前 223 年，秦國滅楚國。西元前 221 年，秦國統一中國，控制五嶺以北。

秦國統治五嶺以北，尚不能滿足，當時聽說五嶺以南多犀角、象牙和奇珍寶物，**淮南子‧人間訓**記載：「秦始皇出兵嶺南是『利越之犀角、象齒、翡翠、珠璣』。」[26] 先是在西元前 221 年秦國出兵進入溫州和閩越，設立閩中郡。接著在始皇三十三年（西元前 214 年），秦始皇「發諸嘗逋亡人、贅婿、賈人略取陸梁地（嶺南之人多處山陸，其性強梁，故曰陸梁），為桂林、象郡、南海，以適遣戍（集解徐廣曰：五十萬人守五嶺）」。[27] 秦始皇總共發兵 50 萬人分五路進軍五嶺以南，由校尉屠睢率領，從湖南湘江進入灘江，由史祿開鑿貫通湘江和灘江（西江）的靈渠（或興安渠，總長度 34 公里），略取陸梁地，即雒佬，指嶺南越人或嶺南地區。**淮南子‧人間訓**記載：「為五軍：一軍塞鐔城之嶺；一軍守九嶷之塞；一軍處番禺之都；一軍守南野之界；一軍結餘干之水。三年不解甲弛弩，使監祿無以轉餉，又以卒鑿渠而通糧道，以與越人戰，殺西嘔（按：即西甌）君譯吁宋。而越人皆入叢薄中，與禽獸處，莫肯為秦虜。相置桀駿以為將，而夜攻秦人，大破之，殺尉屠睢，伏屍流血數十萬。乃發謫戍以備之。」[28] 秦國侵入五嶺以南的戰爭持續三年，至西元前 211 年才平定五嶺以南。

越人「退入叢林，不為秦用，陰置桀駿以為將，攻秦人，殺屠睢。」

秦國在五嶺以南設立南海、桂林、象三郡，南海郡首府在番禺；桂林郡在桂林；象郡，不可考。南海郡由王囂（或任囂）出任郡尉，其部下趙佗擔任龍川令，在南海郡內博羅縣西部。「南海郡惟設尉以掌兵，監以察事而無守與丞。王囂繼屠睢、史祿而獨馭者，其羈縻之意可見矣。縣令則有龍川。」[29] 即南海郡不設郡守，而以掌管軍事的南海尉主管。

---

26. [西漢] 劉安，淮南子，卷十八，人間訓。收錄在欽定四庫全書。
27. [漢] 司馬遷，史記，卷六，秦始皇本紀，頁 26。收錄在欽定四庫全書。
28. [西漢] 劉安，淮南子，卷十八，人間訓。收錄在欽定四庫全書。
29. [明] 顧炎武，天下郡國利病書，卷四十，廣東上，備錄，廣東通志職官表序，頁 2。

前漢書稱：「日南郡，故秦象郡。」[30] 漢朝時的日南郡是位在今天越南清化以南一帶，不包括東京一帶。但學者對此有不同看法，法國學者鄂盧梭認為象郡是由土酋治理，其範圍包括今天廣西南部、廣東南部、北越到中越一帶。[31]

秦朝將中國領土向南拓展到嶺南，在歷史上具有其意義，歸納言之：

第一，中國勢力進入五嶺以南，將五嶺以南納入中國版圖。

第二，透過大量移民同化當地越人和少數民族。

第三，促進嶺南社會經濟中國化，移入之商人，目的即在開發當地的商業活動，將中國的經濟勢力延伸進入五嶺以南。

第四，開發嶺南和中國中原之間的交通，以及開拓中國向東南亞及印度海上交通之航線。

第五，秦始皇派贅婿出征嶺南，為何要將入贅者派赴蠻荒地作戰？秦國人非漢族，是母系社會，當時可能有很多男子是入贅者，秦始皇可能想改變為父系社會，而將那些入贅者充軍，藉以嚇阻。亦可能是當時男性都是入贅者，徵兵勢必將所有男性，主要是入贅者徵調。

李翁仲的故事

秦國占領嶺南後，交趾慈廉人李翁仲身長二丈三尺，器質端重，異於常人，年少時做過縣吏，卻遭督郵所鞭笞，嘆說人生當做官。於是到中國學書史，在秦始皇時期，做司隸校尉，將兵守臨洮，由於他勇武，匈奴對他有所懼怕。到了他老了，歸故鄉，始皇以銅造其像，置咸陽宮司馬門外。該銅像很大，腹中容數十人潛，匈奴人至秦國，以為看到活生生的校尉，不敢侵犯。至唐朝，趙昌為交州都護，常夜夢與翁仲講春秋左氏傳，因而訪問其故宅，立祠祀之。至高駢破南詔，將南詔兵逐出交趾，就是因為李翁仲常顯靈助兵，而能順利驅逐南詔兵，高駢因而重修廟宇，雕木為像，號李校尉祠。[32] **大清**

---

30. [漢] 班固、班昭撰，[隋] 顏師古，[明] 陳仁錫，**前漢書**，卷二八下，地理志第八下，頁 16。收錄在**欽定四庫全書**。

31. [法] 鄂盧梭（L. Aurouseau），**前引書**，頁 63、105。

32. [越] 吳士連、范公著、黎僖等撰，**大越史記全書**，外紀，卷之一，安陽王條。

一統志陸伯生廣輿記均作阮翁仲。在河內慈廉瑞香社有李校尉祠。[33]

第三節　南越國

秦末南越割據

西元前 210 年，秦始皇去世，秦二世繼位，中國開始出現內亂。王囂亦病危，他召趙佗，告訴他說：你可以自立為王。

在象郡，蜀國安陽王也趁秦朝內亂，占領象郡。

安陽王四十八年（秦始皇三十七年，西元前 210 年），秦國番禺郡尉王囂和龍川令趙佗出兵攻蜀國，趙佗駐軍北江僊遊山，王囂率舟師行至小江，他染病只好返回番禺，其軍隊改由趙佗指揮，趙佗移營武寧山，安陽王割平江以北，雙方講和，趙佗撤兵。「佗遣子仲始為質，因求婚，王以女媚珠妻之。仲始因誘媚珠，竊觀靈弩，潛易其機，託以省親北歸，與媚珠別曰：『異日我再來，萬一兩國失和，當作何驗質可得相見？』媚珠曰：『妾有鵝毛錦褥，當以附身所至岐路，拔鵝毛識之，可知妾所在。』仲始歸以告佗，佗遂決意來侵。」[34]

水經注亦有類似之記載：「後蜀王子將兵三萬來討雒王、雒侯，服諸雒將，蜀王子因稱為安陽王。後南越王尉佗舉衆攻安陽王，安陽王有神人名皋通，下輔佐，為安陽王治神弩一張，一發殺三百人，南越王知不可戰，卻軍住武寧縣。按**晉太康記**，縣屬交趾。越遣太子名始，降服安陽王，稱臣事之。安陽王不知通神人，遇之無道，通便去，語王曰：能持此弩王天下，不能持此弩者亡天下。通去，安陽王有女名曰媚珠，見始端正，珠與始交通，始問珠，令取父弩視之，始見弩，便盜以鋸截弩訖，便逃歸報南越王。南越進兵攻之，安陽王發弩，弩折遂敗。安陽王下船逕出於海，今平道縣後王宮城見有故處。」[35]

---

33. [越] 陳文為等纂修，**欽定越史通鑑綱目前編**，第一冊，卷之一，蜀安陽王四十四年，頁 13。
34. [越] 陳文為等纂修，**欽定越史通鑑綱目前編**，第一冊，卷之一，蜀安陽王四十八年，頁 15-16。
35. [後魏] 酈道元，**水經注**，卷三十七，葉榆河，頁 7-8。

　　大越史略亦記載：「越王句踐嘗遣使來諭，雒王拒之，周末為蜀王子泮所逐而代之，泮築城於越裳，號安陽王，竟不與周通。秦末，趙佗據鬱林、南海、象郡以稱王，都番禺，國號越，自稱武皇。時安陽王有神人曰皋魯，能造柳弩，一張十放，教軍萬人。武皇知之，乃遣其子始（趙始）為質，請通好焉。後王遇皋魯稍薄，皋魯去之。王女媚珠又與始私焉。始誘媚珠，求看神弩，因毀其機，馳使報武皇。武皇復興兵攻之。軍至，王又如初，弩折，眾皆潰散，武皇遂破之。王銜生犀入水，水為之開。國遂屬趙。」[36] 蜀國亡國後，其人民可能逃亡海上，有些則移民至呂宋島馬尼拉和林牙彥灣一帶。

　　西元前 208 年，王翳去世，趙佗繼任為南海郡尉。趙佗關閉通往中國之通道，聚兵自守，殺害秦朝官員。清初吳三桂為雲南平西王時，曾反清，也是採取同樣的手法。

　　「秦二世胡亥二年（西元前 208 年），南海尉趙佗復來侵，安陽王敗走，自溺死，蜀亡。」[37] 蜀王自西元前 257 年起至西元前 208 年終，共四十九年。趙佗在其地置交趾、九真兩郡。交趾在東京，九真在清化到廣南一帶。

　　據**史記**之說法，趙佗在西元前 204 年自立為南越王。（鄂盧梭說是在西元前 207 年自立為南越王。[38]）**史記**記載：「漢武帝元鼎六年（西元前 111 年）滅南越國，南越國自尉佗初王後，五世九十三歲而國亡焉。」[39] 據此上推，趙佗應在西元前 204 年稱王，此時正值劉邦和項羽爭奪天下之際。

　　趙佗為漢真定人。趙武王十二年（漢高祖十一年，西元前 196 年），漢高祖命陸賈前往南越授予趙佗璽綬，詔立其為南越王，趙佗受封稱臣。趙武王二十五年（西元前 183 年），趙佗自稱南越武帝，出兵攻長沙。其事起因是漢呂后禁南越關市鐵器，趙佗聞之曰：「高帝立我，通使共器物，今呂后聽讒臣，別異漢越，隔絕器物，此必長沙王計欲倚漢威，圖我國，而併王之自為功也。」[40] 所以趙佗才自立為南越皇帝，發兵攻長沙邊邑取數郡而還。

---

36. 陳荊和編校，**大越史略**，興生社，日本東京，昭和 62 年，頁 27。
37. [越] 陳文為等纂修，**欽定越史通鑑綱目前編**，第一冊，卷之一，蜀安陽王五十年，頁 18。
38. [法] 鄂盧梭（L. Aurouseau），**前引書**，頁 64。
39. [漢] 司馬遷，**史記**，卷一百一十三，南越列傳第五十三，頁 12。收錄在欽定四庫全書。
40. [越] 陳文為等纂修，**欽定越史通鑑綱目前編**，第一冊，卷之一，趙武王二十五年，頁 22。

趙武王二十七年（漢高后七年，西元前 181 年），漢使隆慮侯周竈出兵擊南越國，剛好暑濕大疫，不能踰越五嶺，遂罷兵。

趙武王二十九年（漢文帝元年，西元前 179 年），漢文帝即位後，又遣陸賈勸諭趙佗，趙佗乃取消稱帝，向漢朝朝貢，與漢朝遣使往來。趙佗致書漢文帝說：「老夫故越吏也，高帝幸賜璽綬以為南越王。孝惠皇帝即位，義不忍絕，所賜老夫者甚厚。高后用事別異華夷，出令曰：『毋予南越金、鐵、田器、馬、牛、羊。』即予牡，毋予牝。老夫處僻，馬、牛、羊齒已長，自以祭祀不修有死罪，使內史藩中尉、高御史平凡三輩上書謝過，皆不反。又風聞老夫父母墳墓已壞削，兄弟宗族已誅論，吏相與議曰：『今內不得振於漢，外無以自高異。』故更號曰帝。自帝其國，非敢有害於天下。高后聞之大怒，削去南越之籍，使使不通，老夫竊疑長沙王讒臣，故發兵以伐其邊，且南方卑濕，蠻夷中，其東閩、西甌尵稱王號，老夫稱帝，聊以自娛，豈敢以聞天王哉。老夫處越四十九年，於今抱孫焉，然夙興夜寐，寢不安席，食不甘味，目不視靡曼之色，耳不聽鐘鼓之音，以不得事漢也。今陛下幸哀憐、復故號、通使如故，老夫死骨不腐，改號不敢稱帝矣。謹因使者獻白璧一雙、翠羽千尾、犀角十座、紫貝五百、桂蠹一器、生翠四十雙、孔雀二雙，昧死再拜以聞皇帝陛下。陸賈得書還奏，漢帝大悅，自是南北交好弭兵，民得休息矣。是後王凡遣使如漢，則稱王，朝請以比諸侯，於國內則從故號。」[41] 趙佗跟漢朝達成和解，以後遣使中國時自稱王，而其在南越國內仍用南越帝號。這是一個很有意思的處理方式，以後越南各王朝也如法炮製，對內稱帝，對中國則自稱王。

趙佗於西元前 137 年去世，享壽一百二十一歲。在位七十多年，追諡為武帝。

趙佗統治南越長達七十年，其重要措施如下：

(1) 推廣漢字、禮樂制度，興辦學校，「趙佗王南越，稍以詩禮化其民。」

(2) 建立官制：中央設太傅（丞相）、內史（丞相助手）、御史、中尉（軍事）、郎、中大夫、將軍、館。

---

41. [越] 陳文為等纂修，**欽定越史通鑑綱目前編**，第一冊，卷之一，趙武王二十九年，頁 25-27。

地方官設假守（攝事之謂）、郡監、使者、縣令（長）、嗇夫（管雜物）。「漢武帝元鼎六年，開都尉，治交州。**外域記**曰：『越王令二使者典主交趾、九真二郡民。後漢遣伏波將軍路博德討越王，路將軍到合浦，越王令二使者齎牛百頭，九千鍾及二郡民戶口簿詣路將軍，乃拜二使者為交趾、九真太守。諸雒將主民如故，交趾郡及州本治於此也。」[42]

(3) 實施中國度量衡制，有竹尺、木尺、銅鐘，刻有容量單位元的銅鼎。

(4) 仿照中國的紀年。

(5) 禮儀葬制之漢化。陪葬品有中國的鼎、鈁、壺、盒等。南越文王入殮時，穿著絲縷玉衣，係仿中國漢代王侯之制。

(6) 實施尊老政策，賜老人有鳩首的木杖，受鳩杖的老人「比六百石，入官府不趨，吏民有敢毆辱者，逆不道，棄市。」這是漢朝的制度。

(7) 以越制越，拜越人呂嘉為相，以其弟為將軍，任用越人出任各級官員。

(8) 遵從越人習俗，例如斷髮紋身、喜食蛇蚌、居住干欄、水處舟行、巫祝盛行，使用雞卜。趙佗從越俗，魋結箕倨，「魋結」是指髻髮上打結，「箕倨」就是伸腳、交股席地而坐。他也禁止越人好攻殺。

(9) 提倡漢、越通婚，趙佗後人有娶越女者。

(10) 讓部分越人自治，如分封交趾地區的西于王，他是殺死屠睢的西嘔君譯吁宋的後代。

趙佗死後，由其孫子趙胡（文王）繼位。西元前 125 年，趙胡薨，子趙嬰齊立。趙嬰齊曾被派至漢朝當人質，在長安娶邯鄲樛氏女，生子趙興。西元前 124 年，趙嬰齊以呂嘉為太傅（宰相）。漢朝曾數度遣使要求趙嬰齊至漢朝朝貢，他都稱病不去，派其兒子趙次公到漢朝當人質。西元前 113 年，趙嬰齊薨，子趙興立，追諡嬰齊曰明王。「趙興為明王之次子，母漢人樛氏，在位一年為其臣呂嘉所弒，諡曰哀王。趙興即位後尊母樛氏為太后。初太后未歸明王，嘗與霸陵人安國少季（安國是姓，少季是名）通。是歲漢使少季

---

42. [後魏] 酈道元，**水經注**，卷三十七，葉榆河，頁6。

來論王及太后以入朝，復令辯士諫大夫終軍等宣其辭，勇士魏臣輔其決，衛尉路博德將兵屯桂陽，待使者。王年少，樛后復與少季通，國人知之，多不附太后。太后恐亂起，欲倚漢威，勸王及羣臣內附。即因漢使上書，請比內諸侯三歲一朝，除邊關，漢帝許之，賜其丞相呂嘉銀印，與內史中尉太傅印，餘得自置。除其國黥劓刑，用漢法，比內諸侯，使者留鎮撫之。」[43]

西元前 112 年 11 月，太傅呂嘉數次向趙興建言勿內附漢朝，亦稱疾不見漢使者，趙興及太后樛氏乃備酒宴欲殺呂嘉，呂嘉赴宴，其弟為將軍，率軍在門外守衛，席間為了內附漢朝之問題爆發歧見，呂嘉退席。以後數月呂嘉稱病不上朝。漢武帝聽說呂嘉反對內附，於是派遣濟北相韓千秋與樛后弟樛樂率二千人入境，呂嘉說：「王年少，太后本漢人也，又與漢使者通，專欲內附，盡持先王寶器入獻於漢以自媚，自取一朝之利，不顧趙氏社稷，無萬世計慮之意。」[44] 呂嘉與其弟率軍殺害趙興、太后並殺漢使者，另立明王長子術陽侯趙建德（母為越人）為王，在位一年。

韓千秋率漢軍進至番禺外 40 里，呂嘉出兵擊殺之。漢武帝聞知氣憤，在西元前 111 年冬天派軍滅南越國。

漢武帝元鼎六年（西元前 111 年），漢以路博德為伏波將軍，出桂陽，下湟水；楊僕為樓船將軍，出豫章，下橫浦；以歸義侯二人為戈船、下瀨將軍，出零陵，下離水；馳義侯因巴蜀罪人，發夜郎兵，下牂柯江。同會番禺以攻嘉。嘉及王遁入海，博德使人追之，擒王及嘉。時戈船下瀨兵及馳義侯兵未下，而南越已平矣。遂分其地為九郡，南海、蒼梧（今梧州）、鬱林、合浦、交趾、九真（今清化府）、日南（今義安府）、珠崖、儋耳（今儋州）。[45].

南越國自趙佗立國起，傳五世，共九十三年而亡。

漢朝在越北設立三個郡：交趾、九真（今清化府）、日南（今義安府），派駐太守、郡守或刺史管理。在西漢時，三郡戶口如下：交趾郡有戶 92,440，口 746,237；九真郡有戶 35,743，口 16,613；日南郡有戶 15,460，

43. [越] 陳文為等纂修，**欽定越史通鑑綱目前編**，第一冊，卷之一，趙明王十二年，頁 29-30。

44. [越] 陳文為等纂修，**欽定越史通鑑綱目前編**，第一冊，卷之一，趙哀王元年，頁 32。

45. 撰人不詳，**越史略**，卷一，叢書集成新編，第九十七冊，新文豐圖書公司，臺北市，1985 年，頁 498。

口 69,485。[46] 東漢時期，交趾郡沒有戶口資料，九真郡有戶 46,513，口 209,894；日南郡有戶 18,263，口 100,676。[47] 這三郡人口加起來總數有 100 萬人左右。

---

46. [漢] 班固、班昭撰，[隋] 顏師古，[明] 陳仁錫，**前漢書**，卷二八下，地理志第八下，頁 12-13。收錄在欽定四庫全書。

47. [宋] 范煜撰，[清] 陳浩撰，**後漢書**，卷三三，郡國志第二十三，頁 20-21。收錄在諸子百家中國哲學書電子計畫。

第二章

脫離中國統治

第一節 二徵姊妹之亂

西漢控制越北後，交趾郡太守治所在龍淵，龍淵意即蛟龍盤桓於南北二津，後改稱為龍編（今河內）。[1]東漢時交趾郡太守治所在麊泠，即峰州（山西）。[2]漢光武建武五年（29），派漢中人錫光為交趾郡太守，他教民以禮義。又派宛人任延為九真太守。九真的人民習慣以漁獵為業，不事耕種。任延教人民農耕，百姓生活充裕。窮人無聘禮者，任延要求長吏以下官員節省俸祿，用來賑助窮人。當時還舉辦 2,000 人的婚禮。任延在九真任職四年回國，九真人很感念他的勤政愛民，為他立祠，若生了兒子，在姓名後都會加上「任」字。嶺南文風是從錫光和任延兩位太守開始的。[3]

西元 41 年，交趾郡太守蘇定為政貪暴，朱鳶縣（今屬永安省）雒將之子詩索反抗，遭逮捕處死。詩索之妻徵側為麊泠縣雒將之女，徵側和其妹妹徵貳聯合叛亂，號徵王，其軍隊占領嶺南六十五城，九真、日南和合浦皆響應。「**交州外域記曰**：後朱鳶雒將子名詩索，麊雒將女名徵側為妻，側為人有膽勇，將詩起賊，攻破州郡，服諸雒將，皆屬徵側為王，治泠縣，得交趾、九真二郡民，二歲調賦。後漢遣伏波將軍馬援將兵討側，詩走入金溪究，三歲乃得。爾時西蜀竝遣兵共討側等，悉定郡縣，為令長也。」[4]

西元 41 年冬天，東漢光武帝派伏波將軍馬援、扶樂侯劉隆為副遠征交趾，西元 43 年 1 月斬二徵姊妹，傳首洛陽。「漢光武建武十八年（42）春，軍至浪泊上，與賊戰，破之，斬首數千級，降者萬餘人。援追徵側等至禁谿，

1. [越] 阮文超，**地志類**，卷五，河內省，無出版地、公司及時間，該書殘缺不全，頁 1。收錄在漢喃古籍文獻典藏數位化計畫。http://lib.nomfoundation.org/collection/1/volume/194/ 2018 年 2 月 23 日瀏覽。

   河內一名之沿革如下：秦朝稱象郡；漢朝稱龍編；吳朝稱交州；唐朝稱安南都護府；丁朝和黎朝稱交州道；李朝稱昇龍城（又稱南京）；陳朝稱中京，又改東都；屬明朝稱交州府治，又稱東關城；黎朝又稱昇龍；西山稱北城；嘉隆元年稱北城總鎮；嘉隆 4 年稱昇隆；明命 12 年稱河內省；維新稱河內城。（無作者，**讀史摘疑**，無出版地、公司及時間，頁 15。收錄在漢喃古籍文獻典藏數位化計畫。http://lib.nomfoundation.org/collection/1/volume/751/ 2018 年 2 月 23 日瀏覽。）

2. [越] 缺作者，**越史集要便覽**，內屬漢，無出版地、公司和時間，越南，頁 9。收錄在漢喃古籍文獻典藏數位化計畫。

3. [越] 吳士連、范公著、黎僖等撰，**大越史記全書**，外紀，卷之三，屬西漢紀條。

4. [後魏] 酈道元，**水經注**，卷三十七，葉榆河，頁 6。

數敗之，賊遂散走。明年正月，斬徵側、徵貳，傳首洛陽。封援為新息侯，食邑三千戶。」[5]「漢光武建武十九年（43），側益困，遂走，為援所殺，追擊其餘黨，至居風降之，乃立銅柱為極界，分其地為封溪、望海二縣。援又築為繭城，其圓如繭。」[6]

二徵姊妹反抗中國有功，以後越南以二徵姊妹為其民族英雄，立像紀念，河內市有二徵街。

馬援平定二徵姊妹之亂後，繼續進兵至日南郡南邊的象林縣南界，豎立兩根銅柱，表示中國漢朝最南邊境所在。銅柱相傳在欽州古樓洞上。馬援曾有誓云：「銅柱折，交州滅。」越人每經過該銅柱，每以石培之，遂成丘陵。[7]

馬援從交趾班師回國，載了一車子的薏苡（薏仁）返家，遭人誣陷載了金銀珠寶，漢光武帝因此收回其新息侯印綬，他死時，其妻不敢將他歸葬故里，而葬在城西，親友故舊無人敢親往弔唁。

第二節　越南之漢化

馬援平定二徵姊妹亂後，越北始進入漢化階段，這些漢化措施如下：

（一）派官治理。**後漢書**卷 116 南蠻傳說：「凡交趾所統，雖置郡縣，而言語各異，重譯乃通，人如禽獸，長幼無別，項髻徒跣，以布貫頭而著之。後頗徙中國罪人，使雜居其間，乃稍知言語，漸見禮化。光武中興，錫光為交趾，任延守九真，於是教其耕稼，制為冠履，初設媒聘，使知姻娶，建立學校，導之禮儀。」[8]

秦朝在越北設象郡，採土司制。南越改象郡為交趾與九真郡。漢武帝平南越後，置交趾、九真和日南郡，設交趾刺史以督之。

漢獻帝建安八年（203）改交趾為交州。

---

5. [宋] 范煜撰，[清] 陳浩撰，**後漢書**，卷五十四，馬援列傳第十四，馬援傳，頁 11-12。
6. 撰人不詳，**越史略**，卷一，頁 498。
7. [越] 吳士連、范公著、黎僖等撰，**大越史記全書**，外紀，卷之三，屬東漢紀條。
8. [宋] 范煜撰，[清] 陳浩撰，**後漢書**，卷一一六，南蠻西南夷傳第七十六，南蠻，頁 8。

隋朝廢交州，改為交趾郡。唐武德五年（622），改交趾郡為交州總管府。武德七年（624），改為交州都督府。唐高宗永隆二年（681）8月，改為安南都護府。[9]（安南都護府府治設在龍編；安東都護府府治設在平壤；640年設安西都護府，府治在高昌，650年改在龜茲。）至德二年（757）9月，改為鎮南都護府。768年，改回安南都護府，刺史充都護。860—873年，罷安南都護府，置行交州於海門鎮，不久又恢復。939年，安南脫離中國郡縣，成為獨立國家。明朝永樂五年（1407），安南重歸中國統治，改稱交趾郡，設都司、布政司、按察司管理，下設十五府，分轄三十六州，一百八十一縣，又設太原、宣化、嘉興、歸化、廣威五州，直隸布政司，分轄二十五縣。1427年，安南脫離明朝統治，重歸獨立。

（二）治城郭，穿渠灌溉，調整越人法律和漢朝法律。**後漢書**馬援傳：「援所過輒為郡縣，治城郭，穿渠灌溉，以利其民，條奏越律，與漢律駮者十餘事，與越人申明舊制以約束之，自後駱越奉行馬將軍故事。」[10]

水經注引**交州外域記**：「馬援以西南治遠，路逕千里，分置斯縣，治城郭，穿渠通道灌溉，以利其民。」[11]

（三）馬援廢除世襲的雒將制度，在郡下設縣，郡縣各級文武官員皆由中央政府直接任免，由流官取代土司。將雒將、貴族的土地改為封建地主所有權制。

（四）確立中國最南國界：「漢光武建武十九年（43），馬援樹兩銅柱于象林南界，與西屠國[12]分，漢之南界也。土人以之流寓，號曰馬流，世稱

---

9. [後晉] 劉昫等撰，**舊唐書**，卷五，本紀第五，高宗下，頁21（收錄在**欽定四庫全書**）。但在同書卷四一，志第二十一，地理四，頁94，卻記載「調露初年（679）8月改為安南都護府」。本書採本紀之記載為主。

10. [宋] 范曄撰，[清] 陳浩撰，**後漢書**，卷五十四，馬援列傳第十四，馬援傳，頁12-13。

11. [後魏] 酈道元，**水經注**，卷三十七，葉榆河，頁8。

12. 西屠應位於漢日南郡象林縣以南，約當越南義平、富慶二省及順海省一部分。或與後來在象林縣所創的林邑國一樣，均為占婆人的一部。一說在印度支那半島南部，指今越、柬交界的朱篤（Chau Doc）。（陳佳榮、謝方、陸峻嶺編，**古代南海地名匯釋**，中華書局，北京市，1986年，西屠條，頁333-334。）就地緣而言，西屠夷國可能為唐太宗時的奔陀浪洲、宋朝時的賓同龍，今越南藩朗或藩籠（Phan Rang）。（參見伯希和撰，馮承鈞譯，「中國載籍中之賓童龍」，馮承鈞編譯，**西域南海史地考證譯叢**，乙集，臺灣商務印書館，1972年，頁85-89；[明] 黃省曾著，謝方校注，**西洋朝**

漢子孫也。」[13] 以後中國在越南境內立了好些個銅柱,「伏波銅柱一在憑祥州思明府南界,一在欽州分茆嶺交趾東界,馬文淵又於林邑北岸立三銅柱為海界,林邑南立五銅柱為山界,唐馬總安南都護建二銅柱於漢故地,五代馬希範平蠻,立二銅柱於溪州。何銅柱之多,皆出於馬氏也。」[14]

（五）中國之風俗習慣,例如過農曆新年、上元節（元宵節、佛祖生日）、舞龍舞獅、端午節（後來越南改為驅蟲日）、中秋節（一樣賞月吃月餅）。十二生肖,以貓換兔子。原因是貓位居第四位,而第四位的發音為卯,以致誤以為是貓。陳朝時在端午節祭弔紀念屈原,以後漸漸不知屈原為何人。戲劇、舞蹈、醫術等亦從中國傳入越南。

（六）中國之典章制度、官制、太監、文字、史書等,都施行於越南。越南在西化派阮文榮及其他學者的鼓吹下,所以啟定帝在 1919 年宣布廢除漢字,改採用羅馬拼音的越南文字。

（七）鑄幣。越南在脫離中國自立後,仿照中國鑄造金屬錢幣,但其樣式、大小和重量與中國有別。

（八）製陶。陶器製造係從中國引入,在第十七世紀,越南出口陶器至東南亞鄰國。

（九）私塾教育,教授漢學,一直持續到第十九世紀。

（十）考試取士。在漢朝時,只准考取茂才或孝廉者才可在交趾當地當長吏,不得到其他州做官。至漢靈帝（168—189）時,始同意考取茂才者做官。宋熙寧八年（1075）春 2 月,詔選明經博學及試儒學三場,此應是越南脫離中國後第一次考試取才。至 1807 年 1 月,越南才議科舉法,命禮部參考典故。以後模仿中國的科舉考試取才。在東京,科舉考試是在 1915 年廢止;在安南,是在 1919 年廢止。

貢點錄校注,中華書局,北京市,2000 年,頁 9;費瑯著,馮承鈞譯,**崑崙及南海古代航行考**,臺灣商務印書館,臺北市,1962 年,頁 108。）據越南人黃高啟所著**越史要**一書之記載,西屠國位在今越南順、慶二省地,（[越]黃高啟,**越史要**,卷一,無出版地和出版公司,1914 年,收藏於越南國家圖書館漢喃古籍文獻典藏數位化計畫,頁 35。）即順海省（1991 年 12 月 26 日,順海省分設為寧順省和平順省）和慶和省。

13. [後魏] 酈道元,**水經注**,卷三十六,林邑記,頁 34。

14. [明] 鄺露（湛若）,**赤雅**,卷三,馬林銅柱,嘯園叢書本,光緒戊寅 (1878 年) 出版,頁 33-34。收錄在諸子百家中國哲學書電子化計畫。

1070 年，河內初立文廟，「塑孔子、周公及四配像（包括顏回、孔伋、曾參、孟軻），畫七十二賢像，四時享祀。」1808 年 2 月，在順化建文廟，此應為南方第一座文廟。

（十一）姓名，採用中國姓氏，有各種姓氏宗親會。

（十二）語言和語音，雜有許多閩南河洛語音和廣東語音。

（十三）對龍的尊崇，越人自視為龍的傳人，有百卵之子的諺語。第十五世紀吳士連著的**大越史記全書** / 外紀，卷之一記載：「貉龍君娶帝來女，曰嫗姬。生百男（俗傳生百卵），是為百粵之祖。一日謂姬曰：『我是龍種，儞是僊種。水火相尅，合併實難。』乃與之相別。分五十子從母歸山，五十子從父居南（居南作歸南海）。封其長為雄王，嗣君位。」[15]

（十四）文學和史學。

越南小說的寫作風格，仿自中國。最有名的越南小說例如，臺灣學生書局出版的**越南漢文小說叢刊**；由越南漢喃研究所、上海師範大學、台南成功大學和法國社會科學研究中心合輯的**越南漢文小說集成**。**皇越龍興誌**、武瓊的**越鑑通考**。

史書寫作風格也受中國影響，例如宋末黎文休的**大越史記**，已失，但其要點內容保存在潘孚先、吳士連補修之**大越史記全書**。

元朝時黎崱撰的**安南志略**（1285—1307）。

明初**越史略**，沒有作者，收錄在**欽定四庫全書**。

清代有陳文為纂修的**欽定越史通鑑綱目**、張登桂纂修的**大南寔錄**，其編纂形式類似中國的史書，其紀年採越南和中國紀年並列。

越南派至中國的使節，都是飽讀中國詩文，能夠當場賦詩應答。阮朝的嘉隆、明命和嗣德三位皇帝還以能賦詩（漢文）自負，且以能超越乾隆皇之詩作而自傲，三位皇帝都出版有**御製詩集**。

---

15. [越] 吳士連、范公著、黎僖等撰，**大越史記全書**，外紀，卷之一，貉龍君條。

第三節　交趾獨立

交趾改稱交州，始於漢獻帝建安二十三年（218），由於「蛟龍蟠編于南、北二津，故改龍淵以龍編為名也。盧循之寇交州也，交州刺史杜慧度率水步晨出南津，以火箭攻之，燒其船艦，一時潰散。循亦中矢赴水而死，於是斬之，傳首京師。慧度以斬循勳，封龍編侯。」[16] 龍編，今河內。

漢朝末年，交州較著名人物有漢桓帝時出任日南太守的士燮，舉茂才，除巫令，有功勞而升任交趾太守。他謙恭下士，漢末避亂者多投靠交州。漢獻帝聽聞他賢良，任命他為綏南中郎將，仍任交州太守。他與交趾刺史張津建議漢朝改交趾為交州，交州一名自此始。[17] 220 年，曹丕篡漢，為魏文帝。221 年 11 月，冊封孫權為吳王，以大將軍使持節督交州，領荊州牧事。孫權派遣呂岱為交州刺史。士燮派其子入質於東吳，又以珠、貝、犀、象及香果朝貢孫權，孫權封他為龍編侯，封他的三個弟弟為郡長。他治理交州二十餘年，民皆安居樂業，於魏黃武五年（226）去世，壽九十歲。孫權重劃疆界，合浦以北屬廣州，派呂岱為刺史，合浦以南為交州，派戴良為刺史。[18] 孫權命士燮子士徽領九真太守，士徽不服戴良，起而反叛，孫權派呂岱平交州，殺士徽及其兄弟六人。

呂岱接著進討九真，派遣宣化從事朱應、中郎康泰前往扶南、林邑和堂明 [19] 訪問，孫權嘉其功，封他為鎮南將軍。「漢獻帝延康元年（220 年 3—10 月），代步騭為交州刺史。……呂岱既定交州，復進討九真，斬獲以萬數。又遣從事南宣國化，暨徼外扶南、林邑、堂明諸王，各遣使奉貢。〔孫〕權嘉其功，進拜鎮南將軍。」[20]

---

16. [後魏] 酈道元，**水經注**，卷三十七，葉榆河，頁 8。
17. [越] 吳甲豆，**中學越史撮要**，第一冊，春集，內屬，印在行笈庯，河內，1911 年，頁 37。收錄在漢喃古籍文獻典藏數位化計畫。
18. [晉] 陳壽撰，**吳志**，卷四，士燮傳，頁 12-13。收錄在**欽定四庫全書**。
19. 堂明，或作道明，在今寮國中部或北部一帶。也有指單馬令、曇陵或噚楊的同名異譯。（陳佳榮、謝方、陸峻嶺編，**古代南海地名匯釋**，中華書局，北京市，1986 年，堂明條，頁 696。）陳顯泗等人認為堂明位在寮國中部至泰國東北部一帶。（陳顯泗、許肇琳、趙和曼、詹方瑤、張萬生編，**中國古籍中柬埔寨史料**，河南人民出版社，中國河南，1985 年，頁 2，註 4。）
20. 楊家駱主編，**新校本三國志注附索引**，卷六十，吳書，賀全呂周鍾離傳第十五，頁 1285。

248 年，交趾九真夷越氏貞及其哥哥趙國達叛，交州刺史陸胤平之。永安六年（263）五月，交趾郡吏呂興等反，殺太守孫諝，遣使至魏，請求派太守至交州，魏太守未至，呂興即為其部下所殺。265 年，晉武帝遣爨穀為交趾太守，不久，爨穀死，派馬融代之，馬融又死，再派楊稷。267 年，晉軍擊敗東吳軍隊，殺東吳的交州刺史劉峻及大都督修則，晉軍控制交趾、九真。271 年，東吳奪回交州。280 年，晉滅東吳，交州重歸晉朝統治。

義熙七年（411），永嘉太守盧循率兵攻打合浦，進兵龍編，晉安帝命杜慧度為交州刺史，率軍擊敗盧循軍隊於龍編南津，盧循溺水死，杜慧度取其屍斬之，將其頭顱送至建康。宋武帝永初元年（420）7 月，林邑入寇，杜慧度擊敗之，林邑乞降。杜慧度為政公允，獲人民敬畏愛戴，城門夜開，路不拾遺。[21]

宋文帝元嘉二十三年（446），林邑入寇掠地，交州刺史檀和之出兵討林邑，圍林邑將范伏龍於區粟城（或區栗城）。5 月，攻破區粟城，殺范伏龍，追至象浦，林邑王范陽邁率大軍迎戰，象隻披戰甲，振武將軍宗慤教軍隊扮獅子形以威嚇象隻，象隻驚走，林邑兵大敗，范陽邁逃遁。[22]

李賁在 541—548 年反叛，占據龍編城，自稱南越帝，改元天德，國號萬春。梁武帝派楊瞟為交州刺史，陳霸先為司馬，率軍擊敗李賁，李賁退保屈獠洞，病死，餘眾投降。李賁之子李天寶逃入九真，陳霸先舉兵討平之。梁武帝將九真改為愛州。[23]

隋文帝仁壽二年（602），交州帥阮（李）佛子據越王城（鳴鳶）作亂，他的哥哥的兒子阮（李）代權據龍編，隋文帝派劉方討阮佛子，阮佛子懼怕投海自殺。阮（李）代權亦投降。

隋文帝仁壽末年（604），時天下無事，群臣說：林邑多奇寶。所以派遣大將軍劉方為驩州道行軍總管，率軍一萬人及罪犯數千人擊林邑。隋煬帝大業元年（605）春正月，軍至林邑海口，登陸後兩軍相戰，林邑兵多騎大

---

21. 陳荊和編校，**前引書**，頁 33。
22. 陳荊和編校，**前引書**，頁 33。
23. 陳荊和編校，**前引書**，頁 34-35。

象，劉方則掘小坑，上覆茅草，然後引誘林邑象軍出擊，使其陷入小坑中，再以銳師擊之，林邑大敗。劉方軍隊入占林邑首都，國王范梵志棄城逃遁。

「隋文帝開皇九年（589），既平陳，林邑乃遣使獻方物。後朝貢遂絕。時天下無事，群臣言：『林邑多奇寶者。』仁壽末（604），上遣大將軍劉方為驩州道行軍總管，率欽州刺史寧長真、驩州刺史李暈、開府秦雄，步騎萬餘，及犯罪者數千人擊之。其王梵志乘巨象而戰，方軍不利。方乃多掘小坑，草覆其上，因以兵挑之。方與戰，偽北，梵志逐之，其象陷，軍遂亂，方大破之，遂棄城走。入其都，獲其廟主十八枚，皆鑄金為之，盡其國有十八世。方班師，梵志復其故地，遣使謝罪，於是朝貢不絕。」[24]

劉方刻石記功後撤兵返國，病死路途上。[25] 廟主，應為歷任國王塑像。

隋朝時，交趾郡統縣9，戶30,056。九真郡統縣7，戶16,135。日南郡統縣8，戶9,915。大業元年（605），平林邑後，設三郡，（一）置農州，後改為海陰郡，統縣4，戶1,100；（二）置沖州，後改為林邑郡，統縣4，戶1,220；（三）置蕩州，後改為比景郡，統縣4，戶1,815。日南郡在梁朝時，置德州，開皇十八年（598）改名為驩州，[26] 治所在九德縣（今越南義安省榮市），轄境在越南河靜省和義安省南部。

隋煬帝此次侵略林邑，擄回許多佛教經典，「隋煬帝大業二年（606）……新平林邑，所獲佛經合五百六十四夾，一千三百五十餘部，並崑崙書，多梨樹葉，有敕送館付琮披覽，並使編敘目錄，以次漸翻，乃撰為五卷，分為七例，所謂經、律、讚、論、方、字、雜書七也。必用隋言以譯之，則成二千二百餘卷。」[27] 從而可知該批佛經是用貝多葉（棕櫚葉）刻寫而成。

唐高祖武德四年（621），李靖破江陵，交州刺史邱和投降，隔年封邱和大總管，封譚國公。愛州、[28] 日南亦投降，唐朝統治整個交趾。638年明州獠反，交州都督李道彥討平之。

---

24. [唐] 李延壽撰，**北史**，卷九十五，列傳第八十三，林邑條，頁14。收錄在**欽定四庫全書**。
25. 陳荊和編校，**前引書**，頁35。
26. [唐] 魏徵撰，**隋書**，卷三十一，志第二十六，地理下，頁16。收錄在**欽定四庫全書**。
27. [唐] 道宣著，**續高僧傳**，卷二，釋彥琮傳，文殊出版社重印，臺北市，1988年，頁46。
28. 梁朝在523年將九真改為愛州，治所在清化市。隋朝大業三年（607），改為九真郡，唐朝武德五年

　　唐武德五年（622），改交趾郡為交州總管府。武德七年（624），改為交州都督府。唐高宗永隆二年（681）8 月改為安南都護府。至德二年（757）9 月改為鎮南都護府。[29]

　　687 年 8 月，安南人李嗣仙叛，安南都督劉延祐殺之，其黨殺劉延祐，桂州司馬曹玄靜討平之。唐朝開元初（713），安南人梅玄成叛，722 年梅叔鸞叛，自稱黑帝，聯合林邑和真臘，唐朝派宦官楊思勗領兵討平之。

　　唐代宗大曆二年（767），崑崙闍婆〔中爪哇的賽連德拉王朝（Sailen-dra）〕入侵交州，攻陷州城（河內）。經略使張伯儀求援於武定都尉高正平，援兵至，破崑崙闍婆軍於朱鳶。[30] 以後為避闍婆入侵，開始在河內建城池，稱羅城（或大羅城）。[31] 唐憲宗時張舟為安南都護，增築大羅城。

　　791 年 4 月，安南都護高正平實施重賦稅，引發人民不滿，交州人馮興起兵反抗，久攻不下，乃用杜英翰計，採用圍城策略，高正平憂懼而死，不久馮興亦死，其子馮安控制龍編。7 月，唐朝派趙昌為都護，他入境交州後，獲得民眾支持，他遣使勸諭馮安投降，最後馮安率眾投降。趙昌擴建龍編城，鞏固城池，他出任都護十七年，以足疾請求回國。唐朝另派兵部郎中裴泰取代他。唐朝貞元十九年（803），都督裴泰剷去城中溝地城，合為一城。但州將王季元叛變，驅逐裴泰。唐德宗召趙昌問明交州的情況，趙昌當時已年過七十歲，奏事清楚。唐德宗感到驚奇，復派他為交州都護。趙昌到了交州，州人相賀，亂事才平定。[32]

　　唐中葉後，國力衰弱，對安南已經失去控制，819 年，牙將楊清殺都護李象古。823 年，黃洞蠻襲欽州和安南，隔年 8 月又寇。828 年，安南駐軍嘩變，驅逐都護韓約。843 年，都護府將士作亂，燒城樓，劫府庫，經略史武渾逃往廣州。859 年，安南土蠻引南詔兵 3 萬多人攻陷安南，安南都護李鄠

　　（622）改為愛州。

29. [後晉] 劉昫等撰，**舊唐書**，卷五，本紀第五，高宗下，頁 21；卷四一，志第二十一，地理四，頁 94。收錄在**欽定四庫全書**。

30. [越] 吳士連、范公著、黎僖等撰，**大越史記全書**，外紀，卷之五，屬隋唐紀條。

31. [越] 吳甲豆，**前引書**，第一冊，春集，屬唐，頁 52。

32. [越] 吳士連、范公著、黎僖等撰，**大越史記全書**，外紀，卷之五，屬隋唐紀條。

逃往武州。861 年 1 月，派邕管及鄰道兵救安南，襲南詔。6 月，又派鹽州刺史王寬為安南經略招討使，李鄠亦從武州招募土軍收復安南。但唐懿宗以其失去安南，而將他貶官為儋州司戶。南詔復入寇安南，王寬告急，唐懿宗以蔡襲取代王寬，發兵 3 萬，南詔遂退兵。唐朝派蔡京總管嶺南事務，他擔心蔡襲擁兵在安南，將會坐大，令其撤兵，蔡襲要求留兵 5,000 在安南鎮守，蔡京不同意。南詔酋蒙世隆率兵 5 萬攻大羅城，唐朝派荊、桂兵援救，救兵未至，城陷，蔡襲等戰死，有 15 萬人被殺害。南詔兵撤退後，留蠻將楊思縉領兵 2 萬控制大羅城。唐懿宗將嶺南分為東西二道，召諸道兵守嶺南西道。862 年 5 月，廢安南都護府，設行交州於海門鎮（在鬱林州博白縣，為入安南之要道），以宋戎為行交州刺史，以康承訓為邕州（今廣西南寧）節度。由於康承訓不設斥堠，致 8,000 軍人遭蠻兵殺害。蠻軍合圍天平，康承訓派勇士 300 人夜襲敵營，斬殺五百餘人，冒功奏捷。7 月，復設安南都護府，以宋戎為經略使，派山東兵 1 萬多人駐守嶺南。[33] 造千斛大舟，運福建米到廣東給軍隊食用（實則奪商人大船運米）。南詔又寇邕州，嶺南節度韋宙彈劾康承訓以小捷冒充大勝及奪用民船之罪，另替以張茵，令其率兵 3 萬 5,000 人進攻大羅城，張茵進兵遲滯不前，唐懿宗另派高駢為安南經略招討使，才平定安南，驅逐南詔兵。[34]

唐懿宗咸通七年（866）11 月，在安南都護府設置靜海軍，以安南都護高駢為節度使，仍兼安南都護。自此以後至宋朝安南遂由靜海軍節鎮。[35]

877 年 12 月，安南駐軍叛亂，逐桂管觀察使李瓚，江州刺史劉秉仁和柳彥璋討平之。880 年，安南駐軍又一次嘩變，節度使曾滾被迫出走。

「唐昭宗天祐元年（904）12 月，初靜海節度使徐彥若遺表薦副使劉隱權留後（按：代理之意），朝廷以兵部尚書崔遠為靜海節度使，遠至江陵，聞嶺南多盜，且畏。隱不受代，不敢前，朝廷召遠還，隱遣使以重賂結朱全忠，乃奏以隱為靜海節度使。」[36]「唐昭宗天祐二年（905）3 月，以獨孤損

33. 黎正甫，**郡縣時代之安南**，商務印書館，上海市，1945 年，頁 106。
34. [越] 吳甲豆，**前引書**，第一冊，春集，屬唐，頁 59-60。
35. [宋] 司馬光，**資治通鑑**，卷二百五十，唐紀六十六，頁 41。收錄在**欽定四庫全書**。

為靜海軍節度使。」[37] 但獨孤損尚未到任即為朱溫殺害。唐昭宗另派劉隱為靜海節度使，「加靜海節度使劉隱同平章事。」[38] 梁太祖開平三年（909）4月，封劉隱為南平王。[39] 911 年，劉隱死，其弟劉龔代立。913 年，梁朝宋帝即位，封劉龔為南海王。917 年，劉龔在廣州自立為王，國號大越，改元乾亨，隔年改國號為漢（南漢）。

904 年，安南鴻州官員曲承裕，趁唐王朝垂亡，割據安南，自立節度使，實行自治。906 年，唐哀帝（昭宣光烈孝皇帝）頒封曲承裕同平章事。「天祐三年（906 年）正月，加靜海節度使曲承裕同平章事。」[40] 907 年，唐朝亡國。

「梁太祖開平元年（907）6 月，曲承裕死，以其子權知留後曲顥為安南都護充節度使。」[41] 917 年，曲顥死，由其子曲承美繼位。930 年，劉龔派梁克真攻打交州，俘曲承美，以阮進為安南節度使。931 年，曲氏部將楊延藝繼起，驅逐阮進，自稱節度使，統治交州六年。937 年 3 月，楊延藝牙將矯公羨殺楊延藝，楊延藝之婿吳權起兵攻矯公羨。矯公羨求援於南漢。劉龔遣其子劉弘操率舟師赴援。吳權殺矯公羨，接著又在白藤江大敗南漢援兵，殺劉弘操。

唐朝末年，中國各地群雄並起，安南亦沒有例外，各路英雄除了逐鹿王位外，亦企圖擺脫中國的控制，其情況跟秦朝末年一模一樣。唯一不同的是，秦末，甌雒國獨立不成，為南越趙佗所滅。而唐末，安南成功脫離中國，南漢控制安南不成，971 年亡於宋太祖。

---

36. [宋] 司馬光，**前引書**，卷二百六十五，唐紀八十一，頁 7。收錄在**欽定四庫全書**。
37. [宋] 司馬光，**前引書**，卷二百六十五，唐紀八十一，頁 9-10。收錄在**欽定四庫全書**。
38. [宋] 司馬光，**前引書**，卷二百六十五，唐紀八十一，頁 10。收錄在**欽定四庫全書**。
39. [宋] 司馬光，**前引書**，卷二百六十七，後梁紀二，頁 6。收錄在**欽定四庫全書**。
40. [宋] 司馬光，**前引書**，卷二百六十五，唐紀八十一，頁 26。收錄在**欽定四庫全書**。
41. [宋] 司馬光，**前引書**，卷二百六十六，後梁紀一，頁 20。收錄在**欽定四庫全書**。

第四節 林邑國獨立

占人屬馬來由波里尼西亞人種（Malayo-Polynesian），包括占族（Chams）及野人（Mlecchas）和山人（Kiratas）等人種。[42] 占族即是古代中國所稱的越裳的裳族，其與今日泰國暹族（Siam）、緬甸撣族（Shan），應屬同一族系，因歷史演化以致各地有不同的音譯。林邑〔又稱占婆（Champa）〕位在今天越南中部，沿海地帶居住者應屬於類似越南的雒族，而其與越南最大的不同是林邑的祖先係來自印度人，換言之，早期占婆是由印度人和當地的雒族、占族通婚而形成，其人深目高鼻，髮捲色黑。為一印度化國家，人民信仰婆羅門教和小乘佛教。第十五世紀占城被安南滅國後，居住在安南之占人的三分之二尚信仰婆羅門教和小乘佛教，而遷徙至柬埔寨之占人則改信奉回教。

中國對占婆古名稱呼有林邑、環王、占城，但據占婆碑銘，其國號始終自號占婆（Champa）。

林邑國之發源地在日南郡之南的象林縣，原稱象林邑，後簡稱林邑。「東濱滄海，西際徐狼，南接扶南，北連九德，後去象林林邑之號。建國起自漢末初平之亂，人懷異心，象林功曹姓區，有子名達，攻其縣，殺令，自號為王，值世亂離，林邑遂立，後乃襲代傳位子孫。」[43]

漢獻帝初平之亂，指董卓在 189 年挾漢獻帝而號令朝政，引發各地諸侯不滿，192 年，大將呂布殺董卓，中國陷入動亂。象林縣之土著官員區達（或寫為區連、區達，梵名釋利摩羅）趁東漢政治瓦解社會動亂時殺縣令，自立為王，林邑國的疆域約在今廣平、廣治等地，北起漢之象林，南迄今之平順。象林應是中國漢朝時最南之一城市，在今廣南省的會安（Fai-An）之南的茶蕎。[44]

孫權黃武三年（224），林邑遣使奉貢。248 年，交州與林邑戰，失去區粟城。晉武帝泰始四年（268），林邑遣使奉貢。法國人馬司培羅著的**占婆史**，說因陀羅補羅在今之東陽，而毘闍耶（Vijaya）在今平定省，又中國古籍稱為

---

42. [法] 馬司培羅著，馮承鈞譯，**占婆史**，臺灣商務印書館，臺北市，1973 年，頁 3。
43. [後魏] 酈道元，**水經注**，卷三十六，頁 27。
44. [法] 鄂盧梭（L. Aurouseau），**前引書**，頁 68。

屍喇皮奈，設皮奈、毘尼，自 1000 年以後，成為占婆新都。[45]

關於林邑及以後的占城的首都，曾先後遷移多次，其時間和地點如下：

從一世紀到二世紀末：在今越南廣義（Quang Ngai）省的沙黃（Sa Huynh）。

從 192 年到 758 年：在廣南（Quang Nam）省的茶蕎（Tra Kieu）。

從 758 年到 875 年：在寧順（Ninh Thuan）省的潘郎（或譯為藩朗，Phan Rang）。

從 875 年到 988 年：在廣南省的洞陽（Dong Duong）。

從 988 年到 1360 年：在平定（Binh Dinh）省的查奔（Cha Ban）。

從 1360 年到 1693 年：在慶和（Khanh Hoa）省的綏文（Tuy Vien）。[46]

315 年，林邑國王范逸起用中國逃奴范文為相，建城池宮室，兵車器械，國力漸盛。331 年，范逸死，范文殺王子，篡位為王，攻大歧界、小歧界、式僕、徐狼、屈都乾、魯扶單等諸部落併之，擁兵 4、5 萬，又向北擴張，與中國晉王朝發生衝突。344 年，交州攻日南、九真、九德。347 年，范文率軍攻陷日南，殺 5、6,000 人，餘眾逃至九真。349 年，晉軍攻林邑，為范文所敗。351 年，晉軍破林邑，范佛降，但不久又叛。353 年，交州又出擊林邑，359 年再擊之。361 年，廣州刺史滕含出兵擊林邑，范佛降。373—375 年，林邑進貢晉朝，暫時和平相處。405—418 年，林邑又侵日南、九真和九德諸郡。

415 年，林邑又侵交州。420 年，中國宋武帝劉裕受禪代晉，遣交州刺史杜慧度討林邑，林邑降。林邑雖常進貢中國，但亦寇掠不止。

433 年，林邑王范陽邁遣使入貢於宋，並求領交州，但宋帝不許。

446 年，宋文帝以龍驤將軍交州刺史檀和之伐林邑，林邑大敗，國王陽邁二世父子奔逃。范神成繼位，中國和林邑兩國恢復和平友好，但不久，林邑為扶南王子當根純（鳩酬羅）篡奪。449 年，范諸農復國，498 年親率使團入訪中國，不幸海上遇難，以後兩國使節往來不絕。

隋仁壽末（604），文帝以「時天下無事，群臣言林邑多奇寶」，命劉方、

---

45. [法] 馬司培羅著，**前引書**，頁 11。

46. 本項資料係由越南觀光局於 2005 年 3 月 29 日提供給筆者。

李綱經略林邑。605 年，攻陷林邑首都因陀羅補羅（Vijaya，今峴港），俘虜萬計，獲廟主（按：為歷任國王塑像）18 枚，皆鑄金為之，佛經 564 夾，1,350 餘部，毘尼（占文）書籍。隋朝控制林邑後，將該國分置三郡：比景、海陰、林邑。唐時將這三郡名稱分別改為景州、山州、林州。[47]

　　隋朝末年，中國政局陷入混亂，林邑王范梵志復國。唐武德六年（623年），林邑遣使進貢唐朝。唐高祖武德八年（625），林邑又遣使進貢，唐高祖設九部樂以宴林邑使者，並賜王錦彩。以後朝貢不絕。629 年，林邑王范梵志死，子范頭黎繼位。631 年，范頭黎死，子范鎮龍繼位。由於范頭黎愛民如子，唐太宗敬愛之，唐太宗在貞觀二十三年（649）去世時，「詔於陵所刊石圖頭黎之形，列於玄闕之前」，以示禮重。[48]

　　唐太宗貞觀十九年（645），〔林邑〕摩訶慢多伽獨弒鎮龍，滅其宗，范姓絕。國人立頭黎婿婆羅門為王，大臣共廢之，更立頭黎女為王。諸葛地者，頭黎之姑子，父得罪，奔真臘，女之王不能定國，大臣共迎諸葛地為王，妻以女。[49]

　　林邑在 653、657、669、670 到 749 等年進貢中國十多次。758 年，林邑更號環王。在 774 和 786 年，林邑兩次受到爪哇、馬來海盜入寇。809 年後，中國文獻不再稱環王，而稱占城。「唐憲宗元和四年（809）8 月丙申，安南都護張舟奏：『破環王國三萬餘人，獲戰象、兵械，並王子五十九人。』」[50]「唐元和初，林邑入寇驩、愛等郡，安南都護張丹擊破之。遂棄林邑，退遷其國於占，因號占城。」[51]「周世宗顯德五年（958）9 月，占城國王釋利因德縵使莆訶散來。」[52]

---

47. [越] 黃高啟，**越史要**，卷一，頁 36。
48. [後晉] 劉昫等撰，**舊唐書**，卷一百九十七，列傳第一百四十七，林邑國，頁 2。
49. [宋] 宋祁撰，**唐書**，卷二百二十二下，列傳第一百四十七下，南蠻下條，頁 2。
50. [後晉] 劉昫等撰，**舊唐書**，卷十四，本紀第十四，憲宗上，頁 31。
51. [明] 陳循，**寰宇通志（九）**，卷一一八，頁 8。
52. [宋] 歐陽修撰，**新五代史**，卷十二，周本紀第十二，世宗，恭帝，頁 4-5。收錄在**欽定四庫全書**。

第三章

大越國各王朝（一）

第一節 吳朝

晉天福四年（939），吳權稱王，定都古螺（福安省東英縣），結束了從始皇三十三年至晉高祖天福四年（西元前214年至西元939年），長達一千一百五十三年中國對越北的統治，越北是為中國的殖民地。

安南史記全書對吳權之描述為：「姓吳，諱權，唐林人，世為貴族，父旻為本州牧。王生，有異光滿室，狀類特殊，背上有三黑子，相者奇之，謂可為一方之主，乃命名曰權。及長魁梧，目光若電，綬步如虎，有智勇力，能扛鼎。為楊廷藝牙將，廷藝以女妻之，權管愛州。至是誅矯公羨，自立為王，都螺城。」[1]

晉天福四年（939）春，吳權始稱王，立楊氏為后，置百官，制朝儀，規定官員服飾的顏色。

944年，吳權死，在位七年，子吳昌岌繼位，由舅舅楊三哥輔政，卻為楊三哥所篡位，年號平王。950年，吳昌岌之弟吳昌文奪回王位，稱南晉王。吳昌文降楊三哥為張楊公，還賜給食邑。951年，迎其兄歸，吳昌岌稱天策王。兩兄弟共同執政，稱吳二王。

華閭洞人丁部領反叛吳二王，吳二王欲討之，丁部領懼怕，遣其子丁璉入貢，二王乃執丁璉，出兵進討，經過月餘還無法弭平，於是將丁璉綁在竹竿上，對丁部領喊話說，不投降，就殺死丁璉。丁部領怒說：「大丈夫豈以兒子之故，累大事耶。」還命十餘弓箭手射丁璉，二王驚異，只好退兵。[2] 吳昌岌在位三年，擅作威福，954年去世，由吳昌文繼位。南晉王遣使至南漢，劉鋹封南晉王為靜海節度使。「周世宗顯德元年（954）正月，昌文始請命於南漢，南漢以昌文為靜海節度使兼安南都護。」[3] 965年，南晉王率軍攻太平、唐阮二村，他在船上觀戰，不幸中箭而亡。[4] 吳朝經歷三主，前後共二十六年而亡。隨後釋放丁璉回華閭。

---

1. [越] 吳士連、范公著、黎僖等撰，**大越史記全書**，外紀，卷之五，前吳王條。
2. 陳荊和編校，**大越史略**，卷一，頁41。
3. [宋] 司馬光，**資治通鑑**，卷二百九十一，後周紀二，頁22。收錄在**欽定四庫全書**。
4. 陳荊和編校，**大越史略**，卷一，頁41。

　　吳朝建立的最重要意義是，從秦始皇在西元前 214 年入侵占領越北起，至吳權在 939 年建立王朝止，總共一千一百五十三年，越北是在中國的殖民統治之下，成為中國地方郡縣之一部分，此後即脫離此一殖民體系而轉變為高度自治的朝貢體系。

第二節　丁朝

　　吳朝瓦解後，越北各地群雄並起，共十二處，皆自號節度使「使君」，互相攻殺爭奪王位，史稱「十二使君之亂」。這十二使君包括：吳昌熾（吳昌岌之子）據平橋，矯公罕（稱矯三制）據峰州（今白鶴縣），阮寬（稱阮太平）據三帶，吳日慶（稱吳覽公）據唐林（一云據膠水），杜景碩（稱杜景公）據杜洞江，李圭（稱李朗公）據超類，阮守捷（稱阮令公）據僊遊，呂唐（稱呂佐公）據細江，阮超（稱阮右公）據西扶烈，矯順（稱矯令公）據回湖（今華溪縣陳舍社，猶有城故址在），范白虎（稱范防遏）據藤州，陳覽（稱陳明公）據布海口。[5]十二使君之亂歷經三年，至 968 年才被丁部領收服。

　　安南史略對丁部領之描述為：

　　丁部領，少孤，與母媼五人居山神祠側，門外有山，荷叢葉上，蝸跡成「天子」字。王為兒時，與群童牧牛於山野，皆推為眾兒長，以君臣禮事之，相與嬉戲，則共交手為椅以捧王，又取蘆花為前導，以左右引，像天子隊仗。暇日，群兒相率摘柴以供役課，……鄉中父老皆相戒曰：「此兒器宇非常，必能濟世安民，我輩若不早附，異日必悔其晚。」率子弟往從之，居於汹澳柵。其叔獨據柵不從，王率眾攻之，不勝，奔至潭家灣，橋壞，陷於潭，叔欲刺之，見二黃龍覆其上，叔懼而退，乃降。[6]

　　丁部領之父親丁公著為華閭之刺史，丁公著去世時，丁部領尚年幼，其

---

5. [越] 吳士連、范公著、黎僖等撰，**大越史記全書**，外紀，卷之五，吳使君條。
6. 陳荊和編校，**大越史略**，卷一，頁 42。

母譚氏帶著他住在鄉下。及長，丁部領有勇略，丁部領聽說陳明公賢而前往投靠，其子丁璉被陳明公收為養子。968 年，陳明公去世，丁部領帶領其眾，削平群雄，稱帝華閭（花閭，在寧平縣），建大瞿越國，改元太平，尊號大勝明皇帝，是為先皇帝。969 年閏 5 月，自封其長子丁璉為南越王。970 年，改元為太平元年，有年號自此始。

971 年，置文武官制，以劉基為都護府太師，阮卜為定國公，黎桓為十道將軍。為樹立威望，丁部領在宮殿前放一口大鼎以及獸檻裡養一隻老虎，凡不服從統治者，將受烹刑及虎吃之刑。

宋太祖開寶四年（971），宋太祖聽聞大瞿越王自上尊號，便遣使警告丁璉，其書略曰：「中夏之於蠻貊，猶人之有四肢也。苟心腹未安，四體庸能治乎。蕞爾交州，遠在天末，唐季多難，未遑區處。今聖朝蓋覆萬國，太平之業，亦既成矣。俟爾至止，康乎帝躬，爾毋向隅，為我小患。俾我為絕蹯斷節之計，用屠爾國，悔其焉追。」[7]

971 年，宋太祖兵略嶺南，平南漢。丁璉聽到此一消息，即在 972 年遣使阮子猷修好，貢方物，上表內附。973 年 4 月，宋太祖封丁璉為交趾郡王，又封為「可特進檢校太師，充靜海軍節度、管內觀察處置等使、安南都護、使持節都督交州諸軍事、御史大夫、上柱國，封濟陰郡開國公，食邑一萬戶，食實封○戶，賜推誠順化功臣。6 月，以交州進奉使鄭琇、王紹祚並為銀青光祿大夫、檢校左散騎常侍青光祿大夫、兼御史大夫、上柱國。」[8]

這是中國給越南統治者王號的開始。越南和中國形成特殊的朝貢關係，成為中國的藩屬國，歷宋、元、明、清四代。越南新朝建立或新王登基，則遣使入中國京城，請求中國冊封，給予正式承認。實際上中國並不過問越南內政、外交，越南則通過「朝貢」、「請冊封」的形式進行朝貢貿易，推動兩國政治、經濟、文化關係，並借助中國外交上的承認，鞏固國內的統治。

---

7. 陳荊和編校，**大越史略**，卷一，頁 43。
8. [清] 徐松，**宋會要輯稿**，第一百九十七冊，蕃夷四，交趾條，頁 20。

　　宋開寶七年（974）春 2 月，大瞿越重新確定軍制，全國分為十道軍，一道十軍，一軍十旅，一旅十卒，一卒十伍，一伍十人，各戴四方平頂帽（其帽以皮為之，平頂四邊，夾縫上狹下寬）。[9] 開寶八年（975）春，定文武冠服。派遣鄭琇進貢金帛、犀象給宋朝。秋天，宋朝派遣鴻臚卿高保緒率王彥符齎冊，加授南越王丁璉開府儀同三司、檢校太師、交趾郡王。

　　978 年正月，丁部領封其次子丁璿為衛王，立三子丁項郎為皇太子。

　　979 年春，丁璉因不滿其幼弟丁項郎被立為太子，而派人將他殺害。11 月，桐關官員杜釋晚上睡在橋上，望見天上流星閃過，以為是亡國之兆，遂起謀逆之心，趁丁部領及丁璉晚宴，醉臥庭中，將他們殺害，杜釋亦被捕斬殺。大臣阮卜和黎桓立即立丁璿（六歲）為王。丁璉在位十一年。

第三節　前黎王朝

　　黎桓攝行國政，稱為副王，將丁氏家族關禁閉。黎桓與丁璿之母太后楊氏有染，阮卜和丁佃懷疑黎桓有二心，將不利於年幼的衛王，於是出兵勤王，結果反遭黎桓捕殺。宋太宗聞知黎桓之行為，乃在 980 年秋 7 月，聽信知邕州侯仁寶之建言：「交州亂，可以偏師取之，願乘傳詣闕，面陳其狀。」[10] 於是出兵三路，一路由陳欽祚率軍至西結，二路由交州水路轉運使侯仁寶和蘭州團練使孫全興率領至諒山，三路由劉澄率水軍至白藤江，進討安南。黎桓卻在此時遣使進貢，為丁璿上表求襲位，宋太宗認為是緩兵之計，仍繼續派兵進討。[11]

　　當宋軍抵達中、越邊境時，諒山守軍立即通報，太后命范巨備為大將軍，率師抗宋。在出師之當日，范巨備逕入宮中，向黎桓說：「今主上幼弱，未知

---

9. [越] 吳士連、范公著、黎僖等撰，**大越史記全書**，本紀，卷之一，丁紀先皇帝條。

10. [明] 陳邦瞻撰，**宋史紀事本末**，卷十五，交州之變，中華書局，北京市，1977 年，頁 101-102。

11. [明] 柯維騏撰，**宋史新編**，卷一百九十八，列傳第一百四十，交趾條，新文豐出版公司，臺北市，1974 年 11 月，頁 9。

我輩勤勞，脫有尺寸之功，其誰知之，不如先策十道為天子，然後出師。」[12]
軍士聽到後高呼萬歲，太后也順大眾意，派人給黎桓披上龍袍，此舉猶如趙
匡胤的「黃袍加身」。980年，十道將軍黎桓廢丁璿，即位為王，建前黎王朝，
改元天福，仍都華閭。丁璿在位八個月。黎桓自號大行皇帝，封其父為長興
王，母鄧氏為太后。丁璿恢復為衛王。丁朝共三主，凡十三年而亡。

　　黎桓為長州人，其母懷他時，夢見腹中生蓮花，結實後分與眾人吃。黎
桓出生時，他母親見他手色與常人不同，就對人說她可能無法活到由他供養，
數年後他的父母雙亡。因此他由當地的黎觀察收養，有年冬寒，黎桓覆舂而
臥，黎觀察看見他身上有黃龍攀附，以為他將來有大成就。[13]

　　981年3月，侯仁寶軍抵諒山，陳欽祚軍至西結，劉澄率水師抵白藤江。
侯仁寶戰死，宋兵敗還。安南將俘獲的兩員將領送還宋朝。群臣給黎桓上尊
號為「明乾應運、神武昇平、至仁廣孝皇帝」。

　　孫全興、寧州刺史劉澄和軍器庫副使賈湜兵敗返國後，遭處死，孫全興
下獄。[14]但在**宋史**同書交趾列傳中則記載：「上遣使就劾澄、湜、僎。澄尋
病死，戮湜等邕州市。全興至闕，亦下吏誅，餘抵罪有差。仁寶贈工部侍
郎。」[15]

　　982年，黎桓立五王后。遣使徐穆、吳子庚至占城要求輸誠，遭逮捕，
黎桓怒，親自率軍討占城，殺其王篦眉稅（中國文獻稱波美稅）於陣前，毀
城滅宗廟，擄宮妓數百人、天竺僧一人、金銀珠寶數萬及其他重器。

　　黎桓擔心中國再度出兵，因此在983年遣使入貢，沒有想到宋太宗提出
了一個奇怪的建議，就是丁氏已傳襲三世，你黎桓得恩於丁氏，因此想令丁
璿為統帥，黎桓副之。其次，倘若丁璿年幼不克重任，則黎桓宜遣丁璿母子
來歸北朝，俟其入朝，將授給黎桓節旄。這兩種方法請黎桓擇一而行，結果
遭黎桓拒絕。[16]

---

12. 陳荊和編校，**大越史略**，卷一，頁44。
13. 陳荊和編校，**大越史略**，卷一，頁44。
14. [元] 脫脫等撰，**宋史**，卷四，本紀第四，太宗一，中華書局，北京市，1985年，頁66。
15. [元] 脫脫等撰，**宋史**，卷四八八，列傳第二百四十七，外國四，交趾條，頁14059。
16. [元] 脫脫等撰，**宋史**，卷四八八，列傳第二百四十七，外國四，交趾條，頁14059。

984 年，黎桓興建各式宮殿樓閣，富麗堂皇，柱子包以金銀，上覆銀瓦。

由於中國北方有契丹（匈奴）之騷擾，所以無意再與安南作戰，最後接受黎桓之朝貢，且封黎桓為安南都護，充靜海軍節度使。[17] 987 年，宋朝再封黎桓為交阯郡王。[18] 988 年，又遣使戶部郎中魏庠、虞部員外郎直史館李度加封黎桓檢校太尉，進邑千戶，實封五百戶。[19] 宋朝從討伐黎桓到籠絡以各項頭銜名器，足見欲以安定南方為要，而能專心致力於北方外患。

989 年，黎桓派管甲楊進祿徵收驪、愛二州稅，楊進祿卻將該二州送給占城，占城不接受。黎桓不滿，再度親征，殺楊進祿，收回驪、愛二州，殺害該二州人無數。同年封第三子為南封王。990 年 1 月，改元為興統。990 年 1 月，宋太宗命左正言宋鎬、右正言王世則使交州，以加恩制書賜黎桓，加桓特進邑千戶，實封四百戶。[20] 10 月，黎桓遣使都知兵馬使阮伯簪進貢七寶裝龍鳳闕椅子一、間金裝玳瑁簪十二、紅羅繡龍鳳傘一、間金裝玳瑁柄犀三十株、象牙四十株、絹萬疋、紬布各千疋。[21]

黎桓親自率 900 人到長州奈徵驛郊迎宋朝使節宋鎬，與宋鎬一起回到華閭城明德門，黎桓接奉制書，詭稱近年與蠻寇打仗，墜馬傷了足部，所以沒有敬拜接奉詔書，黎桓對宋鎬說，以後兩國使節就在邊境交接信物，無須到華閭城。宋鎬回國後報告宋太宗，宋太宗同意此一作法。[22]

993 年，宋朝冊封黎桓為交阯郡王，997 年又加封為南平王。

宋咸平五年（1002）春 3 月，制訂法律，選軍伍，分將校為兩班，改十道為路府州。宋景德元年（1004）春正月，黎桓五子黎龍鋌要求封他為太子，黎桓本欲許之，廷臣議以為不立長而立次，非禮也，於是改立三子黎龍鉞為皇太子，而加黎龍鋌為開明大王，黎龍錫為東城大王。[23]

---

17. [清] 徐延旭，**越南輯略**，世系沿革，無出版公司和出版地，1877 年（光緒三年），頁 4-5。
18. [明] 陳邦瞻撰，**宋史紀事本末**，卷十五，交州之變，頁 102。
19. [元] 脫脫等撰，**宋史**，卷四八八，列傳第二百四十七，外國四，交阯條，頁 14060。
20. [元] 脫脫等撰，**宋史**，卷四八八，列傳第二百四十七，外國四，交阯條，頁 14060-14061。
21. [清] 徐松，**宋會要輯稿**，第一百九十七冊，蕃夷四，交阯條，中華書局，北京市，1957 年，頁 24。
22. [越] 吳士連、范公著、黎僖等撰，**大越史記全書**，本紀，卷之一，黎紀大行皇帝條。
23. [越] 吳士連、范公著、黎僖等撰，**大越史記全書**，本紀，卷之一，黎紀大行皇帝條。

黎桓命吳子安率軍 3 萬開闢一條從南方邊界到海邊的公路，長 30 哩，又在銅鼓山達婆和（今清化同和江）開一新港，有助地方經濟發展。

1005 年 3 月，黎桓死，黎龍鉞與東城王、中國王、開明王爭奪王位，歷時九個月，國中無王，最後東城王敗逃占城，被殺害。1006 年 1 月，黎龍鉞即位，為中宗。僅三日，為開明王黎龍鋌（龍廷）所殺。開明王黎龍鋌（龍廷）為黎桓第五子，在 992 年被封為開明王。黎龍鋌又名臥朝王，因其有痔疾臥以視朝，故名。黎龍鋌為人殘暴，以殺人為樂。1007 年，仿宋朝定文武官制。宋朝封他為交趾郡王，賜名至忠。1009 年 10 月，黎龍鋌死，其子幼，為殿前指揮使李公蘊篡奪王位。前黎王朝共三王，從 980 年到 1009 年，共二十九年。

第四節　李朝

一、李太祖（1009 年 11 月—1028 年 3 月）

內政

李公蘊為中國閩人，[24] 曾為官於黎朝，當開明王殺害中宗時，眾官員皆奔逃，惟有李公蘊抱中宗屍大哭，黎龍鋌嘉獎其忠心，任命他為左親衛殿前指揮使。黎龍鋌死，嗣君沖幼，李公蘊率軍 5 百人入王宮宿衛，大臣陶甘沐遊說其取代幼主，出任國王，乃召眾官員高呼支持李公蘊為王，上演了一齣很像黎桓登上皇位的戲碼，李公蘊擁有兵權，眾官員只好黃袍加身，擁立他為國王。李公蘊在 1009 年 11 月即王位，年號順天，群臣上尊號為「奉天至理、應運自在、聖明龍見、睿文英武、崇仁廣孝、天下太平、欽明光宅、昭彰萬邦、顯應符感、威震蕃蠻、睿謀神功、聖治則天、道政皇帝。」[25]

1010 年，李公蘊嫌首都華閭低溼狹小，所以遷到大羅城，因遷都時，黃

24.「景德元年（1004 年），土人黎桓殺璉自立；三年，桓死，安南大亂，久無酋長。其後國人共立閩人李公蘊為主。」（〔宋〕沈括，**夢溪筆談**，卷二五，雜誌二，頁 11。收錄在諸子百家中國哲學書電子化計畫。）

25. 陳荊和編校，**大越史略**，卷二，頁 50。

龍（鱷魚）現於御舟旁，故改稱昇龍城（古為龍編城，又稱南京，今河內），改華閭為長安府。1010 年 12 月，翠華宮落成，大赦天下三年各種稅捐，孤寡老彎腰駝背者，多年積欠稅籍者都免除之。改十道為二十四路，愛州、驩州為寨。1024 年，再修築昇龍城。

1014 年春正月，蠻將楊長惠、段敬至率蠻人 20 萬入寇，屯金華步，布置軍營，名五花寨。平林州牧黃恩榮呈報訊息。李太祖命翊聖王帥師討之，斬首萬計，俘獲士卒馬疋不可勝數。宋大中祥符九年（1016）春 3 月是歲大熟，禾三十結，值 70 錢，因此免天下三年稅租。宋天禧元年（1017）春 3 月，任命陳文秀為太傅。詔令免天下田租。宋天禧二年（1018）冬 10 月，封皇子力為東征王，免天下田租一半。宋天聖三年（1025）春 2 月，詔立定藩寨於驩州南界，以管甲李台偕為寨主。秋 8 月，定兵為甲，每甲 15 人，用一人為管甲（猶如班長）。又定諸邑各管甲。

李太祖大建佛寺。佛教是在漢明帝永平二年（59）傳入中國，何時傳入越南則無可考。丁朝吳真流，號匡越太師，宣揚佛教，始盛行於嶺南。李太祖將古法州升為古法府，撥款 2 萬緡建寺八所，立碑記功。昇龍城內建寺二座。城外建寺七座。再建真教寺，令僧誦經。以後李太宗建延祐寺於清寶村（即一柱寺）。李聖宗建報天塔，高 12 層，使用銅 1 萬 2,000 斤，鑄造洪鐘（俗傳南越四器：報天塔、瓊林佛、普明鼎、龜田鐘）。李仁宗定諸路寺為大中小名藍，給三寶田（佛寶無量度人，法寶究竟三乘，僧寶自在無為）。李神宗遣李公平敗真臘，帶領其將詣寺謝佛。至李惠宗出家，為真教寺僧。越南舉人吳甲豆批評李朝過於崇佛，最後出現李惠宗到真教寺出家為和尚，是李朝侫佛之結果。[26]

李太祖的對外關係

李太祖執政時期，大越國學習中國的經驗開始跟周邊國家建立朝貢關係，占城國和真臘國成為其朝貢國。1011 年，占城國進貢獅子。1012 年 12 月，真臘國進貢。1014 年，真臘國進貢。1017 年，宋真宗封李公蘊為南平王。

---

26. [越] 吳甲豆，**前引書**，第二冊，夏集，李，頁 21。

1018 年，遣使阮道清到宋朝，求**三藏經**，得之。1020 年，命王子討占城，克之。1020 年 4 月，真臘國進貢。1025 年 2 月，真臘國進貢。1026 年，遣使到宋朝進貢。11 月，真臘國進貢。

二、李太宗（1028 年 3 月—1054 年 10 月）

內政

　　1028 年 3 月，李公蘊卒，廟號太祖。李公蘊在位二十年。群臣奉遺詔派人到龍德宮請長子李德政（**越史要**寫為李佛瑪）即位，時東征、翊聖、武德諸王為爭奪王位，東征王派伏兵於昇龍城內，翊聖、武德王派伏兵於廣福門外，欲襲殺李德政，李德政另從祥符門入，至乾元殿，遭三府兵攻擊，李德政命阮元義、黎奉曉擊敗叛軍，殺武德王。李德政當日即在樞前即位，改元為天成元年。當日，東征、翊聖二王詣闕伏罪，詔免其罪，恢復其爵位。群臣上尊號曰：「開天統運、尊道貴德、聖文廣武、崇仁尚善、政理民安、神符龍現、體元御極、億歲功高、應真寶歷、通元至奧、興隆大定、聰明慈孝皇帝。」[27]

　　李德政執政期間，叛亂事件層出不窮，例如登基不久，開國王據長安反叛，李德政親征，開國王降，詔免其罪。1029 年，愛州但乃甲叛變，李德政親征平亂。1031 年，平驩州叛變。1033 年，平定源州及甈源州叛。1035 年，愛州叛變，李德政親征平亂。1036 年 10 月，臨西道及都金、常新、平原等州叛變，入侵宋朝的思陵等州，掠奪牛馬、焚毀盧舍而還。1037 年 2 月，李德政親征臨西道，平定叛亂，以開皇王為大元帥，討都金、常新、平原等州，奉乾王為京師留守。1039 年 1 月，廣源州首領儂存福叛變，稱昭聖皇帝，封其長子智聰為南衙王，改廣源州為長生國。李德政親征，殺儂存福，其子逃逸。5 月，廣源州獻生金一塊，重一百十二兩。6 月，改元為乾符有道元年。1041 年 5 月，定宮女階品。6 月，殿前指揮使丁祿、馮律等謀叛，逮捕後處決。11 月，儂智高據雷火洞、儻猶州叛，李德政命討平之，生擒儂智高，因憐惜儂存福被殺，乃免其罪，給予廣源、雷火、平婆、思浪等州。1042 年 9 月，

---

27. 陳荊和編校，**大越史略**，卷二，頁 52。

文州叛亂，以開皇王為都統大元帥討文州。1043 年 1 月，愛州叛。3 月，以開皇王為都統大元帥討愛州。奉乾王為都統元帥討文州，文州平。1043 年 9 月，派魏徵到廣源州，賜儂智高郡王印，仍拜太保。1048 年，儂智高以勿惡洞叛，派軍討叛，出兵日遇大雷雨，賊首遭雷擊，身體並裂，叛軍遂投降。

1036 年夏 4 月，置驩州行營，改其州名為義安。1038 年春 2 月，李德政在布海口耕籍田，命官員除地築壇，祭祀神農，然後親自下田執耒耕種，行躬耕禮，期稻米豐收。[28]1042 年 7 月，詔諸盜官牛者杖一白，盜一頭要賠二頭。9 月閏月，詔夜侵入民家姦人妻妾，被主人發現，可格殺勿論。10 月，詔改元明道元年。命中書刪定律令，頒布**刑書**。該年鑄明道錢。11 月，詔年滿七十歲以上及八十歲以下者，十歲以上，十五歲以下，及身有弱疾，以至皇家、大功（指堂兄弟去世，則必須服九個月大功喪服，喪服用熟麻布做成）、期親（指服喪一年的親戚）以上犯罪者，允許他們以錢贖罪。犯十惡者，則不包括在內。1043 年 12 月，又鑄明道錢，頒賜文武臣僚。1044 年 12 月，在嘉林江岸建懷遠驛，作為外國來賓館歇之處。1052 年 3 月，在王宮內的龍墀（指宮殿的赤色臺階或赤色地面）放置大鐘，人民若有冤，可撞鐘申冤。第十三世紀泰國素可泰（Sukhothai）王朝時期藍甘亨（Ramkhamhaeng）國王也有相同的作法。

李德政崇佛遠甚於李太祖，他在位期間總共興建佛寺 950 間。[29]

1049 年春 2 月，改元崇興大寶元年。

1054 年 10 月，李德政去世，在位二十六年，廟號太宗。傳位給太宗第三子李日尊，改元龍瑞太平元年。

李太宗的對外關係

1033 年春正月，真臘國進貢。1039 年 12 月，真臘國進貢。1044 年春正月，李德政親征占城，殺占人三萬多人、俘五千多人。1048 年秋 9 月，命將軍馮智能攻哀牢（指寮越邊境的西雙朱泰），獲人畜甚眾而還。1050 年春 3 月，

---

28. [越] 吳士連、范公著、黎僖等撰，**大越史記全書**，本紀，卷之二，李紀太宗皇帝條。
29. [越] 黃高啟，**越史要**，卷二，頁 4。

占城獻白象。

1052 年 4 月，儂智高請附於宋朝，宋朝未允，乃寇掠宋朝邊地，占領邕州，建大南國，自稱仁惠皇帝。1053 年，宋朝出兵伐儂智高，遣使梁珠到安南，請求出兵，安南派遣殿前指揮使武珥為招討使，協助征討儂智高。宋朝狄青敗儂智高於歸仁，儂智高逃至大理國。大理國斬殺儂智高，將其頭顱送給宋朝。

李德政執政期間，跟中國宋朝維持友好關係，1030 年，派大僚班黎偓佺到宋朝進貢。1038 年，宋仁宗封李德政為南平王。占城王子地婆剌入貢。1039 年 12 月，真臘國進貢；遣使到宋朝進貢。1042 年 9 月，遣使梁茂材到宋朝進貢。1044 年 1 月，李德政親征占城，7 月入佛誓城（今峴港），俘虜眾多宮女妻妾。1047 年，占城進貢。

三、李聖宗（1054 年 10 月—1072 年 1 月）

內政

李日尊在 1054 年將國號改為安南。李日尊施仁政，提倡文化建設，1070 年 8 月修文廟，塑孔子及七十二先賢像以祭祀之，開啟越南祭祀文廟之禮儀。

1068 年 2 月，因為真登州獻白象二隻，因此改元天貺寶象元年。

1072 年 1 月，李日尊去世，廟號聖宗。李日尊在位十九年，傳位給其長子李乾德，改元太寧元年。

李聖宗的對外關係

1055 年 2 月，占城進貢。10 月，中國宋仁宗封李日尊為交趾郡王；遣使到宋朝朝貢。1056 年 1 月，真臘進貢。1057 年 4 月，遣員外郎梅元清貢二隻麒麟給宋朝。12 月，占城進貢。1059 年 8 月，占城進貢。

1060 年 6 月，安南和宋朝發生邊境衝突，雙方對於此事之記載不同，**宋史**記載：「宋仁宗嘉祐五年（1060），交趾與甲峒賊寇邕州。詔知桂州蕭固發部兵與轉運使宋咸、提點刑獄李師中同議掩擊。又詔安撫使余靖等發兵捕討。靖遣諜誘占城，同廣南西路兵甲，趨交趾，日尊惶怖，上表待罪。詔未

得舉兵，聽日尊貢奉至京師。」[30]

　　安南史略之記載為：「6 月，諒州牧申紹泰以兵入宋界西平州如整縣捕本州逃亡人，虜其指揮使楊侶才及男女牛馬不可勝數。宋遣吏部侍郎余靖赴邕州議其事。王命裴嘉祐等赴邕會議，靖厚賂嘉祐及附書乞還侶才，王不省。」[31]

　　欽定越史通鑑綱目之記載為：「嘉祐五年（1060）7 月，〔交趾〕遣使如宋邕州。先是諒州牧申紹泰追捕逃亡越入宋境，執宋指揮使楊保材以歸。宋兵來侵，不克。至是遣吏部侍郎余靖赴邕州會議。帝遣裴嘉祐往，靖厚遺嘉祐，因移書請還保材，帝不許。」[32]

　　從上述**宋史**的紀錄，才知道李日尊不同意放回楊保材後，余靖密派人前往聯絡占城和廣南西路兵甲從南邊威壓安南，才迫使安南釋放楊保材，宋朝乃停止出兵安南。

　　1060 年 10 月，占城進貢。1063 年 12 月，占城進貢。1064 年 10 月，宋英宗加封李日尊為同平章事。1065 年 12 月，占城進貢白犀一。宋治平四年（1067）春 2 月，牛吼、[33] 哀牢等國獻金銀、沉香、犀角、象牙、土宜等物。1068 年 2 月，占城獻白象，後再擾邊。1068 年 9 月，宋神宗封李日尊為南平王、加開府儀同三司；遣使如宋。1069 年 2 月，詔親征占城；3 月，破佛誓城；4 月，在真臘界俘獲占城國王第矩（制矩）及其眾 5 萬人；7 月，李日尊自占城返國，獻俘於太廟，改元神武元年。制矩請以地哩（今廣南）、麻令、布政三州贖罪，許之，放制矩還國。[34] 11 月，真臘進貢。宋熙寧四年（1071）1 月，占城進貢。

---

30. [元] 脫脫等撰，**宋史**，卷四八八，列傳第二百四十七，外國四，交趾條，頁 14068。

31. 陳荊和編校，**大越史略**，卷二，頁 58。

32. [越] 陳文為等纂修，**欽定越史通鑑綱目**，第二冊，正編，卷之三，李聖宗彰聖嘉慶二年，頁 666-667。

33. 牛吼蠻，是位在越南西北沱江地區的少數民族部落，被陳朝所滅，黎朝設立越州，後改為安州，今越南山羅省安州。**維基百科**，https://zh.wikipedia.org/wiki/%E7%89%9B%E5%90%BC%E8%9B%AE　2018 年 1 月 15 日瀏覽。

34. [越] 吳士連、范公著、黎僖等撰，**大越史記全書**，本紀，卷之三，李紀聖宗皇帝條。

四、李仁宗（1072 年 1 月—1127 年 12 月）

內政

1073 年，幽囚皇太后楊氏，尊皇太妃為靈仁皇太后。靈仁皇太后是李仁宗的生母，性嫉妒，向李仁宗說：「老母劬勞，以有今日。而今富貴，他人是居，將置老母於何地。」意思是說楊太后可能干政，以至於作為生母的靈仁皇太后，將被冷落，於是李仁宗乃幽囚楊太后及侍女七十六人於上陽宮，逼令殉於聖宗陵。[35]

1075 年春 2 月，詔選明經博學及試儒學三場，黎文盛中選，進侍帝學。此應是越南第一次考試取才。

1076 年 4 月，改元英武昭勝元年。詔求直言。擢賢良有文武才者，命管軍民。設立國子監，選文職官員識字者入學。選文學充補翰林院。定文武從官及雜流職名。1077 年春 2 月，以儒學、算術和刑律科目招考官員。[36] 頒諸條例著為會典施行，此為歷朝會典之始。

1096 年春 3 月，李仁宗到靈潭，駕小舟遊湖觀魚。忽有霧起，有船隻開近，見船中有虎，眾人驚懼。漁人穆慎撒漁網罩住老虎，卻發現是太師黎文盛化裝為虎，意圖殺害李仁宗。李仁宗以黎文盛有裨贊功，不忍殺他，將他流放到洮江之寨頭。另外賞穆慎官職財物，賜西湖之地為食邑。黎文盛有大理國奴，能奇術，故能變換為老虎，欲行篡弒也。李仁宗之所以不殺叛臣，乃崇信佛教所致。[37]

1102 年 2 月，命皇后、妃嬪齋戒設醮祈嗣。宋崇寧二年（1103）春，太后發內府錢，贖貧家女之典命者嫁鰥夫。1112 年春，李乾德因為年歲已高，尚無子嗣，詔擇宗室子立為嗣。李乾德的弟弟崇賢侯亦沒有子嗣。剛好石室山寺僧徐道行到崇賢侯家，談及祈求子嗣事。道行曰：「他日夫人臨誕時，必先相告，蓋為之祈於山神也。」[38] 1115 年春正月，封蘭英、欽天、震寶三

---

35. [越] 吳士連、范公著、黎僖等撰，**大越史記全書**，本紀，卷之三，李紀仁宗皇帝條。
36. [越] 吳士連、范公著、黎僖等撰，**大越史記全書**，本紀，卷之三，李紀仁宗皇帝條。
37. [越] 吳士連、范公著、黎僖等撰，**大越史記全書**，本紀，卷之三，李紀仁宗皇帝條。
38. [越] 吳士連、范公著、黎僖等撰，**大越史記全書**，本紀，卷之三，李紀仁宗皇帝條。

皇后，三十六宮人。因為李乾德無子嗣，故多立皇后及宮人，設醮祈子嗣。。
太后興建佛寺，前後有百餘所。1116 年夏 6 月，崇賢侯的妻子杜氏，快臨盆
時難產，想起以前徐道行的話，就派人到石室山寺通報徐道行，徐道行立即
易服澡身，進入石洞中坐定而逝。不久杜氏順利產一子，即陽煥。鄉人奇之，
將徐道行屍體放入缸中祭拜。徐道行坐逝，投胎轉世為李陽煥，應是神話。

　　1117 年 8 月，火葬靈仁太后，殉者三人。[39] 早期越南尚有貴族死時侍婢
殉葬之習俗。

　　1118 年 11 月，禁京城內外，家庭內奴僕不得像禁軍一樣刺墨於胸部和腳，
亦不得刺龍紋於身上，違犯者將成為官奴。換言之，只准禁軍才可以紋身。

　　1119 年 10 月，在龍墀舉行出征軍人會盟儀式，李乾德親率軍擊麻沙洞，
破之，俘其洞長魏滂等數百人，獲金幣、牛、羊不可勝數。命偏將入沿邊諸
洞招諭逃亡，使各歸業。[40]

　　宋宣和五年（1123）4 月，禁宰牛，詔曰：「牛者稼穡之所重，利人不少。
今後三家為一保，不得殺而食之，違者寘之刑憲。」[41]

　　宋宣和七年（1125）11 月，詔凡毆人致死者，杖一百，刺面五十字，徒
犒甲。犒甲指充任奴隸的徒刑，或發配邊疆開荒。

　　1126 年 2 月，李乾德御天安殿，觀諸王侯蹴毬於龍墀。[42] 此一蹴毬運動，
應是學自中國。1127 年 12 月，仁宗火葬時，亦有被仁宗臨幸過的兩名宮女
殉葬。[43]

　　1127 年 12 月，李乾德去世，在位五十六年，廟號仁宗，傳位給聖宗之
孫年方十二歲之李陽煥。

與宋朝的關係

　　1073 年 8 月，宋神宗封李乾德為交趾郡王。

---

39. 陳荊和編校，**大越史略**，卷二，頁 68。
40. [越] 吳士連、范公著、黎僖等撰，**大越史記全書**，本紀，卷之三，李紀仁宗皇帝條。
41. [越] 吳士連、范公著、黎僖等撰，**大越史記全書**，本紀，卷之三，李紀仁宗皇帝條。
42. 陳荊和編校，**大越史略**，卷二，頁 69。
43. 陳荊和編校，**大越史略**，卷三，頁 71。

1074 年 9 月，王安石出任宰相，聽信讒言，認為占城已擊破安南，安南兵力薄弱，可趁機奪占安南，遂派遣沈起、劉彝出兵安南。1075 年 11 月，宋軍戰爭失利，安南軍陷欽州、廉州。12 月，派天章閣待制趙卨為安南道招討使，嘉州防禦使李憲副之，以討交阯。[44]

邕州知州蘇緘固守城池，安南軍「攻之四十餘日不能下。獲宋人，教以土囊傅城而登，常傑從之，城遂陷。蘇緘奔還州廨，先殺其家屬三十六人，後乃縱火自焚。軍士求緘不得，乃盡殺吏民五萬餘人。是役也，所殺獲邕、欽、廉三州人，無慮十萬。」[45]

1076 年 2 月 2 日，詔占城、真臘二國合擊安南，派遣容州節度推官李勃、三班奉職羅昌皓齎敕書，賜二國藥物、器幣有差。「4 月 14 日，降詔書分物賜占城、真臘國王及真臘國將帥司馬。極以問罪交阯，戰棹經其國，且俾助順討逆也。」[46] 惟該兩國各有其困難，而未能出兵助宋。

1076 年 7 月，宋朝以廣南宣撫使郭逵、趙禼為招討使，總九將軍攻安南。李乾德命李常傑領水軍抗宋，兩軍相持月餘，宋軍力困，敗退，攻取廣源州。

關於宋國與安南兩國相戰之原因，越南文獻之記載為：

「熙寧九年（1076）冬 12 月，宋兵來侵，取廣源諸州而還。初常傑等將兵伐宋，露布言：『宋行青苗助役之法，荼毒生民，我今興師欲相拯救。凡所過城邑揭之衢路及邕廉陷，安石聞之大怒，乃以郭逵為招討使，趙禼副之，總九將軍。約占城、真臘來侵。帝命常傑領兵逆擊。」[47]

「宋熙寧十年（1077）3 月，又大舉伐宋欽、廉州，聲言宋行青苗役法，殘害中國民，興師問之，欲相救也。」[48] 越南史書認為是出於拯救中國人民，才出兵相救。

由於宋軍 8 萬深入安南，雙方死傷慘重，勝負難決，於是安南軍先遣人到宋軍軍門求和，要求宋軍歸還占領的廣源、思琅、蘇茂、桄榔等四州。宋

44. [元] 脫脫等撰，**宋史**，卷十五，本紀第十五，神宗二，頁 289。
45. 陳荊和編校，**大越史略**，卷二，頁 62。
46. [清] 徐松，**宋會要輯稿**，第一百九十七冊，蕃夷四，占城條，頁 71-72。
47. [越] 陳文為等纂修，**欽定越史通鑑綱目**，第二冊，正編，卷之三，李仁宗英武昭勝元年，頁 691-695。
48. [越] 吳士連、范公著、黎僖等撰，**大越史記全書**，本紀，卷之三，李紀仁宗皇帝條。

軍同意和解。[49]

　　在戰後換俘方面，安南動了手腳，除了延緩歸俘時間外，將送還的戰俘依年齡不同而在額頭上刺「天子兵」（十五－十九歲）或「投南朝」（二十歲以上），在婦女左手上刺「官客」，即指為官員佐酒助興之人。在額頭上刺「天子兵」，[50] 是當時安南對軍人的規定。因此將宋人額頭上刺青，無非在表明這些宋人是投靠安南的。

　　至於宋軍所占領的四州，安南要求歸還，宋朝認為該四州多瘴癘，占之無益，儘管廣源州原屬邕州管轄，亦連同其他三州送給安南。[51]

　　安南在 1078 年 2 月遣員外郎陶宗元至宋朝貢五頭馴象，兩國言歸於好。最有趣者，安南和占城為世仇，宋朝還想利用占城包圍安南，當然此事不為安南所知，當安南在 1078 年 9 月遣使進貢中國時，安南和占城使節同時出現在宋朝宮廷中，宋朝將他們隔開，避免他們相見。宴會時亦是各坐一殿，不使相見。[52]

　　宋朝繼續在 1080 年閏 9 月冊封安南李乾德靜海軍節度使、安南都護、交趾郡王頭銜，還給加食邑、實封。[53]

　　1081 年 11 月，安南歸還三州人丁予宋朝，宋朝亦歸還安南廣源等州；遣員外郎梁用律如宋，請**大藏經**。1084 年 6 月，派兵部郎中黎文盛到永平寨與宋朝議疆界事，宋朝以黎文盛為龍圖閣待制（指侍從顧問之職）。1087 年 10 月，宋哲宗加李乾德同平章事。1089 年 2 月，宋軍入石犀州。1090 年 2 月，宋哲宗封李乾德為南平王；李乾德遣使進貢。1094 年 9 月，遣員外郎阮利用到宋朝。1098 年 9 月，遣員外郎阮文信到宋朝，請**三藏經**。1101 年 12 月，改驩州為義安府。1102 年 12 月，遣員外郎杜英厚到宋朝。1106 年 11 月，李乾德為防備宋朝入侵，造永隆二腹舶及造戰船；遣員外郎魏文相到宋朝。1110 年 8 月，遣員外郎陶彥到宋朝。1114 年 10 月，遣員外郎陶信厚進貢宋朝象十

49. [越] 陳文為等纂修，**欽定越史通鑑綱目**，第二冊，正編，卷之三，李仁宗英武昭勝元年，頁 691-695。

50. [元] 脫脫等撰，**宋史**，卷十五，本紀第十五，神宗二，頁 14069。

51. [明] 柯維騏撰，**宋史新編**，卷一百九十八，列傳第一百四十，交趾條，頁 14。

52. [清] 徐松，**宋會要輯稿**，第一百九十九冊，歷代朝貢條，頁 35。

53. [清] 徐松，**宋會要輯稿**，第一百九十七冊，蕃夷四，交趾條，頁 39。

頭。1118 年 11 月，遣員外郎阮伯慶進貢宋朝象、犀。1119 年 10 月，宋徽宗
加李乾德守司空。1122 年 8 月，遣員外郎丁慶安使宋。1126 年 11 月，遣書家
嚴常、徐延等使宋，至桂州，見其經略司，經略司對嚴常、徐延說：「今年
京東、湖南等處，並以調發兵馬，拒大金國，未審歸期在何日。此間鋪馬斷絕，
在在更少，請使領還禮物（指將禮物帶回）。」[54]

從以上李乾德和宋朝的關係，顯示兩國從戰爭到和解，再發展每三年一
次朝貢，以後持續這種友好關係很長一段時間。

與占城的關係

占城是安南的鄰國，在此一時期，兩國維持相當友好的朝貢關係。朝使
往來並無固定的時間，從一年到三年不等。茲列舉占城進貢安南的時間如
下：1073 年 1 月、1075 年 1 月、1077 年 10 月、1081 年 11 月、1082 年 12 月、
1083 年 10 月、1084 年 11 月、1085 年 8 月、1086 年 11 月、1087 年 10 月、
1088 年 12 月、1089 年 2 月、1091 年 2 月、1094 年 9 月、1095 年 6 月、1097
年 11 月、1098 年 9 月、1099 年 10 月、1102 年 12 月、1104 年 9 月、1105 年
11 月、1106 年 11 月、1108 年 1 月、1110 年 8 月（進貢白象）、1111 年 11 月、
1116 年 11 月、1120 年 10 月。

與真臘的關係

從安南到真臘，中間還隔著占城，兩國也維持著鬆散的朝貢關係，在李
乾德執政時期真臘向安南進貢的時間如下：1072 年 4 月、1086 年 2 月、1095
年 6 月、1120 年 10 月、1123 年 10 月。

五、李神宗（1127 年 12 月—1138 年 9 月）

內政

李陽煥即位時只有兩歲，而由內武衛黎伯玉為太尉，陛侯秩（指晉升侯

---

54. 陳荊和編校，**大越史略**，卷二，頁 69。

爵）；內人火頭劉波、楊英珥為太傅，爵大僚班；中丞牟俞都為諫議大夫，遷諸衛秩；內人火頭李慶、阮福、高依為太保，爵內上制、內祗候；管甲李山為殿前指揮使，爵大僚班；伶人吳碎為上制御庫書家；徐延為員外郎。另外賜黎伯玉、劉波、牟俞都及官職都錢幣，酬謝他們輔佐國政之功也。[55]

1128 年 2 月，詔百官家奴皂隸不得娶良民女。11 月，以太尉黎伯玉為太師，改姓張氏。1129 年春正月，尊親生父崇賢侯為太上皇，親生母杜氏為皇太后，居洞仁宮。2 月，詔赦天下罪人。8 月，詔諸王侯百官奴婢，不得依勢毆擊官軍百姓，犯者徒其家主，奴沒入官。

1138 年 9 月，李陽煥病危，立神宗第二子李天祚為皇太子。原先李陽煥是立李天祿為繼承人，後來生病，感聖、日奉、奉聖三位夫人欲改立，乃派人賄賂參知政事徐文通，說：「如果你受命草擬遺詔，請不要忘了我們三位的要求。」徐文通答應其要求。等到李陽煥病危，徐文通受命草擬遺詔，但一直拿著筆未書寫，三位夫人來探詢，並流淚對徐文通說：「我等聽說，古代王位繼承是立嫡不立庶。天祿是出身卑微而受寵幸的人之子，苟使嗣位，其母必然僭位，則必然會產生嫉妒，如此則我等之母子能免於難乎。」因此，李陽煥就立李天祚為皇太子，李天祿為明道王。[56] 李陽煥在該月去世時，壽十二，在位十年，廟號神宗。傳位給神宗第二子李天祚，即位時三歲，改元紹明元年。

李神宗的對外關係

1128 年 1 月，李陽煥齎書宋朝，訃仁宗之喪，及告以初即位。當時宋高宗避金人，已渡江至臨安。2 月，真臘 2 萬人寇義安州，命太傅阮公平討之，擒其將而還。8 月，真臘人船七百餘艘入寇義安州杜家鄉。詔清化府阮河炎及本州楊塢等領兵擊敗之。1130 年 6 月，占城進貢；遣使到宋朝。1131 年 3 月，宋高宗封李陽煥為交趾郡王。1132 年 8 月，真臘、占城寇義安州，詔太尉楊英珥討克之；遣阮承恩如宋。1133 年 9 月，大齊國（金國在 1130 年 7 月所扶植的長江以北的傀儡國家，首府在開封）及金國遣使交趾，冊封郡王李陽

---

55. [越] 吳士連、范公著、黎僖等撰，**大越史記全書**，本紀，卷之三，李紀神宗皇帝條。
56. [越] 吳士連、范公著、黎僖等撰，**大越史記全書**，本紀，卷之三，李紀神宗皇帝條。

煥為廣王。[57] 1134 年 2 月，真臘、占城進貢。1136 年 9 月，真臘將蘇破稜寇義安州，命太傅阮公平擊敗之。

六、李英宗（1138 年 9 月—1175 年 7 月）

內政

1139 年 2 月，翁申利自稱為仁宗之子，據上源州稱帝號平皇，擁眾千餘人，李英宗詔諫議大夫劉禹偁擊之，失敗。翁申利占領西儂州，破富良府，向昇龍城進發。李英宗命太傅杜英武率軍大敗之，10 月，杜英武攻占隆令州，俘虜二千多人。翁申利退至諒州，為太傅蘇靈成所擒，送京師斬首。[58]

1140 年 2 月，改元大定元年。

1148 年 9 月，李天祚將杜英武下獄，由於李天祚即位時只有三歲，政務大小事都委由杜英武處理，而杜英武與李太后有私通，因此益為驕橫，經常在朝廷上大聲嚷嚷，對官員頤指氣使，眾官怒不敢言，駙馬楊嗣明、殿前指揮使武帶率軍士逮捕杜英武，關在具聖廊。太后送酒食給武帶軍隊並以金錢賄賂武帶，具聖都火頭阮揚對外說，你們若接受賄賂，來日我等將被杜英武所害，不如殺之。於是拿戈欲殺杜英武。左具聲譚乃奪下他的戈，說：「殿前指揮使武帶告訴我，要殺杜英武需上命許可。」阮揚怒罵他們受賄賂，而不顧公義，遂投井而死。在太后庇護下，杜英武無罪開釋，恢復太尉職，而益為跋扈，私組奉衛都軍隊，拘捕政敵，武帶等人皆被梟首，駙馬楊嗣明等人流放惡水。此後規定閹侍不得擅入宮中，朝士不得往來王侯家，進入奉衛都（即王宮所在）地方者，杖八十，入廊內（即內宮）者死罪。[59]

1152 年 10 月，舉行殿試。

1156 年 12 月，建孔子廟。安南開始崇祀孔子，鼓勵士子讀四書。

---

57. 「宋高宗建炎七年（1133，紹興三年）9 月，劉豫遣通判齊州傅維永及募進士宋困等五十餘人自登州泛海入交趾，冊交趾郡王李陽煥為廣王，且結連諸溪洞酋長。金主遣使穆都哩等二十餘人偕行。」（[宋] 李心傳撰，**建炎以來繫年要錄**，卷六十八，趙鐵寒主編，宋史資料萃編第二輯，文海出版社，臺北縣，1968 年，頁 2220。）
58. 陳荊和編校，**大越史略**，卷三，頁 72-73。
59. 陳荊和編校，**大越史略**，卷三，頁 74。

1157 年 6 月，頒布新法令，諸殿前使及官職都火頭不得服私家役，違者杖八十；諸色人著青衫者杖八十，徒為犒甲；諸權勢家不得擅受百姓色人等；諸王侯夜間不得來往城內；諸王侯家奴不得刺龍形刺青於胸。[60]

1158 年 5 月，遣左司阮國以出使宋朝，他看到宋朝宮廷中擺設有銅匭，接受各種建議章疏，他遂建議李天祚也設此銅匭，使下情上達。李天祚接受其議，在朝庭中設匭，約一個月即已投書滿匭，其中有一個無名投書，說太尉杜英武陰謀起兵入宮作亂。杜英武找人起奏，想查出是誰所寫，結果查不出來。杜英武乃說此必定是立此案者所為，李天祚同意其意見，遂逮捕阮國以和他弟弟，將他流放歸化寨。後來李天祚要召他回京師，杜英武遣人送阮國以一包避瘴氣的藥，阮國以知難逃死罪，仰藥而死。[61]

1162 年，詔六十歲以上為老劣，十七至十九歲為第二等，十六歲以下為黃男。詔自割勢者，杖八十，刺左膊二十三字。[62] 1162 年 2 月，舉辦文武臣僚考試，考試通過沒有過失者給予加薪。定為常憲，凡九年為一考。

1163 年 1 月，禁天下不得服用假珍珠。[63]

1174 年 2 月，改元天感至寶元年。

1174 年 11 月，由於太子李龍昶性好漁色，與李天祚的眾多妃嬪有私通，李天祚惡其無禮。有受李天祚寵愛的妃子徐氏，引發王后妒忌，唆使太子龍昶引誘徐氏，徐氏狀告李天祚，李天祚遂廢太子，降為保國王。另立龍翰為太子。李天祚之所以立李龍翰為太子，乃因為有一日，李天祚上早朝，乳母抱李天祚第六子李龍翰隨後，李龍翰一直哭泣不停，李天祚脫下王冠，戴在李龍翰頭上，就停止哭泣，李天祚自言說：成吾業者，必此兒。於是在 1175 年 1 月立李龍翰為太子。[64] 拜蘇憲誠入內檢校太傅平章軍國重事王爵，輔翼太子東宮。

1175 年 4 月，李天祚病重，命蘇憲誠抱太子攝理政事。7 月，李天祚病危，

---

60. 陳荊和編校，**大越史略**，卷三，頁 75。
61. 陳荊和編校，**大越史略**，卷三，頁 75-76。
62. 陳荊和編校，**大越史略**，卷三，頁 76。
63. 陳荊和編校，**大越史略**，卷三，頁 76。
64. 陳荊和編校，**大越史略**，卷三，頁 77。

王后請恢復保國王為太子，李天祚拒絕說：他為人子都不能敬其親，一旦當上國王能愛其民嗎？他告訴太子說：「國家山奇水秀，人傑地靈，珠玉寶貝靡不生焉，他國莫比也。宜慎守之。」[65]不久去世，壽四十一，在位三十九年，廟號英宗。傳位給第六子李龍翰（或龍翰），時僅兩歲。

與宋朝、蒙古和金國的關係

1138 年 4 月，宋高宗封李天祚為交趾郡王。1155 年，宋高宗封李天祚為南平王，李天祚遣員外郎阮國以寶送貢物給宋高宗，宋高宗賜李天祚衣帶鞍馬。1156 年 11 月，宋高宗加李天祚檢校太師。

1163 年 5 月，宋孝宗即位，遣使齎禮物、國書至欽州，李天祚遣使迎之。1164 年 7 月，南宋孝宗封李英宗為「安南國王」，為中國承認安南為國家之始。1168 年 9 月，宋使至安南，韃靼（即蒙古使節）亦至，安南都賜予厚賞，陰以禮接，使該兩國使節互不相見。

1169 年 8 月，金國遣使到安南。

1173 年，宋朝致書買象，以備南郊（指帝王在京師南邊的郊外祭天）鹵簿（指帝王專用的儀仗），命大僚班尹子充齎象十頭到宋朝。

與占城的關係

1152 年 10 月，占城國人雍明些疊詣闕，請求冊封其為王。李天祚詔上制李蒙領清化府義安州五千餘人前往占城，準備立雍明些疊為王。李蒙至占城，為其主制皮囉筆所拒，雍明些疊、李蒙等皆被殺害。[66]1153 年 11 月，占臘（即占城）進貢，以示兩國友好。占城主制皮囉筆在 1154 年 10 月進獻其女兒，李天祚納之。以後占城分別在 1155 年 11 月、1160 年、1164 年 3 月進貢。

宋乾道三年（1167）秋 7 月，安南命太尉蘇憲誠伐占城。10 月，占城遣使進珍珠方物請和。詔蘇憲誠班師，自是占城執藩臣禮，奉貢不缺。1170 年，占城進貢。

---

65. 陳荊和編校，**大越史略**，卷三，頁 77。
66. [越] 吳士連、范公著、黎僖等撰，**大越史記全書**，本紀，卷之四，李紀英宗皇帝條。

與他國的關係

1148 年 9 月，真臘寇義安州。1149 年春 2 月，爪哇、路貉、暹羅三國商舶入海東，請求居住販賣，乃於海島等處立莊，名雲屯，買賣寶貨，上進方物。雲屯位在廣寧省雲屯縣，是位在下龍灣的關爛島。[67] 1150 年 9 月，真臘人寇義安，至霧濕山，剛好暑濕多瘴死，遂自行撤退。

1159 年春，牛吼國[68] 進華象。5 月，牛吼、哀牢叛，命蘇憲誠討之，獲人、牛、馬、象、金銀珍寶甚多。

七、李高宗（1175 年 7 月─1210 年 10 月）

內政

由於李龍翰年幼，太后有意廢黜，另立保國王為王。太后等太傅蘇憲誠出使之際，賄賂其妻呂氏，要其將太后之意告知其夫。蘇憲誠說他受先王之託，輔助幼主，今收賄而謀廢立，將為天下人所恥笑。太后知無法說服蘇憲誠，乃召保國王立即入宮，保國王搭小舟由蘇歷江入。蘇憲誠召左右官職都，說你我都是受先王之命輔佐幼主，今太后有意廢幼主，另立保國王，你們應盡忠，聽我號令。保國王走到銀河門，守軍不讓入，保國王才退走。[69] 太后廢舊王立新王之事才沒有成功。

1179 年 6 月，太尉蘇憲誠病危，參知政事武贊唐日夜服侍湯藥，諫議大夫陳忠佐忙於政務，太后問蘇憲誠誰可接替你的工作？蘇憲誠說陳忠佐，太后說武贊唐日夜服侍湯藥，你為何不推薦他呢？蘇憲誠說陛下問是否能幹，所以我推薦陳忠佐，若是問侍養，那當然是武贊唐。蘇憲誠去世後，李高宗輟朝七日，清膳三日。後來太后選杜安順為太師輔政。[70]

---

67. 「距今二百多年的大砲在廣寧省關爛島發現」，**人民報網**（越南），2017 年 12 月 28 日。http://cn.nhandan.com.vn/society/item/5735901-%E8%B7%9D%E4%BB%8A200%E5%A4%9A%E5%B9%B4%E7%9A%84%E5%A4%A7%E7%82%AE%E5%9C%A8%E5%B9%BF%E5%AE%81%E7%9C%81%E5%85%B3%E7%83%82%E5%B2%9B%E5%8F%91%E7%8E%B0.html 2018 年 1 月 15 日瀏覽。
68. 牛吼國，是位在越南西北部山羅省安州的少數民族。「牛吼蠻」，**維基百科**，https://zh.wikipedia.org/wiki/%E7%89%9B%E5%90%BC%E8%9B%AE 2018 年 1 月 15 日瀏覽。
69. 陳荊和編校，**大越史略**，卷三，頁 78。
70. 陳荊和編校，**大越史略**，卷三，頁 79。

　　杜安順為政嚴苛，人民敬畏，凡有獄訟，獄吏往往抓不到被告，杜安順命「巾車兒」（指掛其旗幟之車子）追之，立即送到法庭。1188年，杜安順卒，以太師吳履信輔政。1190年，太師吳履信卒，以太傅譚以蒙輔政。

　　1181年春正月，前太子李龍昶率家屬奴隸恣行盜竊，欲謀作亂。1182年1月，詔求賢良。築壇拜將，以吳履信為上將軍，統帥水步軍巡捕盜劫。以李敬脩為帝師，輔佐政務，教民忠孝，從此以後昭靈太后不敢萌異圖。禁天下不得著黃色服，[71] 因為黃色代表皇家之顏色。

　　1182年12月，李龍翰初次參加「經筵」（指皇帝為講論經史而特設的御前講席），禁止殺牛，不得以黃線縫衣服。[72]

　　1185年春正月，舉辦考試，十五歲以上能通詩書者侍學御筵（指皇帝命設的酒席），取裴國愊、鄧嚴等30人，其餘並留學（指繼續留在國子監讀書）。1193年，考課內外文武官，明其黜陟。試天下士人入侍御學。[73]

　　1194年秋7月，皇太子李昊旵出生，封譚元妃為安全皇后。大赦天下。賜耆老七十歲以上帛各一疋，在廟中舉辦飲酒餐會兩日。

　　1196年冬月，試三教子弟辦寫古人詩、運算、賦、詩、經義等科，賜及第出身有差。[74]

　　1202年8月，皇次子李忱生，改元天嘉寶祐元年。

　　1208年，安南地區鬧饑荒，餓死者無數，社會出現動亂。12月，宋朝綠州人韋智剛攻打諒州，李龍翰派范猷負責義安州軍事，他向李龍翰建議，今天社會動亂，盜賊橫行，請允許他招募壯勇以自衛。李龍翰同意，他遂招募亡命之徒和盜匪，公然劫掠，無所忌憚，社會更為動亂。各地出現擁兵自重者，如國威人占據西結、文雷寨人占據拖幕江。於是道路和舟船不通，李龍翰命上品奉御范秉彝平亂，他率藤州人攻范猷，結果失敗。1209年1月，范秉彝又率軍攻打范猷，范猷逃至烘州，范秉彝燒毀范猷的家，兩人仇怨益深。李龍翰命祇侯奉御陳馨徵詢范猷歸順中央，范猷乃同意。7月，范秉彝班師

---

71. [越] 吳士連、范公著、黎僖等撰，**大越史記全書**，本紀，卷之四，李紀高宗皇帝條。
72. 陳荊和編校，**大越史略**，卷三，頁79。
73. [越] 吳士連、范公著、黎僖等撰，**大越史記全書**，本紀，卷之四，李紀高宗皇帝條。
74. 陳荊和編校，**大越史略**，卷三，頁82。

回京，將入朝廷見李龍翰，遭人勸阻，告訴他：「國王既然先聽信范猷的話，而你卻率軍攻擊他，因此國王對你有不滿。」范秉彝回答說：「我效忠國王，是奉國王之命前去平亂。」遂不顧勸阻，強行入宮，遭國王下令逮捕，連同其兒子范輔關在水牢。

范秉彝的部下郭卜聽到范秉彝被捕，於是率軍進入大成門，為宦官所阻，破門而入。李龍翰命人將范秉彝帶至金晶塔涼石處，范猷及其弟范京用國王的槍將范秉彝父子刺死。郭卜率軍進入涼石處，以國王的御車載范秉彝的屍首，以御席裹著范輔的屍首，然後遊行到越城門、萬延宮。王子李忱和李昊旵及其母元妃譚氏、同母妹二人等避難到海邑劉家村。陳李是漁人，捕魚致富，成為當地土豪。陳李率舟師準備在劉家村奉李忱即位。但李昊旵家臣劉紹向陳李和遙濠人范愚說：「李忱雖是長子，但是庶出，李昊旵雖是三子，但是嫡出。」陳李和范愚遂決定由李昊旵即位，徽稱勝王，降李忱為王。陳李以次女嫁給李昊旵為元妃。此外，任命譚以蒙為太尉，阮正吏為參知政事，賜爵陳李為明字（為賜予有功者之爵名），范愚為上品奉御，陳李之妻弟蘇忠嗣為殿前指揮使。

李龍翰命范猷前往烘路訓練軍士，準備征討順流人，結果范猷因與天極公主私通，而貽誤軍機，未能討平烘人，在麻浪阿杲社被北江人阮耨、阮乃所逮捕，送給李昊旵處死。8月，順流快人為了報范秉彝之仇，率水軍攻京師，失敗，死三百多人。

1208年春正月，冊立皇子李昊旵為皇太子，居東宮。

1210年1月，蘇忠嗣因為私自接受李昊旵封爵，恐受罰，於是出兵到海邑，將李昊旵擒拿至京師。譚以蒙也擒拿受李昊旵封爵的27人到京師，遭杜英允批評其不忠，遂離開京師。[75]

1210年春3月，李龍翰使上品奉御杜廣率兵前往蘇忠嗣家，迎還皇太子李昊旵歸京師，陳李之女則送回其父母家。陳李為他盜所殺，次子陳嗣慶代領其眾還，是為順流伯。[76]

---

75. 陳荊和編校，**大越史略**，卷三，頁86-88。
76. [越] 吳士連、范公著、黎僖等撰，**大越史記全書**，本紀，卷之四，李紀高宗皇帝條。

10 月，李龍翰病危，召杜敬脩受顧託命。隨後去世，壽三十七，廟號高宗，在位三十六年。傳位給第三子李昊旵，時年方十六歲。

李高宗的對外關係

1176 年，宋孝宗賜李龍翰安南國王之印。1177 年 3 月，占城人入侵義安州東界。1182 年 1 月，暹羅國進貢。1183 年 1 月，以吳履信為督帥，將伐哀牢。1184 年 3 月，占城入貢。暹羅、三佛齊等國商人入雲屯鎮，進寶物，請求買賣。1191 年，真臘入貢。1194 年冬，占城、真臘入貢。1195 年 5 月，真臘入貢。1198 年 7 月，占城使入貢求封。1199 年 10 月，遣使封占城王。

1203 年 7 月，知義安州殿前指揮使杜清及州牧范延等上言：「占城國主布池為其叔布由所驅逐，率二百餘艘船載其妻子逃到幾羅海口求救。」李龍翰派太傅譚以蒙、樞密使杜安等往議其事，杜安懷疑布池之目的，要杜清和范延有所提防。杜清和范延說布池有困難來求協助，竟然懷疑他們。譚以蒙憤怒，遂引軍還。杜清和范延認為他們已惹怒太傅，必有後患，不如反襲布池，以自保。布池未獲援助，亦有疑心，乃引誘杜清和范延來攻，結果杜清和范延戰敗，布池亦引兵歸國。[77]

八、李惠宗（1210 年 10 月—1225 年 6 月）

內政

1210 年 12 月，因為關內侯杜世規、祇侯奉御杜廣、小侍衛人火頭費例陰謀廢黜李昊旵，蘇忠嗣殺杜世規和費例。李昊旵命蘇忠嗣為招討大使，譚以蒙為太尉，詔斬杜英允、尹亭、阮元等，賜譚以蒙王爵。

李昊旵曾在 1210 年 11 月迎還陳李女兒陳仲女，遭陳李次子陳嗣慶拒絕。1211 年 1 月，又派人迎還陳仲女，陳嗣慶還是拒絕。不久，李昊旵又派人迎還陳仲女，陳嗣慶派內殿直馮佐周與其禆將潘鄰、阮硬送陳仲女到京師。剛好蘇忠嗣與杜廣戰於朝東門，乃停歇在大通步。蘇忠嗣聯合潘鄰、阮硬的軍

---

77. 陳荊和編校，**大越史略**，卷三，頁 84。

隊，大敗杜廣，逮捕杜廣。隨後李昊旵立陳仲女為元妃。李昊旵與太后至景延門聽審杜廣罪狀，結果杜廣7人皆斬。6月，蘇忠嗣於夜晚到嘉林第，與天極公主私通，為其夫關內侯王尚所殺。[78]

7月，陳嗣慶陰謀廢李昊旵，李昊旵命諸道兵討陳嗣慶，並將元妃陳仲女降為御女。12月，陳嗣慶率軍至細江步，太后懷疑其有意廢王，雖陳嗣慶剪髮發誓絕無此意，但太后還是不信，為杜絕廢立之傳言，遂下令逮捕王子仁國王、第六個王子和第七個王子，將他們沉入井中淹死，然後將他們的屍首放在琳光門前，諸大臣畏懼，皆不敢出聲。惟有小官鄭道哭得很大聲，說：「先王做了何事，使三子死得如此慘。」在李高宗去世之初，就有童謠唱說：「高宗葬未畢，三屍積焉。」[79]

1212年1月，進封陳嗣慶侯爵，並賜彰誠尊號。1213年1月，太后密謀攻擊陳嗣慶，陳嗣慶脫逃，派人告訴太后，其忠誠不二。太后及李昊旵不相信。1214年1月，陳嗣慶發兵水路二道攻京師，太后及李昊旵北逃，欲至諒州。2月，陳嗣慶召集諸王及百官議立新王，於是派人迎李英宗子惠文王，至鶴橋立之。3月，惠文王即位於天安殿，改元乾寧，號元王。9月，陳嗣慶放縱士兵強掠王宮及京師人民財物，並放火燒城。李昊旵及太后返回京師，見宮室完全焚毀，於是到泰和橋旁邊的祝聖祠，築茅屋居住。1215年，李昊旵與陳嗣慶兩軍相戰，相持不下。11月，陳嗣慶送還平天冠，以示和解。1216年1月，陳嗣慶送還金椅，兩人釋前嫌。5月，杲將杜芮攻打李昊旵，李昊旵被圍困在外寨，請求陳嗣慶援救，陳嗣慶出兵，杜芮才撤兵。李昊旵和其夫人陳氏夜間前往順流軍，隔天，陳嗣慶派王犁將軍以船來接，陳嗣慶見到李昊旵，言歸於好，軍士們亦歡呼。此後兩人決定平定各地叛亂。12月，進陳嗣慶祖父陳承為爵列侯，馮佐周、賴靈為關內侯，陳嗣慶為太尉，陳嗣慶長子陳海為王。又以陳承為內侍判官，每大宴禮，賜座天安殿。[80]

1217年春3月，李昊旵精神病發作，持小旗插在髻上跳舞，從上午到下

---

78. 陳荊和編校，**大越史略**，卷三，頁89。
79. 陳荊和編校，**大越史略**，卷三，頁91。
80. 陳荊和編校，**大越史略**，卷三，頁96。

午跳個不停，然後喝酒長睡，第三天才醒過來，因此朝政由陳嗣慶總攬。[81]

1217年4月至1219年12月，平定阮嫩亂。1220年4月，平定歸化寨何高之亂。1222年2月，定天下為二十四路，有些路由公主控制作為其封地（稱為湯沐邑），用宏奴屬隸及本路軍人，分別為軍事首長。1223年12月，輔國太尉陳嗣慶卒，李昊旵與太后親臨喪禮，諡建國王。以陳承為輔國太尉。1224年，李昊旵病益發嚴重，無嗣繼承大統，公主皆分各路為湯沐邑（為公主之封地），獨委任指揮使陳守度領殿前諸軍扈衛禁廷。1225年，平定義安州叛亂。

1225年6月，惠宗遜位給第二公主昭聖（李佛金，年僅七歲），是為昭王，自稱太上皇，改元天彰有道。[82]12月，李昊旵召馮佐周說：「我不德，獲罪於天，致無子嗣，傳位於女。以女而統治眾男，必遭不服而亡國。我想效法唐堯，將王位傳給賢者，我看太尉第三子年紀雖小，相貌非常，擬將昭王許配給他，由他繼承王位。請你向太尉轉達我的意思。」太尉陳承聽到此話，半信半疑。左輔阮正史對太尉說：「李氏治國，賢君有六、七位，眾人多受其德澤，一旦以異姓為王，天下人可能會以為太尉有篡逆之心。」太尉本想接受此一說法，但上品奉御陳守度說：「左輔的話不對，假如國王有子，而傳位給昭王，這就不對了。今因為無子，傳位給賢者，是效法堯舜的禪讓，有何疑問嗎？何況一國不可一日無王，今國王心意已定，選異姓為王，能不服從他嗎？國王以昭王繼位，此乃天意也。違反天意，反會受其害，請太尉熟思之。」[83]於是命內侍判首馮佐周、內行遣左司郎中陳智宏率領內外文武官員、頌龍舟、備法駕到星罡府迎接陳日煚（陳守度之侄），在12月初1日即位於天安殿，改元建中元年。降昭王為昭聖王后。太上皇與其母譚太后到扶列寺（即真教寺）出家，法號惠光禪師，於1226年8月去世，壽三十三，在位十五年，廟號李惠宗。

以上李朝從李太祖至李惠宗，共八主，傳二百一十五年。

---

81. [越]吳士連、范公著、黎僖等撰，**大越史記全書**，本紀，卷之四，李紀惠高宗皇帝條。
82. **大越史記全書**記載昭王是在1224年10月登基，李昊旵出家，居大內真教禪寺。（[越]吳士連、范公著、黎僖等撰，**大越史記全書**，本紀，卷之四，李紀惠宗皇帝條。）
83. 陳荊和編校，**大越史略**，卷三，頁98-99。

李朝政權重要措施

（一）立新都，1010 年將首都遷到昇龍，以後除了阮朝（1802—1955）和越南共和國（1955—1975）外，其他將近有八百多年首都在河內。

（二）定國號。1054 年改國號為「大越」。大越一名一直使用到 1804 年才改為越南。

（三）健全官僚機構，改由文人治國，中央設文武官員，行文武兩班制提高文官地位。文官以輔國太尉（首相）為首，武官以樞密使為班頭。地方官有知府、州牧、社官等，品秩分九級。1042 年 11 月，詔諸路各置亭候，以便監控四方。

（四）加強中央對地方控制，劃全國為二十四路，每路由稱為知府的文官治理。山區設「寨」，實行軍事統治。

（五）改革軍事。中央設禁軍，計十二衛，負責京都安全。禁軍士兵前額刺「天子兵」三字，以與地方軍區別。十八—六十歲男性，均需到地方政府登記，輪流服兵役。

（六）立法典，重法治。1042 年 10 月，詔中書省，刪定**律書**。定國朝刑律及徒罪差役法。

（七）考試取才。設翰林院、國學館、國子監。地方民間則設私塾。召學者入國學館講授四書五經，以范應臣為國學館提調。令文臣子弟入國子監就學。政府各級官吏之錄用，行考試法，第一次考試取才是在 1075 年春 2 月舉行，考經學及儒學，狀元是黎文盛，入仕做官。1156 年 10 月，興建孔子祠。[84]

（八）重視史學。黎文休在 1225—1228 年編撰了越南第一部史學著作**安南史記**，凡三十卷。

（九）發展對外關係。

李朝在 1014、1022、1059、1075 年數度侵入中國邊境的欽州、廉州和邕州，還舉行劃分邊境線談判。1055 年，宋仁宗封李聖宗為郡王。1155 年宋高宗封李英宗為南平王。1164 年，南宋孝宗封李英宗為「安南國王」，為國王

---

84. 陳荊和編校，**大越史略**，卷三，頁 75。

立國號始。1166 年，宋孝宗賜「安南國王之印」。宋朝之所以封安南國王，主因是南宋國力衰退。

此外，李朝也試行建構其自身的朝貢體系，模仿中國，將周邊的占城和真臘納為朝貢國。

第四章

大越國各王朝（二）

第一節　陳朝

陳朝從 1225 到 1400 年陳少帝失國，傳十二代，歷一百七十五年。為了防李姓復仇，下令改為阮姓。

一、陳太宗（1225 年 12 月—1258 年 2 月）

內政

陳日煚（陳太宗）在 1225 年 12 月登基，任內改了三次年號，分別是建中（1225—1237）、天應政平（1238—1250）、元豐（1251—1258）。

陳太宗之重要政策措施如下：

（一）1226 年春正月，冊封昭皇為皇后，改昭聖，封陳守度為太師統國，負責軍務征討事。退位的李上皇居住在真教禪寺，號惠光大師。

2 月，李朝末期，各地盜賊橫行，阮嫩據北江，段尚據洪州，諸蠻亦侵擾邊境，因此派遣陳守度領軍討平阮嫩、段尚及諸蠻。8 月，陳守度迫李上皇自縊，將惠后降為天極公主，嫁給陳守度，以諒州為湯沐邑（公主之封地）。將李惠宗時期的宮人及親戚女嫁給諸蠻酋長，然後另選淑女充宮人。

（二）1227 年，遵循李朝的作法，舉行官員盟誓儀式。該儀式是在每年 4 月 4 日舉行，由宰相率百官在早晨雞鳴時在城門外集合，然後進宮早朝，皇帝站在大明殿右廊門，百官穿戴整齊，向皇帝敬拜而退，各有隊仗驕從，出城西門，至銅鼓山神祠，會盟歃血。中書檢正宣讀誓書說：「為臣盡忠，居官清白，有渝此盟，神明殛之。」宣讀完，宰相點名，有官員不到者，罰錢五鍰。該天民眾夾道觀賞，以為盛事。[1]

（三）1228 年 2 月，舉行簿頭（即公文格式）考試，合格者充任吏員。9 月，再就吏員舉行簿頭考試，合格者充省院屬官員。

（四）1232 年 2 月，舉行太學生考試，以後該項考試是每七年舉行一次。6 月，頒國諱、廟諱。元祖（指陳太宗之祖父陳李）諱李，因而改李朝為阮朝，

---

1. [越] 吳士連、范公著、黎僖等撰，**大越史記全書**，本紀，卷之五，陳紀太宗皇帝條。

以斷絕人民對李氏之期望，[2] 下令將安南人的李姓改為阮姓，以後阮姓成為越南最大姓氏。

7 月 22 日，改元天應政平元年。該年冬，陳守度盡殺李氏宗室。

（五）1234 年春正月，制定內外文武官及宮殿陵廟各官俸例，分稅錢，逐次頒給。2 月，定大臣官銜。凡宗室入政府，或太師、太傅、太保、太尉，或司徒、左右相國，皆兼授檢校特進、儀同三司、平章事。8 月，選考上功名的儒生進宮任職，後為定例。10 月，以范應臣為主管國子院之尚書，提調文臣、從臣之子弟入學。國子院，應是官辦小學。

（六）1237 年 5 月，在端午節祭弔屈原及古賢人如介子推者。每年在該月皆舉行此儀式。從而可知，早期越南人亦知在端午節紀念屈原。

（七）1238 年 8 月，制定王侯、公主、文武群臣、宗室舟車之制度。

（八）1240 年 9 月 25 日，皇長子陳晃出生，立為東宮皇太子，並行大赦。

（九）1242 年春 2 月，定天下為十二路。置安撫、鎮撫正副二員以治之。諸社冊設大小司，社五品以上為大司社，六品以下為小司社。或兼二、三、四社及社正，史監為社官。造戶口單數。男子大者為大黃男，小者為小黃男，六十歲為老，甚老為癃老。人民有田地者，則要出錢粟，無田地者，全免。田一畝、二畝出錢一貫，三畝、四畝出錢貳貫，五畝以上出錢三貫。田租一畝出粟一百升。[3]

（十）1244 年春正月，任命文臣出任安南各府路，共有十二處，府有知府，路有通判，州有漕運使副主漕運。10 月，定百官內外任及宿衛官俸。

（十一）1246 年 7 月，考選進士，以七年為準。但下次延至 1256 年 2 月。在陳朝建國初期，舉人未分京、寨，中魁者賜狀元。至 1256 年才分為京、寨兩類進士，清化和義安稱為寨進士，昇龍稱為京進士。

（十二）1247 年 2 月，考試取士。賜狀元阮賢、榜眼黎文休、探花郎鄧麻羅、太學生 48 名出身有差。黎文休以後奉命撰修**大越史記**。初，壬辰（1232 年）、己亥（1239 年）二科惟以甲乙為名，未有三魁之選，至此時才開始設置。

---

2. [越] 吳士連、范公著、黎僖等撰，**大越史記全書**，本紀，卷之五，陳紀太宗皇帝條。
3. [越] 吳士連、范公著、黎僖等撰，**大越史記全書**，本紀，卷之五，陳紀太宗皇帝條。

（十三）1250 年 3 月，詔天下稱帝為國家，改都衛府為三司院，曰奉宣、清肅、憲正等院。這是安南正式在內部稱帝、稱國之始。

（十四）1253 年 6 月，立國學院，塑孔子、周公、亞聖，畫七十二賢像奉事。9 月，詔天下儒士在國子院講授四書六經。

（十五）1258 年 2 月，陳日煚傳國於長子陳光昺，改元紹隆。陳日煚自稱太上皇。

與元朝的關係

1253 年，忽必烈平定雲南（大理），決定攻略安南，取道廣西，與另一支蒙古軍合攻宋朝，於是遣使赴安南諭降，陳朝不從，扣留蒙古使者。1257 年底至次年初，忽必烈派兵 3 萬（由兀良合台率領）從雲南沿紅河侵入安南，占昇龍城，救出三使，有一使因為傷重而死亡，遂屠昇龍城。陳日煚逃至海島。元軍在昇龍停留九日，因為天氣炎熱故班師。後又遣二使，招陳日煚親自朝貢。陳日煚自海島還，見昇龍殘毀，非常憤怒，乃縛二使遣還。[4]

與占城的關係

1228 年 10 月，占城進貢。1242 年 10 月，占城進貢。1253 年正月，占城常以輕舟剽掠沿海居民，陳太宗親征，至 12 月，擄獲占城主妻布耶羅及其臣妾、人民而還。

二、陳聖宗（1258 年 2 月—1278 年 5 月）

內政

1258 年 2 月，陳日煚禪位於長子晃（光昺），立為聖宗，年號紹隆（1258-1272）、寶符（1273—1278）。

陳聖宗之重要政策措施如下：

---

4. [民國] 柯劭忞撰，**新元史**，卷之二百五十一，列傳第一百四十八，安南條，成文出版社，臺北市，1971 年，頁 1。

（一）1261 年，舉行招考吏員考試，考四書和算術，考中者擔任內令史、掾吏（輔佐官）、太醫、太祝（負責宗廟事務），考上者以其本身的專業才能任職。

（二）1266 年 3 月，舉行考試，錄取京狀元陳固、寨狀元白遼、榜眼（缺姓名）、探花郎夏儀、太學生 47 名出身有差。白遼是義安人，明敏強記，讀書千行俱下。時上相光啟管義安，白遼為門客，最後竟不出仕。[5]

（三）1267 年 4 月，選用儒生能文者充館閣省院官員。時鄧繼為翰林院學士，杜國佐為中書省中書令，皆文學之士也。舊制，非內人（王室人員）不得為行遣（任用），未嘗用文學之士。以文學之士任官，是從此時開始。

5 月，陳聖宗封其弟陳益稷為昭國王。益稷是太上皇次子，聰明好學，通經史六藝，文章冠世。雖小技如蹴毬、圍棋，無不精諳。嘗開學堂於自宅之右，集四方文士習學，給以衣食，旁河莫挺之、洪州裴放等 20 人，都是其門下才俊之士。

（四）1272 年正月，翰林院學士兼國史院監脩黎文休奉敕編成**大越史記**，從趙武帝至李昭皇為止，凡三十卷。詔給予獎諭。

（五）1272 年 10 月，詔求賢良明經者為國子監之教師，主講四書五經之義。

（六）1274 年 12 月，冊立皇長子陳昑為皇太子，納興道王陳國峻長女為太子妃。選天下儒學有德行者為太子教席。

（七）1275 年 2 月，舉行進士考試。廢除京、寨狀元分科制，合併為一科。

（八）1278 年 10 月 22 日，陳光昺禪位予皇太子陳昑。陳昑即皇帝位，稱孝皇。

與蒙古和元朝的關係

（一）1258 年正月，蒙古遣使至安南索歲幣，增其職貢。2 月，陳光昺命黎輔陳往，以周博覽副之，以方物見烏蘭哈達（即兀良合台），送詣行在

---

5. [越] 吳士連、范公著、黎僖等撰，**大越史記全書**，本紀，卷之五，陳紀聖宗皇帝條。

所，蒙古另外派遣納呼丹（即納剌丁）到安南諭陳光昺，要求其親往蒙古朝貢。陳光昺答應納款。

1260 年，陳光昺即遣其通侍大夫陳奉公等詣闕獻書願臣附蒙古。1261 年，蒙古遂封陳光昺為安南國王，賜西錦三、金熟錦六，並授虎符。又降詔說：「卿既委贄為臣，其自中統四年為始，每三年一貢，可選儒士、醫人及通陰陽卜筮諸色人匠各三人，及蘇合油、光香、金銀、丹沙、沉檀香、犀角、玳瑁、象牙、綿、白磁盞等物同至。」此外，蒙古又派納剌丁充達魯花赤，往來監督安南。光昺遣其員外郎楊安養等人回謝。憲宗賜玉帶繒帛、藥餌、鞍轡有差。[6]

1261 年，蒙古派出達魯花赤巡監越南各州郡政務。達魯花赤，為蒙古官名，掌印官，監治郡縣。

然而，蒙古要求陳光昺前往蒙古朝觀，陳光昺未給正面答覆，蒙古在中統二年（1261）6 月，再派納剌丁到安南警告。安南陳聖宗答覆說：「俟降德音，即遣子弟為質。」

（二）1261 年 6 月，蒙古遣禮部郎中孟甲、員外郎李文俊齎書到安南，表示：「安南官僚士庶，凡衣冠禮樂風俗百事，一依本國舊例，不須更改，況高麗國北遣使來請，已下詔悉例此例，除戒雲南邊將，不得拏興兵甲，侵摺疆場，撓亂人民，爾國官僚士庶，各宜安治如故。」孟甲等於聖慈宮，遣通侍大夫陳奉公、諸衛寄班阮琛、員外郎阮演齎書到蒙古通好。[7]

1262 年 11 月，元使馬合部等 10 人前往安南問慶賀禮。

蒙古皇帝「賜封冊及西錦三、金錦六，又定三年一貢，以中統四年（1263）為始。令選儒士、醫人、陰陽卜筮諸色人匠各三人，及沉香、犀角、玳瑁、珍珠、象牙、磁盞諸物同至。仍以納剌丁充達魯花赤，往來監治。」[8]

（三）1263 年正月，安南遣殿前指揮使范巨地、陳喬前往蒙古。蒙古皇帝優詔，許三年一貢。

---

6. [民國] 柯邵忞撰，**新元史**，卷之二百五十一，列傳第一百四十八，安南條，頁 2-3。
7. [越] 吳士連、范公著、黎僖等撰，**大越史記全書**，本紀，卷之五，陳紀聖宗皇帝條。
8. [越] 陳文為等纂修，**欽定越史通鑑綱目**，第三冊，正編，卷之七，陳聖宗紹隆四年，頁 985-987。

（四）1266 年 2 月，蒙古遣耨剌丁（即納剌丁）到安南說：「吾昔遣使通好，執事迷而不反。我是以有往年之師。」陳聖宗遣楊安養、武桓到蒙古報聘，請求廢除附加儒生、醫師、相士及技師等特殊貢例，獲蒙古皇帝同意，但蒙古另提出六項條件：

1. 安南國王需親來朝。

2. 陳聖宗需以其子或其弟為人質。

3. 呈報人口戶籍名簿。

4. 供壯丁，以服兵役。

5. 繳納國稅。

6. 仍須接受蒙古所派遣的達魯花赤巡迴監視官。[9]

（五）1269 年 12 月，蒙古遣使籠海牙到安南諭邊事。陳聖宗遣黎陀、丁拱垣到蒙古。

（六）1271 年，蒙古建國號曰大元，遣使到安南諭陳聖宗入朝。陳聖宗藉口有病在身，拒絕到元朝親朝。

（七）1272 年 4 月，元朝遣使兀良到安南問銅柱舊界事。陳聖宗命員外郎黎敬夫會勘，言馬援所立銅柱，歲久埋沒，泯無蹤跡。6 月，遣童子杜野木到元朝解釋。

（八）1274 年 10 月，宋人投靠安南。先是，宋國偏居江南，蒙古人經常入侵，所以宋人搭乘海船 30 艘裝載財物及妻子浮海至蘿葛原。至 12 月，把他們帶到昇龍城，安置於街媪坊，自號「回雞」，蓋安南人稱呼宋國為「雞國」，此乃因為宋國有段子藥材等物在市場上銷售之緣故。[10]

（九）元朝在 1275 年再度要求陳光昺要做到六項要求，「至元十二年（1275），帝復降詔安南國王曰：『祖宗定制，凡內附之國，君長親朝，子弟納質，籍戶口，輸歲賦，調民助兵，仍置達魯花赤統治之。……迄今猶未知省。故復遣合撒兒海牙往爾之國，諭卿來朝。倘有他故，必不果來，可令

---

9. [越] 陳文為等纂修，**欽定越史通鑑綱目**，第三冊，正編，卷之七，陳聖宗紹隆九年，頁 997；[清] 邵遠平撰，**元史類編（續弘簡錄）**，卷四十二，安南條，廣文書局重印，臺北市，1968 年，頁 21。

10. [越] 吳士連、范公著、黎僖等撰，**大越史記全書**，本紀，卷之五，陳紀聖宗皇帝條。

子弟入朝。』……光昺遣黎克復、黎文粹上表謝罪。」[11]

（十）宋德祐二年（1276）5 月以後，宋端宗景炎元年，元至元十三年 4 月，元世祖平江南，遣合撒兒海牙到安南要求調民、助兵等六事。陳聖宗皆不答應。

（十一）1277 年，元朝再度派遣尚書柴椿到安南要求陳日烜親赴元朝朝覲。「陳日烜曰：『先君棄世，予初嗣位，天使之來，使予憂懼交並。竊聞宋主幼小，天子憐之，尚封公爵，於小國亦必加憐。若親朝之禮，予生長深宮，不諳風土，恐死於道路。俟天使歸，謹上表達誠，兼獻異物。』柴椿說：『宋主年未十歲，亦生長深宮，如何亦至京師。但詔旨之外，不敢聞命，且我實來召汝，非取略也。』柴椿回去後，陳日烜立即遣范明宇、鄭國瓚、杜國計奉表到蒙古陳情說：『孤臣稟氣衰弱，且道路險遠，徒暴白骨，致陛下哀傷，無益天朝之萬一。伏望憐臣得與鰥寡孤獨，保其性命，以終事陛下，此孤臣之至幸，小國生靈之大福，兼貢馴象二。』廷議以其飾辭抗命，延引歲月，宜進兵境上，遣官問罪。帝不從，復遣尚書梁曾再諭日烜來朝。若果不能親至，則積金以代其身，兩珠以代其目，副以賢士、方技、工匠各二，以代其民，不，則修爾城池，以待天兵之至。日烜遣其叔父遺愛來朝。」[12]陳遺愛前往中國後，遭元朝軟禁。

在該年南宋亡國，安南轉而要面對元朝的外交和軍事壓力。

安南與宋朝敵對國開展外交關係

南宋初期，安南與宋朝敵對國開展外交關係，首先是 1133 年 9 月大齊國（金國在 1130 年 7 月所扶植的長江以北的傀儡國家，首府在開封）及金國遣使交趾，冊封郡王李陽煥為廣王。宋乾道四年（1168）秋 9 月，宋朝使節至安南，韃靼（即蒙古使節）亦至，安南都賜予厚賞，陰以禮接，使該兩國使節互不相見。1169 年 8 月，金國遣使到安南。1234 年，蒙古滅金國，終止安南和金國之關係。1257 年 9 月，蒙古軍侵安南，1258 年，安南遣使至蒙

---

11. [民國] 柯邵忞撰，**新元史**，卷之二百五十一，列傳第一百四十八，安南條，頁 5。
12. [民國] 柯邵忞撰，**新元史**，卷之二百五十一，列傳第一百四十八，安南條，頁 5-6。

古，請內附。1260 年 12 月，安南遣使蒙古，蒙古冊封陳光昺為安南國王，並定三年一貢。1261 年 6 月，蒙古設達魯花赤（按為蒙古官名，掌印官，監治郡縣），往來監治安南。1261 年 11 月，安南遣使南宋朝貢。安南外交陷入極為困難局面，需同時應付來自南宋、蒙古和金國的政治壓力，尤其是蒙古派有達魯花赤監督其國政。直至 1277 年南宋亡國後，安南才只面對元朝的外交和軍事壓力。

派達魯花赤監督安南

元世祖中統元年（1260），為了便於控制安南，派遣納剌丁為達魯花赤，到安南監國。1262 年 9 月，授安南國王陳光昺和達魯花赤納剌丁虎符，納剌丁往來安南國中，掌有安南兵權。1268 年，以忽籠海牙代納剌丁為達魯花赤，張庭珍副之。1270 年，以葉式捏為安南達魯花赤。該年陳光昺上表言：「至天朝所遣達魯花赤，辱臨臣境，動有挾持凌轢小國，雖天子明並日月，安能照及覆盆。且達魯花赤可施於邊蠻小醜，臣既席封為一方屏藩，而反立達魯花赤以監臨之，寧不見笑。他國復望聖慈矜恤。凡天朝所遣官，乞易為引進使，庶免達魯花赤之擾。」[13] 1272 年，仍以葉式捏為安南達魯花赤，李元副之。1273 年正月，葉式捏卒，李元為達魯花赤，以阿薩爾哈雅副之。1275 年正月，陳光昺上表請罷達魯花赤，改為引進使，未為元世祖接受。1281 年 10月，立安南宣慰司，以北京路達魯花赤孛顏帖木兒參知政事，行安南國宣慰使、都元帥，佩虎符，柴椿、忽哥兒副之。該年又加柴椿行安南國宣慰使，都元帥李振副之。安南不接受該項安排，因此元世祖另立安南國王陳仁宗之叔父陳遺愛為安南國王，陳遺愛是因為陳日烜不敢親自前往中國朝覲，而代替他前往中國，以後遭元朝軟禁。元世祖派兵護送陳遺愛返回安南，遭陳仁宗狙殺，陳遺愛逃回中國。1282 年 6 月，元朝想在安南設立宣撫司，派遣使節駐守安南，以監其國政，遭安南拒絕。後又欲假道安南侵攻占城，安南拒絕，雙方爆發戰爭，安南逐退元軍，以後元朝就不再在安南派達魯花赤。

---

13. [民國] 柯邵忞撰，**新元史**，卷之二百五十一，列傳第一百四十八，安南條，頁 4-5。

安南與元朝辯論朝貢禮節

元朝以異族入主中國，其對安南要求之朝貢禮節與宋朝不同，1268 年雙方曾為禮節問題而引發爭論，「至元五年（1268），以忽籠海牙代納剌丁為達魯花赤，張庭珍副之。光昺立受詔，庭珍責以大義，使下拜。既而曰：『汝朝官爾，我王也，何得與抗禮？』庭珍曰：『王人雖微，序於諸侯之上。況天子命我為安南之長，位居汝上邪。』光昺語塞。中書省復移牒光昺，言其受詔不拜，待使介不以王人之禮，引**春秋**之義責之。光昺復書言：『本國欽奉天朝，已封王爵，豈非王人乎。天朝奉使復稱王人，與之均禮，恐辱朝廷。況本國前奉詔旨，悉依舊俗。凡受詔令，奉安正殿而退避別室，此本國舊典也。惟閣下察之。』中書省復移牒，切責曰：『考之春秋，序王人於諸侯之上，釋例云，王人蓋下士也，夫五等邦君外，臣之貴也，下士，內臣之微者也，以微者而加貴者之上，正以王命為重也。後世列王為爵，諸侯之尤貴者，顧豈有以王爵為［王］人者乎？王寧不知而為是言耶！抑辭令之臣誤為此言邪！至於天子之詔，人臣當拜受，此古今通義，乃循舊俗。奉安正殿而退避別室，王豈能自安於心乎？前詔所言，蓋謂天壤間，不啻萬國，國各有俗，驟使變革，有所不便，故聽用本俗，豈以不拜天子之詔為從俗哉！且王之教令行於國中，臣子有受而不拜者，則王以為何如？』是年光昺遣范崖、周覽入貢。」[14] 但安南不接受元朝中書省的說法，「帝不從，尋遣黎陀、丁拱垣如蒙古辯之。」[15] 元朝已在 1267 年定都大都（北京），故此時安南使是前往中國大都辯論。

至 1273 年，元朝和安南對於禮節問題的辯論還未結束。中書省繼續追問此事，並譴責安南的怠慢。「至元十年（1273）正月，中書省復牒光昺言：『比歲奉使還者言，王每受天子詔令，但拱立不拜，與使者相見或燕席位加於使者之上。今覽來書，自謂既受王爵，豈非王人乎？考之春秋，敘王人於諸侯之上，釋例云：王人蓋下士也。夫五等邦君，外臣之貴者也。下士，

---

14. [民國] 柯劭忞撰，**新元史**，卷之二百五十一，列傳第一百四十八，安南條，頁 3-4。
15. [越] 陳文為等纂修，**欽定越史通鑑綱目**，第三冊，正編，卷之七，陳聖宗紹隆十一年，頁 1004-1006。

內臣之微者也。以微者而加貴者之上，蓋以王命為重也。後世列王為爵，諸侯之尤貴者，顧豈有以王爵為〔王〕人者乎？王寧不知而為是言耶？抑辭令之臣誤為此言耶？至於天子之詔，人臣當拜受，此古今之通義，不容有異者也。乃云：『前奉詔旨，並依舊俗，本國遵奉而行，凡受詔令，奉安於正殿，而退避別室，此舊典禮也。』讀之至此，實頓驚訝，王之為此言，其能自安於心乎？前詔旨所言，蓋謂天壤之間，不啻萬國，國各有俗，驟使變革，有所不便，故聽用本俗，豈以不拜天子之詔而為禮俗也哉！且王之教令行於國中，臣子有受而不拜者，則王以為何如？君子貴於改過，緬想高明，其亮察之。』」[16]

與占城的關係

占城分別在 1262 年 9 月、1265 年、1266 年正月、1267 年 2 月、1269 年 2 月、1270 年 4 月進貢。

三、陳仁宗（1278 年 5 月—1293 年 3 月）

內政

陳聖宗在 1278 年禪位給太子陳日烜（越史做陳昑），自任為太上皇。陳日烜之廟號為陳仁宗，年號紹保（1279—1284）、重興（1285—1293）。

陳仁宗之重要政策措施如下：

（一）1282 年 8 月，時有鱷魚至瀘江，陳仁宗命刑部尚書阮詮寫文章投入江中，鱷魚就離去了。陳仁宗認為該事類似韓愈，因此給阮詮賜姓韓。韓詮能以國語（即喃字）賦詩，安南以國語賦詩從此時開始。

（二）1283 年 10 月，陳仁宗親率王侯調水步軍習戰。進封興道王陳國峻為國公，節制統領天下諸軍，讓他挑選軍校有將才者分統部伍。

（三）1285 年 9 月，改元重興元年。大赦。10 月，詔定天下戶口。

（四）1288 年 4 月，上皇御侍衛廊（當時因為宮殿被元軍所焚之緣故），

---

16. [明] 宋濂等撰，**元史**，卷二百九，列傳第九十六，安南條，頁 4636-4637。

大赦天下，凡經兵焚掠之地方，都全免租役，其餘按輕重減免有差。

（五）1289 年 4 月，核定諸將士擊敗元軍之功勞，進封興道王陳國峻為大王，興武王為開國公，興讓王為節度使，有大功者賜國姓。5 月，對於投降元軍者治罪。惟軍民都不處以死刑，改運木石、造宮殿贖罪。至於官員投降元軍者，按情節輕重處刑。

（六）1293 年 3 月 9 日，陳仁宗禪位於皇太子陳烇，陳烇即皇帝位，改元興隆元年，大赦，稱英皇（英宗）。

與元朝的關係

（一）1278 年，陳光昺禪位給陳日烜，遣中侍大夫周仲彥、中亮大夫吳德邵到元朝進貢。元世祖遣尚書柴椿等到安南要求陳日烜到中國，並譴責其「不請命自立」。[17]

（二）1279 年 3 月，南宋滅亡。蒙古勢力跨過長江以南，直抵中、越邊境，對安南造成直接的安全威脅。

（三）1281 年正月 29 日，皇子國瑱出生。遣從叔陳遺愛（即陳隘）、黎目、黎荀到元朝通報。元朝立陳遺愛為老侯，授黎目為翰林學士，黎荀為尚書，然後派柴椿率兵千人護送陳遺愛回安南。柴椿倨傲無禮，騎馬直入陽明門，天長軍士阻止，柴椿以馬鞭擊傷其頭部。至集賢殿，見帷帳張設，才下馬。陳仁宗命光啟引領柴椿到賓館休息，柴椿高臥不出。光啟直入房內，亦不起來。興道王陳國峻聽此消息，奏請親自前往賓館察看情況。時陳國峻已剪髮，穿一般布衣。到了賓館進入房間，柴椿起來打揖請陳國峻坐。眾人都感到驚異，殊不知剪髮布衣乃是中國和尚之打扮。於是兩人坐下喝茶。柴椿之護衛手中執劍，立在陳國峻後面，用劍打了陳國峻的頭而流血，陳國峻面色不變。陳國峻告退時，柴椿出門送客。[18]

為了對付安南之抗命，1281 年 10 月，元朝立陳日烜之叔陳遺愛為安南國王，授黎目為翰林學士，黎荀為中書令。元朝又計畫「在安南國置宣慰司，

---

17. [民國] 柯劭忞撰，**新元史**，卷之二百五十一，列傳第一百四十八，安南條，頁 5-6。

18. [越] 吳士連、范公著、黎僖等撰，**大越史記全書**，本紀，卷之五，陳紀仁宗皇帝條。

以北京路達魯花赤字顏帖木兒參知政事，行安南國宣慰使、都元帥、佩虎符，柴椿、忽哥兒副之。」[19] 此一提議遭到安南拒絕。

（四）1282 年 4 月，元朝派兵護送陳遺愛返回安南作國王，結果遭到安南軍殺退，逃回中國。[20]

8 月，諒江守臣梁蔚驛奏，元右丞相唆都領兵 50 萬，聲言假道征占城，實則要侵略安南。

元朝在 1282 年 10 月，以征討占城為名假道進入安南，且要求供應糧食，安南拒絕。陳日烜為了抗元入侵，起用遭貶為庶人的驃騎大將軍陳慶餘，他因與天瑞公主私通，遭奪爵、抄沒家產，而以賣炭為業。陳日烜任命陳慶餘為副都將軍。[21] 11 月，元軍進攻占城。

（五）1283 年 7 月，陳日烜致書於平章政事阿爾哈雅，請求遣還安南使節。元世祖即將安南使節遣還國。當時阿爾哈雅為荊湖占城行省平章政事，他向安南傳達元世祖想征討占城，希望安南援助兵糧之意思。行省派遣鄂州達嚕噶齊趙翥以書諭陳日烜。10 月，元朝又派遣陶秉直持璽書到安南諭之。11 月，趙翥抵安南，陳日烜尋遣中亮大夫丁克紹、中大夫阮道學等持方物跟隨趙翥入覲。又遣中奉大夫范至清、朝請郎杜抱直等到行省商議。且致書於平章政事阿爾哈雅說：「添軍一件，占城服事小國日久，老父惟務以德懷之，迨於孤子之身，亦繼承父志。自老父歸順天朝三十年，於茲干戈示不復用，軍卒毀為民丁，一資天朝貢獻，一示心無二圖。幸閣下矜察，助糧一件，小國地勢濱海，五穀所產不多，一自大軍去後，百姓流亡，加以水旱，朝飽暮饑，食不暇給。然閣下之命所不敢違，擬於欽州界上永安州地所，俟候輸納，續諭孤子親身赴闕，面奉聖訓。老父在時，天朝矜憫，置之度外。今老父亡歿，孤子居憂感病，至今尚未復常，況孤子生長遐陬，不耐寒暑，不習水土，艱難道塗，徒暴白骨。以小國陪臣往來尚為沴氣所侵，或十之五六或死者過半。閣下亦以素知。惟望曲為愛護，敷奏天朝。庶知孤子宗族官吏一一畏死，

19. [明] 宋濂等撰，**元史**，本紀第十一，世祖八，楊家駱主編，**新校本元史並附編二種**，第一冊，鼎文書局，臺北市，1977 年，頁 234-235。
20. [越] 陳文為等纂修，**欽定越史通鑑綱目**，第三冊，正編，卷之七，陳仁宗紹寶四年，頁 1029-1030。
21. [越] 陳文為等纂修，**欽定越史通鑑綱目**，第三冊，正編，卷之七，陳仁宗紹寶四年，頁 1034-1037。

貪生之意。豈但孤子受賜，抑一國生靈賴以安全，共祝閣下享此長久自天之大福也。」[22]

1283 年 9 月，元朝將占城和荆湖合併為一個行省，稱為荆湖占城行中書省。[23] 11 月，陳日烜以興道王陳國峻為國公，節制統領諸軍，準備抗元入侵。1284 年 8 月，陳日烜弟昭德王陳璨致書於荆湖占城行省，自願納款歸降。

（六）元朝在 1284 年 7 月出兵攻打占城，因為安南通謀占城聯合抗元，故元朝亦同時出兵安南。

11 月，行省右丞索多言：「交趾與真臘、占城、雲南、暹緬諸國接壤，可即其地立省及於越里、潮州、毗蘭三道屯軍鎮戍，因其糧餉以給士卒，庶免海道轉輸之勞。」[24]

11 月，安南派遣陳甫到元朝見荆湖行省官員，請其暫緩出兵打安南。12 月，陳甫從元朝回安南，表示元帝遣太子鎮南王脫驩（或脫歡）、平章阿刺及阿里海牙等領兵，托以假道征占城，分道入寇。上皇召天下父老，會於延洪堦，在酒宴中問眾人的意見，齊聲都說要打戰。

（七）1285 年 1 月，元軍渡富良江北，與陳日烜大戰，破之。日烜遁走，逃到清化。2 月，陳仁宗派人送安姿公主（聖宗季妹）給脫驩，欲舒國難也。3 月，上位文昭侯弄降於脫驩，隨後昭國王陳益稷（陳仁宗之弟）及范巨地、黎演、鄭隆等皆攜家投降元朝。

5 月，荆湖行省唆都戰死。由於天候轉為盛夏，經常下雨，士兵多染疾病，於是決定退兵。7 月，樞密院言：「鎮南王所統征交趾兵，久戰力疲，請發蒙古軍千人、漢軍新附四千人，取鎮南王節制，以征安南，帝從之。復以唐兀帶為荆湖行省左丞。唐兀帶請放征安南軍還家休息。詔從鎮南王處之。」[25]

（八）1286 年正月，安南釋放元軍俘虜回國。元世祖命阿里海牙等討

---

22. [明] 宋濂等撰，**元史**，卷二百九，列傳第九十六，安南條，頁 4640-4641。

23. [明] 宋濂等撰，**元史**，本紀第十二，世祖九，頁 256-257；[越] 黎崱，**安南志略**，卷第三，大元奉使，頁 2。

24. [明] 宋濂等撰，**元史**，卷二百九，列傳第九十六，安南條，頁 4641。

25. [明] 陳邦瞻編撰，**元史紀事本末**，卷一，占城安南用兵，頁 32。

論征安南事宜。2 月，元使合撒兒海牙到安南。命湖廣行省建造征安南海船三百艘，預定 8 月在欽、廉州會合出兵。命荊湖占城行省將江浙、湖廣、江西三行省兵 6 萬人征討安南。此時元朝冊封陳益稷為安南國王，陳秀嵲為輔義公，仍下詔諭安南吏民知悉。[26]

3 月，元帝派遣尚書省奧魯赤、平章事烏馬兒、大將張文虎調兵 50 萬，令湖廣造海船 300 艘，期以 8 月在欽、廉州會合，乃命江浙、湖廣、江西三行省兵南侵，護送降人陳益稷回國，立他為安南國王。

3 月，陳日烜進貢元朝許多禮物，包括：「金、銀、蘇合香油盛用銀瓶三口（油共重一百六十三兩，瓶共重七十九兩），西洋國黃毛段子二疋，五色細絹五十疋，蠻錦一百疋，闍婆國白布二十斤，闍婆國間色布十斤，翠羽一百隻，白檀香二齊（共重十斤十五兩），梅香檀五齊（七十斤），甘梅然香一百斤，草果十斤，象牙十笥，犀角二十株，鷹鳥二隻，雉二隻，風狸一頭，鱷魚八尾，八哥兒鳥一隻。」元朝因不滿陳日烜沒有親朝而沒有收，遣使送回安南。[27]

5 月，陳日烜遣阮義全、阮德榮入貢，因為陳日烜不願親朝，故元世祖扣留阮義全等人於京師。

同月，元朝發孟古岱麾下士卒，合鄂州行省軍一起征討安南。元軍攻入昇龍城，陳日烜棄城逃遁。

6 月，湖南宣慰司上奏說：「連年征戰日本及用兵占城、安南，百姓罷於轉輸，賦役繁重，士卒觸瘴癘多死傷者，很多地方因為徵兵打仗，只剩老弱，百業蕭條，宜寬百姓之稅賦，積糧餉，充實甲兵，俟來歲天時有利時，然後再出兵，亦未為晚。」湖廣行省臣顯格同意此議，遣使入奏，請求緩師南伐。樞密院將此奏呈元世祖，元世祖立即下詔元軍撤回。各軍回營，也安排陳益稷住在湖北。[28]

（九）至元二十四年（1287）2 月，元世祖不甘失敗，於是停止征日本，

---

26. [明] 宋濂等撰，**元史**，本紀第十四，世祖十一，頁 286、287。
27. [元] 徐明善，**天南行記**，載於 [元] 陶宗儀編纂，**說郛**，卷五十一，臺灣商務印書館，臺北市，1972 年，頁 23。
28. [明] 宋濂等撰，**元史**，卷二百九，列傳第九十六，安南條，頁 4646-4647。

大舉伐安南。以阿八赤為征交趾行省左丞，發江淮、江西、湖廣三省蒙古、漢、券軍 7 萬人，船 500 艘，雲南兵 6,000 人，海外四州黎兵萬 5,000 人，海道萬戶張文虎等運糧 17 萬石，分道討安南。仍設置征交趾行尚書省，以奧魯赤、平章事烏馬兒、樊楫參知政事總管，並受鎮南王脫歡節制。陳日烜遣中大夫阮文通入貢。[29] 12 月，元軍渡富良江（今紅河），攻下昇龍城，陳日烜與其子棄城逃往敢喃堡。

（十）1288 年 1 月，陳日烜又走海路逃走，鎮南王率軍追之不及，引兵回到昇龍城。命烏馬兒率水兵迎接張文虎等糧船，又發兵攻安南諸寨，破之。2 月，鎮南王率軍回到萬劫，得米四萬餘石，分兵屯普賴、至靈二柵。陳日烜遣從兄興寧王陳嵩屢至元軍處約降，故意拖延時日，使元軍兵疲，失去警戒，夜間又遣敢死士劫諸將營。鎮南王怒，想命萬戶解震焚其都城，左右諫止之。神拿總管賈若愚獻言說：「師可還，不可守。」烏馬兒未能等到張文虎的糧船，諸將認為交趾無城池可守、張文虎等糧船不至，且「天時已熱，糧且盡，宜還師」。鎮南王接受此議。於是鎮南王命烏馬兒、樊楫率水兵先撤，為安南兵所邀截，全軍覆沒。程鵬飛、塔出率軍在後斷路護送鎮南王撤退。

3 月，興道王陳國峻大破元水軍於白藤江，獲其將烏馬兒等，脫歡由陸路撤退。張文虎之糧船遭安南陳慶餘海軍所敗，[30] 航至綠水洋（在廣安省橫蒲縣東南 17 里），安南船愈多，料無勝算，又船重不可行，乃沉米於海，然後將船開到瓊州。鎮南王撤至內傍關，探知陳日烜分兵三十餘萬守女兒關及邱急嶺，連亙百餘里，遏阻歸路。安南人在高處射發毒矢，張玉、阿八赤皆死之。鎮南王遂由單巳縣轉往盈州（即祿州），從小道到思明州，命愛魯引兵回雲南，奧魯赤也率諸軍北還。

陳日烜並未乘勝而驕，反而採取低姿態，立即在 1288 年 3 月派遣「近侍官李修、段可容貢方物，且進代身金人贖罪。並歸所獲俘虜，悉黥其額曰：『天子兵』，或黥曰：『投南朝』云」。[31] 也就是將投降者放回中國，釋放出善意。

---

29. [民國] 柯邵忞撰，**新元史**，卷之二百五十一，列傳第一百四十八，安南條，頁 10。**元史**記載阿八赤為征交趾行省右丞。（[明] 宋濂等撰，**元史**，本紀第十四，世祖十一，頁 293。）
30. [越] 陳文為等纂修，**欽定越史通鑑綱目**，第三冊，正編，卷之七，陳仁宗重興四年，頁 1076-1084。
31. [民國] 柯邵忞撰，**新元史**，卷之二百五十一，列傳第一百四十八，安南條，頁 11-12。

陳日烜並送了一份悔罪書給元朝，其文說：

至元二十五年（1288），安南國王上表曰：「安南國世子微臣陳日烜惶恐百拜，昧死伏罪上言於，上天眷命，皇帝陛下聖旨，方今薰風解慍，欽惟聖躬，起居萬福。微臣父子歸順天朝三十有餘年矣。雖微臣困嬰疾病，道途邈遠，陛下置之度外，納貢方物，使臣進獻，歲月未曾欠缺。至元二十三年，阿里海牙平章貪厥邊功，違卻聖詔，是以小國一方生靈化為塗炭。大軍回後，微臣知其下情壅塞，惡語見誣，執反構成臣罪，特差通侍大夫阮義全、協忠大夫阮德榮、右武大夫段海穹、中大夫阮文彥等奉齎方物，前詣闕省意謂少加矜恤，豈期並不回歸。……小國近遭兵火，且今天氣尚熱，貢物人使難於即辦，待至冬間方可發遣，微臣下情無任叩天籲聖惶恐，昧死伏罪之至。謹奏。」[32]

4月，安南國王陳日烜遣中大夫陳克用進貢方物。元世祖給陳日烜一道嚴厲的譴責詔諭：「上天奉命皇帝聖旨，諭陳日烜省所上表，已盡來情。又唐兀歹哈散剌甕古剌歹等口奏事，亦已聽悉。朕君臨萬邦，威福並用，豈於爾國獨忍加兵，蓋自混一以來，屢講會同之禮，爾名為向化，實未造朝，累示徵書，輒辭以疾，及命爾叔攝守彼疆，公然拒違，敢行專殺。至若阿里海牙占城之役，就爾假途，俾之繕治津梁飛輓芻粟，不惟失信，乃復抗師，此而不征，王憲何在？民殘國破，實自取之。今爾表稱伏章，似已知悔。據來人代奏謂爾：自責者三，被召不來一也；脫歡撫軍而不迓二也；唆都報底曾庶當來三也。若蒙赦宥，當遣質子、進美姬、且歲貢方物，凡茲謬敬，將焉用此。若使果出誠悃，何不來此面陳？安有聞遣將，則惟事遁逃，見班師，則聲言入貢，以此奉上，情偽可知。爾試思，與其嶺海偷生，日虞兵禍，曷若闕廷皈命、被寵榮遷。二策之間，孰得孰失？……爾能趨裝一來，足明臣節，朕當悉宥前過，俾復舊封或更遲疑決難，但已宜修爾城郭，礪爾甲兵，聽爾所為，俟朕此舉，爾嘗臣事亡宋，自度氣力何如，合早知機，無貽後悔。昔庲機悉為族屬，以禮遣還，彼乃有過謫戍之人，譬如以此飾情，合將烏馬兒、拔都軍府官等發

---

32. [元] 徐明善，**天南行記**，載於 [元] 陶宗儀編纂，**說郛**，卷五十一，頁 18-19。

送回來，方表忠順，詔書到日，烏馬兒、拔都軍府官一同來見，彼中所宜事理，朕當區處完備，津遣回還，故茲詔示，想宜知悉。」[33]

1288 年 10 月，安南國王陳日烜遣中大夫陳克用進金人代己身，且貢方物。[34] 但越史記載的使節名字是杜天覷，因為杜天覷是杜克終之弟，過去曾出使元朝有功勞，故派其弟弟出使。[35]

11 月，元朝命李思衍為禮部侍郎，充國信使，以萬奴為兵部郎中副之，一同出使安南，詔諭陳日烜親身入朝，否則必再加兵。[36]

11 月 12 日，李思衍致函呈都堂，將由徐明善陪同一起前往安南。26 日，出順城門。1289 年 2 月 28 日，行至安南國門。陳日烜之弟弟太師來迎接，上香致敬，問候皇上聖躬，起居萬福，使者一路上安好。3 月 1 日，安南人拿著旗幟黃繖，鼓吹來迎詔書，李思衍等一行人入王城及殿門，下馬再入門，進入集賢殿，陳日烜再拜上香，又再拜宣讀詔書，在場者只有陳日烜之左右親信。禮畢，宴李思衍等一行人。2 日，陳日烜派遣翰林等來表示，烏馬兒參政在北歸時，前往向興道王（陳日烜之弟）拜辭時，晚上睡在舟中，因為遭風濤船翻而溺死，另外又說自己病不堪朝覲之勞頓。6 日，陳日烜請李思衍等人檢視給元世祖的表文。10 日，陳日烜請李思衍等人觀看進貢中國的方物。13 日，安南人押送進貢方物，使臣譚名獻給安南人酒食。15 日，太師送李思衍等人一行至江邊。7 月 8 日，至京師（北京），安南國的表文說：「微臣常以忠順二字銘於心腑。⋯⋯伏望陛下山海包含污垢藏納，毓其目明，擴其耳聰，一一寬宥，置之度外，微臣豈特一生保全首領以終，事天之心更期世世生生粉骨碎身，圖報聖之萬一，抑亦一國生靈萬口，一辭共祝聖壽無疆之萬萬也，微臣無任瞻天望聖激切屏營之至。謹奏。」[37]

（十一）1289 年 2 月，成都管軍萬戶劉德祿上奏說：「願以兵五千人招

---

33. [元] 徐明善，**天南行記**，載於 [元] 陶宗儀編纂，**說郛**，卷五十一，頁 19-20。
34. [明] 宋濂等撰，**元史**，本紀第十五，世祖十二，頁 311-312；[清] 屠寄撰，**蒙兀兒史記**，第一冊，頁 379。
35. [越] 陳文為等纂修，**欽定越史通鑑綱目**，第三冊，正編，卷之七，陳仁宗重興四年，頁 1090-1091。
36. [明] 宋濂等撰，**元史**，本紀第十五，世祖十二，頁 307-317；[明] 宋濂等撰，**元史**，卷二百九，列傳第九十六，安南條，頁 4648-4649。
37. [元] 徐明善，**天南行記**，載於 [元] 陶宗儀編纂，**說郛**，卷五十一，頁 20-22。

降八番蠻夷，因以進取交趾。」樞密院請立元帥府，以藥剌罕及德祿兩人為都元帥，率四川軍萬人，元世祖同意該項建議。但在 4 月，安南國王陳日烜派遣其中大夫陳克用貢方物。[38]

越史文獻記載烏馬兒死亡之原因係被安南人害死，如下所述：

惟烏馬兒殺掠甚酷，帝深恨之。用國峻計，令內書家黃佐寸送之還國。以善水者充船夫，乘夜鑽船沉之。烏馬兒溺死。因復於元云：「舟為水漏，參政身材長大，難於拯援，遂致溺亡。」元人亦不之語。[39]

新元史亦有類似的記載，「至元二十六年（1289）3 月，劉廷直等至安南，日烜遣其中大夫陳克用等上表謝罪，具言：『已差從義郎阮盛從昔里吉大王赴闕。其烏馬兒、樊楫參政方行津遣，樊參政病卒，火葬訖。千戶梅世英、薛文正等護其妻妾還家。烏馬兒參政途中舟覆，溺於水而卒，其妻妾救出，俟續後資遣。軍人陷沒者八千餘人，更行搜索，得頭目若干名，軍人若干名，並從天使回中國。』烏馬兒、樊楫實為安南人所殺。表云楫病卒，烏馬兒溺死，皆掩飾之詞云。」[40]

在該年 3 月，陳日烜進貢方物甚厚。[41]

1289 年 8 月，安南遣吳廷介告哀於元，兼請封。[42]同年 10 月，陳日烜又遣使貢方物。[43]

（十二）1291 年 7 月，安南遣使進貢元朝。10 月，元朝派遣禮部尚書張立道到安南，要求國王陳日烜親朝。1292 年閏 6 月，又遣張立道至安南，要求國王陳日烜親朝；9 月，又遣使吏部尚書梁會〔曾〕、史院編修陳孚使安南，要求陳日烜親朝，安南派遣阮代乏前往中國，以陳聖宗喪禮而辭拒。同時元朝正準備出兵打爪哇，因此，安南一事暫擱。1293 年 8 月，安南遣使入貢，元朝將貢使陶子奇拘留於江陵，準備出兵 5 萬 6,000 人攻打安南，剛好元世

---

38. [明] 宋濂等撰，**元史**，本紀第十五，世祖十二，頁 320-321。
39. [越] 陳文為等纂修，**欽定越史通鑑綱目**，第三冊，正編，卷之七，陳仁宗重興五年，頁 1091-1092。
40. [民國] 柯劭忞撰，**新元史**，卷之二百五十一，列傳第一百四十八，安南條，頁 12-13。
41. [元] 徐明善，**天南行記**，載於 [元] 陶宗儀編纂，**說郛**，卷五十一，頁 22。
42. [越] 陳文為等纂修，**欽定越史通鑑綱目**，第三冊，正編，卷之七，陳仁宗重興五年，頁 1101。
43. [明] 宋濂等撰，**元史**，本紀第十五，世祖十二，頁 326-327。

祖去世，成宗立，乃罷兵，將陶子奇遣還。[44]

與占城和哀牢的關係

（一）1279 年正月，占城遣使制能、吒葉進貢。制能等願留為內臣，結果安南不接納。

（二）1282 年 2 月，占城遣布婆麻各一百人進貢白象。

（三）1284 年 4 月 12 日，占城國主令其孫濟目理勒蟄、文勞卭大巴南等奉表歸款。

（四）1285 年 6 月，陳仁宗命中品奉御鄧奧之送占城宰臣婆漏稽那連等 30 人回國，因為他們跟從元朝唆都而被捕。

（五）1290 年 2 月，陳仁宗親征哀牢。

（六）1293 年 9 月，占城進貢。

四、陳英宗（1293 年 3 月—1314 年 3 月）

內政

陳日烜於 1293 年 3 月去世，由其子陳日燇繼位，是為陳英宗，年號興隆。陳日燇，越史稱為陳烇，仁宗長子，在位二十一年，遜位六年，壽四十五歲。

陳英宗之重要政策措施如下：

（一）1299 年 8 月，陳英宗好微行，每夜乘肩輿，與侍衛十數人遍歷畿內，雞鳴才回宮。有一次他夜出至軍坊，無賴輩拋磚打中他的頭。隨從說：「乘輿在此。」對方才散走。一日上皇見陳英宗頭上的瘡痕，問他緣由，他具以實對。上皇為此責罵良久。他印行佛教法事道場新文，及公文格式頒行天下。9 月，詔規定從 1230 年至今，凡賣田地，及買進家奴，可以贖回。若過此年限則不得贖回。詔天下士人學習學業，準備考試。

（二）1304 年 3 月，舉行考試。考試科目是先考醫國篇、暗寫（即默寫）

---

44. [越] 陳文為等纂修，**欽定越史通鑑綱目**，第三冊，正編，卷之七，陳仁宗重興九年，頁 1110-1111；[明] 宋濂等撰，**元史**，卷二百九，列傳第九十六，安南條，頁 4649-4650。

穆太子傳。合格後再考經疑、經義並詩題（即古詩五言長篇），採用王度寬猛詩律，用才難射雉賦題，用帝德好生洽于民心八韻體，三長制詔表，四場對策。[45]

（三）1304 年 9 月，詔凡典獄斷文字，打手印時使用無名、左指二節押印。11 月，詔舉行天下士人考試，考七科。

（四）1307 年正月，改烏、厘二州為順州、化州，該二州後來合併為順化城。先是，占城主制旻要求該兩州人民繳稅，羅始、作紅、笆蓬等村人不服，陳英宗就派段汝諧前往宣布德意，安撫民眾，授當地人官職，仍給田地，免租賦三年，以懷柔之。

（五）1314 年 3 月，敕中書頒本朝名諱，增入寧皇及宣慈、保慈二太后諱。18 日，陳英宗禪位給皇太子陳奣。陳奣即皇帝位，改元大慶元年。大赦，稱寧皇。10 月，舉行太學生考試。

與元朝的關係

（一）1295 年 2 月，元使蕭泰登至安南。陳英宗遣內員外郎陳克用、范討偕行到中國，取回**大藏經**，保存在天長府，另外以副本刊行。

（二）1294 年 5 月，陳日燇遣使上表慰問元世祖哀，並獻方物。1296 年，陳日燇上表求封王爵，不允。乞大藏經，賜之。[46]

（三）1297 年 5 月，安南國遣使進貢元朝。

（四）1301 年，元朝命安南三年一貢。安南和元朝維持和平關係。

（五）1308 年 11 月，元使尚書安魯威通報武宗即位。陳英宗派遣莫挺之到元朝。莫挺之態度謙虛，但元人鄙視他。一日宰臣召他入府，一起坐下。當時是 5、6 月間，府中有薄帳，繡黃雀停在竹枝上。莫挺之佯裝錯認為是活的黃雀，就跑上去要去捕捉牠。元人看見皆大笑，以為遠人鄙陋。莫挺之將繡黃雀扯下。眾人皆感到奇怪，問他為何如此做，他回答說：「我聞古人有梅雀畫，未聞有竹雀畫者。今宰相帳裡繡竹雀，竹，君子也；雀，小人也。

45. [越] 吳士連、范公著、黎僖等撰，**大越史記全書**，本紀，卷之六，陳紀英宗皇帝條。
46. [民國] 柯邵忞撰，**新元史**，卷之二百五十一，列傳第一百四十八，安南條，頁 14。

宰相以此繡諸帳，是以小人加君子，恐小人道長，君子道消。我為聖朝除之。」眾人都服其才能。等他進朝，剛好有外國人進貢扇子，元帝命他題字，莫挺之立刻拿筆就寫下：「流金礫石，天地為爐，爾於斯時兮，伊周鉅儒，北風其涼，雨雪載塗，爾於斯時兮，夷齊餓夫。噫，用之則行，舍之則藏，惟我與爾，有如是夫。」元人益嘉嘆他的才華。[47]

（六）1313 年 1 月，安南邊防軍隊約 3 萬多人入侵廣西邊境城市鎮安州、歸順州和養利州，樞密院使千戶劉元亨赴湖廣詢察，致函安南，責其殺掠中國村民。安南回函稱是邊鄙鼠窩輩所為，中央政府怎會知道？且送重賂給劉元亨。劉元亨拒收，並要求安南退兵查辦此事。因為交涉未果，劉元亨呈報說：「曩者安南人嘗侵永平邊境，今復仿效成風。為今之計，莫若遣官宣諭，歸我土田，返我人民，仍令當國之人，正其疆界，究其首謀開釁之人，戮於境上，申飭邊吏毋令侵越。更于永平置寨募兵，設官統領，給田土、牛具，令自耕食，編立部伍，明示賞罰，令其緩急首尾相應，如此則邊境安靜，永保無虞。」事聞，敕俟安南使至諭之。」[48]

（七）1316 年 2 月，安南攻占城國，俘虜其國王。元朝命湖廣行省諭安南，歸占城國主。[49] 安南「迎拜詔書，乃上表謝罪。」[50]

利用陳益稷對付安南國王陳日烜

元朝在 1285 年和 1286 年出兵擊安南，日烜遁去，「陳益稷自負聰明，志願不償，常挾私書寄雲屯商客，乞元師南來。至是元兵來侵，遂降之。冀其有國，元封安南國王，以羈之。」元朝利用陳益稷對付安南國王陳日烜，而陳益稷是羈留在中國湖北，成為元朝的禁臠。元朝在 1303 年 2 月賜陳益稷鈔千錠。[51] 1305 年 10 月，賜安南王陳益稷湖廣地五百頃。[52] 1319 年 5 月

47. [越] 吳士連、范公著、黎僖等撰，**大越史記全書**，本紀，卷之六，陳紀英宗皇帝條。
48. [民國] 柯劭忞撰，**新元史**，卷之二百五十一，列傳第一百四十八，安南條，頁 15-16。
49. [明] 宋濂等撰，**元史**，卷二十五，本紀第二十五，仁宗二，頁 572。
50. [民國] 柯劭忞撰，**新元史**，卷之二百五十一，列傳第一百四十八，安南條，頁 16。
51. [明] 宋濂等撰，**元史**，卷二十一，本紀第二十一，成宗四，頁 448-454。
52. [明] 宋濂等撰，**元史**，卷二十一，本紀第二十一，成宗四，頁 466。

丙子，加安南國王陳益稷儀同三司。陳益稷死於 1329 年夏，壽七十六，「詔賜錢五千緡。益稷久居於鄂，遙授湖廣行省平章政事。當成宗朝，賜田二百頃。武宗朝，進銀青榮祿大夫加金紫光祿大夫，復加儀同三司。至順元年，謚忠懿王。」[53]「文宗至順元年（1330）7 月，贈安南國王陳益稷儀同三司、湖廣行省平章政事，王爵如故，謚忠懿。益稷在世祖時自其國來歸，遂授以國王，即居於漢陽府，天曆二年卒，至是加贈謚。」[54]越南正史將陳益稷列入姦臣。[55]

禁止安南私買輿地圖及禁書

元朝對於安南特別防範，禁止安南私買輿地圖及禁書，以免安南刺探中國情事。「大德三年（1299），丞相完澤等奏，安南來使鄧汝霖竊畫宮苑圖本，私買輿地圖及禁書，且私記北邊軍情山陵諸事，宜責以大義。遣尚書馬合馬、侍郎喬宗亮，諭以汝霖等所為不法，理宜窮治。朕以天下為度，敕有司放還。自今使介必須慎擇，有所陳情，必盡情悃，勿憚改圖，致貽後悔。」[56]

與占城和哀牢的關係

（一）1294 年 8 月，上皇親征哀牢，生擒人畜不可勝數。

（二）1297 年 2 月，哀牢侵撞龍江，范五老擊破之，復其故地，賜范五老雲符。

（三）1298 年 10 月，安南伐哀牢。元降將張顯陣前戰死，贈明字，給太常祀。

（四）1301 年 2 月，占城進貢。3 月，上皇前往占城旅遊，哀牢寇沱江。遣范五老擊之，雙方在芒枚接戰，擒獲甚眾。拜范五老為親衛大將軍，賜龜符。

（五）1305 年 2 月，占城派遣制蒲苔及部黨百餘人奉表進金銀、奇香異

53. [明] 宋濂等撰，**元史**，卷二百九，列傳第九十六，安南條，頁 4652。
54. [明] 宋濂等撰，**元史**，卷三十四，本紀第三十四，文宗三，頁 763、766。
55. [越] 阮述、黎玳、吳季侗、尊室濯等記，御製越史總詠集，卷八姦臣，陳益稷，國府 - 特別責任文化秘書出版，西貢，1970 年重印，頁 23-24。
56. [民國] 柯邵忞撰，**新元史**，卷之二百五十一，列傳第一百四十八，安南條，頁 14。

物，並求親，朝臣以為不可，獨文肅王道載贊成。陳克終也贊成，其議遂決。1306 年 6 月，玄珍公主下嫁占城主制旻。初，上皇以前到占城時，已有承諾。朝野文人多借漢皇以昭君嫁匈奴事作國語詩詞諷刺之。[57]

（六）1307 年 5 月，占城主制旻卒。占城世子制多耶遣使臣保祿稽進白象。10 月，命入內行遣尚書左僕射陳克終、安撫鄧文前往占城迎接玄珍公主及送世子制多耶歸國。由於占城習俗是國王死了，王后須入火壇殉死。陳英宗知道後，恐公主遇害，遣陳克終等假託弔喪為名，且表示公主要參加火葬，至於脩齋無主張，不如在海濱招魂，於天邊迎靈魂同歸，然後才躍入火壇。占人接受此議，陳克終在海濱趁舉行招魂時利用輕舟將公主載走，但卻與公主私通，延遲時日，仍留公主在占城，他才回到京師。興讓大王非常憤怒，每見陳克終，就破口大罵：「此人於國不祥，其姓名曰陳克終，陳家欲終於此人耶。」以後陳克終畏避不敢見興讓大王。[58] 1308 年 8 月 18 日，玄珍公主自占城回昇龍城。上皇命化州寨主送行船占人 300 人，各回本國。

（七）1307 年，安南入侵占城，得烏、厘二州之地，改為順、化二州（今順化省）。

（八）1311 年 12 月，陳英宗親征占城，以其主制至（一名制鼇）叛服無常。

（九）1312 年 5 月，誘獲占城主制至以歸，封其弟制陀阿婆粘為亞候，鎮守其地。6 月，陳英宗從占城回國，拜謁皆著平滕服，以軍容皆被水弄濕的緣故。封制至為效忠王，又改效順王。

（十）1316 年 2 月，安南攻占城國，俘虜其國王。

五、陳明宗（1314 年 3 月—1329 年 2 月）

內政

陳英宗在 1314 年禪位給太子陳日爌，越史稱陳奣，是為陳明宗，年號

---

57. [越] 吳士連、范公著、黎僖等撰，**大越史記全書**，本紀，卷之六，陳紀英宗皇帝條。
58. [越] 吳士連、范公著、黎僖等撰，**大越史記全書**，本紀，卷之六，陳紀英宗皇帝條。

大慶（1314—1323）、開泰（1324—1329）。

陳明宗之重要政策措施如下：

（一）1324 年 12 月，禁鉛錢。是歲旱蝗，牛畜多死。此一旱災延續到 1326 年 2 月至 6 月。

（二）1328 年 3 月，立皇子陳旺為東宮太子，封次子陳元暉為恭靖大王。

（三）1329 年 2 月 7 日，冊封東宮太子陳旺為皇太子。15 日，禪位。陳旺即皇帝位，改元開祐元年，大赦，稱哲皇。

與元朝的關係

（一）安南將禪位給太子陳旺事遣使阮忠彥、范遇等通報元朝。[59]

（二）1322 年夏天，安南和元朝發生邊界衝突，雙方對於邊界問題舉行了談判，安南派遣刑部尚書尹邦憲出席談判，惟尹邦憲死於路上。[60]

（三）1324 年 4 月，元泰定帝初即位，遣馬合謀、楊尊瑞到安南通報，並送新曆，又諭毋令邊吏侵擾占城。馬合謀至西透池橋，不下馬，安南派懂中國話者，跟他交涉，沒有結果。陳明宗派侍御史阮忠彥出迎，忠彥以理折之。馬合謀知道自己理屈，才下馬。陳明宗很高興。馬合謀回國時，陳明宗命莫挺之前往送行。[61]

與占城和牛吼蠻的關係

（一）1318 年 8 月，遣惠武大王國瑱征占城，李家族將孝肅侯李必見陣亡。管天武軍范五老縱兵擊其後，賊敗走，擒獲甚眾。拜范五老為關內侯，賜飛魚符，及賜其子官職。

（二）1326 年 7 月，惠肅王伐占城，無功而還。

（三）1329 年冬，上皇巡狩沱江道，親征牛吼蠻。命僉知阮忠彥從，編脩實錄。

---

59. [越] 陳文為等纂修，**欽定越史通鑑綱目**，第三冊，正編，卷之七，陳明宗大慶元年，頁 1182。
60. [越] 陳文為等纂修，**欽定越史通鑑綱目**，第三冊，正編，卷之七，陳明宗大慶九年，頁 1199。
61. [越] 陳文為等纂修，**欽定越史通鑑綱目**，第三冊，正編，卷之七，陳明宗開泰元年，頁 1203。

六、陳憲宗（1329 年 2 月—1341 年 6 月）

內政

陳明宗於 1329 年禪位給年僅十歲的次子陳端午（越史稱陳旺），自任太上皇。陳旺是為陳憲宗，年號開祐。因為陳憲宗年幼，實際主政者還是陳明宗。

1341 年 6 月 11 日，陳憲宗崩於正寢，8 月 21 日，上皇迎皇子陳暭即皇帝位，改元紹豐元年，大赦，稱裕皇。

與元朝的關係

（一）1330 年 9 月，安南廣源州入寇龍州羅回洞，龍州萬戶府據此要求安南拘束邊吏行為，雙方同意各守邊界。[62]

（二）1331 年，元朝遣吏部尚書撒只瓦到安南通報元文宗即位。

（三）1335 年，元朝遣吏部尚書鐵柱到安南通報元順帝即位。3 月，封安南世子陳端午為安南國王。[63]

由於元朝與安南對於禮節問題的辯論沒有結果，陳日焜不請命自立國王，而且不願親朝元朝王庭，雙方的關係陷入緊張，因此元朝從陳日焜以後四位國王，不冊封其為安南國王，安南亦不請封。至 1335 年 3 月才封安南世子陳端午為安南國王。這種改變的原因是元朝改朝換代，元順帝初立，欲與安南改善關係。

與哀牢和牛吼蠻的關係

（一）1334 年春，上皇陳明宗巡守義安道，親征哀牢，以阮忠彥充清化發運使。運糧先行，車駕至黔州，軍聲大振，哀牢望風而遁，詔忠彥磨崖紀功而還。9 月，上皇親征哀牢敗績，段汝諧溺死。1336 年正月，上皇自哀牢回到京師。

---

62. [明] 宋濂等撰，**元史**，卷三十四，本紀第三十四，文宗三，頁 763、766。
63. [明] 宋濂等撰，**元史**，卷三十八，本紀第三十八，順帝一，頁 826-827。

（二）1337 年，命興孝王討平牛吼蠻。攻占鄭旗寨，斬其酋，焚其車。

七、陳裕宗（1341 年 6 月—1369 年 5 月）

內政

陳憲宗於 1341 年 6 月去世，無子，由陳憲宗之弟弟陳暭繼位，時陳暭年方六歲，是為陳裕宗，年號紹豐（1341—1357）、大治（1358—1369）。

（一）1336 年，阮忠彥為行遣，主管樞密院事。舊制禁軍屬尚書省，至此時才置樞密主管禁軍。阮忠彥選諸路丁壯充禁軍，缺額定為籍簿。樞密領禁軍自阮忠彥始。

該年重修御史臺成，上皇淩晨駕幸，獨御史中贊黎維陪侍。上皇還宮，監察御史尹定、阮汝為上奏稱上皇不可入臺，乃彈劾黎維不能諫止，語辭甚為激切。上皇就說：「御史臺乃宮殿之一，未有宮殿而天子不可入耶。且臺中舊有天子講學處、簿書祗候供奉筆硯在焉。此天子入臺故事，昔唐太宗觀實錄，況入臺乎。」尹定等還是堅持己見，數日不停。陳裕宗諭之再三，亦不停止，所以將他們降職。[64]

（二）1339 年 8 月 15 日夜，上皇子陳暭乘舟泛西湖，溺水，擱淺在魚梁（捕魚的欄柵）中。上皇命醫生鄒庚療治，鄒庚說：「鍼之則復蘇，但恐陽痿。」於是就使用針灸方法，果然救活，但以後陳暭就變成陽痿。此後人稱鄒庚為鄒神醫，升官快速，做到宣徽院大使兼太醫使。

（三）1343 年 5 月 6 日，大旱，詔賜減今年人丁稅一半。是歲凶荒，人民多流為盜匪，王侯家奴尤甚。1344 年 2 月，茶鄉人吳陛聚眾於安阜山為盜。8 月，置諸路鋒團二十都，緝捕盜匪。該年凶荒，有許多人出家為僧，或者成為有錢人家的奴隸。1345 年 4 月 5 日，旱災持續。詔犯小罪者不再關押入監，以免人滿為患。

（四）1345 年 2 月，舉行太學生考試，考試科目是暗寫古文經義及詩賦。

（五）元至正十年（1350）春正月，元朝人丁龐德因為避亂，攜家駕海

---

64. [明] 宋濂等撰，**元史**，卷三十八，本紀第三十八，順帝一，頁 826-827。

船逃亡到安南。丁家善於竿舞，經常演出竿舞。安南人遂學習該種舞蹈，稱為險竿舞，險竿技自此始。[65]

（六）1351 年 7 月，安南太醫鄒庚犯死罪，因其曾救治陳裕宗之陽痿有功，而免其死罪。時鄒庚為了治癒陳裕宗之陽痿，進藥方說：「殺童男取膽，和陽起石服之，及與同胞女通淫驗。」陳裕宗接受該藥方，和他的胞姊天寧公主發生性關係，果然有效。鄒庚由是益受寵信，得以日夜在後宮奉侍藥物，鄒庚遂和許多宮女發生關係。此事被上皇知道，要處他以死刑，後因他以藥治癒陳裕宗之陽痿有功，而得以免死罪。鄒庚是中國人，鄒孫之子，紹豐間元人入寇，鄒孫以醫從軍，被安南軍擒獲。後在安南行醫，當時侯王多認為他的醫術有效，給予他許多田地和奴僕，而成為富翁。鄒庚繼承其父之醫業，遂成名醫，然行為不檢，以致於發生此事。他後來復職，他的後裔鄒保繼承鄒庚所藏財富。[66]

（七）1360 年正月，鑄大治通寶錢。

（八）1362 年正月，令王侯公主諸家獻各種雜戲，由陳裕宗評定優者，給予獎賞。先是擊敗元朝唆都軍隊時，擄獲優人李元吉，他善於唱歌，諸勢家少年婢子跟他學習中國歌曲。李元吉作古傳戲，有西方王母獻蟠桃等傳。其戲中有官人、朱子、旦娘、拘奴等角色，共有 12 人，著錦袍綉衣，擊鼓吹簫，彈琴撫掌，加上檀木琵琶，演唱時劇情感人，令悲則悲，令歡則歡。安南有傳戲始此。[67]

（九）1362 年自 5 月至 7 月，大旱無雨。舉行錄囚，即由安南國王向囚犯訊察決獄情況，以免有冤情。大雨。詔免天下今年租稅一半。8 月，大饑。詔富家買進粟米賑濟貧民，賜爵有差。9 月，民有疾疫，賜官藥及錢米有差，藥有名紅玉霜丸，能蠲除百疾，貧人有聽覺障礙者，賜藥 2 丸，錢 2 陌，米 2 升。

（十）1363 年 3 月，舉行考試，科目是文藝，錄取者擔任館閣官員；另外考書寫，錄取者擔任省院屬吏員。

---

65. [越] 吳士連、范公著、黎僖等撰，**大越史記全書**，本紀，卷之七，陳紀裕宗皇帝條。
66. [越] 吳士連、范公著、黎僖等撰，**大越史記全書**，本紀，卷之七，陳紀裕宗皇帝條。
67. [越] 吳士連、范公著、黎僖等撰，**大越史記全書**，本紀，卷之七，陳紀裕宗皇帝條。

（十一）1366 年 6 月，陳裕宗乘小舟到米所鄉少尉陳吾郎家，三更才回。至褚家江遭竊，失寶璽、寶劍，陳裕宗無心政務，益縱為逸樂。

（十二）1369 年 5 月 25 日，陳裕宗崩於正寢，廟號裕宗。臨崩之日，以無嗣，詔迎楊日禮入繼統。

與元朝和明朝的關係

（一）1345 年 8 月，陳裕宗遣使到元朝，元使王士衡來問銅柱舊界，安南國王就派范師孟到中國討論此事。[68]

（二）1354 年 2 月，北邊帥臣驛奏，元朝陳友諒起兵，遣使至安南，請求和親，因為陳友諒是陳益稷之子。[69]但**明史**的記載不一樣，**明史**記載：「陳友諒，（湖北）沔陽漁家子也。本謝氏，祖贅於陳，因從其姓。少讀書，略通文義。有術者相其先世墓地，曰：『法當貴』，友諒心竊喜。嘗為縣小吏，非其好也。」[70]

（三）1359 年正月，元末大亂，明太祖起兵滁州，遂據有金陵。陳友諒、張士誠等亦各起兵稱亂，互相爭戰，未決勝負，安南遣黎敬夫到中國，以覘其虛實。[71]

（四）1361 年 2 月，朱元璋攻江州。陳友諒退居武昌，派人到安南請求出兵協助，陳裕宗不許。

（五）1368 年 4 月，朱元璋即位於金陵，建元洪武，遣易濟民到安南通好。8 月，安南派遣禮部侍郎陶文的前往明朝報聘。

與占城和哀牢的關係

（一）1346 年 2 月，安南派遣范元恒使占城，責問歷年朝貢缺禮。5 月，哀牢寇邊。命保威王璵擊破之，獲人畜甚眾。10 月，占城遣使進貢，禮物甚薄。

（二）1352 年 3 月，占城制某投奔安南，進獻白象、白馬各一，大蟻一，

---

68. [越] 陳文為等纂修，**欽定越史通鑑綱目**，第三冊，正編，卷之七，陳裕宗紹豐五年，頁 1251。
69. [越] 吳士連、范公著、黎僖等撰，**大越史記全書**，本紀，卷之七，陳紀裕宗皇帝條。
70. [清] 張廷玉等撰，**明史**，卷一百二十三，列傳第十一，陳友諒傳，頁 1。收錄在**欽定四庫全書**。
71. [越] 陳文為等纂修，**欽定越史通鑑綱目**，第三冊，正編，卷之七，陳裕宗大治二年，頁 1283。

長一尺九寸，及諸貢物，請伐茶和布底，安南立他為國王。初占主制阿難在時，其子制某為布田言（按指大王也），女婿茶和布底為布提言（按指宰相也），言聽計從，因與制某樹黨。制某或見責，布底每解救之。國人因此有不同的效忠對象，不專屬於制某。迨阿難死後，布底遂逐制某而自立。[72]

（三）1353 年 6 月，安南大舉伐占城。步軍至古壘，水軍運糧，遭到阻止乃撤回。[73]

9 月，占城寇化州，安南派兵進攻占城，頗失利。陳裕宗召張漢超商議，張漢超說：「不聽臣言，故至此。」乃命張漢超領神策諸軍鎮守化州。

（四）1361 年 3 月，占城草賊駕海船掠海門，民本府軍擊破之。

（五）1362 年 3 月，占城劫掠化州。

（六）1365 年正月，占人掠化州春遊民。先是化州的習俗是在每年春正月，在婆陽舉行士女鞦韆會。占人於去年 12 月潛伏化州源頭，在隔年初奄至，擄掠人口以歸。

（七）1366 年 3 月，占人寇臨平府，府官范阿窗擊敗之。授范阿窗臨平府大知府行軍守禦使。

（八）1367 年 12 月，以明字陳世興為統軍行，遣同知尚書左司事杜子平副之，伐占城。

（九）1368 年 2 月，占城遣牧婆摩到安南乞復化州邊界。4 月，陳世興至占洞，占人伏兵偷襲，安南軍大潰。陳世興為賊所擒，杜子平引軍還。

八、楊日禮（1369 年 5 月—1370 年 11 月）

陳裕宗死於 1369 年 5 月，無子，皇太后立恭肅王陳昱之養子楊日禮為王。6 月 15 日，楊日禮即位，改元大定元年。12 月 14 日，楊日禮弒憲慈宣聖太皇太后於宮中。太后性仁厚，對於楊日禮登上王位多有襄助之功。後來太后嘗後悔立楊日禮，而遭毒害。楊日禮縱酒淫逸，日事宴遊，好為雜技之戲，欲恢復姓楊，宗室百官皆失望。1370 年 9 月 20 日，太宰元暭及子元偈等謀

---

72. [越] 吳士連、范公著、黎僖等撰，**大越史記全書**，本紀，卷之七，陳紀裕宗皇帝條。
73. [越] 吳士連、范公著、黎僖等撰，**大越史記全書**，本紀，卷之七，陳紀裕宗皇帝條。

誅楊日禮，失敗後遭處死。當天夜晚，元暉父子及天寧公主之二子率宗室諸人入城誅楊日禮，楊日禮翻牆逃走，潛伏新橋下。眾人搜尋不著，遂散歸。待黎明時，楊日禮回宮，派人搜捕主謀者 18 人，元暉等皆被害。陳朝宗室大臣聯合起來推翻楊日禮，迎恭定王陳暊為皇帝。

陳明宗第三子陳暊在 1370 年 11 月，率恭宣、天寧等領軍回京師。13 日，至建興府（舊名顯慶），下令廢楊日禮為昏德公。15 日，即皇帝位，改元紹慶，大赦，稱義皇。

九、陳藝宗（1370 年 11 月—1372 年 11 月）

內政

陳暊在 1370 年 11 月繼位，是為陳藝宗，年號紹慶。

1371 年 5 月，以外戚黎季犛為樞密院大使。黎季犛之姑，姊妹二人，為陳明宗之宮人，一生陳藝宗，是為明慈；一生睿宗，是為惇慈。故陳藝宗執政之初，對黎季犛尤為信任。又以新寡妹徽寧公主嫁之（徽寧是前宗室仁榮妻，仁榮被楊日禮所殺）。8 月，派遣黎季犛前往義安綏輯人民，撫安邊境。9 月，加封黎季犛忠宣國上侯。

1372 年 11 月 9 日，陳藝宗禪位給其弟弟皇太子陳曔，陳曔即皇帝位，大赦，稱欽皇。群臣上尊號曰：「繼天應運仁明欽寧皇帝」。

對外關係

陳藝宗殺楊日禮後，楊日禮之母逃至占城，請其國王制蓬莪率兵攻打安南，1371 年 3 月，占城軍隊從紅河直入昇龍城，陳藝宗避走東海岸，占城軍燒毀昇龍城，擄掠女子財帛而歸。

在中國文獻中，陳藝宗名字為陳叔明，而楊日禮為陳日熞。陳叔明在1371年遣使向中國進貢求封，明太祖不同意給予冊封，只允其使用前王之印，「洪武四年（1371）春，安南遣使貢象，賀平沙漠，復遣使隨張以寧等來朝。其冬，安南國王日熞為伯父叔明逼死，叔明懼罪貢象及方物。踰年，至京，

禮官見署表非日熞名，詰得其實，詔卻之。叔明復朝貢謝罪，且請封。其使
者抵言，日熞實病死，叔明遜避於外，為國人所推，帝命國人為日熞服，而
叔明姑以前王印視事。」[74]

十、陳睿宗（1372 年 11 月─1377 年 1 月）

內政

陳曔，明宗第十一子，陳藝宗弟也，在 1372 年 11 月繼位，是為陳睿宗，
年號隆慶。在中國文獻中，陳曔寫為陳煓。

陳睿宗之重要政策措施如下：

（一）1373 年 3 月，封長子陳煒為彰武大王（年十四歲），欲立為皇
太子，卻得疽病薨。8 月，定補軍伍，修造舟船，以備征占城之役。命軍民
出粟入官，賜爵有差。舉辦吏員考試，擔任內令史和佐助官員。

（二）1374 年 2 月，廷試進士，考上的三魁遊街三日。太學生考試是每
七年一試，錄取 30 人，而以狀元試並無定例。然三舘屬官、太學生、侍臣
學生、相府學生及有爵者皆得參加考試。[75]

（三）1374 年 10 月，定從官，置近侍，祗候六局，以王侯宗室為正掌
祗候，內八百作侍衛人，屬判首掌者並戴盆花巾。詔諸軍民不得穿中國人衣
樣，及效占城和哀牢等國語無定例。然三館屬官、太學生、侍臣學生、相府
學生及有爵者皆得參加考試。

（四）1375 年正月，以樞密大使黎季犛參謀軍事。詔選官員有能練習武
藝通韜畧者，不必宗室，並實授軍將（統帥一軍的主將）。

（五）陳睿宗在 1377 年 1 月率軍攻打占城，兵敗陣亡。

與明朝之關係

1373 年，命安南陳叔明權知國事。[76] 但陳叔明已在 1372 年禪位給其弟弟

---

74. [清] 張廷玉等撰，**明史**，卷三百二十一，外國二，安南條，頁 8310。
75. [越] 吳士連、范公著、黎僖等撰，**大越史記全書**，本紀，卷之七，陳紀睿宗皇帝條。
76. [清] 張廷玉等撰，**明史**，卷二，本紀第二，太祖二，頁 29。

陳曔。1374 年，陳叔明向中國說明已將國政交給其弟弟陳端，獲得明太祖的同意，同時規定以後三年一貢。[77]

與占城之關係

（一）1373 年 12 月，詔親征占城。

（二）1376 年 5 月，占城寇化州。6 月，詔諸軍脩戰器戰艦，以等侯親征占城之役。12 月，帝親征占城，領軍 12 萬發京師。至鉢社江津，有人舉行喪禮，詔罰錢 30 鏹。命黎季犛督義安、新平、順化漕運以給軍。初，占城主制蓬莪擾邊，命行遣杜子平將兵鎮化州。制蓬莪賄賂黃金 10 盤上進，杜子平私吞該錢，詐言制蓬莪傲慢無禮，宜加兵討之，陳睿宗大怒，決意親征。時官軍至瀰淪海門，諸軍駕海而行。陳睿宗乘馬領步軍沿海岸前進，至日麗（在今廣平省）海口駐營，操練一個月。新平、順化人虜獲占人逃亡者來獻。1377 年正月，陳睿宗兵敗陣亡。

十一、陳廢帝（1377 年 1 月—1388 年 12 月）

內政

1377 年 5 月，太上皇立陳睿宗之弟弟陳晛為王，是為陳廢帝，年號昌符。在中國文獻中，陳晛寫為陳煒。

陳廢帝之重要政策措施如下：

（一）1381 年 2 月，舉行太學生考試。

（二）1384 年 2 月，太上皇於僊遊山萬福寺，考試太學生段春雷、黃晦卿等 30 名。5 月，選太學生，餘數為葆和宮書史。

（三）1387 年 3 月，陳廢帝升黎季犛為同平章事，並賜劍一把，旗一隻，題曰：「文武全才，君臣同德」。黎季犛作國語詩謝之。

（四）陳晛見太上皇陳明宗寵信黎季犛，與諸臣議誅除黎季犛，黎季犛告知太上皇，太上皇遂廢陳晛。1388 年 12 月 6 日早，上皇前往安生（為陵

---

77. [清] 張廷玉等撰，**明史**，卷三百二十一，外國二，安南條，頁 8311。

廟地區），令殿後扈衛，尋令祇候內人召陳廢帝來謀國事。陳廢帝還未用膳就匆匆趕到，只有兩人侍候。到達後，上皇說：「大王來。」就派人將陳廢帝帶到資福寺，予以囚禁。宣內詔說：「昨者睿宗南巡不返，用嫡為嗣，古之道也。然官家踐位以來，童心益甚，乖德不常，親暱群小，聽黎亞夫、黎與議譖誣功臣，扇搖社稷，可降為靈德大王。然國家不可以無主，神器不可以久虛，可奉迎昭定入繼大統。布告中外，咸使聞知。」乃降陳晛為順德王（又稱靈德王）。舊府軍舊督鐵鐮軍阮快、阮雲兒，管鐵甲軍阮訶、黎勒，管鐵槍軍阮八索欲以兵劫出，陳廢帝寫了「解甲」二字，且戒之說：「莫違父皇旨」，眾人乃停止。過一會兒，將陳廢帝帶到太陽府，迫令自縊。陰謀殺害黎季犛之將士亦同時被害。27 日，上皇立陳藝宗之幼子昭定王陳顒為皇帝。陳顒即位，改元光泰元年，大赦，稱元皇。[78]

與明朝的關係

（一）1377 年，陳熜出兵侵占城，敗沒，弟陳煒代立，遣使到明朝告哀，明朝命中官陳能前往弔祭。時安南怙強欲滅占城，反致喪敗，明太祖派遣官員諭前王陳叔明，毋搆釁貽禍，以陳叔明實主國事也。陳叔明貢方物謝罪。[79]

（二）1377 年 9 月，安南派遣陳廷琛到明朝告喪，稱陳睿宗巡邊溺死，且告以已立陳廢帝繼位，明人表示若有畏、壓、溺等情況是不遣使祭弔。陳廷琛爭辯說，是因為占人犯順擾邊，而陳睿宗有禦患救民之功，為何不能遣使弔祭呢？後來明朝遣使弔祭。時明太祖方圖侵越，欲以為釁，太師李善長諫說：「弟死國患，而兄立其子，人事如此，天命可知事。」因此明朝才沒有攻占安南的企圖。陳廷琛為進士探花郎，歷中書侍郎兼知審刑院事、清化安撫使，遷御史中贊權監修國史。胡氏（指黎季犛）篡國，對此充耳不聞，為中丞同杙所彈劾，降同監修國史秘書監。[80]

（三）1381 年 6 月，安南陳煒派遣中大夫羅伯長奉表、貢方物至明朝。

---

78. [越] 吳士連、范公著、黎僖等撰，**大越史記全書**，本紀，卷之八，陳紀廢帝條。
79. [清] 張廷玉等撰，**明史**，卷三百二十一，外國二，安南條，頁 8311。
80. [越] 吳士連、范公著、黎僖等撰，**大越史記全書**，本紀，卷之七，陳紀睿宗皇帝條。

當時思明府來言，安南脫、峒二縣攻掠其永平等寨，安南也說思明府攻其脫、峒、陸岹諸處。明太祖以為安南狡詐，入侵中國領土，還來進貢，所以「命還其貢，以書詰責陳煒，言其作奸肆侮，生隙構患，欺誆中國之罪。復敕廣西布政使司，自今安南入貢，並勿納。」[81]

（四）儘管明太祖生氣一時，1382 年 5 月安南進貢，又收其貢物及閹者（看守門戶者）15 人。[82] 接著安南連續進貢，明太祖都照收不誤。

（五）1383 年 6 月，安南陳煒遣其通奉大夫黎與義等上表，進閹豎（宦官）25 人，賜以文綺、鈔錠。[83]

（六）1384 年 2 月，安南陳煒奉表，貢金五十兩、銀三百兩、絹三十四、紫金盤九。詔賜襲衣、綺段、鈔。[84]

明初征雲南，臨安守兵糧食不足。7 月，明朝派遣國子助教楊盤等使安南，要求安南進貢糧五千石以協助解決雲南士兵糧食不足問題。安南即以糧五千石運至臨安界之水尾（州名，今屬興化省，歸化府與雲南接界），還要賜給使節楊盤金帛，楊盤不敢收。[85]

（七）1385 年 3 月，明太祖聽說安南僧人的法術妙於中國僧人，所以請安南進貢，安南選送 20 名僧人到南京。[86]

明朝另外也要求安南進貢檳榔、荔枝、龍眼、波羅蜜等樹種，然木不耐寒，途中皆枯死。明朝又要求進象隻 50 頭，以進兵占城之用，安南將這批象送至雲南。[87]

（八）1387 年 8 月，安南陳煒遣其臣阮太沖、通議大夫陳叔衡貢象及黃金酒樽，賜太沖等鈔一百三十錠。[88]

---

81. [明] 胡廣等纂修，**明太祖實錄**，卷一百三十七，頁 5-6。
82. [明] 胡廣等纂修，**明太祖實錄**，卷一百四十五，頁 5。
83. [明] 胡廣等纂修，**明太祖實錄**，卷一百五十五，頁 1。
84. [明] 胡廣等纂修，**明太祖實錄**，卷一百五十九，頁 5。
85. [明] 胡廣等纂修，**明太祖實錄**，卷一百六十三，頁 3；[越] 陳文為等纂修，**前引書**，第三冊，正編，卷十一，頁 1363。
86. [越] 陳文為等纂修，**前引書**，第三冊，正編，卷十一，頁 1364。
87. [越] 陳文為等纂修，**前引書**，第三冊，正編，卷十一，頁 1366-1367。
88. [明] 胡廣等纂修，**明太祖實錄**，卷一百八十四，頁 2-3。

與占城的關係

（一）1377 年 6 月 11 日，占城入寇。初，上皇聞寇至，命鎮國將軍恭正王師賢守大安海口。占城軍隊知道有備，從天符海入，直犯京師。12 日，占城軍隊引軍撤退，出大海口遭風，溺死甚眾。

（二）1380 年 2 月，占人誘使新平、順化人寇義安、演州，擄掠人口。3 月，寇清化等處。上皇命黎季犛領水軍，杜子平領步軍出擊，占主制蓬莪戰敗遁歸。杜子平因病解除兵權，由黎季犛任大軍主帥，行海西都統制。

（三）1382 年 2 月，占城入寇清化，陳廢帝命黎季犛領軍抗敵，占城大敗，散入山林。安南軍圍山三日，賊多餓死，燒盡舟船，餘眾奔北。3 月，追至義安城而還。

（四）1383 年正月，命黎季犛領舟師伐占城，行至吏部娘灣烏蹲等處，被風濤折壞，引軍撤退。6 月，占城主制蓬莪與首將羅鎧率軍從陸上進攻，上皇命華額軍將黎密溫將兵抗敵，安南官軍敗北，黎密溫為賊所擒。阮多方督軍立柵於京城，日夜守備，上皇前往東岸江以避開占城軍。時有士人阮夢華，穿衣冠下水，牽挽御舟，請求上皇留下來討賊，不聽。12 月，占城始退兵。

十二、陳順宗（1388 年 12 月—1398 年 3 月）

內政

昭定王陳顯在 1388 年 12 月繼位，是為陳順宗，年號光泰。在中國文獻上，昭定王之名字是陳日焜。

（一）1389 年正月，立黎季犛長女聖偶為皇后，居皇元殿。

（二）1389 年 12 月，天然僧范書溫造反，嘯聚於國威上路，僭稱大號，招集無賴之徒攻佔京師。上皇和陳順宗二帝避至北江州。范師溫在京師住三日，出屯嫩州。上皇遣左聖翊軍將黃奉世討平之。

（三）1392 年 2 月，陳日章謀誅黎季犛，上皇不以為然，將陳日章殺害。4 月，大旱，詔求直言。裴夢華上言說：「臣聞童謠云：『深哉黎師。』以此觀之，季犛必有覬覦神器之意。」上皇覽奏後將之傳給黎季犛看。後黎季

犛專政，裴夢華隱遁不出。12 月，詔凡軍民逃役，罰錢十鏹，臉上刺青四字。頭目斬罪，田土沒官。

（四）1393 年 2 月，舉行太學生考試。4 月，舉行吏員考試。

（五）1394 年 2 月，上皇命畫工畫周公輔成王、霍光輔昭帝、諸葛輔蜀後主、蘇憲誠輔李高宗的畫像，名為四輔圖，以賜黎季犛，告訴他輔佐官家當如此也。4 月，會盟畢，上皇召黎季犛入宮，從容的說：「平章親族，國家事務一以委之。今國勢衰弱，朕方老耄，即世之後，官家可輔則輔之，庸暗則自取之。」黎季犛免冠叩頭泣謝，指天地發誓說：「臣不能盡忠戮力，輔官家傳之後裔，天其厭之。」又說：「靈德王（指陳廢帝）之不德，非陛下威靈，則臣已含笑入地，得至今日乎。縱糜身碎骨，未能報答萬一，敢有異圖。」12 月 15 日，上皇崩，葬安生原陵廟，號藝宗，諡曰光堯英哲皇帝。

（六）1395 年 2 月 20 日，黎季犛殺陳姓宗室撫軍司元淵、恭正王師賢庶子元胤，原因是他們在陳藝宗喪禮上談論陳日章被殺事之緣故。此外還殺了士人阮符。師賢佯為耳聾，得免。削元淵、陳姓為枚姓。宗室有犯亂者，削屬籍，以枚姓稱之。陳順宗任命黎季犛為入內輔政太師、平章軍國重事宣忠衛國大王，帶金麟符。

6 月，禁百官不得用大袖，衣許用小袖。民間齋忌，止用一頓。時器皿不得在外表塗上金朱漆。此應是推行儉樸生活的命令。

（七）1396 年正月，詔整頓淘汰佛道界，年未及五十歲以上者，勒令還俗。又俗有能通經教者，授為堂頭首（即住持），依次為知宮（指主持宮廟事務的住持）、知觀（指主持道觀事務的道士）、知寺（寺院內的和尚），餘為修人侍者（出家修行人）。4 月，印製通寶會鈔，令人換錢，每錢一鏹取鈔一緡二陌。其法十文是畫澡，三十文是畫水波，一陌畫雲，二陌畫龜，三陌畫麟，五陌畫鳳，一緡畫龍。偽造者死，田產沒官，禁絕銅錢不得私藏私用，並收入京城籠池及各處治所。違犯者處罪。

詔定舉人考試，考試分四場，分別考文字體，廢除暗寫古文法。第一場考本經義一篇，有破題接語，小講原題，大講繳結，五百字以上。第二場考詩一篇，用唐律賦一篇，用古體，或騷（有韻）或選（無韻），亦五百字以上。

第三場考詔書一篇，用古體，制一篇，表一篇，用唐體四六（即騈體的文言文文體）。第四場考策論一篇，用經史時務中出題，一千字以上。參加考試者必須在去年考上鄉試，今年考上舉人，則明年參加會試，考中者由皇帝親自出試策一篇，定其等第。

6月，定文武官員冠服。一品紫色，二品大紅，三品桃紅，四品綠，五、六、七品碧，八、九品青。惟內侍開裙，皆不用裳。無品及宏奴白色。文官職等爵六品以上用高山巾，正六品得束帶著烏巾，正皂色從青色，宗七皂方勝。武官職等爵六品用折衝巾，爵高無職得束帶戴角頂巾。七品以下用太古巾，從七品攢花巾。王侯戴遠遊巾，御史臺卻非巾。鈔、法、冠服等制，皆是從少保王汝舟之建議。

（八）1397年正月，遣吏部尚書兼太史令杜省（一作敏）相度清化府安孫洞，築城鑿池，立廟社，開街巷，準備遷都至清化。4月，改清化鎮為清都鎮，國威鎮為廣威鎮，沱江鎮為天興鎮，義安鎮為臨安鎮，長安鎮為天開鎮，諒江鎮為諒山鎮，演州鎮為望江鎮，新平鎮為西平鎮。罷大小司社，大撮、管甲仍依舊制。

6月，詔限名田（指宗室諸家擁有田地數額）。大王、長公主田無限，庶民田十畝。多者許從便得贖罪，貶黜亦如之，餘者上進入官。初，宗室諸家每令私奴婢於濱海地築堤圍海造陸，二、三年後，開墾成熟，互相嫁娶居之，多立私莊田土，故有是命。11月，黎季犛逼陳順宗遷都到清化府。陳順宗先至安生謁諸陵，再至大吏鄉，行在（皇帝行宮）號葆清宮。宮人陳玉肌、陳玉臉密言於陳順宗，以為遷都必有篡奪之事。黎季犛聞之，以廟令（廟住持）黎合、右隴父道梁蕎參與同謀，併殺之。

（九）1398年3月15日，黎季犛逼陳順宗禪位給皇太子陳烑。黎季犛有篡奪之意，然業以盟約於陳藝宗，恐違其言，陰使道士阮慶出入宮中，對陳順宗說：「佳境清香獨異，凡問本朝列聖，惟事釋教，未有從遊真仙。陛下尊居九五，勞於萬機，莫若禪位東宮，以葆沖和。」陳順宗從其言，於是入仙籍。黎季犛創葆清宮於大吏山之西南，請陳順宗居之，陳順宗乃禪於皇太子。皇太子陳烑即位於葆清宮，改元建新元年，大赦。尊欽聖皇后為皇

太后。時太子生甫三歲，受禪不能拜。黎季犛令太后拜於前，太子從之。黎季犛自稱欽德興烈大王。

與明朝的關係

（一）黎季犛廢陳廢帝立陳順宗，但仍以陳順宗之名義向中國進貢，在1388年和1389年兩次進貢，都獲得中國同意。[89]

至1393年，明朝知悉安南廢立之事，才絕其使，卻其貢，而且要求尋訪陳氏賢者立為王。[90]

1396年2月，安南以其前王陳叔明卒，遣使告哀。明太祖認為安南臣下篡弒國王，有違倫常，猶如亂臣賊子，中國如遣使弔慰，猶如鼓勵這類行為。請禮部咨其國知之。[91]

（二）1395年6月，「明遣任亨泰等到安南乞師5萬人，象50隻，糧50萬石，搬運至界首以給軍。時明人討龍州、奉義州叛蠻，陰設此計，欲托以糧米數不足，掩捕國人。任亨泰密告知之，以故不給兵象，所給糧不多，差官送至同登而還。明又遣使求僧人、按摩女、火者（指宦官），皆少遣之。」[92]

（三）1396年12月，明朝遣行人陳誠、呂讓到安南，要求歸還思明府邱溫、如嶅、慶遠、淵脫等五個縣。[93]

與占城、闍婆的關係

（一）1389年10月，占人寇清化，犯古無，命黎季犛將兵禦之。黎季犛留裨將范可永與賊相持，自己卻遁走。阮多方隨後亦以輕舟悄悄遁走。黎

89. [清] 張廷玉等撰，**明史**，卷三百二十一，外國二，安南條，頁8311。[明] 胡廣等纂修，**明太祖實錄**，江蘇國學圖書館藏嘉業堂明實錄傳鈔本，中央研究院歷史語言研究所校印，臺北市，1984年，卷一百九十八，頁3。

90. [明] 譚希思撰，**明大政纂要**（二），清光緒思賢書局刊本，文海出版社，臺北縣，1988年，卷九，頁29。

91. [明] 胡廣等纂修，**明太祖實錄**，卷二百四十四，頁6；[清] 徐延旭，**越南輯略**，世系沿革，光緒三年，頁7。

92. [越] 吳士連、范公著、黎僖等撰，**大越史記全書**（電子版），本紀，卷之八，陳紀廢帝條。

93. [明] 譚希思撰，**明大政纂要**（二），卷十，頁21。

季犛詣闕，請派出朱橋戰船以增強兵力，上皇不許，因而請求解兵柄，不復出師。

（二）1390 年正月 23 日，都將陳渴真大敗占城於海潮，獲其主制蓬莪，將其斬首。

（三）1396 年 8 月，命龍捷軍將陳松伐占城，擒其將布冬而還。賜姓名金忠烈，將虎賁軍。

（四）1394 年正月，闍婆國（位在東爪哇）商舶來進異馬。

十三、陳少帝（1398 年 3 月—1400 年 2 月）

內政

陳炑，陳順宗子也，稱陳少帝，在位二年。黎季犛簒位，將陳少帝廢為保寧大王。

陳少帝重要之政策措施如下：

（一）1399 年 4 月，黎季犛逼令陳順宗出家，奉道教居淡水村玉清觀，密使內寢學生阮謹隨行監視。阮謹遂進毒藥，不死；又進椰漿而斷食，又不死。於是令軍騎衛上將軍范可永將他吊死。葬安生陵，廟號順宗。是日，黎季犛會盟於頓山，陳渴真等已有誅之之意。黎季犛在陳渴真家樓上觀看會盟儀式，比照天子到廟泊寺之禮節。范可永侄范祖收及刺客范牛悉按劍欲進，陳渴真瞪目止之，謀刺不成。黎季犛由衛士簇擁下樓離去。范牛悉擲劍於地很氣憤的說：「這樣我們大家都會被殺！」黎季犛知道此事後，宗室太保陳沆、柱國日暾、上將軍陳渴真、范可永、行遣何德鄰、梁元彪、范翁善、范牛悉等僚屬親戚，凡三百七十餘人皆被殺，沒籍其家，女人為婢，男子自一歲以上，或活埋於地，或沉於水。逮捕餘黨，連年不絕，相識者只能目視而不敢講話，人家不容行人宿歇，有宿歇者則告鄰家公同審問帖子、行李、來歷，以為保證。各社並置巡邏站，日夜巡警，盟誓之禮自此不再舉行。[94]

（二）黎季犛，又名黎一元，原為中國商人胡興逸十六世孫，浙江人氏。

---

94. [越] 吳士連、范公著、黎僖等撰，**大越史記全書**，本紀，卷之八，陳紀少帝條。

胡興逸在五代時遷居越南瓊琉縣泡突鄉，至四世祖胡廉徙居清化，為宣慰黎訓義子，自此以黎為姓。黎季犛是胡廉四世孫，有兩位姑母嫁給陳明宗皇帝，一位生陳藝宗，另一位生陳睿宗。因此他深獲陳藝宗寵信，官至同平章事，並加忠宣侯爵。[95]

1399 年 6 月，黎季犛自稱國祖章皇，服蒲黃色，居仁壽宮，依太子例，出入用黃蓋十二柄。其子黎漢蒼稱攝太傅，居皇元殿之右。元澄為司徒。榜文曰：「奉攝政國祖章皇，但稱余，而未敢稱朕。」

（三）1399 年 8 月，盜匪阮汝蓋竄鐵山，偽造寶鈔行使。剛好陳順宗被害，陳渴真被殺，遂招誘良民，得眾萬餘，往來立石、底江、歷山、沱江、傘圓等處，恣行侵掠，州縣無法控制。12 月，命東路安撫使阮鵬舉才討平阮汝蓋。

（四）1400 年 2 月 28 日，黎季犛逼陳少帝禪位，並要脅宗室群臣三上表勸進，他還假惺惺的推辭說：「大地有期，將何面目見先帝於地下乎。」結果他仍舊稱帝，建元聖元，國號大虞，恢復胡姓。胡季犛廢陳少帝為保寧大王，因為陳少帝是黎季犛之外孫，故沒有殺他。陳朝亡。

黎季犛登基後派遣三館屬官、祗候內人、內寢學生分行各路，暗訪官吏得失，民間利病，以為黜陟，永為定式，要求官員遵守。黎季犛來自清化，故將清化改稱西都，而昇龍城改稱東都。

對外關係

（一）占城在 1378、1380、1382 年攻擊安南的清化和義安，黎季犛率水軍和杜子平率步軍、阮多方等抗敵成功，逐退占城軍。

（二）1400 年 12 月，黎季犛以行遣杜滿為水軍都將，左聖珊軍將陳問（賜姓胡）同都將、龍捷軍將陳松（賜姓胡）為步軍都將，左聖翊軍將杜元拓同都將，領兵 15 萬伐占城。

（三）1389 年，占城國王制蓬莪引兵攻安南，黎季犛兵敗逃回京師，留

---

95. [越] 陳重金著，戴可來譯，**越南通史**，商務印書館，北京，1992 年，頁 123。

下裨將范可永和將軍阮多方抗敵，迫使占城退兵。該年 11 月，占城軍又再度進攻安南，陳渴真將軍殺制蓬莪，占城軍退，將軍羅皚奪取占城王位，制蓬莪二子逃奔安南，受封侯爵。[96]

<h2 style="text-align:center">陳朝的文化貢獻</h2>

字喃的創造與使用是陳朝文化重要成就之一。字喃是民間流傳的文字，取漢字偏旁，重造新字。韓詮（阮詮）的「祭鱷魚文」，張漢超的「白藤江賦」，陳光啟的「賣炭者」等是用字喃創作的較有名氣的作品。

黎文休在 1272 年撰成**大越史記**，共三十卷，已佚。陳朝末年在 1377 年編成**越史略**。

第二節　胡朝

胡季犛（1400 年 2 月—1407 年 5 月）

<h3 style="text-align:center">內政</h3>

1400 年 8 月，胡季犛傳位給其子胡漢蒼，自稱太上皇，一起聽政。

胡朝重要之政策措施如下：

（一）1401 年 4 月，築西都城（即清化）開始是以石頭興築，容易崩塌。胡漢蒼乃命諸路蒸甎，以供築城之用。該城是以上甎下石建造。胡漢蒼定大虞官制刑律。

（二）1402 年 3 月，胡漢蒼修築道路，自西都城（清化）至化州，沿途置庿舍（指驛站）傳書，謂之千里衢。

8 月，胡漢蒼築郊壇於頓山，行郊祀禮，大赦。是日，胡漢蒼坐雲龍輿出自南門，宮嬪命婦，女武朝臣，逐次陪從，婦人冠服，減夫一等，本身貴者不減。

---

96. [越] 陳重金著，**前引書**，頁 127-128。

胡漢蒼新定諸稅例。田租前朝每畝徵粟三升，今徵五升。桑洲前朝每畝徵錢九銖，或七銖，今徵上等畝鈔五緡，中等鈔四緡，下等鈔三緡。丁男歲供錢，前朝徵三銖，今照田止五高徵鈔五陌，六高至一畝徵一緡，一畝一高至五高徵一緡五陌，一畝六高至二畝徵二緡，二畝一高至五高徵二緡六陌，二畝六高以上徵三緡。丁男無田，及孤兒寡婦有田停徵。

（三）1404 年 2 月，胡漢蒼定舉人考試辦法，以今年 8 月鄉試，考中者免徭役。明年 8 月，禮部舉行考試，考中者免選補（按指有缺選人遞補）。又明年 8 月，舉行會試，考中者充太學生。又明年，再行鄉試如前年。時士人專業，期於進取，但只到禮部考試為止，因為發生動亂而中止。考試方法仿效元朝的三場，文字分為四場，又有書算場為五場，軍人、俳優、犯罪，並不得預補。

1404 年 2 月，胡漢蒼造鐵釘船，以防中國入寇，有中艚、載糧之號。表面上是載糧古樓船，其實上有棧道通行，以便戰鬥，下則二人搖一棹。

胡漢蒼令官員不得穿鞋子，惟許穿生麻鞋。根據前朝之做法，正六品以上，方得穿鞋。

（四）1405 年 7 月，胡漢蒼命禮部考試舉人，中選 170 名，以胡彥臣、黎拱宸充太學生，里行、瞿昌朝等六人充資善堂學生（資善堂本陳朝太子學名）。9 月，胡漢蒼命考試吏員。

9 月，胡漢蒼定南北班軍，分為十二衛，殿後東西軍分為八衛，每衛十八隊，每隊十八人，大軍三十隊，中軍二十隊，營十五隊，團十隊，禁衛都五隊，大將軍統之。

（五）1407 年 5 月，胡季犛、子胡漢蒼、孫胡芮三人被明朝俘虜。明人計所獲府州 48，縣 168，戶 3,129,700，象 112，馬 420，牛 35,750，船 8,865。[97]

與明朝的關係

（一）1403 年 4 月，黎漢蒼遣使詣明廷，偽稱安南國王早死無嗣，自己

___

97. [越] 吳士連、范公著、黎僖等撰，**大越史記全書**，本紀，卷之九，後陳紀簡定帝條。

是陳氏甥，代理國事四年，請追認其位。明朝禮部對此有疑，遣行人楊渤赴安南調查。[98] 至 11 月，經過楊渤的調查，以及安南遣使隨楊渤等到南京進貢，其陪臣耆老上奏章，證實無陳氏子孫後代、胡漢蒼是陳氏外甥，所以就遣禮部郎中夏止善等賫詔往安南封胡奃為安南國王。[99]

（二）1403 年 10 月，胡漢蒼殺在北內官阮算等親屬。初，明太祖曾請安南進貢火者（宦官）、僧人、按摩女，安南都如數進貢。數年，明朝釋放僧人、秀女回安南，但留火者充內官。及太宗即位，有南侵之企圖，派遣阮算、徐箇、阮宗道、吳信等為使，訪問親屬，密告他們說：「如有北兵來，揭黃旗，題內官某人姓名親屬，必不被害。」事情揭發後，安南就逮捕殺害其親屬。[100]

（三）1404 年 2 月，胡漢蒼派遣潘和甫進貢白黑二象給明朝。先是，占城進貢白黑象，及獻地以求緩師，然後又詭辭通告明朝，謂胡氏侵占其土地，及邀取貢象。因此，明朝遣使來責問，故將象隻送給明朝。

（四）1404 年 2 月，「陳元輝家奴陳康，以陳蓀黨竄老撾，至是由雲南抵燕，改名添平，詐稱陳藝宗子，訴漢蒼僭逆欺詐之事。明遣御史李錡來詰問。」[101] 另據**大越史記全書**之記載：「陳添平為陳元輝家奴，即阮康也。其俘囚兵，發居義安種田，官吏留在京，付貴人家收養。」[102] 陳康和阮康應是同一人。

據**大越史記全書**之記載，明朝派遣行人李錡到安南，李錡擅作威福，鞭笞伴送督辨等官，要求他們加快速度到西京（清化）。以前使者自東都至西京要十二天，李錡一行八天就到達，及到館，遍觀形勢。李錡回去時，胡季犛恐泄事情，就派范六材追殺李錡，到了諒山，而李錡已出關了。李錡劾奏胡季犛稱帝，並作詩有傲慢之語氣。[103]

98. [明] 楊士奇等纂修，**明實錄（太宗文皇帝實錄）**，中央研究院歷史語言研究所校勘，臺北市，1984年，卷十九，頁 1、3。
99. [明] 楊士奇等纂修，**明實錄（太宗文皇帝實錄）**，卷二十五，頁 8、11；卷二十六，頁 7。
100. [越] 吳士連、范公著、黎僖等撰，**大越史記全書**，本紀，卷之八，陳紀少帝附胡季犛、漢蒼條。
101. [越] 陳文為等纂修，**前引書**，第四冊，正編，卷十二，頁 1458-1462。
102. [越] 吳士連、范公著、黎僖等撰，**大越史記全書**，本紀，卷之八，陳紀少帝附胡季犛、漢蒼條。
103. [越] 吳士連、范公著、黎僖等撰，**大越史記全書**，本紀，卷之八，陳紀少帝附胡季犛、漢蒼條。

（五）1404 年 8 月，故安南國王陳日煃弟陳天平投奔明朝。[104]

陳氏舊臣裴伯耆潛入明朝京師，奏胡季犛父子篡位，要求恢復立陳氏子孫。沒多久，老撾軍民宣慰使刀線歹，遣使護送前安南王陳日煃孫陳天明、陳天平（或寫為陳添平）到京師。奏說：「季犛父子乃大殺陳氏宗族，並暗弒之而取其位，更姓名胡一元，子曰胡蒼，自謂舜裔胡公滿之後，遂改國號大虞，季犛僭號太上皇，子蒼為大虞皇帝。……臣之祖宗世尚寬厚，今國人嗷嗷，頗見思憶。陛下德配天地，仁育四海，一物失所，心有未安。伐罪弔民，興滅繼絕，此遠夷之望，微臣之大願也。」[105]

12 月，安南遣使賀正旦（賀新年），使至，明成祖命禮部請出陳天平，使者知道他是故王孫子也，皆錯愕下拜，有感泣者。「裴伯耆在列亦責使者以大義，皆惶恐不能對。永樂三年春 3 月，遣使齎敕責之，蒼上表謝罪。上使行人往諭蒼，迎還天平以君事之。當建爾上公，封以大郡。蒼請如命。」[106]

（六）明朝於是在 1405 年正月派遣監察御史李琦、行人王樞齎勅往諭安南國王胡蒼。

2 月，明朝遣使求割諒山祿州之地（時廣西思明土官黃廣成認為祿州係本府故地也）。胡季犛命行遣黃晦卿為割地使，黃晦卿以古樓等村凡 59 村還給明朝，胡季犛責辱黃晦卿，以所還數過多，凡彼所置土官，密令土人以毒鴆之。[107]

7 月，明朝派遣內官阮宗道等到安南。

9 月，胡漢蒼遣使左司郎中范耕、通判劉光庭到明朝貢謝，以期維持友誼。但明朝以拘留范耕、釋放劉光庭作為回應，故安南在山西省的多邦城築城，在宣光的白鶴江中布置暗樁，以防明朝軍隊入侵。[108]

胡漢蒼詔諸路安撫使赴闕，與京官會議，如何因應跟明朝之關係，或戰或和。有勸戰，勿為他日之患者。北江鎮撫阮均以為姑且和之，從明朝之所

---

104. [清] 張廷玉等撰，**明史**，卷六，本紀第六，成祖二，頁 81。
105. [明] 楊士奇等纂修，**明實錄（太宗文皇帝實錄）**，卷三十三，頁 4-5、10-11。
106. [清] 徐延旭，**越南輯略**，世系沿革，光緒三年，頁 8-9。
107. [越] 吳士連、范公著、黎僖等撰，**大越史記全書**，本紀，卷之八，陳紀少帝附胡季犛、漢蒼條。
108. [越] 陳文為等纂修，**前引書**，第四冊，正編，卷十二，頁 1463-1468。

好，以緩師可也。左相國澄說：「臣不怕戰，但怕民心之從違耳。」胡季犛以檳榔金匣賜之。[109]

12月，安南又派遣阮景真等隨行人聶聰等到南京，表示要迎還陳天平，立為國王，胡漢蒼願意到邊境迎接。明朝派遣廣西總兵都督黃中等率兵五千伴送陳天平回安南。[110]

（七）1406年1月，當陳天平一行人進入越北的芹站（今名克夫，屬越南北寧省[111]），安南軍隊突然伏擊陳天平，將之殺害，前大理卿薛嵓亦戰死，黃中等引兵退回中國。

4月，胡漢蒼既殺了陳天平，派遣三江安撫使陳恭肅為使，愛州通判枚秀夫副之，僉判蔣資為從事，前往明朝辯白陳天平詐冒之事，並請通貢如故。明朝將這些安南使節拘留。[112]

明成祖對此事深感憤怒，在7月派遣朱能為征夷將軍，沐晟、張輔副之，帥師分道討安南，兵部尚書劉儁參贊軍務，行部尚書黃福、大理卿陳洽督餉。下詔說：「安南皆朕赤子，惟黎季犛父子首惡必誅，他脅從者釋之。罪人既得，立陳氏子孫賢者。毋養亂，毋玩寇，毋毀廬墓，毋害禾稼，毋攘財貨掠子女，毋殺降。有一於此，雖功不宥。」[113]「永樂四年（1406）閏7月己未，敕征討安南總兵官成國公朱能等說：『師入安南下郡邑，凡得文籍、圖志皆勿毀。』」[114]

10月，成國公朱能去世，張輔代領其眾。克隘留關。沐晟率師會於白鶴。12月，張輔大破安南兵於嘉林江，拔多邦城（今河內市西北永富省興化縣）[115]。占領其東都（昇龍城）和西都（清化），安南軍遁海逃逸。[116]

109. [越] 吳士連、范公著、黎僖等撰，**大越史記全書**，本紀，卷之八，陳紀少帝附胡季犛、漢蒼條。
110. [明] 楊士奇等纂修，**明實錄**（太宗文皇帝實錄），卷四十九，頁2-3。
111.「友誼關古關名辨正」，**廣西地情資料網站**，http://lib.gxdqw.com/view-h13-75.html　2017年5月5日瀏覽。
112. [越] 陳文為等纂修，**前引書**，第四冊，正編，卷十二，頁1469-1479。
113. [清] 張廷玉等撰，**明史**，卷六，本紀第六，成祖二，頁83。
114. [明] 楊士奇等纂修，**明實錄**（太宗文皇帝實錄），卷五十七，頁1。
115.「多邦城」，**知識貝殼**，http://www.zsbeike.com/cd/40515011.html　2018年8月14日瀏覽。
116. [清] 張廷玉等撰，**明史**，卷六，本紀第六，成祖二，頁83。

（八）1407 年 1 月，當明朝軍隊大破胡季犛的軍隊於木丸江時，就宣詔訪求陳氏子孫。於是有當地耆老一千一百二十餘人到軍門來說，陳氏子孫都被黎賊殺盡，沒有繼承人了。安南本中國土地，最好仍將安南納入中國的郡。張輔於是將此一信息向明成祖報告。

2 月，張輔奉命通告安南，各郡縣官員恢復原職，士兵也歸建，人民復業，繼續訪求陳氏子孫，有賢德者，送請皇上給予王爵。「其境內才德賢知之士，及有一善可稱、一藝可用者，廣為詢問，悉以禮遣送赴京。」[117]

4 月，張輔奏說：「陳氏已絕，無可訪求，必合開設都指揮使司、布政使司、按察使司以總率郡縣，撫輯兵民。謹具奏聞。」群臣都贊同張輔的建議，但明成祖說，等抓到黎賊父子再來處置。[118]

5 月，征安南官軍於高望山抓獲賊首胡季犛、胡漢蒼、長子胡澄及其族黨，將他們送至金陵。明成祖在皇殿上問胡季犛說：「弒主篡國，此人臣之道乎？」胡季犛沉默不語。於是將他關入監獄。赦免其長子胡澄及孫子胡芮。後來也釋放了胡季犛，流放廣西，胡澄以善兵器進槍法，赦免後出任工部官員。在廷議中，群臣建議按照安南耆老的意見，在安南設郡縣。6 月，詔告天下，改安南為交趾，設三司。[119] 張輔、沐晟引兵回中國。留掌都指揮使司呂毅掌布政司和按察二司，黃福鎮其地。[120] 明人計所獲府州 48，縣 168，戶 3,129,700，象 112，馬 420，牛 35,750，船 8,865。[121]

胡朝從 1400 年篡權奪位到 1407 年被明軍推翻，共二主七年。明成祖以義理之名推翻篡弒政權，固然理直氣壯，但諷刺的是，明成祖自身就是政變奪權者，何人可以給予制裁？此乃中國統治者要想作為天下共主的道德使命使然，天下只有中國皇帝才是道德正義的維護者。

117. [明] 楊士奇等纂修，**明實錄（太宗文皇帝實錄）**，卷六十四，頁 1。
118. [明] 楊士奇等纂修，**明實錄（太宗文皇帝實錄）**，卷六十六，頁 4。
119. [清] 張廷玉等撰，**明史**，卷三百二十一，外國二，安南條，頁 8315。
120. [越] 陳文為等纂修，**前引書**，第四冊，正編，卷十二，頁 1479-1495。
121. [越] 吳士連、范公著、黎僖等撰，**大越史記全書**，本紀，卷之九，後陳紀簡定帝條。

與占城的關係

（一）1402 年 7 月，胡漢蒼大舉擊占城，占主巴的吏害怕，遣舅布田進白黑象二，及諸方物，仍獻占洞之地，請退師。布田至，胡季犛要脅使者更改表文，將古壘洞一併獻納給安南。安南將這些地方分為升、華、思、義四州，置升華路安撫使副以轄之。

（二）1403 年春 2 月，胡漢蒼造小釘船以擊占城，水軍和陸軍總共 20 萬，圍闍槃城（今歸仁），欲陷之，但因出兵至圍城已有九個月，糧食不足，最後只好退兵。

占城遭安南攻擊，求救於明朝，明朝人駕海船 9 艘前往救援，剛好安南水軍退兵，在海上遇見明朝水軍，明人對安南將領范元瑰說：「可速班師，不可久留。」范元瑰自占城回，胡季犛責以不能盡戮明人之故。

（三）1404 年正月，明朝遣使齎敕諭占城國王占巴的賴說：「爾奏數為安南所侵，朕已遣人諭之，令息兵安民，今安南王胡奆陳嗣〔詞〕服罪，不敢復肆侵越，人能改過，斯無過矣，爾宜務輯睦。」[122]

從上述明朝出兵保護占城，戒諭安南不要侵略占城之情事來看，明朝的確做到了調解國際糾紛的角色，那也足資證明明成祖時國力最強才可以辦到。

第三節　中國入占及放棄安南

1407 年 6 月，明朝侵占安南後，詔告天下，將採行下述措施：改安南為交趾郡，設置交趾都指揮使司、交趾等處承宣布政使司、交趾等處提刑按察使司及軍民偹設官分理。遭黎季犛殺害之陳氏，應贈諡，慰其幽冥，其子孫宗族有為黎賊所害者，宜贈以官，助其修建祠和墳墓。各官員仍復職。不過，老百姓因為久染夷俗，宜設官兼治，教以中國禮法。遭黎季犛陷害流配者，應恢復原籍復業，從獄中釋放。凡有高年碩德，應加禮待。鰥寡孤獨之人無

---

122. [明] 楊士奇等纂修，**明實錄（太宗文皇帝實錄）**，卷二十七，頁 2。

依倚者，應設立救濟院以存恤之。有懷才抱德可用之人，應予敘用。安南與占城、百夷等處接界，宜各守疆境，毋致侵越，亦不許軍民人等私通境，私自下海販鬻番貨，違者依律治罪。[123]

根據上述的詔書，明朝在安南逐步採行下述的措施：

第一，1407 年 6 月，明朝在安南設立交趾都指揮使司，共十七府，五州，十衛，二千戶所，官軍以守之。[124] 另外設有交趾等處承宣布政使司、交趾等處提刑按察使司及軍民衙。交趾都指揮使司是由明朝派遣之官員負責，交趾等處承宣布政使司則由安南官員充任，特別是陳氏子孫。明永樂五年（1407）7 月，張輔以阮大擒一胡（指胡季犛）有功，箚付交趾都指揮使。不過他太驕矜有得色，多為不法，荒色縱酒，潛恢叛志，張輔殺之。8 月，張輔、沐晟班師，留都司呂毅、尚書黃福鎮守（福山東昌邑人）。初，黃福督廣西土兵調運糧儲，隨軍進征，至是留之。福為人聰慧，善應變，有治民才，人服其能。[125]

第二，1407 年 9 月，交趾總兵官新城侯張輔遣送交趾諸色工匠 7,700 人至南京。明成祖對於這批安南工匠，特別命工部悉給錦衣以禦寒。[126] 當時明朝正準備營建北京城，故這些工匠可能被送至北京去營建新都。

第三，1407 年 10 月，對於受害的陳氏子孫，追贈爵位給 7 名陳氏子孫，以安撫安南人。「永樂五年（1407）10 月癸卯，追贈故安南國王陳氏子孫七人，以叔顙為亞中大夫、交趾等處承宣布政使司，左參政沆為亞中大夫、交趾布政司，右參政淵濟為朝列大夫、交趾布政司，右參議日章元胤國糧為朝列大夫、交趾布政司，右參議初詔安南陳氏子孫宗族為黎賊所害者，宜加恤典，贈之以官。至是，有司具名來聞，故有是命。」[127]

第四，1408 年 6 月，交趾總兵官新城侯張輔、西平侯沐晟等凱旋回到南

---

123. [明] 楊士奇等纂修，**明實錄（太宗文皇帝實錄）**，卷六十八，頁 1-2。
124. [明] 陳建撰，江旭奇訂，**皇明通紀集要（二）**，文海出版社，臺北市，1988 年，卷十三，永樂，頁 16。
125. [越] 吳士連、范公著、黎僖等撰，**大越史記全書**，本紀，卷之九，後陳紀簡定帝條。
126. [明] 楊士奇等纂修，**明實錄（太宗文皇帝實錄）**，卷七十一，頁 6。
127. [明] 楊士奇等纂修，**明實錄（太宗文皇帝實錄）**，卷七十二，頁 5。

京，呈上交趾地圖，其地東西相距1,760里，南北相距2,800里。新城侯張輔說：「交趾平定，開設諸衙門，朝廷遣使及諸司奏報，皆須驛傳，宜於廣西桂林、柳州、南寧、太平等府增設水馬驛一十九，自桂林府東江驛至思明府憑祥縣，新舊馬驛共三十有一，其驛道遠者宜設中站。南寧府至龍州等驛水道差遠，宜增驛舟，並置遞運所。」又說：「交趾舊太原等五鎮已改為州，餘天關等十三鎮未改。」[128] 明成祖接受他的建議。

第五，吏部尚書蹇義等同六部尚書奏：「新城侯張輔等平定交趾，建設軍士衙門總四百七十有二，都司、布政司、按察司各一，衛十，千戶所二，府十五，州四十一，縣二百八，市舶提舉司一，巡檢司百，稅課司局等衙門九十二，置城池十二所，安撫人民三百一十二萬有奇。獲蠻人二百八萬七千百五百有奇。糧儲一千三百六十萬石，象馬牛共二十三萬五千九百餘隻，船八千六百七十七艘，軍器二百五十三萬九千八百五十二件。」[129] 從該上奏報告可知，當時張輔在安南的行政機關及安南人口之規模。

第六，明永樂十二年（1414）9月，明朝黃福榜示各府州縣，設立文廟、社稷、風雲、山川、無祀等神壇壝，時行祭禮。禁止男女剪髮，婦女穿短衣長裙，仿習中國風俗。10月，明開設學校，及筮訪求儒、醫、陰陽、僧、道，令府州縣以禮敦請，從右參議彭道祥之言也。明開墾田糧桑絲，每戶一畝，開為三畝，是後勸課戶口，歲增田每戶10畝（謂每畝3高，10畝實3畝），每畝徵粟五，升沙洲每戶一畝，徵絲一兩，每絲一斤，織絹一匹。[130]

安南史書對於明朝在安南之施政，做出如下的批評：

明永樂十三年（1415）8月，明取勘金銀場，起夫淘採，及捕白象、氽珍珠。重稅厚斂，民不聊生。海濱鹽場禁民私賣，並令內官管闌，又設立本場局使副以分管之。府州縣置稅課司，河泊所副使。明開鹽法，先令本場使副督人煎煮，每月若干，送提舉司收貯。內官募商出金領，布政勘合，大勘合開鹽十斤，小勘鹽合開一斤，方得發賣。如無同私鹽法，又禁行人例，得鹽

---

128. [明] 楊士奇等纂修，**明實錄（太宗文皇帝實錄）**，卷八十，頁2-4。
129. [明] 楊士奇等纂修，**明實錄（太宗文皇帝實錄）**，卷八十，頁2-4。
130. [越] 吳士連、范公著、黎僖等撰，**大越史記全書**，本紀，卷之九，屬明紀條。

三碗，鹹一堝而已。9 月，明黃福差官押路送府州縣儒、醫、陰陽、僧、道正身赴燕京除授官職，回本衙門管事。仍令所在官司給與盤費伴送，無者懲治，沿途應付口糧腳力。10 月，明開永安、萬寧、水路，設置迎運水驛，直至欽州；又設馬驛，直至橫州。明永樂十四年春正月，明起送文武上官耆老赴燕京，換總兵劄，用部帖黃，實授官職，保陞參議阮勛為左布政使，知府梁汝笏、杜維忠為參政。其餘陞知府同知府、知州同知州、知縣等官。明招誘前朝舊官，假撥軍民衙門辦事，轉送燕京留之。奔競之徒，素非舊官，未得實授官職，亦挺身出，國內為之空虛，居數年艱苦，往乜逃回。明定歲貢儒學生員充國子監府學，每年二名，州學二年三名，縣學一年一名。後又定府學，每年一名，州學三年二名，縣學二年一名。吏部勘合仰交趾布政，按察二司及府州縣官，期以明年正月一日到京朝覲，不問正佐，但在任年深者帶首領官吏同去。仍勘自甲午年 7 月至本年 6 月終三年內戶口田糧等項，造須知冊，進呈稽考。黃福劄令豪富土官阮勛、梁汝笏、杜維忠、杜希望、梁士永、楊巨覺等並以家人赴燕京報效營造宮殿。明帝曰：「遠人艱苦，優賜遣還。」[131]

　　儘管明朝對於重入版圖的安南做了許多安排，但安南人的反抗運動卻是連續不斷。1408 年 10 月初 2 日，簡定帝即位於長安州謨渡，建元興慶，在位兩年亡。1408 年，陳季擴叛亂，稱帝，年號為重光帝。陳季擴為陳藝宗之孫，簡定帝之侄也。越史說：「永樂九年（1411）9 月，交趾陳季擴（重光帝三年）遣使如明求封。先是帝季擴遣行遣阮日孜及審判黎銀如明求封，明帝怒，囚殺之。至是又命行遣胡彥臣為求封使，審刑裴訥言副之，齎表文方物及代身金銀人各一如明。彥臣等至明。明帝遣胡元澄，托以舊辰恩意，問國勢強弱虛實，彥臣為盡言之。訥言不屈。明帝假授帝季擴為交趾布政使，彥臣為義安知府。及回，訥言具白彥臣洩漏之事及受明官職，帝季擴收禁，誅之。」[132]

　　1411 年 11 月，交趾總兵官英國公張輔率舟師追捕陳季擴等於緣海、聞

131. [越] 吳士連、范公著、黎僖等撰，**大越史記全書**，本紀，卷之九，屬明紀條。
132. [越] 陳文為等纂修，**前引書**，第四冊，正編，卷十二，頁 1516-1517。

石室、福安等州縣。1413 年 4 月，張輔攻義安，陳季擴奔化州。6 月，張輔攻化州。12 月，陳季擴及其將鄧容、阮帥、阮景異等為張輔所獲。[133] **大越史記全書**之記載為：「明永樂十一年（1413）11 月，帝（重光帝）奔老撾，輔令人索之，送至軍門，順化人皆降，陳遂亡。」

關於陳季擴之處置，中國文獻和越史之記載不同，**明太宗實錄**之記載為：「永樂十二年（1414）8 月壬寅（初 2），交趾總兵官英國公張輔執送賊首陳季擴、阮帥至京師伏誅。」[134] **大越史記全書**之記載為：「永樂十二年夏 4 月，明總兵張輔、沐晟、兵部侍郎陳洽偕重光帝、阮帥、鄧容還東關。各府州縣官備禮物圖帳彩旗來賀，令人送燕京。重光帝至途中赴水死。」[135]

其他的反抗活動有：1411 年，阮帥、黎蕊、范慷叛亂；1415 年，黎核叛亂；1418 年，清化府俄樂縣土官巡檢黎利和阮薦，在藍山發動起義，開展復國鬥爭。黎利初從陳季擴反，充偽金吾將軍後，束身歸降，以為巡檢，然還是心存反抗，他僭稱平定王，以弟黎石為偽相國，段奔為都督。1419 年，范軟、潘僚等叛。1420 年，艮師魯、范公櫚等聚眾作亂。

黎利為清化人，1418 年起義（稱藍山起義）反抗明朝的統治，他率農民軍，自稱平定王。

在上述各種反抗活動中，以黎利的勢力最強，而且反抗活動最為長久，卒致明朝爭戰過久而難以為繼，最後明朝採用懷柔手段，在 1426 年 4 月，「詔赦交趾，許黎利自新。」[136]

5 月，明朝頒布赦交趾有罪者之詔書說：

凡交趾官吏軍民人等所犯反逆等罪，已發覺未發覺，已結正未結正，詔書到日，罪無大小，咸赦除之。其黎利、潘僚、路文律等本皆歸心朝廷，曾經任用，偶乖一念失誤至此。今特開其自新之路，誠能悔過從善，復守臣節，悉宥其罪，仍授以官，及有彼 [被] 黎利等迫脅從逆，並鄭 [經] 公証等，餘黨逃避未出者，今能挺身來歸，或赴所在官司自首，一體赦宥。官復原職，

---

133. [越] 陳文為等纂修，**前引書**，第四冊，正編，卷十二，頁 1524-1528。
134. [明] 楊士奇等纂修，**明實錄（太宗文皇帝實錄）**，卷一百五十四，頁 1。
135. [越] 吳士連、范公著、黎僖等撰，**大越史記全書**，本紀，卷之九，屬明紀條。
136. [清] 張廷玉等撰，**明史**，卷九，本紀第九，宣宗，頁 117。

軍復原伍，民復原業，詔書到後，如黎利等及脅從之徒，執迷不悛，仍前拒命，天討必加，後悔無及。今後交趾軍民人等，除合納稅糧外，其該徵及採辦金、銀、鹽、鐵、香貨、魚課等項悉行停止，金、銀、銅錢、鹽及鹽魚皆聽於境內交易，官府勿禁，用稱朕恤民之意。[137]

　　但黎利不為所動，繼續反抗中國之活動，黎利採邊談邊打策略，藉以拖垮明朝戰力。「宣德二年（1427）2月乙丑（初7），黎利攻交趾城，王通擊敗之。4月庚申，黎利陷昌江，都指揮李任，指揮顧福、劉順、知府劉子輔、中官馮智死之。己巳，王通許黎利和。7月己亥，黎利陷隘留關，鎮遠侯顧興祖擁兵不救，逮治之。10月，王通棄交趾，與黎利盟。11月乙酉，赦黎利，遣侍郎李錡、羅汝敬立陳暠為安南國王，悉召文武吏士還。」[138]

　　關於明朝和黎利之戰爭處於不利，導致王通有意求和，中文文獻記載為：「宣德二年（1427）10月，成山侯王通棄交趾，帥師還。柳升等既敗殉，通大懼，乃集將士議，以城不可守，戰不可勝，不若全師北歸，眾皆從之。乃與黎利約和，且為利請立陳氏後於朝。遂棄交州城，引師還，通至京，宥殉革爵。」[139]

　　而越史之記載如下，作為對照：

　　宣德二年（1427）3月，明遣將分道來援東關（按即河內）。先是華洞之戰，陳洽敗死，王通請益兵。明帝聞之，大駭。乃遣總兵征虜副將軍太子太傅安遠侯柳升、參將保定伯梁銘、都督崔聚、兵部尚書李慶、工部尚書黃福、右布政使阮德勳領兵十萬、馬二萬，由廣西進攻坡壘關，征南將軍太傅黔國公沐晟、參將興安伯徐亨、新寧伯譚忠從雲南進攻梨花關。6月，明遣廣西總兵鎮遠侯顧興祖將兵五萬、馬五千四來援東都。至坡壘關，守將陳榴、黎盃等邀擊走之。9月，王（按指平定王黎利）令黎察、陳榴等迎擊明援兵於支稜，大破之。斬總兵柳升，擒都督崔聚、尚書黃福、大將沐晟遁走。王

---

137. [明] 楊士奇等纂修，**明實錄**（宣宗章皇帝實錄），中央研究院歷史語言研究所校勘，臺北市，1984年，卷十七，頁1-2。
138. [清] 張廷玉等撰，**明史**，卷九，本紀第九，宣宗，頁118。
139. [明] 陳建撰，江旭奇訂，**皇明通紀集要**（二），卷十六，宣德，頁9。

通遂乞和。[140]

10 月，交阯總兵官成山侯王通等集合軍民官吏出下哨河，王通與黎利會盟于東關城（即河內）之南，立壇與黎利盟誓約退師，並宴飲黎利，餽贈黎利金織、文綺、表裏，黎利亦以禮物回謝。[141] 王通以山壽、馬騏出菩提營做爲黎利之人質，而黎利以司徒思齊及黎仁澍入東關城做爲王通之人質，雙方達成和議，約以 12 月 12 日明軍撤出安南。[142]

11 月 29 日，黎利遣使翰林待制黎少穎等將陳暠表文和方物（代身金人 2 箇，銀香爐 1 箇，銀花瓶 1 雙，土絹 3 百疋，象牙 14 雙，薰香衣 20 瓶，線香 2 萬枝，沉速香 24 塊）隨同王通所差還闕指揮等一起送至南京。此外，還將總兵官安遠侯原領征虜副將軍雙虎符、兩臺銀印一顆、官軍人等 13,597 員（官軍官 280 員、官吏典 137 員、旗軍 13,180 名）、馬 1,200 疋等詳細文冊一本，送往燕京陳情，求封陳暠爲國王。[143]

陳暠之表文曰：「安南國先陳主臣晪三世嫡孫臣陳暠，誠惶誠恐稽首頓首上言：曩被賊臣黎季犛父子篡弒國主，殺戮臣之一族殆盡，臣暠奔竄老撾，以延殘息，今二十年。近者國人聞臣尚存，逼臣還國，眾口語臣云：『天兵初平黎賊，即有詔旨訪求先王之子孫而立之，一時訪求末得，乃建郡縣。今皆欲臣陳情請命。』臣自知罪在萬死，仰恃天地生成大恩，謹奉表上請者，臣暠等伏念交南之地，實爲海外之邦，逮于天朝太祖皇帝之啟運，而臣之祖父最先諸國以入朝，頻年納貢於帝廷，累世襲封于王爵，頃因黎氏之稔惡，致勞天討之遠加，承恩旨之渙，頒求陳後以承續。時宗族悉逃而散徙在鄉里，無從於訪求，急撫治其人民，遂建置於州縣。今土人猶念續先臣之祀，幸天詔嘗有興滅國之言。瀝血陳詞，籲天請命，恭惟皇帝陛下，乾坤覆載，日月照臨，溥春育而海涵，霈雲行而雨施，念臣先靈久爲餒鬼，憐臣孤苦，俾復舊邦，臣暠敢不刻骨銘心。輸忠效順，永永恭天之命，顒顒事大之誠。臣暠

140. [越] 陳文爲等纂修，**前引書**，第四冊，正編，卷十四，頁 1634-1635。
141. [明] 楊士奇等纂修，**明實錄**（宣宗章皇帝實錄），卷三十二，頁 7、9-10。
142. [越] 吳士連、范公著、黎僖等撰，**大越史記全書**，本紀，卷之十，黎皇朝紀太祖高皇帝條。
143. [越] 吳士連、范公著、黎僖等撰，**大越史記全書**，本紀，卷之十，黎皇朝紀太祖高皇帝條。

等無任瞻天仰聖，激切屛營之至。」[144]

　　陳暠何許人也？其原姓名胡翁，避居玉麻，自稱為陳藝宗三世孫，黎利欲利用他，派人迎回，改名陳暠，立為帝，黎利稱衛國公。「宣德初年11月，帝得陳暠，立之。先是有胡翁者，乃丐者之子，竄身於琴貴，假稱陳氏之後。頓時國人苦賊苛政，思得其主，而帝急於滅賊救民，遂使人迎立，以權一時之事。且欲藉辭以應明人，因以為侯（一作信字），建元曰天慶，使左僕射黎國興傅之，實則監之。暠嘗駐營空路山，徙武寧。」[145]

　　明宣宗看過該表文後，傳給文武群臣，且諭之說：「昔太祖皇帝初定天下，安南最先四裔朝貢，及賊臣篡弒其主，毒害國人，太宗文皇帝發兵誅之，固求陳氏之後立之，求之不得，乃郡縣其地。後我皇考每念陳氏無後，形諸慨嘆，數年以來，一方不靖，屢勤王師，朕豈樂於用兵哉？今既陳氏有後矣，其所言與之便乎，抑不與便乎？」群臣皆說：「陛下之心，祖宗之心也。且偃兵息民，上合天心，與之便。」明宣宗說：「論者不達止戈之義，必謂與之不武，但得民安，朕亦奚恤人言，其與之。」[146]

　　11月朔，命禮部左侍郎李琦、工部右侍郎羅汝敬為正使、右通政黃驥、鴻臚卿徐永達為副使，齎詔撫諭安南人民，盡赦其罪，與之更新。同時要求黎利確實報告是否尚有陳氏後人，勅以「興滅繼絕」之意，并諭王通及三司官盡撤軍民北還。

　　王通已在11月先撤出一部分軍隊返回中國，而遭到眾官員之批評。但明宣宗沒有不滿。「詔未至，通已棄交阯，由陸路還廣西。中宮山壽、馬騏及三司守，令由水路還欽州。凡得還者，止八萬六千人，為賊所殺及拘留者不可勝計。天下舉疾通棄地，殃兵，而帝不怒也。」[147]

　　12月12日，王通開始從交阯撤兵，17日與黎利話別，黎利設牛酒、綵旗、圖帳、禮物厚餞之。

---

144. [明] 楊士奇等纂修，**明實錄（宣宗章皇帝實錄）**，卷三十二，頁7、9-10。
145. [越] 吳士連、范公著、黎僖等撰，**大越史記全書**，本紀，卷之十，黎皇朝紀太祖高皇帝條。
146. [明] 楊士奇等纂修，**明實錄（宣宗章皇帝實錄）**，卷三十二，頁7、9-10。
147. [清] 張廷玉等撰，**明史**，卷三百二十一，列傳第二百九，外國二，安南條，頁8324-8325。

　　1428年3月，成山侯王通遣送交趾頭目黎少穎等進陳暠及黎利的表文至京。該表文說：「安南國先陳王臣䫂三世嫡孫臣陳暠及頭目臣黎利奏：『竊惟普天之下莫非王土，率土之濱莫非王臣，昔當太祖高皇帝龍飛之初，臣祖日煃首先入貢，特蒙褒寵，錫以王爵，自是世守封疆，朝貢罔缺。頃因黎氏篡逆，太宗文皇帝興師問罪，克平之後，詔求陳氏子孫，以奉宗祀，蓋陳氏子孫先為黎賊殺戮殆盡，其有存者皆奔散遠徙，是以當時詔求未得，遂建郡縣以撫人民。臣暠其時竄在老撾，不過苟延殘息，豈意國人追思臣之先世，逼臣還國，不得已強而從之。臣以宣德元年還至故土，本國之人以先臣之故，多見順附，臣昨遣人奉表及黎利等具書詣總兵官安遠侯柳升處乞轉達天聽，陳情請命。又遣黎利父子率大小頭目恭詣總兵官成山侯王通軍門，陳訴請乞退師，以全小國生靈，蒙准所請，擬於本年十二月初一日班師。臣自知負罪深重，進退兩難，然臣竊自思惟，天地之於萬物雖有雷霆之怒，而生生之意常行於中，父母之於眾子，雖有笞撲之教，而鞠育之恩，實存其內，是以人有疾痛，則未嘗不呼天呼父母，此臣所以不能不瀝懇陳詞以伸哀籲者也。伏望皇上依太宗文皇帝訪求陳氏子孫之詔，念臣祖宗首先入貢之誠，赦臣丘山之罪，寬臣斧鉞之誅，使臣得以嗣服南荒，輸貢天闕，非獨臣一身一家之幸，實一國生靈之幸，非獨一國生靈之幸，而臣之祖宗亦沾天恩於地下矣。臣惟銘心刻骨，效順輸忠，恭修職貢，永篤無已。今將代身金人銀人齎捧謝罪表文及方物，遣頭目黎少穎等齎捧，謹昧死奏聞。』」[148]

　　當時朝中文武群臣對於王通讓頭目黎少穎到京師，非常不滿，於是奏稱：「成山侯王通等不應擅與叛首黎利議和，棄城退師，當差人星馳執赴京師明正其罪，黎利亦不應寬宥，宜發兵討之。」明宣宗說：「通等旦夕至矣，不必差人。朕非為宥利，但憫念一方生靈，故曲從寬貸耳。」[149]

　　4月，黎少穎要回安南時，明宣宗致送其文綺、衣及鈔。還賜敕諭頭目黎利說：「去年十月軍中以爾等所陳書並表來，奏請立陳氏之後，朕仰體天地之心，與太宗文皇帝初意，俯從所請，特遣禮部侍郎李琦等齎詔大赦交趾，

---

148. [明] 楊士奇等纂修，**明實錄（宣宗章皇帝實錄）**，卷四十，頁3、5。
149. [明] 楊士奇等纂修，**明實錄（宣宗章皇帝實錄）**，卷四十，頁3、5；卷四十一，頁1。

令爾及國中頭目耆老具陳氏嫡孫之實來聞，爾宜恭俟朝廷之命，乃中懷譎詐，輒與王通等議和，誘退官軍，入據城池，僭慢無禮，有非一端，今雖陳詞謝罪，而文武廷臣合奏，爾罪不可以宥。朕以恩命既頒，姑從寬貸，但立後事重，須合國人之心，非爾所得獨擅。敕至，即同交趾頭目耆老，具前安南王陳氏嫡孫之實奏來，以憑頒詔冊封，爾仍以所拘留人口及一應兵器送京，庶幾一方永底綏定，群臣奏章，就付黎少穎等示爾，爾其省之。」[150]

明朝重新統治安南，何以無法久治？歸納諸原因如下：

第一，征夷將軍王通並非良將，庸懦膽怯，固執專斷。征戰無法，未能擊敗黎利，私自與黎利和解。明宣宗下詔王通從安南撤兵，但詔未至，王通已棄安南，由陸路回到廣西。[151]

第二，明朝統治安南前後二十年，派遣兵力數十萬，花費百餘萬兩，再加上兩地來往之勞力和經費，尚遭到安南人年年叛亂拖累，明朝財政已不堪負荷。

第三，明朝從 1405 年派遣鄭和下西洋數次，1417 年開始營建北京新都，都是耗費鉅資之政策，至明宣宗，國庫已空虛，對安南之撤退，已是不得不然之結果。

第四，明朝未能尊重安南人風俗習慣，而採取同化政策，欲安南人採用明朝風俗習慣，自然引發反抗。

第五，安南之民族主義高漲，不滿中國人占領其領土，而欲將之逐出。因此從明軍進占安南開始，各地反抗運動層出不窮，致使明軍師老兵疲，窮以應付。

---

150. [明] 楊士奇等纂修，**明實錄**（宣宗章皇帝實錄），卷四十一，頁 1。
151. 黎正甫，**前引書**，頁 151。

第五章

大越國各王朝（三）

第一節　後黎朝

一、黎太祖（1428 年 4 月—1433 年 8 月）

內政

（一）1428 年正月，明朝人撤回國，陳暠主國政，群臣對此表示不滿，認為他無功而居高位，宜早除之。陳暠知國人不服，乃駕海船逃入玉麻州，入義安麻港，遭官軍俘獲後帶回東關城（河內），迫其飲毒而卒（另一說是他駕海船逃到古弄隘，黎利派人追殺，投屍入叢棘）。[1]黎太祖遂統一安南，以是年爲大定之年。

黎太祖下令大臣、少尉、執令諸路，如發現各城市有明朝官員、軍人等，若私匿不呈報者，處以斬刑。並令諸路觀察如有不同人種者，敢有容縱，致賊人偽官隱匿，路官及首隊人並斬。令頭目家將校子弟，各宜歸認祖傳田地，以杜絕紛爭。凡明朝詔勅所差朝廷官吏、軍人等，被拘留者悉皆釋放回國，所留之軍器亦悉送回。黎太祖乃出榜，嚴禁藏匿明朝官軍一人以上，若被查到，將處以死刑，被查到的明朝官軍則陸續送回中國。

3 月，分國中爲五道，道置衛，軍衛置總管，大小相維，上下相繫。又置各道行遣，分掌軍民簿籍。遣官分祭各處山川、廟社、神祇及先朝陵寢。

4 月，黎太祖從菩提草殿遷到東京城。15 日，黎太祖即位於東京，大赦，改元順天，建國號大越，都東都（即昇龍城）。清化稱西都。

詔天下田租、金銀潭、陂桑洲等稅，並二年免收。諸路老人年滿七十歲以上者免差役，孝子節婦聽路官奏聞旌賞。軍民之家，同戶內 3 人充軍者，可免 1 人充軍。凡歷代帝王及功臣陵廟，由本縣具奏，量給灑掃。

閏 4 月，鑄順天寶錢。

8 月 10 日，定諸軍旗幟、儀仗、戰器、船隻等器物，中隊插黃旗，上隊插赤旗，下隊插白旗，每衛主將大旗一面。每軍中旗一面，隊旗十面，小旗四十面，火戰船十隻，小哨船二隻，大將軍火筒一件，大樣火筒十件，中樣

---

1. [越] 吳士連、范公著、黎僖等撰，**大越史記全書**，本紀，卷之十，黎皇朝紀太祖高皇帝條。

火筒十件，小樣火筒八十件，強弩五十件，鈎鐮五十件，長竿五十件，飛鐮四十件，楯每人一面，標每人手箭，一等用一人四枚，二等各人三枚，大刀各人用一件。每一軍用抄軍一人，每一隊用抄隊一人。

11 月 28 日，詔示天下官員軍民等，期以明年 5 月在東京舉行文官考試，考經史，考中者出任文官；武官考試考武經、法令、奇書等章。

12 月 22 日，鑄順天通寶錢，用 50 文為一陌。初陳太宗建中二年（1226），詔民間用一陌 69 文，官定的是 70 文。

黎利發表由阮薦所撰的「平吳大誥」，宣布復興大越國，脫離中國明朝的統治。黎利為期與中國明朝維持和平關係及獲得明朝的冊封，未敢稱「平明大誥」，而以吳國代稱明國。同時亦暗喻其為越王勾踐平定吳國，復國成功。

（二）1429 年正月 4 日，詔示百官及京都各路縣社等，禁止遊手好閒、圍棋、賭博，軍民可將之捉告治罪。賭博者則砍手五分，圍棋者則砍手一分，無故非官役而私聚飲酒者杖一百，容止者（儀容端莊者）減罪一等。

6 月 10 日，詔示諸僧道有通經典，及精謹節行，期以今月 20 日就省堂通身檢閱考試，考中者可為僧道，考不中者則勒令還俗。

10 月初 1 日，命文武大臣、公侯大夫，自三品以上，薦舉賢才。

（三）1430 年 6 月 10 日，定諸稅額例。再頒例律，改東都為東京，西都為西京。11 月，出兵征太原、石林州逆賊閉克紹、農得泰。是時閉克紹、農得泰爭奪領導權，故出兵平亂。

（四）1432 年正月，命親王黎思齊將兵征忙禮州。州酋刁吉罕、子刁孟旺出降，住在東京，立為司馬，後年殺之。11 月，黎太祖親征忙禮州。

（五）1433 年正月，選官男及國威三路，北江二路充國子監。

8 月，降長子黎思齊為郡王，以次子黎元龍繼承宗統。

閏 8 月 22 日，黎太祖崩於正寢。9 月 8 日，太子黎元龍即皇帝位，大赦改元，以明年為紹平元年。時黎元龍年方十一歲。

與明朝的關係

（一）黎利在 1427 年與明朝達成和解的其中一個條件是，必須尋找陳

氏後代，並立為國王。黎利為了滿足明朝的要求，遂找了一名陳暠的人偽稱他為陳氏後代。陳暠並送代身金人二尊，乃係殺明朝將領柳升和梁銘，用以抵命。

明宣宗知道這是一齣戲，演到此即可，無須像明成祖一樣一再派人到安南查訪陳氏子孫下落，最後為了顧全顏面弄到要出兵推翻黎季犛政權。因此，明宣宗不想重蹈覆轍，在沒有查證陳暠之真偽來歷時，就在宣德二年（1427）11月，赦免黎利罪，派遣侍郎李琦、羅汝敬到安南準備立陳暠為安南國王，並撤回所有在安南的文武吏士歸國。[2]

不過，越史的記載跟中國文獻不同，「宣德三年（1428）3月，遣使如明。先是帝〔黎太祖〕遣黎少穎等如明，請立陳後。明遣禮部左侍郎李琦、工部右侍郎羅汝敬、右通政黃驥、鴻臚寺卿徐永達等齎諭及赦文來。至則陳高（暠）死矣。琦等遂辭歸。帝遣戶部郎中黎國器、范誠等報謝。樞密僉事何甫、何輦等告陳高（暠）哀。」[3]

從越史的紀錄可知，明朝使節李琦和羅汝敬原本要到安南給陳暠冊封國王的，結果發現陳暠已死，所以就回國了。由於黎利欲加害陳暠，陳暠逃入玉麻州，被俘後帶回東關城（即河內），1月10日，迫其飲毒而死。而黎利就在毒死陳暠後，在4月，登基稱王，號黎太祖，建國號大越，史稱後黎王朝。

（二）1428年5月，明朝行在禮部左侍郎李琦、工部右侍郎羅汝敬等出使大越返回中國，黎利派遣戶部郎中黎國器，太祖親侄范誠等謝恩，樞密僉事何甫、何輦等隨李琦等到中國奉表謝恩，且報告稱陳暠於今年正月10日卒，陳氏子孫並絕，國人推黎利謹守國政，等候明朝朝廷之命令。明宣宗萬萬沒有想到，其所支持的陳暠竟然遭黎利殺害，不得不像明成祖一樣堅持要陳氏子孫繼承王位，他立即派遣行在工部右侍郎羅汝敬、鴻臚寺卿徐永達再度前往安南，告訴黎利及耆老軍民說：

敕至，爾頭目耆老軍民宜悉心咨訪陳氏子孫奏來，用頒繼絕之命，以寧一方，以副朕體 天愛人之心，既敷曠蕩之德，遠邇之人，均宜蒙福。其交趾

---

2. [清] 張廷玉等撰，**明史**，卷九，本紀第九，宣宗，頁118。

3. [越] 陳文為等纂修，**前引書**，第四冊，正編，卷十五，頁1681-1682

所留朝廷官吏軍校人等及其家口速皆遣歸，以慰其父母妻子之望，所留軍器亦悉送納，庶幾求福之道。朕以至誠待人，毋或蓄疑，自詒伊戚，賜汝敬等鈔，為道里費，並賜交趾遣來頭目黎器等鈔，及文綺、襲衣，命與汝敬等同行。[4]

羅汝敬等人到了安南，聽說是黎利殺了陳暠，而黎利還設女樂宴飲。羅汝敬非常憤怒，當場摔了餐器，叱聲說：「國王都死了，為何還如此宴飲？」[5]

羅汝敬和徐永達等要求安南繼續訪求陳氏子孫，並要求安南儘快將拘留在安南的明朝官吏、軍人和軍器盡數送回中國。10月，安南派遣僉事何栗、郎中杜如熊等攜帶方物、代身金人前往中國。而且表示陳氏子孫實無生存者，所獲明朝官軍及器仗已陸續送還。此外，還表示當年明軍攻擊安南時，黎利走失其幼女，年方九歲，被明朝太監馬騏收養，帶回燕京，進為官婢。明朝回覆稱，該女已因出疹子死亡。[6]

（三）1429年2月，黎利與耆老派遣頭目，貢方物及進代身金人到明朝。[7]明朝在1429年3月再派遣行在禮部侍郎李琦、鴻臚寺卿徐永達、行人張聰等前往安南告訴黎利要續訪、立陳氏後，同時告訴黎利其女已病死。[8]

6月，黎利令諸頭目耆老等合同具狀，遣黃門侍郎陶公僎、審刑院使黎德輝等賫金銀器皿隨明使李琦等遞狀到北京，其表文說：「國人遍尋陳氏子孫無見存者，本國大頭目黎利為人謙恭謹厚，撫綏有方，甚得民心，可堪管攝。」明宣宗對其大臣說：「此言未可遽信，更當索之。」仍要求陶公僎等帶回他的指示。明宣宗要求黎利及頭目耆老繼續訪求陳氏子孫。如果真的找不到，然後連名具奏，聽候處理。[9]

（四）1430年3月，侍郎李琦等使安南返國，黎利遣頭目陶公僎等貢金銀器皿及方物。且上了一篇情詞懇切的奏文說，已遣送軍官280人、民官及

4. [明] 楊士奇等纂修，**明實錄（宣宗章皇帝實錄）**，卷四十三，頁1、6。
5. [明] 嚴從簡撰，余思黎點校，**殊域周咨錄**，中華書局，北京市，2000年，卷五，安南條，頁199。
6. [越] 陳文為等纂修，**前引書**，第四冊，正編，卷之十五，頁1681-1682、1697-1698。
7. [清] 徐延旭，**越南輯略**，世系沿革，光緒三年，頁12。
8. [清] 張廷玉等撰，**明史**，卷九，本紀第九，宣宗，頁120；楊士奇等纂修，**明實錄（宣宗章皇帝實錄）**，中央研究院歷史語言研究所校勘，臺北市，1984年，卷五十二，頁10-11；[清] 張廷玉等撰，**明史**，卷三百二十一，列傳第二百九，外國二，安南條，頁8325。
9. [越] 陳文為等纂修，**前引書**，第四冊，正編，卷十五，頁1723-1724。

吏157人、旗軍15,170人、馬1,200匹及軍械回中國，並將繼續訪查陳氏後人。最後說：

> 「臣等思惟本國大頭目黎利為人謹厚撫綏有方，甚得民心，可堪管攝，前已陳奏，伏望 皇上憫念疲氓，俯從所請，使黎利得布宣 聖德，以安遠人，播揚 皇威，以固封守，永為藩臣，常奉職貢，是 聖天子惠顧遠方之大福，亦臣等一國生靈之大幸也。」

但明宣宗閱後，對其大臣說：「蠻夷譎詐未可遽信，更當索之。」[10]

8月，安南黎利遣使進貢，謝罪請封。明朝廷議時，大臣們有主張出兵討之。明宣宗不同意。[11]

（五）1431年5月，安南黎利遣頭目何栗等陳情謝罪，貢方物，獻代身金人，並上了一本更為感動人的表文：

> 伏望 聖慈俯垂矜察，赦臣丘山之罪，霈臣雨露之恩，豈獨一身之幸，實臣一方生靈之大幸也。慄等又齎其頭目耆老人等，奏為求封事，欽奉勅書，准臣等所奏黎利謹厚忠信，撫綏有方，甚得民心，可堪管攝，朕用嘉悅。又令大集國人更詢陳氏，如果無後，連名奏來，朕與處置，臣等一國之人，莫不歡忻踴躍，喜出望外，除欽遵大集國人遍行詢訪陳氏子孫，委的無存，臣等切惟本國地方不可無人管攝，而黎利未奉朝命，此臣等所以懇款陳詞而不能已也。伏望 皇上俯矜下情，從民所欲，允臣所請，大霈洪恩，使黎利得以守土南荒，奉貢天闕，上以私〔弘〕聖天子一視之仁，下以蘇一方生靈之命。[12]

這次的表文真的打動明宣宗的心，同意他權署安南國事。

6月，明朝派遣行在禮部侍郎章敞、通政徐琦前往安南，詔黎利權署安南國事。[13]這是很詭譎的授權，明朝並沒有冊封黎利為安南國王，而是叫他權署安南國事，表示明朝還不承認他是安南之國王。在**明史**中，黎利的頭銜就是權署安南國事。[14]

---

10. [明] 楊士奇等纂修，**明實錄（宣宗章皇帝實錄）**，卷六十四，頁4。
11. [明] 陳建撰，江旭奇訂，皇明通紀集要（二），卷十七，宣德，頁3。
12. [明] 楊士奇等纂修，**明實錄（宣宗章皇帝實錄）**，卷七十九，頁2-3。
13. [明] 嚴從簡撰，余思黎點校，殊域周咨錄，卷五，安南條，頁199。
14. 「宣德八年（1433）8月辛卯（十一），權署安南國事黎利遣使人陳舜俞等奉表箋，貢金銀器皿及方物。」〔[明] 楊士奇等纂修，**明實錄（宣宗章皇帝實錄）**，卷一百四，頁4。〕

（六）1433 年 12 月 2 日，黎元龍派遣陪臣黎偉、程真等到明朝告黎利喪。19 日，明朝派遣正使兵部侍郎徐琦，副使行人司行人徐濟到安南索取歲金。「先是明朝數次遣使來，多索歲金。高皇帝（黎利）請求依照洪武三年（1370）貢例，明帝反覆不從。至是復派遣徐琦和徐濟等來。」[15]

與占城和哀牢的關係

（一）1427 年 2 月，占城使進貢。賜宴及馬、絹遣還。令僉知樞密何栗偕行。7 月，占人進方物。8 月，以員外郎黎克諧、裴必應充正副使，賚馬匹、青白玻璨酒器賜占城主。

（二）1427 年 7 月，哀牢進方物。

（三）1432 年 11 月，黎太祖復征哀牢。

二、黎太宗（黎麟）（1433 年 9 月—1442 年 8 月）

黎元龍在 1433 年 9 月繼位，中國文獻稱他為黎麟，是為黎太宗。

內政

（一）1434 年正月 12 日，詔示文武百官六品以上，包括藩鎮父道首領官等，有嫡子孫者，可免稅及當差。若是在築鼎耳堤路任職，及發生緊急狀況，則不能免。其嫡子孫可自由報名，到國子監讀書，以俟選用。

詔示京城及諸府路縣州社冊村莊等，今後銅錢破鈌，猶穿得緡貫，即流通使用，不得拒斥。若已斷鈌，無法穿緡，即不用。拒絕或挑選而用者亦同罪。國初以來，數度下詔旨，禁止人民拒斥，而庫吏收稅，常揀好錢，在民間禁止此一行為，還是無效，故更有是令。

15 日，詔示天下諸路縣官等，儘速報告本路應試士人人數，期以本月 25 日赴本道集合，在 2 月初 1 日考試。中選者可免徭役，補入國子監。若在各路學習讀書者，二十五歲以上考不中者還民（指回歸老百姓）。

28 日，詔示大臣百官，今後不得往來郡王住家。郡王無人召，即不得入

---

15. [越] 吳士連、范公著、黎僖等撰，**大越史記全書**，本紀，卷之十，黎皇朝紀太祖高皇帝條。

朝。有私引入，或看門的人讓入者，及百官有私至其家者加重罪。時有侍兒三人前去奏郡王，講了許多妖妄不順的話，故有是命。

2月初3日，諒山鎮管領黃原懿謀反，命北道司馬黎文安討之。

4日，考天下學生。中考者千餘人，分為三等，一等、二等送至國子監（王立學校）讀書，三等送至路學（地方的學校）讀書，並免徭役。

5月丁丑朔，太史裴時亨密奏，5月初1日有黑猿精吃掉太陽，該天有日蝕，日蝕則國有災。若得生猿，將牠殺了，則可消災。大司徒黎察信之，奏令宣光、太原等鎮官督民蒐羅林穀，檻送猿猱，前後好幾次，至該日停朝而行其法於宮中，百官不知此事。時裴時亨惟奏禮部侍郎舊道士程全陽，他們都獲得厚賞。[16]

8月，定取士科。詔曰：「今定為試場科目，期以紹平五年（1438）各道鄉試，六年會試都督堂。自此以後三年一大比，率以為常，中者並賜進士出身。所有試場科目具列於後：第一場經義一道，四書各一道，並限三百字以上；第二場制詔表；第三場詩賦；第四場策一道，一千字以上。試吏員考暗寫。一等補國子監，二等補生徒及文屬。」[17]

（二）1435年9月，在雲集堂舉行國子監、各路教官及有學軍民考試，因為當時各教官多不稱職，或互相揭短侮辱，故考試加以淘汰。另考試選擇軍民出任職務。

9月26日，太史裴時亨密奏11月朔日有日食，請先用去年的秘術，以祈福消災。黎太宗用其術，賜錢50貫。

（三）1437年正月，考試書算，中試690人，補內外各衙門屬處。試法第一場暗寫古文，第二場真草書，第三場演算法。凡民人及生徒許可參加考試，監生及已在軍籍者暫停。時宰執皆是開國大臣，不喜好儒術，專以簿牒詞訟，責成有司吏屬多曲事上官，故內外官缺，都是保舉錄用。其倖進之徒討厭學術，事刀筆。監生亦欲廢讀書而求入吏者，故禁之。至是考試和僥倖請託進用者，各一半。[18]

---

16. [越] 吳士連、范公著、黎僖等撰，**大越史記全書**，本紀，卷之十一，黎皇朝紀太宗文皇帝條。
17. [越] 吳士連、范公著、黎僖等撰，**大越史記全書**，本紀，卷之十一，黎皇朝紀太宗文皇帝條。
18. [越] 吳士連、范公著、黎僖等撰，**大越史記全書**，本紀，卷之十一，黎皇朝紀太宗文皇帝條。

2月，考閱將校武藝。其考法以射弓為一藝，射箭手為一藝，楯勝負為一藝，三藝俱中者給全俸，不中者遞減，後以為常。

9月，鹵簿司同監兼知典樂事梁登進新樂，仿效明朝的制度為之。初梁登與阮廌奉定雅樂，其堂上之樂則有八聲，懸大鼓、編鐘，設琴、瑟、笙、簫、管、篪、柷敔、塤簌之類；堂下之樂，則有懸方響、笙簧、琵琶管、鼓管、笛之類。

12月，令居住在安南的明朝人穿著京人衣服、斷髮。

（四）1439年正月，琴蠻擾害邊民，黎太宗命將問罪。哀牢聯合琴蠻剛娘等，遣其杻花出兵象3萬餘來援，侵掠復禮（今萊州）等州，黎太宗親率六師討伐。

11月，大赦改元。期以明年正月改大寶初年，大赦天下。年滿七十歲以上賞爵一資，並賜酒宴。

黎太宗親征宣光，19日，擒獲何宗來子宗茂。20日，斬獲何宗來，乃班師、獻捷於太廟。

21日，立長子宜民為皇太子。

（五）1441年正月，運糧。3月，黎太宗再征順每州逆儼，生擒哀牢將道蒙及妻子於羅洞，並獲儼子生象、撞銅，儼計窮出降。黎太宗乃班師、獻捷於太廟。

11月16日，立皇子邦基為皇太子。

（六）1442年3月，會試天下士人。仍命製文題名豎碑，進士碑記自此始。

8月4日，黎太宗至嘉定縣荔枝園，遽得瘴疾崩。12日，大臣鄭可、阮熾、黎受等受遺命，與黎列、黎盃等奉皇太子邦基即位，年方二歲，以明年為大和元年。

與明朝的關係

（一）1433年閏8月，黎利死後，其次子黎麟（越史稱黎元龍）遣使告訃，明朝派侍郎章敞、行人侯璡前往安南，也是給予黎麟權署國事的頭

衙。[19]

　　（二）1434 年 11 月，明朝遣行人郭濟、朱弼等隨告哀使黎偉前往安南弔祭。至京，4 日行祭禮，其祭饌皆自北道賫送，極為豐盛。出迎承天門，人設祭於乾德殿。其禮豬一、羊一、食品、紙錢、幢節（旗幟儀仗）、香花，總共 80 桌。祭官在左立，主祭在右，不奠酒，婦人隔帷（布簾）舉哀。5 日，宴郭濟等於勤政堂。命管領黎柄、內密院同知潘寧、御前學士局阮天錫、黎吉甫等從郭濟前往明朝謝弔祭。

　　（三）1435 年 12 月，明朝使節朱弼、謝經來告明英宗即位及太皇太后加尊。朱弼入境，先使人奏，黎太宗吉服迎接。至開讀（宣讀帝王的詔旨）亦無舉哀，禮宴樂如常。**大越史記全書**批評「朱弼等貪鄙，內嗜貨賄，而外文廉潔，每有金銀禮，他都堅辭不受，因為其隨從在旁。安南朝廷發覺此一情況，乃另外賜宴其隨從，在別的房間喝酒，然後將數鎰黃金納入朱弼等恢（為字喃字，指懷）中。朱弼等皆驚，喜不自勝。朱弼等又多賫北貨來，立重價，要求安南朝廷買下。他回中國時，其擡扛貢物及朱弼等行李需要千名夫役。[20]

　　（四）直至 1436 年 9 月，明朝才冊封黎麟為安南國王，理由是陳氏子孫已絕以及黎麟對中國甚為恭順。「正統元年（1436）9 月乙巳，安南國遣陪臣陶公僎等奉表，貢金銀器皿等物。賜宴並賜綵幣等物有差。庚申（28 日），遣行在兵部右侍郎李鬱為正使、行在通政使司左通政李亨為副使，持節齎印，往封權安南國事黎麟為安南國王。初宣宗皇帝既命黎利權署國事，利歿，麟嗣事朝廷益恭。至是，上以陳氏支裔既絕，不若正麟位號，順而撫之。下群臣議，悉以為宜，於是命鬱等往封之。詔其國人曰：『朕祗膺天命，統御下民，覆載之間，咸圖康靖。矧爾安南密比疆場，其權署安南國事黎利子麟繼承以來，克勤克慎，事上撫下，罔有怠違。今特封為安南國王，授以印章，俾永綏爾一國之人，以副朕一視同仁之意。』」[21]

19.「宣德八年（1433）8 月，安南來貢，命兵部侍郎徐琦等與其使偕行，諭以順天保民之道。是年，利卒，子麟遣使告訃，命侍郎章敞、行人侯璡，勅麟權署國事。明年遣使入貢謝恩。」（[清]張廷玉等撰，**明史**，卷三百二十一，列傳第二百九，外國二，安南條，頁 8325-8326。）

20. [越] 吳士連、范公著、黎僖等撰，**大越史記全書**，本紀，卷之十一，黎皇朝紀太宗文皇帝條。

21. [明] 楊士奇等纂修，**明實錄（英宗睿皇帝實錄）**，中央研究院歷史語言研究所校勘，臺北市，1984 年，

（五）1436 年正月，議遣審刑院使兼禮部尚書陶公僎、內密院副使阮叔惠前往明朝求封。6 月 6 日，遣審刑院使兼禮部尚書陶公僎、內密院副使阮公攄等前往明朝歲貢。

（六）1437 年正月 13 日，明朝遣正使兵部尚書李鬱、副使通政司右通政李亨等賷詔敕金印前往安南，封黎太宗為安南國王（印重百兩，用駱駝毛線穿在印鈕上）。及李鬱等回，黎太宗以贐禮厚賜李鬱等，辭不受。17 日，以雄捷軍管領蔡士明為正使，同知審刑院事何甫、右刑院大大阮日昇等為副使前往明朝謝恩。黎太宗奏告太廟，以明國來冊封國王之緣故也。

與占城和哀牢的關係

（一）1434 年 6 月，占城管象頭目婆、荄二人投降安南。8 日，哀牢、盆忙[22] 使人進貢方物，賜織金衣 2 件、絹 5 匹。

8 月 19 日，命管轄黎伴使哀牢。哀牢茹昆孤為叛臣杻在所攻，力不能制，向安南請求援兵。黎太宗命黎伴先往諭，以解其危。

9 月，爪哇商舶入貢方物。哀牢昆孤使其臣官龍進象隻、金銀，請求援兵。詔示與木忙少尉車帯率出哀牢、南馬州各蠻救昆孤。

占城使賷書及方物進獻，求和親。大司徒察問說：「爾國私入吾境，捕化州百姓，何也？」回答稱：「國王聞老皇登遐（崩逝），今皇帝即位，兩國不通使，彼此猜疑，缺乏互信，故使將軍往境上問消息。將軍違反國王之教旨，私捕化州六人歸。國王怒，對大將以下諸人施予刖刑（砍斷腳），並護送被捕者交還化州總管，不敢有犯。」朝廷知其飾詐，然以彼能自來，故含容之，不加究問。安邦路總管阮宗徐、同總管黎遙，貶三資罷職。黎太宗禁臣民私販外國商貨。時有爪哇舶至雲屯鎮，宗徐等當檢錄舶貨正數，前已將原數供報，後復隱詐，改換其狀，而私販九百餘縉，自與黎遙各分占百縉，事發，故罪之。

卷二十二，頁 8、15。

22. 忙，意即村寨（maung，又寫為盆蠻），位在義安西邊，介於越南和寮國之間，黎仁宗時歸附，改為歸合州（[越] 吳甲豆，**前引書**，第三冊，秋集，黎，頁 16。）。又稱川壙或普恩（Muong Phoueune），或稱為鎮寧（Tran Ninh）。

12 月 8 日，哀牢人投降安南，進象 3 隻。車芇、何安掠等軍至時，哀牢扭柵、扭在等已弒其主昆孤，而更立昆孤族人諭群為盤茹使，他致送象隻、金銀投降安南。何安掠等遂與俱來，安南朝廷赦其罪。

南馬州屬哀牢，其長道冕能慕義歸順，遣子入朝，要求內附，黎太宗嘉之，乃授予南馬州大知州，管軍民事，仍賜冠帶並時服一襲。

（二）1435 年 4 月，哀牢、攄忙（忙，意即村寨）等來貢。哀牢、蠶忙獻象 1 隻。7 月 5 日，哀牢又反，攻遠忙。其扭蠻擊之，獲人口 13、馘 9 級進獻。

11 月，占城遣使到安南。盆忙進獻象牙、犀角、銀布等物。盆忙與琴貴接境，見琴貴對安南不恭順，恐禍及已，故先效順。黎太宗嘉之，賚織金衣，賞其父道，仍賜使人絹匹有差。24 日，占城使節辭回，賜之絹匹，安南使黎汝覽問說：「占土壘等田是我地也。爾乘我國多故，奪以自肥，至今猶不言還。歲貢又不供，何也？」回答說：「臣等欲兩國親愛，且叩門求火（指借火）耳。然臣國主昏耄，不能咱信。臣願得朝廷使臣往報國主，不然臣等有所言無憑信也。」汝覽說：「朝廷豈無一箇使臣，但爾無大小之禮，使臣豈可輕往耶。」遂行尚書授之以印信。

（三）1437 年 8 月，暹羅國商船進貢安南。時哀牢以兵爭馬江州、木州，車參攻之，斬其酋扭蠻等二十餘級，俘獲二十餘口送京師。哀牢遣使請之，黎太宗赦其罪，將他們釋放。

11 月，暹羅國遣使察罡剌等進貢安南。黎太宗以敕書使之賚還，並除今年抽分（稅捐），使減前年例半分，20 分抽 1 分，及厚加賞賜。外賜國主分邑絹 20 匹、磁碗 30 副，國妃分邑絹 5 匹、磁碗 3 副，每副 35 口。

三、黎仁宗宣皇帝（1442 年 8 月—1459 年 10 月）

黎邦基，太宗第三子，即位時只有二歲，在位十七年，去世時十九歲。因即位時年齡過小，由太后阮氏英垂簾聽政。在中國文獻中，黎邦基之名字是黎濬。

黎仁宗較重要之政策措施如下：

（一）1444 年，考試士人，充各司屬掾（即屬員，指官員）。

（二）1448 年 4 月，試近侍祗候局。第一場考暗寫古文，第二場考制詔表，第三場考詩賦。賜阮璋等 23 人及第，升為入侍局學生。

7 月，詔禮部出榜，禁民間服黃色、著鞋履及使用雕刻有麟鳳的器具。詔示禁世家子弟人眾等，不得養鬥雞、舞猴、飛鴿、山呼鳥、文斑魚、雜戲等物，以免荒廢本業。如此嚴格的社會規範，當時的人一定是過著沒有娛樂的生活。

8 月，禁大臣文武百官及命婦、女官、內殿諸色妻妾、婦女等，不得出入權勢家，交相餽遺囑託，以致妨害政事。若故舊親戚，無事往來，則不依此律。

會試天下舉人，取合格 28 名。及廷試，帝親策，問以禮樂刑政。賜阮堯咨狀元。阮堯咨曾與其妻母（岳母）通姦，以致於當時市井流傳一首歌謠，說：「狀元豬，阮堯咨。」用以詆毀其醜行。

時司寇黎克復欲禁考官挾私，奏詣考官歃血盟誓。考官盟誓自此始。然挾私之情未能就此停止。有士子行制詞聯對，宜下仄字，反用橫字平聲。初考批失律不取，覆考官再搜取，謂其能文之士，指古人亦有將橫字協作仄聲，人目為魯考官。時考官偏聽左納言阮夢荀，匿不發。監考同亨發是阮夢荀之門人，知而不言。同考阮天錫揚言納言偏私，阮夢荀憤怒，在殿廷上發言不滿，而偏私之聲益沸騰矣。[23]

（三）1449 年正月，詔示識字民人，限在該月 20 日就本道考試。合格各送禮部會試，考中者免此番選補。舊例試民，考試科目為暗寫及書算。至是大臣決議暗寫及本經四書義各一道，俾學以致用，以免選補人數不足。故合格黃袍者有 85 人，仍還民免此番選補。免選試以暗寫及經義自此始，後以為常。

5 月，賜諸路鎮文廟、學校灑掃夫各 20 人，教授夫各 2 人，以為常俸，此係根據快路安撫阮有孚之建議。

---

23. [越] 吳士連、范公著、黎僖等撰，**大越史記全書**，本紀，卷之十一，黎皇朝紀仁宗宣皇帝條。

（四）1453 年 11 月 21 日，黎仁宗初親政，改元大赦，以明年正月為延寧元年。

（五）1458 年，會試天下舉人，賜阮文儞等進士出身。

（六）1459 年 10 月 3 日，諒山王黎宜民（為黎仁宗庶兄、前太子黎琮，因其母犯罪而被廢黜）與黎德寧、范屯、潘般、陳陵同謀在夜間拿梯子分三道登上東門城，盜入宮禁，殺害黎仁宗及宣慈皇太后。初 7 日，諒山王黎宜民自立即皇帝位，大赦，改元天興。是月黎宜民派遣黎景徽、阮如堵、黃清、阮堯咨等前往明朝歲貢，並解余珠事。20 日，又派遣陳封、梁如鵠、陳伯齡等前往明國求封。

與明朝的關係

（一）1443 年 11 月，明朝派遣正使行人司行人程璵致祭黎太宗之喪。16 日，遣御史中丞何甫、翰林院知制誥阮如堵、御前學生局長梁如鵠等前往明朝謝致祭。25 日，明朝派遣正使光祿寺少卿宋傑、副使兵科都給事中薛謙到安南冊封黎仁宗為安南國王。26 日，派遣參知簿籍程昱、內密院正掌程清、翰林院直學士阮克孝前往明朝謝敕封。

（二）1444 年 11 月，黎仁宗派遣左侍郎陶公僎、御前震雷軍指揮黎造前往明朝歲貢。東道參知阮蘭奏欽州地方事。

（三）1446 年 2 月 8 日，黎仁宗遣使到明朝。9 月 19 日，遣海西參知簿籍阮宗仁、政事院同參議程弘毅前往明朝，告往年占城入寇事。

（四）1450 年 10 月，安南派遣西道參知何栗為正使，翰林院直學士阮如堵、國子監助教同亨發為副使，前往明朝歲貢。

（五）1451 年 10 月，明朝派遣正使行人司行人邊永、副使進士程惠到安南通報明景宗即位。先是明英宗北征，為也先所擄獲，弟郕王祁鈺監國，因自立，改元景泰，故遣邊永等到安南通報。18 日，安南派遣同知東道程真、中書黃門侍郎阮廷美、審刑院同知馮文達前往明朝賀明景宗即位。

（六）1452 年 10 月 15 日，明朝派遣正使刑部郎中陳金、副使行人司行人郭仲南到安南通報立皇太子並賜綵幣。23 日，安南派遣正使審刑院范瑜，

副使翰林院直學士阮伯驥、禮部員外郎朱車前往明朝賀立皇太子。派正使震雷軍指揮黎尚、副使侍御史黎專前往明朝謝賜綵幣。

（七）1453 年 11 月，黎仁宗派遣陪臣阮原橋、阮旦、陳允徵等前往明朝歲貢。

（八）1456 年 10 月 25 日，安南派遣陪臣黎文老、阮建美、阮居道、鄧惠（一作連）前往明朝歲貢，並謝賜袞冕。

（九）1457 年 9 月 26 日，明朝派遣正使尚寶寺卿兼翰林院侍讀黃諫、副使太僕寺丞鄒允隆到安南通報明英宗復位，立皇太子並賜綵幣。10 月 14 日，黎仁宗遣正使南道行遣左納言知軍民簿籍黎希葛、副使翰林院侍講鄭鐵長、中書起居舍人阮天錫、監察御史陳驚等前往明國賀即位，並立皇太子及謝賜綵幣。

與占城和他國的關係

（一）1444 年 5 月，占城主賁該寇化州城，擄掠人民。黎仁宗命入內檢校太保黎盃、總管黎可領兵 10 萬征之。

（二）1445 年 4 月，占城入寇化州安容城，5 月遇洪水，大敗。6 月 25 日，命入內檢校司徒平章事黎慎、入內都督黎熾等伐占城。12 月，命平章事黎可領兵伐占城。

（三）1446 年正月，大會軍期，選壯者征占城。遣民運糧就河華縣收貯。22 日，命入內都督平章黎受、黎可，入內少傅參預朝政黎克復等領兵六十餘萬征占城。黎仁宗以占城主賁該再三傾國入寇，故命征之。2 月 23 日，黎受等諸軍至占城離江、多郎、古壘等處，開通水路，築立城堡，與賊相戰，大破之，乘勝直抵施耐（今歸仁）海口。4 月 25 日，黎受等諸軍攻茶盤城（即闍盤城，今歸仁），大破之。擒其主賁該及妃嬪、部屬、馬象、戰器並降將，乃班師。占城故國主布提俒麻訶貴來先降，差其臣制咎、麻叔、婆被等到安南奉表稱臣，乞立為王。6 月，以占城國主賁該獻捷於太廟，大赦天下。留占城主賁該及妃嬪三人於京城。遣使索取占人原在京城者，送占左右及占降將還國。9 月 19 日，遣海西參知簿籍阮宗仁、政事院同參議程弘毅前往明朝，

告往年占城入寇事。

（四）1448 年 3 月，盆蠻遣人貢犀角、金銀及三牙象一隻，經過義安府，命止留其象於軍府。賜盆蠻使大紅緞子衣 1 套，絹 10 疋，甆器 5 籠，遣還。盆蠻，又稱川壙或普恩，或稱為鎮寧。

4 月，阮有光等回自占城。占使槃對僉、占濕等奉國書方物偕來。賜宴於使館，命司寇黎克復主之。賜占城舊土貢該冠帶衣服，許會宴。及占使回，賜正副使衣各一套，絹各 3 疋，通事及行人絹各 2 疋，從人 19 人，絹共 19 疋，令順帶所賜書回。

7 月，歸合州進象 2 隻。賜以衣服、絹疋、甆器什物。初歸合本號盆蠻，附屬哀牢。自太祖開國，始進貢安南。至是又進象，詔改為歸合州。

（五）1449 年 3 月，占城人進貢方物。詔卻之。時占城國主弟貴由囚其主貴來而自立，使其臣教你某、槃梭等向安南進方物，黎仁宗看過奏表後，卻之說：「臣弒君，弟殺兄，古今大惡，朕不受獻。」悉令還之。因遣同知右司事阮有光、殿中侍御史程馭賫書往諭之曰：「爾等實事若何，則須來敘。」[24]

（六）1456 年 2 月 6 日，賜盆忙（即盆蠻）頭目衣帛有差。以盆忙頭目郎吒於正月貢器物也。

四、黎聖宗淳皇帝（1460 年 6 月—1497 年 12 月）

內政

黎仁宗在 1459 年 10 月為其庶兄黎琮殺害，無子，由黎琮繼位。越史稱黎琮為黎宜民。黎琮為黎麟之庶長子。

黎琮因殺害舊臣，引發諸大臣不滿，於未久自殺，1460 年 6 月由黎琮之弟弟黎思誠（中國文獻稱為黎灝）繼位，而黎思誠實為黎麟嫡子。黎思誠是為黎聖宗。

（一）1460 年 6 月 6 日，諸大臣阮熾、丁列等倡議誅范屯、潘般逆黨，

---

24. [越] 吳士連、范公著、黎僖等撰，**大越史記全書**，本紀，卷之十一，黎皇朝紀仁宗宣皇帝條。

降黎宜民為侯，迎嘉王即帝位。時黎宜民篡位纔八個月，崇信姦回，屠戮舊臣，變更祖宗法制，引起人怨天怒，於是勳舊大臣開府儀同三司入內檢校太傅平章軍國重事亞郡侯阮熾、丁列、入內檢校太傅平章軍國重事亞上侯黎陵、司馬參預朝政亭上侯黎念、總知御前後軍亞侯黎仁順、總知御前中後軍關內侯黎仁噲、總知御前善棹名軍、冠服侯鄭文灑、僉知北道軍民簿籍鄭鐸、殿前司都指揮使阮德忠、鐵突左軍大隊長阮煙、入內大行遣黎永長、殿前都指揮黎燕、黎解等共同商議殺首逆范屯、潘般於議事堂前，再關閉城門，各以禁兵殺逆黨陳陵等一百餘人。迎立黎太宗第四子平原王黎思誠為王，降黎宜民為厲德侯（按一云，既誅逆黨陳陵等，黎淩以帛授宜民，令自縊。既誅宜民，往迎恭王，名克昌，恭王固辭，乃迎帝於西邸即位，後帝聽讒，恭王死）。初8日，黎思誠即位於祥光殿，改元光順元年，是為黎聖宗，大赦天下，贈內官陶表爵一資，並賜官田五畝祭祀，還妻子田產，以旌死節。黎聖宗將黎得寧定罪，因其典兵而不能衛社稷，乃擁兵助逆，戒不忠也。[25]

（二）1460年10月，詔示內外官為了傳宗接代，若無生男丁者，許養同姓親戚之子一人。

（三）1462年4月，「定保結鄉試例。詔示天下應試士人，不拘軍民諸色，期以今年8月上旬，就本監本道報名，候鄉試場，考中者送名禮儀院。至明年正月中旬會試，聽本管官及本社社長保結其人實有德行者，方許上數應試。其不孝、不睦、不義、亂倫及教唆之類，雖有學問詞章，不許入試。其法，一、舉人本人腳色，并供出府縣社年齒及治經，祖父腳色，不許詐冒。一、倡優之家，并逆黨偽官有惡名者，其本身及孫並不得應試。若懷挾乃借人代作，罪依律。一、鄉試法，先暗寫汰冗一科。自第壹場四書經義共五道。第貳場制詔表用古體四六。第參場詩用唐律，賦用古體騷選，同樣都是三百字以上。第肆場考策一道，經史時務中出題限一千字，國朝諱二字相連並不得用。」[26]

10月，詔示天下繼今文武任職官員，出年六十五歲願致仕者，及吏典監生、儒生、生徒，年六十以上欲還民者，並許本人投告吏部類奏施行。

25. [越] 吳士連、范公著、黎僖等撰，**大越史記全書**，本紀，卷之十二，黎皇朝紀聖宗淳皇帝上條。
26. [越] 吳士連、范公著、黎僖等撰，**大越史記全書**，本紀，卷之十二，黎皇朝紀聖宗淳皇帝上條。

12月初4日，立皇長子鏳為皇太子，大赦天下。

（四）1463年2月，會試天下舉人，時應舉者四千四百餘名，取44人。16日，殿試進士。黎聖宗親臨考場出考題，考問考生帝王治道之方。

12月，詔示天下卜筮、道、釋之人，今後不得與內宮後庭交言語（指不能往來）。

（五）1466年2月，會試天下舉人，取27名。3月12日，上御敬天門，親策問以帝王治天下。三年一科自此始。26日，唱進士楊如珠等名，頒恩命，禮部捧黃榜，揭於東華門外。[27]

4月初，置五府六部，改六院置六寺，改欽刑院為刑部，並為吏、戶、禮、兵、刑、工等部尚書。

6月，定文武服色，自一品至三品著紅衣，四至五品著綠衣，餘著青衣。

設立承宣十三道，曰清化、義安、順化、天長、南策、國威、北江、安邦、興化、宣光、太原、諒山、中都府。改路為府，改鎮為州，改路安撫使為知府，鎮撫為同知府，轉運為知縣，巡察為縣丞，社官為社長。頒知府印，停路安撫印。

（六）1467年3月初，置五經博士。時監生治詩書經者多，習禮記、周易、春秋者少，故置五經博士，專治一經以授諸生。

7月，黎聖宗欲觀國史，命內官就翰林院密諭史官黎義說：「昔房玄齡為史官，唐太宗欲觀實錄，玄齡不與之觀，今爾與玄齡孰賢。」黎義說：「玄武門之事，玄齡卻不直書，唐太史之而後書，恐未為賢。」內官說：「帝欲觀光順元年至八年日曆。」黎義說：「人君觀國史，固非美事，唐太玄齡（指唐太宗時的房玄齡）所為，而後世非之。」內官說：「帝謂觀日曆，向者有過，得以悛改耳。」黎義說：「陛下強為善而已，何必觀史乎。」內官諭之再三，黎義說：「聖主實能改過，社稷無疆之福，此是不諫而諫。」遂進日曆。帝觀畢，遂還史院。[28]

---

27. [越] 吳士連、范公著、黎僖等撰，**大越史記全書**，本紀，卷之十二，黎皇朝紀聖宗淳皇帝上條。
28. [越] 吳士連、范公著、黎僖等撰，**大越史記全書**，本紀，卷之十二，黎皇朝紀聖宗淳皇帝上條。

10月16日，大臣百官上表勸進加皇帝帝號。黎聖宗批說：「皇帝之號，朕未敢言，皇上之稱於群臣，嗣皇之稱於太廟，亦足以別諸王之號。若比之言，卿當擬定，數年後如見天順於上，民安於下，雨若風調，大懷小畏，凡徽號始可與謀，卿等其熟思之。」

19日，大臣文武百官復上表勸進說：「陛下既履至尊，宜稱皇帝。」黎聖宗還是沒有接受。

12月甲午日，冬祭，初稱曰孝孫國皇，國皇之號自此始。頒給都檢點黎解等制誥之命，並稱皇上制誥之命，稱皇上自此始。[29]黎聖宗最終接受了皇帝之稱呼。

（七）1468年6月，敕旨禮部議定民間諸文字樣式，頒行天下。

（八）1469年閏2月，會試天下舉人，取20名。

4月，定天下十二承宣府州縣社莊冊版圖，清華4府、16縣、4州；義安9府、27縣、2州；順化2府、7縣、4州；海陽4府、18縣；山南11府、42縣；山西6府、24縣；京北4府、19縣；安邦1府、3縣、3州；宣光1府、2縣、5州；興化3府、4縣、17州；諒山1縣、7州；寧朔1府、7縣；並奉天府2縣。

11月16日，大赦，改元，以明年為洪德元年。

（九）1470年正月，敕旨：「子居父母喪，妻居夫喪，當遵三年通制，不得徇情直行，悖禮逆法。子居父母喪，而妻妾懷孕，以流罪罪之。妻居夫喪，而肆行淫亂，或喪未滿，釋服從吉，並先通嫁信及娶之者，並以死罪罪之。若居喪服，出見戲場，縱觀不避，以流罪論。如有貪財好色，而娶惡逆之妻妾及蠻人烝（指姦）亡兄弟妻妾，並為官吏而受略，抵罪。」[30]

（十）1471年4月，黎聖宗駕駐義安。初8日，黎聖宗至飛來江上，見皇太后乘船，有太子隨侍，黎聖宗馳輕舟而至，更服登舟，還天泒行殿。占城主茶全以憂悖成疾而去世，斬其首，焚其屍投於江，載其首以行。又於船頭豎白旗，上寫占城元惡茶全之首，使天下人知道。11日，駕至土瓦行殿，

---

29. [越] 吳士連、范公著、黎僖等撰，**大越史記全書**，本紀，卷之十二，黎皇朝紀聖宗淳皇帝上條。
30. [越] 吳士連、范公著、黎僖等撰，**大越史記全書**，本紀，卷之十二，黎皇朝紀聖宗淳皇帝上條。

黎聖宗御於千秋船，既而先於珥河（即紅河）之津，皇太子隨侍，扈從諸船纔數艘，上艤舟良久，發砲六響，俟千秋船至，黎聖宗乃還宮。22 日，獻俘於太廟，以所得占城主茶全首及俘獲賊馘訊醜告藍京（位在清化壽春縣春藍鄉，是黎太祖起義之地）。

6 月，以占城地置為廣南承宣及升華衛，置十二承宣按察及置廣南三司。

9 月 26 日，校定皇朝官制。「以太師、太尉、太傅、太保、少師、少尉、少傅、少保為大臣重職。以吏、戶、禮、兵、刑、工為六部。六部之外又有六科，大理、太常、光祿、太僕、鴻臚、尚寶為六寺。又置十三道監察御史、五府軍都督府，金、錦衣謂之二衛，中前左右後謂之效力四衛，前後左右衛謂之神武四衛，羽林、宣忠、天威、水軍、神策、應天謂之殿前六衛。在外各鎮亦置府衛都司，江海各處亦置巡檢江官，諸承司府縣州外任各衙門，莫不各置官以治之焉。」[31]

（十一）1472 年 3 月，會試天下舉人，取黎俊彥等 26 人。其試法，第一場，四書八題。舉子自擇四題作四文，論四題、孟四題。五經每經三題，舉子自擇一題作文，惟春秋二題併為一題，作一文。第二場，則制、詔、表各三題。第三場，詩賦各二題，賦用李白體。第四場，策問一道，其策題以經書旨意之異同、歷代政事之得失為問。4 月初 7 日，黎聖宗臨軒親策問以帝王理天下。

12 月，敕旨文武百官，繼今進朝，如遇雨之日，補子（官服上繡有動物圖案的方形織錦）、靴鞋、穿著綿麻布服，亦許從宜。至於天晴路乾，服飾一如舊例。

（十二）1473 年正月，黎聖宗親耕籍田，率群臣耕。此跟泰國一樣，國王需親自率群臣舉行春耕禮。

5 月，敕禮部備榜百官及軍色人等：今後若非宿望鴻儒、年高德盛，不得妄呼先生。

6 月，試教職。其試法，第一場四書各一題，五經各一題；第貳場賦一題，

---

31. [越] 吳士連、范公著、黎僖等撰，**大越史記全書**，本紀，卷之十二，黎皇朝紀聖宗淳皇帝上條。

李白體；第參場制詔表各一題。

7 月，試醫，題凡四門。

（十三）1474 年（洪德五年）3 月，敕諭天下各處承宣府州縣等官曰：「設律以止奸詐，寧容玩律之流，置官以息訟端，反起賣官之弊。弗嚴禁戢，曷弭紛爭。」從該年起編纂法律彙編。

（十四）1475 年 3 月，會試天下舉人。時應舉 3,200 人，取高炯等 43 人。是科試法，第一場四書論三題、孟子四題、中庸一題，總八題。士人自擇四題作文，不可缺。五經每經各三題，獨春秋二題。第二場詩賦各一，詩用唐律，賦用李白。第三場詔制表各一。第肆場策問，其策題則以經史同異之旨、將帥韜鈐之蘊為問。

5 月 11 日，黎聖宗御敬天殿，親策問。

（十五）1478 年 3 月，會試天下舉人。取其合格黎寧（安樂受益人）等凡 62 人。5 月 14 日，黎聖宗臨軒策試，問以帝王之理天下。閱其所對。

12 月 23 日，始定婚姻嫁娶儀禮。其儀禮凡娶妻，先使媒氏往來定議，然後定親禮；親禮既畢，然後議納聘；納娉既畢，然後擇日行親迎禮；明日見舅姑，三日見於祠堂。其儀序節文，遵如頒降奉行。不得如前男家既行定聘禮，經三、四年方許親迎。

（十六）1479 年正月，令史官修撰，吳士連撰**大越史記全書十五卷**。

（十七）1481 年 4 月，會試天下舉人，取范敦禮等 40 人。27 日，黎聖宗御敬天殿，親策問以理數。

（十八）1483 年，完成**洪德律例**之編纂，內容包括刑書、婚姻和家庭法、民事法和訴訟法，分為六卷十六章722 條。其中，200 條參照中國的**唐律疏議**、17 條參照**大明律**，其餘參照越南李朝時期的**刑書**並加以修改而成。因為法典的內容都是按著法律的規範形式排列的，所以又稱為**黎朝刑律**。[32]

（十九）1484 年 2 月，會試天下舉人，取范智謙等 44 人。3 月 1 日，廷試策。

32.「洪德法典」，維基百科，https://zh.wikipedia.org/wiki/%E6%B4%AA%E5%BE%B7%E6%B3%95%E5%85%B8 2018 年 3 月 3 日瀏覽。

（二十）1485年11月，「定諸藩使臣朝貢京國令。如占城、老撾、暹羅、爬哇（即爪哇）、剌加（可能是滿剌加之誤寫）等國使臣及鎮憲頭目至會同館，錦衣衛差壯士五城兵馬郎將司旗軍等，各宜如法監守，嚴謹關防，以至道塗往來，入朝進見之際，亦宜先後引行，驅斥諸小內人并公私奴婢，並不得接近訪問，交通言語，以致透漏事情，引誘生弊。該監官不能如法嚴防，徇私谷縱，錦衣衛舍人，司旗牌壯士具實奏聞，拿來治罪。」[33]

（二十一）1488年8月16日，定接明國使衣服，公侯伯駙馬文武百官，預製青色紵絲紗羅領衣，長去地一寸，袖寬一尺二寸。若議官用製衣，長去地九寸，袖小依舊樣，並用補子、穿靴，務要鮮明，不得用舊醜，候接明國使。

（二十二）1488年12月，「頒降考課例。一、考課之法，三年初考，六年再考，九年通考，方行黜陟。一、親並開國功臣子孫，及文武臣前已得官，後有軍功，在任滿考稱職，例陞一、二品者，吏部具本請旨，得旨許陞如例。若百姓子白身（指平民）任官，或以白身以戰功得官，在任滿考稱職，例得陞級，止許三品，不得一、二品。一、九年之內，既以別功陞級，通考稱職，應陞至二品以上，吏部具奏取旨，三品以下，如例施行。各衙門任滿三考，備將任內行過事蹟，無有過犯等由，備呈該長官從公考覈。以見任為始，試官滿三年受實職，准為初考，任內有過犯，不應考課，及非軍功特陞者，自過犯並特陞之後，再定為初考，備將稱職、平常、不稱職，逐項定為考課。又詳開行過事蹟，無有過犯等由，備呈該知衙門覈考，送吏部收照，俟滿九年通考，該官付將前後任內每考行過事蹟，考定詞語，隨其官職輕重，或奏送，或留送，吏部參照前後繁簡各考，如例具奏施行。某衙門詐妄擅著公能，隱匿罪犯，該官不能檢顯，欺蔽相容，吏部詳查檢送問，若有奇材異能，特旨陞除，不拘此例。」[34]

（二十三）1490年3月，會試天下舉人，取阮敬等54人。

4月5日，定天下版圖，宣13處，府52，縣178，州50，鄉20，坊36，社6,851，村322，莊637，冊40，崗40，源30，場30，其清華、義安、

33. [越] 吳士連、范公著、黎僖等撰，**大越史記全書**，本紀，卷之十三，黎皇朝紀聖宗淳皇帝下條。
34. [越] 吳士連、范公著、黎僖等撰，**大越史記全書**，本紀，卷之十三，黎皇朝紀聖宗淳皇帝下條。

順化、安邦、宣光、興化各置都司並守禦。

（二十四）1493 年 3 月，會試天下舉人，取武暘等 48 人。

（二十五）1496 年閏 2 月，會試天下舉人，取阮文訓等 43 人。3 月 19 日丁酉，黎聖宗親試於敬天殿丹墀，詢以治道。26 日，進諸士人入金鑾殿廷，黎聖宗親詧其容貌，定取 30 人。27 日，黎聖宗御正殿，唱名賜嚴瑗、阮勗、丁鎏三名進士及第，丁疆等 8 名進士出身，阮道演等 19 名同進士出身。

（二十六）1497 年 12 月 24 日，黎聖宗去世。

與明朝的關係

（一）1460 年 8 月，故安南國王黎麟子琮遣陪臣程封等朝貢方物。賜宴，並鈔、綵、幣、表裏、紵絲、襲衣等物。仍命封等齎敕並表裏、綵、幣，歸賜琮。禮部並要求安南使節需與占城守禮睦鄰，毋得搆釁結怨。壬戌（19），遣通政使司左參議尹旻為正使，禮科給事中王豫為副使，持節冊封故安南王黎麟庶長子琮為安南國王。[35]

（二）1460 年 9 月 21 日，黎聖宗派遣陪臣丁蘭、阮復、阮德輈等前往明朝奏事。10 月 1 日，遣陪臣阮日昇、潘維禎、阮似等前往明朝求封。

（三）1461 年 6 月，故安南國王黎濬弟灝復遣陪臣阮昇奉表來朝，貢方物、求封。禮部認為安南國事未定，不宜遣官往封。宜宴賞昇等，令其先歸。然後命廣西三司巡按御史前往憑祥縣境觀察。如果黎琮確已去世，黎灝確實是黎濬嫡弟，別無爭端，然後可封。明英宗同意，命錦衣衛官往察之。[36]

（四）1462 年 2 月 11 日，明朝遣正使行人司行人劉秩到安南諭祭黎仁宗。

9 月，明朝派遣正使翰林院侍讀學士錢溥、副使禮科給事中王豫齎敕冊到安南封黎聖宗為安南國王。司禮監太監柴昇、指揮僉事張俊、奉御張榮來收買香料。10 月 6 日，明朝使節錢溥等寓於使館。及還，黎聖宗齎禮物送之，錢溥等固辭不受。12 月，安南遣使黎公路到明朝謝致祭，陳盤奏事，裴祐謝冊封。

---

35. [明] 楊士奇等纂修，**明實錄**（英宗睿皇帝實錄），卷三百十八，頁 4。
36. [明] 楊士奇等纂修，**明實錄**（英宗睿皇帝實錄），卷三百二十九，頁 6。

（五）1464 年 10 月，明朝派遣正使尚寶寺卿蘇陵信、副使行人司行人邵震等到安南通報明憲宗即位，並賜冠服綵幣及敕諭。11 月，安南遣使范伯珪到明朝進香，黎友直、楊宗海、范慶庸賀即位，黎宗榮、范琚、陳文真謝賜綵幣。

（六）1465 年 10 月，黎聖宗遣使陶雋、陶正巳、黎的到明朝進歲貢。

（七）1468 年 11 月，黎聖宗遣使楊文旦、范鑑、黃仁等到明朝進歲貢。

（八）1471 年 9 月 21 日，黎聖宗遣使裴曰良、阮覽、黎仁等到明朝進歲貢，阮德貞、范穆等奏占城襲邊事。

（九）1472 年 5 月，廣西太平府上、下凍州居民報告稱，安南國太源州人，設立排柵，占據上凍崗隴委村之田，不過後來將木柵拆除。另外龍州居民也報告稱，與安南下思郎州接境處，中有崗橫互為界，山南石嶺屬龍州，山北土嶺屬下思郎州。現在亦被交人植立排柵，圍占了那橫、楞其二村田及叫磨、益奄三村田。因此巡撫都御史韓雍上奏說，龍州與下思郎州各執一詞，沒有雙方會勘，事情總是不清楚。兵部答覆說：「宜令廣西布政司，移咨安南國王，諭以大義，令其保守故疆，不許侵越召釁。且今遣人來，與廣西三司官履勘明白，設立界址，永為遵守。」[37] 從該記載可知，明朝和安南雙方各有疆界，亦有邊界談判。

（十）1474 年 10 月，黎聖宗遣使黎弘毓、阮敦復、吳雷等到明朝進歲貢，汧仁壽、阮廷羨等奏占城潰亂擾邊事。

（十一）1476 年 7 月 27 日，明朝遣正使禮部郎中樂章、副使行人張廷綱賫敕書到安南通報立皇太子，並賜綵幣。10 月 15 日，安南遣使裴山、王克述、褚豐前往明朝賀立皇太子，黎進、翁義達，謝賜綵幣，阮濟奏占城地方事。

（十二）1477 年 11 月 20 日，黎聖宗派遣兵部左侍郎陳中立、翰林院檢討黎彥俊、潘貴等前往明朝進歲貢，並飛報憑祥縣官李廣寧、龍州知州趙原等，即應付接迎貢物使臣，以免阻留貢事。

---

37. [明] 劉吉等纂修，明實錄（憲宗純皇帝實錄），中央研究院歷史語言研究所校勘，臺北市，1984 年，卷一百四，頁 9。

（十三）安南四處戰爭，征服鄰近國家和地區，引起明朝的警戒，當時還聽說安南準備造戰船三千艘攻擊海南，因此明憲宗在 1481 年 9 月說：

> 朕視安南禮絕外國，每優容之，而彼外示恭謹，中懷桀黠，跡其所為，蓋有不可掩者，兵法曰：「毋恃其不來，恃吾有以備之。宜申命守臣嚴越境亡命之禁，彼若有犯，當整兵問之。」[38]

（十四）1483 年 11 月 11 日，黎聖宗遣黎德慶、阮忠、杜觀前往明朝進歲貢。

（十五）1488 年 11 月 20 日，明朝遣正使翰林院侍講劉戩，副使刑科給事中呂獻到安南通報明孝宗即位，並賜綵幣。12 月 11 日，安南遣使覃文禮、王克述、范勉麟到明朝賀明孝宗即位，黃伯陽奏占城地方並綏阜地方，宋福林進香，黃德良謝賜綵幣。

（十六）1489 年 10 月 19 日，黎聖宗遣陪臣阮克恭、裴昌澤、阮漢廷等前往明朝進歲貢。

（十七）1492 年 11 月 6 日，黎聖宗遣陪臣黎俞、裴崇道、阮彥克、鄭葵等前往明朝進歲貢，並孔愚往奏探民人逾越地方，交通販賣等事。12 月 24 日，明朝派遣正使刑部郎中沈奉、副使行人司行人董振到安南通報立皇太子，並賜綵幣。

（十八）1493 年正月 8 日，黎聖宗遣陪臣阮弘碩、黎嵩前往明朝賀立皇太子，行人范贊謝賜綵帛。

（十九）1495 年 11 月，黎聖宗遣使工部右侍郎黎漢廷、翰林院侍書武暘等前往明朝進歲貢，東閣校書黎俊彥、監察御史阮敲奏驛路。

（二十）1497 年 11 月，黎聖宗遣使戶科都給事中范興文、翰林院校理阮德順前往明朝告哀，翰林院校理潘綜、范克慎、阮延俊求封。

與占城的關係

（一）1469 年 3 月，占城人乘船航海、寇擾化州。

---

38. [明] 譚希思撰，**明大政纂要**（六），卷三十二，頁 26。

　　（二）1470 年 8 月，占城國王槃羅茶全親出水步象馬十餘萬襲化州，化州守邊將范文顯等戰不敵，驅民入城，飛書告急。

　　10 月，占城襲擊大越國邊境，大越派遣阮廷美、郭廷寶等到中國報告此事。[39] 11 月 6 日，黎聖宗下詔親征占城。黎聖宗親自率軍 26 萬征伐占城。

　　（三）1471 年 2 月 5 日，大越大軍進兵闍槃（闍槃）城，大破之，擒其國王槃羅茶全而歸。[40] 闍槃城，在平定綏遠縣，今之歸仁。[41] 安南虜占城國王槃羅茶全及家屬五十餘人，攘取寶印，焚毀屋廬，殺掠軍民男婦，占城由王弟槃羅茶悅暫領國事。茶全妻乃賁該之女，與女侄皆其兄槃羅茶悅之妻，而茶全與她通姦。茶全既被擒，其將逋持持走至藩籠，據其地稱占城主，逋持持得國五分之一，遣使稱臣入貢，乃封為王。黎聖宗又封華英、南蟠二王凡三國，以羈縻之。

　　7 日，以占城降人巴太為太占同知州、多水為僉知州。11 日，命杜子歸為同知州，知太占軍民事，黎倚陀為古壘州知軍民，占人敢有悖亂，殺然後奏。

　　9 月，安南遣使裴曰良、阮覽、黎仁等到明國歲貢，阮德貞、范穆等以占城襲邊告於明。

　　10 月，安南遣阮德貞、范穆等到明國，奏稱因為占城入侵化州，臣親率軍隊十餘萬討伐，「占國王率兵南去，臣即回國，謹守舊境。竊惟占城與臣國世為仇敵，今復攻襲擄掠，臣不得已妄集應兵，倉促之際，惟欲舒邊郡擾攘之患，恐或違聖明訓戒之勤。臣不勝恐懼，進退惟命。」[42]

　　11 月 8 日，再征占城，擒其主茶遂及部黨回京。

　　占城在 1471 年為安南所併吞，其國人四散逃逸，有逃至爪哇者，1999-2001 年印尼總統瓦希德（Abdurrahman Wahid）的祖先即係從占城移民至爪哇的陳姓華裔回教徒。

---

39. [越] 陳文為等纂修，**前引書**，第五冊，正編，卷二十一，頁 2166。
40. [越] 陳文為等纂修，**前引書**，第五冊，正編，卷二十一，頁 2167-2173。
41. [越] 陳文為等纂修，**前引書**，第八冊，正編，卷四十四，頁 3877。
42. [越] 陳文為等纂修，**前引書**，第五冊，正編，卷二十一，頁 2224-2228。

　　當時占城國王槃羅茶全被擄，由其弟槃羅茶悅嗣立，他向明朝上奏稱：「安南國差人索取犀象寶物，不從，起兵攻圍本國，提拿臣兄連妻小五十餘口，搶劫寶印，燒毀房屋，殺死軍民三百餘口，擄去男婦不計其數，差人占守本國地方。臣暫管國事，乞為賜印封王及敕安南放出擄國男婦人口。」廣東市舶提舉司右監丞韋春亦奏前事，請行禮部，差官奉敕前往安南，戒諭國王黎灝息兵睦鄰。明憲宗表示現在還無須派人到安南，等待安南使人來，然後請他將敕書帶回去。[43]

　　（四）1472 年 5 月，占城國遣使臣樂沙向明朝告急，說占城經常遭安南侵奪，最近遣人來索取犀、象、寶貨，欲使占城向其稱臣納貢。占城與安南都是奉皇朝正朔，不肯屈從，因此遭安南入侵，在去年 2 月內，安南兵攻破首都，虜國王槃羅茶全及家屬五十餘人，攘取寶印，焚毀屋廬，殺掠軍民男婦，不可勝計。今由王弟槃羅茶悅暫領國事，請明朝主持公道。[44]同年 9 月，占城國遣使臣樂沙弄至明朝朝貢方物，占城槃羅茶悅請襲占城國王，禮部請如正統間封世子摩訶貴來事例，遣官往封。明憲宗要求安南黎灝歸還占城侵地，勿因為占城弱小而加以侵占，應將所虜人口盡數發還，戒飭邊吏，毋生事端。

　　（五）明朝在 1473 年底派給事中陳峻、行人司行人李珊持節前往占城，於 1474 年 1 月 29 日到了新州港（歸仁），守兵拒絕陳峻入港，才知道占城國已為安南所占領，安南將之改為交南州。[45]關於改為交南州一名，與陳重金的說法不同，見後。

　　（六）1474 年 12 月，工科右給事中陳峻等無法登陸新州港，由於其所齎載私貨及挾帶商人數多，遂假借遭風為由，越境至滿剌加國（馬六甲）交易，且誘其王遣使入貢。陳峻返國報告稱，安南占據占城，且奏滿剌加國王以薪米供饋，禮意甚備。當時朝臣還討論如何處理安南侵占占城事，英國公張懋等表示：「安南強暴，固宜聲罪致討。但第帝王之於夷狄以不治治之，且今未得占城所以滅亡之故，不可輕動，而安南明年期當入貢，宜俟陪臣至

43. [明] 嚴從簡撰，余思黎點校，**殊域周咨錄**，卷七，占城條，頁 256。
44. [明] 劉吉等纂修，**明實錄（憲宗純皇帝實錄）**，卷一百四，頁 8。
45. [清] 張廷玉等撰，**明史**，卷三百二十四，列傳第二百十二，外國五，占城條，頁 8388。

日令譯者以其事審之，始可區處。又雲南、廣西及廣東瓊廉與之接境，宜行鎮守總兵等官，督屬固守，以防侵軼之患。」[46]

（七）由於明憲宗譴責安南出兵滅占城國，要求安南息兵睦鄰，歸還侵地。憲宗成化十四年（1478）3月，安南國王黎灝派遣陪臣阮達濟說明占領占城事，[47] 其表文說：「占城頭目波籠阿麻先與臣國通好，成化十一年，得琉球國海舶漂風之眾，遂率以侵掠，為臣國邊兵所敗。今陪臣黎弘毓回自天朝，恭奉敕諭，責臣占奪占城地方，改為州邑，此臣不能不瀝血陳辭，而保其必無也。夫占城提封，全非沃壤，家稀蓄積，野絕桑麻，山無金寶之收，海乏魚鹽之利，止有象牙、犀角、烏木、沉香，而臣國產多用稀，烏足為貴？得其地不可以居，得其民不可以使，得其貨不足以富，得其勢不足以強，而臣守之甚艱，利之甚淺，損多益寡，禍實名虛，此臣不占奪占城土地，改為州邑之故也。今朝廷又諭臣復其土宇，使不至殞其宗祀，誠恐天使急遽之際，緝訪難詳，而占城避亂之人，與臣國讎，言不足信。伏望特遣朝使，申畫郊圻，興滅繼絕，使占城上下輯寧，臣國邊陲休息，以蕃中國，以康遠人，此臣之大願也，謹遣陪臣阮達濟以聞。」[48]

安南滅占城國，竟然說「得其地不可以居，得其民不可以使，得其貨不足以富，得其勢不足以強，而臣守之甚艱，利之甚淺，損多益寡」這樣的理由，誠乃強詞奪理，不足為信。

同年7月，占城國王遣其叔波羅亞弟及使臣羅四等齎金葉表文向明朝朝貢方物。8月，明朝派遣禮科給事中馮義、行人張瑾齎詔封齋亞麻勿庵為占城國王。齋亞麻勿庵表示：「由於安南人歸還其國南邊地一方，由他掌管，復立為國，占城畏懼天威，不敢擅立，因此特別遣使明朝，請求冊封。」[49]

安南在1471年滅占城後，將其地改為廣南道，下轄占城（或大占）、華英、南蟠三州。[50] 1478年對明朝朝貢的占城，即係占城州。

---

46. [明] 劉吉等纂修，**明實錄（憲宗純皇帝實錄）**，卷一百三十六，頁6。
47. [明] 譚希思撰，**明大政纂要（六）**，卷三十二，頁3。
48. [明] 劉吉等纂修，**明實錄（憲宗純皇帝實錄）**，卷一百七十六，頁11。
49. [明] 劉吉等纂修，**明實錄（憲宗純皇帝實錄）**，卷一百八十，頁11；卷一百八十一，頁2。
50. [法] 馬司培羅著，馮承鈞譯，**占婆史**，頁111。

1473 年底，明朝派遣給事中陳峻等本欲封占城國王槃羅茶悅為國王，到占城時，他已被大越國俘虜，所以沒有給予冊封。1478 年，明朝派禮科給事中馮義和行人司右司副張瑾到占城，冊封槃羅茶悅之孫齋亞麻勿庵為王。馮義回到廣東，聽聞齋亞麻勿庵已死，其弟古來遣官請封。於是他又回到占城。到了占城時古來已被大越國驅逐，大越國另立提婆苔為占城王。提婆苔原為占城之將軍，他在安南軍隊滅占城後，逃至藩籠，遣使向安南稱臣納貢。安南國王黎聖宗將舊占城地分為三國：占城、華英、南蟠，並封三王。[51] 提婆苔為占城王。馮義和張瑾各得提婆苔黃金百餘兩，遂封提婆苔為占城王。隨後他們又駕船至滿剌加售賣其私人貨物，然後回國。馮義至海崖病死，張瑾遭禮部彈劾其專擅封立，因為國王已換人，且提婆苔還獲得大越國冊封為王，張瑾沒有事先呈報而逕予冊封，遭處死。[52] 越南之所以允許其控制的占城王繼續向中國朝貢，乃欲遮掩其控制占城之事，偽飾占城還存在著，以免引起中國出兵干預。

（八）安南在 1479 年攻打占城。

（九）明朝為了警告安南，繼續要求其歸還所占領的占城領土，並指出其領土範圍：「憲宗成化十七年（1481）9 月，詔諭安南國王黎灝還占城地。東至東海，南至占臘，西至黎人山，北至阿木喇補，凡二十七處，四府一州、二十二縣，三千五百餘里。」[53] 東海，指今之南海。

（十）1486 年 11 月，巡按廣東監察御史徐同愛等奏：「占城國王子古來與安南所設立的占城國王提婆苔發生戰爭，安南出兵協助提婆苔，古來率其王妃、王孫及部落千餘人，載方物至廣東崖州。」明憲宗說：「古來以殘敗餘息，間關萬里，提攜眷屬，投附中國，情可矜憫，其令總兵鎮守巡撫等官，加意撫恤，量與廩餼，從宜安置，毋致凍餒，仍嚴密關防之。」[54]

（十一）1487 年 10 月，明憲宗派遣給事中李孟暘、行人葉應充正、副使前往占城冊封占城國王子古來為王，還未到，古來即因為安南侵奪，而攜

51. ［越］陳重金，**前引書**，頁 179。
52. ［明］劉吉等纂修，**明實錄（憲宗純皇帝實錄）**，卷二百二十，頁 4；［明］徐學聚編，**國朝典彙**，卷七十，吏部三十七，冊使，臺灣學生書局，臺北市，1965 年，頁 10。
53. ［明］譚希思撰，**明大政纂要（六）**，卷三十二，頁 26。
54. ［明］劉吉等纂修，**明實錄（憲宗純皇帝實錄）**，卷二百八十四，頁 3。

其家眷逃至廣州。巡撫都御史向明憲宗報告，因此派遣南京都察院右都御史屠滽前往廣東議處其事宜。屠滽到了廣東，與古來商量，古來希望在廣東接受冊封，然後由明軍護送他回國。明憲宗同意此議，還給安南國王一道敕諭，要他基於「興滅繼絕」之至意，歸還占城侵地，敦睦鄰好，共享太平。[55] 屠滽在廣東招募健卒 2,000 人，駕海舟 20 艘，護送古來回國。安南不敢反抗，古來乃得以回去占城。[56]

（十二）占城國王古來回國後，又於 1489 年 10 月派遣其弟弟卜古良等向兩廣守臣告發，安南一直侵擾占城，以致於居無定所，希望能採取永樂時的作法，由明朝派遣官兵駐守占城。

明朝鎮守太監韋春、巡撫都御史秦紘等會議，亦請兵部表示意見，兵部說：「安南、占城俱僻處海濱，世奉朝貢，乃祖訓所載不征之國，比古來挈家至廣東，朝廷已降敕安南，令其體悉，今回奏尚未至，且永樂時遣將發兵，乃正黎季犛弒逆之罪，非為鄰境交惡之故。茲黎灝修貢惟謹，而古來膚受之訴，容有過情，若據其單詞遂為遣兵，冒險涉海，征所不征，恐非懷柔之道。⋯⋯王亦宜自強修政，撫恤部落，保固疆圉，仍與安南敦睦如舊，其餘小嫌細故，悉宜除棄。若是不能自強，專仰朝廷發兵遠戍，代王守國，古無是理。仍以此意諭卜古良，給賜令回。」明孝宗同意該項建議。[57]

（十三）1495 年 10 月，占城又請求明朝勸諭安南勿侵擾，明孝宗本來要照辦，但徐溥等奏說：「王者不治夷狄，安南雖奉正朔，修職貢，然恃險負固，積歲已多，今若差官往其國，小必掩過飾非，大或執迷抗命。若置而不問，損威已多，若問罪興師，貽患尤大，宜勿遣。」故明孝宗就不遣使勸諭安南。[58]

與老撾、哀牢和盆蠻的關係

（一）1467 年 8 月 9 日，黎聖宗命行總兵屈打領兵征哀牢。

---

55. [明] 毛紀、傅珪、朱希周等纂修，**明實錄（孝宗敬皇帝實錄）**，卷四，頁 13-14；[明] 譚希思撰，**明大政纂要**（六），卷三十四，頁 4。
56. [清] 張廷玉等撰，**明史**，卷三百二十四，列傳第二百十二，外國五，占城條，頁 8390。
57. [明] 毛紀、傅珪、朱希周等纂修，**明實錄（孝宗敬皇帝實錄）**，卷三十一，中央研究院歷史語言研究所校勘，臺北市，1984 年，頁 7-8。
58. [明] 譚希思撰，**明大政纂要**（六），卷三十六，頁 21。

10 月，哀牢呼籠請求內附安南，卻之。

（二）1469 年 3 月，黎聖宗到平灘，往征盆蠻。

（三）1469 年 8 月，「老撾犯邊，命諸將進討，大破之。盆蠻酋長琴公陰懷叛意，老撾與之串援，侵掠西陲，帝下詔征之。……五道兵十八萬擊破之，乘勝入老撾城，獲其貨寶。老撾王遁走，虜其民，略地至金沙河，夾緬甸國南境，以捷聞。冬 10 月，盆蠻琴公反，帝自將征之，至輪蒲而還。12 月，命將軍黎念討平之。琴氏世為盆蠻輔導，帝以其地與外夷接境，鎮撫難其入，遂分其地，置為鎮寧府七縣，設府縣官以監治之。……11 月，遣將軍祈郡公黎念領兵三十萬進討，大破之，琴公走死，焚其城，燒其積聚，盆蠻乞降，遂封其族人琴冬為宣慰大使。又置諸土官以分治之。」[59]

（四）1471 年正月，哀牢國使臣官平鎮守頭目郎儷等各賚方物進獻安南。黎聖宗親制平定占城策略頒諸營，策中有心勝之理者十，有可懼之事者三，黎聖宗擔心將士未曉該令，詔示阮世義譯為國語（即字喃），以申諭之。

1471 年 2 月，哀牢遣使進貢。先是哀牢遣使朝於京、適大駕啟行，乃自京行至思客行殿，大駕凱還，方得進見。

鎮寧府土官琴公差頭目至安南朝貢，順平州土官道貳等亦朝貢。時黎聖宗大駕回至順化，知州道貳及其弟道童與部黨百餘人進貢象 5 隻。

（五）1474 年 10 月，哀牢進貢方物。

（六）1479 年 6 月 7 日，黎聖宗下詔征盆蠻。7 月 22 日，黎聖宗下詔親征哀牢。8 月 23 日，黎聖宗命將臣將兵 18 萬，分五道伐哀、盆及老撾。大破之。公同五道伐哀牢，大破之。入老撾城，獲寶物。其國王遁走，虜其民，略地至長沙河界，達價國（即緬甸）南邊，得價文書捷還。10 月 18 日，黎聖宗又親征哀牢。12 月 28 日，黎聖宗還京。再伐盆蠻。遣將軍祈郡公黎念掛將軍印，領兵 30 萬伐盆蠻，以征西營攻破老撾，捷書為盆賊邀截，脫失故也。師入隘，琴公走死，焚其城，攻哨各城，焚其積聚。初盆蠻眾有戶 9 萬，飢死殆盡，止存二千餘人。乃使人稱臣乞降，遂封其種琴冬為宣慰大使，乃

---

59. [越] 陳文為纂修，**欽定越史通鑑綱目**，正編，卷之二十三，黎聖宗光順十年，頁 28-30。

置鎮守各縣官吏以治之。後琴繼叛。[60]

（七）1479 年底，，安南黎灝親督兵九萬進攻哀牢和老撾，攻取老撾二十餘寨，殺 2 萬餘人，包括宣慰刀板雅蘭掌[61]父子 3 人，頒偽敕於車里，進兵八百媳婦國（即清邁），八百乃遏其歸路，襲殺萬餘人，黎灝失敗後才退回安南。[62]

該文將哀牢和老撾並提，顯然是兩個不同的國家，哀牢應是指較靠近越南的西雙朱泰（Sipsong Chau Tai），它位在包括今天越南西北部的萊州、山羅和奠邊府一帶的泰族自治區到西雙版納之間的地區。而老撾應是指琅勃拉邦（Luang-Phra-Bang, Lung Prabang）。刀板雅，是昭披耶（Chao Phya）之音譯，指最高爵位。蘭掌，又譯為南掌或纜掌、攬章。因此刀板雅蘭掌一詞指南掌國王。

安南出兵南掌起因於南掌屬國康刀公國（Muang Kon Thao）捕獲一隻白象，獻給南掌國王卻克派特（Chakkapat），安南國王聽到此一消息，要求將該白象送給安南。卻克派特無意將白象送給安南，而將象的指甲和毛髮裝在一個金盒內送給安南國王。他的兒子召康基歐（Chao Kon Keo）認為安南此舉猶如宗主國對屬國姿態，對南掌是一種侮辱。於是在金盒內裝了象的糞便，遣使送給安南國王。另有一說，「卻克派特請普恩公國（Muang Phoueune）（即川壙）統治者將此金盒轉送給安南國王。而普恩公國統治者企圖挑撥南掌和安南的關係，把金盒內的象指甲和毛髮調換為象糞便。安南國王接到此一金盒，非常生氣，遂出兵普恩公國，佔領琅勃拉邦，卻克派特逃逸。安南軍隊進入丹賽公國（Muang Dan Sai）時，遭到卻克派特的兒子召成坎（Chao Then Kham）率軍抵抗，獲得南（Nan）公國之支持，逐退安南軍隊，四千軍隊只有 600 人逃回安南。」[63]

---

60. [越] 吳士連、范公著、黎僖等撰，**大越史記全書**，本紀，卷之十三，黎皇朝紀聖宗淳皇帝下條。
61. 刀板雅，是昭披耶（Chao Phya）之音譯，指最高爵位。蘭掌，又譯為南掌或纜掌、攬章。因此刀板雅蘭掌一詞指南掌國王。
62. [清] 張廷玉等撰，**明史**，卷三百二十一，列傳第二百九，外國二，安南，中華書局，北京市，1974 年，頁 8329。
63. Peter and Sanda Simms, *The Kingdoms of Laos, Six Hundreds Years of History*, Curzon Press, UK, 1999, pp.51-52.

召成坎率軍回到琅勃拉邦，請其父親卻克派特重返執政，卻克派特因逃跑心裡有愧，拒絕此一邀請。召成坎遂登基為王，王號為班蘭（Suvanna Banlang）。不久，卻克派特在 1479 年去世。

（八）1480 年 6 月 27 日，明朝給安南一封敕書，上說：「近得雲南鎮守總兵等官奏，安南國王無故動調兵馬，攻殺老撾地方，及今尚未退，又要征八百媳婦，合咨王如有前失，宜速退兵。如無，王須馳來奏聞，朝廷追究妄報之人，寘之於法。」是日，黎聖宗令司禮監將該敕書出示給朝臣看。11 月 18 日，黎聖宗遣陪臣阮文質、尹宏濬、武維教前往明國進歲貢，並奏占城事。[64]

（九）1481 年 6 月，明朝通知安南已命宣慰刀板雅蘭掌之幼子怕雅賽繼承王位，「敕安南國王黎灝曰：『老撾之子怕雅賽聽其越例襲職，以示撫恤，仍分敕車里、元江、木邦、廣南、孟艮等土官，俾互為保障。』奏至，詔集廷臣議，宜從所奏。刀攬那於雲南布政司給官銀百兩、綵幣四表裏，以酬獎之。怕雅賽亦馳敕賜之，就令襲父職，任免其貢物一年。且言流琮等保障有方，亦宜賜敕慰勉。上從其議，乃賜怕雅賽冠帶、綵幣，以示優恤，並敕灝云。」[65]

明朝對於安南和老撾、八百媳婦等國互相攻殺，甚不以為然，要求他們各守疆界，和睦相處。[66]

由於八百媳婦（今之清邁）能擊敗安南軍，且將安南頒給車里宣慰司的封官令加以毀滅，明憲宗在 1481 年命雲南布政司給八百媳婦銀百兩、綵幣四表裏獎之。[67]

與暹羅的關係

1467 年 9 月，暹羅國海舶至雲屯莊，上進金葉表文及獻方物，黎聖宗卻不受。

---

64. [越] 吳士連、范公著、黎僖等撰，**大越史記全書**，本紀，卷之十三，黎皇朝紀聖宗淳皇帝下條。
65. [明] 劉吉等纂修，**憲宗純皇帝實錄**，卷二百十六，頁 2-4。
66. [明] 劉吉等纂修，**憲宗純皇帝實錄**，卷二百三十，頁 3-4。
67. [清] 張廷玉等撰，**明史**，卷三百一十五，八百傳，頁 8162。

五、黎憲宗（1497 年 12 月—1504 年 5 月）

內政

1497 年 12 月，黎聖宗卒，其長子黎鏴（中國文獻稱為黎暉）即位，是為黎憲宗，改元景統。

黎憲宗之重要政策措施如下：

（一）1499 年 4 月，會試天下舉人，時應舉者五千餘人，合格者 55 人。7 月 9 日，殿試策問。

8 月 9 日，詔繼今上自親王，下及百姓，並不得娶占城婦人為妻，以厚風俗，從戶科都給事中武錄之奏也。[68]

（二）1501 年 12 月 25 日，「敕旨定鄉試事務施行。繼今鄉試時，各處社長端保本社土人，除秀林生徒外，某軍色民人，果是良家子弟，有行檢學問，能屬文，備肆場者，亦許參加考試。若興化、安邦、宣光、諒山四處士人，備參場亦許入試，大社 20 人，中社 15 人，小社 10 人，某社習學少者，不拘此例。」[69]

（三）1502 年 2 月，會試天下舉人，應試者 5,000 人，取陳翼等 61 人，吏部以其名聞。上親策問以帝王理天下。黎憲宗御敬天殿，鴻臚傳唱第，遞年黃榜揭於東華門外，至是命禮部捧出，鼓樂前導，掛張太學門，黃榜張太學門自此始。

（四）1504 年 5 月 24 日，黎憲宗去世。皇太子漋即位，大赦，改元，以是年為泰貞元年。

與明朝的關係

（一）1497 年 11 月，黎憲宗遣使戶科給事中范興文、翰林院校理阮德慎前往明朝告哀，翰林院校理潘鐳、范克順、阮廷俊求封。[70]

（二）1498 年 11 月初 8 日，黎憲宗遣陪臣阮觀賢、范盛、黎俊茂等前

---

68. [越] 吳士連、范公著、黎僖等撰，**大越史記全書**，本紀，卷之十四，黎皇朝紀憲宗睿皇帝條。
69. [越] 吳士連、范公著、黎僖等撰，**大越史記全書**，本紀，卷之十四，黎皇朝紀憲宗睿皇帝條。
70. [越] 陳文為等纂修，**前引書**，第五冊，正編，卷之二十四，頁 2379。

往明朝進歲貢。

（三）1499 年 12 月 15 日，明朝遣行人司行人徐鈺到安南諭祭黎聖宗皇帝。17 日，明朝遣正使司經局洗馬兼翰林院侍講梁儲、副使兵科都給事中王縝到安南冊封黎憲宗為安南國王。27 日，梁儲等至敬天殿，行開讀詔書禮，其略云：「奉天承運，皇上若曰，我皇明君臨萬國，統御群方，聲教誕敷，普率漸暨。爾安南為國，界在南陲，作我藩屏，咸稱秉禮，蔚有華風。故國王灝，恪勤貢職，保民安社，垂四十年，今屬告終，國統宜嗣。世子鏵德惟出類，眾所歸心，貢表請封，意專辭懇，特遣儲等持節封為安南國王。於戲！崇德象賢，義無間於遠近；繼志述事，心勿替於始終。尚祈國中耆舊臣僚，同寅協恭，以稱朕懷疼之德。故下詔示，使之知悉。」舊禮儀註是沒有上香及舞蹈山呼，而梁儲、王縝帶來的儀註有，黎憲宗要循舊禮，故梁儲等遵如舊例。禮畢，黎憲宗詣勤政殿，行相見禮，仍命百官送梁諸等出使館。29 日，梁儲病，黎憲宗親詣住館慰問，梁儲出見。是日黎憲宗宴梁儲等於勤政殿，并賜金銀絲絹各有差，梁儲等不接受，其歸國時，黎憲宗作詩餞行。[71]

（四）1500 年正月 25 日，黎憲宗遣使刑部左侍郎阮維貞、禮科都給事中黎蘭馨、尚寶少卿阮儒宗等到明朝謝致祭，東閣學士劉興孝、翰林院侍書兼秀林局司訓杜網、通事司丞裴端教謝冊封，並求冠服。

（五）1501 年 11 月 16 日，黎憲宗遣吏部左侍郎阮鬱、東閣校書丁勳、翰林院侍書兼秀林局司訓鄧鳴謙到明朝進歲貢。

（六）1502 年 12 月 18 日，黎憲宗遣太常寺郭有嚴、監察御史阮秉和、給事中陳茂材到明朝謝賜冠服。時明國皇后見安南使至，差官收取函箱，領入內殿，討取異香。郭有嚴原有所買龍袞、禁物貯在箱內，恐明國檢得責之，乃作戒本部榜文，收取異香上進。其文說：「匹夫懷璧，麟經貽黷貨之譏，胡罩藏珠，馬史示輕生之戒，故叩閽呈琅者，嘉忠純之可尚，而進拜獻曝者，雖微小而可稱，歷歷薰猶，昭昭龜鑑。照得本部使等，率自下方之遠，來觀上國之光，萬里梯航，跋涉寧辭於海島，九霄日月，膽依快睹於天顏，趨清明文物於虞朝，睹禮樂衣冠之周制，尊親在念，報答無階，凡其身貨財，豈

---

71. [越] 吳士連、范公著、黎僖等撰，**大越史記全書**，本紀，卷之十四，黎皇朝紀憲宗睿皇帝條。

宜糊心愛惜。某有奇南異香一合（盒），呈付差官，揀裁進入。」明孝宗見
其文，謂三代人才，命太監陳寬傳出閣老李東陽等看，奏云是他一片忠誠，
宜加優賞，以示激勸。因問左右，他在安南做何官，左右答以都御史。

明孝宗乃賜宴殿上，賜大紅獅豸、織金、胸背、檸絲等物。郭有嚴因上
表稱謝說：「臣竊惟天地發育萬物，雖萌芽根茨，猶感生生化化之仁，帝王
撫綏兆邦，雖絕徼泯，猶仰蕩蕩平平之道。今臣忝因夏貢，近望堯雲，仰天
日於長安瞻依正切廁衣冠於王會，欣幸良多，豈圖微遠之餘，疊荷寵光之賜，
章身有耀，品采孔揚，命服匪頒，豸文生色，顧惟草木孤根之陋，尤感乾坤
大造之恩，臣不勝仰戴銘佩之至。敬祝皇帝萬萬歲，壽與天齊年，率土臣民，
均樂雍熙之治，庶邦大小永孚漸被之休，是臣之所深願望也。」[72]

（七）1503 年正月 9 日，郭有嚴等出使明朝完成任務，向明孝宗辭行，
明孝宗遣西夷都督大通事錦衣衛都指揮使楊琮等宣傳聖旨：「賜郭有嚴大紅
骨朵雲織金獅客紵四疋，熟絲三疋，並兵部尚書曾鑑等奉抄送聖旨，另給郭
有嚴馬船一艘，欽此。」郭有嚴謝恩詩說：「曾因國事貢珍封，藻宴叨陪玉
陛中，豸彩已章三品服，鶴舟再駕入荒風，詩辭笑乏寬如海，酒力那堪飲似
虹，福壽擬同周雅祝，升恒日月照臨公。」[73]

（八）1499 年 6 月，占城遣使到明朝，表示該國新州港仍為安南侵奪，
國王已年老，希望在去世之前，命長子沙古卜洛襲封，俾能保全國土。明朝
廷議認為仍應切諭安南，毋貪人土地，自貽禍殃。否則議遣偏師往問其罪。
至於占城，王長子無父在襲封之理，請令先立為世子，攝國事。等候以後該
襲位時，再按往例請封。[74] 於是詔立占城國王長子沙古卜洛為世子。[75]

六、黎肅宗（1504 年 5 月—1504 年 12 月）

黎潦，憲宗之第三子，是為黎肅宗。在位六個月，壽十七歲而崩。

1504 年 11 月，安南遣使吏部左侍郎鄧讚、檢討屈瓊玖、戶科都給事中

---

72. [越] 吳士連、范公著、黎僖等撰，**大越史記全書**，本紀，卷之十四，黎皇朝紀憲宗睿皇帝條。
73. [越] 吳士連、范公著、黎僖等撰，**大越史記全書**，本紀，卷之十四，黎皇朝紀威穆帝條。
74. [清] 張廷玉等撰，**明史**，卷三百二十四，列傳第二百十二，外國五，占城條，頁 8390-8391。
75. [明] 譚希思撰，**明大政纂要**（六），卷三十八，頁 4。

劉光輔等到明朝進歲貢；兵部右侍郎阮鄰、監察御史阮敬嚴等告哀；禮部右侍郎阮寶珪、東閣校書陳曰良、校理武珠等求封。

12 月 6 日，黎肅宗敕諭朝臣屏山侯黎廣度、贛川伯黎能讓及文武臣僚等說：「朕疾未疫，慮付託重寄，恐有未堪。先皇帝第二子黎濬，賢明仁孝，可嗣正統，以承祖宗，以撫臣民，大臣百官，盡其忠貞，以輔成大業，某親王僭於天位，天下共誅之。」8 日，黎肅宗去世。憲宗第二子黎濬即皇帝位，大赦，改元，以明年為端慶元年。時阮寶珪前往明朝尚未過鎮南關，再改封表文，送與阮寶珪奉行。

七、威穆帝（1504 年 12 月—1509 年 12 月）

內政

黎濬（中國文獻稱為黎誼），憲宗第二子，肅宗之庶兄也。黎濬嗜酒好殺，荒色立威，屠戮宗室，幽殺祖母，外戚縱橫，被稱為鬼王。[76] 為簡脩公黎漍所逐，尋遇害，在位五年，壽二十二歲。

（一）1505 年 2 月，會試天下舉人，錄取錄取黎鼎、唐安、慕澤人等 55 人。

3 月 22 日，皇太后阮氏暴崩於長樂殿正寢，年六十五。肅宗去世時，無子嗣，內臣阮故為欲立黎濬為帝，查太后以黎濬是婢妾之子，不可以承繼大統，堅持要立呂瑰王。於是汝為諷太后使出迎呂瑰王，汝爲等乃關閉各城門，立黎濬為帝，太后見帝已立，不悅，後黎濬遂使左右密弒皇太后阮氏，輟朝七日。[77]

（二）1508 年 2 月，會試天下舉人，取杜鼇音容、鋆舒池人，廷試賜第同進士出身等 54 人。

（三）1508 年 3 月，莫登庸有勇力，以武舉入宿衛，1508 年 3 月以莫登庸為天武衛都指揮使司都指揮使。

（四）黎濬自即位之後，每夜與宮人酣酒無量，醉即殺之。他寬縱臣僚

76. [越] 吳士連、范公著、黎僖等撰，**大越史記全書**，本紀，卷之十四，黎皇朝紀憲宗睿皇帝條。
77. [越] 吳士連、范公著、黎僖等撰，**大越史記全書**，本紀，卷之十四，黎皇朝紀威穆帝條。

以私意而屠戮生民，掠奪民間錢貨及六畜生花等物，民家有奇財奇貨，任意掠奪，引發民怨。對於不支持其出任國王之宗室人員和官員，加以殺害。他之作為引起宮內和宮外不滿，簡脩公黎瀠號召各地義師起來攻打東京，黎濬逃出東京，而在 1509 年 12 月 1 日飲鴆自盡。簡脩公黎瀠以黎濬前日殺其父母兄弟之慘，憤猶未解，將其屍骨裝入大砲內，砲發，散盡骸骨。然後將其灰燼回葬母鄉扶齡安陵，降爲濬厲公。（另一說，義師逼近，黎濬出幸安朗縣東皋社及悔村，被本社市肆人迎回，納於阮文郎，將回北使館，弒之，其外戚亦皆盡殺。）[78]

4 日，簡脩公黎瀠即皇帝位，大赦，改元，以是年爲洪順元年。

黎瀠即位後，命頭目黎廣度、黎調、阮文郎、黎嵩等上表陳情於明朝，其辭說：「端慶黎濬，襲封王爵，經四年間，寵任母黨姜種、阮伯勝等，恣行凶暴，濁亂朝綱，屠戮宗親，鴆殺祖母，荼毒國人，民不堪命。姜種、阮伯勝等權傾中外，惡黨日滋，圖竊國柄。」[79]

與明朝的關係

（一）1507 年正月 9 日，明朝派遣正使翰林院編修曾鐸、副使吏科右給事中張弘志到安南通報明武宗即位，並賜綵幣。[80] 閏正月，明朝派遣行人司行人何露到安南致祭黎憲宗睿皇帝。明朝又派遣正使翰林院編修沈燾、副使工科左給事中許天錫賫詔冊封黎濬爲安南國王，並賜皮弁冠服一副、常服一套，許天錫見帝相，題詩曰：「安南四百運尤長，天意如何降鬼王。」11 月，安南遣使戶部左侍郎楊直源、東閣校書宗文、翰林院檢討丁順等前往明朝賀明武宗即位，梁侃謝賜綵幣，鴻臚寺少卿阮銓進香，工部右侍郎阮瓛、翰林院檢討尹茂魁、戶科給事中黎挺之等謝致祭，清華承宣使黎嵩、翰林院檢討丁貞、監察御史黎孝忠等謝冊封，義安參議黎淵、翰林院校理吳綏、監察御

---

78. [越] 吳士連、范公著、黎僖等撰，**大越史記全書**，本紀，卷之十四，黎皇朝紀威穆帝條。

79. [越] 吳士連、范公著、黎僖等撰，**大越史記全書**，本紀，卷之十四，黎皇朝紀威穆帝條。

80. **明實錄**記載明朝使節名字爲魯鐸。「武宗正德元年（1506）3 月丁未，先是，遣翰林院修撰倫文敘使安南，至贛州聞父喪，具疏以聞。命編修魯鐸代之。」〔[明] 費宏等纂修，**明實錄**（**武宗毅皇帝實錄**），卷十一，中央研究院歷史語言研究所校勘，臺北市，1984 年，頁 10。〕

史黃嶽等進歲貢。

　　（二）「武宗正德四年（1509）5 月乙卯（24 日），安南國王黎誼遣陪臣黎淵等來朝貢金銀器。賜宴，并賞錦綺等物有差。」[81]

八、襄翼帝（1509 年 12 月—1516 年 4 月）

內政

　　黎瀠（中國文獻稱為黎暭），聖宗之孫，建王鑌之第二子。在位七年，壽二十四，為權臣鄭惟憷所弒。

　　（一）1510 年 4 月 25 日，夜三更，宦官阮克詣作亂，逼襄翼帝避難到重華宮，又到萬壽、謹德、敬天等殿。襄翼作國語詩，大臣文武入侍奉和，惟東閣校書陳翼和合格，賜錢五貫。夜時有內臣阮領，迎襄翼帝到蓮池，逆徒出外，以乘輿迎花溪王從為偽主。襄翼帝命壽郡公鄭侑等討之。[82]

　　（二）1511 年 3 月，會試天下士人，取阮泰華等 47 名。

　　4 月，兵部尚書國子監司業兼史官都總裁武瓊，進**大越通鑑通考**，述自鴻龐氏至十二使君以前為外紀，自丁先皇至本朝太祖高皇帝大定初年為本紀，並詳節歷代紀年，凡二十六卷。

　　進封天武衛都指揮使莫登庸為武川伯，時豪傑並術士皆說，東方有天子氣，襄翼帝派遣義國公阮文郎帶領術士前往塗山察看，莫登庸亦同行，而沒有發覺此事後來跟莫登庸有關。[83]

　　（三）1514 年 3 月，會試天下士人，時應試者 5,700 人，錄取阮秉德等共 43 名。

　　4 月 27 日，襄翼帝親御殿試，策問應試者。

　　（四）1516 年 3 月 6 日，水棠養真莊純美殿監陳暠作亂，假稱陳太宗玄孫，光淑皇后外戚，與其子昇及其黨潘乙（即占人，名同利，本鄭惟岱家奴）

81. [明] 費宏等纂修，**明實錄（武宗毅皇帝實錄）**，卷五十，中央研究院歷史語言研究所校勘，臺北市，1984 年，頁 10。
82. [越] 吳士連、范公著、黎僖等撰，**大越史記全書**，本紀，卷之十五，黎皇朝紀襄翼帝條。
83. [越] 吳士連、范公著、黎僖等撰，**大越史記全書**，本紀，卷之十五，黎皇朝紀襄翼帝條。

等在東潮瓊林寺作亂，據海陽、水棠、東潮等縣地方。陳暠身衣緇衣，軍皆禿髮，自謂帝釋（佛教的釋提桓因陀羅）降生，僭號天應。襄翼帝命安和侯阮弘裕往討之，弘裕領兵駐菩提營。

鄭惟憳曾數次進諫襄翼帝，違逆意旨而被杖，心生不滿，乃與黎廣度、程志森等同謀廢立。4 月 6 日夜二更，鄭惟憳率金吾護衛三千餘人入北辰門。7 日，弒襄翼帝於太學門。鄭惟憳等立穆懿土子光治為帝，三日後又廢。另立錦江王長子黎椅為帝。因阮弘裕不滿鄭惟憳之弒君，殺進東京，燒毀城市，鄭惟憳只好搬遷到西京清化。

11 日，陳暠陷京城，僭號天應，臨朝稱制，黎廣度投效，用黎廣度理國事。23 日，鄭惟憳率義師攻入東京，陳暠逃至諒源。27 日，黎椅在東京登基，年號光紹。

（五）11 月，鄭惟憳率軍征討陳暠，戰死。陳暠匿居諒源，禪位給子陳昇，僭號宣和，後陳暠削髮為僧，逃匿無蹤，在當時的保祿、安樂、周源等村猶有祠在，因為陳暠死於此。

與明朝的關係

（一）1510 年 2 月，襄翼帝遣使刑部尚書譚慎徽、東閣校書阮文泰、兵科都給事中黎承休、通事阮鋒、行人 3 名、從人 8 名到明朝奏事，禮部左侍郎阮綱、侍書武幹、提刑阮允文、通事阮好、行人 3 名、從人 9 名求封。時黎承休走至界首，有疾，乃遣兵科都給事中阮文俊代行。

11 月，襄翼帝遣御史臺副都御史杜履謙、翰林院侍讀兼史官阮秉和、提刑監察御史阮德光、通事阮明、行人 8 名、從人 25 名前往明朝進歲貢。

（二）1513 年正月 26 日，明朝派遣正使翰林院編修湛若水、副使刑科右給事中潘希曾到安南冊封襄翼帝為安南國王，並賜皮弁一副、常服一套。潘希曾見到襄翼帝，對湛若水說：「安南國王貌美而身傾，性好淫，乃豬王也，

---

81. [越] 吳士連、范公著、黎僖等撰，**大越史記全書**，本紀，卷之十五，黎皇朝紀襄翼帝條。
82. [越] 吳士連、范公著、黎僖等撰，**大越史記全書**，本紀，卷之十五，黎皇朝紀恭皇帝條。
83. [明] 張居正等纂修，**明實錄**（世宗肅皇帝實錄），卷二十四，中央研究院歷史語言研究所校勘，臺北市，1984 年，頁 10。

亂亡不久矣。」及還，襄翼帝厚賕之，湛若水和潘希曾不受。襄翼帝餞宴湛若水詩云：「鳳詔祗承出九重，皇華到處總春風，恩覃越甸山川外，人仰堯天日月中，文軌車書歸混一，威儀禮樂藹昭融，使星耿耿光輝遍，預喜三台瑞色同。」湛若水次韻答云：「山城水郭度重重，初誦新詩見國風，南服莫言封土遠，北辰長在普天中，春風浩蕩花同舞，化日昭回海共融，記得傳宣天語意，永期中外太平同。」

襄翼帝餞希曾詩云：「一自紅雲赭案前，使星光彩照南天，禮規義矩周旋際，和氣春風笑語邊，恩詔普施新雨露，炎封永奠舊山川，情知遠大攄賢業，勉輔皇家億萬年。」潘希曾次韻答云：「皇家聲教古無前，此日春風動海天，龍節遠輝南斗外，烏星長拱北辰邊，維垣義在思分土，納誨才疏愧濟川，臨別何須分重幣，贈言深意憶他年。」

襄翼帝又餞湛若水詩云：「聖朝治化正文明，內相祗承使節行，盛禮雍容昭度數，至仁廣蕩換恩榮，留時欲敘慇懃意，餞日難勝繾綣情，此後巒坡承顧問，南邦民物囿昇平。」湛若水次韻答云：「良富從頭春日明，我歌聽罷我將行，自天三錫元殊數，薄物諸邦孰與榮，更謹職方酬聖德，每將人鑑察群情，臨岐不用重分付，萬里明威道蕩平。」

襄翼帝又贈潘希曾詩云：「乾坤清泰屬三春，使節光臨喜色新，炳煥十行頒漢詔，汪洋四海溢堯仁，胸中冰玉塵無點，筆下珠璣句有神，今日星軺回北闕，餞筵盃酒莫辭頻。」潘希曾次韻答云：「萬里觀風百越春，瘴煙消盡物華新，車書不異成周制，飛躍元同大造仁，稍似滄溟磷海蠟，永懷朱鳥奠炎神，畏天事大無窮意，纔入新詩寄語頻。」[84]

從上述襄翼帝與明朝使節互相對詩可知，襄翼帝頗富文采，惜文無以載道。

10 月 13 日，遣兵部右侍郎阮仲達、翰林院侍書許三省、提刑監察御史阮貴雅前往明朝進歲貢。

與哀牢的關係

1510 年 4 月，哀牢局蒙遣使到義安，遞本驛奏乞納款歸附，詔卻之，以

---

84. [越] 吳士連、范公著、黎僖等撰，**大越史記全書**，本紀，卷之十五，黎皇朝紀襄翼帝條。

黎濙為新立政權，恐其窺探安南國情。

九、黎昭宗神皇帝（1516 年 4 月—1522 年 8 月）

內政

洪順八年（1516）4 月，襄翼帝遇害，無嗣，大臣黎義昭、鄭惟憻等迎立黎椅（中國文獻稱為黎譓），聖宗之曾孫，建王鑌之嫡孫，錦江王瀅之長子。黎義昭、鄭惟憻率領義師攻入昇龍城，驅逐陳暠，黎椅遂即皇帝位，改元光紹，是為黎昭宗。

（一）1517 年是歲，安南鬧饑荒，人民餓殍相枕，海陽、東潮、峽山、京北、安豐、僊遊、東岸諸經兵處尤甚。時主少國危，諸將自相雄長，互生嫌隙，鐵山伯陳真既逐阮弘裕，仍鎮守京師。黎昭宗遣左顯城伯及新降將阮公度等將步兵，莫登庸將水軍追阮弘裕等，走入淳祐（後來改為淳祿，避真宗諱也）。官軍掘阮弘裕父文郎塚，斬其首。阮弘裕再會兵，與官軍相拒，阮弘裕因以書並詩遣莫登庸，登庸得書與詩，遂擁兵不戰，阮弘裕等遂全軍退走。[85]

（二）1518 年春，會試天下舉人，取鄧乙等 17 人。及廷試，問以知人安民。

10 月，黎昭宗命莫登庸提統水步諸營事。

（三）1519 年 7 月，大雨，黎昭宗命莫登庸提統水步諸軍圍黎樵於慈廉，因決水入黎樵軍，黎樵與阮瑚等逃至寧山，9 月 20 日，黎昭宗還京，大赦，賜覃恩陞一級，封莫登庸為明郡公。

（四）1520 年正月，黎昭宗命莫登庸節制各處水步諸營，以范嘉謨贊理軍務。是時，武嚴威起兵於長伸大同，屬宣光，黎昭宗命瓊溪侯武護領軍討之，以范謙捇贊理軍務。

4 月，會試天下士人，取阮弼等 14 人。及廷試，上親策問。

（五）1521 年春，封莫登庸為仁國公，節制十三道水步諸營。7 月，黎

---

85. [越] 吳士連、范公著、黎僖等撰，**大越史記全書**，本紀，卷之十五，黎皇朝紀襄翼帝條。

昭宗前往莫登庸邸，加封太傅。

（六）1522 年 4 月 20 日，京城盜匪橫行，燒駛畿內庸舍，黎昭宗派兵駐守城外，才維持城內治安。貧川侯黎克綱、良富侯黎伯孝等作亂，稱兵於東岸嘉林地方，莫登庸親率諸將討之。

7 月 27 日，莫登庸威權日重，莫登庸威權日重，派人監控黎昭宗，27 日夜二更，黎昭宗逃出宮。8 月 1 日，莫登庸與太師諒國公黎輔等率群臣共奉黎昭宗之弟黎椿即皇帝位，改元統元元年，大赦天下。10 日，統元帝前往海陽嘉福縣福延社檜廟，又到洪市，設立行宮。

10 月 18 日，鄭綏、鄭惟悛將光紹帝（即黎昭宗）從京師遷到清華。12 月 18 日，統元帝自洪市行殿進發還京師。

與明朝的關係

（一）1518 年 10 月，黎昭宗遣阮時雍、阮儼、黎懿、吳煥前往明朝進歲貢，並請封，因國亂，而未成行。

（二）1522 年正月，明朝派遣翰林院編修孫承恩、給事中俞敦前往安南諭黎昭宗即位，剛好安南國亂，孫承恩等不得進安南。至 1524 年，孫承恩回太平府，俞敦則死在路途中。

大越國文學和史學發達

大越國文學發達，如武幹（武軩）的**松軒集**、阮嶼的**傳奇浸錄**。1492 年，武瓊為**嶺南摭怪**一書寫了跋。在史學方面，1455 年，潘孚先按仁宗（1442-1459）旨意，編撰了**大越史記續編**，記敘 1225—1427 年的歷史。1479 年，吳士連完成**大越史記全書**，1510 年，武瓊編**越鑒通考**，戶部根據各道上報資料編成**天下版圖**，這是越南第一部地理著作。

第二節　東朝（莫朝）

　　莫氏統治東京，稱為東朝（1527-1592）。阮淦擁戴的黎朝，稱為西朝。1545 年，阮淦死後，西朝大權落到女婿鄭檢及其子鄭松手中。1592 年，鄭松打敗莫登庸，把莫氏勢力趕到高平一隅之地，莫氏勢力從此日衰，黎朝重新統一，但黎朝皇帝全無實權，國政全操在鄭氏家族手中。阮淦之子阮潢則控制順化和廣南，與東京鄭氏控制下的黎朝形成南北對抗。

恭皇帝（1522 年 8 月—1527 年 6 月）

內政

　　莫登庸是宜陽古齋人，幼以漁為業，及長有勇力，考中力士出身，洪順間，陞都指揮使武川伯，歷仕三朝。統元間，位至太師仁國公，後封安興王，陰結朋黨，內外協謀，人心歸附，遂行篡弒，謀弒黎譓。黎譓母以告，乃與其臣杜溫潤逃到清華。1522 年 8 月，莫登庸立黎譓之庶弟黎椿（中國文獻稱為黎憬），遷居海東長慶府。

　　黎椿，聖宗之曾孫，建王鑌之孫，錦江王漴之次子，是為恭皇帝。在位五年，壽二十一，為莫登庸所弒。

　　黎椿之重要政策措施如下：

　　（一）1523 年 2 月 29 日，恭皇帝在菩提行營朝見百官，以該年例有鄉試，因國亂未有開科，乃詔山南、山西、海陽、京北四政各士人，共就嘉林春杜州應試（一說是在珥河中州舉行）。以丁貞、黃琮等為提調、監試，其試法分為四區，四政共發一題，以王茂淵（即王希曾）為第一。會試天下舉人，取陶儼等 36 人。廷試上親問以君師之道。

　　莫登庸使其黨山東侯莫㭮、瓊溪侯武護、陽川侯武如桂等擊鄭綏於清華，大破之，鄭綏因遷光紹帝（黎昭宗）於源頭。

　　8 月，莫登庸廢光紹帝（黎昭宗）為陀陽王。

　　（二）1524 年，恭皇帝在菩提行營，進封莫登庸為平章軍國重事、太傅、

仁國公。莫登庸使其黨莫橛領兵擊鄭綏於清華源頭。

（三）1525 年 10 月 9 日，莫登庸經行各處，自為都將，總率天下水步諸營，擊鄭綏於清華源頭。

（四）1526 年 4 月，會試天下士人，取范廷光等 20 人。廷試問以聖哲之理天下。

12 月 18 日，太傅仁國公莫登庸令沛溪伯范金榜密弒光紹帝於降所。

（五）1527 年 4 月，進封莫登庸為安興王，加九錫。

6 月，莫登庸自古齋入京，逼恭皇帝禪位。15 日，莫登庸稱皇帝，大赦，改元明德，降封恭皇帝為恭王，與皇太后鄭氏幽於西內宮。數月後，逼令皇太后自盡，太后祝天說：「登庸乃人臣，反萌簒位，復殺吾母子，他日彼之子孫亦猶是也。遂與恭帝俱殂。」[86] 此一詛咒後來應驗。

與明朝的關係

（一）明世宗登基後，在明世宗嘉靖二年（1523）3 月，派遣翰林院編修孫承恩、禮科右給事中俞敦奉詔敕綵幣，諭賜安南國王黎晭，行至龍州，聽聞其臣陳暠叛變，黎晭遇害，國人立黎晭從子黎譓為王，其臣莫登庸復叛逐黎譓，道路不通，使臣不得入，還至梧州，俞敦病重，孫承恩上奏請求回京。[87]

（二）1525 年夏，黎譓遣使間道通貢，並請封，為莫登庸所阻。明年春，莫登庸賄賂欽州判官唐清，為黎懭（即黎椿）求封。總督張嶽逮捕唐清，唐清死於獄中。[88]

一、莫登庸（1527 年 6 月—1530 年 1 月）

內政

（一）1527 年，莫登庸令其黨范嘉謨偽造黎懭（恭皇帝）禪位詔書，簒

---

86. [越] 吳士連、范公著、黎僖等撰，**大越史記全書**，本紀，卷之十五，黎皇朝紀恭皇帝條。

87. [明] 張居正等纂修，**明實錄（世宗肅皇帝實錄）**，卷二十四，中央研究院歷史語言研究所校勘，臺北市，1984 年，頁 10。

88. [清] 張廷玉等撰，**明史**，卷三百二十一，列傳第二百九，外國二，安南傳，頁 8330。

其位，國號為大越，改元明德，立子莫方瀛為皇太子。不久，毒殺黎懬，諡為恭皇帝。隔年，遣使明朝進貢，至諒山城（為陳暠的兒子陳昇所控制），遭到攻擊而退回。[89]

（二）1528年正月，莫登庸欲更立新政，令鑄舊年號樣圜法通寶錢，多不能成，後復鑄鉛鐵新色諸間錢，頒行天下各處通用。

2月，莫登庸遣使前往明朝燕京，謂黎氏子孫，無人承嗣，囑由大臣莫氏權管國事。明國不信，密使人探訪安南國內消息，莫朝飾詞對答，又多以金銀賄賂，讓明國使節回報黎氏子孫已絕，委託莫登庸權管國事，安南國人都尊服。明朝皇帝不信。莫登庸恐明朝問罪，乃謀割歸、順二州及送金銀二軀並寶珍奇異物給明朝，最後明朝皇帝接納，自此南北復通使往來。

（三）1529年，黎朝舊臣鄭顒、鄭昂兩兄弟向明朝投訴，莫登庸僭位，請興師問罪。登庸賄賂明朝邊臣，阻止其投訴，此事遂告失敗，二人皆死在中國。[90]

清華右衛殿前將軍安清侯阮淦（宋山沛莊人，一云阮弘裕之子）等率子弟奔哀牢，國主乍鬥以為唇齒之邦，給予岑州人民及土地，阮淦以此為根據地，招亡納叛，尋求擁立黎氏子孫，以圖恢復。

（四）莫登庸開科考取士。

1530年1月，時莫登庸篡位三年，自以年老，乃禪位給其長子莫登瀛，自稱太上皇，出居祥光殿，以漁為業，遨遊自樂。

二、莫登瀛（1530年1月─1540年1月）

內政

1530年正月，莫登瀛登基，大赦，改元大正。

（一）1531年，與清華黎意鏖戰一年，始將之擊潰。平黎朝舊臣璧溪侯黎公淵、阮我、阮壽長、阮仁連等之反抗軍。

---

89. [清]張廷玉等撰，**明史**，卷三百二十一，列傳第二百九，外國二，安南傳，頁8330-8331；[越]陳文為等纂修，**前引書**，第六冊，正編，卷之二十七，頁2631-2632。
90. [越]陳文為等纂修，**前引書**，第六冊，正編，卷二十七，頁2610。

（二）1532 年春，莫登瀛開科考取士。

莫登瀛令禁內外各處，不得持鎗劍及尖刀干戈兵器，橫衡道路，違者逮捕入官。於是商賈及行人，皆空手而行，夜無盜刧，放牧不收，每月清點一次，或有生產小牛羊者，不能識其家，數年之間，道不拾遺，外戶不閉，境內稍安。

12 月，黎朝舊臣安清侯阮淦尊立黎昭宗之子黎寧於哀牢，改元元和，是為莊宗。於是西上豪傑之士，多歸附之。黎莊宗拜阮淦為太師興國公，委以軍民事，共圖興復。

（三）1535 年，莫登瀛開科考取士。

（四）1537 年，莫登瀛封其子莫敬典等為王，餘皆以次受封。

（五）1538 年春，莫登瀛開科考取士。

（六）1540 年正月 15 日，莫登瀛卒，長子莫福海立，以明年為廣和元年。

與明朝的關係

（一）明世宗嘉靖十二年（1533）正月，黎朝遣使馳書告難於明，俱為賊徒邀殺。於是遣鄭惟僚等十餘人泛海自占城搭乘廣東商船，經過二年才至燕京。備陳莫登庸弒逆竊據國都，阻絕貢道，乞興師問罪。明人懷疑其詐，鄭惟僚作書數千言，自喻申包胥、張子房之義，忠憤奮激，讀者悲之。明禮部尚書嚴嵩奏言：「鄭惟僚所陳未為確據，請留之使館。仍命官往勘其實。」明世宗乃命千戶陶鳳儀、陳璽等前往與雲南巡撫汪文盛調查實情。[91]

（二）1536 年 11 月，因為明世宗得了皇子，按往例當遣使詔諭安南。禮部說：「安南不修職貢且二十年，往者兩廣守臣，言黎譓、黎廬非黎暉應立之嫡，莫登庸、陳暠等皆篡逆之賊，宜遣使按問，求罪人主名，以行天討。」最近雲南守臣也說：「安南亡命武嚴威等侵犯王略，拘執土官，宜並行體勘。且前使既以道阻不通，今宜暫停遣命，以全國體。」明世宗說：「安南詔使不通，又久不入貢，叛逆昭然，其趣遣使勘問，征討之事，會同兵部速議以

---

91. [越] 陳文為等纂修，**前引書**，第六冊，正編，卷二十七，頁 2624-2625。

聞。」[92] 從該文可知，朝貢國久不朝貢中國，將被視為叛變，中國就會出兵。

1536 年冬，張瓚等主張應先派遣錦衣官二人前往查核，然後請兩廣、雲南守臣整兵積餉，準備妥當後再出兵。於是派遣千戶陶鳳儀、鄭璽等分往廣西、雲南詰罪人主名，再通知四川、貴州、湖廣、福建、江西守臣預備兵食，等候征調。戶部侍郎唐冑上疏力陳用兵七不可，他說安南雖亂猶頻奉表箋，具方物款關求入，但守臣以其姓名不符，加以拒絕。是他想進貢而不可得，並非負固不貢也。於是明世宗請兵部重議，兵部亦以為然。[93]

由於黎寧派遣鄭惟僚去中國，久無音訊，乃又派遣鄭垣到中國。鄭垣行抵雲南，會勘官陶鳳儀等剛好也到了雲南。鄭垣控告莫登庸弒逆及安南國王播遷事狀，請求中國討之。陶鳳儀回報明世宗，禮部和兵部都說莫登庸有十大罪狀，不容不討。[94]

（三）1537 年，明世宗準備征討安南，起用右都御史毛伯溫為參贊軍務，命戶部侍郎胡璉、高公韶先前往雲、貴、兩廣調度軍食，以都督僉事江桓、牛桓為左、右副總兵，督軍征討。侍郎潘珍堅持不可，明世宗怒，將他免職。兩廣總督潘旦亦上奏請停前令，他說莫登庸有求貢之使，宜因而許之，戒嚴以觀其變，以待彼國之自定。嚴嵩、張瓚瞭解明世宗的想法，力言不可宥，不可許莫登庸入貢。

同年 4 月 12 日，禮、兵二部會廷臣議征討安南，都認為莫登庸有十大罪狀，不容不討。這十大罪狀是：「逼逐黎譓，占據國城，罪一。逼娶國母，罪二。鴆殺黎懬，偽立己子，罪三。逼黎寧遠竄，罪四。僭稱太上皇帝，罪五。改元明德、大正，罪六。設兵關隘，阻拒詔使，罪七。暴虐無道，荼毒生靈，罪八。阻絕貢路，罪九。偽置官屬，罪十。請大發宸斷，播告中外，選將訓兵，剋期致討。」[95]

5 月，毛伯溫至京，奏上方略六事，以潘旦不可共事，請將他更換。後來兵部又上奏，明世宗突然改變主意，謂黎寧誠偽不清楚，令三方守臣從宜

92. [明] 張居正等纂修，**明實錄**（**世宗肅皇帝實錄**），卷一百九十三，頁 2。
93. [清] 張廷玉等撰，**明史**，卷三百二十一，列傳第二百九，外國二，安南條，頁 8331。
94. [越] 陳文為等纂修，**前引書**，第六冊，正編，卷二十七，頁 2626。
95. [明] 張居正等纂修，**明實錄**（**世宗肅皇帝實錄**），卷一百九十九，頁 2-3、6-7。

撫剿，參贊、督餉大臣俱暫停，潘旦調用，以張經代之。當時御史徐九皋、
給事中謝廷蒞亦請罷征安南之師。

　　8月，雲南巡撫汪文盛搜獲莫登庸間諜及所撰偽**大誥**上聞。明世宗震怒，
命守臣仍遵前詔征討。汪文盛即傳檄安南，莫登庸能束身歸命，籍上輿圖，
將獲赦免。於是莫登庸父子遣使奉表乞降，且投牒汪文盛及黔國公沐朝輔，
述說黎氏衰亂，陳暠叛逆，他本人與莫方瀛有功勞，為國人歸附，所有土地，
已載在**一統志**中，請求免其罪，修貢如以前。沐朝輔等在 1538 年 3 月將莫
登庸牒文上奏，明世宗交兵部議論，都說莫氏罪不可赦，亟宜進師。請以原
推咸寧侯仇鸞總督軍務，毛伯溫仍為參贊。張經上言：「安南進兵之道有六，
兵當用三十萬，一歲之餉當用百六十萬，造舟、市馬、制器、犒軍諸費又須
七十餘萬。況我調大眾，涉炎海，與彼勞逸殊勢，不可不審處也。」疏方上，
欽州知州林希元又力陳莫登庸可取狀。但兵部不能決定，復請明世宗召開廷
議。明世宗對此非常不高興，他說：「朕聞卿士大夫私議，咸謂不當興師。
爾等職司邦政，漫無主持，悉委之會議。既不協心謀國，其已之。鸞、伯溫
別用。」[96] 4 月，下令停止征安南。[97]

　　（四）1538 年春，莫登瀛聽說明兵來討，非常害怕，遣其黨阮文泰等齎
降表到明國，「詐言襄翼帝為逆賊陳暠所害，登庸同國人推立昭宗，亡何又
為姦臣杜溫潤、鄭綏等誘遷清化。登庸又推立恭帝，尋自清化迎昭宗歸，與
恭帝俱以病殂。黎氏無嗣，恭帝大漸，與群臣議，以登庸父子有功於國，召
入，付以印章，嗣主國事，遂為國人所推，其不上表通貢者，先緣陳昇據諒
山為梗，後為守臣閉關不納耳。至如今次所稱黎氏乃他人子，非昭宗子也。
明帝知其誣罔，且雖求降而辭不款服，又不束身歸罪，乃決意討之，命仇鸞、
毛伯溫等馳赴廣西徵兵進討。」[98]

　　（五）1539 年，明世宗冊立皇太子，按往例當頒詔安南，因此派黃綰
為禮部尚書、學士張治副之，出使安南，當命令發下後，莫方瀛遣使上表

---

96. [清] 張廷玉等撰，**明史**，卷三百二十一，列傳第二百九，外國二，安南條，頁 8331-8333。
97. [清] 張廷玉等撰，**明史**，卷十七，本紀第十七，世宗一，頁 228。
98. [越] 陳文為等纂修，**前引書**，第六冊，正編，卷二十七，頁 2631-2632。

降，並籍其土地、戶口，聽天朝處分。凡為府五十有三、州四十有九、縣一百七十有六，帝納之，下禮、兵二部協議。到了 7 月，黃綰還未出發，以違逆聖旨將他們停職，遂停使命。「初，征討之議發自夏言，帝既責綰，因發怒曰：『安南事，本一人倡，眾皆隨之。乃訕上聽言計，共作慢詞。此國應棄應討，宜有定議，兵部即集議以聞。』於是瓚及廷臣惶懼，請如前詔，仍遣鸞、伯溫南征。如登庸父子束手歸命，無異心，則待以不死，從之。登庸聞，大喜。」[99]

1539 年 2 月，安南國頭目莫方瀛遣使臣阮文泰等奉表款鎮南關請降，因籍其土地戶口以獻。其降表說：「伏以赦過宥罪，聖人之仁也，畏天聽命，小國之共也。臣竊念臣本國土地人民皆天朝所有，自陳氏既絕，黎民承之，壹聽天朝所命，……臣謹具臣本國土地人民實數開陳奏進，伏望天朝處分，為臣本國臣民立命，庶臣父子獲釋丘山之罪，而臣一國人民咸囿天地生成之化，謹奉表陳情首罪以聞外，具本國土地界限府五十有三、縣一百七十有六、州四十有九、戶三十萬、口一百七十五萬。」[100]

（六）1540 年，毛伯溫等率軍抵廣西，勒兵屯駐近邊。傳檄諭莫方瀛以納款宥罪意。剛好莫方瀛已死，莫登庸即遣使請降。11 月 3 日，莫登庸與其姪莫文明及其臣阮如桂、杜世卿、鄧文值、黎拴、阮總、蘇文速、阮經濟、楊維一、裴致永等，過鎮南關，各持尺組繫頸，詣明幕府（軍門），徒跣匍伏，稽首跪上降表，盡籍國中土地，軍民，官職，悉聽處分。納安廣、永安州、漸浮、金勒、古森、了葛、安良、羅浮諸峒，願內屬歸隸欽州，仍請頒正朔，賜印章，謹護守，以候更定。又派遣莫文明及阮文泰、許三省等，齎降表赴燕京。

明世宗下令將安南國降為安南都統使司，「授莫登庸為都統使，秩從二品，頒給銀印。舊所僭擬制度悉除去，改其十三道為十三宣撫司，各設宣撫、同知、副使、僉事，聽都統黜陟。另外命廣西每年頒給安南**大統曆**，仍三歲一貢以為常。四峒侵地還屬欽州，令兩廣撫臣優恤之。國中錢穀甲兵之數，

99. [清] 張廷玉等撰，**明史**，卷三百二十一，列傳第二百九，外國二，安南條，頁 8333。
100. [明] 張居正等纂修，**明實錄（世宗肅皇帝實錄）**，卷二百二十一，頁 16-17。

不必奏報。更令查核黎寧真偽，如果真是黎氏後代，授與所據 4 府，以承宗祀，否則就作罷。」[101]

三、莫福海（1540 年 1 月 — 1546 年 5 月）

內政

（一）1541 年，莫福海開科考取士。8 月 22 日，莫登庸卒。

（二）1542 年 2 月 8 日，莫福海封其弟莫敬典等及諸子為王。

（三）1544 年春，莫福海開科考取士。

（四）1546 年 5 月 8 日，莫福海卒，長子方五歲的莫福源（中國文獻稱莫宏瀷）繼位，以明年為永定元年。

與明朝的關係

（一）1540 年，「伯溫等抵廣西，傳檄諭以納款宥罪意。時方瀛已卒。登庸即遣使請降。11 月，率從子文明及部目四十二人入鎮南關請降，命削安南國為安南都統使司，授登庸都統使，秩從二品，銀印。舊所僭擬制度悉除去，改其十三道為十三宣撫司，各設宣撫、同知、副使、僉事，聽都統黜陟。廣西歲給**大統曆**，仍三歲一貢以為常。更令覈黎寧真偽，果黎氏後，割所據四府奉其祀事，否則已之。制下，登庸悚惕受命。」[102]

（二）有關莫登庸投降一事，越史之記載為：「上降表，獻所部土地人民籍。又乞納安廣永安州之湔浮、今勒、古森、了葛、羅浮、安良諸峒，隸歸欽州。請頒正朔及舊賜印章，守護本國，以俟雯定、伯溫等承制，諭以姑容戴罪，還國待命處分。登庸又遣文明及阮文泰賷降表赴燕。」[103]

（三）1542 年 3 月 22 日，莫福海赴鎮南關，聽驗會勘，並領大明**大統**

101. [清] 張廷玉等撰，**明史**，卷三百二十一，列傳第二百九，外國二，安南條，頁 8333-8334；[越] 陳文為等纂修，**前引書**，第六冊，正編，卷二十七，頁 2634-2637；[明] 張居正等纂修，**明實錄（世宗肅皇帝實錄）**，卷二百四十八，頁 1-5、16；[明] 譚希思撰，**明大政纂要（十）**，卷五十二，頁 21-27。

102. [清] 張廷玉等撰，**明史**，卷三百二十一，列傳第二百九，外國二，安南條，頁 8333-8334。

103. [越] 陳文為等纂修，**前引書**，第六冊，正編，卷二十七，頁 2634-2637。

曆 1,000 本，又領原封莫登庸安南都統使司都統使敕命一道，銀印一顆。

8 月 3 日，莫福海派遣阮典敬、阮公儀、梁潤等前往明朝謝恩；阮照訓、武恂、謝定光前往明朝進歲貢。

12 月 15 日，明朝封莫福海襲安南都統使司都統使。「茲該鎮巡等官奏稱，爾祖登庸病故，爾係嫡孫，且爾能備陳爾祖納款之誠，備述爾祖屬纊之言，亦可謂善承祖志者矣。特命襲爾祖都統使之職，仍降敕諭爾其益竭忠誠，恪修職貢，撫理夷眾，安靜地方，以稱朝廷懷柔之意，用副爾祖恭順之誠，永為多福，顧不美歟。一應事宜，悉要遵照原降爾祖敕諭內事理而行。欽哉。』」[104]

（四）安南都統使莫福海謝授職賜印表。[105] 莫福海進方物：「金香爐花瓶四副，重二百九十兩。金龜一個，重十九兩。銀鶴、銀臺各一件，重五十一兩。銀香爐花瓶二副，重一百五十兩。銀盤十二口，重六百九十一兩。沉香六十斤，速香一百四十八斤，降真香三十根，犀角二十座，象牙三十枝，并其餘香絹等物。」[106]

（五）但依據安南學者黎貴惇的**通史**之記載，莫福海之謝恩方物與**殊域周咨錄**一書的記載不同，**通史**之記載為：「金香爐花瓶四副，重百九十兩；金龜一，重九十兩；銀鶴、銀台各一，重五十一兩；銀香爐花瓶二副，重一百五十兩；銀盤十二，重六百四十一兩；沉香六十斤，速香四十八斤，降真香三十株，犀角二十座，象牙三十支。歲貢方物亦如之。遂為例。」[107]

（六）1543 年 4 月，登庸卒，方瀛子福海嗣，安南都統使司都統使莫福海善差轄內宣撫同知阮典敬、阮昭訓等分進謝恩、修貢表箋。賚紗羅、綵幣、絹、鈔等物如例。禮部官員認為安南已不冊封為王，則入貢官員已非以前陪臣之地位，應裁減其賞賚。明世宗說：「福海既納貢諭〔輸〕誠，其賚如故，第罷賜宴稍減供饋，以示非陪臣禮。」[108]

---

104. [明] 慎懋賞撰，**四夷廣記**（下），海國廣記，安南條，頁 2-22-352-354。

105. [明] 慎懋賞撰，**四夷廣記**（下），海國廣記，安南條，頁 2-22、367-369。

106. [明] 嚴從簡撰，余思黎點校，**殊域周咨錄**，卷六，安南條，頁 232-233。

107. [越] 陳文為等纂修，**前引書**，第六冊，正編，卷二十七，頁 2648-2649。

108. [明] 張居正等纂修，**明實錄**（世宗肅皇帝實錄），卷二百七十三，頁 4。

（七）1544 年 5 月，安南都統使司都統使莫福海遣宣撫同知段師直等齎表箋、方物入謝，詔賜鈔幣等物有差。[109] 開市貿易與暹羅國同。[110]

（八）1545 年 8 月，安南都統使莫福海差宣撫阮詮等奉表貢方物，宴賞如例。[111]

四、莫福源（1546 年 5 月—1561 年 12 月）

內政

莫福源登基時只有五歲，由宣撫同知鄧文值、阮如桂等奉遺言輔政，領其眾。

莫福源較重要的政策措施如下：

（一）1547 年春，莫福源開科考取士。

莫將泗陽侯范子儀謀立莫宗子弘王莫正中為主，不克，遂作亂，脅遷莫正中於御天華陽。莫福源派遣謙王莫敬典與西郡公阮敬等，發兵捕之，為范子儀所敗。後范子儀累戰不克，乃挾莫正中，出據安廣地方。海陽人民，遭逢戰火，四處流亡。范子儀又竄入明朝境內縱兵擄掠廣東、廣西，明朝人無法將他們驅逐出境。

（二）1548 年，莫福源改永定為景曆元年。

（三）1549 年，棄昇龍城正殿，移居城外，境內騷動。

（四）1550 年，開科考取士。

（五）1551 年，明朝責怪於莫福源說：「藩臣無禮容縱劫人，侵掠大國，可興兵致討，以免邊釁。」時明朝欲起兵攻莫氏，莫氏大恐，密使小卒擒獲范子儀，斬首，使人送給明朝。一路上每至其地常為瘟災，人畜病瘴，因此明人不接受其頭顱。莫正中奔入明國，後死於明國境內。[112]

黎朝太師諒國公鄭檢派遣莫軍降將黎伯驪與武文密等，進迫京師。莫福

---

109. [明] 張居正等纂修，明實錄（世宗肅皇帝實錄），卷二百八十六，頁 2。

110. [明] 不著撰人，皇明外夷朝貢考，卷下，安南國條，頁 35。

111. [明] 張居正等纂修，明實錄（世宗肅皇帝實錄），卷三百二，頁 3-4。

112. [越] 吳士連、范公著、黎僖等撰，大越史記全書，本紀，卷之十六，黎皇朝紀中宗武皇帝條。

源奔金城，留莫敬典為都總帥，將兵拒守。

（六）1553 年，莫福源開科考取士。

（七）1555 年 8 月，莫福源派遣謙王莫敬典將兵入寇清華，兵敗退回昇龍城。

（八）1556 年，莫福源開科考取士。

（九）1559 年春，莫福源開科考取士。當時莫兵數敗於清華鄭檢軍隊，福源惶懼，棄昇龍城，移居於南門外。

（十）1560 年 2 月，莫福源派遣其將提兵守昇龍城外，列屯沿江以西一帶，上自白鶴，下至南昌，營寨相連，舟筏相接。日則旗幡相望，夜則舉火為號，與黎朝軍隊相拒守。黎朝太師鄭檢議分兵，與諸將東擊東潮、峽山、至靈、安陽等縣，皆克之。莫福源乃移居於清潭縣。

（十一）1561 年 12 月，莫福源卒，子莫茂洽立，改元淳福。

與明朝的關係

（一）1546 年 ，福海卒，子宏瀷嗣，遣使黎光賁告哀請封進貢，至南寧，守臣呈報。禮官以其國內亂，名分未定，止來使勿進，而令守臣覈所當立者。至 1551 年事情清楚了，命授宏瀷都統使，赴關領牒。剛好部目黎伯驪與黎寧臣鄭檢合兵攻打莫朝，宏瀷奔海陽，不克赴關領牒。光賁等留南寧十五年，其偕來使人物故大半。宏瀷請守臣代領，明世宗詔許其使入京，仍俟宏瀷赴關才給予都統使牒書。[113]

（二）1547 年 12 月，莫朝內訌，夷目阮敬作亂，莫登庸次子正中與其族莫文明等避入中國欽州，乞照轄目投降事例，給糧呴養。提督兩廣軍務侍郎張岳等呈報。兵部尚書王以旂等說：「正中等宜暫給養，安置內地。」敕守臣查覈彼中事情，有無安輯？及先年頒給敕印何人奉守，具實上聞。明世宗同意，命提督鎮巡諸臣速勘明實具奏。[114]

（三）1548 年，莫福源派遣黎光賁等前往明朝進歲貢。

---

113. [清] 張廷玉等撰，**明史**，卷三百二十一，列傳第二百九，外國二，安南條，頁 8334。
114. [明] 張居正等纂修，**明實錄（世宗肅皇帝實錄）**，卷三百三十一，頁 2；[明] 譚希思撰，**明大政纂要（十）**，卷五十四，頁 28-29。

（四）1550 年 2 月，故安南都統使莫福海子宏瀷請封修貢如例，所司呈報。禮部言：「宏瀷當襲與否？會勘未明，候報至，乃可許。」[115]

（五）明世宗嘉靖三十年（1551）3 月，命故安南都統使莫福海子宏瀷襲父職。[116]

五、莫茂洽（1561 年 12 月—1592 年 12 月）

內政

（一）1562 年正月，莫茂洽年幼嗣位，由應王莫敦讓入內輔政，抱莫茂洽視朝，尊其祖叔謙王莫敬典為謙太王。

（二）1562 年，在莫茂洽統治期間，分別在 1562、1565、1568 春、1571 年 2 月、1574 年春、1577、1580、1583、1586 年春、1589 年 10 月等，每三年舉行科考取士一次。

（三）1566 年 3 月，改元為崇康元年，移居菩提館。

（四）1573 年 10 月，莫敬典扶莫茂洽歸昇龍城，令軍隊紮營於城南門外。

（五）1578 年 2 月 21 日，莫茂洽在宮中被雷擊中，半身不遂，後醫治恢復，乃改元，稱為延成初年。

（六）1585 年 6 月，莫茂洽想要搬入昇龍城居住，遂議修築其城，大興工役，陶作磚瓦，期年而成，乃以明年為端泰初年。

（七）1586 年 6 月，莫茂洽安排車駕，移入昇龍，居正殿，受群臣朝賀。

（八）1587 年正月，莫茂洽令修理昇龍城外層，及整治街衢。12 月，莫茂洽改端泰為興治元年。

（九）1592 年 12 月，黎朝鄭松軍隊逮捕莫茂洽，斬於菩提，傳首詣清華萬賴行在，釘其兩眼，置於市。[117]

莫氏政權從莫登庸 1527 年登基到 1592 年莫茂洽被處死，傳五世，前後共六十五年。

---

115. [明] 張居正等纂修，**明實錄（世宗肅皇帝實錄）**，卷三百五十七，頁 4。
116. [明] 張居正等纂修，**明實錄（世宗肅皇帝實錄）**，卷三百七十一，頁 8；[明] 譚希思撰，**明大政纂要**（十），卷五十六，頁 5-6。
117. [越] 吳士連、范公著、黎僖等撰，**大越史記全書**，本紀，卷之十七，黎皇朝紀世宗毅皇帝條。

與明朝的關係

（一）1564 年 11 月，安南都統使莫宏瀷所遣宣撫副使黎光賁等奉表文方物至京。此嘉靖二十七年（1548）歲例貢也，光賁等到中國十五年餘矣。使臣從士物故過半，至今年始到達，明世宗嘉其恭順，特賜宴如朝鮮、琉球二國陪臣例。[118]

（二）1566 年 3 月 25 日，莫茂洽派遣吏部尚書兼東閣大學士蓟溪伯甲海、東閣校書范維玦等前往諒山界首，迎接使臣黎光賁回國。黎光賁於嘉靖二十七年（1548）奉使，留在明朝十八年才回國。

查中國文獻，乃知因為安南國亂，中國無法確定黎光賁的身分，因此不讓他前往北京，他留在南寧十五年。[119]

（三）1573 年正月，准安南夷舍莫茂洽襲安南都統使。[120]

（四）1574 年 10 月，安南都統使莫茂洽申請進貢，許之。[121]

（五）1575 年 12 月，萬壽節，安南進方物。安南都統使莫茂洽差宣撫同知等官，補修四貢。上嘉其恭順，著於常例外加綵段、四表裏、錦二段，以示優嘉。[122]

（六）1576 年正月，安南國都統使莫茂洽差宣撫同知黎如虎等正從 73 人入貢。上遣官宴待，賜賚如常。[123]

2 月，安南使臣黎如虎等朝貢還，上命鴻臚寺通事官伴送，令由廣西憑祥州咘村鎮南關出。[124]

（七）1580 年 12 月 3 日，莫茂洽派遣梁逢辰、阮仁安、阮淵、阮克綏、陳道泳、阮璥、杜汪、武瑾、汝琮、黎挺秀、武靖等前往明朝進歲貢。

安南這次遣使應在明神宗萬曆九年（1581）6 月到中國，「安南都統使

---

118. [明] 張居正等纂修，**明實錄（世宗肅皇帝實錄）**，卷五百四十，頁 5。

119. [清] 張廷玉等撰，**明史**，卷三百二十一，列傳第二百九，外國二，安南條，頁 8334。

120. [明] 溫體仁等纂修，**明實錄（神宗顯皇帝實錄）**，卷九，中央研究院歷史語言研究所校勘，臺北市，1984 年，頁 11。

121. [明] 溫體仁等纂修，**明實錄（神宗顯皇帝實錄）**，卷三十，頁 2。

122. [明] 溫體仁等纂修，**明實錄（神宗顯皇帝實錄）**，卷四十五，頁 8、10。

123. [明] 溫體仁等纂修，**明實錄（神宗顯皇帝實錄）**，卷四十六，頁 2。

124. [明] 溫體仁等纂修，**明實錄（神宗顯皇帝實錄）**，卷四十七，頁 4。

莫茂洽差宣撫司同知梁逢辰等齎捧表文，補貢嘉靖三十六、三十九年分正貢，萬曆三年、六年分方物。部覆：『茂洽並進四貢，忠順可嘉。』詔賜宴賞，仍給敕褒之。」[125]

（八）1584 年正月，莫茂洽派遣阮允欽、阮永祈、鄧顯、阮能潤、武師錫、阮澧等前往明朝進歲貢。

「明神宗萬曆十二年（1584）正月庚子（22 日），安南都統使莫茂洽自襲職以來，節年貢儀不缺，茲當三年之期，預以正貢二部來請，兩廣總督郭應聘為具題，兵部覆請，詔允開關驗進。」[126]

（九）1589 年，安南入貢。[127]

（十）1590 年 8 月，安南都統使莫茂洽差宣撫副使賴敏等進貢，宴賞如例。[128]

第三節　西朝（黎朝延續）

一、黎莊宗裕皇帝（1533 年 1 月—1548 年 1 月）

內政

（一）1530 年 9 月，黎譓死於清華，由其子黎晌（中國文獻稱為黎寧）繼位。黎寧乃昭宗之子，聖宗之玄孫，時莫登庸篡僭，黎寧避居清華，太師興國公阮淦，將他迎至哀牢國尊立之。

（二）1533 年正月，黎寧即位於哀牢，建元元和，是為黎莊宗。尊大將軍阮淦為尚父太師興國公，掌內外事，以中人丁公為少尉雄國公，其餘一一封賞，使同心匡輔。又與哀牢主乍鬥相結，獲其兵糧援助，以圖進取。

（三）1539 年，黎莊宗封大將軍鄭檢為翼郡公。

---

125. [明] 溫體仁等纂修，**明實錄（神宗顯皇帝實錄）**，卷一百十三，頁 4。
126. [明] 溫體仁等纂修，**明實錄（神宗顯皇帝實錄）**，卷一百四十五，頁 4-5。
127. [清] 張廷玉等撰，**明史**，卷二十，本紀第二十，神宗一，頁 273。
128. [明] 溫體仁等纂修，**明實錄（神宗顯皇帝實錄）**，卷二百二十六，頁 3。

（四）1540 年 11 月，太師興國公阮淦督兵攻義安，軍聲大振，歸服者日眾。

（五）1543 年，黎莊宗出兵西都城，莫將忠厚侯（缺名）率子弟詣軍前，拜見於西都城南門，三軍踴躍大喜。是時，太師興國公阮淦還在哀牢，未從行。黎莊宗派遣宣都公鄭公能捧詔書召之。阮淦乃率領軍隊刻日前往西都，黎莊宗加阮淦陞太宰使，為都將，節制諸營將士，於是分道並進，定西南民，每戰克捷。

（六）1545 年 5 月 20 日，莫降將忠厚侯陰懷貳心，邀請太宰阮淦赴本營，陰置毒於瓜中，阮淦遭毒死。忠厚侯是夜遁去，復歸於莫福海。

8 月，黎莊宗封翼郡公鄭檢為都將，節制各處水步諸營，兼總內外平章軍國重事太師諒國公。

（七）1548 年正月 29 日，黎莊宗崩，太子黎暄立，以明年為順平元年。

表 5-1：黎朝歷代鄭氏權臣姓名

姓名	封　　　號	皇帝廟號	在位期間
鄭檢	諒國公→太國公	黎莊宗 → 黎中宗 → 黎英宗	1545-1570
鄭檜	俊德侯	黎英宗	1570.2-1570.8
鄭松	平安王	黎英宗→黎世宗→黎敬宗 → 黎神宗	1570-1623
鄭梉	清都王	黎神宗→黎真宗 → 黎神宗	1623-1657
鄭柞	西定王	黎神宗→黎玄宗 →黎嘉宗→黎熙宗	1657-1682
鄭根	定南王	黎熙宗→黎裕宗	1682-1709
鄭棡	安都王	黎裕宗 → 昏德公	1709-1729
鄭杠	威南王	黎維祊→黎純宗 → 黎懿宗	1729-1740
鄭楹	明都王	黎懿宗→黎顯宗	1740-1767
鄭森	靖都王	黎顯宗	1767-1782

鄭樺	奠都王 → 恭國公	黎顯宗	1782.10-1782.12
鄭楷	端南王	黎顯宗	1782-1786
鄭橋	晏都王	黎湣帝	1786-1787

資料來源：筆者自行整理。

與明朝的關係

（一）1533 年正月，黎莊宗屢馳書告難於明朝，說是被賊徒邀殺，乃派遣鄭惟憭等十餘人泛海自占城附搭廣東商船，經過二年才到燕京。說明莫登庸弒逆竊據國都，阻絕貢道，請求明朝興師問罪。明朝禮部尚書嚴嵩奏言，光是鄭惟憭所說的話不足為據，可將他們留在使館。另派官前往安南查勘。明世宗乃命千戶陶鳳儀、陳璽等前往，與雲南巡撫汪文盛會勘莫登庸之罪行。[129]

（二）1536 年，黎莊宗派遣鄭垣前往明朝，備陳莫氏篡弒，及黎莊宗播遷於清華事由。

二、黎中宗武皇帝（1548 年 1 月—1556 年 1 月）

黎暄，莊宗長子，是為黎中宗，在位八年，壽二十二歲。

（一）1554 年，太師諒國公鄭檢移行營於汴上，軍氣增銳，四方賢士，多來歸附。

設制科取士。

（二）1556 年正月 24 日，黎中宗崩，無嗣。太師諒國公鄭檢及諸大臣等議說：「國不可一日無君。」乃使人訪求黎氏子孫立之，尋得藍國公黎除之玄孫黎維邦於東山布衛鄉，迎立之。大赦，以明年為天祐元年。

三、黎英宗峻皇帝（1556 年 1 月—1572 年 11 月）

黎維邦是為黎英宗，在位十六年，壽四十二歲。

（一）1557 年 10 月，大淫雨連月不止，清華、義安田禾多浸水，歲穀

---

129. [越] 陳文為等纂修，**前引書**，第六冊，正編，卷二十七，頁 2624-2625。

不登，於是詔改明年為正治元年。

（二）1565 年，設制科取士。

（三）1569 年 9 月，「順化鎮守端郡公阮潢（為阮淦之子）入朝，拜見行在，又詣上相鄭檢的府邸拜賀，訴以兄弟之情，甚相友愛。時有中奇副將川侯，見上相有疾，陰懷奸謀，事覺遁去，追及之。上相欲免其罪，阮潢力諍，乃殺之。初昭勳靖公阮淦，知上相才識過人，愛重如子，以次女阮玉寶妻之，阮玉寶乃阮潢之姊也。阮淦死後，黎英宗委上相鄭檢總裁國家事務，故令阮潢鎮守順化，徵納租稅，以供國用，至是入朝。阮玉寶生子鄭松，才德超群，英雄蓋世，能續父志，贊成帝業，黎朝中興之功，實基於此。」[130]

（四）1570 年正月，上相鄭檢上表奏請黎英宗派令阮潢至順化、廣南等處，統率兵象船隻，再鎮撫萬民，以壯藩維。上相戒之曰：「國家以此重任付卿，當始終一節，馨竭初心，匡輔皇家。」阮潢感謝，奉命赴順化，將廣南總兵元郡公阮伯調回。

2 月 18 日，上相太國公鄭檢病篤，是日薨，追尊為明康太王，謚忠勳。詔鄭檢之長子俊德侯鄭檜代領其權，統兵討賊。但鄭檜縱情酒色，疏於政務，4 月 2 日，端武侯黎及第、文鋒侯鄭永紹、衛陽侯鄭栢及良郡公、普郡公與萊郡公潘公績等，夜率子弟兵眾前往福良侯鄭松府邸，逼令舉事。鄭松不得已稟報黎英宗，將其遷入萬賴關內，分兵據守疊門，以防外兵。次日，鄭檜親督兵卒萬餘，追至關門外駐紮營，按兵數日。關內諸將亦拒閉不出。雙方投書往來，言多不遜。7 日，黎英宗派使招諭關外諸將講和，雙方不願和解，乃命諸將督兵拒之，日夜不息。鄭檜下令分兵據守衝要各處，以防北方莫兵入寇，另派軍防關內諸將突襲。又使元郡公阮伯駒鎮守義安，以撫其民。

8 月，莫敬典率大軍攻清華，鄭檜率賴世美、阮師尹、張國華及家小，投降於莫敬典。20 日，黎英宗敕封鄭松為長郡公，節制水步諸營。25 日，莫軍大舉進攻清華，未克，雙方僵持，至 12 月，莫敬典因久戰無法取勝，乃退兵。

---

130. [越] 吳士連、范公著、黎僖等撰，**大越史記全書**，本紀，卷之十六，黎皇朝紀英宗峻皇帝條。

（五）1571 年 7 月，莫敬典率軍占領義安。順化和廣南則由阮潢控制。9 月，黎軍奪回義安。

（六）1572 年正月，黎英宗祀天地於南郊，行禮，黎英宗捧香爐禱天畢，忽香爐倒於地上，知其為不祥，乃詔改元為洪福元年。

8 月，莫敬典督兵侵清華、義安等處。9 月，黎英宗派軍救義安，莫軍始退。是年，義安各縣田野荒蕪，一穀不收，民大飢餓，更被瘟瘴，死者過半，人多流亡。

11 月 21 日，由於左相鄭松權勢日大，黎英宗惶惑，率皇子黎維栢、黎維榴、黎維梗、黎維松四人前往義安駐蹕，鄭松與諸將迎立在瑞源縣廣施社的皇第五子黎維潭，尊立為帝，是為世宗，改元大赦。

與哀牢的關係

（一）1564 年，時哀牢國乍鬥派遣其臣到安南貢方物及雄象 4 隻。黎英宗使太師以養女嫁之，以結鄰國之好。

（二）1571 年 10 月，時哀牢國王乍鬥獻雄象 4 隻及寶物求婚，黎英宗欲鄰國和好，乃以帝妃前女封玉華公主嫁之。

四、黎世宗毅皇帝（1572 年 11 月—1599 年 8 月）

內政

黎維潭，英宗第五子，是為黎世宗，在位二十七年，壽三十三歲。

（一）1573 年 1 月，鄭松派遣阮有僚等進兵至義安，接回黎英宗，22 日行至雷陽，逼迫黎英宗自縊而亡。

（二）1577 年，設制科取士。

（三）1583 年，會試天下士人。

（四）1589 年 10 月，會試天下舉人。

（五）1592 年 12 月，黎朝鄭松軍隊逮捕莫茂洽，斬於菩提，傳首詣清華萬賴行在，釘其兩眼，置於市。[131] 黎朝光復昇龍城，東西復歸統一。

---

131. [越] 吳士連、范公著、黎僖等撰，**大越史記全書**，本紀，卷之十七，黎皇朝紀世宗毅皇帝條。

（六）1595 年 3 月，會試天下舉人於草津。

（七）1597 年 3 月，明義土官勇郡公阮克寬父子與偽黨連結，聚集奸惡人，在夜間火燒東京內房舍。官軍逮捕阮克寬父子 3 人及徒黨 24 人，并搜得木印旗鉦器械及勅命來納，節制鄭松令盡燒之，梟斬阮克寬父子及徒黨。[132]

（八）1598 年 2 月，會試天下士人。

（九）1599 年 8 月 24 日，黎世宗崩。平安王與朝臣商議，由於太子性不聰敏，乃奉立次子黎維新為帝，以本月 27 日即位於行在，大赦改元。

與明朝的關係

（一）明神宗萬曆十九年（1591），黎維潭勢力漸強，舉兵攻莫茂洽，莫茂洽敗奔嘉林縣。1592 年冬，鄭松引誘土人內應，襲殺莫茂洽，奪其都統使印，親黨多遇害。有莫敦讓者，奔廣東防城告難，總督陳蕖通報北京。鄭松復擒莫敦讓，勢力益大。莫敬恭、莫敬用屯據諒山、高平，莫敬璋屯據東海、新安，懼黎兵追索，竄至龍州、憑祥界，莫氏力量已衰，黎朝勢力復興。[133]

（二）1593 年，面對安南出現黎氏和莫氏兩股勢力，明朝應採取何種態度？廣西巡撫陳大科等的上奏最具代表性，他說：「蠻邦易姓如弈棋，不當以彼之叛服為順逆，止當以彼之叛我服我為順逆。今維潭雖圖恢復，而茂洽固天朝外臣也，安得不請命而擅然戮之。竊謂黎氏擅興之罪，不可不問。莫氏子遺之緒，亦不可不存。倘如先朝故事，聽黎氏納款，而仍存莫氏，比諸漆馬江，亦不窶其祀，於計為便。」[134] 他的建議獲得廷議大臣們的支持。

隔年，陳大科派遣官員前往視察，莫敬用即遣使叩軍門告難，要求明朝派兵協助。至 1595 年秋天，黎維潭亦遣使謝罪，請求納款。此時陳大科已出任兩廣總督，他和廣西巡撫戴燿決定派遣左江副使楊寅秋前往視察，楊寅秋的策略是：「不拒黎，亦不棄莫，吾策定矣。」莫敬恭等表示願居高平，而黎維潭亦數度遣使來求納款。楊寅秋將與他們會談的內容報告督撫。剛好

---

132. [越] 吳士連、范公著、黎僖等撰，**大越史記全書**，本紀，卷之十七，黎皇朝紀世宗毅皇帝條。

133. [清] 張廷玉等撰，**明史**，卷三百二十一，列傳第二百九，外國二，安南條，頁 8335。

134. [清] 張廷玉等撰，**明史**，卷三百二十一，列傳第二百九，外國二，安南條，頁 8335-8336。

莫敬璋率眾攻永安，遭黎氏兵擊敗，海東、新安地盡失，於是黎氏求納款之議更強。時黎維潭企圖恢復黎朝，不想像莫登庸一樣束身入關請明朝冊封。楊寅秋再度派遣官員諭之，約期會談，但至約期，黎氏派人向鎮南關官員說：「士卒饑病，款儀未備。且莫氏吾仇也，棲之高平，未敢聞命。」陳大科等將此事上奏，說是黎氏權臣鄭松專權所致。後來黎維潭又遣使叩關，說自己不是逃遁。陳大科等再遣官諭之，黎維潭聽命。[135]

關於此段歷史，**欽定越史通鑑綱目**一書的記載如下：「明神宗萬曆二十四年（1596）2月，〔安南黎世宗〕帝如鎮南關，3月還京。辰莫逋臣詭告明人言：『所稱黎兵者，乃鄭氏崛起爭彊攻殺貢臣，及莫氏子孫實非黎後重興也。』由是明人遣使過關會勘。帝命戶部尚書杜汪、都御史阮文階先往候命。又遣皇親黎梗、黎榴、工部左侍郎馮克寬同齎莫安南都統使司及前安南國王印樣二、金一百斤、銀一千兩，與本國耆目數十人同赴交關會勘。明左江兵巡道提刑按察司副使陳惇臨牒邀帝往。於是帝如鎮南關，命右相黃廷愛、太尉阮有僚、太傅鄭杜等率兵象萬餘從駕，往關上，約期相會。明人又牽延，要索金人、金印事跡物件，不肯赴會。卒過期。3月，帝還京。」[136]

越人張登桂等纂修的**大南寔錄**亦有類似之記載：「〔越〕黎太祖三十九年（1596）4月，上扈黎帝如諒山。先是莫敬用奔明龍州，詭告於明帝曰：『今稱黎氏者乃鄭氏也，非是黎之子孫。』明人信之，遣左江兵巡道按察司副使陳惇臨往鎮南關移書約以會勘。黎帝先遣侍郎馮克寬等齎舊墨印二顆、黃金一百斤、白金一千兩，與國內耆老數十人同赴關。陳惇臨復牒邀黎帝訂日到關，至則明使托故不如期。上乃扈黎帝還。」[137]越史文獻都說是因為明朝官員拖延所致。

直至1597年春2月，明朝始派遣官員王建立赴關，雙方會勘。黎維潭亦至鎮南關，與王建立、陳惇臨舉行會勘交接禮，相見甚歡，自此明朝和安南恢復關係。[138]

---

135. [清] 張廷玉等撰，**明史**，卷三百二十一，列傳第二百九，外國二，安南條，頁 8335-8336。
136. [越] 陳文為等纂修，**前引書**，第六冊，正編，卷三十，頁 2825-2826。
137. [越] 張登桂等纂，**大南寔錄**，第一冊，前編，卷一，越南國家圖書館，河內，1844 年，頁 17。
138. [越] 張登桂等纂，**大南寔錄**，第一冊，前編，卷一，頁 1-2。

　　（二）1597 年 3 月，明朝又派遣委官王建立就安南催貢會勘，牒於京師，大議起行。28 日，黎世宗親督右相黃廷愛、太尉阮潢、阮有僚、太傅鄭杜及左右都督七八員，兵象 5 萬，帶明委官王建立同行，至諒山鎮南交關。4 月 10 日，黎世宗整飭兵象，過鎮南交關，與明左江兵巡道按察副使陳惇臨，及廣西、思明、太平等府，龍州、憑祥等州官大行會勘交接禮，各相喜賀。自此南北兩國復通，命工部左侍郎馮克寬為正使，太常寺鄉阮仁贍為副使，前往明朝進歲貢，並求封。馮克寬至燕京，適遇明神宗萬壽聖節，馮克寬上拜賀詩三十首，明武英殿大學士少保兼太子太保吏部尚書張位以萬壽詩集上進，明神宗御筆批說：「賢才何地無之，朕覽詩集，具見馮克寬忠悃，殊可深嘉篤美。」即命下刊板，頒行天下。於是，朝鮮國使刑曹參判李睟光爲之作序。[139]

　　（三）關於黎維潭重新受封為安南都統使之經過，中文文獻和越南文獻之記載稍異，茲列述**明史**之記載如下：「明神宗萬曆二十五年（1597），遣使請期。屬左江副使楊寅秋示以 4 月。屆期，維潭至關（鎮南關）外，譯者詰以六事，首擅殺茂洽，曰：『復仇急，不遑請命。』次維潭宗派，曰：『世孫也，祖暉，天朝曾錫命。』次鄭松，曰：『此黎氏世臣，非亂黎氏也。』然則何宵遁？曰：『以儀物之不戒，非遁也。』何以用王章？曰：『權仿為之，立銷矣。』惟割高平居莫氏，猶相持不絕，復諭之曰：『均貢臣也。黎昔可棲漆馬江，莫獨不可棲高平乎？』乃聽命。授以款關儀節，俾習之。維潭率其下入關，謁御幄，一如登庸舊儀。退謁寅秋，請用賓主禮，不從，四拜成禮而退。安南復定，詔授維潭都統使，頒曆，奉貢一如莫氏故事。先是，黎利及登庸進代身金人，皆囚首面縛，維潭以恢復名正，獨立而肅容。當事嫌其倨，令改制，乃為俯伏狀，鑴其背曰：『安南黎氏世孫，臣黎維潭不得蒲伏天門，恭進代身金人，悔罪乞恩。』自是安南復為黎氏有，而莫氏但保高平一郡。」[140]文中所述安南進代身金人應是萬曆二十六年（1598）11 月事。

　　越史**大南寔錄**之記載為：「明神宗萬曆二十五年（1597）4 月，〔安南

---

139. [越] 吳士連、范公著、黎僖等撰，**大越史記全書**，本紀，卷之十七，黎皇朝紀世宗毅皇帝條。
140. [清] 張廷玉等撰，**明史**，卷三百二十一，列傳第二百九，外國二，安南條，頁 8336-8337。

黎世宗〕帝復如鎮南關，尋遣馮克寬等如明。初帝命杜汪等齎金銀人二及貢物往諒山候命。明人飾辭退託，汪等復還。是年2月復命汪等往探明人消息。莫黨率眾邀劫護送會郡公（缺姓名），為所殺。汪等入據山峙得免。至是明王建立來通牒會勘，復命右相黃廷愛等及左右都督七八員、兵象五萬，從駕過關，與明江左兵巡道按察副使陳惇臨及廣西思明太平等府、龍州、憑祥等州官大會。自是南北復通。帝回京，駕至安常（在北寧東岸縣），鄭松拜迎還宮，復親率文武百官行朝賀禮。因命工部左侍郎馮克寬為正使、太常寺卿阮仁贍為副使如明歲貢，並求封。克寬至燕，值明帝萬壽節，上賀詩三十首。明東閣大學士張位以其詩進，明帝嘉之。」[141]

　　黎朝控制安南東京平原及以南至清化一帶，而莫朝殘餘勢力控制東京以北高平地帶，明朝之策略是「不拒黎，亦不棄莫」，對二者均授以都統使一職，明朝採取很務實的作法，同時和安南兩個政權建立外交關係，此與傳統中國的不接受篡弒政權的朝貢體系和觀念不同。

　　（四）明神宗萬曆二十六年（1598）11月，安南進代身金人，黎維潭以其立像塑造金人，因面容過於嚴肅，令改為俯伏狀，然後在其背上鑴刻：「安南黎氏世孫黎維潭不得蒲伏天門，恭進代身金人，悔罪乞恩，二十五字。」[142]

　　（五）1598年12月6日，節制鄭松差候命官杜汪等先備儀注禮物，至鎮南交關迎接明朝使節。先是，使臣馮克寬等齎貢物及代身金人、沉香、象牙至燕京，上表乞脩職貢。明神宗見表大悅，復詔封黎世宗為安南都統使司都統使，管轄南國土地人民，及賜安南都統使司銀印一顆，使馮克寬等齎敕書回國。馮克寬乃上表說：「臣主黎氏，是安南國王之胄，憤逆臣莫氏潛奪，不忍負千年之讎，乃臥薪嘗膽，思復祖宗之業，以紹祖宗之跡。彼莫氏本安南國黎氏之臣，弒其君而奪其國，實為上國之罪人，而又暗求都統之職。茲臣主無莫氏之罪，而反受莫氏之職，此何義也，願陛下察之。」明神宗笑說：「汝主雖非莫氏之比，然以初復國，恐人心未定，方且受之，後以王爵加之，未為晚也，汝其欽哉，慎勿固辭。」馮克寬乃拜受而回。初馮克寬以

---

141. [越] 陳文為等纂修，**前引書**，第六冊，正編，卷三十，頁2832-2834。

142. [明] 陳建撰，江旭奇訂，**皇明通紀集要**（四），卷三十八，萬曆，頁14。

萬曆二十五年（1597）4 月過關，至 10 月到燕京，拜謁明神宗，12 月 6 日，辭明神宗回國，前後凡一年餘四個月，使道以通。15 日，馮克寬回至鎮南交關，明朝左江官差委官王建立投遞公文赴京師（昇龍城）。節制鄭松差右相黃廷愛、太保鄭樑整備儀衛迎接明使王建立與馮克寬等。25 日，黎世宗過江，就菩提拜詔，接使還於內殿。節制鄭松與大臣文武入內殿朝謁。敕書宣讀畢，見所頒銀印一顆（乃是銅印），因與文武大臣議復回書與明國，讓責明委官王建立回北國遞奏明帝。[143] 中國頒給的是鍍銀銅印，因命修書交中國官員王建立遞回轉奏。後來明朝更換印璽，[144] 由於沒有說更換的是何種材質的印璽，依過去頒給未封王之印璽之慣例都是鍍銀銅印，只有冊封國王才用鍍金銀印。

---

143. [越] 吳士連、范公著、黎僖等撰，**大越史記全書**，本紀，卷之十七，黎皇朝紀世宗毅皇帝條。
144. [越] 陳文為等纂修，**前引書**，第六冊，正編，卷三十，頁 2847-2849。

第六章

南北朝

第一節　北朝

五、黎敬宗惠皇帝（1599 年 8 月─1619 年 5 月）

內政

1599 年 8 月，黎維潭卒，子黎維新立，世宗次子也，是為黎敬宗，在位二十年，壽三十二崩。

（一）黎維新執政後開始清除莫氏餘黨，包括潘彥、吳廷峨、裴文奎、莫敬恭等。

（二）1600 年 11 月，大赦改元，以是年為弘定元年。

（三）1601 年 11 月，首開鄉試科取士。

（四）1602 年 2 月，會試天下士人。以後在 1604 年春、1607 年春、1610 年春、1613 年春、1616 年正月、1619 年 2 月舉行同樣的考試。

（五）1619 年 3 月，平安王鄭松往東津樓觀舟，回到三岐路，忽有伏銃發射他的坐象，捉到兇手拷問，知道是黎敬宗與王子鄭椿陰謀殺鄭松。4 月，鄭松使太傅清郡公鄭橄與內監岳郡公裴仕林入內殿鞫問，遂盡得其供狀。

5 月 12 日，鄭松逼迫黎敬宗自縊，黎敬宗崩後追尊為惠皇帝，廟號敬宗。

6 月，皇子黎維祺即位於勤政殿，改元為永祚元年，大赦。

與明朝的關係

（一）由於安南國事未定，國內逆賊潘彥搆亂，致未及時遣使至明朝告哀請貢。1606 年 2 月，黎維新遣正使黎弼四，副使阮用、阮克寬等前往明朝進謝恩禮。又遣正使吳致和、阮實，副使范鴻儒、阮名世、阮郁、阮惟時等前往明朝進歲貢。剛好安南人常達禮勾引頭目陸佑等侵犯思陵，擄去官印，明朝逮捕陸佑等 4 人並斬於市，其餘匪徒則施以棍刑。[1]

（二）1613 年 4 月，黎維新遣正使劉廷質、阮登，副使阮德澤、黃琦、阮政、阮師鄉等前往明朝進歲貢。

---

1. [明] 溫體仁等纂修，**明實錄（神宗顯皇帝實錄）**，卷四百十八，頁 3、16。

六、黎神宗淵皇帝（1619 年 6 月—1643 年 10 月）

內政

黎維新卒，子黎維祺繼位。黎維祺，敬宗長子也，是為黎神宗，在位二十四年，遜位六年，復位十三年，壽五十六歲而崩。

（一）1623 年春，會試天下士人，取合格范丕建等 7 名。4 月，殿試貢士，時弘化月圓人阮秩潛使人頂替代為考試，事情被發覺，黎神宗不悅，故是科不賜黃榜。以後在 1628 年 2 月、1631 年 3 月、1634 年 3 月、1637 年 10 月、1640 年春、1643 年 10 月舉行同樣的考試。

6 月，平安王鄭松感冒，乃與文武百官謀擇世子。17 日，朝臣謹奏，以王世子太傅清郡公鄭梉掌兵權，又以次子太保萬郡公鄭椿副掌兵權。18 日，鄭椿不滿，率兵破入內府，掠取象馬金銀財物，逼王遷出城外，還縱火燒京畿各處。王世子鄭梉與群臣協謀，乃與其弟太保勇郡公鄭楷奉迎聖駕，扈從保護。平安王鄭松播遷於清池縣黃梅社館，叫裴仕林到親弟奉國公鄭杜營，誘鄭椿來，加以逮捕。鄭椿啣草伏在庭上，鄭松數以亂臣賊子之罪，乃令裴仕林差人斷鄭椿腳足而死。20 日，裴仕林護送鄭松至靑威縣靑春館，鄭松薨逝。25 日，世子鄭梉在寧江發喪，並親率文武百官及天下諸營奇共扶皇上從金榜縣不奪社回清華。

7 月，黎神宗進封王世子太傅清郡公鄭梉協謀同德功臣、都將、節制各處水步諸軍、兼總內外平章軍國重事、太尉、清國公，委以裁決機務。

當時莫敬寬僭號隆泰，竊據高平日久，聞國中有變，乃嘯聚山林氓隸之徒，乘虛直抵嘉林，屯駐於東余土塊地方，有一萬多人響應數，騷擾地方。

8 月，節制太尉清國公鄭梉欽奉黎神宗之命，親提諸軍進發。21 日，擊破春光賊於株橋，賊兵敗走。26 日，大兵進至珥河（即紅河），水步相接，大破莫敬寬軍隊於嘉林地方，斬殺甚衆，莫敬寬僅以身免，遁入山林。亂事平後，京城宮禁為之肅清。鄭梉以天下既定，乃命陪從戶部左侍郎衍嘉侯黎弼四與掌監太保岳郡公裴仕林等回清華，迎接黎神宗回到東京，群臣皆朝賀。[2]

---

2. [越] 吳士連、范公著、黎僖等撰，**大越史記全書**，本紀，卷之十八，黎皇朝紀神宗淵皇帝條。

（二）1625 年 8 月，初命官考覈天下士望，取阮沂等 27 名，擔任各職務。

（三）1627 年 8 月，舉行鄉試。在 1630 年 8 月，亦舉行鄉試。

（四）1629 年 4 月，旱災。改元為德隆元年，大赦。

（五）1631 年 3 月，會試天下士人，取中格阮明哲等數名。

（六）1635 年 10 月，改元為陽和元年，大赦。

（七）1638 年，節制太尉清國公鄭柵親率諸軍往征莫敬於高平地方，屬將夏郡公（缺名）被俘，林郡公（缺名）當陣怯走，伏誅。

（八）1643 年 2 月，黎神宗命太保西郡公鄭柞、瓊巖公鄭棣等，統領大兵征伐順化阮福瀾，襲擊賊裨將勝良侯於中和社，擒獲斬之，及俘獲書記文全子，解納營門，軍隊繼續前進，直抵日麗海門（今廣平省洞海）。

10 月，詔傳位於皇太子黎維祐，黎維祐即皇帝位於勤政殿，改元為福泰元年，大赦天下，凡 27 條，尊帝為太上皇。

與明朝的關係

（一）1620 年，安南遣正使阮世標、阮珙，副使裴文彪、吳仁澈、阮奎、阮俊等前往明朝進歲貢。

（二）1621 年 4 月，遣使向明朝貢方物，並獻犯邊賊范督勝。[3]

（三）1626 年，安南遣正使阮進用、陳璋，副使杜克敬、阮自疆、裴必勝、阮瀨等前往明朝進歲貢。

（四）1630 年 10 月，明朝派遣使節催貢禮，賜宴在東河津，王鄭柵親詣講武樓旅陳貢物，使明使觀之，因於水岸盛張船艘象馬，振耀兵威，示以強盛之意。

11 月，安南遣正使陳有禮、楊致澤，副使阮經濟、裴秉鈞、阮宜、黃公輔等前往明朝進歲貢。

（五）1633 年 3 月 20 日，陪臣陳有禮、楊致澤、阮經濟、阮宜、黃公輔等返回安南，前往東京覲見黎神宗，副使裴秉鈞則死在明國。

---

3. [明] 溫體仁等纂修，**明實錄（熹宗悊皇帝實錄）**，卷九，中央研究院歷史語言研究所校勘，臺北市，1984 年，頁 3。

（六）1637 年 12 月，安南遣正使阮惟曉、江文明，副使阮光明、陳沂、阮評、申珪等前往明朝進歲貢。命陳有禮、楊致澤、阮壽春、范福慶、阮光嶽等往關上候命。

（七）明莊烈帝崇禎十三年（1640）10 月，兵科都給事中張縉彥上奏說：「廣西巡撫林贊為安南頭目鄭楺代請王爵，臣考安南自莫登庸篡逆，降封都統，迨後黎寧居漆馬江，以延黎祀，至黎維潭逐莫民［氏］，歲貢方物，神祖嘉其忠順，准襲都統使。今之請封，何功也？雖朝廷字小，不靳殊典，而荒夷要挾，豈可狥情，使鄭楺浮其志，將遂悍橫，憂及中土，即欲以茅土之券，塞溪壑之欲，豈可得哉。」崇禎帝就沒有給予封官。[4]

七、黎真宗順皇帝（1643 年 10 月—1649 年 8 月）

內政

黎維祐，神宗長子也。十三歲受禪，是為黎真宗，在位七年，壽二十而崩。

（一）1644 年 4 月，舉行考試，考上者出任府縣等職。

（二）1645 年 5 月 1 日，王鄭楺感冒。太保扶郡公鄭櫟、太傅華郡公鄭梣恨不得志，乃稱兵作亂。太尉西國公鄭柞奉旨，協與文武臣僚參議，奏聞於黎真宗，仍告天地宗廟。2 日，出兵攻討，逮捕鄭櫟，鄭梣則遁入寧江，命太保溪郡公鄭杖督兵追捕，在祝山將其逮捕，以國法處置。

赦天下季稅之半，又禁人民毋得寫匿名書，吹虛傳說，蠱惑人心。

6 月，申明勘訟條例，以勉當官廉勤之法，革小民告訐之風。

10 月，會試天下士人，取中格阮登鎬等 17 名。

12 月，舉行殿試。

（三）1649 年 8 月，黎真宗崩，無嗣。10 月，王鄭楺委世子西國公鄭柞暨文武臣僚等共議，奏請太上皇復帝位，改元為慶德元年。

---

4. [明] 佚名，**崇禎實錄**，卷十三，懷宗端皇帝十二，臺灣銀行經濟研究室，臺北市，1957 年，頁 10。

與明、清朝的關係

（一）1646 年，安南派遣正使阮仁政，副使范永綿、陳槑、阮滾等同明朝使都督林參駕海船往福建，求封於明朝。時明帝（唐王，隆武帝）即位，為清人所破，明臣再尊立永曆皇帝。明帝因遣翰林潘琦等賫敕書誥命，並塗金銀印至安南，冊封太上皇（黎神宗）為安南國王。明使與阮仁政等陸行，由鎮南關回國。

（二）1647 年 5 月，阮仁政等候明使賫封印到關，乃命禮部尚書少保楊郡公阮宜與戶部左侍郎阮壽春、僉都御史同仁泒、戶科都給事中阮策顯、提刑張論道、吏科給事中阮文廣等迎接回東京。明使行頒封禮，桂王朱由榔制頒冊封表文。[5]

八、黎神宗淵皇帝下（1649 年 8 月—1662 年 9 月）

內政

（一）1650 年 10 月，會試天下士人。12 月，殿試。以後在 1652 年 3 月、1656 年 10 月、1659 年 2 月、1661 年 3 月舉行同樣的考試。

（二）1652 年 3 月，黃仁勇謀作亂，伏誅。

（三）1658 年 10 月，命官考觀天下士望，取優等阮聶、鄧惟精、武惟斷 3 名，中項黃直等 19 名，並賜銀衣，擔任內外各職。

（四）1662 年 9 月，黎神宗感染痁疾，詔改元為萬慶元年，大赦。時黎神宗痁氣未愈，他對尚師西王鄭柞說：「前日因宗嗣未廣，取別姓人維禘立為皇太子，茲因慮後事，上畏聖祖神宗在天之靈，不敢以大位輕付他人，其維禘應廢歸母姓，茲嫡子維禍，年方九歲，漸已長成，尚賴王翊贊成就，以承大統，慰臣民之望。」鄭柞認為該事事關重大，乃命文武百官在丹墀待命，派禮部尚書兼東閣大學士少保燕郡公范公著、右都督兼太監沛郡公黎日登、框郡公黎登進等入御寢所，面受黎神宗之命令。黎神宗再三曉諭，如前諭旨，

---

5. [越] 吳士連、范公著、黎僖等撰，**大越史記全書**，本紀，卷之十八，黎皇朝紀真宗順皇帝條。[越] 陳文為等纂修，**欽定越史通鑑綱目**，第六冊，正編，卷之三十二，頁 2926-1927。

范公著等將黎神宗的指示轉告鄭柞。於是，鄭柞與群臣商議尊立皇子黎維禑爲皇太子，廢黎維禮爲庶人，歸母姓。[6] 22 日，黎神宗崩。11 月，皇太子黎維禑即皇帝位，大赦，以明年為景治元年。

與明、清的關係

（一）1651 年 2 月，明朝桂王駐蹕於廣西南寧城，曾敕諭鄭枏，要求資助兵象糧銃，以助其恢復。

10 月，明朝桂王差官捧寶敕印到安南，封鄭枏為副國王。[7]

（二）1664 年 12 月，清世祖派遣正使吳光，副使朱志遠等到安南，祭黎神宗淵皇帝。[8]

九、黎玄宗穆皇帝（1662 年 9 月—1671 年 10 月）

內政

黎維禑（中國文獻稱為黎維禧），神宗之子，真宗之弟，是為黎玄宗，在位九年，壽十八歲而崩。

（一）1663 年正月，時黎玄宗年幼，鄭柞遣左都督擢郡公鄭棟、右都督普郡公黃仕科、都督同知強郡公阮授、都督僉事膠郡公鄭楹入管四衛兵侍衛。

3 月，禁天下官民賭博。

8 月，令旨各處承司察屬內民，有外國（按指清國人）客人寓居者，應通報官署，宜分區居住，使之與越人有別。

10 月，鄉試天下士人。

（二）1664 年 3 月，會試天下舉人，取中格武惟斷等 13 名。6 月，殿試。

（三）1665 年 4 月，令旨申禁鬥雞、圍棋、賭博及巫覡、僧尼等事。

11 月，令旨各處承司精擇屬內各縣社有孝廉者，即以名聞，命官閱選，隨材授任。

---

6. [越] 吳士連、范公著、黎僖等撰，**大越史記全書**，本紀，卷之十八，黎皇朝紀神宗淵皇帝條。
7. [越] 陳文為等纂修，**前引書**，第六冊，正編，卷之三十二，頁 2935。
8. [越] 吳士連、范公著、黎僖等撰，**大越史記全書**，本紀，卷之十九，黎皇朝紀玄宗穆皇帝條。

（四）1667 年 2 月，會試天下舉人。4 月，殿試。

9 月，大舉進征高平。時高平地方猶為莫敬宇控制，拒違朝命不臣，州民陷溺。莫敬宇聞大兵至，乃與其黨奔入內地鎮安州，諸道進趕哨拿，俘獲莫氏族屬男女與其徒黨及人畜器械財物，有多人投降。

（五）1670 年 9 月，舉行鄉試。11 月，會試天下貢士。

11 月，立賞告捕強盜令，今後如有捉得強盜，並探得盜劫殺人者，重者賞以官職，輕者賞以銀錢，或免除官役，其窩藏盜匪者，以盜劫罪罪之，或知道盜匪所在而不報告者，按律論罪。

（六）1671 年正月，舉行殿試。

10 月 15 日，黎玄宗崩，立皇弟黎維禴即皇帝位，以明年為陽德元年，大赦。

與清國的關係

（一）1663 年 6 月，黎玄宗遣正使黎敔，副使楊澔、同存澤前往清朝進歲貢，並謝恩及告哀事。

（二）1666 年 5 月，清朝派遣范成功、馬文璧賷敕，出鎮南關，令拿解海寇楊二、楊三黨輩，黎玄宗命東閣學士裴廷貞、翰林侍書陶公正往關上接領人犯回京。

（三）1667 年 3 月，清朝派遣正使程芳朝，副使張易賷賷冊文，封黎玄宗為安南國王。黎玄宗命東閣學士裴廷員、吏科給事中杜善政往迎接回東京，行欽受禮。[9]

7 月，安南派遣正使阮觀，副使鄭時濟、黎榮等前往清朝進歲貢，又遣正使阮國樻、阮公璧前往清朝謝恩。

（四）1669 年正月，清朝派遣內秘書院侍讀李仙根、兵部郎中楊允傑賷旨諭至安南，要求黎朝以高平四州退還莫氏。時廷臣與清使辯解，往返數四，清使堅執不聽。黎玄宗以事大，惟有聽命於清國。

---

9. [越] 吳士連、范公著、黎僖等撰，**大越史記全書**，本紀，卷之十九，黎皇朝紀玄宗穆皇帝條。

2月，使臣阮國樅、阮公璧、黎榮等回國。舊制朝貢是三年一次，餽送過煩。明朝萬曆年間已准例六年兩貢並進，因此想沿用明朝之慣例，乃派遣阮國樅等前往清朝交涉，獲得清康熙帝之同意，以後定為常例。

十、黎嘉宗美皇帝（1671年10月—1675年4月）

內政

黎維禬（中國文獻稱為黎維祳），神宗次子也。初神宗崩，黎維禬甫二歲，王命正妃鄭氏玉瓏養於宮中。1671年10月，玄宗崩，無嗣，黎維禬遂登大寶，是為黎嘉宗。

（一）1672年4月，鄭柞以廣南阮福瀕久違朝命，負固不服，告祭於天地神祇，聲罪致討。命副都將太傅蒞郡公鄭棟為統領，預往義安屯鎮，與統率少尉當郡公陶光饒共同規畫進攻順化事宜。

6月，鄭柞親扶黎嘉宗皇上御駕親征，委節制太尉宜國公鄭根總提大兵直進廣南、順化地方。寬郡公武公俊留在京師，卻叛逃宣光，攻劫州民，留守京城少傅奠郡公鄭楃差兵追殺之，盡獲其黨而還。

（二）1673年11月，會試天下貢士，舉行殿試。12月，考天下士望，取阮汧等30名，除內外任各職。

（三）1674年10月，改元德元，大赦。

（四）1675年4月3日，帝在位四年崩，壽十五歲。6月12日，皇弟黎維祫即皇帝位。年九歲，改元，以明年正月為永治元年，大赦。

與清國的關係

（一）康熙十二年（1673）3月，安南遣正使阮茂材、胡士揚，副使陶公正、武公道、武惟諧前往清朝歲貢，兼告玄宗哀。[10]

（二）康熙十二年（1673）4月，莫元清向清康熙奏稱：「黎維禧所歸土地尚有保樂、七原等州未還，請再敕諭全歸。」康熙沒有同意。是年，黎

---

10. [越] 陳文為等纂修，**前引書**，第六冊，正編，卷之三十三，頁3072。

維禧薨，弟黎維裎權理國事。[11]

（三）康熙十三年（1674）正月，黎維裎以黎維禧訃告，遣陪臣胡士揚等進康熙八年、十一年歲貢。[12]

（四）「康熙十三年（1674）正月，安南國王嗣黎維裎疏言：『臣先國王世守安南，國內皆臣疆土，後被逆臣莫登庸篡弒，賴輔國政鄭檜之祖，剿除恢復，莫逆遺孽篡據國內高平地方，乍臣乍叛，傳至莫元清，懼臣國孥解，乃潛入內地，以先投誠為名，特為避罪之計。康熙八年，欽差使臣李仙根宣到聖旨，令還莫元清高平府，臣兄黎維禧不勝鬱結。欽奉君命，敢不祗遵，但莫元清為臣不共之讎，高平為臣世守之土，叛逆竊據，為後嗣者實難甘心。叩懇天恩，仍令高平屬歸本國。又莫元清向有誓詞及祭伊父莫敬耀文內，有圖逆天朝之語，今謹進呈，並進乞恩方物。』得旨：『該部議奏，所進方物，著發還。』」[13]

（五）「康熙十三年（1674）2月，兵部議覆：『安南國王嗣黎維裎請臣屬莫元清疏。查康熙七年諭黎維禧退還莫元清高平，取有復相和好印結。今黎維裎雖言收得誓書實蹟並祭文，但此文年久而誓詞係莫敬耀之名，此文或得自莫敬耀存時？或收自莫元清？今日疏內未經聲明，難以懸擬，應仍敕安南國王嗣黎維裎查明具題再議。』從之。」[14]

十一、黎熙宗章皇帝（1675 年 4 月—1705 年 4 月）

內政

黎維祫（中國文獻稱為黎維正），神宗季子，是為黎熙宗，在位三十年，禪位於皇太子，居別宮，又十二年而崩。即位後改元永治。1680 年，改元正和。

---

11. [清] 李傳熊編修，**皇朝通典**，卷九十八，收錄在**欽定四庫全書**，史部，**景印文淵閣四庫全書**，第643 冊，臺灣商務印書館，臺北市，1986 年，頁 4。該文稱黎維禧逝於 1673 年，但越史稱是在 1675 年。
12. 清史稿校注編纂小組編纂，**清史稿校注**，第十五冊，卷五百三十四，列傳三百十四屬國傳二，越南，國史館印行，臺北市，1986 年，頁 12093。
13. [清] 馬齊、張廷玉、蔣廷錫撰，**大清聖祖仁（康熙）皇帝實錄（一）**，卷四十五，華文書局總發行，臺北市，1964 年，頁 10-11。
14. [清] 馬齊、張廷玉、蔣廷錫撰，**大清聖祖仁（康熙）皇帝實錄（一）**，卷四十六，頁 6-7。

（一）1675 年 3 月、1680 年 10 月、1683 年 11 月、1688 年 10 月、1691 年、1694 年 10 月、1697 年 10 月、1700 年 2 月、1703 年 10 月，會試舉人。舉行殿試。

（二）1677 年春，大舉討高平。先是，莫敬宇改名元清，求廣西督撫司請於清康熙帝，告訴安南歸還高平地，因此高平被莫元清所占據。及吳三桂在雲南反抗清國，莫元清援助其糧草。當吳三桂死後，清兵入廣西，鄭柞與廷臣議乘機進勦。先致函清朝將軍數莫元清之罪狀，命丁文左、阮有登等率將上討之。申璿視師，段俊和參軍事。

8 月，丁文左等大破莫元清於高平，莫元清奔龍州，餘黨皆潰散，四州略定。尋召丁文左還，以鄧公瓚代之。留段俊和為參鎮。

（三）1680 年 10 月庚午，慧星出現在西方天空，詔赦天下，改元正和。

（四）1681 年 2 月，青林人造反，僭號丁治，自稱北王，海陽鎮守陶光時捕誅之，陞光時出任提督。

（五）1683 年 6 月，申德才等以俘虜莫敬僚等獻闕下，黎熙宗御乾元殿接受俘虜。在廷議中，莫敬僚等認罪，乞賜全活，獲得赦免，並授予莫敬僚等 3 人官爵，餘各分地安插，歲給錢米以瞻之。

（六）1684 年 3 月，旌表故節婦黎氏，黎氏為紹義公之妾，孀居守節，有烈婦風，特命贈予夫人，賜號貞潔。

（七）1689 年正月，〔越〕黎熙宗十四年正月，鄭棍欲舉兵南侵，又恐怕沒有藉口，於是派遣黎大任奉黎熙宗之敕諭，要求阮漢派遣其兒子入宮服侍，且索取雄象 30 匹，海導船 30 艘，仿效對明朝之進貢例。阮漢笑說：「明朝貢例只有黃金、琦琳而已。今鄭氏額外徵求未敢聞，命吾兒方繕軍器修邊防，假以數年，來覲未晚。」使者黎大任又說那麼派鄭王妃之兒子洽澤可以吧，阮漢不同意，因此鄭棍就出兵攻打廣南。[15]

（八）1693 年 6 月，恢復洪德文體。中興時期（指從 1533 年到 1789 年越南南北朝鄭阮戰爭時期）[16] 以來，學者專事章句，文章日益卑鄙，長篇逐

---

15. [越] 張登桂等纂，**大南寔錄**，第一冊，前編，卷二，頁 10-11。

16. 「黎中興時期」，Vietnam National Administration of Tourism, http://vietnamtourism.com/cn/index.php/about/items/2932 2018 年 3 月 8 日瀏覽。

段，必用開講一句，照應全段首加然字，謂之過接體，以暗誦，直寫故事，無所措思，詩賦四六，皆蹈襲，而無所忌諱。至是始命改正此一文體，規定以後的考試，要採用洪德文體，臨時出問答題，用詞務求活潑，詞氣渾厚，不要暗寫舊文。[17]

12 月，定考吏屬法，分廉勤、怠惰、平常、貪狡四等，陞降留逐有差。三年查考一次，永為遵行。

（九）1694 年 7 月，命州縣官造地界簿籍，凡所在地分四邊，山川、溪澗、田土、寺廟、市渡、道路，都規定需登載簿籍。

10 月，會試舉人，取中格吳公擢等 5 名。殿試，賜公擢等並同進士出身。

（十）1696 年 3 月，考天下耆俊於國學，取陳春宇等 10 名。時校討阮廷柱貶謫很長一段時間，居閒教授，誘掖後進，多所建樹，門生以千數。當時學者都以他為典範。

7 月，黎熙宗「嚴飭北人來寓者，一遵國俗。自清人帝中國薙髮短衣，一守滿州故習，宋明衣冠禮俗為之蕩然。北商往來日久，國人亦有效之者，乃嚴飭諸北人籍我國（按：指大越國）者，言語衣服一遵國俗。諸北商來寓，無有知識人經引，不得擅入都城。沿邊之民，亦不得效其聲音衣服，違者罪之。」[18]

11 月，鄉試各處士人，命試院官先覆覈，二司考類四場士人，定去取，方許入場。清義、山西與奉天未錄取者人數太多，二司府尹皆遭貶官，縣官以考試舞弊，貶官和免官者甚多。

（十一）1697 年 11 月，黎僖等進**國史續編實錄**。景治初，命宰臣范公著等繼續撰史書。自莊宗至神宗，仍未完成撰書。王鄭根又命黎僖、阮貴德等編撰從玄宗至嘉宗的歷史，凡十三載，亦命曰續編。最後書完成，遂命刻板頒行。

12 月，考士望，取梁寓等 19 人。

（十二）1698 年，禁賭博。時，海內無事，官民多愛玩意錢之戲（賭博遊

---

17. [越] 吳士連、范公著、黎僖等撰，**大越史記全書**，續編，卷之一，黎皇朝紀熙宗章皇帝條。
18. [越] 陳文為等纂修，**前引書**，第七冊，正編，卷之三十四，頁 3154-3155。

戲，**後漢書**記載，梁冀能意錢之戲，其法，以四文為一列，掩映照之，即此），頗弛職務，命提領視察，及許人告發，出土賭博，皆重罰，考核品德為差劣。

（十三）1705 年 4 月，詔傳位於皇太子黎維禑。太子即皇帝位，改元永盛，大赦，尊帝為太上皇。

與清國的關係

（一）1682 年正月，安南派遣申璿、鄧公瓚等前往清朝進歲貢。6 月，清朝命廣西督撫歸還殘餘的莫族親屬，巡撫郝浴通報安南，王鄭根大悅，命答書約期交領。

「康熙二十一年（1682）11 月，禮部題：『安南國王嗣黎維正進貢金銀器皿，與本內數目缺少不符。』得旨：『外國貢獻，其物本無足重，特以傾心向化，誠意可嘉耳。金銀器皿短少，乃是細事。其餘各種物件，爾部亦酌減定例。』尋部議：『嗣後免其進白絹、降真香、白木香、中黑線香等物。』從之。」[19]

（二）1683 年 4 月，遣翰林院侍讀明圖、翰林院編修孫卓榮冊封黎維正為安南國王，御書『忠孝守邦』四字賜之。同時遣翰林院侍讀鄔黑、禮部郎中周燦諭祭故王維禧、維禎。[20] 9 月，周燦入關，與伴接黃公眞、武惟匡等爲詩相酬和，作**南交好音集**，盛讚美安南理學、文章、經濟諸人物，他歸國後上呈給清朝皇帝。[21]

11 月，清朝知歸順州岑蔭宗、知思誠州趙國乾各遣使安南獻土物，啟稱：「王師所至，四國來王，莫孽既除，車書一統。」王鄭根命人覆書，賜以銀絹厚寶，其使遣還。

（三）1685 年 9 月，安南遣正使阮廷滾、黃公寔，副使阮進材、陳世榮前往清朝進歲貢。

（四）1686 年，黎維正遣使表謝冊封賜卹恩，並貢方物。陪臣阮廷滾中

---

19. [清] 馬齊、張廷玉、蔣廷錫撰，**大清聖祖仁（康熙）皇帝實錄（三）**，卷一百六，頁 2。
20. **清史稿校註**，第十五冊，卷五百三十四，屬國二，越南，頁 12094。
21. [越] 吳士連、范公著、黎僖等撰，**大越史記全書**，續編，卷之一，黎皇朝紀熙宗章皇帝條。

途病故。命地方官致祭。賜黎維正表裏 50 疋。初，安南國王例賜表裏 20 疋。及時始增其數，後為例。[22]

（五）1689 年 10 月，「段俊科與清人商議，定祿平州界。先是，祿平州藩目韋德勝侵占清朝思陵州八村。清朝土官韋榮耀訴於廣督吳興祚移書會勘，遣武惟匡、范公芳等往復陳辯，數年沒有決定。安南尋命段俊科與志遵行。既至，為韋德勝漏言所撓，不克濟，停段俊科陪從。至是，命段俊科再度前往，段俊科隱匿韋德勝，使不相見，自行與陳、張二委官往勘。韋榮耀辭屈，以那窩村歸於安南。廷臣以段俊科辯論合宜，免除其以前的罪責。段俊科與清人商議，立石碑後就回安南。所棄 6 村皆荒莽無人煙，猨那窩地廣民蕃，大得其利。後，清雍正四年（1726），廣督孔姓，捭飭思陵土官韋世華，以銀四百兩交與安南祿平土官韋福兼，斷絕質當之議，那窩田地再歸思陵，掘壕立碑石三塊，並在祿平州安快社立碑。今還存在。」[23]

（六）1690 年，安南遣正使阮名儒、阮貴德，副使阮進策、陳璿前往清朝進歲貢。

「康熙三十年（1691），維正遣陪臣阮名儒等入貢。維正又奏言：『牛羊、蝴蝶、普園三處為鄰界土司侵占，請給還。』上問雲南巡撫石文晟，知其地屬開化府已三十餘年，並非安南故地，不准給與，仍行文申飭。」[24]

（七）1697 年正月，安南遣正使阮登道、阮世播，副使鄧廷相、汝進賢等前往清朝進歲貢。

「康熙三十六年（1697）11 月，安南國王黎維正疏言：『臣國牛羊、蝴蝶、普園等三處，為鄰界土司侵占，請敕地方官給還。』時雲南巡撫石文晟來京陛見。上問以安南邊境事，石文晟奏曰：『牛羊、蝴蝶、普園等三處，明時內屬，自我朝開闢雲南，即在蒙自縣徵糧，至康熙五年，改歸開化府屬已三十餘年，並非安南之地。伊輕聽妄言，擅行具奏，而又遣兵到邊。是時臣同督臣仰體皇上柔遠至意，令防守人等不得輕動。臣思此地，久入版圖，

---

22. [清] 清高宗敕撰，**清朝文獻通考**，新興書局，臺北市，1963 年重印，卷二百九十六，四裔考四，安南條，頁考 7451-7452。

23. [越] 吳士連、范公著、黎僖等撰，**大越史記全書**，續編，卷之一，黎皇朝紀熙宗章皇帝條。

24. [清] 清高宗敕撰，**前引書**，卷二百九十六，四裔考四，安南條，頁考 7452。

且在內境，斷不宜給還。』上命大學士等詳議，尋議安南國王黎維正，不察本末，輕聽妄言，遽遣兵於邊疆駐紮，生事妄行，應行文申飭。從之。」[25]

（八）1702 年閏 7 月，安南遣正使何宗穆、阮珩，副使阮公董、紀當襃等前往清朝進歲貢。

（九）1703 年，安南入貢清國。[26]

與哀牢的關係

1696 年 9 月，「安南封朝福為哀牢王。朝福的父親遭難，奔山渭崗，住了數年。山渭崗在會元縣。當哀牢王去世後，國人訪知朝福所在，報該縣琴乙郎，琴當等，迎回朝福立為王。義安鎮守鄭椰將該事上報黎熙宗，黎熙宗召黎僙、黃公寘等入議，同意冊封朝福為哀牢王。命鄭椰遣兵護送朝福歸芒禛城，立為王。至今世奉職貢。」[27] 越南史書所說的朝福，應就是賽翁惠。至於芒禛城為何地？**欽定越史通鑑綱目**一書註說：「芒禛城即鎮寧地，若萬象國圓禛城，乃萬象國都也。此言朝福歸芒禛後，又言鎮寧久為臣屬，與芒禛城兵皆指鎮寧，而非萬象之圓禛也。是則鎮寧又有別名芒禛，記載失詳，俟考。」[28] 上段話指出越南史書記載有錯誤，越南支持朝福為王，他進占萬象，即圓禛，而非芒禛，因為圓禛就是永珍之別譯。

與賓童龍的關係

1692 年，阮主阮福凋出兵襲擊賓童龍，廢黜國王婆薩烏（Po Saut），將賓童龍改為寧平（Thuan Thanh）省，並對賓童龍採取同化政策。後來為了順利統治，另立婆薩雷達普他（Po Saktiraydaputa）為賓童龍國王。[29]

---

25. [清] 馬齊、張廷玉、蔣廷錫撰，**大清聖祖仁（康熙）皇帝實錄**（四），卷一百八十六，頁 5。
26. **清史稿校註**，第一冊，卷八，本紀八，聖祖本紀三，頁 254。
27. [越] 陳文為等纂修，**欽定越史通鑑綱目**，第七冊，正編，卷之三十四，黎熙宗正和十七年，頁 37。
28. [越] 陳文為等纂修，**前引書**，頁 37-38。
29. Christopher Goscha, *The Penguin History of Modern Vietnam*, Penguin Books, Random House, UK, 2016, p.457.

十二、黎裕宗和皇帝（1705 年 4 月—1729 年 4 月）

內政

黎維禟（中國文獻稱為黎維祹），熙宗長子，是為黎裕宗，在位二十四年，遜位一年，1729 年 4 月去世，壽五十二。

（一）1706 年 3 月、1712 年、1718 年 2 月、1721 年 10 月，會試舉人。5 月，舉行殿試。1721 年 10 月之考試，改變評分標準。以前諸科會試時，每一場考選人數不定，或多或少。鄭棡欲廣求賢才，避免考官隨意取捨，致有遺珠之憾，因此規定由兩院評定分數，經過三場考試之分數來決定是否錄取。

（二）1707 年正月，定逃兵罪。此乃因為去年大旱，農事歉收，士兵多逃亡，故制訂此法。

2 月，定死事贈恤例。諸將士陣亡，隊長贈校點，額兵人給田，免其子官役。

9 月，頒寬恤流民年限。流散者免五年賦役，貧苦者，暫免三年戶分稅。

（三）1708 年 9 月，禁諸藩輔導擅自前往京師，交遊權要，逢大典禮要到京師，人員不得超過 4 名，留居不得超過 20 日。

（四）1709 年 10 月，赦各處今年半租，免積欠諸稅。

（五）1710 年 3 月、1715 年 2 月、1724 年 3 月、1727 年 3 月，會試貢士。舉行殿試。

11 月，考士望，錄取武公宰等 26 名。

（六）1711 年 9 月，考試書算。10 月，考武藝。鄉試各處士人。舊例，試官擬題，用書史四六，不過十數首，賦不過四五首，皆現成題目，無所翻換，號為儲書（猶如題庫）。學者多撰成帖括（指將經書裡難記的句子編成歌訣，以便誦讀），轉相販賣。應試士人，率先訪文體暗誦或密懷依樣模寫，考院隨文選取，多有重複者，故懷挾借代，條禁雖嚴，而中選者類無實才。本次考試始命各場試官，隨意發題，不得因循舊例。考場之陋習，才有改善。[30]

（七）1712 年 5 月，禁百官私相交結。

---

30. [越] 吳士連、范公著、黎僖等撰，**大越史記全書**，續編，卷之二，黎皇朝紀裕宗和皇帝條。

9月，大旱鬧饑荒，命釋放罪刑輕者出獄，緩徵欠稅者，減輕巡渡稅一半，減輕強制工作以舒緩民力，整修廢棄寺廟，以祈神麻。是歲6月至12月，不雨，全國鬧飢荒。

（八）1713年正月，因為久旱，粟米騰貴，米一小斗，值錢一陌，民間削竹木皮葉為食，餓殍滿道，村落蕭條，王鄭棡命群臣釐定救荒之政策，令天下官民捐粟米，以捐米多少給予官職，以所捐粟米，分賑飢民。發官糧和官錢，賑濟各地飢民。命清華行政首長發安場庫錢萬緡給飢民。2月，定粟米平價。減免全國租稅，根據禾穀全失、半失兩種，若是全失者，今年夏天全免租稅，半失者則減免一半。7月，霖雨不止，河水泛溢，山西、山南、清華三縣，河堤潰決，災民數萬家，人民饑饉。

（九）1715年2月，放寬桂皮、紅銅、白鹽之禁，許通行販賣。惟開採桂皮時，開採者和官方各分一半，開採者若得5百斤，給予錢50緡，徵收其桂皮。

敕諭百官，加尊王鄭棡殊禮。自今表章奏疏，稱王而不名，入朝贊謁，不拜，以表尊貴。

（十）1717年12月，定區別外國商客之制，入籍者需接受勞役，言語衣髮，一遵安南國俗，違者令其退籍。

（十一）1718年10月，初置六番官。舊制，惟兵、戶與水師三番，充補將臣吏百餘人。至是，始置吏、戶、禮、兵、刑、工為六番，歸左中、右中、東、西、南、北，又號六宮。凡宮中及清義四鎮，外藩諸鎮，都擁有財賦、兵、民之權。命文武知番內臣與文屬，擔任副簽（副手）、屬吏各60人。

（十二）1720年6月，定文武穿著制服和儀節。初定衣帽巾樣。舊制，文武大小胥吏軍色，通服青吉衣，戴丁字巾，無貴賤尊卑之別。至是，王鄭棡與參從院公沆議行改定，以昭品服。皇親、王親衣服，春夏用北紗，秋冬用北緞，並沉香色。巾，春夏用馬尾，秋冬用玄緞。文武自一品至三品衣服，春夏用北紗，秋冬用北緞，並玄色。巾，文用重葉，武用單葉。四品衣服同，惟用南紗緞。侍內監，巾用平頂，後改為六稜。文武內監執事行禮及視事，

並用青吉衣和烏紗帽。文武官，奉侍內閣者比照。[31]

6月，赦天下，改元。以是年為保泰元年。免今年夏稅十分之二，官員眚誤屈滯（指犯錯而久居下位），並許敘用。

10月，鄉試各處士人。早期鄉試都是由當地考官命題。時以第三、第四二場，乃士子決科之日，特命京官於府中擬出進呈，以防私弊。派人將考題分送各場。惟清化和義安以地遠，委由憲察披書（指開卷），欽差出題如舊制。四鎮試場，御題自此始。

王鄭棡南巡，親自到觀山南試場，看到應考人數增加數倍，命增錄取名額。舊制，例鄉貢 60 名，增 20，生徒 600 名，增 200，著為永制。

（十三）1721 年正月，廢除刖刑。王鄭棡命國律常刑有五種。近始有刖指之刑，深為同情。命犯刖流罪，減少其徒刑及流放，按其輕重定其刑期年限（刖兩手流遠州者，改為不流放但須勞役終身。刖一手流外州者，改為勞役十二年。刖二指流近州者，改為勞役六年。犯盜劫犯刖流罪者，則不在此例）。

8月，議行武學武選法。設武學所，置教官。令功臣及諸臣子孫皆入學，習武經戰略與諸武藝。歲以春秋遞月小習，四仲月大習，春秋習藝，冬夏習文。教授者舉中選者調用，准定三年一試。凡天下俊秀，亦可應考。其試法，先略問孫子大義，通者許入較藝，一馬矟（馬上所持的長矛），二劍盾，三舞刀，終場試方略。合格者，引入府庭，覆試，隨高下敘用。

定國學鄉學鄉試考覈法。國學以祭酒、司業為講習官。文武功臣子孫與一般士人一起入學。每月，對一般生舉行一次考試；四個月，對一般生與舉人舉行大考。考四科，通過者由監官保舉，吏部任命。鄉學，招本府生徒（指成年人學生）及童生（指未成年人學生）俊秀學習，每月上二課，上八期者，生徒免考試，童生許參加鄉試，由縣官考核，考選人數依據縣之大中小來決定。大縣 200 人，中縣 150 人，小縣 100 人。選擇最優秀者送至府尹二司詳考，定其稍通、次通之別，並經相鳴比（指口試），以定優劣。

---

31. [越] 吳士連、范公著、黎僖等撰，**大越史記全書**，續編，卷之二，黎皇朝紀裕宗和皇帝條。

12 月，初行榷鹽法，其辦法是：「置監當官以監之。凡海民願煎鹽者，許為灶丁。商賈願販者，許為鹽戶。鹽民準免賦役，計其開煎所獲，量徵十二為官鹽。鹽戶有監當牌，方聽赴場。先買官鹽，次及鹽灶，足給數而止。買賣各有文契為憑。」[32]

（十四）1722 年 10 月，初定租庸法。租法，公田分一務、二務差等，第出錢粟（畝錢八陌，二務出粟三分之二，一務出粟三分之一。官洲土，以見耕作分二等，半為桑，半為生冗。准獻錢一貫二陌）。種桑者，半納絲，無植桑者，聽代納錢。私田亦有一務、二務之別（二務獻錢三陌，一務獻錢二陌）。庸法，全年丁錢一貫二陌，生徒、老項（老者）、黃丁（幼兒）半之。

初行調法。舊制，每年制訂輪值表，每人需前往祠祀、堤路、橋梁、殿廟、倉庫工作，不出丁者，需納錢，經常因勞工不足而四處催工，民不勝擾。於是議定，每丁一率夏冬輸官錢 6 陌，官自雇役，人皆便之。[33]

（十五）1723 年 10 月，初設武舉科。以子午卯酉所舉，辰戌丑未博舉，並三年一試。其法，先略問武經，後校武藝，終場策一道，所舉較藝，預中為生員，官員子孫為弁生。策試入格為學生合式，官員子孫為弁生合式。博舉終場中格為造士。

（十六）1724 年 4 月，定軍伍逃亡律。初逃杖六十，再逃徒象坊兵六年。有征發及屯戍，逃者斬。

11 月，初試博舉科，取中格阮公緒等 11 人。是後三年一舉，遂為永制。鄭棡奉帝命巡視考場，以後他就經常巡視考場。

（十七）1725 年 6 月，民間因貧苦流散，租庸調錢多積欠。王鄭棡命量行議免徵。尋以海陽諸縣，海水淹田損禾穀，免徵今年夏務錢粟有差。

11 月，鄉試。增奉天場取士額。舊額，三場外 100 名，增為內 150 名，四場外 10 名，增為內 20 名。遂為例。

11 月，鄉舉多代考及濫選。又世家子弟預薦者，多非實才。果郡公阮公基提出批評，遂命覆試。參從黎英俊、稷郡公范公珍、雲郡公杜伯品、薰郡

---

32. [越] 吳士連、范公著、黎僖等撰，**大越史記全書**，續編，卷之二，黎皇朝紀裕宗和皇帝條。
33. [越] 吳士連、范公著、黎僖等撰，**大越史記全書**，續編，卷之二，黎皇朝紀裕宗和皇帝條。

公鄧廷諫等子皆落名，合各處 28 名，均交廷審判罪。阮公基因為直言，加陞少保。

（十八）1728 年 4 月，參從阮公沅率文官入國子監，習八股文。阮公沅以經義之學，蹈習舊套，文章無法精彩，而八股立意生字，可收異才，雅意欲變文體以取士。故率文官肄習，以風勵士人。

10 月，試東閣科，取中格范謙益、武公鎮、阮公寀等 3 名，賞銀賜冠服銀帶，如三魁例。

（十九）1729 年 4 月，黎裕宗傳位於皇太子黎維祊，遜居乾壽殿。太子即位，改元為永慶元年。

與清國的關係

（一）1709 年正月，安南派遣陳廷諫、黎珂琮、陶國顯、阮名譽等前往清朝進歲貢。

（二）1715 年正月，遣正使戶部侍郎阮公基、太僕寺卿黎英俊、副使尚寶寺卿丁儒完、吏科給事中阮茂盎前往清國歲貢。次年，公基等還，奉清帝旨，貢品金香爐、花瓶、銀盆如數折作金銀錠，交廣西收貯，象牙、犀角並免行，量亦減少。[34]

（三）1716 年，安南國王差陪臣恭進方物，奉旨：「安南路途遙遠，解送重物，甚屬勞苦。嗣後，犀角、象牙，免其進獻。金香爐、花瓶、銀盆，准折作金銀。同其餘貢物，俱交廣西藩庫謹貯。如有應用之物，內務府咨部，移咨該撫差官解送。」[35]

1716 年 8 月，使臣阮公基等從北京回到安南（賞清朝禮部公文回稱：奉清帝旨，諸貢物金香爐、花瓶、銀盆許照數折作金銀錠進獻，交廣西布政司收貯，其象牙、犀角並免貢，行人許酌量多少，令員役進京）。

（四）1717 年，「安南國王嗣子黎維祹權管國事，俟命於朝，差陪臣赴

---

34. [越] 陳文為等纂修，**前引書**，第七冊，正編，卷之三十五，頁 3220-3221。

35. [清] 允祿等監修，**大清會典（雍正朝）**，卷之一百四，禮部，文海出版社，臺北縣，1992 年，頁 25。

京告哀。又以諭旨軫念該國路遠，於貢物內，免其解送重物。因請再遣陪臣謝恩，復照例准其進貢之年進表。」[36]

（五）1718 年 4 月，安南命陪從阮公沆、阮伯宗前往清朝告黎熙宗哀，兼求封。伯宗至廣西南寧府病故，應照例予祭一次，如欲留葬廣西，令置地塋葬。[37]

（六）「康熙五十七年（1718）10 月，黎維正薨，王嗣維祹遣陪臣阮公沆等以訃告，請襲封，附貢方物。」[38]

（七）「康熙五十八年（1719）2 月，命內閣中書鄧廷喆為正使、翰林院編修成文為副使，諭祭故安南國王黎維正，並封嗣子黎維祹為安南國王。冊文曰：『遍安遠至，敷天懷嚮化之心，道一風同，率土凜來庭之義。惟尊親之戴，世篤忠貞，斯帶礪之盟，慶延苗裔，爾安南國王嗣黎維祹，地宅南交，心懸北闕，千秋茅土，常遵聲教之頒，萬里車書，時奉享王之會。茲當嗣爵，請命於朝，既舊服之克光，益弘令德，宜新恩之加賁。用沛褒綸，特遣官封爾為安南國王。爾其恪守藩封，長為屏翰，虔共匪懈，庶無斁乎前修。忠孝相承，尚永綿夫世澤。欽哉。毋替朕命。』」[39]

（八）1719 年 9 月，使臣阮公沆等從北京回到安南（賫禮部咨文回稱：清康熙帝准依兩貢並進之請，差使臣三員，行人 20 名。自是貢使，六年一遣，正使一員，副二員）。

12 月，清國派遣內閣典籍鄧廷喆、翰林院編修成文至安南冊封黎裕宗為安南國王，及弔祭先皇帝。鄧廷喆等初至公館，要求安南行三跪九叩之儀，黎裕宗致書，表示請按照安南國禮，雙方為此禮儀有爭議，最後廷喆勉強按照安南禮節。他回國時，安南厚餞銀兩，他皆不受。[40]

前述是**大越史記全書**之記載，但**欽定越史通鑑綱目**一書記載同一件事，時間卻相差一年，見下引文：

36. [清] 允祿等監修，**大清會典（雍正朝）**，卷之一百四，禮部，頁 25-26。
37. [清] 馬齊、張廷玉、蔣廷錫撰，**大清聖祖仁（康熙）皇帝實錄（六）**，卷二百八十一，頁 11。
38. [清] 清高宗敕撰，**前引書**，卷二百九十六，四裔考四，安南條，頁考 7452。
39. [清] 馬齊、張廷玉、蔣廷錫撰，**大清聖祖仁（康熙）皇帝實錄（六）**，卷二百八十三，頁 9-10。
40. [越] 吳士連、范公著、黎僖等撰，**大越史記全書**，續編，卷之二，黎皇朝紀裕宗和皇帝條。

康熙五十七年（1718）4月，是年帝始求封於清，正使兵部右侍郎阮公沆、副使奉天府尹阮伯尊如清告熙宗哀，兼求封。及還，清帝準定六年兩貢如例，使臣三、行人二十，永為定制。12月，清遣內閣典簿鄧廷喆、翰林院編修成文來冊封安南國王，賜一品服及諭祭熙宗。廷喆等初至，要行三跪九叩禮。朝廷以國禮五拜三叩辨〔辯〕復數四。廷喆勉從之。厚饋銀兩皆不受。廷喆還言，我國宇內寧宴，禮度可觀，清帝嘉之。及左侍郎胡丕績等如清謝恩，賜賚比舊有加。[41]

（九）1721年3月，安南派遣使臣胡丕績，副使蘇世輝、杜令名等前往清朝進歲貢。

（十）「康熙六十年（1721），議准安南國入貢，照荷蘭國例加賜國王蟒緞、粧緞、倭緞、閃緞、錦緞各2疋，青緞、表裏各10疋。陪臣每人加表緞及裏、紗羅絹各1疋，行人每名加表緞及裏絹、布各1疋，從人每名加綢毛、青布各1疋。」[42]

（十一）清使鄧廷喆等回國，表示安南宇內寧晏，禮樂明備。清帝給予嘉獎，故賜賚資錦緞物數都比以前多。安南使臣胡丕績等於1722年8月從北京回到安南，將此讚語上呈黎裕宗。

（十二）1723年10月，安南遣使前往清朝。正使范謙益，賀即位，副使阮輝潤、范廷鏡等進歲貢兼謝恩，謝前部加賜綵緞。

（十三）1725年10月，渭川、水尾二州為清朝雲南總鎮所侵占。王鄭棡命致書廣督孔毓珣，轉達清帝。清帝有旨差官料理。乃命胡丕績、武公宰等，會清委差查勘宣興地界。

「雍正三年（1725），安南國入貢，特賜國王『日南世祚』四字，**古文淵鑑、佩文韻府、淵鑑類函**各一部，內庫緞二十疋，松花石硯、瓷器、法瑯器等物。陪臣各賞銀百兩、內庫緞六疋。」[43] 安南國遣陪臣入貢方物，奉旨召見，獻詩章。[44]

41. [越] 陳文為等纂修，**前引書**，第七冊，正編，卷之三十五，頁3240-3241。
42. [清] 崑岡等修，**欽定大清會典事例**，收錄在續修四庫全書編纂委員會編，**續修四庫全書**，史部，政書類，卷五百六，頁80；[清] 徐延旭，**越南輯略**，賜予，頁41。
43. [清] 徐延旭，**越南輯略**，賜予，頁41。
44. [清] 徐延旭，**越南輯略**，朝儀，頁40。

（十四）1726年正月，「范謙益等從北京回到昇龍城。安南以清明文獻為清朝所重視。范謙益等至關口，清帝遣道臣宣旨加恩，令貢使所經之地，加增供給，北至北京，准所奏事，清使臣由水路往返。范謙益回國時，其幣賞資藏緞，並比舊增加。復召見於乾清宮，慰問備至。特賜御書說：『日南世祚』四字，及寶玉器皿，加賞使臣銀緞有差。范謙益先見清提督，談及日月合璧五星連珠，因獻詩三章。憑提督奏進，清帝嘉之。諭以國王好學崇儒，增賞書三部：**古文淵鑑、韻府**和**類函**。復賜硃批御箚，褒獎獻詩稱賀之誠。范謙益等辭歸，至南寧，使人先馳驛以聞。王鄭棡大悅。至是至京。」[45]

8月，命校書武廷恩，迎接清國諭旨於宣光。先是，遣胡丕績等，會清委差潘允敏，查勘疆界，議不決。潘允敏竟根據開化土官的話，以安南霸占，還奏清帝，竟立界於鉛廠山下。

（十五）「雍正四年（1726），覆准，安南國王進貢謝恩禮物，應令暫停，仍照定例，俟正貢之年，一併具表赴京。」[46]

（十六）「雍正五年（1727）4月壬子，諭內閣，安南國定界一事，朕已加恩，別議立界，該國王不知感激，又復具本，從廣東、雲南二省總督處，求為題達，伊愚昧無知，朕當頒敕諭，再行開示。昨鄂爾泰奏稱已移咨文前去，如文到日，該國王已遵奉施行，則此不必再頒，一切事宜，著鄂爾泰妥酌行之。」[47]

清朝對於安南國王有所悔罪，認為其有誠意，遂給予安南40里土地。「雍正五年（1727），諭維祹曰：『朕統馭寰區，凡茲臣庶之邦，莫非吾土，何必較論此區區四十里之地。但分疆定界，政所當先，候甸要荒，事同一體。今遠藩蒙古，奉諭之下，莫不欽承，豈爾國素稱禮義之邦，獨遠越於德化之外哉。王不必以侵占內地為嫌，拳拳申辯，此乃前人之誤，非王之過也。王惟祇遵諭旨，朕不深求，儻意或遲回，失前恭順，則自取咎戾，懷遠之仁，豈能倖邀？王其祇哉，無替朕命！』維祹感悔奏謝。帝因以馬伯汛外四十里

---

45. [越] 吳士連、范公著、黎僖等撰，**大越史記全書**，續編，卷之二，黎皇朝紀裕宗和皇帝條。

46. [清] 允祿等監修，**大清會典（雍正朝）**，卷之一百四，禮部，頁27。

47. [清] 鄂爾泰、福敏、張廷玉、徐本、三泰等撰，**大清世宗憲（雍正）皇帝實錄（二）**，卷五十六，華文書局，臺北市，1964年，頁26-27。

賜維祹，仍以馬伯汛之小賭咒河為界。六年3月，遣副都御史杭奕祿、內閣學士任蘭枝往安南宣諭，略云：『王今自悔執迷，情詞恭謹，朕特沛殊恩，即將馬伯汛外四十里之地，仍賜國王世守之。』尋諭鄂爾泰曰：『朕既加恩外藩，亦當俯從民便。此四十里內人民，若有願遷內地者，可給資安插滇省，毋使失所。其願居外藩屬安南管轄者，亦聽其便。』」[48]

（十七）雍正六年（1728）正月，命杭奕祿、任蘭枝使安南，議立疆界事。復於9月26日，命副都御史杭奕祿、內閣學士任蘭枝往安南國宣諭。杭奕祿等尚未至安南，安南國王接領5月初4日敕諭，感恩悔過。

「至是，雲貴總督鄂爾泰以其陳謝表文奏呈，表文曰：『安南國王黎維祹謹奏：十二月初二日，臣接領敕諭，焚香披閱，喜懼交并。竊臣國渭川州與雲南開化府接壤，原以賭咒河為界，即馬伯汛下之小河，臣國邊目世遵守土，臣罔知侵占內地為何等事。且未奉詔書。是以備因陳奏，旋奉敕諭，令撤回斜路村等處人員，別議立界之地。仰蒙慈照，欣幸無涯。今復奉敕諭定於鉛廠山小河立界，諭臣勿恃優待之恩，懷無厭之望，自干國典。臣咫尺天威，彌深木谷。目今鉛廠山經廣南知府，先已設關門，築房屋，立界碑。臣國邊目土目，遵臣嚴飭，帖然無言，臣竭誠累世，向化聖朝。蒙聖祖仁皇帝柔懷六十餘年。今恭逢皇帝陛下新膺景命，如日方升，且薄海敷天，莫非臣土，此四十里地，臣何敢介意有所觖望也。茲荷綸音，曉諭誠切。臣感戴聖恩，欣躍歡欣。惟願萬方拱命，聖壽無疆。聖朝千萬年太平，臣國千萬年奉貢，謹奏。』得旨：『覽王奏，感恩悔過，詞意虔恭，朕特沛殊恩，將雲南督臣等查出之地四十里賞賜該國王。』尋頒敕諭，齎送雲南，即令杭奕祿、任蘭枝前往安南宣讀聖諭。」[49]

然而越南史書說並非是清朝贈送土地，而係歸還給安南，雙方各執一詞，「雍正六年（1728）4月，清歸聚龍銅廠。先是立界于鉛廠，其聚龍山猶沒于清。清土司設關徵稅，邊地失者四十里。累行文書奏辨，清帝敕諭地方別

---

48. 清史稿校註，第十五冊，卷五百三十四，列傳三百十四，屬國傳二，越南，頁12095。
49. [清] 鄂爾泰、福敏、張廷玉、徐本、三泰等撰，**大清世宗憲（雍正）皇帝實錄（二）**，卷六十五，頁12-17。

議立界，仍命雲貴總督鄂爾泰覆勘。爾泰復徇聽委官潘允敏之言，奏稱本國侵占開化地，不肯交還，清帝敕諭更以必從，爾泰行咨。驛至宣光界，守隘土目黃文樸抗辭不肯接認。延至五、六日，爾泰疑有異圖，即咨廣西邊界防汛，又以事聞，請調三省兵馬備邊。清帝不許，即遣左都御史杭奕祿、內閣學士任蘭枝等前往宣旨曉諭，且觀動靜。行未至，本國前發國書適至燕，歷言事大畏天之實。清帝覽之，大嘉悅，即令改繕敕文，續交奕祿等齎遞宣諭，以查出銅廠四十里之地，並還之。辰北邊戒嚴，中外疑懼，鄭棡獨斷，以豈有無釁而生事者，嚴飭邊吏不得妄動。6月，奕祿至東都，果還我故地，仍立界于賭咒河。奕祿再要行三跪九叩之儀，朝廷亦勉從之。遣兵部左侍郎阮輝潤、祭酒阮公寀往宣光，認地立界。開化土司脂指他處為賭咒河，欲截取寶山諸冊。公寀知其詐，冒涉嵐險，歷銀銅諸廠，認出賭咒河的處，乃於夾界豎碑，疆事始定。」[50]

與哀牢和盆蠻的關係

（一）1706 年 5 月，「哀牢向安南進貢。初，哀牢為樂凡數次侵暴所苦，朝廷每庇之。朝福既歸祺，城壘堙廢，屋宇頹壞。屬蛇兵（哀牢軍隊）僅七百餘，有事始徵發，居常侍衛，纔三五民丁，儲械不備，寇至奔走無常，故久不能修貢。王命行人往詰之。朝福訴狀，請奉貢壽禮，三年一進，停免歲貢。尋遣其正副使二人，以方物隨至京，兼致書執政，請給兵器，且求通姻親，以示諸芒聲勢。王鄭根命為書慰撫之。自是貢獻不絕。」[51]

（二）1714 年正月，盆蠻向安南進貢。

（三）1718 年 5 月，以宗室女名為郡主，嫁哀牢朝福。

（四）1728 年 4 月，在延壽節時，哀牢貢使不至。王命賜書撫之。至是始來。常貢之外，象數土宜皆倍。下令允許貢使往還水陸夫船，供應錢幣，並從優給，以悅遠人。

---

50. [越] 陳文為等纂修，**前引書**，第七冊，正編，卷之三十七，頁 3346-3349。
51. [越] 吳士連、范公著、黎僖等撰，**大越史記全書**，續編，卷之二，黎皇朝紀裕宗和皇帝條。

十三、昏德公（1729 年 4 月—1732 年 8 月）

內政

黎維祊，裕宗次子，在位三年。永佑二年（1736）遇害，壽二十八。

（一）1730 年 6 月，禁家藏天文、象緯（星象經緯）、星宿諸書，毋得藏匿。

（二）1731 年，會試貢士。舉行廷試。

（三）1732 年正月，購求古書。有本國古書志、古詩文與舉業文字，不拘淺陋，許上進，並給予酬賞。

2 月，定鄉會經義式，改用八股。命多士肄習，待舉鄉會試，並以次科施行。時，宰臣阮公沆雅喜八股文，嘗以考儒臣，中選者輒表揚之，而學者嘗批評其難。至阮公沆離職，沒有實行。八股文之宗旨是尊崇經學，禁止子書。當時議論文章之始祖，乃出於聖賢書籍。近來記誦之學，讀經傳者，重視小註解，而多缺正文。讀史者涉獵外編，而卻遺漏綱目。學術變得粗疏輕率，宜加釐正，以改變士人的學習。乃下令要求學者，讀經傳應當熟悉正文，也要重視集註小註，以獲取其精華粹。**通鑑綱目、左氏春秋**悉宜詳讀。由是學者之學，始有所統一矣。

增置武試科法。王鄭杠以博舉所取有限，或遺人才，乃依做文試巨集詞例，設巨集選科，考較武藝，能者旌擢。

3 月，修定朝侍禮樂。上朝日，陳樂工於府堂左右。門開時，樂作，文武拜訖，樂止。內外庭每造旗八面，行幸（皇帝外出視察）進發時，先發火器三聲，寧宿時亦然。駕行旗兩邊前導，樂工前導如之。試宏詞科。

王鄭杠詣國子監，拜謁先聖，以新制禮器為之。皆用金錫雕繪，祭祀如常。[52]

（四）1732 年閏 4 月，恢復鄉試考覈舊制。過去歷科考法，儒生士人隸縣考，能文隸校考。保泰初，始許府官典考，縣校公同，事少員多，浸致奸弊，是以眾議沸騰，命依舊考舉。

6 月，定官品行儀旌旗等級。王鄭杠仿中國之制，庶官皆有旌旗表別，

---

52. [越] 吳士連、范公著、黎僖等撰，**大越史記全書**，續編，卷之二，黎皇朝紀昏德公條。

命參酌頒行，以昭文物。凡京官外出，與外任官，照品許多少有差。一品一對，二品一竿，高五尺，蟏翅，漆木底紅毛，旗葉用絹方樣，白色紅心。

8月，由於黎維祊淫恣無忌，大臣鄭檜等議請鄭杠廢爲昏德公，立裕宗長子黎維祥，即皇帝位。大赦，改元龍德，以誕日爲昌符聖節。免徵貧民逋欠調錢。[53]

11月，罷榷鹽法。由於受鹽戶剝削，鹽價日高，有鹽一斗值錢1陌，人民生活日困，王鄭杠深知其弊，於是命停鹽榷，允許海民煮鹽，通同販賣，民以為便。

與清國的關係

（一）1729年11月，安南遣正使丁輔益、副使段伯容、官名洋等到清國歲貢兼謝賜御書與歸聚龍廠。附奏，準定受詔冊儀文書往復體式。[54]

1730年，「安南國王黎維祹遣陪臣丁輔益等進四年、七年正貢。又為謝賜御書、書籍、緞幣、寶玉、器皿，恭進禮物，並進金龍黃紙二百張，玳瑁筆百枝、斑石硯二方、土墨二包。又為賜給疆地及準貢使經由水路各進謝恩。禮物照例收受。又貢進奏事禮物，停收。」[55]

（二）1732年4月，安南遣使臣范公容、吳廷碩前往清朝，告黎裕宗哀，並求封。

十四、黎純宗簡皇帝（1732年8月—1735年4月）
內政

黎維祥（中國文獻稱為黎維祜），裕宗長子，是為黎純宗，在位三年，壽三十七。

（一）1733年正月，安南禁營造寺觀佛像。

4月，會試舉人。舉行殿試。

---

53. [越] 吳士連、范公著、黎僖等撰，**大越史記全書**，續編，卷之二，黎皇朝紀昏德公條。
54. [越] 陳文為等纂修，**前引書**，第七冊，正編，卷之三十七，頁3361。
55. [清] 徐延旭，**前引書**，國朝貢物，頁33-34。

（二）1734 年 7 月，命修**國朝會典**。

（三）1735 年 4 月，黎純宗崩，立其弟黎維祳為帝，年十七，改元永佑，大赦。

與清國的關係

（一）1733 年 11 月，黎維祹薨，其嗣維祜遣陪臣范公容等以訃告，請**襲封**，附貢方物。[56]

（二）1734 年 10 月，清國派遣翰林院侍講學士春山、兵科給事中李學裕到安南致祭故安南國王黎裕宗，兼敕封故國王嗣黎維祊為安南國王。

十五、黎懿宗徽皇帝（1735 年 4 月—1740 年 5 月）

內政

黎維祳，裕宗次子，是為黎懿宗，在位五年，遜居乾壽殿十九年而崩，壽四十一。

（一）1736 年 5 月，舉行府試。

6 月，經史印板頒行，令學者公相授受，禁買中國書籍。

（二）1738 年 10 月，皇親黎維祝、黎維襠和黎維視等謀反，逃到清華。黎維祝等潛蓄異志，與朝士范公勢、武爍，屬校賴世濟等，謀率其黨，焚京師為亂，不果，遂挺身逃去，黎維視逃去錦水，黎維祝、黎維襠走宜陽，土豪吳興造等護送他們越海到清華。黎維祝、黎維襠等離去一日，鄭杠才發覺他們叛離，命人四出追捕，不獲。武爍等下獄，伏誅，黎維視亦處死，黎維祝、黎維襠終為西南之梗。

（三）1739 年是歲，鄭杠王駕還京師。鄭杠王晚年怠政，到處遊山玩水，且各處建造行宮，行蹤飄忽，用其鄉丁，聽其指揮，令百官六軍不知鄭杠王駕所在。朝政日益敗壞。後來鄭杠王身體愈發不行，喜沉寂攝養，居之密室，遂深居不出。洽郡公黃公輔與其親黨，趁機竊弄威福，不滿者被查抄家，家破人亡。人不自保，賦役繁重，無所控訴，於是海陽寧舍阮蘧、阮選等，煽

---

56. [清] 清高宗敕撰，**前引書**，卷二百九十六，四裔考四，安南條，頁考 7452。

誘作亂，東南之民相率荷鋤挾杖從之。[57]

　　（四）1740年正月，全王鄭杠在位久，未有嗣，知太弟賢聖文武，進封王太弟攝政公鄭楹為元帥總國政明都王，全王鄭杠為太上王。[58]

　　5月，黎懿宗禪位於皇侄黎維祧。黎維祧即皇帝位，改元景興，尊帝為太上皇，大赦天下。

與清國的關係

　　（一）乾隆元年（1736）11月，廣東巡撫楊永斌疏報：「安南國王嗣黎維禕遣使慶賀登極，請准其奉表來京。」允行。[59]清朝文獻寫為繼位者是黎維禕，但越南史文獻寫為黎維祳。黎維禕是維祳的長子，在乾隆二十九年（1764）正月被立為太子。權臣鄭森弄權，廢太子黎維禕，將之幽囚殺害，另立黎維禌為皇太子。[60]黎維禕並未當過國王。

　　（二）1737年6月，安南遣使前往清朝，以阮令儀、黎有喬等充正副使。

　　（三）乾隆二年（1737）9月，賜安南以隙地。[61]

　　（四）**大清高宗純（乾隆）皇帝實錄**記載，乾隆三年（1738）4月，安南國王嗣黎維禕奏謝冊封，並諭祭恩。報聞。[62]

　　「9月，安南國王黎維禕遣陪臣阮令儀等表賀皇上登極，附貢方物。得旨：『覽王奏賀，進貢方物，具見悃忱，知道了。』該部知道。乙丑，頒賜安南國王黎維禕緞疋，及使臣黎有　等賞賚有差，筵宴二次。」[63] **乾隆實錄**寫為黎維禕是錯誤的，應是黎維祳。

　　惟依據越南文獻，乾隆五年（1740）5月，權臣鄭楹逼黎維祳傳位給純宗長子黎維祧為帝（顯宗），黎維祳成為太上皇，太上皇懿宗黎維祳是在乾

57. [越] 吳士連、范公著、黎僖等撰，**大越史記全書**，續編，卷之三，黎皇朝紀懿宗徽皇帝條。
58. [越] 吳士連、范公著、黎僖等撰，**大越史記全書**，續編，卷之三，黎皇朝紀懿宗徽皇帝條。
59. [清] 慶桂等撰，**大清高宗純（乾隆）皇帝實錄**（一），卷三十一，華文書局，臺北市，1964年，頁3。
60. [越] 陳文為纂修，**欽定越史通鑑綱目**，第八冊，正編，卷之四十二，頁3733、3801-3804、3828-3830。
61. [清] 慶桂等撰，**大清高宗純（乾隆）皇帝實錄**（二），卷五十，頁21。
62. [清] 慶桂等撰，**大清高宗純（乾隆）皇帝實錄**（二），卷六十七，頁29。
63. [清] 慶桂等撰，**大清高宗純（乾隆）皇帝實錄**（二），卷七十六，頁20；卷七十七，頁17。

隆二十四年（1759）6月去世，[64] 至他去世為止已遜位二十年。中國文獻所講的國王黎維禕，明顯是錯誤的，應該是指懿宗黎維祳。黎維禕是黎維祧的長子，在乾隆二十九年（1764）正月被立為太子，[65] 在乾隆三十四年（1769）3月遭廢黜，乾隆三十六年（1771）12月被幽禁殺害，[66] 他並未當過國王。黎維祧應即是中國文獻上的黎維禕。在這之前中國文獻所寫黎維禕國王，均為錯誤。

1738年，清朝准安南國使臣從前都由陸路來京，後改由水路，今值冬令冰凍，水路難行，聽由陸路至江南換船。[67]

（五）1739年5月，雲南總督慶復奏：「安南國奸人，自稱都銅交江王，糾眾散布流言，除會銜具咨安南國王外，飭兵分堵隘口，加護防範。」得旨：「如此辦理，甚合機宜，得馭外夷之道，但此咨去後，彼若有求兵之請，則不可驟然發兵，祇應速行奏聞，亦以請旨為辭告彼，而固守邊界則得矣。」[68]

十六、黎顯宗永皇帝（1740年5月—1786年7月）

內政

黎維祧（中國文獻稱為黎維禕），純宗太子，是為黎顯宗，在位四十七年，壽七十。

（一）1741年正月，恢復鄉試舊制。中興初，鄉試法社考，照巨、中、小率數類，納縣官。縣官取通文理者，巨社20名，中社15名，小社10名，謂之四場。第一、第二、第三場試卷與儒生、生徒，一體送考。完卷者，皆取中。中間改為稍通，三場與次通混送。有學者，多被黜落。至是議復舊制。雖世家子弟，不無濫選，而實才無遺，人皆稱便。

命糶粟於義安、山南。自兵興以來，天下饑饉，惟二處稍稔，富民多積

---

64. [越] 陳文為等纂修，**前引書**，第八冊，正編，卷之四十二，頁 3705。

65. [越] 陳文為等纂修，**前引書**，第八冊，正編，卷之四十二，頁 3733。

66. [越] 陳文為等纂修，**前引書**，第八冊，正編，卷之四十二，頁 3801-3804、3828-3830。

67. [清] 崑岡等修，**欽定大清會典事例**，收錄在續修四庫全書編纂委員會編，**續修四庫全書**，史部，政書類，卷五百十，頁 124。

68. [清] 慶桂等撰，**大清高宗純（乾隆）皇帝實錄**（二），卷九十三，頁 28。

粟。命義安糴粟 200 萬，山南糴 150 萬，每 50 官鉢，價錢 1 緡。義安市價較平，山南市價每緡 15 鉢官價，蓋抑買也。

發山南糴粟 10 萬，賑海陽飢民。

4 月，發官米煮粥，賑給東北飢兵。

8 月，大饑，發官粟賑流民。永佑末，盜賊並起，民廢農業，海陽尤甚。惟山南差安，民扶攜就食者塞路。米價騰貴，百錢不易一飽，民多仰賴食菜，還有人捕蛇鼠以度日者，餓殍相望。海陽號稱人口多的縣邑，今則剩三五戶而已。

舊制，省試是每三年舉辦考試一次，由於歲荒，下令緩試。

（二）1742 年正月，清華饑荒，命有司發粟十萬賑災。[69]

3 月，罷府門銅甕。初，王鄭楹欲知下情，置銅甕於府門，讓士民有檢舉官吏廉污者，投其中，五日開甕一次。後發覺所告多不實，黎仲庶上奏說：「後世人心不古，毀譽好惡，未盡至公。今王以一德臨照，百官邪正，昭然於洞燭之下。如欲辨別賢否，當敷言試事，考實驗功，不宜開告密之門，滋訐比之僻。」王深嘉褒獎，立命取消設置銅甕。

7 月，以歲凶民飢，國用不足，命清華殿廟，祭禮牲品只用一半。

（三）1743 年 10 月、1746 年 3 月、1748 年 3 月、1752 年 10 月、1754 年正月、1757 年、1760 年 3 月、1763 年 4 月、1766 年 4 月、1775 年 10 月，會試舉人及殿試。

1752 年 10 月的會試，取合格黎貴惇等 5 名，「貶侍題（指出考題官）阮國珪職一次，罰初考陳名做（時，初變文體，第四日奉侍題，同列屬之阮國珪，阮國珪所出有三代行政之句，乃舊題鳳構，阮國珪不知也。題　發，場中喧譁。次日，士子叩鐘啟其事。王鄭楹大怒，旨下覆試，貶阮國珪職一次，特命汝公瓚侍題。以公私發問，錄取五卷。有吳時仕卷，宜列在優項，初考陳名做將之捨去）。知貢舉陳名寧以聞，準仕僉知工番，罰陳名做錢 30 緡。12 月，廷試，賜黎貴惇進士及第第二名，段阮俶進士出身，阮春暄等同進士出身（黎貴淳，自鄉舉至廷試，皆第一）。」

---

69. [越] 吳士連、范公著、黎僖等撰，**大越史記全書**，續編，卷之四，黎皇朝紀顯宗永皇帝條。

（四）1747 年 10 月，省試法寬弛，中者多浮濫。鄭楹特命覆試。議者以爲士遭兵亂失學，宜從寬典，除去較差者即可。鄭楹從之，淘汰十之二三。

（五）1750 年 11 月，始令天下納錢入鄉試。中興初，學生每人輸錢 5 陌，謂之明經錢，以資縣校官盤纏。至是，令人入錢參貫，停其考覆，並得入試，謂之通經錢。

（六）1751 年 2 月，「覆試貢士於五龍樓，黜落 2 百餘人，罰諸場試院有差。考院以形跡，究逮者甚衆。……旨諭學官，復洪德文體。汝廷瓚惡之，請於王鄭楹，頒下諭旨，古策問以是非大略，今策問以時務機宜，鄉會廷試，並遵洪德文體。」[70]

（七）1757 年 8 月，試宏詞科，取蔣熹等 8 名。

（八）1759 年 10 月，鄉試士人，鄭楹幸國子監，釋奠於先聖。問貢士所在官吏豪強情狀，賜錢 5 百緡。時，監察御史阮輝玉監考奉天場，以奸弊，每為試院所糾，將他免職。

（九）1762 年 7 月，命各鎮開礦。山西開上野銀礦，太原開先農鋼砂礦，那稔碢硝礦，興化開呈爛銅礦，並限三年補稅。

（十）1763 年 6 月，命百官推舉人才。二品以上舉 2 人，三品以下舉 1 人，可充內外職司，與堪管奇隊兵者，並以名聞。

（十一）1765 年 10 月，覆試貢士於府廷。

（十二）1766 年 6 月，群臣請進王鄭楹尊號。王鄭楹卻之曰：「人臣當以堯舜事其君，間者苦雨為災，得非時政所關。卿等未聞獻替，而以進尊為請。豈其時耶，宜勿復請。」

殿試，賜給事中吳時仕第二甲進士出身，李陳瓓等並同進士出身。吳時仕以藩僚簡知，自禮部賦策廷對皆第一。王鄭楹愛其才，榮歸日，賜御詩章及兵象衛餞。節制府亦賜詩章，錢鈔廏馬，以寵異之。

（十三）1767 年 9 月，考文武諸臣科事策於擇閣廷，以春郡公阮儼為考

---

70. [越] 吳士連、范公著、黎僖等撰，**大越史記全書**，續編，卷之四，黎皇朝紀顯宗永皇帝條。

官，黎貴惇等 12 人中格。閏 9 月，覆考文武及內臣科事策於府堂，阮仲璫
等 3 員中格。

（十四）1768 年 10 月，鄉試舉人，增山南場試中額。舊例，山南第三場
錄取 1,000 名，第四場 100 名。正和間，以破場削奪第三場 200 名，四場 20 名。

（十五）1769 年 3 月，輔政鄭動靖王逮捕皇太子黎維禕，將他囚禁。初，
太子豐姿秀麗，英睿夙成，恩王鄭楹甚禮重之，以正妃所生女嫁他。靖王為
世子時，素以才忌太子。一日太子與世子同入侍，恩王賜之膳，令子壻同坐。
正妃曰：「王豈宜與帝並食。」乃命別之，世子變色而出。及襲位，與宦者
韶郡公范輝錠謀廢太子而無辭，乃誣太子淫於恩王故宮人，向黎顯宗提出告
罪狀，結果黎維禕被捕入獄，廢為庶人。

4 月，王鄭森詣國子監，考諸生平鎮寧策，賜錢 500 緡。會試舉人。舉
行殿試。

以伐鎮寧誥六師。初，黎維襈出沒山西、清華，進入鎮寧，控制呈光城，
立宮府，置宮屬。王鄭森初襲位，命阮茂潁、阮茂挺賫書諭之。不得入，遂
決定用兵。

（十六）1770 年正月，官軍入呈光城，黎維襈自焚死，鎮寧平。

12 月，旌表節婦阮氏。婦安山石炭人，伊社監生之妻。夫死，時年
二十，無所出，守志不嫁，三十餘年，知府以事聞，旌其門為節婦門。

（十七）1771 年 12 月，王鄭森殺故太子黎維禕及其門客陳仲琳、阮有
琪等 14 人。先是，太子既廢，陳仲琳等謀挾出為變。范輝錠上奏，遂論太
子絞刑，陳仲琳等棄市。尋命停皇后鄭氏號。

（十八）1772 年正月，旌表節婦阮氏。阮氏，雷陽盛美人，前贈參政阮
茂魁之妻，早寡，守志不嫁，為鄉里所稱讚。事聞，特封其為貞節，令人賜
節婦金榜以旌之。

10 月，會試貢士。12 月，舉行殿試。

（十九）1774 年 4 月，掌府事大司徒曄郡公黃五福乞致仕，許之。五福
年六十二，累疏求退，王以勳舊優異之，特從其請，賜號國老，加功臣字。
以國老大司徒曄郡公黃五福為平南上將軍，統率諸道兵，經略南河（指瀘江

以南），討伐順化、廣南軍。

10月，鄉試，清華士人燒破場所。舉行廷試。

10月，黃五福占領順化，降者五千餘人。

（二十）1775年2月，黃五福軍入廣南，南人有中國人的集亭兵，與西山阮文岳合。集亭兵皆廣東人，每入陣，先飲酒，人持一劍，頭戴北梭紙銀，曰死以此贈，赤身直往，不避矢石，阮文岳倚賴該支軍隊以對抗黃五福軍。黃五福在陣前領兵大戰，集亭兵死傷者過半，遂遁去，阮文岳亦退走。

（二十一）1776年1月，平南上將軍國老曄郡公黃五福以病召還，死於路途上。初，黃五福軍至珠塢，阮文岳遣人請降。黃五福授阮文岳壯節將軍，其實阮文岳並無降意。黃五福染病，還師富春，請回朝，未至而卒。王鄭森聞知此一噩耗，輟朝3日，差官護喪北還。賜謚忠正，加上等神，配享宮廟（安勇奉公人）。以裴世達為平南大將軍兼順廣鎮撫，阮廷棟為平南副將軍，黎貴惇為順化督視，協鎮撫。

8月，命山南鎮守造基侯范吳俅，將兵入順化。當黃五福因病北返時，阮文岳復出掠奪升、奠等地。裴世達派梁僴前往說服，阮文岳遣杜富雋準備方物、黃金、琦璘，到富春請求廣南一地。10月，王鄭森命爲書賜阮文岳，說：「王者推誠待人，覆幬涵育，當審度衬福（指禍福），勿懷疑懼。」且予之金銀鉦劍，以潘輝益為使，令范吳俅審量事勢，隨宜處置。

（二十二）1779年11月，開盛科，試天下貢士。12月，府試。1781年正月、1785年3月，舉行同樣的考試。

（二十三）1780年2月，定搏舉（武術）所舉試法。第一場先挽弓，次舞刀。第二場先考步弓25箭，次考銃20枚。證場先考馳馬射立鵠，距碑50尺，次考馬稍，次考步鬥刀盾，校戰步稍長劍，考官詳其舉刺之銳鈍，進退之疾徐，氣力之盛衰，遮架之漏密，以定優劣。考官併三場各藝，某名應撮取（指錄取），某名應三預，先照簿唱名，令候府門。其技藝優劣，或在下次，或在預斤（指不相上下）內，許登時（立刻）具啟比較，候奉御覽。或依考官，或有落勝審定，然後出榜。第四場試策一道。

（二十四）1785年12月，蝗災，天下饑饉，盜賊蜂起，王命每縣置撫

諭 2 員，巡行縣內，董飭村民，團結立屯，以防盜劫。

　　（二十五）1786 年 5 月，西山軍阮文岳派遣其弟阮文惠攻打順化，統率范吳進以城降。副將黃廷體、督視阮仲璫死之。先是，阮有整投靠西山，日勸阮文岳圖取北河（即河內）。時，范吳俅鎮守順化，專以商販和藝事（指供佛法會）為主，引起人民不滿。所遣僚佐阮字如、武永成等前往諭告阮文岳，反而以順化情況告訴敵人，由是阮文岳盡知虛實。阮文岳遂命阮文惠節制水步諸軍，而以別將武文仕率領左軍，阮有整率領右軍，分道直趨富春城。西山軍過隘雲山，屯將權忠侯黃義湖戰死，范吳俅剛好在辦理設齋供佛法會，將士都參加該法會，晝夜不息。西山軍至，無有抗禦之者，副將黃廷體獨率所部兵迎敵，銃彈不繼，父子三人俱死於陣。阮文惠驅兵入城，范吳俅輿櫬（把棺材裝在車上）出降，督視阮仲璫為亂軍所殺，城中兵民，死者 3 萬餘人。阮文惠復遣其將攻洞海屯，屯將渭派侯、督同寧遜皆逃遁。消息傳至京師，朝廷震駭。議棄順化，復修義安留屯故壘，而眾論不一，國事不可為也。

　　阮文惠既克順化，欲修柴門故壘，阮有整對阮文惠說：「北河兵驕將惰，朝廷無復紀綱，我乘勝而取之，時不可失。且鄭氏名為扶黎，其實脅制，國人不悅，明公誠能以滅鄭尊黎為名，天下無不嚮服矣。」阮文惠同意其說，乃使阮有整將選鋒水兵，出大安海口，而自統大兵，浮海繼進。

　　7 月，阮有整勸阮文惠以扶黎為名，很快就兵臨東京。阮文惠乃謁黎顯宗於萬壽殿，黎顯宗延入，黎顯宗因病未能站立，延請阮文惠坐於御榻旁，慰勞備至。阮有整見百官散落，乃請黎顯宗召舊臣阮郡公阮俒、泗川侯潘仲藩、建川侯張登揆、韜堂侯汪士瑛、練堂侯陳功燦及添差汝公瑱等赴京奉侍，汝公瑱以疾辭。

　　阮文惠請黎顯宗主持朝政，自率本道將校朝謁，獻兵民簿籍。黎顯宗命冊阮文惠為元帥國公，阮文惠不悅，阮有整勸黎顯宗以公主嫁給阮文惠，黎顯宗以第九公主玉欣歸之。阮文惠大喜，復請黎顯宗御殿受朝賀，頒一統詔書。翌日，黎顯宗病逝於萬壽殿，壽七十，其子女共 146 人，[71] 堪稱是長壽

---

71. [越] 潘清簡等纂，**大南寔錄**，第七冊，正編，第二紀，卷八十五，頁 5。

多子嗣之王。其次子女達一百者為阮朝明命王。[72] 皇嗣孫黎思禟即皇帝位，為黎湣帝，改明年為昭統元年。

8月，西山阮文岳引兵至河內。初，阮文岳派遣阮文惠只取順化，阮文惠乘勝直取京城，馳書報阮文岳。阮文岳恐阮文惠遂據北河（河內），乃以親兵亟趨富春，添選精兵，兼程趕至河內，嗣皇黎思禟率百官郊迎，阮文岳疾馳入居王府。當時西山軍久經戰場，想回南方，左軍武文仕亦不喜歡阮有整驕弄，日夜跟阮文惠說：「彼以逋臣投我，欲甘心於故國，假我之力，以成彼之勢。今又糜數萬人，坐食於此，為彼衛翼，不智孰甚焉。」阮文惠聽信他的話，遂有捨棄阮有整之意。剛好阮文岳來，遂密定回南方之計，而在外表上顯示閒暇，不讓阮有整知道。一夜漏三鼓，府中金鼓無聲，阮有整早偵察情況，見西山軍都已離去，惶恐不知所措，急忙駕舟尾追西山軍，還是沒有趕上。

西山軍撤離後，京城空虛，嗣皇乃召群臣入朝，發函急召世家故臣，起兵入衛。於是各地豪目，招集兵馬，有割地自雄之勢，咸以保衛為名，造成各地騷動。黎湣帝密召阮有整起兵入衛。

10月，阮有整大舉兵入衛，占領清華。12月，阮有整軍至京師，王鄭槰之府僚及侍衛皆奔竄。王鄭槰遂奔京北，依於桂陽桂塢阮族。黎湣帝率百官郊迎阮有整。阮有整入朝，封鵬忠公，加平章軍國重事，其部曲將校陞職有差。黎湣帝擔心王鄭槰再來，有人建言宜燒掉王府，可以杜絕鄭槰回來之路，黎湣帝同意，遂縱火焚王府，火燒樓閣十餘日不滅。

與清國的關係

（一）「乾隆六年（1741）2月甲子，兩廣總督馬爾泰奏：『安南向例兩貢並進，計自乾隆三年至今六年。又值兩貢之期，例應於本年春夏之交先行咨報，設有遲逾，移檄詢問。惟是自乾隆四年以來，安南國內匪目韋福琯等，逞逆弄兵，至今未息，貢道或實有梗塞之處。又聞已新立有國王，是該

---

72. [越] 潘清簡等纂，**大南寔錄**，第七冊，正編，第二紀，卷八十五，頁4。

國正在擾攘之際，修貢設或稍遲，似不必即為催督。』得旨：『軍機大臣等議奏。』尋議：『令該督行文該國王，准其暫行寬假，俟道路開通，即修職貢。用示體恤外藩之意。』得旨：『依意速行。』」[73]

（二）1741 年 11 月，安南遣正使阮翹，副使阮宗窐、鄧茂等前往清朝進歲貢（阮宗窐著有**使華叢詠詩集**行世）。

（三）「乾隆八年（1743）4 月甲辰，大學士等議覆，廣西巡撫楊錫紱奏稱：『安南連年多事，奸徒乘機煽惑，內地民人潛入彼處，藉端滋擾，其為首之莫武康、李三聰等俱由內地流入夷境，偽充先鋒等官，應如所奏，令附近之江廣閩粵等省查拿。並令該國盡力擒捕，不必顧忌。至稱安南自韋福瑄造逆諒山，該國王調高平、牧馬兩府夷官剿捕，因招致內地民人協力攻打，及韋逆攻破，該民眾不飽所欲，因肆行劫掠，是夷人借匪徒之力，而適以引奸。此風不可不戢。應行文該國王，宣示天朝柔遠之德。嗣後，凡係內地民人在安南滋事者，立即送出，至一應隘口，務須飭令文武員弁，實力防守。』得旨：『依議速行。』」[74]

（四）「乾隆八年（1743）7 月丙戌，以安南不靖，擾及雲南開化都龍廠，命張允隨等嚴防之。開化鎮總兵賽都請討安南，不許。11 月庚寅，安南國王黎維褘表謝賜祭及襲封恩，進貢方物。」[75] 寫為黎維褘是錯誤的，應是黎維祧。

（五）「乾隆八年（1743）11 月庚寅，安南國王黎維褘遣使表謝賜祭前國王黎維祐，並頒敕襲封國王恩，恭進二次謝恩方物，及乾隆三年、六年兩貢儀物。下部知之。」[76] 寫為黎維褘是錯誤的，應是黎維祧。

（六）乾隆九年（1744）2 月，「安南國王黎維褘遣陪臣阮翹等進貢。」[77] 寫為黎維褘是錯誤的，應是黎維祧。

（七）1747 年 10 月，安南遣正使阮宲，副使阮世立、陳文煥等前往清朝進歲貢。文煥死於路途上。[78]

---

73. [清] 慶桂等撰，**大清高宗純（乾隆）皇帝實錄（三）**，卷一百三十七，頁 18。
74. [清] 慶桂等撰，**大清高宗純（乾隆）皇帝實錄（四）**，卷一百八十九，頁 8-9。
75. 清史稿校註，第一冊，卷十，本紀十，高宗本紀一，頁 366、367-368。
76. [清] 慶桂等撰，**大清高宗純（乾隆）皇帝實錄（五）**，卷二百四，頁 17。
77. [清] 清高宗敕撰，**前引書**，卷二百九十六，四裔考四，安南條，頁考 7452。
78. [越] 吳士連、范公著、黎僖等撰，**大越史記全書**，續編，卷之四，黎皇朝紀顯宗永皇帝條。

但中國文獻卻記載為阮世立死於路途上。「乾隆十三年（1748）12月戊戌，安南國進貢陪臣阮世立故，遣官致祭如例。」[79]

（八）1750年，「安南國王黎維禕遣使進貢。」[80]寫為黎維禕是錯誤的，應是黎維祧。

（九）1751年11月，署兩廣總督廣東巡撫蘇昌等奏：「照會安南官員稱有莫氏餘孽，聚徒為匪，捕獲渠首莫成陳，供稱他的祖父等現僑居中國內地泗城，請前往查訪。」清朝認為莫氏既居泗城，即屬中國內地百姓，不同意安南官員前往查訪，且嚴飭邊防，不令內地匪徒偷越搆釁。[81]

（十）1753年12月，安南遣正使武欽鄰，副使陶春蘭前往清朝進歲貢。

（十一）1754年12月，「安南國王黎維禕遣使進方物。」[82]

「同年，安南國王黎維禕奏稱：『乾隆十五年、十九年恭進方物、表文二道，又以番兵黃福衛等堵禦匪黨，誤傷兵練二案，均邀寬典，奏謝。』」[83]寫為黎維禕是錯誤的，應是黎維祧。

（十二）1755年正月，禮部題：「安南國王黎維禕遣陪臣表貢方物，筵宴賞賚如例。」[84]寫為黎維禕是錯誤的，應是黎維祧。

（十三）1761年10月，清朝遣翰林院侍讀德保，大理寺少卿顧汝修冊封黎顯宗為安南國王，及諭祭黎懿宗。王鄭楹命能詩詞的臣子陪伴清朝使節，箋柬應答。清朝使節深獎重之（陳名寧子陳伊宅，年十五，詣使館賦詩，清朝使節視為海國英雋）。

（十四）**清史稿校註**記載，乾隆二十六年（1761）春正月，安南國王黎維禕卒，封其侄黎維禟為安南國王。[85]依據越南文獻，乾隆五年（1740）五月，權臣鄭楹逼黎維祳傳位給純宗長子黎維祧為帝（顯宗），黎維祳成為太上皇，

79. [清]慶桂等撰，**大清高宗純（乾隆）皇帝實錄（七）**，卷三百三十一，頁27。
80. [清]清高宗敕撰，**前引書**，卷二百九十六，四裔考四，安南條，頁考7453。
81. [清]慶桂等撰，**大清高宗純（乾隆）皇帝實錄（九）**，卷四百二，頁1-2。
82. **清史稿校註**，第一冊，卷十一，本紀十一，高宗本紀二，頁411。
83. [清]慶桂等撰，**大清高宗純（乾隆）皇帝實錄（十）**，卷四百七十九，頁5。
84. [清]慶桂等撰，**大清高宗純（乾隆）皇帝實錄（十）**，卷四百八十一，頁29。
85. **清史稿校註**，第一冊，卷十二，本紀十二，高宗本紀三，頁438。

太上皇懿宗黎維祳是在乾隆二十四年六月去世，[86] 至他去世為止已遜位二十年。**清史稿**所講的黎維禕，明顯是錯誤的，應該是指懿宗黎維祳。

（十五）乾隆二十七年（1762）3月，乾隆帝諭禮臣說：「安南世為屬國，凡遇朝使冊封至其國，自應遵行三跪九叩頭禮。乃國王狃於小邦陋見，與冊使商論拜跪儀注，〔原屬無知，經〕德保、顧汝修指示成例，始知恪遵。外藩不諳體制，部臣應預行宣示。嗣後遇有安南冊封等事，即將應行典禮並前後遵行拜跪儀節告知正副使，令其永遠遵循。著為令。」[87]

大理寺少卿顧汝修奉使安南，於返回中國境內後，因為擅用單銜移書詰責該國王，有乖大體，應照例革職。[88]

（十六）乾隆三十年（1765）正月9日，安南遣正使都御史阮輝僙貢方物。其在返國後撰**奉使燕京總歌**，記載沿途所見之名勝古蹟、風土人情。每條日記後附詩一首至十數首不等。除開篇**奉使燕京總歌**為四百七十句的六八體長歌外，其餘幾乎全為七律，內容多為流連山水、詠懷古蹟及與副使唱和。[89]

（十七）1765年10月，安南遣正使阮輝僙，副使黎允伸、阮賞前往清朝進歲貢。

（十八）1767年正月，安南國王黎維禕遣使表謝冊封恩，並進歲貢方物，均賞賚筵宴如例。[90]

（十九）乾隆三十四年（1769）5月，乾隆又諭：「據永瑞等奏：『安南夷目黃公纘等，向居南掌猛天寨[91]地方，今被黎維禕攻打，力不能支，率眷屬民人四百餘名懇求內附等語。』黃公纘等原係安南莫氏之後，遁匿南掌境內，近因黎維禕往攻，窘迫求附。但安南恭順素著，黃公纘等既係該國之人，於理不應允納，然伊等現當窮蹙來歸，如竟拒而不納，又非中朝一視同

---

86. [越] 陳文為等纂修，**前引書**，第八冊，正編，卷之四十二，頁3705。
87. 清史稿校註，第十五冊，卷五百三十四，列傳三百十四，屬國傳二，越南，頁12096。
88. [清] 慶桂等撰，**大清高宗純（乾隆）皇帝實錄（十三）**，卷六百三十八，頁14；卷六百五十九，頁8-9。
89. 中國復旦大學文史研究院和越南漢喃研究院合編，**越南漢文燕行文獻集成（越南所藏編）**，第五冊，頁3-4。
90. [清] 慶桂等撰，**大清高宗純（乾隆）皇帝實錄（十五）**，卷七百七十七，頁32。
91. 猛天寨，為 Muong Theng 之音譯，即今越南西北部靠近寮國邊境的奠邊府。參見景振國主編，**中國古籍中有關老撾資料匯編**，河南人民出版社，中國，1985年，頁264，註7。

仁之體。朕意此時且派令曉事道府大員前往撫諭，將來投人等，於邊內暫行安置，不必告以曾經奏聞。如伊等或有不安本分，滋生事端者，不妨徑行正法示警。至黃公纘等，或在安南獲罪，逃竄外出，黎維檷或係該國王差往拘拿，俱難懸定。現令軍機大臣擬寫文移一道，以明德之意，詢問安南國王，其中實在緣起若何？俟覆到時，再做區處，庶於事理允協。再南掌前有通信夾攻緬匪之請，其情本難憑信，今黃公纘久居該國猛天寨地方，其具稟請附，或即係南掌從中設法嘗試，亦未可定。著傳諭傅恆，一併留心體察妥協辦理，或喚彼曉事之阮勵求至永昌，問以南掌緬匪情形，亦可悉知彼中梗概，並將移文稿及永瑞原摺供單，鈔寄閱看。」[92]

（二十）乾隆三十六年（1771）3月，署雲貴總督彰寶奏：「安南夷目黃公纘等，前安插（安置）普洱府思茅廳屬那可樂地方，今尚存一百二十六名口，其地雖非毗連安南邊界，究嫌荒僻。查昆明縣尚有曠地，已移送至省，日給銀米應用。」[93]

嗣後，安南頻向清朝交涉，要引渡黃公纘等人，清朝始終予以拒絕。剛開始時，清朝係基於「伊等原係窮迫來歸，本部院仰體大皇帝一視同仁之盛心，量地安插，伊等既因投生而來，豈可聽其仍回爾國就死。況爾國從前並未呈報，及聞其已投內地安插，輒欲索回，既於情理未合，且爾前咨措辭失當，是以將爾申飭，此乃爾國自取責言，非本部院之過為苛斥也。」後來清朝發現黃公纘在居住地惹事生非，而將彼等一行人送至黑龍江、烏嚕木齊等處。「至黃公纘等初來時，本因憫其顛連，予之安輯，及細察其情性，實非安靜之人，自居邊境以來，間與土司等以小忿爭競，因漸移之內地，亦不能謹守法度，現經本部院奏聞大皇帝，將黃公纘等人眾解往極北之黑龍江、烏嚕木齊等處，分散安插。」[94]

至乾隆三十七年（1772）3月，安南對於黃公纘一案，執迷不悟，仍欲在附貢中具奏，引起乾隆不滿。乾隆看見安南國王之咨文，有「齊政修教，

---

92. [清] 慶桂等撰，**大清高宗純（乾隆）皇帝實錄**（十六），卷八百三十四，頁 7-8。
93. [清] 慶桂等撰，**大清高宗純（乾隆）皇帝實錄**（十七），卷八百八十，頁 17-18。
94. [清] 慶桂等撰，**大清高宗純（乾隆）皇帝實錄**（十八），卷八百八十八，頁 5-7。

正誼明道諸語，又有若不問義理之是非」等詞句，批評是陳腐迂謬，專務咬文嚼字，而且認係必出自漢奸之手。因此藉此機會，乾隆下令兩廣總督李侍堯留心稽查，通飭各關隘口，一體嚴密盤詰，如遇有違禁出入之人，即查明重治其罪。[95]

至 1773 年，安南還對黃公纘一案喋喋不休，引發李侍堯不滿，稱安南之表文「雖稱不敢不遵，而措辭尚思妄瀆，甚屬支離可厭」。李侍堯特別訓諭說：「本部堂念爾前此以誠請教，不憚反復開陳，其如始終執迷，聽之藐藐。及爾國欲附貢具摺，本部堂隨經以義阻止，喻以事理所宜，謂爾若冒昧瀆干，部議必然駁斥，爾國王仍狃於偏見，妄達奏函。大皇帝天育海涵，不加責備，仍下部議。而內部果據理指駁，可見本部堂之開誠相告，撰事非誣，爾國王亦當知所省悟矣。今據稱接奉部議，謹已聞命，敢不遵順數語，自為合理，顧猶喋喋煩言，舞文掉筆，不能動聽，而適足取憎，皆由爾國僻處遐荒，未諳天朝體制，遂爾輕率若此。因復為剴切開導，我中國臣工奏事，一經部議，奉旨或准或駁，悉皆敬謹遵行，從不敢復為辯論，此乃紀綱所在，一定不移。爾國王世備藩封，素稱恭順守職，事大之道，自有常經，豈宜逞弄虛辭，稍乖儀度。況禮部議疏，以該國王違例瀆奏，本有不合，念爾平日謹恪，從寬免議，仰荷允行，爾國王自當誠感欽遵，永受恩眷。若復嘵嘵置喙，必且自蹈愆尤，竊為爾不取也。功令森嚴，不可干冒，本部堂鑒爾顢憒，示爾正義，並將原咨駁回。該國王其虛心聽承，循理安分，無負本部堂惓惓告誡之意，特此諭悉。」[96]

（二十一）1771 年 12 月，安南遣正使段阮俶，副使武輝琔、阮晾等前往清朝進歲貢，兼奏事。

（二十二）1773 年正月，安南國王黎維禠遣陪臣正使段阮俶、副使武輝班、阮瑤進表行慶賀禮。賞賜如例。[97]

（二十三）1773 年 6 月，兩江總督高晉奏：「安南國入貢，由水路進京，

---

95. [清] 慶桂等撰，**大清高宗純（乾隆）皇帝實錄（十八）**，卷九百四，頁 32-33。
96. [清] 慶桂等撰，**大清高宗純（乾隆）皇帝實錄（十九）**，卷九百三十八，頁 18-19。
97. [清] 清高宗敕撰，**前引書**，卷二百九十六，四裔考四，安南條，頁考 7453。

往返均由江寧換船。該貢使每次自帶花樣，在鋪家定織綢緞。次年自京回至江寧取貨，若貨未齊全，往往逗留日久。查外藩使臣，置買綢緞雖無禁例，但私相交易恐釀事端，請嗣後飭使臣通事人等，將需買各貨，開具清單，呈交地方官，傳集鋪戶議價，給與現銀，取鋪戶承領限狀，地方官查催，該貢使回寧，即於半月內照數清交，不許私相授受。地方官毋得縱令胥役家人經手，如違參究。」[98]

（二十四）1778 年，黎維禑遣陪臣正使胡士棟、副使阮仲鐺入貢，慶賀清朝平定金川。隨表方物，按常規貢物內少金龜、漆扇二種，多進速香十斛。禮部奏明，奉旨：「凡外國進貢，正貢方物自應按照常規，若因慶賀、陳奏、謝恩等事，加貢間有短少，與例不符者，毋庸計較。」又安南國王將竄越匪犯解送進關，奉諭於正賞外，加賞該國王蟒緞、粧緞、倭緞、錦緞各 1 匹，閃緞 2 匹，表緞 2 匹。[99]

（二十五）1781 年，安南國王遣使謝恩，於熱河瞻覲天顏，特賜安南國王蟒緞、倭緞、閃緞、錦緞各二，正副貢使綵緞、八絲緞、五絲緞各一。行人、從人絨、緞、銀各有差。[100]

（二十六）1782 年，議准安南使臣獻詩者，例賞八絲緞一、絹箋二、筆一匣、墨一匣，與朝鮮、琉球使臣同。[101]

（二十七）1782 年 2 月，乾隆諭說：「安南國王黎維禑前因盤獲逃犯周貴，遣使押送入關，賞給緞匹等物，齎奏陳謝，並備具方物，附表進呈。念其專使遠來，不令齎回，即准留充正貢，以示優恤。今據兩廣總督巴延三奏，該國王復行具表奏稱，接奉恩旨，准將此次謝恩儀物充作正貢，下方葵藿無以將誠，懇將此次奉進方物仍為謝儀。洎四十八年歲首之期，欽遵常例奉貢等語。具見該國王恭順悃忱，深可嘉尚。若復行卻還，轉無以達該國述職輸

98. [清] 慶桂等撰，**大清高宗純（乾隆）皇帝實錄**（十九），卷九百三十七，頁 49-50。

99. [清] 清高宗敕撰，**前引書**，卷二百九十六，四裔考四，安南條，頁考 7453-7454；[清] 崑岡等修，**欽定大清會典事例**，收錄在續修四庫全書編纂委員會編，**續修四庫全書**，史部，政書類，卷五百三，頁 50；[清] 徐延旭，**越南輯略**，國朝貢物，頁 34。

100. [清] 徐延旭，**越南輯略**，賜予，頁 41-42。

101. [清] 徐延旭，**越南輯略**，賜予，頁 42。

誠之意，所有此次隨表方物，該部即行收受，其四十八年應進正貢，著減常年所進貢物之半，至嗣後該國王遇有陳謝章奏，一概無庸備物，隨表呈進，以副朕柔惠遠人至意，並令該督巴延三傳知該國王遵諭行，該部知道。」[102]

（二十八）1784 年，安南向清朝進貢。[103]

（二十九）1784 年閏 3 月，乾隆前往明太祖陵行禮。賜扈從王公大臣、江南文武官員及安南國陪臣等宴。並賞賚安南國王黎維褍御筆匾額，曰：「南交屏翰」，並御製**古稀說**、繒幣，及陪臣等銀幣有差。諭賞安南國王匾額，所用古稀天子之寶，並非朕自誇，恐該國王不知朕意，故賞給**古稀說**，令其閱看，即知朕意也。[104]

「乾隆四十九年（1784），帝南巡，安南陪臣黃仲政、黎有容、阮堂等迎覲南城外，賜幣帛有差，特賜國王『南交屏翰』匾額。」[105]

與其他國家的關係

（一）1746 年 11 月，皐州樂凡向安南進貢方物。樂凡位在義安上游之西南，地接鎮寧，居順化背後。[106]

（二）1747 年 6 月，樂凡向安南進貢，乞定貢期，三年一獻雄象，比鎮寧皐州例，餘土宜犀角、花布、金鉦、黃蠟，隨所有非常貢。其後獻白象，王鄭楹說：「漢文帝卻千里馬，唐太宗罷四方貢獻。我方追蹤隆古，和變庶邦，異物何足為貴。」卻之。[107]

（三）1753 年 7 月，鎮寧酋長向安南進獻方物。

（四）1755 年 5 月，鎮寧向安南進貢。

（五）盆蠻向安南進貢，又請六年一貢，要求哀牢使不能經過其境。議以蠻俗不足深責，但令面詰其使。使歸報蛇盆，自今三年一貢，書其姓名，

---

102. [清] 慶桂等撰，**大清高宗純（乾隆）皇帝實錄**（二十三），卷一千一百五十一，頁 3-4。
103. **清史稿校註**，第一冊，卷十四，本紀十四，高宗本紀五，頁 511。
104. [清] 慶桂等撰，**大清高宗純（乾隆）皇帝實錄**（二十四），卷一千二百二，頁 16。
105. **清史稿校註**，第十五冊，卷五百三十四，列傳三百十四，屬國傳二，越南，頁 12097。
106. [越] 吳士連、范公著、黎僖等撰，**大越史記全書**，續編，卷之四，黎皇朝紀顯宗永皇帝（下）條。
107. [越] 吳士連、范公著、黎僖等撰，**大越史記全書**，續編，卷之四，黎皇朝紀顯宗永皇帝（下）條。

貢道照舊。

（六）1756 年正月，哀牢向安南進貢。以前哀牢貢道是經過鎮寧達義安，其使頗有煩言，蛇盆亦感到辛苦，因為貢路阻斷十餘年，蛇盆向安南通報，遣皐州酋慰諭哀牢。以後哀牢使自皐州來，經由蛇盆回去。蛇盆請求安南軍保衛和給酒食，免為哀牢使所苦。王鄭橪同意給予，為省驛遞數量，戒哀牢使不得再侵擾蛇盆。

（七）1756 年閏 11 月，鎮寧驛說：「境內事權，不在蛇官，皆其臣扞飛剛脅制，致牢使歸路，久未得達。」命義安鎮將和解之，賜哀牢國書。時，哀牢奏書言土貢促數，又國有白象二，請遣官擇其一，併與貴貨進納，表示鎮寧長期以來阻梗貢路。願安南派兵究問，本國亦遣兵相會。王鄭橪以蠻情反覆，欲以恩義懷遠，乃賜其酋書，諭以貢物，聽隨所宜。白象許自擇獻，貴貨且留為國寶。已遣使諭鎮寧，不要阻撓哀牢貢使，彼此和睦，毋起爭端。[108]

（八）1759 年 3 月，樂凡向安南進貢方物。

（九）1760 年 9 月，哀牢鄭皐向安南進貢方物。

（十）1771 年 4 月，牢龕向安南進貢。牢龕，哀牢別類，在興化邊界，職貢久不至，至是始通。

10 月，哀牢向安南進貢。

（十一）1772 年正月，哀牢向安南進貢。

（十二）1776 年正月，樂凡國向安南進貢。久不通職貢。至是，遣其臣招已科等，將方物雄象，因歸合州請朝京，許之。[109]

十七、黎潛帝（1786 年 7 月—1789 年 1 月）

內政

黎思謙，又諱黎維祁，故太子黎維禕長子，顯宗嫡孫。在位三年，流亡清朝，死於北京。

---

108. [越] 吳士連、范公著、黎僖等撰，**大越史記全書**，續編，卷之四，黎皇朝紀顯宗永皇帝（下）條。
109. [越] 吳士連、范公著、黎僖等撰，**大越史記全書**，續編，卷之四，黎皇朝紀顯宗永皇帝（下）條。

（一）1787 年 3 月，據阮有整之建議，大肆搜括天下寺觀銅鐘銅像鑄錢。

命皇親袄郡公黎維袄、平章事陳功燦、戶科給事中吳儒等入富春，請歸還義安之地。先是，阮文惠南歸，猶留別將睿郡公鎮守義安。睿郡公陰懷異志，阮有整以為義安可圖，奏黎潛帝遣使致函阮文惠，請還其地，乃遣陳功燦等往。阮文惠見信大怒，將陳功燦等關在監獄，尋令投入江中。

初置制科，錄取陳伯覽、陳嘉吉 2 名，賜同制科出身。

4 月，西山阮文岳僭稱皇帝，居歸仁城。阮文岳於戊戌年（1778），僭稱天子，改元泰德，至是稱帝。其弟阮文惠從越北回到南方，擁兵攻阮文岳，遂割據廣南，居富春城，稱北平王。

8 月，黎潛帝懷疑阮有整威權太盛，與內翰黎春治、吳為貴等陰謀召阮有整入便殿議事，欲趁便毒殺他。內翰武楨進諫反對，計謀才停止。阮有整知道此事，益恨鄙視黎潛帝，於是比照王府，大造宅第，自後不復上朝。

9 月，阮文惠召阮有整回富春，阮有整以四鎮未安寧為理由，拒赴順化。阮文惠乃遣其將武文仕北伐。阮有整聽聞此一消息，派遣阮遹回鎮清華，收兵拒敵。

10 月，會試天下貢士於五龍樓。11 月，舉行廷試。

黎潛帝命阮有整統總天下兵馬，授節鉞，出師討西山軍。阮有整派其子沛亭侯阮有攸出師討西山軍，結果阮有攸軍大潰，奔回珠橋。阮有整見阮有攸兵敗，返回東京，挾帝夜渡珥河（即紅河），駐蹕嘉瑞。皇太后、妃嬪等惶遽從駕，京北大亂。阮有整挾帝至如鐵。武文仕入京城，派部將阮文和追阮有整。阮有攸與阮文和戰，死於陣。阮有整亦被逮捕，檻送回京，武文仕數其罪，將其屍解。

12 月，黎潛帝奔保祿，依靠豪目阮令俊。阮令俊率安勇七總民丁，守月德江，武文仕遣兵攻破之。黎潛帝復奔嘉定，投靠土豪陳光珠，以陳光珠行京北鎮守，封瑤郡公。

（二）1788 年 1 月，黎潛帝北上至海陽諸縣，兵敗南行航海。阮有整故將黃日選駐師於山南，聽說黎潛帝航海，發舟師迎之。黎潛帝遂駐蹕真定，以張登摸家為行在。3 月，黃日選督水師，進次金洞，護黎潛帝駕。西山軍

武文仕派吳文楚攻黃曰選於赤藤。黃曰選敗績，奉帝出海逃亡，西山軍追獲黃曰選，斬之。黎湣帝奔清華。

阮文惠引兵至昇龍，殺其將武文仕。時武文仕動員大量民丁，修築大羅城（河內）。吳文楚與武文仕有嫌隙，誣告武文仕謀反。阮文惠素忌武文仕才，即親來殺之，而以吳文楚代領其眾，守昇龍城。阮文惠復回富春，召故黎文臣吳時任、潘輝益、寧遜、阮嘉璠、阮瑜、阮伯瓓等 6 人。以吳時任、潘輝益回到南部，而留寧遜等隨吳文楚。

5 月，黎湣帝又到京北，駐蹕於諒江。以參知瑤溪侯范廷璵家為行在，遣陳名案、黎維亶奉書前往清朝求援。他們前往南寧，半途而還。

皇太后奔高平斗奧隘，派督同阮輝宿（參從阮公案之子），投書龍憑請求援助。於是兩廣總督孫士毅、巡撫孫永清、左江楊雄業請阮輝宿及太后、從臣黎侗、黃益曉、范廷懽、阮國棟、阮廷枚等人說明，他們說：「南兵占據都城，帝播遷於外，規圖恢復。若得中朝來援，中興指可成。」孫士毅將此情狀上奏於清乾隆帝，請發檄以復黎為名，討西山軍。乾隆帝同意。孫士毅乃諭請宣光、興安、太原、諒山及四鎮豪目召募義勇，刻期迎師，找尋嗣孫復國。檄到，遠近響應。西山軍將領吳文楚則悉召故黎文武，以崇公黎維禚名投書清朝兩廣總督，為緩兵之計。

8 月，西山軍將領吳文楚派遣故黎臣阮衙、陳伯覽、武輝瑨、阮廷寬、黎維瓚、阮登壇等，奉崇公書，叩關投遞清朝兩廣總督。至京北，道路梗阻不得行。

9月，清乾隆帝敕諭孫士毅，面詢阮輝宿等有關安南情形。孫士毅奏：「以為黎嗣奔播（即奔波），朝廷義當拯救。且安南中國故地，復黎之後，因以兵戍之，是存黎而取安南，尤為兩得。」清乾隆帝同意，遣孫士毅率兩廣、雲南、貴州四路大兵出關，使阮輝宿先回，奉嗣孫歸國。

10 月，孫士毅引兵出鎮南關，至諒山，西山軍守將阮文艷退兵，吳文楚派都督潘文璘率諸道兵抗禦清軍。潘文璘至月德江，與清兵隔江對陣。孫士毅駐營三層山，潘文璘夜驅兵渡月德江，偷襲清軍營。至江心，氣溫甚寒，凍不能上，等到登岸，皆為清兵所刺。潘文璘部將 8 人揮刀力戰，死於陣。

潘文璘兵在市梂，不戰自潰。翌旦，清兵大至，渡河前進，東北豪目爭相響應。潘文璘退回昇龍城，吳文楚派水道統領部文真，將水師浮海守汴山，而自率本部兵回清華，在三疊山守禦，馳書告急於阮文惠。

11 月，阮文惠即皇帝位於富春城，改元光中。時，清兵進入安南，阮文惠諸將勸他早正位號，以維繫北河人心。阮文惠乃築壇於御屏山，即位後再出師。清兵至京城，阮輝宿等奉黎湣帝回昇龍城。孫士毅宣讀清乾隆帝敕書，封黎湣帝為安南國王，賜國王金印，其制敕略曰：「披一十六道之提封，原非利其土地，遡二百餘年之朝貢，能不念其祖宗。」

黎湣帝初復國，王朝舊官吏，紛紛來歸，但分官職務時，特重跟著他流亡者，故舊豪傑並不收錄，於是人心解體，不樂為用。阮輝宿奉皇太后至昇龍，太后見黎湣帝所為乖戾，憤怒的說：「國家能經幾番恩讎破壞，亡無日矣。」號泣不肯入宮。在阮輝宿之勸解下，她才入宮。阮輝宿因為有衛駕之功，加兵部左侍郎同平章事。[110]

阮文惠兵至清華，先馳書給孫士毅，佯為卑辭冒罪，檄報阮文惠回師順化，靜聽處分。初，孫士毅出關，順利進占昇龍城，有輕敵心。他以鞏固昇龍城防禦為考慮，而沒有想出兵追剿在南方的西山軍。清化、義安的起義者，請他進軍南方，他一概拒絕，因為路途遙遠，補給不易。「時阮惠已遁歸富春，孫士毅謀造船追討。孫永清奏言：『廣南距黎都又二千里，用兵萬人，設糧站需運夫十萬，與鎮南關至黎城等。』帝以安南殘破空虛，且黎氏累世孱弱，其興廢未必非運數也。既道遠餉艱，無曠日老師代其搜捕之理，詔即班師入關。而孫士毅貪俘擄阮文惠為功，師不即班，又輕敵，不設備，散遣土軍義勇，懸軍黎城（河內）月餘。阮氏諜知虛實，歲暮傾巢出襲國都，偽為來降者，士毅等信其誑詞，晏然不知也。」[111]

及至清乾隆帝詔命他進兵，須盡復黎王土地，方得旋師，他才開始計畫。阮文惠從富春出兵，邊行邊募兵，至清華時軍隊已有 8 萬餘，誓師於壽鶴，然後快速北伐，軍至山南，就致書詆毀孫士毅為孫狂生。孫士毅遂遣兵分屯

110. [越] 吳士連、范公著、黎僖等撰，**大越史記全書**，續編，卷之五，黎皇朝紀愍帝條。
111. **清史稿校註**，第十五冊，卷五百三十四，列傳三百十四，屬國傳二，越南，頁 12097-12099。

上福、青池，以捍衛昇龍，擇開年正月五日出師。

（三）1789年正月，西山軍至上福，每遇清兵戰就敗，清兵很容易就打勝。初5日天未明，阮文惠親自督戰，以雄象百餘居前，勁兵隨之。大戰良久，清騎兵所乘馬見象，皆嘶鳴反走，步兵為象所踩。乃入守柵，放烏鎗，西山軍冒著子彈驅象，拔壘而入，清許世亨提督、總兵張朝龍皆戰死，諸軍大潰。孫士毅將中軍發行在道，得敗信，乃下令撤兵北渡，過浮橋，橋斷，死者數百人。正月初7日，黎維祁密令人迎太后元子一起避至中國境內，暫送南寧安頓，黎朝遂亡。

黎朝重要著作

黎朝從黎利於1428年建國到黎維祁於1789年亡國，前後共三百六十一年，重視教育和文官考試，因此，人才輩出，重要的著作，有黎太祖御制**藍山錄**三卷、黎太宗的**律書**六卷、黎聖宗的**皇朝官制**六卷、**南天餘暇**一百卷、**仕官箴規**二卷、襄翼帝撰的**治平寶範**一卷、阮薦撰的**軍中詞命集**一卷、**南國地輿**二卷、胡士楊撰**中興實錄**二卷、胡尚書的**家禮**二卷、鄧廷相撰的**古規訓錄**二卷、鄭炎撰的**皇黎玉譜**二卷、**景興刊定百司職掌**一卷、**國朝條律**六卷、**勘訟條例**二卷、**國朝善政集**七卷、**善政續集**八卷、裴輝璧撰的**國朝政典錄**七卷、鄧泰坊撰的**周易國音解義**二卷、黎貴惇撰的**易經膚說**六卷、**書經演義**三卷、**撫邊雜錄**七卷、**芸臺類語**四卷、**見聞小錄**三卷、**名臣錄**二卷、吳辰仕撰的**越史標案**十卷、**保障弘謨**一卷、吳辰王撰的**春秋管見**十二卷、**海陽志略**四卷、**邦交錄**二卷、楊文安撰的**烏州近錄**六卷、阮嶼撰的**傳奇漫錄**四卷（**阮氏點續**一卷）、武芳提撰的**公餘捷記**一卷、潘維藩撰的**高平錄**三卷、阮演齋撰的**傳聞新錄**一卷、吳辰佽撰的**安南一統志**一卷（吳辰悠續二卷）、裴楊瀝撰的**裴家訓孩**一卷、潘輝注撰的**歷朝憲章**十四卷。從以上可知，黎朝文風很盛，學人著作豐富。

第二節　占城的衰亡

968 年，丁部領建大瞿越國，不久，丁部領死，吳權之子吳日慶借兵占城，企圖復國。占王出兵相助，舟船遇風傾覆，占王僅以身免，單船回國。980 年，黎朝興，黎桓遣使占城，企圖通好，占王扣押來使，招問罪之師，首都失陷，國王被殺。

由於黎朝勢力日益增強，意圖侵占占城，占王於 985 年遣使入宋，訴為交州（大瞿越）所攻，請求援助，宋太宗「詔答以保國睦鄰」，但安南和真臘帝國都是新興勢利，占城無法「保國睦鄰」。

1010 年，越南李朝興起，1020 年，李朝興兵侵占城，攻布政寨，抵龍鼻山（今廣平），迫占王臣服。1044 年，李朝又大舉侵占城，陷京城，斬占王乍鬥，殺害占人無數。1069 年，李朝又一次大舉侵占，陷其都，虜其王，迫令占城割讓布政、麻令、地哩三州，此後占城國力轉弱。

占王企圖聯合真臘，收復失地，1132 年，占王與真臘吳哥王朝國王蘇利耶跋摩二世聯合出兵攻越，失利。

1145 年，蘇利耶跋摩二世與占城失和，攻陷占城首都統治占城四年。1149 年，占城闍耶訶黎跋摩一世復國成功。1167 年，闍耶因陀羅跋摩四世（即鄒亞娜）即位時，實行親越侵柬政策，1177 年出兵吳哥大掠而歸。

經過數年的休整，吳哥王朝恢復國力，於 1190 年對占城進行報復，攻下佛逝（Vijaya，闍槃城，今歸仁），俘虜鄒亞娜，分占城為兩國，一以佛逝為首都，由真臘王子統治；一以羅闍補羅為首都，由占人為王，號蘇利耶跋摩，治賓童龍，作為真臘的附庸。

1192 年，蘇利耶跋摩驅逐真臘王子，統一占城，恢復獨立，真臘王以兵伐之，失敗；1194 年，再伐，又敗。1203 年，真臘三攻占城，大獲全勝。1203—1220 年，占城又在真臘統治之下，亡國達十七年之久。1220 年，羅斛興起，真臘西境受到威脅，從占城退兵，占城再次獨立。

1225 年，越南陳朝建立，1252 年，陳太宗出兵侵占城，擄去占城王后及大批宮嬪大臣。後來元兵入侵，強敵當前，占、越關係緩和。1288 年，元兵

第三次入侵失敗，陳仁宗訪問占城，許之以女，結秦晉之好。1306 年，占王制旻娶越女玄珍公主，越得占城烏、厘兩州以為聘禮。

但占人不忘所失兩州，要求歸還，陳英宗怒，1312 年伐占城，虜占王制至，立其弟為西侯，攝行國事。另封制至為「效忠王」，後又改為「效順王」。

1360 年，制蓬峨（或寫為制蓬莪）登基，整軍經武，1368 年要求陳朝歸還化州，陳朝拒絕，於是制蓬峨出兵擊化州，破越兵。1371 年陷昇龍。1372 年，打敗陳朝侵略軍，殺陳朝國王睿宗，再陷昇龍。1378 年，制蓬峨三克昇龍。

1390 年，制蓬峨又率師北伐，為叛將出賣，不幸陣亡，國勢衰弱。1401—1402 年，安南兩次侵略占城，侵略占洞（廣南）和古壘洞（廣義），把兩地劃分為升、華、思、義四個州，歸一個安撫使統治。

由於占城在永樂二年（1404）8 月向明朝求援，明成祖乃派 9 艘戰船前往占城，而安南正命杜滿率 20 萬大軍，9 月，師行至闍盤城（歸仁），圍攻不下，軍食不繼，又遇明朝舟師，明軍鳴鑼命安南舟師返棹，安南舟師遂歸。安南主將因之遭處罰。[112]

1471 年，後黎王朝大舉征伐，占領占城首都，占城被劃分為占城、華英、南蟠三國。占城王國瓦解。占城殘餘勢力退至賓童龍一帶，另有一部分信奉回教的占人退至越南和柬埔寨邊境，至今仍信奉回教。

1672 年，占城的領地為阮主侵占，改名為順城營，後來改為平順府。阮主也將勢力伸展到柬埔寨。1673 年，柬埔寨發生王位繼承戰爭，阮主進行干涉，柬國分裂為二，一是以烏東為中心，一是以西貢為中心，後來西貢的統治者安農被迫承認阮主的宗主權，西貢落入阮主的勢力範圍。

第三節　南朝廣南國之興起

一、阮太祖嘉裕皇帝（1558 年 10 月—1593 年 5 月，1600 年 5 月—1612 年 6 月）

---

112. [法] 馬司培羅著，馮承鈞譯，**占婆史**，頁 103。該書引自**大越史記全書**，卷八。

阮潢，肇祖靖皇帝阮淦第二子。

（一）嘉靖三十七年（黎正治元年，1558年）10月，阮潢請其姐姐阮玉寶向鄭檢求領順化，鄭檢同意，黎帝也同意，授其鎮節，所有政務委之阮潢，只要貢年稅而已。阮潢收用豪傑、輕徭薄賦，歸附人數愈來愈多。黎正治十一年（1568）3月，廣南總鎮裴佐漢去世，阮伯駰繼任。黎正治十二年（1569）9月，阮潢到清華謁見黎帝，1570年1月從西都回到順化，黎帝召阮伯駰鎮守義安，阮潢兼領順化和廣南二處，佩總鎮將軍印，置軍號雄義營。[113] 廣南是當時對峴港及其附近地區之稱呼。

（二）1573年，黎維潭遣使齎敕阮潢，晉升為太傅，令貯粟實邊，其羨餘錢，歲代白金400斤、帛500疋。

（三）1593年4月，黎帝回到東都。5月，阮潢率舟師到東都見黎帝，黎帝封他為中軍都督府左都督，掌府事太尉端國公。阮潢遂在東都任官。

（四）1599年8月，黎帝崩，次子黎維新立，改元慎德，晉封阮潢為右相。

（五）1600年5月，阮潢從東都回到順化。在過去八年，阮潢在東都出任官職，四處征伐，功高而遭鄭檢疑忌，剛好黎將潘彥、吳廷峨、裴文奎在南定大安海口造反，黎帝派遣阮潢率軍進討，阮潢遂率其將士和船隻由海道回到順化，留其五子阮海、皇孫阮淲在東都為人質。此時謠傳阮潢將進軍西都，鄭松遂挾黎維新至西都，以鞏固西都。行至安山縣，阮海對黎帝說，他父親回到順化，沒有異心，只是想保守境土。黎帝聽後始放心，乃返回東都。阮潢為了釋疑，於是向黎帝進貢，又致書鄭松，願意結秦晉之好。同年10月，阮潢將其女兒玉秀嫁給鄭松長子鄭梐。[114]

（六）1601年6月，阮潢到香江附近觀覽形勝，覺得天姥山形勢如龍首回顧，當地土人傳言該山岡甚為靈異，相傳有一老嫗紅衣綠裙坐在山岡上，該老嫗說將來會有真主來此立寺，聚靈氣，固龍脈，說完後，該老嫗就不見了。故該山稱為天姥山。阮潢遂在該山岡建天姥寺，[115] 至今尚存。

---

113. [越] 張登桂等纂，**大南寔錄**，第一冊，前編，卷一，頁8。
114. [越] 張登桂等纂，**大南寔錄**，第一冊，前編，卷一，頁19-20。
115. [越] 張登桂等纂，**大南寔錄**，第一冊，前編，卷一，頁20。

（七）1602 年，占城遣使通好。

（八）1612 年 6 月，阮潢崩，在位五十六年，壽八十九。由第六子阮源繼位。

二、阮熙宗（1612 年 6 月—1635 年 10 月）

（一）阮源是為阮熙宗。他進行修城、設關汛，撫循軍民，深受愛戴，時稱佛主，自是始稱國姓為阮福氏。

（二）明朝萬曆四十七年（1619）5 月，鄭松殺黎維新，而立其子黎維祺為帝，改元永祚。當時鄭松子鄭椿陰謀殺鄭松，事發審問，黎維新涉嫌參與，因此鄭松乃使其子鄭梉與內監裴仕林逼帝絞殺之，廢黎椿為庶人。[116]

（三）明朝泰昌元年（永祚二年，1620 年）春，阮潢第七子阮掌奇、第八子阮洽澤陰謀反叛，密謀與鄭梉裏應外合，遭平亂後，囚禁獄中。由於鄭梉無故出兵，阮源從此後不向黎帝進貢。

（四）明朝天啟三年（永祚五年，1623 年）6 月，鄭松病危，次子鄭椿作亂，放火燒東都，鄭松遷至青春館，死於路上，由長子鄭梉繼位。阮源聽說鄭松死，對諸將說，鄭松無君，鄭椿無父，天道有報應，誠不假也。然後命發砲及大聲高喊各三聲。當時文官阮有鎰對此一作法提出質疑，阮源認為阮有鎰年僅十六歲，有事理未明之處，令交由其父訓誨。明朝天啟六年（1626）6 月，召阮有鎰恢復官職，入參機務。[117]

（五）由於阮源不向黎帝進貢，鄭梉想舉兵南侵，又恐沒有藉口，於是在明朝天啟七年（1627）1 月派遣黎大任奉黎帝敕諭，要求阮源遣子入侍，且索雄象 30 匹、海導船 30 艘，以準備對明國朝貢。阮源說：「明朝貢例只有黃金、琦瑚而已，今正式額外要求，未敢應允。我的兒子目前正在修繕軍器、修邊防，假以數年再朝觀，也未晚。」黎大任又說依據鄭王妃之意思，要求阮洽澤之子入宮服侍。阮源不同意，因此鄭梉在 3 月出兵南侵，結果敗退。

（六）鄭梉本欲再度南侵，其臣阮名世說，南方君臣和睦、國富兵強，南侵時機不妥，不如給予加官進爵，命其率師伐高平，若不聽命，再派兵才

---

117. [越] 張登桂等纂，**大南寔錄**，第一冊，前編，卷二，頁 4。
118. [越] 張登桂等纂，**大南寔錄**，第一冊，前編，卷二，頁 7、9。

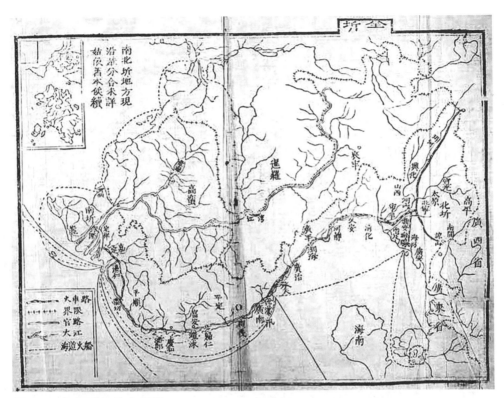

圖 6-1：十九世紀越南地圖
資料來源：[越] 高春育、劉德稱、陳燦編纂，**大南一統志（電子版）**，順化，1909 年，
頁 20。收錄在漢喃古籍文獻典藏數位化計畫。

能師出有名。於是在 1629 年 10 月派吏部尚書阮克明前往順化，晉封阮源為
節制順化、廣南二處水步諸營兼總內外平章軍國重事太傅國公，並催促他前
往東都接旨進討高平。阮源為了緩和與鄭梉之緊張關係，以及戰備不足，故
暫為接受晉封，以卻其疑。阮源隨後從長育山下到海邊建築長育壘，以防阻
鄭軍南下。

　　（七）鄭梉見阮源沒有束裝前往京師之意，在 1633 年 12 月挾黎帝自統
水步大軍進抵日麗海口，結果兵敗，引兵還。

　　（八）1635 年 10 月，黎帝改元陽和。阮源崩，在位二十二年，壽
七十三。由阮福瀾繼位，是為阮神宗。

三、阮神宗（1635 年 10 月—1648 年 2 月）

（一）1643 年 2 月，鄭楧派兵進攻南布政州，進抵日麗海口。3 月，鄭楧挾黎帝進至南布政州安排社，因天熱，鄭兵多病死，鄭楧遂引兵還。10 月，黎帝禪位給黎維祐，改元福泰。

（二）1646 年 7 月，訂九年一試法，令正途（指考字喃）、華文（漢文）士子齊就公府應試，正途考三天，第一天考四六；第二天考詩賦；第三天考策問。以文職知府、知縣，初考該簿、記錄，衙衛監考，內左、內右、外左、外右監試。考中者，彙冊以進。定甲乙丙三項，甲項為監生，補知府知縣。乙項為生徒，補訓導。丙項亦為生徒，補禮生或准饒學（指正途和華文兩種考試稱為饒學）滿代（指由通過饒學考試者代理職務）。華文也考三天，各寫詩一律，考中者，亦分三項補舍，差令史將臣吏三司，及准饒學，謂之秋圍會試。[118]

（三）1647 年 8 月，初開試科取正途，中格 7 人，華文中格 24 人，皆擢用之。

（四）1648 年 1 月，鄭軍南侵，兵敗退回。2 月，阮神宗崩，在位十三年，壽四十八。由二子阮福瀕繼位，是為阮太宗。

四、阮太宗（1648 年 2 月—1687 年 3 月）

內政

（一）1649 年 11 月，阮福瀕遣使到東都，鄭參聽從阮惟時的意見，向鄭楧進言，阮主與鄭家有兩代的姻親關係，今其使節來，宜慰納之，鄭楧遂厚待使節。

（二）1655 年 2 月，鄭將鄭檮派遣北布政州守將范必全縱兵過界河（瀘江），阮福瀕遂決定北伐，鄭檮左臂受箭傷，乃退回界河以北。鄭楧召回鄭檮，鄭檮因傷重死於路上。5 月，鄭楧再度派兵南下，雙方鏖戰數月，持續

---

118. [越] 張登桂等纂，**大南寔錄**，第一冊，前編，卷三，頁 10-11。

至 1657 年 4 月鄭梉死才告暫停。鄭梉死，由鄭柞繼位。順化諸將認為北方鄭梉死情況有變，應趁機北伐。阮福瀕不願伐人之喪，還遣使弔唁，誠乃君子之爭也。

（三）1658 年 1 月，黎帝改元永壽。該年以後，阮主與鄭主繼續戰爭。

12 月，阮軍與鄭軍戰於循禮，阮軍失利。

（四）1659 年 3 月，開試科取正途，中格 5 人，華文中格 15 人。

8 月，阮軍阮有進引兵渡過三制江，攻鄭軍，敗之。1660 年 12 月，鄭柞挾黎帝至扶路，派鄭根督軍三道渡瀟江，相持於雲澤壘門。隔年 2 月，阮軍逐退鄭軍回瀟江以北。9 月，黎帝改元萬慶。黎帝崩，太子黎維禑立，改元景治。

（五）1671 年 11 月，黎維禑崩，弟黎維禬立，改元陽德。

（六）1672 年 6 月，鄭柞挾黎帝率兵 10 萬南侵，至 12 月，鄭柞以連月攻鎮寧不下，且地濕寒冷，士卒難久留，乃請黎帝回駐扶路，後又退兵，以瀟江為界，自是南北休兵。江之南稱為南河，江之北稱為北河。

（七）1675 年 4 月，黎帝崩，弟黎維祫繼位，改元永治。

4 月，開試科取正途，中格 4 人，華文中格 17 人。又試探訪，取中格 7 人，其法試一日問以兵民情狀及黎鄭（北朝）之事，錄取者補舍差司。探訪之試，始於此。[119]

（八）1679 年 2 月，試饒學，命停止試正途士子，不考華文，首合陳廷恩諫曰：「國朝試士，儒吏並取，均為國家之用，今不許華文預試，恐非先朝廣育人才之意。」上不聽。[120]

（九）1683 年 3 月，開試科取正途，中格 4 人，華文中格 34 人。探訪中格 4 人。1684 年 2 月，罷選場饒學試法，令正途士子有文學者待科期。群臣請遵舊制。上不聽。

（十）1687 年 3 月，阮太宗崩，在位三十九年，壽六十八。由二子阮福溱繼位，是為阮英宗。

---

119. [越] 張登桂等纂，**大南寔錄**，第一冊，前編，卷五，頁 19。

120. [越] 張登桂等纂，**大南寔錄**，第一冊，前編，卷五，頁 23。

與柬埔寨的關係

（一）1658 年 9 月，真臘國王匿蜍禛入侵鎮邊營，阮福瀕命鎮邊副將尊室燕率兵 3,000 至興福城（屬邊和省福正縣），擒匿蜍禛。阮福瀕赦免其罪，護送其回國，令為藩臣，歲貢阮主。[121] 真臘國成為廣南國的朝貢國。

（二）1674 年 2 月，命泰康營（今平和鎮）芽莊道該奇楊林將兵救真臘。先是真臘匿烏苔謀反，作浮橋鐵鎖，築南榮城（今金邊），猶畏其主匿嫩，未敢動，乃陰求援於暹羅，聲言暹王發步兵 2 萬，水兵 2,000，象馬 1,000，來問匿嫩拒命之罪，匿嫩大懼，奔泰康營，臣以聞。阮太宗表示，匿嫩為藩臣，不可不救，乃派楊林率兵攻柴棍（西貢），斷其浮橋、鐵鎖，直進圍南榮城。匿烏苔走死，匿秋詣軍門降。朝議以匿秋嫡派封為正國王，駐守在龍澳城，匿嫩為二國王，駐守在柴棍城，同理國政，歲奉朝貢，真臘遂平。[122] 升楊林為泰康鎮安防禦邊務。

（三）1679 年 1 月，「故明將龍門總兵楊彥迪、副將黃進、高雷廉總兵陳上川、副將陳安平率兵三千餘人、戰船五十餘艘投思容、沱灢（即峴港）海口，自陳以明國遺臣，義不事清，故來，願為臣僕。時議以彼異俗殊音，猝難任使，而窮逼來歸，不忍拒絕。真臘國東浦（嘉定古別名）地方沃野千里，朝廷未暇經理，不如因彼之力，使闢地以居，一舉而三得也。上從之，乃宴勞嘉獎，仍各授以官職，令往東浦居之。又告諭真臘，以示無外之意。楊彥迪等詣闕謝恩而行。楊彥迪、黃進兵船駛往雷𩵗（今屬嘉定）海口，駐紮于美湫（今屬定祥），陳上川、陳安平兵船駛往芹蒢海口，駐紮於盤轔（今屬邊和），闢閒地，構舖舍。清人及西洋、日本、闍婆諸國商船湊集，由是漢風漸漬於東浦矣。」[123]

阮主利用華人控制湄公河三角洲地帶，然後逐步將之納入其行政管轄範圍內。越南勢力南下，華人為之開路拓展，貢獻卓著。

---

121. [越] 張登桂等纂，**大南寔錄**，第一冊，前編，卷四，頁 22-23。
122. [越] 張登桂等纂，**大南寔錄**，第一冊，前編，卷五，頁 17-18。
123. [越] 張登桂等纂，**大南寔錄**，第一冊，前編，卷五，頁 22-23。

五、阮英宗（1687 年 3 月—1692 年 1 月）

內政

（一）1690 年 1 月，命文武官閱選，復令正途及華文士子就選場應試。國初選期合試正途、華文，謂之饒學。太宗晚年止許正途應試，華文不得預，其後並罷之。上欲培養人才，復申舊制，於是多士聞風莫不鼓勵。[124]

（二）1692 年 1 月，阮英宗崩，在位四年，壽四十三。由長子阮福澗繼位，是為阮顯宗。

與柬埔寨的關係

（一）1687 年 11 月，真臘正國王匿秋、二王匿嫩遣其臣屋牙瀝多施那到順化進香。

（二）1689 年 6 月，「龍門副將黃進殺其主將楊彥迪於美湫海口，自稱奮勇虎威將軍，統龍門餘眾，移屯難溪（今屬定祥建和縣）。據險築壘、鑄大礮、繕戰船，縱兵擄掠，真臘正國王匿秋怨之，與其臣屋牙貢沙謀，乃絕職貢，築碧堆，求南南榮三壘，貫鐵鎖於江口，為固守計。二王匿嫩知其陰謀，向鎮邊營報告，副將枚萬龍呈報阮主。阮主以枚萬龍率軍討真臘，令黃進為先鋒，受萬龍節制。隔年正月，萬龍軍至美湫海口，次於岑溪（今屬定祥建登縣），遣人赴難溪，召黃進率所部詣軍。[125]

1690 年 1 月，匿秋聽說阮主出兵，於是派有口才的美女占遙律前往拜見黃進，說將軍居住真臘有多年，古人說吃人一口飯必報恩。黃進說阮主的目標是取黃進，再取真臘，他不會中計，你匿秋回去告訴國王。枚萬龍數次催促黃進合軍攻真臘，均遭拒絕。文通出計謀，說黃進甚重有聲望的張老爺，可易妝為張老爺去見黃進。於是文通乃易妝，黃進接見，文通遊說黃進先與枚萬龍會面，再圖進取。黃進謀士霍生表示，他聽說張老爺寡言，但此人言語便捷，可能是枚萬龍的說客，請不要相信他。黃進沒有接受，遂應約乘舟

---

124. [越] 張登桂等纂，**大南寔錄**，第一冊，前編，卷六，頁 7。
125. [越] 張登桂等纂，**大南寔錄**，第一冊，前編，卷六，頁 5-7。

去見枚萬龍，結果在半路上遭伏兵襲擊，黃進逃往雷龖海口，枚萬龍軍入其壘寨，斬黃進妻子。召集龍門餘眾，由楊彥迪部下陳上川管領，為先鋒，趁勝進攻真臘，匿秋退保龍澳城。匿秋以美女占遙律及金帛賄賂枚萬龍，雙方和解。枚萬龍屯兵不進，引起眾軍士不滿，該奇阮勝山向阮主告發，於是在8月另以阮有豪替代枚萬龍，進討真臘，枚萬龍被降為庶人。[126]

（三）1691年5月，遣中使告訴阮有豪，真臘匿秋若想要贖罪，須獻雄象50匹、黃金500兩、白金2,000兩、犀角50座，具禮陳謝，方可還師。不然，宜急進剿。阮有豪派人去告訴匿秋，匿秋又派占遙律以牛羊金幣進獻。後匿秋又派人送小象20匹、黃金100兩、白金500兩進獻，阮有豪收納。6月，匿秋又派占遙律以小象10匹、犀角6座、黃金50兩、白金百兩進獻阮有豪，阮有豪仍按兵不動。阮英宗對阮有豪不滿，認為他的罪過與枚萬龍一樣，等他回順化時要治他罪。[127]

六、阮顯宗（1692年1月—1725年4月）

內政

（一）1694年2月，試饒學，取正途，中格133人，華文92人。

8月，復平順府為順城鎮。時勘理繼婆子自陳先代位號一經改革以來，饑饉相仍，民人疾疫者眾，上憫其意，命復為順城鎮，仍以繼婆子為左都督以統之。

11月，封繼婆子為順城鎮蕃王，撫集兵民，歲輸職貢（貢例雄象2隻、黃犢20隻、象牙6枝、犀角10座、白布巾500幅、黃蠟50斤、魚皮200斤、沸沙400簍、白箄500葉、烏木200株、長舟1艘）。前者所獲印劍鞍馬及諸人口悉歸之。[128]

（二）1695年3月，開試科，取正途，中格監生5人、生徒8人。饒學15人、華文中格22人，探訪中格10人。監生補文職知縣，生徒補訓導，饒

---

126. [越] 張登桂等纂，**大南寔錄**，第一冊，前編，卷六，頁9-11、12-13。
127. [越] 張登桂等纂，**大南寔錄**，第一冊，前編，卷六，頁14-16。
128. [越] 張登桂等纂，**大南寔錄**，第一冊，前編，卷七，頁9-10。

學補禮生，華文補將臣吏司、令史司，探訪補舍差司。

8 月，試文職三司於廷，文職試第一四六、第二詩賦、第三策問。舍差司試問，以一歲錢穀出入及決獄之數。將臣吏司、令史司試寫詩一律，廷試始此。[129]

（三）1698 年 2 月，「初置嘉定府。命統率阮有鏡經略真臘，分東浦地，以鹿野處為福隆縣，建鎮邊營（今邊和），柴棍處為新平縣，建藩鎮營（今嘉定）。營各設留守、該簿、紀錄及奇隊、船、水步精兵、屬兵。斥地千里，得戶逾 4 萬，乃招募布政以南流民，以實之。設立社村、坊邑，區別界分，開墾田土。定租庸稅例，攢修丁田簿籍。又以清人來商居鎮邊者，立為清河社，居藩鎮者，立為明香社（明鄉）。於是清商居人悉為編戶矣。」[130]

（四）1699 年秋，查捕花郎道（即天主教），凡屬越人者，加以逮捕，關閉道場，將聖經燒毀，若是西洋人則將之驅逐歸國。[131] 此應是最早鎮壓天主教的紀錄。

（五）1701 年 8 月，開試科試日，御賜題目，取正途，中格監生 4 人、生徒 4 人、饒學 5 人。華文中格 17 人，探訪中格 1 人。監生補知府，生徒補知縣，饒學補訓導，華文探訪補三司。

（六）1705 年 4 月，黎帝傳位於太子黎維禟，改元永盛。尊黎帝為太上皇。

（七）1709 年 12 月王寅，鑄國寶。命吏部同知戈穗書監造寶文，刻「大越國阮主永鎮之寶」。是年鑄成，闕後列聖相傳，奉為國寶。迨睿宗孝定皇帝甫幸，亦奉寶以行。[132]

（八）1725 年 4 月，阮顯宗崩，在位三十四年，壽五十一，有子女 146 人。長子阮福澍繼位，是為阮肅宗。

---

129. [越] 張登桂等纂，**大南寔錄**，第一冊，前編，卷七，頁 10。
130. [越] 張登桂等纂，**大南寔錄**，第一冊，前編，卷七，頁 14。
131. [越] 鄭懷德，**嘉定通志**，無出版地、公司和年代，越南，頁 6。收錄在漢喃古籍文獻典藏數位化計畫。
132. [越] 張登桂等纂，**大南寔錄**，第一冊，前編，卷八，頁 7。

與清國的關係

康熙四十一年（越南顯宗十一年，1702 年）5 月，廣南國遣黃辰、興徹等齎國書貢品（琦瑀 5 斤 4 兩、生金 1 斤 13 兩 5 錢、象牙 2 支、重 350 斤、花藤 50 枝），前往廣東求封。黃辰、興徹是清國廣東人，從石濂和尚來謁，因而託他們到廣東。剛好有暹羅貢船遭風泊在順化，為之修船、給糧米，他們兩人就搭該船前往廣東。清康熙問其臣意見，都說：「廣南國雄視一方，占城、真臘皆為所併，後必大也。」惟安南猶有黎皇在，不可給廣南冊封，此事遂停。當時清國有船到廣南做生意。[133]

與占城的關係

1692 年 8 月，占城國王婆爭反，聚兵築壘殺掠延寧府居民，平康營呈報。阮主命該奇阮有鏡為統兵，文職阮廷光為參謀，領正營兵及廣南平康兵伐之。隔年 1 月，大敗占城，婆爭棄城逃走。3 月，阮有鏡逮捕婆爭及其臣左茶員繼婆子、親屬娘楣婆恩等人，將其國改名為順城營。8 月，改順城營為平順府，以左茶員繼婆子為勘理，婆恩子三人為提督，提領該府，易衣服，從漢風（指越人風俗），將他們遣還，以撫其民。[134] 占城自此從歷史上消失。

與柬埔寨的關係

（一）1699 年 7 月，真臘匿秋反，築碧堆、南榮、求南諸壘，擾掠商民，龍門將陳上川防駐瀛洲（今屬永隆）。10 月，命阮有鏡率軍征伐真臘，進兵南榮、碧堆壘，匿秋棄城逃走，二王（副王）匿嫩之子匿俺投降。4 月，匿秋投降，乞修職貢。[135]

（二）1705 年 7 月，阮主命正統該奇阮久雲討伐真臘，送匿俺回國。匿俺為匿嫩之子。匿嫩死後，匿秋封匿俺為參的詫膠錘，並以其女嫁之。後匿秋以年老，傳位於其子匿深。匿深懷疑匿俺有圖謀，雙方發生戰爭。匿深請

133. [越] 張登桂等纂，**大南寔錄**，第一冊，前編，卷七，頁 20。
134. [越] 張登桂等纂，**大南寔錄**，第一冊，前編，卷七，頁 4-6。
135. [越] 張登桂等纂，**大南寔錄**，第一冊，前編，卷七，頁 15-16。

暹羅出兵相助，匿俺逃到嘉定，請阮主援救。阮主遂派阮久雲率領嘉定水步
兵進攻匿深，阮久雲至岑溪，遭遇暹兵，大破之。匿深與其弟匿新逃奔到暹
羅。匿俺恢復控制羅壁城〔是位在金邊以北 30 公里的祿兀（Lovek）〕。平
定真臘後，阮久雲墾田於虬澳（在定祥省），築長壘以防禦。[136]

（三）1708 年 8 月，以鄭玖為河僊（又寫為河仙）鎮總兵。鄭玖是廣東
雷州人，明亡後留髮而投效真臘，出任屋牙，見該國柴末府有各國商人輳集，
乃開賭場。致富後招募流民，於富國、芹渤、架溪、隴棋、香澳、哥毛等處（今
屬河僊）。立七社村。當地相傳有仙人出沒河上，因名河僊。鄭玖委其屬張
求、李舍上書阮主求為河僊長。阮主遂授以總兵，鄭玖建立軍隊，駐守在芳
城，人口日益增加。[137]

（四）鄭玖在顯宗二十年（1711）4 月詣闕謝恩，阮主給予厚賞。

10 月，真臘匿深自暹羅還，與屋牙高羅歆謀害匿俺，匿俺使哀牢人匿吹、
盆梓馳報。鎮邊、藩鎮二營請兵赴援，副將阮久雲、總兵陳上川呈報阮主。

（五）1715 年 1 月，陳上川和阮久富率軍進羅壁城，匿深和匿秋遁走。
阮主封匿俺（一名矯葩）為真臘國王。2 月，匿深引暹兵寇河僊，總兵鄭玖
沒有準備，撤退至隴棋，匿深擄掠財物而去。鄭玖重回河僊，築土堡以防禦。
4 月，暹羅遣使齎書，責匿俺啟釁，欲發兵攻匿俺。阮主以所獲兵器給予匿
俺，並還所俘人口，以增強其兵力。匿俺感謝，獻象 6 匹。[138]

七、阮肅宗（1725 年 4 月—1738 年 4 月）

（一）1729 年 4 月，黎帝傳位給太子黎維祊，改元永慶，尊黎帝為太上
皇。

（二）1735 年 5 月，河僊鎮總兵鄭玖卒，贈開鎮上柱國大將軍武毅公。

（三）1736 年 2 月，以鄭玖之子鄭天賜為河僊鎮都督。賜龍牌船 3 艘，
免其徵稅，令出洋採買珍寶以納。又命開鑄錢以通貿易。鄭天賜分置衙屬，

136. [越] 張登桂等纂，**大南寔錄**，第一冊，前編，卷七，頁 25-26。
137. [越] 張登桂等纂，**大南寔錄**，第一冊，前編，卷八，頁 4。
138. [越] 張登桂等纂，**大南寔錄**，第一冊，前編，卷八，頁 22-23。

揀補軍伍、築城堡、廣街市，諸國商旅湊集。又招來文學之士，開招應閣，日與講論唱和，有河僊十詠（1. 金嶼清濤；2. 屏山疊翠；3. 蕭寺晨鐘；4. 江城夜鼓；5. 石洞吞雲；6. 珠巖落鷺；7. 東湖印月；8. 南浦澄波；9. 鹿峙村居；10. 鱸溪漁泊）。自是河僊始知學焉。[139]

10 月，真臘匿俺去世，匿他請命於朝，封匿他為真臘國王。

（四）1737 年 10 月，真臘進貢。

（五）1738 年 4 月，阮肅宗崩，在位十三年，壽四十三。由長子阮福闊繼位，是為阮世宗。

八、阮世宗（1738 年 4 月—1765 年 5 月）

內政

（一）1740 年 1 月，黎朝鄭楹逼其兄鄭橿遜政，不久鄭橿死。5 月，黎帝禪位於侄黎維祧，改元景興。

8 月，更定試法。第一，四六，考中者為饒學，免五年差餘錢。第二，詩賦。第三，經義，考中者，復其身。第四，策問，考中者，為鄉貢，補知府、知縣、訓導。[140]

（二）1765 年 5 月，阮世宗崩，在位二十七年，壽五十二。由第十六子阮福淳繼位，是為阮睿宗。

與外國的關係

（一）1739 年 1 月，鄭天賜初執政，真臘匿盆舉兵攻擊，鄭天賜極力抵抗，其妻阮氏率兵婦運送米食，使軍士有飯吃，將匿盆逐至柴末。阮世宗特授鄭天賜都督將軍，賜紅袍、冠帶，封阮氏為夫人。由是真臘不敢窺河僊。[141]

（二）1748 年 6 月，真臘匿深第二子匿原與高羅歆屋突錄旻引暹羅兵回攻匿他，匿他又逃至嘉定，後病死，匿原遂控制真臘稱王。[142]

---

139. [越] 張登桂等纂，**大南寔錄**，第一冊，前編，卷九，頁 13。
140. [越] 張登桂等纂，**大南寔錄**，第一冊，前編，卷十，頁 3。
141. [越] 張登桂等纂，**大南寔錄**，第一冊，前編，卷十，頁 2。
142. [越] 張登桂等纂，**大南寔錄**，第一冊，前編，卷十，頁 15。

（三）1751 年 10 月，水舍、火舍入貢。二國在南蟠（黎聖尊時攻克占城，立其裔為南蟠國王，割石碑山以西之地界之），之上村落可五十餘，中有婆南山甚高，水王在山之東，火王在山之西。國初，以其界於富安，五年一遣人至其國，賜以物（錦衣帽、銅鍋、鐵鋸及瓷器、盌碟諸物），二國王得賜即備方物（琦瑇、黃蠟、鹿茸、熊腑、雄象）以獻，至是遣使來貢。上厚賜遣之。[143]

（四）1754 年 6 月，嘉定官兵進討貢臘，匿原逃至楓啾。

（五）1755 年 2 月，萬象（即永珍）進貢，萬象介於哀牢、六丸之間。六丸，應是樂凡之別譯。

九、阮睿宗（1765 年 5 月—1777 年 9 月）

內政

（一）1773 年 2 月，西山阮文岳作亂，據歸仁。阮文岳是歸仁符籬縣西山村人，初為下吏（在雲屯擔任巡下吏，因賭負官方錢，回到西山為盜[144]），消沒巡稅，遂與其弟阮文呂、阮文惠共謀入山，憑險為盜，黨夥日眾，占領歸仁府。放出囚徒，驅民為兵。建西山旗號。清商集亭、李才（缺姓）支持西山軍，集亭稱忠義軍，李才稱和義軍。[145]西山軍控制了從廣義到平順一帶。

（二）1774 年 5 月，黎朝派黃五福率軍攻順化。10 月，順化大飢，米 1 合直錢 1 陌，路上有餓殍人家，或至相食。[146]鄭軍渡灢江。12 月，黃五福軍占順化，阮福淳逃到廣南，乘舟出思容海口，隨從兵力不滿 1,000 人。阮福映跟隨其叔父阮福淳流亡，當時僅十四歲。

（三）1775 年 2 月，阮福淳乘舟至嘉定牛渚。鄭天賜率諸子拜謁阮福淳，阮福淳嘉勞之，加都督郡公。

5 月，黃五福派遣宋福洽進攻歸仁，阮文岳派潘文巍等持金幣向黃五福乞降，求為前驅，黃五福許之，授阮文岳為西山長校壯節將軍，令阮有整齎

---

143. [越] 張登桂等纂，**大南寔錄**，第一冊，前編，卷十，頁 19。

144. [越] 吳甲豆，**前引書**，第三冊，秋集，黎，頁 71。

145. [越] 張登桂等纂，**大南寔錄**，第一冊，前編，卷十一，頁 17-18。

146. [越] 張登桂等纂，**大南寔錄**，第一冊，前編，卷十一，頁 22。

敕印旗、劍與之。阮文岳謀立東宮（為阮福淳之孫阮福暘，阮福淳立為世子），以收眾心，乃迎東宮還芃江，並以其女壽香嫁之。屢次請東宮正王位，東宮不許。7 月，阮文惠因攻破福安有功，黃五福授阮文惠為西山校前鋒將軍。10 月，黃五福引兵回富春，後回東都時病死於道。鄭森命裴世達、阮廷棟留守富春。

（四）1776 年 2 月，阮文岳派阮文呂為節制，率水兵攻嘉定，占柴棍（即西貢）。3 月，阮文岳遷東宮於什塔寺，增築闍盤城，僭稱西山王，鑄金印，屢缺，三鑄乃成。阮文惠稱龍驤將軍。5 月，阮福淳克復柴棍。7 月，鄭森下令順化人民衣服改從北河舊俗。10 月，東宮秘密從歸仁海口搭船逃到柴棍，脫離阮文岳之控制。11 月，李才奉東宮還柴棍。阮睿宗大會文武，禪位給東宮，稱新政王。

（五）1777 年 1 月，鄭森授阮文岳為廣南鎮守、宣慰大使。鄭森使范吳俅等酌定順化租稅、兵額，租減十之二，兵減三之一。又開鄉試場，取中鄉貢、生徒，以收文學之士。[147]

3 月，阮文惠率水步軍攻柴棍，新政王撤至鎮邊，又退至定祥省的茶津。阮睿宗退至芹苴，與鄭天賜會合。阮文惠控制柴棍。8 月，新政王戰死。9 月，阮文惠軍至龍川，殺阮睿宗。阮睿宗在位十二年，壽二十四歲，無嗣。

與暹羅和真臘的關係

（一）1768 年 8 月，暹羅茫薩長（官名）鄭國英（鄭信）自立為王，鄭國英是清國潮州人，其父名偓，流寓暹羅，為茫薩長。鄭偓死，鄭國英襲職，號丕雅（爵號）新（Phya Taksin），乘暹國空虛，遂起兵襲取其地，自稱國王。要求真臘進貢，真臘國王匿尊以丕雅新非暹羅世系，不納。[148]

（二）1776 年 10 月，匿尊禪位給其弟匿榮為正王，自為二王，匿榮因廣南國有事，而不供職貢，阮世祖（阮福映）奉上命，率副節制阮久俊、掌奇張福慎等將兵伐之，匿榮請降。

---

147. [越] 張登桂等纂，**大南寔錄**，第一冊，前編，卷十二，頁 16。
148. [越] 張登桂等纂，**大南寔錄**，第一冊，前編，卷十一，頁 7-8。

第四節　西山政權的崛起

　　1771 年，位在歸仁府西山（Tay Son）邑的農民在阮岳（阮文岳）、阮惠（阮文惠）和阮呂（阮文呂）三兄弟之領導下揭竿而起，他們反抗廣南阮主的統治，獲得數十萬農民響應。1773 年，起義軍攻占平定省的重要城市歸仁、廣義和會安等地，包圍阮福淳所在的富春（順化）。北方鄭氏趁南方阮主之危，派遣大將黃五福率兵南下。阮福淳在 1774 年 12 月帶著侄兒阮福映和殘兵敗將 1,000 人逃出富春，乘船南行到柴棍（西貢）。黃五福入占富春。隨後西山軍進攻富春，敗北後退回歸仁。

　　1775 年初，阮福淳從富春逃亡海上，剩殘兵 1,000 人，途中又遇風暴，沉船數隻。2 月中旬，逃到嘉定、柴棍（西貢），招兵買馬。

　　西山軍在歸仁休整之後，立即對在西貢的阮軍發起進攻。1776 年 2 月，阮文呂率領水軍攻占柴棍，奪走了阮軍的糧食。阮文呂退兵後不久，柴棍為阮福淳攻陷。1777 年 3 月，阮文惠反攻，復奪柴棍。阮福淳逃往嘉定西南的龍川（金邊以南）。9 月，西山軍進擊龍川，阮福淳敗死，西山軍占領龍川，阮文惠大軍凱旋歸仁。留下部分兵力鎮守龍川。1778 年，西山阮文岳稱帝登基，建年號泰德，封阮文呂為節制，阮文惠為龍驤將軍。

第七章

南北統一

第一節　南北統一者：阮世祖

阮世祖（1780 年 1 月—1819 年 12 月）

內政

（一）阮福映為阮福淳之侄子。當阮文惠攻擊龍川（金邊以南）時，阮福映乘舟逃到土硃島。阮文惠留兵守嘉定，率軍回歸仁。阮福映舉兵龍川，進攻柴棍，於 1777 年 12 月占領柴棍。

（二）1778 年 1 月，諸將尊阮福映為大元帥攝國政，時年十七歲。6 月，遣該奇劉福徵前往暹羅，除了修好外，亦探聽流亡暹羅的鄭天賜的下落。在該年，阮文岳自立為帝，號泰德元年。

（三）1779 年，山南下（即南定）人陳春澤、阮金品率三百多人到嘉定投效，阮福映命他們兩人為左右支掌奇，其他各受職有差。二人皆諳武藝，使之訓練各營士兵。[1]

6 月，命杜清仁、胡文璘、楊公澄率軍討真臘，殺匿榮，立匿尊之子匿印為王，留胡文璘保護之。

11 月，將嘉定各營劃分為鎮邊營、藩鎮營、龍湖營（改為弘鎮營）。又以長屯道為三營要地，建長屯營。各營界限定後，命各營按土地肥瘠課稅。[2]

（四）1780 年 1 月，群臣勸進稱王，阮福映以國仇未復，謙讓不受，群臣再三敦請，乃即王位於柴棍，印為「大越國阮主永鎮之寶」。仍用黎朝年號。[3] 該年 3 月生長子阮福景。

4 月，命杜清仁伐茶榮府（屬永隆），其酋屋牙率眾降。[4] 該地原屬柬埔寨所有。

6 月，遣使到暹羅修好，剛好一艘暹羅商船自廣東航行到河僊，船員為守軍殺害，盡奪其貨物。暹王很生氣將阮主之使節下獄。又有真臘人向暹羅

---

1. [越] **國朝正編撮要**，缺作者和出版地，1908 年，卷一，頁 2。
2. [越] **國朝正編撮要**，卷一，頁 2-3。
3. [越] 張登桂等纂，**大南寔錄**，第二冊，正編第一紀，卷一，頁 9。
4. [越] **國朝正編撮要**，卷一，頁 3。

國王密告，說嘉定密令尊室春、鄭天賜為內應，牟取望閣城（即曼谷），暹王起疑，遂殺鄭天賜、其子鄭沿及眷屬 53 人，大越人住在暹羅者都遷徙到邊疆。[5]

（五）1781 年 3 月，由於杜清仁恃功驕恣，阮福映誅之，赦其所屬將校。[6]

10 月，暹羅遣其將質知〔即卻克里（Chakri）〕、芻痴兩兄弟侵真臘，匿印以事聞。[7]

（六）1782 年 1 月，命掌奇阮有瑞率兵船與胡文璘援真臘，剛好暹羅國王鄭國英（即泰皇鄭信）得心疾，囚質知、芻痴之妻子，質知怨之，遣人約見阮有瑞，隔天阮有瑞帶 10 名隨從到真臘暹寨見質知，兩人酒酣折矢為誓，阮有瑞贈予旗、刀、劍三寶器就回到柴棍。暹羅發生叛亂，鄭國英逃至佛寺。質知返回望閣城，使人殺鄭國英，自立為王，號佛王〔即拉瑪一世（Rama I）〕。他封其弟芻痴為二王、侄麾勒為三王。以前被暹羅俘虜之大越難民，皆被放回，且給予銀米。阮福映命阮有瑞班師。[8]

3 月，阮文岳和阮文惠攻占柴棍。4 月，阮文岳護駕范彥為「和義道」兵殺死，阮文岳採取報復手段，由於「和義道」兵皆是清國人，故搜捕嘉定地區的清國人一萬多人，不論兵民商賈皆殺之，投屍滿江，月餘人不敢食魚蝦、飲江水。[9]阮福映從河僊搭小舟逃至富國島。阮文岳和阮文惠領兵回歸仁，留軍三千守嘉定。8 月，朱文接率軍克復柴棍，迎回阮福映。阮福映擔心西山軍又來侵，乃決定求援於暹羅，遂造「金銀花」，派遣該奇黎福曧、參謀黎福評前往暹羅求援。[10] 9 月，黎朝鄭森死，鄭檊繼位。溺於嬖姬鄧氏蕙，廢長子鄭棟，立鄧氏之子鄭檊為嗣。鄭森囑其臣黃素履輔之。後來宿衛優兵（黎朝以清義兵為優兵）殺黃素履，廢鄭檊，而立鄭棟，此後優兵恃功而驕，沒有紀綱。11 月，鄭軍參軍阮有整投奔西山軍。

5. [越] 張登桂等纂，**大南寔錄**，第二冊，正編第一紀，卷一，頁 11。

6. [越] **國朝正編撮要**，卷一，頁 3。

7. [越] **國朝正編撮要**，卷一，頁 3。

8. [越] **國朝正編撮要**，卷一，頁 3-4。

9. [越] 張登桂等纂，**大南寔錄**，第二冊，正編第一紀，卷一，頁 17。

10. [越] **國朝正編撮要**，卷一，頁 5。

（七）1783 年 2 月，西山軍阮文呂、阮文惠又襲擊柴棍，阮福映逃至美湫，帶同其母親和家眷再到富國島的疊石嶼，西山軍來攻，阮福映轉到崑崙島。7 月，阮文惠聽說阮福映在崑崙島，立即派軍包圍該島，但當晚風雨大作，雲霧四塞，阮福映殺出重圍，逃回富國島。缺乏米糧，河僊有一商人婦女載來米糧一船，才解危機。法國人百多祿（Pierre Pigneau de Béhaine）往來於嘉定和真臘間傳教，阮福映聽說百多祿在真奔，於是召他到富國島，請他協助請求法國援助。百多祿要求有人質，才能獲得法國援助。因此阮福映以其四歲的兒子阮福景為人質，派人陪同阮福景和百多祿前往法國求援。[11]

阮福映留給其妃子黃金 1 鎰 20 兩作為陪伴其母親留在富國島之用，他則率兵船前往麻離海口偵察西山軍動態，遇西山軍船 20 艘來，轉往東方逃逸，結果在海上漂流七天，幸運回到富國島。

8 月，阮文呂、阮文惠引兵回歸仁，留駙馬張文多守嘉定。

10 月，闍婆（爪哇）攻真臘，真臘國亂，其王匿印奔於暹羅，暹王留之，而使昭鍾卜鎮守其國。

（八）阮福映在牛渚之敗後，派朱文接前往暹羅請兵，暹王應允。令朱文接由山路回，而遣其將撻齒多將水軍往河僊，名為來援，而暗囑邀阮福映前往暹羅。朱文接亦有密表，派暹兵請阮福映到龍川會見暹將，暹將邀請阮福映到暹羅。阮福映先將其母親和眷屬安排送到土珠島。阮福映在 1784 年 2 月率三十餘名官員及軍士數十人搭船前往暹羅。3 月，晉見暹王拉瑪一世，在會談中，朱文接突然入內，跪見阮福映，且大哭，暹王見君臣如此合作，且前與阮有瑞有約誓，患難相救，乃決定出兵相助。而當鄭天賜被暹王殺害時，年紀尚小的次子鄭子浵、鄭子浚、鄭子添，孫鄭公柄、鄭公榆、鄭公栖、鄭公材，則免死。他們去拜見阮福映，阮福映念在過去功臣後裔，授鄭子浵為該奇使侍蹕。[12]

6 月，阮福映回到嘉定，暹王遣其侄昭曾、昭霜率水軍 2 萬、戰船 300

---

11. [越] 張登桂等纂，**大南寔錄**，第二冊，正編第一紀，卷二，頁 5。
12. [越] 張登桂等纂，**大南寔錄**，第二冊，正編第一紀，卷二，頁 11-12。

艘助阮福映。10月，朱文接戰死。11月，由於暹兵無紀律，殘暴擄掠，阮福映認為即使得嘉定，而失民心，他所不為也，因此決定退出嘉定。12月，阮文惠率軍前往柴棍救援，敗暹兵，暹兵數千由真臘山路回暹羅。阮福映退至鎮江，派鄭子洊前往暹羅通報戰事失利。范文仁、阮文廉與百多祿護送阮福景前往法國。

（九）1785年1月，阮福映轉往土砾島。3月，西山軍追擊土砾島，阮福映乃率二百餘人、船5艘又前往暹羅。4月，抵達望閣城。暹王問戰爭失敗之因，阮福映說感謝暹王相助，惟昭曾、昭霜兩將驕恣殘暴，失民心，所以失敗。暹王欲斬二將，但阮福映說該二將雖有過，但事能成否天意也，請寬恕二將。暹王才免二將死罪。阮福映遂暫時住在望閣城外之龍邱，並接其母及家眷一起住。阮文惠引兵回歸仁，留軍守嘉定。

5月，黎文匀率600人到望閣城，由於人數愈來愈多，阮福映乃命眾人屯田，以供軍需。另令在海島修戰船及派人潛回嘉定募兵勇，以徐圖復國之計。

（十）1786年2月，緬甸出兵三路攻暹羅柴諾，暹王請問計於阮福映，阮福映說緬軍遠來必勞頓，我率軍協助，必可擊退緬軍。於是派遣黎文匀、阮文誠參戰，以火噴筒攻之，緬軍驚走，死者無算，俘獲500人。暹王感謝致送金帛，表示還要助兵阮福映。阮福映擔心引入外軍，恐將有外患而婉謝。3月，闍婆（爪哇）進攻暹羅，阮福映命黎文匀率水兵助暹王擊退闍婆軍。

5月，阮文惠進攻占領順化。6月，阮文呂守順化，阮文惠接受阮有整之建議續率水軍進兵河內，鄭棟逃逸，遭擒後，自刎而死。阮有整教阮文惠假裝以扶黎為名，請黎主視朝，阮文惠入謁，獻國中版籍，黎主以公主玉訢妻之。阮文岳聽說阮文惠已滅黎朝，懷疑其叛變，遂引兵進入河內，掠奪財物而回歸仁。西山兄弟為了爭奪財色，而生嫌隙。

7月，黎主崩，孫黎維祁繼位，改明年為昭統元年。

阮文岳使阮文惠守順化，自引兵回歸仁。阮文惠想自立，遂出兵包圍歸仁，阮文岳請嘉定鄧文鎮出兵協助，但行至富安僊洲，為阮文惠襲擊俘擄。

阮文岳和阮文惠兩軍相戰，殺傷甚眾，後雙方講和，由阮文惠控制升奠以北，居順化，自稱北平王。[13] 越南舉人吳甲豆的著作說法不同，他說阮文岳要求阮文惠交出在河內所獲鄭府之資寶，為阮文惠拒絕。阮文惠則要求控制廣南，阮文岳也不同意，導致兄弟相攻殺，阮文岳哭泣說，皮塌煮肉，弟心何忍？阮文惠乃退兵講和，廣義以南歸阮文岳，割升華奠盤以北歸阮文惠。阮文呂控制嘉定。[14]

（十一）1787 年 1 月，阮福映仍在望閣城，筆須稽（即葡萄牙）人安尊磊齎國書，並洋布、鳥槍詣行在以獻，言皇長子阮福景求他助兵，已備兵船 56 艘在孤亞城〔即在印度西岸的果阿（臥亞，Goa）〕為助。又以禮物遺暹而請迎阮福映入其國。暹王見他為阮福映資兵，甚不悅。阮福映乃婉謝安尊磊好意。[15]

2 月，阮文岳使阮文呂守嘉定，稱東定王。

由於西山軍兄弟相爭，各據一方，嘉定兵力薄弱，可趁機收復。因此阮福映在 7 月留感謝書給暹王，不告而別，從暹羅回到南越，船至古骨嶼，清國人何喜文從崑崙島以兵船歸附，授以巡海都營大將軍，其屬下 10 人授以總兵、統兵、彪騎尉等職。阮福映將其母及家眷送至富國島安頓，奪取美湫作為復國基地。

（十二）1788 年 3 月，由於武文仕和吳文楚有嫌隙，武文仕大肆擴建河內城池，吳文楚密告阮文惠其有謀反異心，阮文惠派人逮捕武文仕，武文仕辯白其為冤枉，阮文惠說誠然你是冤枉，但你功高震主，我也是要殺你。阮文惠將東都改為北城，派吳文楚為鎮撫。[16]

阮福映在世祖九年（1788）9 月 7 日攻陷柴棍，禁軍士擄掠。阮文呂從柴棍脫逃奔回歸仁，不久即去世。阮福映遣阮文閑至暹羅報捷。

10 月，阮福映下令禁賭博。

10 月，黎主維祁在清兵協助下恢復安南都城。先是黎主出奔，遣文臣陳

---

13. [越] 張登桂等纂，**大南寔錄**，第二冊，正編第一紀，卷二，頁 21-22。
14. [越] 吳甲豆，**前引書**，第三冊，秋集，黎，頁 76。
15. [越] 張登桂等纂，**大南寔錄**，第二冊，正編第一紀，卷三，頁 1。
16. [越] 張登桂等纂，**大南寔錄**，第二冊，正編第一紀，卷三，頁 10。

名案、黎維䙂奉書如清，至南寧不得達而還。黎皇太后乃奔高平，使督同阮輝宿，投書龍憑乞師於清。兩廣總督孫士毅向清帝報告，清帝乃遣孫士毅率兩廣、雲貴兵，分四路進入越北，協助黎氏復國。12月22日，清軍占領昇龍，重新扶立黎昭統為國王。西山軍守將吳文楚退保清華，黎主遂復昇龍城。[17]

11月，黎帝召阮有整，命阮有整掌兵權。阮文惠聽聞此一消息，甚為不悅，召阮有整到順化，阮有整拒絕，乃命節制武文仕出兵昇龍城。

11月，阮福映免士人兵徭。阮福映以民間多為匿名書羅織入罪，乃於闕下設置一櫃，令有冤者，可寫單投入櫃中。

（十三）1788年12月22日，阮文惠更名阮光平，登基建元光中（越史稱光中帝），率10萬軍北上抗清。

（十四）1789年1月3日，清軍提督許世亨，先鋒張士龍，左翼將軍高維昇都陣亡。1月25—30日，西山軍利用春節進攻昇龍城，孫士毅敗逃回中國。黎昭統也逃至京北（今北寧省），後進入中國。西山軍遂完全控制北方，黎朝滅亡。阮文惠殺阮有整。阮文惠派武文仕守昇龍城，吳文楚副之。然後阮光平率軍南返順化。

阮光平以義安位在國之中央部位，改稱中都，改昇龍城為北城，分山南為上下二鎮，下鎮治渭潢，上鎮移治珠球。鎮設鎮守。[18]

1月，阮福映定清商船港稅禮例，令凡船貨有關兵用，如鉛、鐵、銅器、焰硝、硫磺類者，輸之官，還其直。私相賣買者，罪之。[19]

1月，阮福映向暹羅借戰船50艘及硫磺焰硝、礮器。[20] 4月，暹羅大旱，鬧饑荒，請阮福映援助，阮福映賜米八千八百餘方（當暹羅二百車）。[21] 嘉慶五年（1800）4月，暹羅遣丕雅肥伐獻粟30車給阮福映，阮福映厚賜遣還。[22]

1789年4月，禁外國商船盜載禁物，凡粟米、琦珊、沉香、象牙、犀角，

17. [越] 張登桂等纂，**大南寔錄**，第二冊，正編第一紀，卷三，頁20。
18. [越] 張登桂等纂，**大南寔錄**，第四冊，正編列傳初集，卷三十，頁40。
19. [越] 張登桂等纂，**大南寔錄**，第二冊，正編第一紀，卷四，頁2。
20. [越] 張登桂等纂，**大南寔錄**，第二冊，正編第一紀，卷四，頁6。
21. [越] 張登桂等纂，**大南寔錄**，第二冊，正編第一紀，卷四，頁10。
22. [越] 張登桂等纂，**大南寔錄**，第二冊，正編第一紀，卷十二，頁10。

並在禁例。[23]

5月，準定清商船，嗣有載來鐵、銅、黑鉛、硫磺四者，官買之，仍以多寡分等第，酌免港稅，並聽載米回國有差。凡四者載得 10 萬斤，為一等，免其港稅，再聽載米 30 萬斤。載得 6 萬斤，為二等，聽載米 22 萬斤。載得 4 萬斤，聽載米 15 萬斤。不及數者，每百斤，聽載米 300 斤。港稅各徵如例。[24]

閏 5 月，禁符水、巫覡，禁歌兒，不得混著審籍。[25]

6月，皇長子阮福景自西洋歸。阮福映命百多祿護送阮福景至法國求援，逾 2 年始至。法國國王以禮待之，而終莫能助。乃使其屬阮文勝、阮文震從百多祿送阮福景以歸。阮福景自受命到法國然後返回安南前後共四年。

百多祿在法國時，曾以阮福映之名義同法國國王路易十六（Louis XVI）在 1787 年 11 月 21 日簽訂「1787 年法越凡爾賽條約」（The Versailles Treaty of 1787），其主要內容如下：

1. 法國允諾援阮福映兵艦 4 艘，陸戰隊 1,200 人，外加砲兵 200 人，及 Cafres 非洲土著兵 250 人，並酌定各類武戰彈藥。
2. 阮王割讓峴港和崑崙島給法國作為報答。
3. 阮王允許法國人自由進出其國土從事商業活動，除法國商人外，阮王不可另准其他歐洲國家之商人前往安南貿易。
4. 一旦法國在東方地區進行戰爭時，阮王必須供應糧食及提供協助。
5. 計自復國之日，阮王需逐年建造一艘與法國原先撥交之同型戰艦，以償還給法國。[26]

但法國駐印度龐迪車里（Pondi-cherry）總督狄康為（De Conway）反對上述派兵協助阮王，認為該事既艱難，又無利可圖，乃向法王建議反對，法王亦認為法國正面對國內革命風潮，無暇他顧，乃擱置此議。

由於 1789 年法國爆發革命，這一條約沒有得到執行。但百多祿糾集亡命之徒，弄到商船兩艘，武器一批和雇傭兵軍官 20 人、士兵 500 人，支持

---

23. [越] **國朝正編撮要**，卷一，頁 16。
24. [越] 張登桂等纂，**大南寔錄**，第二冊，正編第一紀，卷四，頁 12。
25. [越] **國朝正編撮要**，卷一，頁 17。
26. "Nguyen dynasty," http://en.turkcewiki.org/wiki/Nguy%E1%BB%85n_dynasty 2018 年 2 月 22 日瀏覽。

阮福映。法人協助阮福映裝備，組建了
一支海陸軍，並設計修建了堅固的防禦
工事。此外，阮福映又從葡萄牙購得一
批軍火，其勢力日益強大。

　　1789 年 8 月，設使館，屋二座，房
五間，隸兵二十。作為暹羅、真臘諸國
使節居住之用。[27]

　　11 月，斜尼國（闍婆別名）遣使進
獻方物，且乞助兵伐暹羅，阮福映以其
與暹羅素為友好，卻其物。另以函知暹
羅國，暹王感謝。

　　（十五）1789 年 1 月 22 日，阮光平
送表文給清朝，表示願意投誠納貢。乾隆
皇為了顧全顏面，不願立即答應阮光平所
請，著福康安即檄諭阮惠，「阮惠如必欲
乞降，須將官兵先行送出，並將戕害提鎮
之人縛獻。」[28] 2 月 9 日，阮惠又遣夷目

圖 7-1：前往法國當人質的阮福景
資料來源：https://en.wikipedia.
org/wiki /Treaty_of_Versailles_(1787)
2018 年 2 月 20 日瀏覽。

阮有喁、武輝璞二員齎表呈進投誠，乾隆仍未允所請。5 月，阮惠親侄阮光
顯敬齎表貢進關乞降，賄賂兩廣總督福康安和理藩院尚書和珅，向乾隆進言
和議，並籲懇進京入覲。乾隆帝亦望與安南和平相處，不願再發生戰爭，乃
派福康安接任兩廣總督，以維護邊境安寧為要，乾隆接受和議，准阮光平明
年觀朝。乾隆敕諭安南阮光平以下幾點：第一，請他在乾隆五十五年（1790）
8 月乾隆八十大壽時親往中國賀壽。第二，在安南地方，建立許世亨等祠宇，
春秋虔祭，庶可稍贖前愆。第三，拒絕將黎維祁送回安南。同意阮光顯于經
過桂林省城之便，親行看視黎維祁。乾隆特賜阮光平珍珠手串一掛。[29]

27. [越] 張登桂等纂，**大南寔錄**，第二冊，正編第一紀，卷四，頁 20。
28. [清] 慶桂等撰，**大清高宗純（乾隆）皇帝實錄**（二十七），卷一千三百二十二，頁 7-10。
29. [清] 慶桂等撰，**大清高宗純（乾隆）皇帝實錄**（二十七），卷一千三百二十八，頁 6-8。

　　根據**大南寔錄**之記載，清國命廣西候補成林前往安南通知阮光平訪問中國，阮光平以昇龍城旺氣稍歇，邀請成林到順化，成林以非成例，不肯前往。阮光平遂託病牽延。隔年春，福康安催促阮光平治裝訪問中國，阮光平又託言母死，請以子阮光垂代替入覲，兩廣總督福康安認為不可，密使人告知，如不得已須以相貌類己者代之，於是選一相貌相似之外甥范公治為替身，由福康安和廣西巡撫孫永清、大越使臣吳文楚、鄧文真、潘輝益護送到熱河行宮，乾隆賜予「抱膝禮」，象徵父子情。乾隆皇賞賜阮光平衣服、器皿，與親王同，加賞銀一萬兩，及陛辭回國，宣近御榻旁親撫其肩，慰諭溫存，令畫工繪其形，賜之。[30] 上述**大南寔錄**記載，乾隆於 1790 年 8 月賜予阮光平「抱膝禮」，但 1835 年阮朝明命帝稱「抱膝禮」為其發明，顯然張登桂在纂修**大南寔錄**時，知悉明命帝朝有此「抱膝禮」，而將之寫在乾隆見假「阮光平」時所行之禮節，此顯然為一大錯誤，因為清國並無此一禮節。

　　大南寔錄對於阮光平與清國之友好關係，甚不以為然，其記載說：「乾隆五十五年（阮世祖十一年，1790 年）3 月，西賊阮文惠使人朝於清。初，惠既敗清兵，又稱為阮光平求封於清，清帝許之。復要以入覲，惠以其甥范公治貌類己，使之代，令與吳文楚、潘輝益等俱。清帝醜其敗，陽納之，賜賚甚厚。惠自以為得志，驕肆益甚。」[31]

　　阮福映聽聞西山軍阮光平與清國關係友善，派人前往探聽虛實，而且想運米接濟清軍，結果船隻遭風而沉沒於海。[32]

　　（十六）1792 年 7 月，阮光平死。由其子阮光纘繼位，年號景盛。阮光纘年幼，由其舅舅裴得宣掌政，裴得宣擅作威福，武文勇殺裴得宣，武文勇與阮光耀陳兵順化的香江相持，阮光纘調停和解，使各釋兵入見，兩人請率精兵猛將進圖平定。富春兵力空虛，遂為阮福映所趁，出兵占領富春。[33]

　　（十七）阮福映在 1793 年 3 月立皇長子阮福景為東宮，時年十四歲。頒東宮之印，尋授元帥，領左軍營，延請翰林制誥鄭懷德、黎光定為東宮侍講。

---

30. [越] 張登桂等纂，**大南寔錄**，第四冊，正編列傳初集，卷三十，頁 38-40。
31. [越] 張登桂等纂，**大南寔錄**，第二冊，正編第一紀，卷四，頁 32-33。
32. [越] 張登桂等纂，**大南寔錄**，第二冊，正編第一紀，卷五，頁 2。
33. [越] 吳甲豆，**中學越史撮要**，第三冊，秋集，黎，頁 99。

　　5 月，阮福映軍隊克富安府、春台海口、施耐市。7 月，開始包圍歸仁。
8 月，阮文岳請求順化的阮光纘救援，阮光纘派遣步兵一萬七千餘人、象
八十四、舟師三十餘艘，與阮福映的軍隊在茶曲江會戰。9 月，暹羅二王與
大將丕雅質知率兵助阮福映步卒 5 萬，駐南榮，戰船 5 百泊河僊，遣使奉書
至嘉定，留鎮臣以禮物，饗勞之。送其使於行在。阮福映復書略言：「節近
北風，水程不便。」暹兵乃引退。[34] 由於阮福映軍隊包圍歸仁城，北面又有
阮光纘軍隊對峙，兩面受敵，且日久軍士疲憊，所以下令退兵到春台海口。
由於阮福映退兵，歸仁城內的西山軍起內訌，阮文興、阮文訓逼退阮文岳，
阮文岳憤恨，發病死。阮光纘封阮文岳子阮文寶為孝公，給予符籬一縣為食
邑。阮文寶甚不滿，其母亦批評說：「開拓疆土都是你父之功勞。今阮光纘
只給你一縣，與其受辱，不如死了算。」阮文寶與阮光纘出現裂痕。[35] 阮光
纘內部亦出現四個派系，即少傅陳光耀、少保阮文訓、司徒武文勇、司馬阮
文名，彼此不和，相互殺戮，阮光纘不能控制。[36]

　　（十八）1797 年 4 月，阮福映親率舟師征歸仁，東宮阮福景隨從，命前
軍尊室會鎮守嘉定。7 月，以大軍出征，後勤補給困難而班師。9 月，遣陳
福質奉國書使暹羅，以兵事報。且言聽聞緬甸攻暹羅，利用紅毛水兵，阮福
映願意派水軍將之截擊。暹羅覆書表示感謝，同時贈送焰硝 10 萬斤，請阮
福映遴選幹員與暹羅軍隊從上道直抵萬象，襲取義安，一方面斷絕北河（河
內）援兵，另一方面攻順化背後，所須軍需由蠻獠供應，不足掛慮。[37]

　　（十九）1798 年 2 月，暹羅遭緬甸攻擊，遣使請求阮福映出兵協助，阮
福映命右軍阮黃德、掌奇阮文張率水師七千、戰船百艘赴援，師至崑崙島，
暹羅已擊退緬軍，故撤還。

　　6 月，以吳仁靜為兵部參知奉國書搭乘清國商船前往廣東，探詢黎主之
消息，得知黎主已死，遂還。[38]

34. [越] 張登桂等纂，**大南寔錄**，第二冊，正編第一紀，卷六，頁 28。
35. [越] 張登桂等纂，**大南寔錄**，第二冊，正編第一紀，卷六，頁 30。
36. [越] 張登桂等纂，**大南寔錄**，第二冊，正編第一紀，卷八，頁 3。
37. [越] **國朝正編撮要**，卷一，頁 28。
38. [越] **國朝正編撮要**，卷一，頁 29。

11 月，柔佛遣使阿冰榍濯進獻方物，厚賜遣還。贈國長紅錦金花、寶藍錦金花各 2 枝，紅縐紗、玉藍縐紗各 2 疋、黑綾 4 疋。[39]

（二十）1799 年 2 月，阮福映派遣阮文瑞、劉福祥充正副使奉書前往暹羅，約暹羅調真臘、萬象兵從上道下義安，協助阮福映，暹王許諾。[40]

3 月，阮福映大舉攻歸仁，留皇二子曦守嘉定，阮文仁輔之。5 月，擊敗守將陳光耀、武文勇，大總管黎文清等獻歸仁城降，改歸仁為平定。7 月，阮光纘率軍駐茶曲，屢攻歸仁不下，阮光纘乃回順化。陳光耀、武文勇退守廣南，留阮文甲守茶曲。9 月，阮福映返回嘉定，留武性、吳從周守平定。達命調制戰艦水步援兵監牧上師百多祿從征歸仁，病逝於施耐，贈太子太傅悲柔郡公，諡忠懿。歸葬嘉定。

10 月，暹羅送鄭子添、鄭公榆等還河僊鎮，鄭子添詣嘉定，謁阮福映，授予欽差統兵、該奇。嘉慶五年（1800）1 月，以欽差統兵、該奇鄭子添為河僊鎮守。

（二十一）西山軍陳光耀、武文勇在 1800 年 1 月築壘圍歸仁城。

3 月，阮福映命上道將軍阮文瑞會萬象國長，攻取義安。阮文瑞自萬象還，密陳兵事，請增派欽差該奇潘文記率募兵 150 人隸從差撥，阮福映馬上同意。[41]

4 月，清化藩臣正統領何功泰奉表請糾合土酋，應從上道將軍阮文瑞討西山軍。阮福映大舉出兵北伐，留東宮鎮守嘉定。

5 月，真臘藩僚高羅歆森管番兵 5,000 人、象十餘匹至嘉定，東宮阮福景派委藩鎮留守宋福玩送於軍次。[42] 6 月，真臘兵至會安堡參戰，取會安堡。上道將軍阮文瑞、典軍劉福祥率軍與萬象兵攻義安，清化藩臣何功泰、興化土司潘伯奉各起義兵，讓河內窮於應付。

8 月，暹羅遣使獻雄象 2 匹。萬象國長與阮文瑞以攻破義安賊黨情形遣人奉表，詣行在。阮福映賜書褒獎之。[43]

---

39. [越] 張登桂等纂，**大南寔錄**，第二冊，正編第一紀，卷十，頁 17。
40. [越] **國朝正編撮要**，卷一，頁 30。
41. [越] 張登桂等纂，**大南寔錄**，第二冊，正編第一紀，卷十二，頁 6。
42. [越] 張登桂等纂，**大南寔錄**，第二冊，正編第一紀，卷十二，頁 13。
43. [越] 張登桂等纂，**大南寔錄**，第二冊，正編第一紀，卷十二，頁 24。

（二十二）1801 年 1 月 16 日，阮福映軍隊克施耐。2 月，萬象遣使進貢，銅鉦 10 面，白犀角 1 座。以義安、富春地圖進表，請刻期會兵討西山軍。使至嘉定，送詣行在拜謁。阮福映令為書答覆，厚款其使，遣之還。賜國長琦璊 4 兩，鳥槍 2，杵白、鉛白錫各 100 斤。[44] 東宮阮福景出水痘病死，年二十二。阮福映命嘉定停大小祀事至寧曆日（指出殯日）而止，平康、平順停十三日。其嫁娶，嘉定停六十日，平康、平順停三十日。[45]

3 月，阮福映軍隊克廣南營、會安。上道將軍阮文瑞白萬象還嘉定，阮福映以其不俟召命，嚴譴之，降其職管清洲道。另派參軍黎文春代領所屬二百餘人會萬象討西山軍。

4 月，皇二子阮福曦薨，命送還嘉定葬之。西山軍陳光耀、武文勇率大軍圍歸仁，阮福映考慮該項圍城可能曠日持久，他擔心守城的武性之安危，他說寧可失城，亦不可失良將。於是派人秘密游泳潛入城內，告訴武性率軍突圍，與大軍會合。但武性說，他將會死守城池，勸阮福映乘虛襲擊富春，且說以富春抵臣一命足矣。5 月，阮福映率軍攻富春，阮光纘棄城北遁。派上道典軍劉福祥會萬象軍攻義安，清華上道統領何功泰攻清華，以阻絕阮光纘之退路。但阮光纘逃至北城，改元寶興，遣使清國乞師，清國不許。平定城（歸仁）被西山軍包圍兩年，城內糧盡，武性自知難以突圍，亦不願投降，乃自焚而死。西山軍陳光耀、武文勇遂占領平定城。

阮福映在阮世祖二十二年（1801）7 月派遣趙大仕前往廣東。趙大仕是清國人，到廣南做生意，遭海匪所掠，阮福映軍隊攻破海匪而抓獲他。阮福映派遣他向兩廣總督報告，他已克復順化，想與清國通好。[46] 清國嘉慶帝諭說：「如續有文稟，或乞兵相助，則當明示駮飭，諭以兩無偏向（指對阮光纘政權和阮福映政權無所偏）。」[47]

8 月，上道典軍劉福祥率軍攻義安，萬象亦遣其將破雅軀哺率蠻兵四千餘

---

44. [越] 張登桂等纂，**大南寔錄**，第二冊，正編第一紀，卷十三，頁 11。
45. [越] 張登桂等纂，**大南寔錄**，第二冊，正編第一紀，卷十三，頁 12。
46. [越] 張登桂等纂，**大南寔錄**，第二冊，正編第一紀，卷十四，頁 36。
47. [清] 覺羅勒德洪等奉敕撰，**大清仁宗睿（嘉慶）皇帝實錄**（二），卷八十八，華聯出版社，臺北市，1964 年，頁 17-18。

人並進，西山軍燒毀軍糧，萬象兵退，劉福祥亦退至瀘江。11 月，毀西山軍阮文惠墓，斷棺戮屍，梟首於市，其子女族黨及其將校 31 人皆凌遲剮碎。[48] 遣使齎國書及金銀、瓷器、香桂等物前往暹羅報聘。

（二十三）1802 年 1 月，阮光纘率軍 3 萬南下至瀘江之日麗海外，阮福映親率軍坐鎮洞海，雙方鏖戰，阮光纘兵敗退回北河（河內）。阮福映部下勸其趁勝北進，他認為主要敵人在平定城，應先除此重敵，才能北進，於是反頭派軍進攻在南方的平定城。復申嘉定禁賭及禁鬥雞和鬥魚。3 月，平定城遭阮福映軍包圍八個多月，糧食不繼，陳光耀和武文勇率三千多人、雄象 86 匹棄城夜遁。平定城遂歸阮福映。阮福映下令歸順之西山軍，均赦罪，或重予任用為軍士。改嘉定府為嘉定鎮。阮福映接其母親從嘉定至順化。

4 月，群臣上表請阮福映即帝位，阮福映說：「嘉定初復，已即王位，人心推戴久矣。今故京雖復，而國賊未除，登尊之事未可議也。惟王者易姓受命，義貴更新，年必有號，改元為是，卿等其議行之。」[49] 5 月，設壇祭告列聖之靈，改元嘉隆。

1802 年 5 月，阮福映與群臣議通使於清，諭曰：「我邦雖舊其命維新，復讎大義清人尚未曉得。曩者水兵風難，清人厚賜遣還，我未有答復。今所獲偽西冊印，乃清錫封；所俘海匪，乃清逋寇。可先遣人送還，而以北伐之事告之，俟北河事定，然後復尋邦交故事，則善矣！卿等其擇可使者。」群臣以鄭懷德、吳仁靜、黃玉蘊等應之，於是派該三人出使清國。

以鄭懷德為戶部尚書（六部正卿未有尚書之名，因使命故特加焉）。充如清正使、吳仁靜為兵部右參知、黃玉蘊為刑部右參知充副使。齎國書、品物，竝將所獲清人錫封偽西冊（指西山軍的文書）印及齎桅海匪莫觀扶、梁文庚、樊文才等，乘白燕、玄鶴二船，駕海由廣東虎門關投遞，總督覺羅吉慶以事轉達。清帝素惡西賊（指西山的阮光纘人馬）無道，又招納莫觀扶等抄掠洋外，久為海梗。至是得報大悅，命廣東收觀扶、文庚、文才誅之，而留懷德等於省城，供給甚厚。[50]

---

48. [越] 張登桂等纂，**大南寔錄**，第二冊，正編第一紀，卷十五，頁 26。
49. [越] 張登桂等纂，**大南寔錄**，第二冊，正編第一紀，卷十六，頁 19。
50. [越] 張登桂等纂，**大南寔錄**，第二冊，正編第一紀，卷十七，頁 8-9。

5 月，阮福映軍渡瀘江北伐，輕取義安、清華，在義安逮捕陳光耀，在清華逮捕武文勇。阮福映軍至昇龍城，阮光纘與其弟阮光垂、阮光維、阮光紹及司馬阮文用、阮文賜等棄城逃逸，在北寧省昌江為村民逮捕，阮光垂自縊死，其他諸人被解送昇龍城。1802 年 11 月，祭天地神祇，獻俘於太廟，將阮光纘與其弟阮光維、阮光紹、阮光盤於順化城門外以五象分屍。取阮文岳、阮文惠骸骨搗碎拋棄，阮文岳、阮文惠、阮文纘頭骨與阮文惠夫妻木主（神主牌），幽之外圖家〔明命二年（1821）改監獄室，永遠幽禁〕。陳光耀、武文勇等梟首示眾。[51]

南掌（一名牢龍）國王昭（蠻俗國長皆稱為昭，Chao）溫猛遣使進賀。溫猛是昭森之孫，昭楓之子，年甫三歲，其伯（伯是母兄）昭蛇榮據國，及長，內投雲南，訴於清國。清帝賜之敕印，封南掌國王〔事在乾隆六十年（1795）〕。溫猛當在奔播（即奔波）無援，未敢歸國，與部屬往來於芒繻、芒廬間（屬雲南省），迄無定止。復自懷敕印移寓於昭晉州。至是聞大兵定昇龍城，乃因興化鎮目引進行在拜賀。帝以天下初定，未遑處置，復令歸寓昭晉州。真臘遣屋牙書召盆牙滅進獻方物（紫蟻、烏漆、白布、粟粒），賜錢米遣之。[52]

1802 年 12 月，真臘遣陳官瓊進獻方物，陳官瓊為漢人（指越人），居於羅壁營，能通蕃語。阮福映因令他管真臘通言使司。[53]

（二十四）阮福映請清國改其國名為南越。

阮福映在 1802 年 7 月，遣吏部僉事黎正路、兵部僉事陳明義候命於南關（即鎮南關），命移書於清國兩廣總督問以邦交事宜。本想因為國家甫創，欲在關上接清使行宣封禮，以省煩費，詢問吳王、潘輝益，他們都說此一方法前所未聞，於是打消此一想法。[54]

9 月，封黎主的後人黎維換為延嗣公，給祀民 1,016 人，祀田萬畝。黎後

---

51. [越] 張登桂等纂，**大南寔錄**，第二冊，正編第一紀，卷十九，頁 3-4。
52. [越] 張登桂等纂，**大南寔錄**，第一冊，正編第一紀，卷十七，頁 25。
53. [越] 張登桂等纂，**大南寔錄**，第二冊，正編第一紀，卷十九，頁 15-16。
54. [越] 張登桂等纂，**大南寔錄**，第一冊，正編第一紀，卷十八，頁 6。

各支並免兵徭身稅。另外給鄭族祀田 500 畝，令鄭橚監其祀，又免族人 247 人兵徭身稅。[55]

阮福映在 1802 年 11 月以兵部參知黎光定為兵部尚書充如清正使，吏部僉事黎正路、東閣學士阮嘉吉充甲乙副使。這些使節在廣西與在此等候的前次使節鄭懷德等會合，一齊至北京。他們攜帶國書、品物（琦璃 2 斤、象牙 2 對、犀角 4 座、沉香 100 斤、速香 200 斤、紬紈絹布各 200 疋）往請封，且請改國號為南越。為了迎接清國冊封使，阮福映同時命北城修造行宮、使館，令城臣倣黎故事增構殿宇（敬天殿前五門之內，設勤政殿；門外連構長棚，前設朱雀門），及河津接使堂。又令諒山修仰德臺（臺在諒山南關，故黎所設），自珥河至諒山量地置驛凡七所（嘉橘、林攝、美梂、芹營、和樂、仁里、枚坡）各設公館。[56]

12 月，嘉慶帝諭軍機大臣等說：「昨據孫玉庭奏進阮福映請封表文，朕詳加披閱，所請以南越二字錫封一節，斷不可行。南越之名，所包甚廣，考之前史，今廣東、廣西地界亦在其內。阮福映邊徼小夷，此時即全有安南，亦不過交趾故地，何得遽稱南越？安知非欲誇示外夷？故請易國號，先為嘗試。自應加以駁斥。已令軍機處代擬檄諭一道，並原表交孫玉庭發回，看其接奉之後，如何稟覆？候旨酌辦。至阮福映求封南越，顯有恃功要請情事，恐其心存叵測，所有廣東、廣西一帶海道邊關俱著密飭地方官留心防備，不可稍涉懈弛，將此各傳諭知之。」[57]

（二十五）清仁宗嘉慶八年（1803）4 月，嘉慶帝諭軍機大臣等說：「孫玉庭奏：『接到阮福映回稟，請旨遵行一摺。』 覽奏俱悉，阮福映以前次檄諭係出孫玉庭之意，未經奏聞，故此次仍以請封南越表文稟懇代奏。朕閱其稟文，情詞委婉，極為恭順，所稱該國先有越裳之地，今併有安南，不願忘其世守，襲用安南舊名，自亦係實情。孫玉庭即檄知該國長，諭以前此因來表請封國號，名義未符，未敢冒昧具奏。今來稟詳述建國始末，請錫新封，

55. [越] **國朝正編撮要**，卷二，頁 5。
56. [越] 張登桂等纂，**大南寔錄**，第二冊，正編第一紀，卷十九，頁 9-10。
57. [清] 覺羅勒德洪等奉敕撰，**大清仁宗睿（嘉慶）皇帝實錄**（三），卷一百六，頁 22-25。

已據情奏聞大皇帝，奉有諭旨，以該國長前此航海輸誠恭繳阮光纘遺棄舊頒敕印，並縛獻海洋逋盜，恪恭請命，具鑒惘忱。茲請錫藩封，虔具表貢，特諭嘉納，至所請以南越名國之處，該國先有越裳舊地，後有安南全壤，天朝褒賜國封，著用越南二字，以越字冠於上，仍其先世疆域，以南字列於下，表其新錫藩封，且在百越之南，與古所稱南越不致混淆。名既正，字義亦屬吉祥，可永承天朝恩澤。現已令陪价等詣闕請封。所頒敕印，即以此二字稱名。該國膺此嘉名，備位藩服，更足顯榮勿替。』」[58]

越南嘉隆二年（1803）2 月，定商舶條禁，凡外國商船至大越國做生意，沉香、琦璃並不得買，如有買帆檣、柁椗者，由所在官批准。回帆之日，買米餬口，人以百升為限，違者治罪。[59]

阮福映擊敗西山軍而成功復國，在 1803 年 2 月遣該奇阮文訓、該隊枚文憲等前往暹羅，贈暹王二王（即副王）及其臣丕雅等各有差（贈佛王黃金 100 兩、白金 1,000 兩、青龍刀 1 柄、黃蠟 600 斤、沙糖 1,500 斤、紈 250 疋。賜二王黃金 50 兩、白金 500 兩、黃蠟 400 斤、沙糖 1,400 斤。賞丕雅質知、丕雅伐棱紈 25 疋、黃蠟各 100 斤、沙糖各 500 斤。丕雅肥別紈 20 疋、黃蠟 50 斤、沙糖 300 斤）。又賜暹王妃玉瓊（為尊室春之女，初從尊室春到暹羅，嫁給暹王）白金 100 兩。[60]

2 月，南掌遣使奈開等奉書，由寧邊州入貢。詔北城臣厚款其使。[61]

6 月，紅毛（指荷蘭人）遣使進獻方物，表請於廣南之茶山構立商鋪，阮福映說，海疆關要，豈可與人？不之許，令卻其物而遣之。[62]

12 月，鎮寧昭內求內屬。初，阮福映自嘉定北征，萬象國長昭印累次遣兵從上道官軍討西山軍，及北河既定，阮福映給予鎮寧地。至是鎮寧酋長昭撑物故。昭印乃立其從兄蛇剛代領其眾。昭撑之子昭內不服，率其黨 600 人

---

58. [清] 覺羅勒德洪等奉敕撰，**大清仁宗睿（嘉慶）皇帝實錄（三）**，卷一百十一，頁 10-12。中央研究院歷史語言研究所藏，**內閣大庫檔案，明清史料**，題名：兵部為奉上諭加封越南國王事，登錄號：182409-001，嘉慶八年 6 月 26 日。
59. [越] 張登桂等纂，**大南寔錄**，第二冊，正編第一紀，卷二十，頁 12-13。
60. [越] 張登桂等纂，**大南寔錄**，第二冊，正編第一紀，卷二十，頁 17。
61. [越] 張登桂等纂，**大南寔錄**，第二冊，正編第一紀，卷二十一，頁 4-5。
62. [越] 張登桂等纂，**大南寔錄**，第二冊，正編第一紀，卷二十一，頁 14。

奔茶鄰（今襄陽），事聞。命義安鎮臣發米二百餘方給之。[63]

　　1804年正月，阮福映派黎光定等到清國請封，又請改定國號書，清國對於大越國國號之名稱有不同意見，阮福映說：「先代闢土炎郊，日以浸廣，奄有越裳、真臘等國，建號南越，傳繼二百餘年。今掃清南服，撫有全越，宜復舊號，以正嘉名。清帝以南越與東西粵（即今兩廣）字面相似，欲不之許。帝再三復書辨析，且言不允即不受封。清帝恐失我國意，遂以越南名國。來書言，從前撫有越裳已稱南越，今又得安南全境，循名責實，自當總前後所闢疆土，肇錫嘉名，其定以越字冠於上，示我國拓南交而新膺眷命，名稱正大，字義吉祥，且與內地兩粵舊稱迥然有別，至是清帝遣布森賚詰，敕國印來宣封，又賜綵緞、器皿諸品物（故事邦交例，贈綵緞8疋，粧緞8疋，錦緞8疋，樟絨8疋，閃緞8疋，綠緞27疋，春紬27疋。至是復加綵緞、粧緞、閃緞各4疋、瓷器4件、漆桃匣4件、磁鼻煙壺4件、漆甸漆檳榔匣2件、茶葉4瓶）。」[64]

　　（二十六）大越國在嘉隆三年（1804）2月，改國號為越南，並通知暹羅、呂宋、真臘、萬象。

　　3月，命典軍劉福祥、翰林院陳公和充如暹正副使。暹人來告二王喪，故遣使贈賻（贈佛王黃金50兩、白金500兩、兩色紈、白布各100疋。賻二王黃蠟500斤、白布100疋、沙糖3,000斤、石塊糖、沫糖各500斤）。及還，暹人致書陳謝。[65]

　　5月，紅毛遣使獻方物，表求通商，又請留國人於沱灢，往來商賈。阮福映不許。

　　（二十七）嘉隆四年（1805）8月，改昇龍城為昇隆城，乃因皇帝駐在順化，昇龍城並非皇帝居所。另外改奉天府為懷德府。

　　12月，萬象國長昭阿努馮遣使進貢（雄象2匹、犀角2座、肉桂800斤），使至甘露廣治營，地方官員譯其書，表示其國過去是三年一貢，累世稱藩。

63. [越] 張登桂等纂，**大南寔錄**，第二冊，正編第一紀，卷二十二，頁20。
64. [越] 張登桂等纂，**大南寔錄**，第三冊，正編第一紀，卷二十三，頁1-4。
65. [越] 張登桂等纂，**大南寔錄**，第三冊，正編第一紀，卷二十三，頁18。

阮福映命禮部議定貢例，從本年開始。[66]

（二十八）嘉隆五年（1806）1月，群臣復上表勸進請正帝號，帝從其請，命禮部諏吉鑄金冊。5月，帝即皇帝位於太和殿。儘管越南在國內仍稱帝，但在清國仍視為王，清國亦不知越南國王稱帝，若知道，可能引發討伐戰爭。

8月，暹羅遣使進獻戰船3艘，嘉定留鎮臣以聞。命送其使進京瞻拜，厚賜遣還。頒真臘通行印（篆刻御賜通行之印）。凡真臘民與清人商船由巴忒海口出入通商，鎮夷汛守驗船，牌有印信者，放之行，仍免其稅。[67]

10月，暹羅二王初立，遣使至順化進獻方物。

（二十九）嘉隆六年（1807）1月，命禮部參考典故，議定科舉方法。[68]

2月，定鄉會試。經敕下議定試法，第一場制義，第二場詔制表，第三場詩賦，第四場策問。以今年10月開鄉試科，來年戊辰開會試科。[69]

9月，真臘匿禛〔安贊（Ang Chan）〕遣其臣屋牙位奔瀝至順化請封。嘉隆帝同意。命兵部參知吳仁靜為正使，永清紀錄（為官名）陳公檀為副使，齎敕印，封匿禛為高綿國王（銀印鍍金駝鈕，宣封在羅壁板城，禮部撰宣封儀注頒行之）。定三年一貢，以是年為始（貢品雄象2匹、犀角2座、象牙2枝、烏漆20瓶、荳蔲、砂仁、黃蠟、紫蟻、陳黃各50斤，使部正副使各一，以4月抵嘉定城。臣委送進京行隨人等，陸程10人，海程20人）。[70]

（三十）嘉隆七年（1808）1月，改嘉定鎮為嘉定城，藩鎮營為藩安鎮，鎮邊營為邊和鎮，鎮永營為永清鎮，鎮定營為定祥鎮。[71] 2月，在順化建文廟，此應為南方第一座文廟。

（三十一）嘉隆八年（1809）11月，初置六部尚書，黎光定掌戶部，陳文權吏部，鄧德超禮部，鄧陳常兵部，阮子珠刑部，陳文泰工部，范如登刑部兼領北城刑曹事務。

66. [越]張登桂等纂，**大南寔錄**，第三冊，正編第一紀，卷二十七，頁24。
67. [越]張登桂等纂，**大南寔錄**，第三冊，正編第一紀，卷三十，頁7。
68. [越]張登桂等纂，**大南寔錄**，第三冊，正編第一紀，卷三十一，頁3。
69. [越]張登桂等纂，**大南寔錄**，第三冊，正編第一紀，卷三十一，頁8。
70. [越]張登桂等纂，**大南寔錄**，第三冊，正編第一紀，卷三十三，頁5。
71. [越]**國朝正編撮要**，卷二，頁21。

（三十二）嘉隆九年（1810）4月，阮有慎出使清國回越，帶回**大曆象考**一書，他說越南使用**萬全曆**和大清**時憲書**，都是沿用明朝的**大統曆**，已有三百多年沒有改正。清康熙年間，參考泰西曆法，彙成此書，其步測精詳，三線八角之法，又極其妙，請送欽天文生研究其法。[72]

（三十三）嘉隆十三年（1814）2月，遣黃沙隊范光影等往黃沙探渡水程。[73]黃沙是今之西沙群島，越南派遣黃沙隊探測從越南本土到西沙群島之航程。時間皆比中國要晚很久。第三世紀晉朝人裴淵所寫的**廣州記**，曾提到珊瑚洲，此應是最早對西沙群島的紀錄。更清楚的記載是 1203 至 1208 年，宋朝義太初作序的**瓊管志**（撰人不詳）提到中國廣南西路吉陽軍（今廣東崖縣）東有「千里長沙、萬里石塘」。該書記載：「吉陽，地多高山……。其外則烏里蘇密吉浪之洲，南與占城相對。西則真臘交趾，南則千里長沙、萬里石塘。上下渺茫，千里一色，舟舶往來，飛鳥附其顛頸而不驚。」[74]「千里長沙」可能為西沙群島，而「萬里石塘」為中沙群島。

4月，以明香人潘嘉成為北城該鋪，負責監督清人屋歲，歲輸銀 1,500兩。[75]此應屬承包稅制，就是由潘嘉成核查清人的房屋及徵收稅款，然後年繳給越南政府 1,500 兩銀。

以昭晉州土酋刁國體為招討同知，按守寧邊堡（屬興化省與清國建水縣接壤）。[76]

10月，定章疏署名例。阮福映對群臣說：「正名乃為政之先，邇來中外章奏，其中或只稱官爵。揆之君前，臣名於義未協，至所稱人民雜用國音，尤為鄙俚。自今章疏冊籍所敘職官者，具著官銜姓名，民人則男稱名，女稱氏（如名甲，陳文甲，氏乙，李氏乙之類）。」[77]嘉隆稱「中外」，顯係將越南比附為中國，其未將清國視為中國，蓋可見其輕鄙清國之意。以後**大南**

---

72. [越] **國朝正編撮要**，卷二，頁 27。
73. [越] 張登桂等纂，**大南寔錄**，第三冊，正編第一紀，卷五十，頁 6。
74. [宋] 王象之，**輿地紀勝**，粵雅堂刊本，卷一二七，「廣南西路、吉陽軍、風俗形勝」條。
75. [越] 張登桂等纂，**大南寔錄**，第三冊，正編第一紀，卷五十，頁 10。
76. [越] 張登桂等纂，**大南寔錄**，第三冊，正編第一紀，卷五十，頁 10。
77. [越] 張登桂等纂，**大南寔錄**，第三冊，正編第一紀，卷五十，頁 10。

寔錄都是使用「中外」一詞，用以指稱越南和外國的關係。

11 月，廣南有屬吏年七十犯答罪者，案上。阮福映對刑部說：「律有年七十者致事，其令罷役而免答。」[78]

11 月，阮福映詔諭高棉藩王匿禛說：「爾國世為藩臣，朝廷每加撫字。有許多漢民（指越南人）逃居真臘，這些人都是遊蕩不事生產之人，他們雜居貴國，民可能為其所苦，請將他們驅逐出境。軍民至南榮買賣，需有城憑保護，諸鎮員不得擅自給行札。」[79]

（三十四）嘉隆十四年（1815）8 月，頒**國朝律例**於中外，參本朝故典**洪德律例**、**大清條律**，酌其合宜者，共 22 卷，作為今後斷獄訟之用。

（三十五）嘉隆十五年（1816）1 月，准定文武官員四品以上有期喪者（指為親人服喪一年者），免朝賀三個月。[80]

3 月，命北城每月三次遣人上京奏事，以備詢問。命刑部增定律條，凡文武官員毋得私與皇子、皇孫交通往來。[81] 越南政府規定河內每月需三次派人至順化報告政事，以控制越北政局。

6 月，冊立皇四子阮福晈為皇太子。

7 月，皇六子阮昞縱府屬誘人家子為歌兒，事聞。帝怒命痛鞭之。皇太子泣為之請，帝不許。阮福映對黎文悅、阮文仁、阮德川等說，自今皇子、皇孫有非法者，爾等具以告朕。[82] 從而可知，阮福映教子甚嚴，其能成就偉業，尤不忘家教，甚不易也。

阮福映曾對群臣說，三代而下惟漢得天下為正，後世莫及本朝開創名義甚正，亦無愧於漢矣。[83] 阮福映開創越南自比中國之漢朝，其自傲蓋可想見。

9 月，禁商船私載粟米貨物通商於外國，犯者以私出外境及違禁下海律科罪，船貨入官，所在官知而故縱者，同罪。[84]

78. [越] 張登桂等纂，**大南寔錄**，第三冊，正編第一紀，卷五十一，頁 13。
79. [越] 張登桂等纂，**大南寔錄**，第三冊，正編第一紀，卷五十一，頁 13。
80. [越] 張登桂等纂，**大南寔錄**，第三冊，正編第一紀，卷五十二，頁 4-5。
81. [越] 張登桂等纂，**大南寔錄**，第三冊，正編第一紀，卷五十二，頁 6。
82. [越] 張登桂等纂，**大南寔錄**，第三冊，正編第一紀，卷五十四，頁 6。
83. [越] 張登桂等纂，**大南寔錄**，第三冊，正編第一紀，卷五十四，頁 7。
84. [越] 張登桂等纂，**大南寔錄**，第三冊，正編第一紀，卷五十四，頁 9。

（三十六）嘉隆十八年（1819）1819 年 12 月，阮福映崩，壽五十八歲。由第四子皇太子阮福晈繼位，改元明命。對於阮世祖之功業，**大南寔錄**之讚詞如下：「建郊廟社稷、班爵制祿、開科取士、興禮樂學校、定法度條律、存黎鄭之後、延功臣之世、卻西夷之獻、密暹羅之防、懷真臘、撫萬象，威震殊方，仁覆小邦，規模蓋宏遠矣。」[85] 此一評語相當中肯，未有過獎之處。

與清國的關係

（一）乾隆四十六年（1781），安南國王黎維禟遣使謝恩，貢方物。帝命收受，下次正貢著減一半，並命嗣後陳謝表奏，毋庸備禮。5 月，諭禮部：「本年安南國貢使到京，命堂官一人帶往熱河瞻覲。」[86]

7 月，安南使臣阮維宏等 3 人於惠迪門外跪迎乾隆聖駕。[87] 特賜國王蟒緞、倭緞、閃緞、錦緞各二，正副貢使綵緞、八絲緞、五絲緞各一。行人、從人絨、緞、銀各有差。[88]

（二）乾隆四十九年（1784），「維禟遣陪臣正使范阮達，副使吳希裯、阮香入貢。閏 3 月，皇上南巡，安南陪臣黃仲政、黎有容、阮堂等於江寧城外迎駕，恩賜幣帛有差，特賜國王御書匾額『南交屏翰』。又奉諭：『安南國匾額所用古稀天子之寶，非朕自誇，恐該國王不知朕意，故以**古稀說**令其閱看，即知朕意也。』8 月，有使陪臣范阮達等來京赴熱河瞻覲。御製賜國王詩一章。」[89]

（三）乾隆五十三年（1788）6 月，「安南人阮惠等叛，逐其國王黎維祁，維祁來求援。命孫士毅赴廣西撫諭之。秋 7 月辛酉朔，以安南牧馬官阮輝宿奉黎維祁之母及子來奔，諭孫士毅等撫恤之。8 月丙辰，安南阮岳等遁，命孫士毅督許世亨進剿，命富綱統兵進駐蒙自。……12 月己丑，孫士毅奏敗賊於壽昌江。癸巳，又敗賊於市球江。丙申，收復黎城，復封黎維祁安南國王，

---

85. [越] 張登桂等纂，**大南寔錄**，第三冊，正編第一紀，卷六十，頁 20。
86. **清史稿校註**，第十五冊，卷五百三十四，列傳三百十四，屬國傳二，越南，頁 12096-12097。
87. [清] 清高宗敕撰，**前引書**，卷二百九十六，四裔考四，安南條，頁考 7454。
88. [清] 徐延旭，**越南輯略**，賜予，頁 41-42。
89. [清] 清高宗敕撰，**前引書**，卷二百九十六，四裔考四，安南條，頁考 7454。
90. **清史稿校註**，第一冊，卷十五，本紀十五，高宗本紀六，頁 521-523。

封孫士毅為一等謀勇公，許世亨為一等子。戊申，命孫士毅班師。」[90]

（四）乾隆五十三年（1788）7 月，「皇太后如清乞師。太后初至高平，諸藩酋各率兵防截，藩目閉阮儔引賊將菊渙等徑襲鎮營。督同阮輝宿、藩臣迪郡公、黃益曉、從臣黎侗、阮國棟等保衛太后元子，由水口關奔入大清龍州。州官陳倅以事達於督撫。兩廣總督孫士毅、廣西巡撫孫永清會于南寧。太后引元子庭謁，慟哭求援。士毅等奏言：『黎嗣奔播，義當拯救。且安南中國故地，復黎之後，因以兵戍之。是存黎而取安南，尤為兩得。』清帝從之。……10 月，清兩廣總督孫士毅以師來援，賊將吳文楚棄昇龍走，帝復入京城。……11 月，清冊封安南國王。」[91]

（五）1789 年，清國承認西山政權，黎侗為效忠黎朝，率兵護衛黎昭統帝避入廣西寧明州。9 月，清國官員勸其薙髮改裝，暫為安插，黎侗等人不從，被拘於柳州。11 月，黎侗在梧州拜謁兩廣總督福康安，表明其有意回越，不允，他被移至桂林。1790 年 1 月，他從廣州經江西北行，3 月，到兗州，聽說乾隆車駕東巡，即前往泰安行宮，向乾隆稟明 不願薙髮，而想回越，不允，被拘押於刑部。以後被囚禁十年。1800 年 9 月，獲允陪其故主骸骨返國。他著有**北行叢記**。[92]

（六）1802 年 7 月 22 日，阮福映軍攻陷河內，結束了西山軍建立的政權。

阮福映在 1802 年 11 月以兵部參知黎光定為兵部尚書充如清正使，吏部僉事黎正路、東閣學士阮嘉吉充甲乙副使。黎光定等齎國書品物，且請改國號為南越。

（七）1804 年 1 月，嘉隆帝復遣黎光定等請封，又請改定國號書，清國同意使用越南一名。雙方亦約定，邦交二年一貢，四年一遣使，兩貢並進。意指四年才進貢一次，一次送兩份貢品。越南遣使致謝，並貢黃金 200 兩，白金 1,000 兩，絹紈各百疋，犀角兩座、象牙、肉桂各 100 斤。

（八）嘉隆八年（1809）3 月，越南嘉隆帝命吏部參知阮有慎前往清歲

---

91. [越] 陳文為等纂修，**前引書**，第八冊，正編，卷之四十七，頁 4113-4121。

92. 中國復旦大學文史研究院和越南漢喃研究院合編，**越南漢文燕行文獻集成（越南所藏編）**，第六冊，復旦大學出版社，上海，2010 年，頁 75-76。

貢〔丁卯（1807）、己巳（1809）二貢〕正使。廣平該簿黎得秦、吏部僉事吳位充甲乙副使，另有行人9人，錄事2，書記4，調護1，通事2，隨人15人。諭令他們應謹慎和重國體。[93]

（九）嘉隆八年（1809）6月，嘉隆命侍中學士武楨充如清慶賀（清帝五旬慶節）正使，兵部僉事阮廷驚、工部僉事阮文盛充甲乙副使（品物：象牙2對、犀角4座、紬紈絹布各100疋）。[94]

（十）1813年2月，嘉隆帝以廣平該簿阮攸為勤政殿學士充如清歲貢〔辛未（1811）、癸酉（1813）二貢〕正使，吏部僉事陳雲岱、阮文豐充甲乙副使。」[95]

（十一）1817年2月，嘉隆帝以廣平記錄胡公順為勤政殿學士充如清正使，諒山參協阮輝楨、翰林院潘輝湜充甲乙副使。諭之曰：「此行當分猷協濟，以重國體、固邦交，公順等奏請舉親人各一及選舊行人以從。」帝說：「使，公事也，朝廷不乏人，何必親與舊也。不許。」敕自今使部不得以親人舊行人充舉。[96]

（十二）嘉隆十八年（1819）3月，越南因屆丁丑、己卯二貢之貢期，以廣南記錄阮春晴為勤政殿學士充如清使，廣南督學丁翻為東閣學士、南策知府阮祐玶為翰林侍讀充甲乙副使。[97]

與柬埔寨的關係

（一）嘉隆九年（1810）10月4日，「詔神策軍左營都統制豐登侯黎文豐、定祥鎮紀錄明德侯裴文明率領舟師兵弁3,000，按據新洲地面，巡警邊防。先是暹王送匿螉禎弟匿螉源、匿螉俺、匿螉墩歸高棉，令匿螉禎分其地，以匿螉源為二王，匿螉俺為三王，匿螉禎不同意。適嘉隆八年8月13日屋牙高羅歆莊、屋牙伽知沽（二人原奉暹王命為高棉輔臣）謀逆，匿螉禎殺之，

---

93. [越] 張登桂等纂，**大南寔錄**，第三冊，正編第一紀，卷三十七，頁11。
94. [越] 張登桂等纂，**大南寔錄**，第三冊，正編第一紀，卷三十八，頁14。
95. [越] 張登桂等纂，**大南寔錄**，第三冊，正編第一紀，卷四十六，頁7。
96. [越] 張登桂等纂，**大南寔錄**，第三冊，正編第一紀，卷五十五，頁6-7。
97. [越] 張登桂等纂，**大南寔錄**，第三冊，正編第一紀，卷五十九，頁10。

其黨低都明反，據欄楸府，阿丕扶別沽築起北尋奔〔馬德望（Battambang）〕屯，意欲圖匿蝺禎之意。此巡邊所以為高綿聲援故也。11 月 8 日，詔欽差總鎮掌鎮振武軍仁郡公親提大兵經略高綿為保護彼國之勢，辰遣將丕雅除茫、丕雅那秩、丕雅波落恩堀瀝重兵進駐北尋奔，匿蝺禎請兵保護，仁郡公以 12 月 7 日進行至羅壁營（祿兀，國王所居地），籌劃邊略，遏兵恬不敢動。嘉隆十年 1 月 14 日，仁郡公旋師至嘉定城。」[98] 此時，暹羅已控制柬埔寨的馬德望，而越南控制祿兀。

（二）嘉隆十年（1811 年）10 月，真臘進貢，並請改國號。嘉隆帝說：「舊號美矣，何用改？王自祖父立國，名稱已定，不必更改。」匿蝺禎深為感謝。[99]

（三）嘉隆十一年（1812）3 月 27 日，暹將丕雅枉波落兵分水陸二道直進羅壁營，越南瑞玉侯率官軍遏阻，彼不敢犯。28 日，匿蝺禎與其家屬和僚屬搭船前往新洲道。其弟匿蝺俺、匿蝺蟻則已先在 29 日夜逃逸投奔暹兵。越軍剛好抵達，接護匿蝺禎回祿兀。[100]

（四）嘉隆十二年（1813）1 月 15 日，暹羅派遣丕雅摩訶阿默、丕雅洛都他詫通鋤到嘉定城，遞呈國書，內容是匿蝺禎、匿蝺源本同胞兄弟不能和睦，匿蝺源逃居馬德望，匿蝺禎差兵追拿甚急，彼此相攻殺，恐傷骨肉之情，而負二大國培養之義。暹羅命親信重臣進行調解，不意匿蝺禎棄國而去，現在修城堡，以待其歸。2 月 15 日，嘉隆詔欽差嘉定城總鎮掌左軍平西將軍悅郡公黎文悅、協總鎮工部尚書靜遠侯吳仁靜，須整飭船師兵備，隨同暹使送匿蝺禎歸國。[101]

2 月，越軍在柬埔寨築南榮城及盧淹城，建安邊臺，臺上建柔遠堂，以為藩王望拜之堂。[102]

4 月 3 日，悅郡公、靜遠侯董領舟師將卒 1 萬 3,000 同暹將丕雅摩訶阿默等護送匿蝺禎啟行，奉給程費錢 5,000 貫，並賜粟 2 萬方，銀笏值錢 1 萬貫，

---

98. [越] 鄭懷德，**嘉定通志**，頁 11。
99. [越] 張登桂等纂，**大南寔錄**，第三冊，正編第一紀，卷四十三，頁 10-11。
100. [越] 鄭懷德，**嘉定通志**，頁 12。
101. [越] 鄭懷德，**嘉定通志**，頁 12。
102. [越] **國朝正編撮要**，卷二，頁 37。

以充儲備。14 日，至羅壁營，與暹將丕雅肥差逋連查、丕雅肥伐孤鷗等相見，經理百為。越南軍完成構築南榮城，護送國王匿螉禛居之。暹將盤交府庫城堡，撤兵而回。其王弟匿螉源、匿螉俺、匿螉嫩潛歸暹羅。[103]

7 月，南榮城及盧淹城完工，詔黎文悅班師，留阮文瑞 1,000 兵守南榮，保護真臘。8 月，真臘獻象 88 匹，阮福映以真臘剛再造，命嘉定出庫銀援助。[104]

8 月，留掌奇瑞玉侯兵弁 1,500 守護高棉國。16 日，悅郡公靜遠侯全軍凱還。26 日，於蒐撞媢處起安邊臺，臺上建柔遠堂，凡正旦、除夕、端陽、萬壽、每月初一日和十五日，高棉國君臣都需向堂前照儀注行望拜禮。[105]

9 月 25 日，欽頒掌奇瑞玉侯阮文瑞、兵部參知硋玉侯陳公硋按守南榮城，保護高棉國。10 月 5 日，爐淹屯成為儲積錢糧之所。12 月 2 日，欽頒匿螉禛朝服、金幞頭、紅蟒袍、玉帶。[106]

（五）嘉隆十五年（1816）7 月 6 日，「欽頒高棉國藩僚文武朝服，從此高棉官民衣服器用皆效華風，而串頭、衣幅、圍裙、膜拜、摶食，諸蠻逐漸改革矣。」[107] 這裡所講的華風，就是越南風俗。

與法國和他國的關係

（一）嘉隆十六年（1817）11 月，富浪沙（指法國）船泊於沱㶞，致函阮文勝，表示其國王復國，遣揭旗往諸海口，使鄰國知之，想奉方物詣京謁見嘉隆帝。嘉隆帝認為他無國書，加以拒絕。令廣南營臣厚款待，送他們出港。又敕沱㶞汛守，如富浪沙船有揭旗放賀砲二十一聲於奠海臺上，亦應如數。嗣有外國商船入口，放礮雖多，臺上只以三聲為號。[108]

（二）嘉隆十七年（1818）6 月，准定自今瑪璟（指澳門）西洋來商，

---

103. [越] 鄭懷德，**嘉定通志**，頁 13。
104. [越] **國朝正編撮要**，卷二，頁 38。
105. [越] 鄭懷德，**嘉定通志**，頁 13。
106. [越] 鄭懷德，**嘉定通志**，頁 13。
107. [越] 鄭懷德，**嘉定通志**，頁 13。
108. [越] 張登桂等纂，**大南寔錄**，第三冊，正編第一紀，卷五十六，頁 14。

嘉定所納港稅、貨稅或番銀中平銀或全銀、全錢、半銀、半錢，各從所願，不為限制。[109] 10 月，申定瑪璙西洋商船稅額故事，諸國商船並從廣東商稅，有司不分船之大小，一例徵收。至是改以大小差徵之。[110]

阮福映能統一越南之原因

歸納言之：

第一，阮福映的個性堅強，1774 年時遭黎朝軍隊驅逐出順化，當時僅十四歲，一直到 1802 年才重回順化，建立新王朝，中間歷經各種戰爭和失敗，最後獲致成功，若無堅強毅力當無以至此。

第二，阮福映能號召各路英雄共同效力於他，出於他的知人善任，具包容個性，賞罰分明，獎勵多於懲罰，使人能盡其才，甘為驅策效命。

第三，戰略成功，挑選西山軍兵力最弱的南部嘉定地區作為據點。西山軍每次在嘉定逐退阮福映軍隊後，就將主力部隊帶回其根據地歸仁，僅留少許兵力駐守嘉定，給予阮福映絕佳的機會。當西山軍大部隊包圍歸仁時，阮福映軍利用順化兵力薄弱的空檔突擊控制順化，然後再出兵攻擊已控制歸仁的西山軍，同樣地以包圍手段迫使歸仁的西山守軍突圍逃竄。在戰術方面，阮福映經常利用心戰手段，針對他擬攻擊的城市先行心戰喊話，進行招降納叛的工作，以瓦解對方的士氣。

第四，阮福映善於利用外國軍力，除了百多祿帶來的法國雇傭兵外，有若干法國雇傭兵效勞於阮福映和阮福晈兩任政府，後退伍才返回法國。由於嘉定有不少清國人居住，因此他也獲得清國人和金錢的支持。他亦獲得暹羅之協助，暹羅不僅提供軍火，還派遣真臘、萬象的軍隊協助他。

---

109. [越] 張登桂等纂，**大南寔錄**，第三冊，正編第一紀，卷五十七，頁 15。
110. [越] 張登桂等纂，**大南寔錄**，第三冊，正編第一紀，卷五十八，頁 9。

第二節　阮聖祖之功業

阮聖祖（1819 年 12 月—1840 年 12 月）

阮福晈之年號為明命，廟號阮聖祖。

內政

（一）明命元年（1820）6 月，初建國史館。

7 月，申定鴉片條禁。官民敢有吃鴉片及藏匿煎煮、販賣，其罪徒捕，告者，賞銀 20 兩。父子不能禁約子弟及鄰佑知而不舉，各以杖論。明命帝特別規定職官有犯者開革。[111]

11 月，改定外國商船港稅禮例故事，瑪瑞西洋諸國商船來商，與廣東一例徵稅，但以船隻長度和寬度訂定稅率。凡商船入港依其船籍征稅，敢有欺騙冒領他處船牌，希圖減稅，如被查獲，即以減稅之數為贓，自 20 兩以下杖六十，每 10 兩加一等，仍按贓數倍收，至 250 兩以上杖一百，徒三年。船貨入官，十取其三賞告者。[112]

（二）明命二年（1821），定士人有三年喪，不得應試。[113]

7 月，免嘉定明香社兵役和徭役，但仍依例徵收身稅。[114]

7 月，初置錦衣衛，以肅直、長直、常直諸隊充之，品秩與侍中同。[115]

（三）明命五年（1824）8 月，掌奇阮文震、阮文勝上疏，乞歸國，明命帝對群臣說：「震等以富浪沙人年前投於我，討賊有功，故我皇考世祖高皇帝擢至是職，俸祿視其品再加厚焉。朕嗣位以來，待之不薄，何乃有此請也。今廷臣詰之，二人皆言久受朝廷厚恩，止為老病，所願者首丘（按比喻晚年思念故鄉）耳。」帝以遠宦思鄉，人情之常，乃許之，賜品福及錢 6,000 緡。[116]

---

111. [越] 潘清簡等纂，**大南寔錄**，第五冊，正編第二紀，卷四，頁 6-7。

112. [越] 潘清簡等纂，**大南寔錄**，第五冊，正編第二紀，卷六，頁 5-6。

113. [越] 杜文心纂，**大南典例撮要略新編（禮例）**，無出版地和公司，越南，1907 年，頁 82。

114. [越] 潘清簡等纂，**大南寔錄**，第五冊，正編第二紀，卷十，頁 4。

115. [越] 潘清簡等纂，**大南寔錄**，第五冊，正編第二紀，卷十，頁 13。

116. [越] 潘清簡等纂，**大南寔錄**，第五冊，正編第二紀，卷二十八，頁 19-20。

（四）明命六年（1825）6月，造礮場六，一在東泰臺，一在南正臺，一在南明臺，一在西城臺，一在定北臺，一在北臺。[117]

6月，「頒國諱諸尊字條禁於中外，其臨讀避音、臨文改用，凡五字：暖、映、種、晈、膽。犯者以違制律加等罪之。臨讀避音、臨文加樣地名、人名，並不得冒用，凡四字：喻、環、蘭、璹。犯者以違制論。尋又准定先師孔子諱丘，臨讀讀為期字，臨文改為邱字。」[118]

7月，明命帝閱覽承天場奏冊，承天、廣南士人無一人中考，命六部覆閱文卷，增取承天高有翼、廣南張增演為相貢。又覽義安場，試卷第一名何學海卷內膠著，武丁為成湯（意指錯誤百出），明命帝非常不高興，對禮部說：「解元之名，士林翹望，何學海如此疵謬，可使居人上乎？」乃命覆閱，擢第四名武玉價為第一名，而將何學海改為第四名。

廣治士人阮千條參加科試第一場以題目過難而鼓譟，其他士人也跟著鼓譟，結果官兵彈壓才平息。明命帝非常生氣，處分首倡者絞刑，官員亦貶官，有的還被充軍邊疆為士兵。[119]

8月，河僊港舊無稅額，致外國商船都到河僊，以避開嘉定徵稅。現規定凡清國商船到河僊，照嘉定城港稅例徵之，暹羅船則按照嘉隆八年（1809）例。明命帝特准清商船稅照嘉定城例減十之二，自明命十年以後減十之三。[120]

（五）明命七年（1826）7月，嘉定流行傳染病，死一萬八千多人，命各地設壇禳之。在順化郊外亦設壇，命官員致祭。派太醫到嘉定治療病兵。該年嘉定災民免身稅。[121]

「更定諸地方別納明香社稅例，戶部議奏，以為向來諸地方明香稅例供輸不一，輕重亦殊〔承天、廣南、富安人歲輸銀 2 兩；平定、廣義人歲輸布 2 匹、庸緡錢 1 緡 5 陌；北城、懷德人數一百餘歲輸銀 200 兩；義安人數二百餘歲輸銀 100 兩，附銀 10 兩；山南人數七十餘歲輸銀 60 兩；清葩（清華）

---

117. [越] 潘清簡等纂，**大南寔錄**，第五冊，正編第二紀，卷三十一，頁 23。
118. [越] 潘清簡等纂，**大南寔錄**，第六冊，正編第二紀，卷三十四，頁 1。
119. [越] 潘清簡等纂，**大南寔錄**，第六冊，正編第二紀，卷三十四，頁 3-4。
120. [越] 潘清簡等纂，**大南寔錄**，第六冊，正編第二紀，卷三十四，頁 13。
121. [越] 潘清簡等纂，**大南寔錄**，第六冊，正編第二紀，卷四十，頁 1。

無人數歲輸銀 30 兩；嘉定屬城人歲納庸緡錢 1 緡 5 陌；永清、河僊、麓川、堅江、壯項歲輸庸緡錢 1 緡 5 陌；民丁老疾半之〕，且彼以清人來，依歷有年所，既列為編戶，則稅例亦當有一定之法，請自今南至嘉定、北至北城，凡在明香籍者均定為歲輸人各銀 2 兩、民丁老疾半之。庸役並免。至如清葩明香，未有人數，請令鎮臣查明，著簿照例徵收。帝從之。惟承天明香 6 人奉事關公、天妃二祠，嘉定屬城明香三百餘人，以昔年輸銅微忱可錄〔戊申（1788）年進納雜銅 1 萬斤以為兵用〕，聽各仍納庸稅如例。

定嘉定唐人（指華人）稅例，城臣奏言：『屬城諸鎮別納唐人，或納庸錢，或納搜粟，或納鐵子，稅課各自不同。又有始附者至三千餘人，並無徵稅，且城轄土地膏腴山澤利浦，故閩、廣之人投居日眾，列廛布野為買、為農起家，或至巨萬而終歲無一絲一粒之供，視之吾民庸緡之外，更有兵徭，輕重殊為迥別，請凡別納。及始附唐人歲徵庸役錢，人各 6 緡 5 陌，其始附未有產業者，將為窮雇，免徵。』城臣又奏：『唐人投居城轄，民間鋪市業令所在鎮臣據福建、廣東、潮州、海南等處人，各從其類，查著別簿，置幫長，以統攝之。其有產業者，請徵如例。至於窮雇，常年察其已有鎡基者，徵之。』帝允其奏。」[122]

9 月，准廣平、平定燕戶代納燕窩欠稅，一項 1 斤代納錢 40 緡，二項 30 緡，三項 18 緡。[123]

10 月，命廣平布政州民易衣服。明命帝對禮部說：「國家輿圖混一，文軌攸同，豈應有異制異宜者。布政州屬畿輔地而民間衣服猶然殊別，殆非共貫同風之義也。其令廣平營臣宣示州民服從瀘江以內體制，俾同風俗，若翫常不改，以違制論。」[124]

（六）明命八年（1827）閏 5 月，命承天募籍外民 30 人充國子監屬隸。[125]

8 月，「鎮寧酋長昭內籍所轄土地、人民以獻（丁 3,000 人、田 28 所），乞定貢例。又有車虎、岑祚蠻、撰芒欄呈固岑、梛蠻欵 7 縣，土目詣阮文春

---

122. [越] 潘清簡等纂，**大南寔錄**，第六冊，正編第二紀，卷四十，頁 17-18。
123. [越] 潘清簡等纂，**大南寔錄**，第六冊，正編第二紀，卷四十一，頁 15。
124. [越] 潘清簡等纂，**大南寔錄**，第六冊，正編第二紀，卷四十一，頁 19。
125. [越] 潘清簡等纂，**大南寔錄**，第六冊，正編第二紀，卷四十六，頁 11。

等軍次，言前與鎮寧本屬邊氓，自畀之萬象，貢路遂絕。今萬象既亡（1827年5月13日，暹羅軍隊占領永珍，阿努馮戰敗逃至越南的順化），請復修貢如故，春等以聞。明命帝諭曰：『朝廷經略之舉，恤難安人原非以土地為利，今彼等純之舉，恤難安人原非以土地為利，今彼等諄懇投誠，可從所請，以安新附之心。』乃授昭內為鎮寧府防禦使，管理府事七縣。上且各授土知縣、土縣丞，敘給誥命印記（府銅印、線銅圖記，並木鈐蓋各一）。有事聽由義安投報貢期，貢品俟後準定，諭嗣後各宜保境輯民，恪遵朝貢之禮，事無大小，不得仍從萬象役使。」[126]

12月，構築長鋪於永利橋南北兩岸（322間），命戶部行咨諸地方，遴選出明鄉人有物力者充鋪戶。[127]

（七）1828年7月，「清葩鎮臣奏言，屬轄明鄉人多逃散，僅存二十餘人，皆是窮乏，請登之所在戶籍，與民當差，而免舊例銀稅（歲輸人各銀2兩）。許之。」[128]

（八）明命十年（1829）1月，減免承天、廣治、廣平、廣南本年身稅十之三。義安以北、廣義以南身稅十之二。[129]

5月，戶部奏上全國在籍戶口總冊，凡719,510（承天37083、廣南44,587、廣平14,534、廣治19,189、嘉定五鎮118,790、北城十一鎮248,302、清葩44,882、平定36,965、廣義18,818、義安80,287、富安5,693、平和5,525、平順9,592、寧平12,788、新疆22,475）。

明命帝在批閱戶口紀事時記載，明命元年戶部奏上嘉隆十八年兵民戶口凡613,912人。該年秋天發生瘟疫，從小西洋到暹羅、真臘、越南到中國都感染，以致許多人病死。越南開倉賑災，發放73萬緡救災，越南在籍戶口共死了26,835人，不在籍者病死者，則無法查考。[130]

10月，禁清商偷載婦女，如經查獲，偷運者發邊遠充軍，其越南妻則定

---

126. [越] 潘清簡等纂，**大南寔錄**，第六冊，正編第二紀，卷四十七，頁32-33。
127. [越] 潘清簡等纂，**大南寔錄**，第六冊，正編第二紀，卷四十九，頁26。
128. [越] 潘清簡等纂，**大南寔錄**，第六冊，正編第二紀，卷五十三，頁15。
129. [越] 潘清簡等纂，**大南寔錄**，第六冊，正編第二紀，卷五十七，頁1。
130. [越] 潘清簡等纂，**大南寔錄**，第六冊，正編第二紀，卷五十九，頁24-25。

地發奴。清人在越南已登幫籍者，才能與越女婚娶。若是偶來遊商，則禁止。違者，男女各滿杖、離異，主婚與同罪。媒人、幫長、鄰佑各減一等。地方官知而故縱，降一級調。清人與越女所生之子女而偷載回清者，亦嚴禁，犯者男婦、幫長及鄰佑知情各滿杖。又所生之子，禁止薙髮垂辮，違者男婦滿杖，幫長、鄰佑減二等。[131]

（九）明命十一年（1830）3 月，定廣平清人稅例，依嘉定始附清人例，歲納錢 6 緡 5 陌。[132]

7 月，定各地清人稅例。前戶部議定平順在轄清人歲納錢 6 緡 5 陌。嘉定清人則有不同稅例。明命帝說清人既入越南籍，即為越南民，豈能有不同稅例。經廷臣議定凡所在投寓清人，除有物力者全徵，其現已在籍而無力者折半徵稅，統以三年為限，照例全徵，不必察報。間有新附而窮雇者，免徵三年，限滿尚屬無力，再准半徵。三年後，即全徵如例。[133]

（十）明命十二年（1831）11 月，「工部議奏，以為原北城與屬城南定、海陽、廣安，畿北廣治、廣平、義安、清葩、寧平等轄，皆有定額船艘，今量地分轄，北城改為河內，而寧平隸焉。南定則有新設之興安，義安則有新設之河靜，各有水師，其船艘擬應酌量均給，以備差派。請通將寧平以北各轄原額船 151 艘分給統轄之河寧、海安、定安等處以為定額。」[134] 此應為北城改名為河內之緣由。

（十一）明命十三年（1832）2 月，「禁賣買軍餉粟米。先是北圻分設原在城山西、北寧二倉，糧儲多數準二省弁兵月餉於此就領。」[135] 北圻一詞首見於此。北圻共轄 10 省，包括河內、南定、海陽、山西、北寧、興化、宣光、太原、高平、廣安。[136]

3 月，命河內擇置廣東、福建 2 鋪行長，凡有官買 2 省所產之物專責之。[137]

---

131. [越] 潘清簡等纂，**大南寔錄**，第七冊，正編第二紀，卷六十二，頁 12。
132. [越] 潘清簡等纂，**大南寔錄**，第七冊，正編第二紀，卷六十五，頁 14。
133. [越] 潘清簡等纂，**大南寔錄**，第七冊，正編第二紀，卷六十八，頁 24。
134. [越] 潘清簡等纂，**大南寔錄**，第七冊，正編第二紀，卷七十七，頁 11。
135. [越] 潘清簡等纂，**大南寔錄**，第七冊，正編第二紀，卷七十八，頁 29。
136. [越] 潘清簡等纂，**大南寔錄**，第七冊，正編第二紀，卷七十九，頁 5。
137. [越] 潘清簡等纂，**大南寔錄**，第七冊，正編第二紀，卷七十九，頁 2。

5月，禁天主教。承天有陽山社（屬香茶縣），其民有信仰爺穌（耶穌）邪教，置道堂（教堂）奉天主，推西洋人潘文京為道長，進行講道。官府知道後，傳訊這些教民，再三開示，無一人願出教（指放棄天主教）者。下刑部議，對首犯舊里長潘文京處以絞監候，從犯里長陳文才滿流（指流放邊疆），羽林副隊陳文山革職，並與兵丁 13 人各加重枷號一個月，限滿決杖一百，分發廣義、清葩（指清華）等處為兵，餘其民男婦笞杖後釋放。議上，陳文才改發鎮寧充軍，潘文京以方外遠夷未嫻法度，加恩發承天府為兵，嚴加管束，不准外出，得以傳教其為兵。陳文山等發廣義者，名服義兵，發清葩者，名服葩兵，俾與各色兵有別。[138]

9月，初置都察院，院設左右都御史，視六部尚書，左右副都御史視六部參知。院屬六科給事中、十六道監察御史，秩正五品，錄事一，秩正七品，書吏正八、九品各四，未入流二十。[139] 此為阮朝設言官之始。

（十二）明命十三年（1832）10 月，明命帝對兵部尚書黎文德說，為何會試考上者都是義安以北士子？而京都文物薈粹，反而士子無法考上，原因何在？黎文德答覆稱，義安以北士子的文章並非盡粹，而是多有家套，故易上榜。廣平以南士子文章並非不博，而是文體不諳練，從前之試法，多拘俗套，未盡完善。明命帝說，越南舉業都重背讀古書，無法延伸別的意思，此相沿承襲，不免迂疏，應當予以釐正。[140]

10 月，設朝會日期每月大朝二次，常朝四次。在上朝之前，朝臣先上奏，再廷議。大朝二次設在每月朔望（初一和十五日），每月初五、十一、二十一、二十五為常朝。[141]

11 月，鑾駕侍衛弁兵有信奉爺穌（耶穌）教者，明命帝甚覺詫異，他認為愚民才會受蠱惑，不敬神明、不奉祖先，大違正道，因此下令刑部拿治。廣治、南陽省亦將爺穌圖像、經卷銷毀，道堂和道館充公。明命帝赦免該兩省信教者罪。他下令今後各地教徒願意跨過十字木架表示出教，地方官呈

---

138. [越] 潘清簡等纂，**大南寔錄**，第七冊，正編第二紀，卷八十，頁 11-12。
139. [越] 潘清簡等纂，**大南寔錄**，第七冊，正編第二紀，卷八十三，頁 3。
140. [越] 潘清簡等纂，**大南寔錄**，第七冊，正編第二紀，卷八十五，頁 2-3。
141. [越] 潘清簡等纂，**大南寔錄**，第七冊，正編第二紀，卷八十五，頁 27。

報，均免其罪。[142] 明命十六年（1835）12 月，申定禁止西洋邪教條例。都察院左副都御史潘伯達奏言，西洋邪教陷溺人心，實為異端中之最黠者。前此西洋道長搭乘清國船隻投往越南，潛隱各地，例如明命十四年原藩安城起變間，有西洋道長名馬雙者夥同黎文傀糾集爺蘇徒黨控制嘉定城三年，其惑亂人心，違背風俗，應申明禁止。由於西洋商船不得進入越南港口通商，因此西洋道長都是搭乘中國商船進入越南港口，今後如有發現西洋道長，立即照境外奸細入境律問以死罪。凡西洋道長偷偷入境，在民間傳教者，亦以左道異端煽惑人民律，問以死罪。地方官員如查察不力，均加處分。[143]

11 月，明命帝命停皇子女、皇字子女、諸公子女週年抱見禮，以明命十四年為始。[144] 此蓋因明命帝有子女 1 百人，若行此禮，恐不勝負荷。

定南圻六省船額，包括嘉定、邊和、永隆、定祥、安江、河僊。[145] 此為首次使用南圻一名。

12 月，更定鄉會試法。過去循用四場，文體拘於常套，明命帝想改變此一考試辦法，他命六部會同都察院修改為經義、詩賦、策問三場。第一場，採用八股制義，鄉試每篇限 250 字以外（按指不得少於 250 字），會試 300 字以外，不得過短。第二場，用詩賦，鄉試用七言律，會試用五言排律賦，並用律賦。鄉試限 250 字以外，會試限 300 字以外。第三場，用策問（仿明清狀元策），試題鄉試限 300 字上下，會試限 500 字上下，行文鄉試限 1,000 字以外，會試限 1,600 字以外。為使學生熟悉及學習此一新考試方法和科目，新制從明命十五年鄉試開始實施。[146]

改高平儂人為土人。高平屬轄四州，民有舊名，輔導者經准部議改名儂人，其民以儂，乃清國流人請賜他名以別之。省臣以奏，帝曰：「此亦變夷歸夏之一機也。」乃准改稱土人，仍舊供輸銀稅。[147]

---

142. [越] 潘清簡等纂，**大南寔錄**，第七冊，正編第二紀，卷八十六，頁 6-7。
143. [越] 潘清簡等纂，**大南寔錄**，第十冊，正編第二紀，卷一百六十四，頁 1-2。
144. [越] 潘清簡等纂，**大南寔錄**，第七冊，正編第二紀，卷八十六，頁 11。
145. [越] 潘清簡等纂，**大南寔錄**，第七冊，正編第二紀，卷八十六，頁 12-13。
146. [越] 潘清簡等纂，**大南寔錄**，第七冊，正編第二紀，卷八十七，頁 2-3。
147. [越] 潘清簡等纂，**大南寔錄**，第七冊，正編第二紀，卷八十七，頁 31。

前曾戒禁職官及軍民等盜吃私買鴉片，今再申禁皇親國戚、內外大小臣工盜吃鴉片。[148]

（十三）明命十四年（1833）5 月，為使改革考試成功，送三場文體於中外。選取八股制義 30 篇、試帖 5、七言詩 20 篇、律賦 20 篇、策文 10 篇，精繕 31 部分送國子監及順化以外各地學臣，照此學習並傳集所轄士人抄錄之。[149]

（十四）黎文傀（原文應是依字，越南史家為了醜化他，而在名字內加上鬼字）占領嘉定三年。1833 年 5 月 18 日，南圻有黎文傀在邊和、定祥和永隆發動叛亂，以復興黎朝為名，佔領嘉定城。[150]黎文傀原為左軍銘義衛衛尉，他率眾控制嘉定城（又稱藩安城），殺布政白春元及其鎮守阮文桂，自稱大元帥，設五軍及水軍、象軍與六部大卿，並五屯，分別由蔡公朝、黎得力等進攻邊和和定祥，佔領永隆、安江、河僊等地。[151]

清人支持黎文傀之叛亂活動，聚在柴棍鋪，設屯固守至 8 月，始被越軍攻破，越軍殺叛軍 210 人，俘虜 700 人。越軍將俘虜的凶悍者處死，其餘各斷右手四指，流放邊境，不准留在城市地區。明命帝對此一措施甚不以為然，他認為有些清人並非叛賊，而只是因為害怕捲入戰爭而出於自保，越軍不加以分辨，全數以叛賊處置，致殺害多人。[152]越南將黎文傀祖父四代墳墓挖掘，焚棄屍骸，其弟侄鄧永膺、丁翻、劉信之子凡 14 人處斬。丁翻之長子丁文璞削去進士碑記姓名。[153]後來明命帝詢問南圻的情況，知悉那些在柴棍鋪的清人都屬凶狠可惡，對到來的越軍進行水陸堅強抵抗，所以將之殺害，亦是勢不得已。[154]

叛軍首領黎文傀控制嘉定城，城內有清人爺穌會教徒 1,000 人跟隨叛軍死守，越軍圍城數月。當越軍收復永隆城後，越人及清人自願捐款以助軍餉，

---

148. [越] 潘清簡等纂，**大南寔錄**，第七冊，正編第二紀，卷八十七，頁 37-38。
149. [越] 潘清簡等纂，**大南寔錄**，第八冊，正編第二紀，卷九十五，頁 8。
150. [越] 潘清簡等纂，**大南寔錄**，第八冊，正編第二紀，卷九十六，頁 16。
151. [越] 吳甲豆，**前引書**，第四冊，冬集，本朝，頁 28。
152. [越] 潘清簡等纂，**大南寔錄**，第八冊，正編第二紀，卷一百三，頁 21-24。
153. [越] 潘清簡等纂，**大南寔錄**，第八冊，正編第二紀，卷一百四，頁 5-6。
154. [越] 潘清簡等纂，**大南寔錄**，第八冊，正編第二紀，卷一百四，頁 29-30。

得錢共 2,280 餘緡、米 490 方、粟 100 斛。[155] 嘉定、安江人民情願捐助餉錢 5,000 緡、米 1,600 方。[156]

11 月，真臘匿禛遣其臣屋牙折息到嘉定，願派藩卒會同進攻嘉定城，為明命帝所拒，因為目前越軍包圍該城，已有餘力。但允許真臘兵防守地頭要地，捕獲逃走的清人 280 人。[157] 12 月，黎文傀病死，但其黨阮文魷和阮文誠等推黎文傀年僅八歲的兒子黎文鵠為元帥，[158] 繼續領導反抗。明命十六年（1835）7 月 16 日，越軍發動總攻擊，終於攻破被占領三年的嘉定城，俘虜及斬殺 1,832 人，越軍傷四百多人，死亡六十餘人。[159] 在這之前，黎文傀已病死，其妻一、妾四、子黎文鵠、女四被俘。另有爺穌教長富懷仁、副教長阮文福被俘。越南將首要犯包括黎文傀妻妾子女梟首三日，棄屍於江，其他俘虜則處死後挖一大坑掩埋。至於黎文傀雖已死，要查出其埋屍處，挖取其骨骸，搗碎分送六省投入坑廁中，其肉則分給狗吃。此案涉有宗教意義，這些天主教徒參與反抗活動，應與明命帝下令禁教有關。該案也應是阮朝最大的叛亂案，嘉定城被占領三年，由此可看出來阮朝已逐漸失去控制力。

（十五）1833 年 6 月，北圻興化和宣光、太原有農文雲作亂，攻下高平省城、包圍諒山，至 11 月，越軍收復高平省城，並解除諒山之危，農文雲剃髮化裝逃逸。至明命十五年（1834）12 月，農文雲潛逃至清國，越南函請廣西緝拿。[160]

（十六）1833 年 7 月，明命帝為感念占城對越南之歷史貢獻，對占城國王之子孫備加恩賜，其子孫阮文承現為管奇正四品，封其為延恩伯，再授為衛尉從三品職銜，照此支俸，仍從平順省公務。嗣後子孫均准襲封世爵，以守占城之祀。並在平順省城外建占城王專廟，遞年春秋二祭，官為辦理。[161]

8 月，原南圻六省總稱嘉定，去年分設省轄，設有藩安鎮，又改為藩安

155. [越] 潘清簡等纂，**大南寔錄**，第八冊，正編第二紀，卷一百六，頁 10。

156. [越] 潘清簡等纂，**大南寔錄**，第八冊，正編第二紀，卷一百七，頁 24。

157. [越] 潘清簡等纂，**大南寔錄**，第八冊，正編第二紀，卷一百十一，頁 9、11。

158. [越] 吳甲豆，**前引書**，第四冊，冬集，本朝，頁 29。**大南寔錄**將黎文鵠寫為黎文猿。

159. [越] 潘清簡等纂，**大南寔錄**，第十冊，正編第二紀，卷一百五十六，頁 20-21。

160. [越] 潘清簡等纂，**大南寔錄**，第九冊，正編第二紀，卷一百四十一，頁 26-27。

161. [越] 潘清簡等纂，**大南寔錄**，第八冊，正編第二紀，卷九十八，頁 8-9。

省。今又改為嘉定省。[162]

明命帝對工部說：「廣義洋分一帶，黃沙之處，遠望之，則水天一色，不辨淺深。邇來商船常被其害，今宜預備船艘，至來年派往建廟立碑于此。又多植樹木，他日長大鬱茂，則人易識認，庶免著淺之誤，此亦萬世之利也。」[163]

（十七）明命十五年（1834）1月，宣光農文雲殘黨農文仕糾眾千餘人攻擊通山、中儻堡和高平。2月，宣光匪徒三千餘圍攻寧邊堡，均遭擊退。

6月，農文雲與其黨閉文瑾復糾眾侵高平。7月，收復高平省城，斬殺閉文瑾。明命十六年（1835）3月，廣西緝捕農文雲甚急，農文雲逃回越南恩光，越軍圍捕，放火燒山，農文雲為火燒死，身旁有黃金一大錠、飾金銀刀一把等物。[164]北圻亂事始平。越南將其首級函送順化，在城外梟首三日，再傳至廣南以南、廣治以北諸省懸掛各三日，然後將其頭骨搗碎，投入坑溷。他的祖父、父親及遠代祖墳亦被掘開，將其骨骸投入江中。[165]越南人之作法類似中國人，殘忍不理性，牽連不相關的族人。

8月，嘉定明鄉社去年輸賣鹽硝1,350餘斤、硫磺2,200餘斤、烏鉛1,170餘斤，咸願充公，明命帝嘉其好義，令照價還之。[166]

12月，仿宋朝之樞密院及清國之軍機處，設機密院，以處理軍國大事。[167]

平順發生傳染疫病，兵民染死者五百九十餘人。令省臣出庫錢恤給之。內籍人各3緡，餘2緡，幼小1緡。[168]

（十八）明命十六年（1835）6月，初賜功臣行抱膝禮。明命帝召見平北圻之亂之功臣提督范文典、總督謝光巨、黎光德，在晉覲時，行抱膝禮，以示朕視之如皇子輩，承歡膝下。此為明命帝創造之禮節，表示君臣情禮之間至親至愛，已無可加也。其儀注為：「眾功臣至寶座前跪俯伏於地，候奉

162. [越] 潘清簡等纂，**大南寔錄**，第八冊，正編第二紀，卷一百二，頁4。
163. [越] 潘清簡等纂，**大南寔錄**，第八冊，正編第二紀，卷一百四，頁16-17。
164. [越] 潘清簡等纂，**大南寔錄**，第十冊，正編第二紀，卷一百四十七，頁19。
165. [越] 潘清簡等纂，**大南寔錄**，第十冊，正編第二紀，卷一百四十七，頁25。
166. [越] 潘清簡等纂，**大南寔錄**，第九冊，正編第二紀，卷一百三十三，頁7。
167. [越] 潘清簡等纂，**大南寔錄**，第九冊，正編第二紀，卷一百四十，頁10。
168. [越] 潘清簡等纂，**大南寔錄**，第九冊，正編第二紀，卷一百四十一，頁20。

宣進，范文典摺笏膝行而前。帝伸一足，范文典以兩手抱之，舉頭一叩，奉特旨獎賞，即加額領受。再一叩，膝行退至前俯伏處，出笏再一叩，趨出。依次再引他人行同樣抱膝禮。」[169] 10 月，跟平定北圻之亂一樣，明命帝也給平定南圻之亂的將軍阮春和范有心行抱膝禮。[170] 以今視之，該禮猶如虐待，豈有讓人膝行前至御座前，抱國王膝蓋，行叩頭禮兩次，再膝行退出之理？其將大臣視如小兒，雖言親近，亦屬過當。

7 月，明命帝諭禮部說，選部院閣印官員子弟、京尹於所轄士民選十六歲以下聰敏又略通經史文義者，由部彙整奏官，優給薪俸，讓其學習外洋語言文字。[171] 此為越南官方首次學習西洋語言文字，可能是學習法文。

9 月，改承天公館為四譯館，命禮部傳集在京行人司並從部諸通言等齊就館所居住，據諸衙遴選屬員子弟及士民等，酌定課程，使之講習番洋言語文字。[172]

初建武廟，奉祀姜太公、管仲、孫武、韓信、李靖、李晟、徐達、田穰苴、張良、諸葛亮、郭子儀、岳飛（以上為中國人）。陳國峻、阮有進、尊室會、黎魁、阮有鎰、阮文張（以上為越南人）。[173]

10 月，興安疫病，死七百餘人，令省臣發庫錢恤給之。[174]

11 月，賜皇子親公及廷臣禦寒冠韈，皇子親公七梁冠，廷臣六梁、五梁冠，並鞋韈各一。明命帝說：「大清衣服雖居常，亦不露足，我國因循舊俗，跣足而行，節屆冬天，不免寒冷，今朕製此，使卿等常服入朝，可以禦寒，亦為便適。」[175]

（十九）明命十七年（1836）4 月，派張登桂為南圻經略使。經略使應是從該年起派。[176]

---

169. [越] 潘清簡等纂，**大南寔錄**，第十冊，正編第二紀，卷一百五十三，頁 14-15。

170. [越] 潘清簡等纂，**大南寔錄**，第十冊，正編第二紀，卷一百六十，頁 23-24。

171. [越] 潘清簡等纂，**大南寔錄**，第十冊，正編第二紀，卷一百五十六，頁 39-40。

172. [越] 潘清簡等纂，**大南寔錄**，第十冊，正編第二紀，卷一百五十九，頁 17。

173. [越] 潘清簡等纂，**大南寔錄**，第十冊，正編第二紀，卷一百五十九，頁 31。

174. [越] 潘清簡等纂，**大南寔錄**，第十冊，正編第二紀，卷一百六十，頁 15。

175. [越] 潘清簡等纂，**大南寔錄**，第十冊，正編第二紀，卷一百六十一，頁 9-10。

176. [越] 潘清簡等纂，**大南寔錄**，第十冊，正編第二紀，卷一百六十八，頁 1。

晉封賢嬪吳氏為賢妃，餘莊嬪至才人凡 26 人。[177] 從而可知，明命帝除了元配皇后外，妃子共有 26 人。其子嗣超過百人，應全非這些妃子所生。

「6月，定四譯館子弟學習外國文字課程。洋國聲音辭語難於暹、牢，凡初學在三月以內者，洋字每日二、三字，暹、牢字每日七、八字。五、六月以外，洋字每日四、五字，加至六、七字。暹、牢字每日八、九字，加至十一、十二字。如有聰敏者，不拘此限。三月一期，禮部內閣屬員各一人分往學。所考藪精專者，獎賞。曠怠及訓習不勤者，一併懲辦。歲週部閣會同察藪，分項彙奏。」[178] 其所謂洋國語文，未知是哪國文字。除洋國文字外，亦學習暹羅文和哀牢文。

6 月，帝以仁魚向來救渡風難人民，著有靈驗，以後有浮斃而飄至順化海口者，由順化海口官員收葬，給布一匹、錢一緡。著為例。[179] 仁魚就是鯨魚。

10 月，內閣黎伯秀等奏請大家巨族之弟侄子女不得與王公子女通婚。明命帝同意，以免「有不肖子弟倚恃權門，怙勢犯法」。「敕嗣凡締姻公府者，與士流不同，永遠不准，預在挑選之例。」[180]

12 月，明命帝命南圻 6 省，凡在轄貧乏清人及新來搭客情願留居者，派送鎮西城（越南將金邊改稱鎮西城），擇地安插，分立邑里，令墾治。閒曠之士（清閒無事者）無力者，官給以秄秧、田器，三年後照人數、田數，彙冊奏聞。[181] 從而可知十九世紀中葉後有許多華人移居南越地區，然後越南再將之移入柬埔寨開墾，目的在開發柬埔寨及湄公河三角洲地區。

頒**五經四書大全**、**四書人物備考**、**詩韻輯要**於京外學堂。國子監諸省學政、教授訓導，凡 1,170 部。[182]

（二十）明命十八年（1837）1 月，「嘉定清人有代役徵船，乞行商於南北兩圻，省臣為之聲請。帝諭曰：『清商狡詐，向來以假造船營商為辭，

177. [越] 潘清簡等纂，**大南寔錄**，第十冊，正編第二紀，卷一百六十八，頁 25。
178. [越] 潘清簡等纂，**大南寔錄**，第十冊，正編第二紀，卷一百七十，頁 15-16。
179. [越] 潘清簡等纂，**大南寔錄**，第十冊，正編第二紀，卷一百七十，頁 21。
180. [越] 潘清簡等纂，**大南寔錄**，第十一冊，正編第二紀，卷一百七十四，頁 11-12。
181. [越] 潘清簡等纂，**大南寔錄**，第十一冊，正編第二紀，卷一百七十六，頁 12。
182. [越] 潘清簡等纂，**大南寔錄**，第十一冊，正編第二紀，卷一百七十六，頁 32。

陰載米粒、盜賣鴉片，經略使曾建議所議不許，今省臣卻為他申請，能保無弊乎。嗣後清人及明鄉人永遠不得造買越海船。』」[183]

4月，行宮各所之前置鼓一面作為登聞鼓，凡有冤枉者，聽得打鼓陳控，隨駕六部堂官，並科道輪班收受，據實具奏，以達下情。每班一日夜，堂官科道各二。[184]

9月，西洋道長高凌泥以爺穌邪教潛寓山西扶寧縣轄，串通匪徒，渠謀圖不軌，自稱偽軍師，省派捕弁拿獲，誅之，賞錢500緡。[185]

明命帝說，以前黎文悅總鎮嘉定時，養歌兒至千人之多，多耽於戲，歌兒依賴其勢力謔淫婦女，男女混淆，風俗敗壞。在平定黎文㑇之亂後，此風逐漸盛行。為革除此弊，乃議定凡諸社村酬神演戲，一年內限制歌唱一次一日夜，其唱歌演戲者限招集附近村民5人，過者，以違制論。再由地方官察覈。若請外籍歌工者，應登記查核。有情願到順化補入清平署（指戲劇署）者，人數補齊後，其餘則各歸農。若敢仍像以前一樣不事產業，就發鎮西屯田為兵。[186]

申諭河靜以北改易服飾。明命八年曾下令灃江以北改易衣服。至今已過十年，農夫村婦仍未改。廣平以南穿著漢明冠服衣褲，看起來整齊。而北方中國舊俗男子帶褲、女子衣著交領下用圍裳，不夠美觀。限本年內更換衣服。開年後未改者，要處罰。[187]

11月，在越南諸位國王中應以明命帝最有文才，他喜歡作詩，當功臣行抱膝禮後他都會作詩贈送，他還問曾前往清國的臣子李文馥他的詩和中國帝王的詩如何？李文馥答稱，清國士子說中國帝王詩集以乾隆最多，但不如明命帝**御製詩**之平淡。明命帝說乾隆之詩立意高邁，詞語堂皇，非騷人墨客所能比擬，但其不拘聲律，讀數遍還是無法嫻熟，詩除了吟詠性情外，亦須有韻律，若太疏放，未敢以為法也。他出版有**御製詩**一集、二集、三集（自明

---

183. [越] 潘清簡等纂，**大南寔錄**，第十一冊，正編第二紀，卷一百七十七，頁 27-28。
184. [越] 潘清簡等纂，**大南寔錄**，第十一冊，正編第二紀，卷一百八十，頁 5。
185. [越] 潘清簡等纂，**大南寔錄**，第十一冊，正編第二紀，卷一百八十四，頁 4。
186. [越] 潘清簡等纂，**大南寔錄**，第十一冊，正編第二紀，卷一百八十四，頁 21。
187. [越] 潘清簡等纂，**大南寔錄**，第十一冊，正編第二紀，卷一百八十四，頁 22。

命十四年春迄十五年冬,共 10 卷,凡 453 篇,目錄 2 卷)和四集(自明命十六年春迄十七年冬,共 10 卷,凡 522 篇,目錄 2 卷)。[188]

(二十一)明命十九年(1838)2 月,禁民間家藏黎史續編。黎朝中興(指南北朝戰爭)以後,權歸鄭氏,黎君徒擁虛器,以致於黎史本紀續編各卷都是尊鄭抑黎,甚至鄭人所行悖逆,亦皆曲筆讚美,冠履顛倒莫此為甚。此書是由鄭之私人所撰,並非出於公議。此書若存留民間,會陷溺人心。故通令各地方官員收查黎史本紀續編,予以銷毀。將來由官方詳加考訂纂修出版。若有私藏者,以藏匿妖書律罪之。[189]

3 月,初定國號曰大南。「嗣後國號宜稱為大南國,一切文字稱呼即照此遵行,或間有連稱為大越南國,於理猶是,永不得復稱大越二字。」[190] 其所以要改國號,乃因在 1 月署南義道御史阮友亮上疏言:「自古帝王一代之興,都有國號,越南自有國以來都無國號,所謂南越者,亦百粵中之一,乃自古所命,非一代有之國號。請建國號,以新南服。」明命帝說:「我國以前稱安南,本朝改號越南,阮友亮平生學識何在?且職司風憲,何出此言,狂妄至此。」因此將他革職,發鎮西軍次效力。吏部尚書黃文演認為阮友亮的意見可以研究,亦遭降二級處分。[191] 看來明命帝後來思考了他們的意見,而改了國號。至於這兩人是否取消處分,史書則無記載。越南更改國號未請示清國,清國官方文書仍繼續以越南稱呼。

閏 4 月,南定天長府駐防管奇黎文勇拿獲西洋道長游明姑、西洋道長游梯、本國道長阮伯雄,皆問斬。[192]

(二十二)明命二十年(1839)2 月,由越人自行製造的氣機船在香江試航,明命帝前往參觀,結果船隻水桶破漏氣,機器不能動,此乃因為該船從製造公所用車運至香江,車身震動,導致水桶破裂。明命帝逮捕一些官員,後來加以釋放。[193] 4 月,氣機船再度試航,明命帝前往參觀,這次成功航行,

---

188. [越] 潘清簡等纂,**大南寔錄**,第十一冊,正編第二紀,卷一百八十五,頁 28-29、卷一百八十六,頁 3。

189. [越] 潘清簡等纂,**大南寔錄**,第十一冊,正編第二紀,卷一百八十九,頁 30-31。

190. [越] 潘清簡等纂,**大南寔錄**,第十一冊,正編第二紀,卷一百八十九,頁 1-2。

191. [越] 潘清簡等纂,**大南寔錄**,第十一冊,正編第二紀,卷一百八十八,頁 30-31。

192. [越] 潘清簡等纂,**大南寔錄**,第十一冊,正編第二紀,卷一百九十二,頁 24-25。

193. [越] 潘清簡等纂,**大南寔錄**,第十二冊,正編第二紀,卷一百九十九,頁 12-13。

明命帝賞各相關官員金錢和官職。[194] 從這裡可以知悉，越南很早就能自行製造蒸汽船。10 月，明命帝撥付 1 萬 1,000 緡建造大氣機船，欲工匠皆習知精巧機括，需費非所計也。[195] 可惜越南沒有繼續推動現代科技發展。

4 月，諭內閣曰：「中外官員皆朝廷臣子。」[196] 在**大南寔錄**一書有多處使用「中外」一詞，例如同年 6 月，吏部奏言：「中外文武官物故，蒙得陞授、寔授者。」[197]

10 月，明命帝對侍臣說：「我看清典，凡遇日食和月食，則救之，臣僚都在禮部庭前跪拜，救阻之，日者君象，遇食則救，有扶陽抑陰之義，哪有月食也要去救。其儀注例有振擊大鼓二十四面，這是沒有道理的。古人日食修德，月食修刑，但須克謹天戒，以弭災變，豈效此無理之事乎。」[198] 明命帝自認為自己是理性人，不會為此迷信所惑。

11 月，明命帝對禮部說：「他見到清國敕諭押用印信左右各滿漢兩樣字，這不是繁瑣嗎？」尚書潘輝湜奏說：「我聽本國使節從清國回來時說，清帝上朝時對漢人則說漢語，對滿人則說滿語，以致朝臣對事很多亦不能詳悉。」明命帝說：「人君一言一動為臣下之儀，公開講話要讓上情下達，像這樣上下之情無法溝通，為臣者未免懷疑，誰肯盡心？」[199] 實際上，到了此一時期，清國皇帝和大臣在早朝時大都已使用漢語，只有在召見大臣時，按大臣的族別使用不同的語言。

（二十三）明命二十一年（1840）4 月，明命帝對禮部說，諸親公補服繡用四爪龍形，諸皇子補服亦將麒麟形改繡四爪龍。[200]

12 月，戶部上是年丁田稅例總冊，人丁 970,516 人，田土 4,063,892 畝，粟 2,804,744 斛，錢 2,852,462 緡，金 1,471 兩，零銀 121,114 兩。兵部上是年

---

194. [越] 潘清簡等纂，**大南寔錄**，第十二冊，正編第二紀，卷二百，頁 2-3。
195. [越] 潘清簡等纂，**大南寔錄**，第十二冊，正編第二紀，卷二百七，頁 6。
196. [越] 潘清簡等纂，**大南寔錄**，第十二冊，正編第二紀，卷二百一，頁 27。
197. [越] 潘清簡等纂，**大南寔錄**，第十二冊，正編第二紀，卷二百三，頁 18。
198. [越] 潘清簡等纂，**大南寔錄**，第十二冊，正編第二紀，卷二百七，頁 1。
199. [越] 潘清簡等纂，**大南寔錄**，第十二冊，正編第二紀，卷二百七，頁 42。
200. [越] 潘清簡等纂，**大南寔錄**，第十二冊，正編第二紀，卷二百十二，頁 21-22。

京外各色紳弁兵役總冊，人數 212,290 有奇。[201]

　　12 月 28 日，明命帝崩，壽五十歲，有子女 142 人，其中子 78 人，女 64 人。由皇長子阮長慶繼位。

與清國的關係

　　（一）清仁宗嘉慶二十五年（越南明命元年，1820 年）9 月，〔越南嘉隆帝阮福映在清仁宗嘉慶二十四年（1819）12 月病故，嗣子阮福晈繼位，是為明命帝。遵例進表告哀〕）遣吏部右參知吳位充正使，刑部僉事陳伯堅、翰林院侍讀學士黃文盛充甲乙副使；署兵部參知鄭憲為正候命、廣平記錄黃金煥為副候命，往諒山關酬應使務。吳位至關，請以公文土物齎贈兩廣督撫。帝曰：「人臣無外交之義，會典甚明，兩廣縱與我厚，安可私交以麗法乎！」竟不允。[202]

　　（二）清仁宗嘉慶二十五年（越南明命元年，1820 年）11 月，如清使吳位、陳伯堅、黃文盛等過南關。清人約以 10 月 19 日開關，會清帝訃文，吳位、鄭憲等議以表文前用硃印，當改藍印。乃繕公文，由太平府請展馳表以聞。帝曰：「開關約於前，國恤報於後，清人不以硃印為礙，使臣何乃多此一番輾轉為邪！」即諭令報關以硃表行。[203]

　　（三）清宣宗道光元年（越南明命二年，1821 年）12 月 18 日，清使廣西按察潘恭辰至南關。初，帝聞恭辰將至，命清葩副督鎮潘文璨、吏部右參知阮文興參陪。禮部丁翻充關上候命使，神策副都統制阮文智、刑部右參知武德通署、參知阮祐儀充京北界首候接使。侍內統制武曰實、戶部右參知阮公捷充嘉橘公館候接使。各給候命候接牙關防，使之先往。恭辰既進關，訂以 20 日宣封，21 日諭祭。候命使潘文璨等請改以 18 日宣封，19 日諭祭。恭辰又要國書，乃命修書馳遞恭辰，順從倍道而進。

　　甲午，冊封禮成。延恭辰于前殿從容款茶而退，乃設宴于嘉橘公館，贈

---

201. [越] 潘清簡等纂，**大南寔錄**，第十二冊，正編第二紀，卷二百二十，頁 36。
202. [越] 潘清簡等纂，**大南寔錄**，第五冊，正編第二紀，卷五，頁 2-3。
203. [越] 潘清簡等纂，**大南寔錄**，第五冊，正編第二紀，卷六，頁 3。

遺品物。恭辰受紈布，餘皆璧謝。潘恭辰宣讀冊封敕書：「奉天承運皇帝制曰：『惟，析圭建國，藩方懷柔遠之恩，嗣服承祧，海甸待褒榮之典，苴以茅而疇以土，六幕同文，春日朝而夏日宗，九儀辨位，率循大卞，惟生生之有自庸，式克欽承，俾世世而享德。……，惟稽古賢，賢眾崇德，欽哉，無替朕命。』」[204]

乙未，諭祭禮成。前二日潘恭辰至嘉橘公館，奉祭帛 50 匹、祭品折銀 100 兩，由候接使武曰實等遞進。帝令有司整備牲粢殽饌，且增祭帛 100 匹。

乙未，遣使如清，以翰林院掌院學士黃金煥充正使，禮部僉事潘輝湜、兵部僉事武瑜充甲乙副使，令製奉使牙關防給之（故事使臣章疏用私篆）。清人尋以有國恤報緩，貢品留俟下次貢期併遞。[205]

（四）清宣宗道光四年（越南明命五年，1824 年）10 月，遣禮部左參知黃金煥充謝恩正使；吏部郎中潘輝注為鴻臚寺卿，戶部郎中陳震為太常寺少卿，充甲乙副使，前往清國謝恩。[206]

（五）清宣宗道光六年（越南明命七年，1826 年）3 月，如清使部黃金煥、黃文權、潘輝注、阮仲瑀、陳震、阮祐仁等還，提出建議書。帝覽之謂侍臣曰：「此書皆設立諫官條例，其中諸道監察御史、六科給事中各有定員。因思君有諍臣，父有諍子，所以補過而拾遺也。我世祖高皇帝大定云，初諫官一事未暇舉行，朕遹追先志，凡制度紀綱思欲隨宜創立，為萬世法。卿等當詳考是書，酌量行之。』禮部參知潘輝湜認為諫官難求，明命帝說：「若然，六部皆虛設邪？」尋賞煥等各加一級。」[207]

（六）清宣宗道光八年（越南明命九年，1828 年）11 月，遣興化協鎮阮仲瑀為工部右侍郎充正使，吏部郎中阮廷賓為詹事府少詹事、禮部員外郎鄧文啟為太常寺少卿，充甲乙副使，前往清國納丁亥、己丑二貢。[208]

---

204. [越] 潘叔直輯，**國史遺編**，國朝大南紀，香港中文大學新亞研究所，東南亞研究室刊，香港，1965 年，頁 114。

205. [越] 潘清簡等纂修，**大南寔錄**，第五冊，正編第二紀，卷十二，頁 21-25。

206. [越] 潘清簡等纂修，**大南寔錄**，第五冊，聖祖仁皇帝寔錄，正編第二紀，卷二十九，頁 13。

207. [越] 潘清簡等纂修，**大南寔錄**，第六冊，正編第二紀，卷三十八，頁 17-18。

208. [越] 潘清簡等纂修，**大南寔錄**，第六冊，正編第二紀，卷五十五，頁 5-6。

鄧文啟返越後撰有**華程略記**，將其在沿途所見所聞記錄下來。[209]

（七）越南要求貢道改由水路，遭清國拒絕。「清宣宗道光九年（1829）7 月丁巳，諭內閣：『外夷各國進貢，或由水路，或由陸路，定制遵行，未可輕言改易。越南國遣使來京進貢，自康熙年間議定陸路行走，今該國陪臣於進表後在禮部呈遞稟啟，欲改由廣東水路，該部以事涉更張，實不可行，議駁甚是。所有該陪臣稟請由水路以省勞費之處，著毋庸議。至該陪臣稟稱該國王之母年已七旬，需用人蔘調養，懇請賞賜參斤，以例賞各件折給一節，此係該國王孝養至情，與無故率行祈請者有閒，著加恩賞，給人蔘一斤，其例賞各件仍著照例賞給。』」[210]

依據**大南寔錄**之記載，越南使臣所言越南國王乃因母年高需要孝養，所以需要人蔘，當他們返國後因為言語不當，而遭革職處分。「越南明命十一年（1830）春 3 月，如清使部阮仲瑀、阮廷賓、鄧文啟俱坐免。瑀等初奉使，臨行，帝諭以抵燕京日，可言於清禮部，本國人蔘素少，請據例賞物項，從中折價換給關東人蔘，及採買蒼璧、黃琮、黃珪、青珪，回程日要緊行以及郊祀。瑀等至燕，與清禮部言，卻以孝養應需人蔘為辭，頗虧國體，所買玉器，皆玻瓈燒料，及還，又緩不及事。帝深譴之，下部議，遂得革。瑀又以前在山西于堤潰之案，應得杖徒刑。部議請從重，歸結，特改為革離。」[211]

（八）明命十年（1829）11 月，清差船黃道泰運官粟於臺灣，因風飄到河僊洋分，嘉定城臣報告，按風難例給予救助，船桅壞了，讓其採買材木修理，免其稅。[212]

（九）越南想購買清國詩畫及奇書。「清宣宗道光十年（越南明命十一年，1830 年）10 月，遣使如清，以吏部左侍郎黃文亶充正使，廣安參協張好合改授太常寺少卿，翰林編修潘輝注陞授侍講，充甲乙副使。帝諭之曰：『朕最好古詩、古畫及古人奇書而未能多得，爾等宜加心購買以進。且朕聞燕京

209. 中國復旦大學文史研究院和越南漢喃研究院合編，**越南漢文燕行文獻集成（越南所藏編）**，第十二冊，頁 3-4。
210. [清] 文慶等撰，**大清宣宗成（道光）皇帝實錄（五）**，卷一百五十八，頁 35-36。
211. [越] 潘清簡等纂修，**大南寔錄**，第七冊，正編第二紀，卷六十五，頁 9-10。
212. [越] 潘清簡等纂修，**大南寔錄**，第七冊，正編第二紀，卷六十三，頁 11。

仕宦之家多撰私書、寔錄，但以事涉清朝，故猶私藏未敢付梓。爾等如見有此等書籍，雖草本亦不吝厚價購之。』」[213]

（十）「清宣宗道光十二年（越南明命十三年，1832年）正月，准定嗣凡如清使部自關上回程至河內省，茲其私裝聽諒山、北寧撥民抬遞，仍以箱數具奏；自河內來京，由使部隨便水陸自運，不得給驛，著為令。」[214]

（十一）越南和清國以賭咒河為界。明命十三年（1832）3月，「修築宣光賭咒河界碑。黎保泰年間，清開化府邊吏霸占邊地，黎帝移書於清，清人遣官會勘，遂以地歸我，分界於賭咒河，河之南北岸各建碑以為識。南岸我國碑刻『安南國宣光鎮渭川州界趾以賭咒河為據』等字。北岸清國碑文曰：『開陽遠處天末與交趾接壤之處，考之志乘，當以府治南240里之賭咒河為界，繼因界趾混淆，委員查勘，奏請定界於鉛廠山。我皇上威德遠播，念交趾世守恭順，寵頒諭旨，復將查出40里之地仍行錫賚。士鯤等遵奉督部院檄等，公同定議，於馬白汛之南小河為界，即該國王奏稱之賭咒河也。爰於河北建蓋遵旨交界碑亭，從此邊疆永固，億萬年蒙休於弗替矣。當黎保泰九年、清雍正六年也。』至是南岸碑仆折，宣光省臣以奏，命復修之。」[215]

（十二）明命十三年（1832）3月，越南派使黃文寶、張好合、潘輝注從清國回越，帶了許多私人貨物，且所記訪查清國，都屬地名、里數，無清國民情、利病、災祥等資料，明命帝非常憤怒，將黃文寶革職、坐杖一百，發鎮海臺充當苦差。張好合、潘輝注亦革職。河內各官員亦受處罰。下令以後出使清國，一定要記載清國民情、利病、災祥等資料。[216]

（十三）清宣宗道光十二年（越南明命十三年，1832年）10月，遣使如清。授義安署布政陳文忠為禮部左侍郎充正使，承天署府丞潘清簡為鴻臚寺卿、內務府司務阮輝炤為翰林院侍讀，充甲乙副使。[217]

（十四）「清宣宗道光十六年（越南明命十七年，1836年）11月，遣使

---

213. [越] 潘清簡等纂修，**大南寔錄**，第七冊，正編第二紀，卷六十九，頁29-30。
214. [越] 潘清簡等纂修，**大南寔錄**，第七冊，正編第二紀，卷七十八，頁9-10。
215. [越] 潘清簡等纂修，**大南寔錄**，第七冊，正編第二紀，卷七十九，頁14。
216. [越] 潘清簡等纂修，**大南寔錄**，第七冊，正編第二紀，卷七十九，頁18。
217. [越] 潘清簡等纂修，**大南寔錄**，第七冊，正編第二紀，卷八十五，頁29。

如清。以平定布政使范世忠改授禮部左侍郎充正使，翰林院侍講學士阮德活充甲副使，國子監司業阮文讓改授光祿寺少卿充乙副使。[218]

（十五）清宣宗道光十八年（越南明命十九年，1838年）3月，如清使部范世忠、阮德活、阮文讓還抵京，以辦理不善各降二級。[219]

（十六）清宣宗道光十九年（越南明命二十年，1839年）11月，清太平府發到其國禮部公文，敘我國與琉球、暹羅均改為四年朝貢一次，禮部以奏。明命帝說：「我國邦交典例二年一貢，四年一遣使來朝，兩貢並進，循用已久。今云四年朝貢一次，較之向例，將何以異？」因此行文廣西巡撫，查問清楚。回覆稱是改定四年遣使朝貢一次，照兩貢方物減一半也（貢物象牙1對、犀角2座，土綢、土紈、土絹、土布各100匹，沉香200兩，速香600兩，砂仁、檳榔各45斤）。明命帝對禮部說：「朕嘗見清國敕諭押用印信左右各滿漢兩樣字，不亦煩乎？」潘輝湜奏說：「臣聞之節次，本國使部述來，清帝每有視朝，與群臣論事，對漢人言則作漢語，對滿人言則作滿語。在廷之臣自非通曉言語者，凡事亦不能詳悉。』帝說：『人君一言一動為臣下之儀則，當公諸眾聽以達下情，若猶有如此歧視，則上下之情壅塞不通，為臣者未免內懷疑憚，誰肯盡心乎？』」[220] 大臣給明命帝錯誤的訊息，以致於明命帝對中國有輕鄙之意。

（十七）「清宣宗道光二十年（越南明命二十一年，1840年）10月，〔越南明命〕帝以開年屆如清歲貢課例，又值清帝六旬正壽慶節，命廷臣遴舉二部使。乃以兵部左侍郎阮廷賓改授禮部左侍郎，充賀壽正使；戶科掌印給事中潘靖改授光祿寺少卿，充甲副使。禮部員外郎陳輝璞加翰林院侍講學士銜，充乙副使。海陽按察使黃濟美加禮部左侍郎銜，充歲貢正使。兵部郎中裴日進改授太常寺少卿，充甲副使。戶部員外郎張好合加翰林院侍講學士銜，充乙副使。帝嘗謂侍臣曰：『如清使部須有文學言語者方可充選。若其人貪鄙，還為他國所輕。如西山使部，私買食物，而成笑柄，此可為鑒也。』」[221]

---

218. [越] 潘清簡等纂修，**大南寔錄**，第十一冊，正編第二紀，卷一百七十五，頁9。
219. [越] 潘清簡等纂修，**大南寔錄**，第十一冊，正編第二紀，卷一百九十，頁26。
220. [越] 潘清簡等纂修，**大南寔錄**，第十二冊，正編第二紀，卷二百七，頁41-42。
221. [越] 潘清簡等纂修，**大南寔錄**，第十二冊，正編第二紀，卷二一八，頁32-34。

（十八）「清宣宗道光二十年（越南明命二十一年，1840 年）12 月，越南禮部預撰如清使部應對語，並稽查我使班次以奏。帝曰：『班次一事是年前清國禮部失於排列耳，初豈有我使班在高麗、南掌、暹羅、琉球之次之例乎！且高麗，文獻之邦，固無足論。若南掌，則受貢於我，暹羅、琉球並是夷狄之國，我使班次在其次，尚成何國體哉！儻復如此排列，寧出班而受其責罰，不寧立在諸國之下，這事最為要著。此外則隨事應答，不必印定。』阮廷賓奏請抵燕京日先納貢賀表文，即將班次事稟到，禮部辯說，以觀其意，如或不許，則具表候旨。帝是之。」[222]

與暹羅和柬埔寨的關係

（一）明命五年（1824）8 月，暹羅遣使告佛王（拉瑪一世）之喪，明命帝命輟朝三日。[223]

（二）明命九年（1828）4 月，遣使修好於暹。明命帝對群臣說：「萬象與暹構隙，暹人不窮索者，以其依於我也。今送之回國，而以一紙示暹，使之釋萬象舊釁，其於字小之道、睦鄰之誼，兩得之矣。」乃以署工部郎中黎元熙為正使，神機後衛該隊阮文禮、太常寺裴玉瑊為副使，齎國書品物如暹。贈暹王琦琳 2 斤、桂 3 斤、素羅紗、羅紈、花羅紗、細布各 100 匹，賜二王琦琳 1 斤、桂 2 斤、素羅紗、羅紈、花羅紗、細布各 50 匹。[224]

4 月，真臘遣使進獻，使至嘉定，明命帝為免其長途跋涉，免其進京。賞給藩王敕書、綵幣及使部銀兩有差。[225]

5 月，真臘國王匿禛以母喪不敢製服，請示越南。明命帝諭其服喪三年，齎賜宋錦 10 枝、紗紈各 50 匹、布 100 匹、蠟 300 斤、白金 300 兩。命官諭祭。匿禛尋遣使致謝。[226]

5 月，經略大臣潘文璨等至鎮寧，駐兵樂田，萬象國長阿努馮自請率新

---

222. [越] 潘清簡等纂修，**大南寔錄**，第十二冊，正編第二紀，卷二百二十，頁 8。
223. [越] 潘清簡等纂修，**大南寔錄**，第五冊，正編第二紀，卷二十八，頁 17-18。
224. [越] 潘清簡等纂修，**大南寔錄**，第六冊，正編第二紀，卷五十一，頁 25。
225. [越] 潘清簡等纂修，**大南寔錄**，第六冊，正編第二紀，卷五十一，頁 35。
226. [越] 潘清簡等纂修，**大南寔錄**，第六冊，正編第二紀，卷五十二，頁 3。

舊肥造軍民回圓禛城（永珍）。潘文璵等乃遣該隊阮仲台以神策兵二隊護送之。置鎮寧屯田。阮仲台送阿努馮回國時路上遇見暹兵，雙方未戰。平安返抵芒杆，明命帝認為芒杆是瘴癘之地，不適合駐兵，命他們撤至義安。[227]

隨後，暹兵又至萬象，雙方發生衝突，暹兵死傷甚眾，盡棄礮械而逃。明命帝怪責萬象國王挑起衝突，因此遣使怪罪萬象國王，要求向暹羅謝過，送還礮械。明命帝另遣河僊該隊鄭公材轉送書函給暹王，請暹王寬恕萬象國王。但明命帝派至萬象的使節潘文統及士兵40人卻遭暹兵殺害。[228]

9月，暹兵數千進攻圓禛城，阿努馮遣人至義安請援兵。明命帝說前次遣使至暹國，尚未回覆，現在阿努馮請求救兵，經廷議主張阿努馮應自行守城，難以出兵協助。[229]

由於萬象有戰爭，明命帝派人前往邊境探查情況，至南掌國界，阻止其前進，乃詭稱是要詢問南掌入貢否？南掌信以為真，真的遣使入貢雄象2匹、象牙1對、犀角2座、圓銅盤、銅鼓各2面、蠻紬、蠻布各20匹，到興化寧邊州。明命帝許之，定貢期三年一貢，貢品象牙4對、犀角8座、銅鼓2面。使路由鎮寧至義安，以達於京師。厚賜遣還。[230]

10月，萬象與暹國大戰，阿努馮棄城敗走。明命帝命義安、鎮寧等戒邊。[231]

11月，出使暹羅的黎元熙、阮文禮、裴玉珹等返國，報告暹羅國王對於萬象啟釁殺害暹羅士兵二百多人，希望明命帝不要聽信阿努馮的話。明命帝問使臣有關暹王的為人，使臣說暹王酷愛佛教，施捨無度，但橫徵暴歛，稅及禽獸、草木，甚至長乳婦人（指孕婦）亦有徵稅，民不安生業。[232]

暹兵因追捕阿努馮入侵甘露（在越南廣治省），抄掠土民、索問諸州貢賦及屬蠻之流居者，越南立即派兵至甘露防禦。後暹兵撤退。

227. [越] 潘清簡等纂修，**大南寔錄**，第六冊，正編第二紀，卷五十二，頁 6-7、13-14。
228. [越] 潘清簡等纂修，**大南寔錄**，第六冊，正編第二紀，卷五十二，頁 24-25。
229. [越] 潘清簡等纂修，**大南寔錄**，第六冊，正編第二紀，卷五十四，頁 12。
230. [越] 潘清簡等纂修，**大南寔錄**，第六冊，正編第二紀，卷五十四，頁 18-19。
231. [越] 潘清簡等纂修，**大南寔錄**，第六冊，正編第二紀，卷五十四，頁 31。
232. [越] 潘清簡等纂修，**大南寔錄**，第六冊，正編第二紀，卷五十五，頁 2-4。

（三）明命十年（1829）1月，阿努馮逃亡時將其兒子侶初、侶淺及肥造軍民60人送至鎮靖府（位在中圻河靜和廣平省與寮國交界處），自己則率軍返國，鎮寧防禦使昭內派人將他逮捕送給暹羅。侶初、侶淺聽到此一消息，要求遷至義安。越南不允，仍令其居住鎮靖，派人保護。[233]

2月，遣使致書於暹，以戶部郎中白春元充正使、侍內龍武營前衛該隊張文鳳、禮部員外郎阮有識充甲乙副使。該書函除表明兩國長久友誼外，特別提及暹羅若要更換萬象君長，請儘早賜告。另亦提及暹羅士兵擅殺越南使節，應懲凶。若未能處置，則啟釁之端是在暹羅。[234]

（四）明命十年（1829）3月，暹羅遣使通好，越南未就暹羅殺害使節為難暹羅。

5月，真臘遣使越南進貢，使至嘉定，敕免進京，賜藩王敕書、綵幣，並賞使部銀兩，將他遣還。[235]

6月，置保護真臘文武官員各一，以統制阮文宣領保護真臘國印，原先是保護銅章。[236]

10月，真臘國王匿禛遣使致書，以前阮文瑞保護該國，其國人感念，欲以真笪、密律、利椅捌三府之地給越南，越南以威德為名，沒有接受。現在又遣使要將該三府交朱篤堡（安江）管轄，越南以柔懷之仁卻之。[237]

（五）明命十一年（1830）6月，暹羅遣使齎國書方物謝越南。略言：「其國今後不敢侵擾越南土司，其擇立萬象國王，若有結果會通報越南，並請赦免其將領寵衫殺越南使節等五十餘人之罪。」暹使稱寵衫誤以為越南使節是萬象扮作官兵以恐嚇暹人，故殺之。今來謝罪。明命帝不接受其謝罪，退回其進貢品物，並致書譴責暹羅不顧兩國友好關係。[238]

（六）明命十三年（1832）5月，真臘遣使進貢，使至嘉定，敕免進京，

233. [越] 潘清簡等纂修，**大南寔錄**，第六冊，正編第二紀，卷五十七，頁3。
234. [越] 潘清簡等纂修，**大南寔錄**，第六冊，正編第二紀，卷五十七，頁23。
235. [越] 潘清簡等纂修，**大南寔錄**，第六冊，正編第二紀，卷五十九，頁19。
236. [越] 潘清簡等纂修，**大南寔錄**，第六冊，正編第二紀，卷六十，頁14。
237. [越] 潘清簡等纂修，**大南寔錄**，第七冊，正編第二紀，卷六十二，頁25-26。
238. [越] 潘清簡等纂修，**大南寔錄**，第七冊，正編第二紀，卷六十八，頁12-16。

賜藩王敕書、綵幣及使臣銀兩，遣之。[239]

8 月，暹羅遣使報其國二王喪，明命帝問明該使二事，擇立萬象君長情況如何？為何沒有通報？寵衫如何處置？該使說，萬象經濟未振，民情未定，故國君未立。寵衫已革職。帝遣禮部郎中阮有識充正使，兵部主事陳文纘充副使往弔之。[240]

（七）明命十四年（1833）3 月，「改定真臘朝貢例。向例貢期以 4 月抵嘉定，6 月抵京。改定以 2 月上旬抵安江，4 月上旬抵京以及萬壽慶節瞻拜，准正使一、副使一、通言一、從軍四，凡 7 人。與在省長送一員驛進，餘留邊聽賞。」[241]

4 月，真臘遣使進貢，命有司製給正使屋牙折息、副使屋牙丕沙崏瀝王常朝品服，及還，復賞正使鑲金茶具、西洋玻瓈、描金酒器，副使鑲銀茶具、玻瓈、酒器各一副。[242]

11 月，暹人大舉入寇。南榮越南探報得知，初黎文傀稱亂，派人至暹羅，請求派兵攻真臘，直抵嘉定，約以事成之後，納地稱臣。暹羅於是三路進攻真臘，一路由北尋奔〔馬德望（Battambang），當時屬於暹羅領土，其與高棉的分界線在洞里薩湖（Toanle Sap）南面〕陸路，由丕雅質知率領，挾真臘國長二弟匿俺、匿蠍偕行，一由壺海（暹羅灣）江路，由丕雅肥目涉芒率領，一由真奔海程，由丕雅伐棱率領。[243]

12 月，暹羅兵入侵真臘，兵至蛇能澳（去南榮城一日），真臘國王匿禛乘單舸逃至安江，越南承辦南榮邊務胡公祉無法留住他，越南派張明講、阮春等率軍進駐南榮，將匿禛安排住在永隆省城。暹兵進駐萬象靠近鎮寧地頭的儂開堡，另外又派水兵至藍嶼（靠近河僊）海面。明命帝出兵抗禦暹兵入侵，在京城南郭外備辦三牲禮品，派兵部堂官致祭旗纛之神、碙位之神，又派工部京尹詣南海龍王、風伯二廟，各以太牢致祭。大軍出發後，風平浪靜，

239. [越] 潘清簡等纂修，**大南寔錄**，第七冊，正編第二紀，卷八十，頁 8。
240. [越] 潘清簡等纂修，**大南寔錄**，第七冊，正編第二紀，卷八十二，頁 29-30。
241. [越] 潘清簡等纂修，**大南寔錄**，第八冊，正編第二紀，卷九十，頁 2。
242. [越] 潘清簡等纂修，**大南寔錄**，第八冊，正編第二紀，卷九十三，頁 4。
243. [越] 潘清簡等纂修，**大南寔錄**，第八冊，正編第二紀，卷一百十二，頁 22。

師行順便，又令禮部至南海龍王、風伯二廟謝之。[244]

暹兵船隻百餘艘登陸河僊及從金嶼海口進或從氏里沱登陸。暹兵以清人為前驅，越守軍不能抵抗，河僊失守，退至安江。[245] 暹兵入寇南榮，越軍退出南榮。暹兵續進，兩路進犯安江，安江失守。12月，安江軍次參贊張明講、阮春敗暹軍於順港。暹將辣蛇咨與萬象召鑲那（阿努馮之弟）率暹蠻兵千餘侵廣治甘露府，攄掠民財。暹兵侵入義安鎮靖地頭，投書鎮寧，求索萬象遺民。暹兵均為義安、廣治越軍殺退。

（八）明命十五年（1834）1月，張明講從順港退至古沍江，擊敗暹兵，收復朱篤（安江），進兵南榮，暹兵敗退。命官兵護送匿禛回國，南榮之治理委由張明講辦理。明命帝召集廷議，如何善後南榮及安河二省，廷臣建議：(1) 設立城池屯堡，整修南榮城及北尋奔二堡，在南榮城下修建安蠻堡，駐兵 2,000；(2) 量派工役駐防；(3) 預貯堡所軍需；(4) 分別藩僚功過；(5) 停止真臘使如暹；(6) 整理藩兵戰具，由張明講協同藩王廣儲兵器、造船，俾能自強。[246]

不久，暹兵又糾集五千多人入侵甘露芒俸州工岳堡，遭越軍擊退。

12月，真臘國王匿禛薨，無嗣，國俗更無喪祭儀文，由南榮軍次督撫張明講、黎大綱等轉飭藩僚，姑於內室權殯，勿可聲張。其藩王印篆准交藩僚掌奇茶龍尉羅堅等。從張明講、黎大綱權護真臘國事，凡兵防設官諸大端須稟明處置，不得違越。惟尋常細故聽會同諸藩僚照辦，藩僚僉稱藩王次女玉雲資質稍慧，請准其代辦家事。明命帝另調安江駐防弁兵 600 至 1,000 人前往鎮壓。[247]

（九）明命十六年（1835）1月，明命帝命大理寺卿兼辦刑部充機密院大臣潘清簡攜帶硃批前往安蠻堡，宣示旨意，令督撫張明講、黎大綱處理以下諸事，然後返京復命。(1) 藩王之女玉雲應仍原名號，稱呼或可酌量加為真臘郡主，當審熟如何，務使人情順適，俟後徐辦。(2) 藩僚意向如何，或欲一向專歸朝廷，或欲擁戴玉雲，以為朝廷藩附，或欲別求藩王親屬，務須確察。(3) 藩國風俗多懷小利，其與款接宜善為撫慰，結恩不拘物之貴賤多少，須要

---

244. [越] 潘清簡等纂修，**大南寔錄**，第八冊，正編第二紀，卷一百十三，頁 21-22。

245. [越] 潘清簡等纂修，**大南寔錄**，第八冊，正編第二紀，卷一百十三，頁 28。

246. [越] 潘清簡等纂修，**大南寔錄**，第九冊，正編第二紀，卷一百十八，頁 19-21。

247. [越] 潘清簡等纂修，**大南寔錄**，第九冊，正編第二紀，卷一百四十一，頁 30-32。

頻頻給予，不可靳費以悅其心，則他意服從可供吾之使令矣。(4)藩僚自十品、九品、八品酌量奏請加以官銜或衛尉、副衛尉、該隊，俾他知感，其現授藩國官銜仍舊稱呼，以從國俗。再於藩僚中察其稍有才幹真心為朝廷出力者，宜於燕居獨處招來撫慰，問以蠻情土俗，密加親厚，必能得其死力。惟稠人廣坐之中，則凡藩僚者亦一視同仁，勿可彼此歧視。[248]

1月，改南榮安蠻堡為鎮西城。[249]

2月，明命帝面諭機密院說，真臘國俗有剃髮受制之例，今其藩僚多有授越南官職，是否還仍舊俗剃髮？請鎮西城領保護張明講訪查，適時曉諭，不必強行，惟務宜妥帖人情。此諭由張登桂以書信寄張明講。封藩王次女玉雲為真臘郡主，賜之冠服。其姐玉卞，其妹玉秋、玉原等各封為縣君。賞給玉雲各色紗綾 6 匹、南花紗 15 匹、南羅紈 15 匹；玉卞等各色紗綾各 4 匹、南花紗各 10 匹、南羅紈各 10 匹。[250]

3月，築鎮西城，城心廣 45 丈，城身外植竹木，內實土高 9 尺 9 寸，腳厚 1 丈 8 尺，面厚 3 尺 6 寸，城外四角濠廣 3 丈 1 尺 5 寸，當門濠廣 5 丈 8 尺 5 寸，深各 1 丈。[251]

7月，改真臘巴忒府為巴川府，設安撫使一，以吏部員外郎阮嘉儀調領。初張明講奏，巴忒雖是藩地，而實界於安河兩省之間，西接安江永定縣，南接河僊龍川縣與南榮處間隔。其地清人聚居以數千計，漢民（指越南人）雜處。建議請安江派弁兵一百駐防，漢民、清人須建邑里、定幫籍，使之各有統屬。[252]

10月，詔分高棉國 33 府，派流官治理。[253]初置鎮西城官吏，鎮西將軍一、參贊大臣一、提督、武員、協贊、機務、文員各一，領兵、副領兵各二，兵備道、糧儲道各一（均秩正四品），員外郎二、主事三、司務四、八九品書

---

248. [越] 潘清簡等纂修，**大南寔錄**，第十冊，正編第二紀，卷一百四十二，頁 17-18。
249. [越] 潘清簡等纂修，**大南寔錄**，第十冊，正編第二紀，卷一百四十二，頁 18。
250. [越] 潘清簡等纂修，**大南寔錄**，第十冊，正編第二紀，卷一百四十五，頁 23-24。
251. [越] 潘清簡等纂修，**大南寔錄**，第十冊，正編第二紀，卷一百四十七，頁 4。
252. [越] 潘清簡等纂修，**大南寔錄**，第十冊，正編第二紀，卷一百五十六，頁 15-16。
253. [越] 吳甲豆，**前引書**，第四冊，冬集，本朝，頁 35。

吏各八、未入流書吏六十、教授訓導十。授署東閣大學士張明講為平成伯、鎮西城將軍，准佩鎮西將軍印，仍領安河總督。安江巡撫黎大綱充鎮西城參贊大臣，仍領安江巡撫。[254]

（十）明命十七年（1836）1月，真臘郡主玉雲恭進方物，白荳蔻5百斤，帝嘉獎之，以其恭謹弗渝，品儀諒非所以為報，令還其所獻。[255]

10月，鎮西城臣奏，探聞暹人將封匿蝓俺為真臘國王，築屯於北尋奔居之，以收真臘人之心。又聞彼欲送藩王匿禛之妻還海西府〔今之菩薩（Khétt Purthisat, Khêt Pursat）〕。」[256]

（十一）明命十八年（1837）10月，明命帝召集文武大臣張明講、范有心、張登桂、阮公煥、何維藩、阮忠懋、何權等籌議如何治理鎮西城。提出治理政策要點如下：第一，設置大員、派兵防守、分立府縣，使各有統屬。先在海西、海東〔祿兀（Louvek）〕、山定三府設宣撫使、副領兵等職。邊境增設防守尉。另選20名有歷練的官員擔任縣職工作。第二，屯田練兵。第三，開導藩民習漢音（指越南語）、漢字。第四，召集漢人（越人）前往通商墾地。真臘人民需自立自強。[257]

（十二）明命十九年（1838）9月，禁鎮西開設鴉片、賭博局。真臘郡主玉雲許清商鋪戶煮賣鴉片，獲取暴利。屬城土民多有設賭博。張明講說凡支給兵餉及製造器械、船隻都是從這取給，故因循未改。帝命由鎮西庫錢1萬緡賞給郡主玉雲及其他官員，並開示他們停止買賣鴉片及賭博。[258]

（十三）明命二十年（1839）6月，鎮西城臣奏言，以前在鎮西城設立13縣，現續立10縣。另外在南榮、海西、海東、山靜、廣邊5府與23縣設置教授訓導、知事、吏目各一，原土官安撫改為府尉、縣尉，尚缺者以土官管奇、該隊充之。[259]

---

254. [越] 潘清簡等纂修，**大南寔錄**，第十冊，正編第二紀，卷一百六十，頁20。
255. [越] 潘清簡等纂修，**大南寔錄**，第十冊，正編第二紀，卷一百六十五，頁7。
256. [越] 潘清簡等纂修，**大南寔錄**，第十一冊，正編第二紀，卷一百七十四，頁21-22。
257. [越] 潘清簡等纂修，**大南寔錄**，第十一冊，正編第二紀，卷一百八十五，頁12-16。
258. [越] 潘清簡等纂修，**大南寔錄**，第十一冊，正編第二紀，卷一百九十五，頁28-29。
259. [越] 潘清簡等纂修，**大南寔錄**，第十二冊，正編第二紀，卷二百三，頁4。

8 月，鎮西城臣張明講等奏言，相繼招集漢民設立邑里，凡得 25 村，丁數 470 餘人，田土 640 餘畝，已滿三年，請應照例起科。明命帝說，這些新設立的村，經濟尚未豐裕，且明年正值他五十大壽，使諸民均霑德澤，各村丁田稅額本年及明年加恩豁免，以使休養生息。張明講又說，住在鎮西的清人有產業者有 220 餘人，請立為 5 幫，徵收稅例。隸從糧儲道，俾有統屬。帝可其奏。[260]

9 月，鎮西城臣張明講等奏言，屬轄應設 32 縣，現已設 23 縣，請續設 9 縣，又各設訓導一，以充職守。帝許之。[261]

（十四）明命二十一年（1840）5 月，改置鎮西府縣將軍張明講等奏請將全轄府縣除分隸安江、河僊 2 府 5 縣，餘設 14 府、29 縣統之。[262]

改封真臘郡主玉雲為美林郡主縣君、玉卞為闊安縣君、玉秋為輸忠縣君、玉原為輯寧縣君，給予俸例，以本年 7 月朔為始。玉雲歲錢 500 緡、米 100 方。玉卞錢 300 緡、米 80 方。玉秋、玉原錢各 200 緡、米各 60 方。又命將軍參贊等摘派新束營兵隸從玉雲，率隊 2 兵、丁 100 隸從。玉卞、玉秋、玉原率隊各 1 兵，丁各 30。[263] 在京師立真臘國王廟，以致祭之。

7 月，將美林郡主玉雲、輸忠縣君玉秋、輯寧縣君玉原等遷至嘉定，因為玉卞之舅舅名毛慫惠玉卞逃往暹羅，張明講將名毛和玉卞以謀叛律處以斬罪，其餘遷至嘉定。[264] 8 月，此事引發柬埔寨人民叛亂，寧泰府泰盛縣尉松軒、宜禾府上豐縣尉桃雲等率眾攻破府衙，多名官員遇害，從安江和永隆調來弁兵各 1,000 平亂。南寧府南泰縣尉安仞、海西府土弁副管奇領府尉沙木、河僊廣邊府土弁管奇牙僊、開邊縣尉邊計亦糾眾叛亂。9 月，河僊靜邊府河陰土目椅羅越卒從上豐土匪滋事，定祥南泰土民亦叛。明命帝認為張明講未能妥當撫育土民，不足以消其邪心、臨事又調度無方，將他從東閣大學士降職為兵部侍郎，仍兼鎮西將軍事務，其宮保銜亦革奪。

260. [越] 潘清簡等纂修，**大南寔錄**，第十二冊，正編第二紀，卷二百五，頁 1。
261. [越] 潘清簡等纂修，**大南寔錄**，第十二冊，正編第二紀，卷二百六，頁 7。
262. [越] 潘清簡等纂修，**大南寔錄**，第十二冊，正編第二紀，卷二百十三，頁 11。
263. [越] 潘清簡等纂修，**大南寔錄**，第十二冊，正編第二紀，卷二百十三，頁 18。
264. [越] 潘清簡等纂修，**大南寔錄**，第十二冊，正編第二紀，卷二百十五，頁 9-12。

11 月，明命帝派吏科掌印官陳文璟察訪，他說造成鎮西動亂的原因為：「上司平日撫馭乖宜，流官如海西知府武桁索取土目賄銀，又脅捉新民女子充為家奴，中河知縣黎伯雄奪賣水利，私設守所，要索商船禮遺，漢民、漢兵恃勢凌逼土人，擾弊多端。」[265] **大南寔錄**所講的漢人，指的是越人。若是華人，則是使用清人一詞。

越軍在海東擊敗叛軍，在海西之暹羅軍隊亦請和退兵。

與南掌、萬象國的關係

（一）明命四年（1823）7 月，南掌（**別名牢籠**）國長肥羅蛇遏牙遣使者導字導校蛇來納款，經興化寧邊州至瑞原縣，范叔儒致函清葩（**指清華**），說該國二十年來曾四次求通貢路而不得達。明命帝對群臣說：「南掌地界西南，封域遠隔，從前未通職貢，今既輸忱誠悃可嘉，其令驛送來京。」既至，賜之瞻拜，命禮部議定貢期、貢品，賞賜國長及其使遣還。（**定三年一貢**）但後來該國有事，不再進貢。[266]

（二）明命八年（1827）11 月，萬象國長阿努馮表言：「其國奔播，常禮既蒙酌免，乞以先世所遺之物金幫指 1 對、玉 23 枚，虔供賀儀。」義安鎮臣為之呈報。明命帝卻之，諭曰：「爾一片悃誠，朕已鑑了。惟國家所寶惟賢，雖明月之珠，照乘之璧，亦非所貴，矧碔趺（**按：像玉的石頭**）乎。」[267]

（三）明命九年（1828）1 月，興化探聞，南掌使其兵民積糧於邊地，謀犯鎮寧，向明命帝奏報。帝派兵部司務阮文經為錦衣衛校尉，前往駐防。[268]

4 月，命官經略鎮寧邊務。去年萬象國長阿努馮因難奔投，居之義安公館，歷夏徂春，其國寂無聲息。越南派軍三千餘人、象 20 匹駐紮於鎮寧，派兵護送阿努馮回國。然後修書遣使到暹羅，請其釋萬象舊釁，重修友好，並致送暹王禮物琦琍 2 斤、桂 3 斤、素羅紗、羅紈、花羅紗、細布各 1 百匹。

265. [越] 潘清簡等纂修，**大南寔錄**，第十二冊，正編第二紀，卷二百十九，頁 14。
266. [越] 潘清簡等纂修，**大南寔錄**，第五冊，正編第二紀，卷二十，頁 10。
267. [越] 潘清簡等纂修，**大南寔錄**，第六冊，正編第二紀，卷四十九，頁 14。
268. [越] 潘清簡等纂修，**大南寔錄**，第六冊，正編第二紀，卷五十，頁 9-10。

賜二王琦璘 1 斤、桂 1 斤、素羅紗、羅紈、花羅紗、細布各 50 匹。[269]

　　5 月，遣侍衛尊室議、修撰阮知方、司務黎元亶等分乘瑞龍、清波諸號船往呂宋、廣東諸地方公務。[270]

　　（四）明命十一年（1830）4 月，南掌、真臘遣使進貢，禮部請定班序，明命帝認為南掌曾受清國冊封，因此其班序在真臘之上，賜使臣常朝冠服各一副及入謝趨拜皆如儀。[271]

　　（五）明命十四年（1833）5 月，南掌遣使進貢，使至鎮寧，義安官員呈報。命禮部改定使部進京例送之。向例使部 26 人准進京者，正使一、副使一、頭目三、通言一、從軍四，凡 10 人。今改定正使一、副使一、頭目二、通言一、從軍三，凡 8 人，餘均留邊聽賞。[272] 6 月，南掌使抵京，以國書方物進，書言國中有事，貢例愆期，且請許芒該流民仍留其國。帝令禮部問之，使者云：「芒該栖寓南掌，久安生業，今若驅回鎮寧，轉勞遷徙。且南掌與鎮寧接壤，商賈相通，南掌之民亦有寓於鎮寧者。」明命帝同意鎮寧民留居南掌。因南掌所貢銅鼓非其所產，請其下次以其他土物充貢。[273]

與水舍的關係

　　明命十年（1829）3 月，水舍遣使通款。「初明命二年，國長麻乙遣使就富安福山堡請貢。麻乙死，遂不果。四年，其弟麻某立，復遣使請貢。麻某尋死，又停貢。麻某之弟麻藍繼之，嘗欲求通而無可使者。至是帝以其國貢久不至，令鎮臣委人探其狀，並詳記疆域山川政事風俗以進。乃派屬鎮隊長阮文權等往，自福山經六日抵其國，麻藍見權至，甚喜，具以情告，即遣其屬麻延、麻春等齎方物（象牙 1 枝）。從權來請通職貢，鎮臣以聞。命賞給銀幣衣服（賞國長紅藍縐紗各 1 匹、南紗 20 匹，麻延、麻春寶藍縐紗巾、紗衣紬、袴各 100，金各 10 兩）。宴勞而遣之。又令問使者，水舍、火舍本是一國，

269. [越] 潘清簡等纂修，**大南寔錄**，第六冊，正編第二紀，卷五十一，頁 22-25。
270. [越] 潘清簡等纂修，**大南寔錄**，第六冊，正編第二紀，卷五十二，頁 1。
271. [越] 潘清簡等纂修，**大南寔錄**，第七冊，正編第二紀，卷六十五，頁 22。
272. [越] 潘清簡等纂修，**大南寔錄**，第八冊，正編第二紀，卷九十五，頁 6-7。
273. [越] 潘清簡等纂修，**大南寔錄**，第八冊，正編第二紀，卷九十七，頁 1。

抑或二國，使者說：『其國乃火舍，國長稱為火王，不曾聞有水舍者。水舍之名，乃前使通譯之誤耳。』自是其國來貢遂稱火舍。其國疆域東接富安屬蠻，西接燎國，南接平和屬蠻，北接平定屬蠻。其國不知文字，有傳報，則以鍮鉤轉遞為信。稅例或布或刀，原無定額，所居無城郭，象馬亦少。其中架屋一，國長坐竹床，服黃彩衣，滿繡花樣，頭戴青縐紗巾，腰著白布袴，左架屋二，貯粟麥纊綻，右架屋一，奉事神祈，國長居常服，役只帶親丁，無兵甲，有事則聚民為兵，帶刀負弩。無事則散歸田里，為治無刑憲。凡屬蠻違令者，則國長呪以疫癘大災無不應驗，以故蠻民畏之如神。民有牲酒獻饗，國長則以鳴鉦擊鼓，手舞足蹈，為事君之禮，其俗尚鬼，凡有疾病，只知祈禱而已。性耐暑，善於射弩，民居頗眾，米粒不多，開墾山林，惟栽植芋、麥、纊、粆、瓜果，與商人貿易焉。」[274]

水舍和火舍可能位在越南南部的大叻（Da Lat）一帶，應屬早期原住民住區。

與緬甸的關係

「明命十年（1829）4月，帝聞大蠻國（即緬甸）於偽西（按指西山軍）初，遣使通好，從興化來，敕北城遍訪故家，錄其事蹟。又令興化派人前往該國測量路程遠近。適大蠻與南掌相攻，繞過九限山（屬興化省）至本口（地名，大蠻界首），有蠻兵捍路不得達而還。自興化鎮城至九限山凡一個月又八日，九限山至本口又三日，派人詢之，捍路兵云，自此以達大蠻國城又約一個月。」[275]

與英國、法國的關係

（一）明命三年（1822）7月，英吉利國孟呀喇（指英屬孟加拉）總督遐仕定（Francis Rawdon-Hastings）使個羅科忕奉書進獻方物（鳥槍 500 桿、玻璨大燈 1 對），船至沱㶞，廣南營臣譯其信函以進，信函中要求通商，但

---

274. [越] 潘清簡等纂修，**大南寔錄**，第六冊，正編第二紀，卷五十八，頁 10-12。
275. [越] 潘清簡等纂修，**大南寔錄**，第六冊，正編第二紀，卷五十九，頁 7-8。

未提及設立商鋪居住，個羅科忒還懇請進京瞻拜。明命帝說：「他是總督所派往，非國王命，不許。」所上品物亦卻之。有司議定諸國來商專條，為商舶書示之。[276]

（二）道光四年（越南明命五年，1824 年）12 月，富浪沙（指法國）遣人齎國書品物要求通好，船至沱灢，廣南營臣以聞，明命帝說：「富浪沙與英吉利相仇，前年英吉利屢求納款，朕卻而不受，今豈可許富浪沙通好乎。第念我皇考乘輿播遷之始，曾命英睿太子（按即阮福景）往其國，頗有舊恩，若遽絕之，殆非懷遠人之意，乃令為商舶書，賞給遣之，其國書品物不許呈進。」[277]

（三）明命十一年（1830）12 月，法國船隻抵達沱灢，要求見船舶官，越南先派充辦內閣侍講學士阮知方前往，船長不願與他談，遂派侍郎張登桂權作商舶官，該船長稱法國擬謀侵廣東，會連及越南，請越南勿助廣東。法船員擅自前往三台山觀看情勢，又表示請派一名花標伴同前往北城所轄地方描取圖本。明命帝拒絕，並處分守港及砲台官員。[278]

第三節　阮憲祖之功業

阮憲祖（1840 年 12 月—1847 年 9 月）

內政

阮憲祖，年號紹治。

（一）憲祖上台後繼續反天主教，紹治元年（1841）3 月，捕獲葡萄牙傳教士羝游尼謨和法國人樞蜂，暫將他們監禁。[279]

4 月，畿內久不雨，命京尹范瓚祈禱及侍郎張國用繼禱。阮憲祖亦於宮中密禱，翌日，雨大降，命分詣廟所致謝。[280] 紹治三年（1843）1 月，連日

---

276. [越] 潘清簡等纂修，**大南寔錄**，第五冊，正編第二紀，卷十六，頁 21-22。
277. [越] 潘清簡等纂修，**大南寔錄**，第五冊，聖祖仁皇帝寔錄，正編第二紀，卷三十，頁 8-9。
278. [越] 潘清簡等纂修，**大南寔錄**，第七冊，正編第二紀，卷七十，頁 18-19。
279. [越] 陳踐誠等纂修，**大南寔錄**，第十三冊，正編第三紀，卷六，頁 5-6。
280. [越] 陳踐誠等纂修，**大南寔錄**，第十三冊，正編第三紀，卷七，頁 25。

霖雨，命侍郎黃濟美到城隍廟祈求放晴，阮憲祖亦於禁中密禱至日，天日開晴。阮憲祖喜謂大學士張登桂說，此是皇考在天之靈，非人力所能及也。賞黃濟美金錢一枚，紀錄一次。[281]

1841 年 5 月，初置興化奠邊府，以寧邊州、萊州、遵教州隸之。[282]

6 月，水舍、火舍二國遣使進貢，憲祖諭禮部說：「火舍世處蠻荒，自古未通中國（指越南），朕嗣服伊始，乃能仰慕皇風，叩關籲懇，其畏天事大之誠，殊堪嘉獎。水舍旅庭久列，終始弗渝，而改正國號，寔自今始，使臣此來，所宜從優款給，用示懷柔。二國王應給敕書，應賞品物、色數，部查例覆，斟酌擬辦。」[283] 在嘉隆、明命帝時期，以「中外」之詞暗喻自比中國，至憲祖，則公然自比中國，蓋因中國在 1840 年敗於英國，而遭越南鄙視，乃自比中國。其在科舉考試，亦言中進士者，才不遜於清國進士，紹治三年 5 月阮憲祖對張登桂說，「朕觀清朝殿試所取三魁亦無甚出色，不過彼善於此而已。本朝開科以來，鼎甲久虛，重其選也。今觀枚英俊廷對之文，頗諳政體，較前科稍勝，可寘之甲第，以勸多士。」[284] 越南小國，自比中國，猶如夜郎，其嫉羨與輕鄙清國之情可見一斑。

7 月，憲祖與其父明命帝一樣，好寫詩，頒聖製詩文諸集，詩六集、文二集，天機預兆詩集，於中外賞看。[285]

10 月，山西抓獲西洋道長端（名批都沙羨依），送至順化下獄。

（二）憲祖紹治二年（1842）2 月，有二艘西洋船登陸順靜島，驅之不走，帝說：「洋船來此，若專為薪水，而無他意，可讓其就近樵汲，勿使擅入民家，亦不必過為驅逐，徒示人以不廣。」[286]

阮憲祖前往河內巡視，接見各級官員、耆老、進士、舉人和秀才。御駕寧平省時，暹羅出兵襲河僊，急命軍隊前往河僊抗禦暹羅軍隊，暹兵退走。

---

281. [越] 陳踐誠等纂修，**大南寔錄**，第十三冊，正編第三紀，卷二十七，頁 6。
282. [越] 陳踐誠等纂修，**大南寔錄**，第十三冊，正編第三紀，卷八，頁 20。
283. [越] 陳踐誠等纂修，**大南寔錄**，第十三冊，正編第三紀，卷九，頁 2。
284. [越] 陳踐誠等纂修，**大南寔錄**，第十三冊，正編第三紀，卷三十，頁 1。
285. [越] 陳踐誠等纂修，**大南寔錄**，第十三冊，正編第三紀，卷十，頁 21。
286. [越] 陳踐誠等纂修，**大南寔錄**，第十三冊，正編第三紀，卷十六，頁 13。

他看到河靜以北諸省穿著服色仍係丁、李、陳、黎諸朝之陋習，他認為是越南移風易俗採取緩進作法所致，此與清國不同，滿人統治中國，立即改換漢人頭髮，他以為這是霸者所為，越南是王者，氣象常寬緩。[287]

3月，清使寶青至河內，冊封憲祖為越南國王。

西洋道長名覓、名路從嘉定搭船前往富安，為守兵拿獲，姑留監禁，尋復釋放。[288]

阮憲祖巡視河內省城時，山西省臣進貢人參、金玉、綵幣，他只收玉圭一件，賞以銀兩，其餘貢物皆發還。後來發生范克綏案，即其所貢物皆係包攬索擾之物，因此阮憲祖將所收之玉圭退還給山西省臣，至於所賞給的銀兩則沒有追收。隨後下令該省官員過去強斂人民財物者，一律退還，否則嚴加治罪。[289] 從而可知，阮朝前三位國王皆係名君，愛民不貪財。

7月，科考承天場秀才冊有阮福祥者，帝惡其冒用國姓，命革去秀才名籍，改為阮文祥，交都察院治罪。[290] 蓋阮福為國姓，一般人不可使用。

（三）憲祖紹治三年（1843）1月，阮憲祖對其父親的文才備加推崇，將明命帝詩573篇、文247篇與天機預兆詩集刊刻**聖製詩六集**、**聖製文二集**，堪稱是多才之君王。[291] 阮憲祖一如其父，經常寫詩贈送臣僚，有乃父之風。

法國人依嚟曰歌等船至沱灢汛，謂其國道長、道徒5人（名端、名望、名二、名覓、名路）誤犯條禁，其國王請求寬宥釋放。紹治帝以其為化外人，未詳禁令，准予開釋。[292] 紹治四年（1844）10月，永隆抓到西洋道長名副、監牧（神父）都尼眉姑，亦予釋放。

「增立安江省清人幫籍。安江省泊僚、茶糯二冊（在豐盛縣），清人居者百餘戶，省臣奏請別立幫號（在泊僚冊號潮州第15幫，在茶糯冊號第16幫），各設幫長，稅例以來年起科。」[293]

---

287. [越] 陳踐誠等纂修，**大南寔錄**，第十三冊，正編第三紀，卷十七，頁 25-26。
288. [越] 陳踐誠等纂修，**大南寔錄**，第十三冊，正編第三紀，卷十八，頁 13。
289. [越] 陳踐誠等纂修，**大南寔錄**，第十三冊，正編第三紀，卷十八，頁 17。
290. [越] 陳踐誠等纂修，**大南寔錄**，第十三冊，正編第三紀，卷二十二，頁 2。
291. [越] 陳踐誠等纂修，**大南寔錄**，第十三冊，正編第三紀，卷二十七，頁 12。
292. [越] 陳踐誠等纂修，**大南寔錄**，第十三冊，正編第三紀，卷二十七，頁 21-22。
293. [越] 陳踐誠等纂修，**大南寔錄**，第十三冊，正編第三紀，卷二十七，頁 29。

「4月，戶部奏准清人初束登入幫籍，所生之子，若孫到十八歲，著從明鄉社籍。從前冒入者，聽其陳首改著。已而平定奏言，清人子孫72人原冒入幫籍，乞別修簿，名為新屬明鄉社。其明鄉社原額280餘人名為舊屬明鄉社。再清人7幫人數零星，其憑簿會修一本，名為清人幫，設置屬長，製給木記，許之。南定亦言，原寓清人向來著從明鄉社，請摘出原投居14名改為清人幫，所生子孫9名，設為明鄉社。帝以人數無幾，不必別建幫籍，準依原額。嗣有投束或只3、5名，併著新籍，俟自20名以上情願別立幫籍者，照議辦理。」[294]

（四）憲祖紹治四年（1844）7月，初製大南皇帝之璽、宸翰之璽，以翠玉為之。皇帝璽方2寸4分，厚1寸，通高2寸。宸翰璽方1寸8分，厚8分，通高1寸6分。[295]

憲祖到順安汛參觀仿製蒸汽船試航，當時越南有電飛、烟飛、雲飛3艘氣機船。憲祖對於試航非常滿意，對有功者賞給金錢300緡。[296]

11月，減免奠邊府清人、土民身稅三年。奠邊府地接清國及南掌，為沱北10州藩蔽，前者招募清人、土人設立鋪舍，給予閒田。至是興化省臣奏報，他們是剛才投入生產，生活並不豐裕，懇請減免身稅三年，憲祖同意。[297]

（五）憲祖紹治五年（1845）1月，紹治帝對侍臣說：「清國政事近來殊無可觀，朕昨覽清國京抄，見有支銀給予英咭唎（英國），府庫錢幾空，何委靡也。甚至賣官鬻獄無所不為，而盜賊、雨雹、災異頻仍，意者其季世（指朝代衰亡）乎。」[298]此時是清宣宗道光二十五年，清國國勢已走下坡，其窘況為越南所鄙視。

（六）憲祖紹治六年（1846）10月，海陽文台社近得古石碑，訛傳是惠清禪師降世，以南藥治療疾病，致有無數民眾前往祈禱，憲祖以為是迷信荒唐，命人毀碑，以後即無前往祈禱者。[299]

294. [越]陳踐誠等纂修，**大南寔錄**，第十三冊，正編第三紀，卷三十，頁21-22。
295. [越]陳踐誠等纂修，**大南寔錄**，第十四冊，正編第三紀，卷四十，頁1。
296. [越]陳踐誠等纂修，**大南寔錄**，第十四冊，正編第三紀，卷四十，頁20-22。
297. [越]陳踐誠等纂修，**大南寔錄**，第十四冊，正編第三紀，卷四十四，頁7。
298. [越]陳踐誠等纂修，**大南寔錄**，第十四冊，正編第三紀，卷四十六，頁7。
299. [越]陳踐誠等纂修，**大南寔錄**，第十四冊，正編第三紀，卷六十一，頁27。

（七）憲祖紹治七年（1847）4 月，紹治元年丁籍 925,184 人，較明命二十一年人數還少，那是因為庚子（1840）秋末鎮西動亂，辛丑（1841）未平，除出鎮西人數 49,165 人的緣故。1846 年，人口已增至 986,231 人，今年增 38,157 人。[300]

9 月，申禁中外職官之從左道（指信仰天主教）者。近日有沱瀼率隊武文點洩漏軍機給洋夷，山西分府陳光瑤信仰左道，不理母喪，官員有諸此行為，應嚴加禁止。[301]

阮憲祖崩，壽四十一，子 29 人，女 35 人，由二子阮洪任繼位。

與清國的關係

（一）「清宣宗道光二十一年（憲祖紹治元年，1841 年）正月，議邦交事宜，敕禮部詳查故典，凡遇國孝告哀與請封國書如何貢賀（凡如清例，四年遣使一次，是年正屆貢期，又值清帝六旬慶節），使部進止如何。禮部言：『故黎邦交凡遇國喪遣使告哀，書內但言嗣君權守國印俟命於朝，無請封專使，亦無另表。又故黎歲貢遇有國喪，使部免其進關，品儀由告哀使併遞。今既有賀貢又有歲貢二使部並進，事體稍不同，從無辦過之例。』諭之曰：『哭則不歌，吉凶不同，禮也。既以哀告更無可賀之理。清國重在貢，貢且免，況賀乎？今當繕國書遣使告哀，如向例辦。先咨兩廣督撫審閱為之題達（凡國書由廣西詳閱發遞，惟告哀大事併由廣東總督審閱，仍專由廣西巡撫題達。其清國咨文接於我者亦由廣西不由廣東），俟清國來咨進止如何照辦為妥。』」[302]

李文馥出使清國返越後，撰有**使程遺錄**，出使經過河內、諒山、鎮南關、新寧江、新寧州、南寧、潯州、梧州府、桂林、湘江、衡州、長沙、洞庭湖、信陽、潁州、許州、黃河、古殷都、邯鄲、滹沱河、正定府、清苑縣、涿州、北京。回程是經過河南、湖北、湖南、廣西、鎮南關、河內。該書所收皆是燕行詩作。[303]另外李文馥撰有**使程誌略艸**，記載其出使之經過及所見人事、

---

300. [越] 陳踐誠等纂修，**大南寔錄**，第十四冊，正編第三紀，卷六十七，頁 8-9。

301. [越] 陳踐誠等纂修，**大南寔錄**，第十四冊，正編第三紀，卷七十二，頁 10。

302. [越] 陳踐誠等纂修，**大南寔錄**，第十三冊，正編第三紀，卷一，頁 13-14。

303. 中國復旦大學文史研究院和越南漢喃研究院合編，**越南漢文燕行文獻集成（越南所藏編）**，第十四

歌詠唱和之作。[304] 關於出使所記錄之地理，則撰成**使程括要編**，記載的是沿途城市的歷史沿革、地域、分野、附近名勝古蹟、塘汛堡店名稱、山川、祠廟。「內地每十里或時五里或二十里置一塘或汛，設民兵六七人更守之，所以盤詰奸匪也。亦有稱為店為堡者，又或三五里置一卡房者，皆塘汛之屬也。」[305]

（二）清宣宗道光二十一年（憲祖紹治元年，1841年）正月，遣使如清告哀，以署工部右參知李文馥為禮部右參知充正使，署義安布政阮德活為禮部右侍郎充甲副使，辦理兵部裴輔豐為光祿寺卿充乙副使。[306]

（三）清宣宗道光二十二年（憲祖紹治二年，1842年）2月，清使廣東按察寶青至河內冊封紹治為越南國王。紹治親駕河內，日望清使消息。[307]

3月27日，冊封禮成，延之款茶，寶青請辭，命送回公館安歇。

28日，行諭祭禮于視朝殿，清使寶青先以祭帛50匹，祭品代銀百兩恭遞，復命有司增備禮品。禮成，寶青拱手叩頭而退，帝亦額手答之。寶青將命凡事一從我國禮典，隨行員役一皆奉法，帝深嘉之，餽遺甚厚，寶青惟受八色（鑲金花犀角1端、犀角2端、琦瑰2斤、沉香10斤、象牙1對、肉桂2斤、紞布各100匹）。復遣候命使陶致富等送出關。故事邦交禮成遣使報聘，是年預遣黃濟美、裴日進、張好合如清謝恩，清國尋報留抵下次正貢，美等不果行。[308]

（四）清宣宗道光二十五年（憲祖紹治五年，1845年）2月，以鴻臚寺卿辦理戶部事務張好合補授禮部左侍郎充如清正使，翰林侍讀學士充使館編修，范芝香改鴻臚寺卿，內閣侍讀王有光陞授侍講學士，充甲乙副使。[309]

（五）清宣宗道光二十六年（憲祖紹治六年，1846年）7月，如清使部禮部左侍郎張好合、鴻臚寺卿范芝香、翰林院侍講學士王有光公回。初好合、

冊，頁237-238。

304. 中國復旦大學文史研究院和越南漢喃研究院合編，**越南漢文燕行文獻集成（越南所藏編）**，第十五冊，頁3-4。

305. 中國復旦大學文史研究院和越南漢喃研究院合編，**越南漢文燕行文獻集成（越南所藏編）**，第十五冊，頁77-78。

306. [越] 陳踐誠等纂修，**大南寔錄**，第十三冊，正編第三紀，卷二，頁8-9。

307. [越] 陳踐誠等纂修，**大南寔錄**，第十三冊，正編第三紀，卷十七，頁8-9、21-24。

308. [越] 陳踐誠等纂修，**大南寔錄**，第十三冊，正編第三紀，卷十八，頁1-26。

309. [越] 陳踐誠等纂修，**大南寔錄**，第十四冊，正編第三紀，卷四十六，頁14。

芝香之抵燕也，清帝三次宣召，親御賜酒人皆榮之。及回，沿途多撥民夫擡遞私裝，事發，交刑部議處，好合、芝香俱革職留任，有光降職留任，尋調補好合戶部左侍郎，芝香刑部郎中，有光刑科掌印給事中。[310]

（六）憲祖紹治七年（1847）12 月，以刑部右參知裴樻（原裴玉櫃，至是改為裴樻）充如清使，禮部右侍郎王有光、光祿寺卿（原充史館纂修）阮收副之，往告國家的憂患。據阮登楷、尊室弼之建議，請使節遞交清國國書，懇請清使來順化舉行邦交鉅典。[311]

與柬埔寨的關係

（一）憲祖紹治元年（1841）正月，將軍張明講、參贊黎文德上言：「暹目丕雅質知致書講和，已覆書促他先退兵，並派外郎黎國香前往會見丕雅質知，回信稱言和，並已退兵至北尋奔。」嗣德帝命張明講修書和好。[312] 暹羅欲立匿蝾蟓為高棉國王。

2 月，始建高蠻（即高棉之異譯）國王廟。將郡主玉雲、縣君玉秋、玉原送回鎮西，以除柬埔寨人之疑慮，以為越人擄其君長，殺其頭目，故引發動亂。[313]

5 月，暹目質知再往海西，以蠻酋名蝾居龍樽城（海平），率兵 5,000 攻擾近轄諸堡汛。越軍將之逐退。

8 月，張明講等建議，徒守鎮西城無益，只有空城，附近人民均逃逸一空，士兵勞頓疾病，應退守安江。張登桂等臣僚亦表示同意，名俺、玉雲、玉秋、玉原及漢土人民擇地安插。至如象匹，如不能解回，則殺之以饗士卒。[314] 越軍退出柬埔寨後，暹羅軍隊入占柬埔寨。

（二）憲祖紹治二年（1842）2 月，暹羅將領歌羅歆肥伐等率暹羅兵五百餘人、柬埔寨土兵一千多人、戰船四十餘艘停泊廣邊府汛，裝載鹽米，

310. [越] 陳踐誠等纂修，**大南寔錄**，第十四冊，正編第三紀，卷五十八，頁 11；卷六十，頁 9-10。
311. [越] 阮仲和等纂修，**大南寔錄**，第十五冊，正編第四紀——翼宗寔錄，卷一，頁 30-32。
312. [越] 陳踐誠等纂修，**大南寔錄**，第十三冊，正編第三紀，卷二，頁 15-16。
313. [越] 陳踐誠等纂修，**大南寔錄**，第十三冊，正編第三紀，卷四，頁 16。
314. [越] 陳踐誠等纂修，**大南寔錄**，第十三冊，正編第三紀，卷十一，頁 17-18。

威脅河僊。[315]

（三）憲祖紹治五年（1845）9月，越軍與暹羅軍隊在柬埔寨境內相戰，越軍圍烏東（Oudon，位在金邊西北方40公里），暹羅軍領袖質知遣人致書求和。越軍以不甘失去鎮西，故拒之，續進兵，敗暹羅軍於烏東城外，包圍烏東城（為柬埔寨首都）。11月，命移郡主玉雲及名墩母於南榮城居住（他們原居於安江城）。越軍泳隆軍次阮知方、尹蘊漢與暹目丕雅質知在會館和談，丕雅質知表示此次和談在令兩國重修舊好，使匿蝯墩臣事兩國，雙方談判時旁跪者為匿蝯墩。阮知方問丕雅質知何時退回北尋奔？丕雅質知答稱，他既已敗於鐵繩、棄南榮、退回烏東，暫留在烏東，等暹羅國書來，再退兵未晚。隔天，匿蝯墩詣軍門請罪。[316]隨後暹國書來，丕雅質知請求將匿蝯墩之母及妻子交回，越南拒絕。泳隆軍次撤回鎮西。暹羅和越南雙方形成對峙，越南支持玉雲郡主，居住在巴南〔今菠蘿勉省（Prey Veng）巴南縣（Ba Phnum）〕，暹羅支持名墩，居住在烏東。從此時起到1863年柬埔寨成為法國殖民地止，柬埔寨需同時向越南和暹羅納貢，成為兩國的藩屬國。

（四）紹治六年（1846）11月，仍駐軍烏東的質知請求越南將匿蝯墩諸侄一家團聚，為越南拒絕。暹羅再度要求先由名墩遣人恭遞品儀奉貢。12月，高蠻酋長詫蝯墩遣其臣屋牙瀝依這嫩、屋牙連那篤嵬、屋牙村那接妃低突等，齎遞表文品儀，詣鎮西軍次，乞奉表上京稱臣納貢。阮憲祖同意，並鑄鍍金銀印高蠻國王印。[317]

（五）紹治七年（1847）2月，阮憲祖在勤政殿接見高蠻使行朝貢禮，封高蠻國長詫蝯墩為高蠻國王，美林郡主玉雲為高蠻郡主，共管土民。3月30日，遣使往烏東行宣封禮。詫蝯墩為匿禛之弟、玉雲之叔父。[318]

4月，詫蝯墩遣使入貢，郡主玉雲亦另表陳謝，定三年一貢，再給官曆一、民曆百，歲由安江省轉給。[319]

315. [越] 陳踐誠等纂修，**大南寔錄**，第十三冊，正編第三紀，卷十六，頁14。

316. [越] 陳踐誠等纂修，**大南寔錄**，第十四冊，正編第三紀，卷五十一，頁11-14。

317. [越] 陳踐誠等纂修，**大南寔錄**，第十四冊，正編第三紀，卷六十三，頁8-11。

318. [越] 陳踐誠等纂修，**大南寔錄**，第十四冊，正編第三紀，卷六十五，頁1-7。

319. [越] 陳踐誠等纂修，**大南寔錄**，第十四冊，正編第三紀，卷六十七，頁15。

6月，定高蠻民間通商條例。從前高蠻私船可與越南人民往來通商，惟鹽米為民用所需，有特別禁止。明命年間，暹羅侵擾高蠻，糧食供應有問題。明命帝解除前禁越南和高蠻商船，及允許鹽米貿易。後來暹羅侵擾高蠻，越南禁止民間將鹽米賣至高蠻，而於安江、西寧設交易場，俾讓高蠻人民往來通市。今詫蝾蠔遣使輸誠，議定雙方民間通商。越南人前往南榮經商，需取得所在省臣之許可，限期回越，如故意居留不返，則由安江省照會高蠻國王。如越人在高蠻居留並結黨者，拿交懲辦。一二年後再詳定條例，並酌定商人稅例。[320]

與法國和英國的關係

（一）由於越南仇視天主教及將所有傳教士監禁在順化和峴港，引起法國不滿，遂決定派遣軍艦救出這些傳教士。1843 年，法艦「女英雌號」（Heroine）開入沱瀼（即土倫，今峴港），要求釋放 5 名傳教士。

（二）憲祖紹治五年（1845）5 月，法國遣使謝越南，因為越南釋放名端、名望。法艦「阿爾米尼號」（Alcméne）開進沱瀼，救出一名被判處死刑的法國主教都尼眉姑。漢民（越人）阮文柴因信教又與洋船通消息，遭梟首。未幾，花旗國（即美國）船隻亦抵峴港，越南派員外郎阮隆、省屬經歷阮用佳前往慰問，為夷人所嚇，而被逐下船，洋船隨即離開。此二官員遭革職處分。[321]

（三）憲祖紹治六年（1846）5 月，嘉定抓到西洋二道長玻波離依、夷泥烏命，解京交法司治罪，擬以死罪。帝以化外之人，姑留監禁，尋因有官船往外洋公務，復放令回國。[322]

6月，寧平抓到爺穌會道長阮錦及其徒 2 人，均不肯出教，各坐死罪。[323] 從而可知，至此一時期，若道長係西洋人，皆予關押或釋放，若係越南人則處以死罪。

---

320. [越] 陳踐誠等纂修，**大南寔錄**，第十四冊，正編第三紀，卷六十九，頁 15-17。
321. [越] 陳踐誠等纂修，**大南寔錄**，第十四冊，正編第三紀，卷四十八，頁 8。
322. [越] 陳踐誠等纂修，**大南寔錄**，第十四冊，正編第三紀，卷五十七，頁 23。
323. [越] 陳踐誠等纂修，**大南寔錄**，第十四冊，正編第三紀，卷五十九，頁 2。

　　（四）紹治七年（1847）2月，由拉皮埃爾（De Lapierre）率領法國船 2
艘停泊沱灢港口，道長 5、6 人公然懸佩十字架往來，洋目拉別耳率十多人
攜帶刀劍槍枝進入廣南省屬公館，遞出漢字國書，辭多悖妄，禮部左參知李
文馥不接國書，拉別耳大聲嚇之，然後將國書置在桌上而去，李文馥等官員
則遭解職處分。以後法人益為囂張，當地天主教徒亦公然往來港口。越南派
軍防備其再度登岸，法軍突砲擊越軍，擊沉越南 5 艘銅船，越南軍官死 2 人、
士兵死 40 餘人，傷 90 多人，失蹤 104 人，損失朱衣銅礮 10 輛、震海銅礮 3 輛、
過山銅礮 15 輛及其他兵器 。隔天，法船離去。[324]

　　9月，英國船隻 2 艘抵沱灢，表示要進京呈上國書，戶部左參知尊室常
前往處理，不允其請，雙方爭辯十餘日，給予物資後才離去。[325]

324. [越] 陳踐誠等纂修，**大南寔錄**，第十四冊，正編第三紀，卷六十六，頁 1-2、11。
332. [越] 陳踐誠等纂修，**大南寔錄**，第十四冊，正編第三紀，卷七十二，頁 13。

第八章

法國之入侵

第一節　阮翼宗

阮翼宗（1847 年 9 月─1883 年 6 月）

阮翼宗之年號為嗣德。

內政

（一）嗣德元年（1848）5 月，初定節婦年限，節婦指年二十五歲以下早寡守節者，方許彙冊。餘二十六歲以上，不准彙冊，俾有定例。[1] 但嗣德九年（1856）8 月，有承天府人尊室官婦節婦門潘氏、算阮氏年在三十以上，仍以該姑婦白首孀居，特准旌賞。[2]

廣平省民多痘（天花）斃，死二千一百多人。命設壇祈禱，多撥醫藥調治，死亡者按項給恤，壯項（指壯年）每名給錢 3 緡，婦女 2 緡，小幼 1 緡。[3]

（二）嗣德五年（1852）1 月，申定鴉片條禁，官吏、兵民犯禁者，強制六個月治療。[4]

（三）嗣德八年（1855）12 月，凡清人來投，無論住在何處，必須有所在幫長保結、納稅方許居住，若無幫長結認，即逐回清國，不許居住。違者罪之。嗣德帝認為這些出來者沒有家產，其全年納稅銀 5 錢，俟三年後照明鄉例徵收。[5]

（四）嗣德九年（1856）3 月，建安王府公子良墐以穢行，納故父親王侍婢，削去尊籍，改從母姓。[6]

（五）嗣德十一年（1858）六月，南定省群貢社道徒范曰坎興建道堂、道館，又多造軍器（木榻、朱漆銀湘、朱轎、刻龍形大鼓、銅鉦、黃蓋旗劍），迎西洋道長名川（依坡儒人，即西班牙人）、本國道長名悅、名智等回，意

---

1. [越] 阮仲和等纂修，**大南寔錄**，第十五冊，正編第四紀──翼宗寔錄，卷二，頁 43。
2. [越] 阮仲和等纂修，**大南寔錄**，第十五冊，正編第四紀──翼宗寔錄，卷十五，頁 11。
3. [越] 阮仲和等纂修，**大南寔錄**，第十五冊，正編第四紀──翼宗寔錄，卷二，頁 44。
4. [越] 阮仲和等纂修，**大南寔錄**，第十五冊，正編第四紀──翼宗寔錄，卷八，頁 7。
5. [越] 阮仲和等纂修，**大南寔錄**，第十五冊，正編第四紀──翼宗寔錄，卷十三，頁 44。
6. [越] 阮仲和等纂修，**大南寔錄**，第十五冊，正編第四紀──翼宗寔錄，卷十四，頁 25。

圖謀反，均予處死。[7]

（六）嗣德十一年（1858 年）11 月，南定永治社爺穌道長名勢等謀叛，阮廷賓派兵圍之，道長脫逃，其信眾 36 人遭逮捕正法。[8]

（七）嗣德十二年（1859）12 月，再申定官吏從爺穌教條禁，大小官吏原從爺穌教，而出教者，革職不敘。不肯出教者，文職從正八品、武職從隊長以下，各問絞候。文職自七品以上並訓導、武職自率隊以上者，問絞決。糾舉免罪，若故隱而經查出者，重懲。[9]

（八）嗣德十五年（1862）3 月，北寧阮盛自稱元帥，推逃匪黎維穩為盟主，與廣安水匪串通，聚眾數千人，侵擾諒江府。[10]

5 月，土匪襲擊山西省安朗、北寧省諒江府。11 月，圍太原省城。至隔年 3 月始平匪亂。嗣德十九年（1866）1 月，越軍收復高平及平海安匪。

1862 年 5 月，由於越南和法國簽署第一次西貢條約，故解除教禁，除涉嫌為盜匪者外，釋放在監獄的教徒。[11]

（九）嗣德十七年（1864）10 月，嗣德帝問吏部臣范富庶，廣南一省有何人品行端正？范富庶答以阮昱（副榜）。嗣德帝亦請文武臣工保舉文學品行人才。[12] 顯見他非常重視提拔人才，乃因對法國戰敗後，他發現老臣凋零、青壯年可用之才不足。乃在 11 月停止嗣德九年規定的進士副榜留院讀書三年例，以選用需人故也。同時選派 8 人到西洋學習氣機船製造。[13] 嗣德十八年（1865）8 月，購買第一艘敏妥氣機大銅船，長 11 丈 2 尺 3 寸、橫 1 丈 6 尺 9 寸，價銀 13 萬 5,000 元。[14] 嗣德十九年（1866）購買順捷（船身裹銅上下二層，煙筒一、桅二，長 9 丈 3 尺 6 寸，橫 1 丈 6 尺，深 8 尺 3 寸，其隨船大砲 6、鳥槍 15、馬槍 5，並住房 8）[15]、嗣德二十三年（1870）購買騰輝

7. [越] 阮仲和等纂修，**大南寔錄**，第十六冊，正編第四紀——翼宗寔錄，卷十八，頁 29。
8. [越] 阮仲和等纂修，**大南寔錄**，第十六冊，正編第四紀——翼宗寔錄，卷十九，頁 28。
9. [越] 阮仲和等纂修，**大南寔錄**，第十六冊，正編第四紀——翼宗寔錄，卷二十一，頁 29。
10. [越] 阮仲和等纂修，**大南寔錄**，第十六冊，正編第四紀——翼宗寔錄，卷二十六，頁 11-12。
11. [越] 阮仲和等纂修，**大南寔錄**，第十六冊，正編第四紀——翼宗寔錄，卷二十六，頁 36。
12. [越] 阮仲和等纂修，**大南寔錄**，第十六冊，正編第四紀——翼宗寔錄，卷三十，頁 28-29。
13. [越] 阮仲和等纂修，**大南寔錄**，第十六冊，正編第四紀——翼宗寔錄，卷三十，頁 40-41。
14. [越] 阮仲和等纂修，**大南寔錄**，第十六冊，正編第四紀——翼宗寔錄，卷三十二，頁 40-41。
15. [越] 阮仲和等纂修，**大南寔錄**，第十六冊，正編第四紀——翼宗寔錄，卷三十四，頁 29。

等銅船（長 7 丈 2 尺 9 寸 5 分、橫 1 丈 5 尺 1 寸，自上層至底層 7 尺 8 寸 5 分，值銀 7 萬 2,824 元，該船為法國製造）。[16]

清化沿海海匪猖獗，越南船隻無法因應，乃向清國顏成雇用 15 艘船隻，抵達南定茶里汛調用。每艘船每月給銀 600 兩，15 艘每月總共需銀 9,000 兩，食用酬死均包括在內。[17]嗣德十八年（1865）7 月，又雇清船巡洋護送北圻載船，原約船 5 艘，每月雇銀 2,100 兩，今雇半月 1,500 兩。[18]嗣德二十年（1867）1 月，帝命以順捷氣機船、平洋銅船、巡船，清義、廣平戰船及彭廷秀所雇清船合剿海匪。後來官船足用，就停止雇船。[19]

（十）嗣德十八年（1865）1 月，越南為籌措對法國之賠款，過去禁止鴉片買賣，現在開禁，由政府開徵高稅，允許鴉片買賣。如有清商進口鴉片，則徵以 40 斤取 1 斤之關稅。該年越南之鴉片稅款達 38 萬 2,200 緡。[20]嗣德二十六年（1873）6 月，申定鴉片禁例。初盜吃之禁，只言官吏、軍兵，未曾明指名色，至是申定舉人、秀才、士人有犯吃罪證確鑿者，限一年洗除。違者，削籍有差，永不得預試。[21]

從以上越南的改革措施來觀察，顯然過於消極，沒有從教育上改革，教授新的科學新知識，也沒有考慮在文官考試上採取新方法，儘管武官考試在閏 5 月武進士考試有槍枝射擊考試，其他仍舊考舞鐵棍、舞木棍、牌刀、朴刀、長劍刺俑等，並賜武文德第二甲武進士出身、武文良第三甲同武進士出身，又取武副榜 6 人。[22]尤其是民間沒有改革聲音，這一點跟清國有很大的不同。

8 月，准定自今明鄉人全年稅，有物力者，每名銀 2 兩，無力者半，與清人稅例照收實色。[23]

（十一）嗣德二十一年（1868）3 月，宣光團勇劉永福率團勇從官軍剿

---

16. [越] 阮仲和等纂修，**大南寔錄**，第十七冊，正編第四紀——翼宗寔錄，卷四十二，頁 16-17。
17. [越] 阮仲和等纂修，**大南寔錄**，第十六冊，正編第四紀——翼宗寔錄，卷三十，頁 44。
18. [越] 阮仲和等纂修，**大南寔錄**，第十六冊，正編第四紀——翼宗寔錄，卷三十二，頁 31。
19. [越] 阮仲和等纂修，**大南寔錄**，第十七冊，正編第四紀——翼宗寔錄，卷三十六，頁 4-5。
20. [越] 阮仲和等纂修，**大南寔錄**，第十六冊，正編第四紀——翼宗寔錄，卷三十一，頁 5-6。
21. [越] 阮仲和等纂修，**大南寔錄**，第十七冊，正編第四紀——翼宗寔錄，卷四十八，頁 26。
22. [越] 阮仲和等纂修，**大南寔錄**，第十六冊，正編第四紀——翼宗寔錄，卷三十二，頁 12-13。
23. [越] 阮仲和等纂修，**大南寔錄**，第十六冊，正編第四紀——翼宗寔錄，卷三十二，頁 35。

貓匪三次勝仗，宣光省臣潘文述以聞，賞九品百戶。[24]

11月，對於南圻遭法軍入侵之失，交由阮知方、阮伯儀、武仲平等議功罪，嗣德以所議未明，乃裁定論曰：「潘清簡與林維浹雖已故，皆追奪職銜，又刮去進士碑名，永存斬候之案。永隆、安河三省臣張文琬、阮有機、陳煥、阮春懿、阮文學、阮文雅、武允清、范有政、阮惟光，提督武賞正，副領兵黃昭、黃威、阮香、阮習、阮筆等已先行革職候議。其中張文琬問杖一百、流三千里，阮有機、陳煥、武賞正、阮春懿、阮文學、阮文雅、武允清、范有政、阮惟光均問杖一百、徒三年，黃昭、黃威、阮香、阮習、阮筆均問杖八十、徒二年，以上15人存者各照例辦，故者追奪職銜。」[25]

（十二）「嗣德二十二年（1869）4月，申定察覈學習西洋音字賞罰條例。每年察覈兩次，量摘平日學卷中暗寫、背讀，再撰出詞札一道，譯出富字（即法文）。如翻譯均得熟悉，暗寫均得楷正，背讀均得通暢，照據期內所學現得字數若干，參照向例，仍以句限扣算，加多至二百句以上者為優，賞錢 12 緡。略得二者而句限加多至一百句者為平，賞錢 8 緡。只得一款而句限不及一百為次，毋須擬賞。不及此者為劣，決笞五十，扣罰每月廩錢 1 緡。」[26] 嗣德二十五年（1872）5月，申定學習法國字音章程，其獎懲辦法跟前述相同。此外學習外國及牢字（按指哀牢字）者，亦照此例辦理。[27] 這是針對官員要求學習法文的辦法，開始有新政之跡象。但該辦法沒有提及是在何政府機關實行，還是只有在順化實施。

（十三）嗣德二十六年（1873）9月，統督黃佐炎以劉永福歷從官兵效剿，請擢為防禦使。嗣德帝諭曰：「拔用劉永福，資其死力，以絕黃英，情勢亦合，但未有大功，遽許官職，不幾於濫賞乎。姑准支出庫銀三四百兩，賞給並撫慰之。」[28]

（十四）嗣德二十七年（1874）7月，平順省疫病，死 700 人。[29]

24. [越] 阮仲和等纂修，**大南寔錄**，第十七冊，正編第四紀——翼宗寔錄，卷三十八，頁 22。
25. [越] 阮仲和等纂修，**大南寔錄**，第十七冊，正編第四紀——翼宗寔錄，卷三十九，頁 33-35。
26. [越] 阮仲和等纂修，**大南寔錄**，第十七冊，正編第四紀——翼宗寔錄，卷四十，頁 24。
27. [越] 阮仲和等纂修，**大南寔錄**，第十七冊，正編第四紀——翼宗寔錄，卷四十六，頁 42。
28. [越] 阮仲和等纂修，**大南寔錄**，第十七冊，正編第四紀——翼宗寔錄，卷四十九，頁 16。
29. [越] 阮仲和等纂修，**大南寔錄**，第十七冊，正編第四紀——翼宗寔錄，卷五十一，頁 22。

8月，副領兵劉永福平定三宣黃英（指黃旗軍的黃崇英）土匪有功，嗣德帝昇他為領兵官。10月，又昇劉永福為權充三宣軍務副提督兼督各道（包括興化、諒山、高平、宣光等道）。

9月，派遣4人到嘉定學習迸彈小礮射法，並購買此礮。

10月，准「道民」改為「教民」，「良民」改為「平民」，此乃從法國駐京欽使之建議，蓋使用「道民」和「良民」一詞有所侮辱。[30]

12月，嗣德下令廣開言路，令中外官員，凡與軍謀國政、吏治民風有關係者，何弊當改，何利當行，均聽盡言無隱。[31]至嗣德三十二年（1879）4月，仍無一人推薦，嗣德帝甚不以為然，下令舉賢才定試法，凡能習遠情、幹大事者，為優先擢用，其次為安邊境、闢封疆，再次為有計算致富強，又次為練技藝、利器用，能真知灼見等人才，將不次拔擢。他認為科舉考試中科者，專注重章句詞藻、因循浮泛，未副實用，請廷臣研擬選拔人才之法。[32]嗣德三十三年（1880）2月，吏部仍無推薦人才，嗣德帝再指示要舉薦之人才包括：諳熟洋情、能幹外事、精於醫術、星象、占卜、文學淹通、詩文出眾、巧於製作器具等。[33]

（十五）嗣德二十八年（1875）1月，吏部呈送西書16本給嗣德帝，包括**古今武備**一部二卷、**西方國語律例**一部二卷、**兵書輯要**一卷、**余撈書**一卷、**製破子彈並發火**一卷、**騎馬礮手律法書**一部四卷、**步兵書律法**一部二卷、**操練騎馬兵律法書**一部三卷。令禮部飭阮弘（原靈牧領行人司主事）等翻譯。至是禮部奏阮弘等稟稱，這些書均屬技藝機巧，字義艱澀，他們所學習的法文，稍知往來詞札，對於這類技藝機巧的書並不詳識。其中**余撈書**較為容易，可花二、三個月完成翻譯。其他各書請教信仰天主教者，也無法翻譯。若聘請西洋人翻譯，要價亦頗高，時間也會很長，大項紙一張價錢5緡，中項4緡，小項2緡。一人進行翻譯，需六、七年才會完成。這些書請交給機密院保管，

---

30. [越] 阮仲和等纂修，**大南寔錄**，第十七冊，正編第四紀——翼宗寔錄，卷五十二，頁10-11。

31. [越] 阮仲和等纂修，**大南寔錄**，第十七冊，正編第四紀——翼宗寔錄，卷五十二，頁35-36。

32. [越] 阮仲和等纂修，**大南寔錄**，第十八冊，正編第四紀——翼宗寔錄，卷六十一，頁24-25。

33. [越] 阮仲和等纂修，**大南寔錄**，第十八冊，正編第四紀——翼宗寔錄，卷六十三，頁20。

等以後派遣人到西方學習完成回國後再翻譯。嗣德帝同意該項建議。[34]

8月，根據大南國與法國之和約的規定，大南國需允許教民應試及出仕，故准定教民應試及出仕例，教民考中者需在名字旁註明「教人」二字。[35]

（十六）嗣德三十年（1877）7月，嗣德帝敕諸地方察舉婦人能詩文者，充教內庭。[36] 這是很重要的措施，王室女子受到重視要受教育。

（十七）嗣德三十三年（1880）2月，法國欽使請設北圻電報，從河內經海陽及寧海至塗山。嗣德帝遣工部員外郎黎文春前往各省勘辦。[37] 這是很重要的現代化措施，是北圻首次設有電報。

12月，戶部奏上，是年丁田錢粟金銀會計冊，丁 77 萬 364 人，田 286 萬 7,689 畝。又 7 萬 2,115 頃所，錢 325 萬 2,699 緡，粟 263 萬 3,585 斛，金 41 兩，銀 6 萬 3,983 兩。[38]

（十八）嗣德三十五年（1882）6月，命太醫院派九品醫生阮文心前往香港東苑醫院學習種痘法。開始推動現代醫學。

（十九）嗣德三十六年（1883）6月，嗣德帝崩，遺詔由皇長子瑞國公阮膺禛繼位。嗣德帝沒有子嗣，收養三個侄兒作為養子，長為育德，封為瑞國公；次子為正蒙，封為堅江郡公；三子為養善。在嗣德去世後第三天，輔政大臣阮文祥和尊室說改變遺詔，認為阮育德（恭惠王）不適於當皇帝，而將他廢黜，另立嗣德帝之弟弟朗國公阮洪佚，是為協和帝。反對此一舉措的御史潘廷逢遭革職遣返原籍。阮育德亦被軟禁在育德堂舊邸。

與清國的關係

（一）清宣宗道光二十八年（翼宗嗣德元年，1848 年）11月，嗣德帝命禮部右侍郎潘靖充正使，鴻臚寺卿枚德常充甲副使，翰林院侍講學士阮文超充乙副使〔例以己酉（1849）貢〕。[39]

---

34. [越] 阮仲和等纂修，**大南寔錄**，第十八冊，正編第四紀——翼宗寔錄，卷五十三，頁 5-6。
35. [越] 阮仲和等纂修，**大南寔錄**，第十八冊，正編第四紀——翼宗寔錄，卷五十四，頁 10。
36. [越] 阮仲和等纂修，**大南寔錄**，第十八冊，正編第四紀——翼宗寔錄，卷五十八，頁 3。
37. [越] 阮仲和等纂修，**大南寔錄**，第十八冊，正編第四紀——翼宗寔錄，卷六十三，頁 20。
38. [越] 阮仲和等纂修，**大南寔錄**，第十八冊，正編第四紀——翼宗寔錄，卷六十四，頁 47。
39. [越] 阮仲和等纂修，**大南寔錄**，第十五冊，正編第四紀——翼宗寔錄，卷三，頁 39。

（二）清宣宗道光二十九年（翼宗嗣德二年，1849 年），清國首次派遣使節勞崇光前往順化冊封嗣德為越南國王。

7 月，清國欽使廣西按察使勞崇光（湖南長沙人，第二甲進士）及陪佐等（即用道糜良澤，即用同知府張汝瀛）抵京。丁巳，崇光恭捧敕書，置于龍亭，隨至太和殿，前行宣封禮。帝詣拜位受敕謝恩，禮成。延崇光于宣德殿款接，致問道光皇帝安好及慰問崇光途間行狀。茶畢，崇光辭出，帝親送至帳次，乃回鑾。戊午，崇光恭捧諭文、金帛，置于龍亭，隨至隆安殿，恭詣憲祖章皇帝神御前，行進香禮，捧金香三拱加額，行奠酒禮三奠三揖，趨出立位（東立），帝詣龍亭位前，謝恩，禮成。崇光降階出門，帝亦親送至帳次，乃回鑾。翌日，崇光具啟辭回，語意恭敬。帝命柬答之，國都行禮事屬一初，其間儀文整肅，體統尊嚴與夫交際之誠，贈遺之厚，前此所未有也。〔辰崇光初抵京館，即求觀本國詩，乃命集諸皇親並諸臣名作者，名為風雅，統編許觀，崇光深所歎賞。後從善公綿齊以所著**倉山詩集**寄使部帶往廣西（辰崇光已為廣西巡撫），序文尚將是編追述焉。〕

8 月，以邦交禮成頒恩詔，凡十二條，獎賞此次參與冊封禮有功各級官員。[40] 這是史上唯一一次清國冊封使到順化給越南國王行冊封禮，故記錄其詳。

（三）翼宗嗣德五年（1852）9 月，嗣德命吏部左侍郎潘輝泳充答謝（二年邦交禮成）正使，鴻臚寺卿劉亮、翰林院侍讀武文俊充甲乙使；禮部左侍郎范芝香充歲貢（開年癸丑貢例）正使，侍讀學士阮有絢、侍講學士阮惟充甲乙使（答謝使部二年正派嗣停，至是始行併遣）前往清國進貢。[41]

（四）清文宗咸豐五年（翼宗嗣德八年，1855 年）8 月，派遣到清國的使節潘輝泳、范芝香等，因為清國發生太平天國之亂，經過三年未回。嗣德帝乃賜使臣及隨行人父母錢米各有差，令在貫親人計自出關日至今，各追領該等俸例十之八，俾資贍養。

11 月，潘輝泳、范芝香等奉使至清返回越南。嗣德帝給予厚賞（正使潘

---

40. [越] 阮仲和等纂修，**大南寔錄**，第十五冊，正編第四紀——翼宗寔錄，卷四，頁 29-34。
41. [越] 阮仲和等纂修，**大南寔錄**，第十五冊，正編第四紀——翼宗寔錄，卷八，頁 28。

輝泳、范芝香各賞勤勞，可錄大金磬，副使劉亮、阮惟、武文俊各賞是磬中項，再賜各人御製詩各一道，又與行隨人等賞賜衣服銀兩各有差），並宴勞之。[42]

（五）清文宗咸豐六年（翼宗嗣德九年，1856 年）9 月，清國咨緩開年貢期（國有秀全賊，故緩，至後期兩貢並進）。[43]

（六）清文宗咸豐十年（翼宗嗣德十三年，1860 年）11 月，遣使加太僕寺卿黃善長（原仲元）禮部左侍郎銜充正使，翰林院侍講學士文德圭（原佳）、阮輝玘充甲乙副使。前往清國進貢〔丁巳（1857）、辛酉（1861）二貢〕。後因為廣東、廣西未靖，又報留下次。[44]

（七）翼宗嗣德十八年（1865）8 月，「命水師掌衛阮討、辦理工部黃峻績管海運巡船 12 艘，並清船 5 艘合剿海匪（賞二員銀各 3 兩，弁兵半月俸餉錢，清船錢一百，牛豬酒米各項）。復派清化（3）、義安（10）、南定（8）各項船 21 艘巡洋，以靜海程。」[45]

（八）翼宗嗣德二十一年（1868 年）3 月，清國會剿營弁兵四千餘，進至越南諒山邱常處，命范芝香前往迎接，照清國體例犒賞。清國銅錢 1 文抵越南 4 銅錢 1 文，哨長每名給清國銅錢 100 文，兵丁 30 文，米各 1 升半，兵勇斃 1 名給銀 10 兩，重傷 3 兩，中傷 2 兩，輕傷 1 兩。嗣德諭曰：『能速完一日好一日，減一兵省一費，擇精壯兵勇速進同剿。』」[46] 5 月，股匪擾諒山，命諒山省臣咨請廣西太平府會剿。

（九）翼宗嗣德二十一年（1868）6 月，遣使署清化布政使黎峻（定授翰林院直學士）充正使，鴻臚寺少卿辦理戶部阮思僩（陞授鴻臚寺卿）充甲副使，兵部郎中黃竝（以甫陞改授侍讀學士）充乙副使，前往清國進貢，同時將丁巳（1857）、辛酉（1861）、乙丑（1865）前三次貢品，連同次年己巳(1869) 屆期的貢品遞交清國。嗣德在臨行時賜詩勉之（行隨等除甫陞外，

42. [越] 阮仲和等纂修，**大南寔錄**，第十五冊，正編第四紀——翼宗寔錄，卷十三，頁 8、37-38。

43. [越] 阮仲和等纂修，**大南寔錄**，第十五冊，正編第四紀——翼宗寔錄，卷十五，頁 18。

44. [越] 阮仲和等纂修，**大南寔錄**，第十六冊，正編第四紀——翼宗寔錄，卷二十三，頁 34-35。

45. [越] 阮仲和等纂修，**大南寔錄**，第十六冊，正編第四紀——翼宗寔錄，卷三十二，頁 35-36。

46. [越] 阮仲和等纂修，**大南寔錄**，第十七冊，正編第四紀——翼宗寔錄，卷三十八，頁 23。

餘均準陞一秩）。[47]

（十）翼宗嗣德二十二年（1869）3月，清提督馮子材出關攻破枯株凌
淪（屬高平），來書言會搗通攦進圖木馬，進攻駐驢板、大直，取鄯洛。帝
命武仲平、阮軒等將兵會之。[48]

7月，清國營弁久駐糜費，次臣以銀款送軍需，馮（子材）帥皆璧還，
乃命摘金銀、錢、象牙、琦珀、沉香、燕巢、清義桂諸土宜，款給有差。[49]

8月，清國提督馮子材分兵截太原、山西、宣光（五營往大慈、平川，
三營往周市、買市，七營往安朗、永祚，七營往山都、雷貞），又借銀5,000
兩整辦軍中行帳。武仲平呈報嗣德，乃諭令武仲平邀子材移駐北寧，督各道
兵進剿。[50]

9月，清國統領唐元芳抵山西剿匪，嗣德帝命次省臣陶致、阮軒、阮伯
儀等熟察現情，商留二營與原派六營剿辦，餘邀清官進往宣光防剿。[51]

（十一）翼宗嗣德二十三年（1870）正月，黎峻、阮思僩、黃竝等奉使
自清回，賜宴勞，並賞級有差。[52]

2月，清國提督馮子材移節於宣光城，會討梁天錫、黃崇英匪黨。

10月，遣署工部右侍郎兼管翰林院阮有立充正使，光祿寺少卿辦理刑部
事務范熙亮充甲副使，侍講領按察使陳文準充乙副使，前往清國進貢。[53]

（十二）翼宗嗣德二十五年（1872）2月，清國派人遞曆書，抵諒山省
交認，無有太平府札文，對淵汛守施予鞭刑，省臣罰俸。[54]

（十三）翼宗嗣德二十八年（1875）8月，帝命修書遞兩廣總督，祈派
員督同欽州員速來廣安，會同撫臣處置流民（流民原插欽州，自投海寧劫殺
平民抑占田土）。[55]

---

47. [越] 阮仲和等纂修，**大南寔錄**，第十七冊，正編第四紀——翼宗寔錄，卷三十八，頁44。
48. [越] 阮仲和等纂修，**大南寔錄**，第十七冊，正編第四紀——翼宗寔錄，卷四十，頁19-20。
49. [越] 阮仲和等纂修，**大南寔錄**，第十七冊，正編第四紀——翼宗寔錄，卷四十一，頁6-7。
50. [越] 阮仲和等纂修，**大南寔錄**，第十七冊，正編第四紀——翼宗寔錄，卷四十一，頁10-11。
51. [越] 阮仲和等纂修，**大南寔錄**，第十七冊，正編第四紀——翼宗寔錄，卷四十一，頁19。
52. [越] 阮仲和等纂修，**大南寔錄**，第十七冊，正編第四紀——翼宗寔錄，卷四十二，頁5。
53. [越] 阮仲和等纂修，**大南寔錄**，第十七冊，正編第四紀——翼宗寔錄，卷四十三，頁18-20。
54. [越] 阮仲和等纂修，**大南寔錄**，第十七冊，正編第四紀——翼宗寔錄，卷四十六，頁9。
55. [越] 阮仲和等纂修，**大南寔錄**，第十八冊，正編第四紀——翼宗寔錄，卷五十四，頁11。

10月，帝以北邊未靜，清國官軍欲撤退，嚴責黃佐炎、尊室說剿清餘匪，合與清官擬辦善後事宜，並經理邊事〔擇人開礦以占利權、商路，諸扼要處量設防守，擇善地以處劉團（指劉永福的軍隊）〕。諭諸臣工盡誠面奏，提出建言。[56]

（十四）翼宗嗣德三十一年（1878）10月，嗣德帝御製奏疏遞達清帝，請命官經理邊疆，令關汛各嚴防禁。又一面飛咨廣西巡撫楊重雅且速增援，俾免遠水難救近火之虞。[57]

12月，「清廣西提督馮子材帶26營出關會剿（清帝因前疏達，諭准兩廣總督劉長佑、廣東巡撫張樹聲查明欽州、靈州有無逆才匪徒伏匿、防範，廣西巡撫楊重雅調派官兵追捕逆才，其被誘脅曉諭解散。提督馮子材帶兵出關，相機剿辦，一切調度事宜仍與重雅會商辦理。趙沃近于參調子材併帶營弁，以是月起行開，正初一日出關）。」[58]

（十五）翼宗嗣德三十三年（1880）6月，遣吏部右侍郎充辦閣務阮述改授禮部銜充正使，侍讀學士充史館纂修陳慶洊改授鴻臚寺卿、兵部郎中阮懽改授侍讀學士充甲乙副使，前往清國進貢。阮述臨行時嗣德帝製詩並遠行歌，御書以賜之。又因清國匪徒未平定，命阮述將邊情疏文遞到廣西，祈請派出營弁防剿。[59]

（十六）翼宗嗣德三十四年（1881）12月，初清國兩廣總督張樹聲函咨越南，將委派唐廷庚督同省屬馬復賁等往探河道，及開辦載事。嗣德命錄北圻諸省款接清官。唐廷庚到海寧後，改搭船到順化。嗣德命舶臣阮文邃、陳叔訒等款接之。唐廷庚交給舶臣一封密函，略敘運糧事宜，開辦伊始，應由該道前往臣理，竝有應商要件，與該道面陳，因請入謁。嗣德帝以清官入謁恐啟人疑，乃准阮文祥與之密商。廷庚說：「本年10月清國住英欽差曾紀澤報敘，法國議院密議我國東京土地肥饒，山川又多有銅鐵金銀炭礦，察之情勢可唾手而定。法之領事脫朗者又經乞以一二千兵攻取，該議院已允，不

56. [越] 阮仲和等纂修，**大南寔錄**，第十八冊，正編第四紀——翼宗寔錄，卷五十四，頁 34-35。
57. [越] 阮仲和等纂修，**大南寔錄**，第十八冊，正編第四紀——翼宗寔錄，卷六十，頁 31-32。
58. [越] 阮仲和等纂修，**大南寔錄**，第十八冊，正編第四紀——翼宗寔錄，卷六十，頁 47。
59. [越] 阮仲和等纂修，**大南寔錄**，第十八冊，正編第四紀——翼宗寔錄，卷六十三，頁 41。

久必將該國及西貢各道汛緊齊發，其言逐劉永福託辭耳。清帝付軍機各衙門妥議，故該督派該道傳信我國，宜早為謀以圖自存。」嗣德帝以該督書寫得不清楚，越南亦不應洩露，令文祥密囑廷庚三件事：一、我國朝貢於清，諸國皆知，清國設有總衙門，公論所在，儻他主心悖約，則清認為屬國與諸邦爭時，則他亦不敢違公論，以獨行其意，仍許我國設官於清都駐候。若有何事得于總理衙門控訴。二、廣東現聞諸國領事多于此住，欲廣東督奏准我國設一領事于此，以便來往商賣，通報信息，因與諸國交遊，得以通達情意。三、我國欲派人遍往，如英、俄、普、法、美、奧、日本等國探學，未得其便，清國有船常往來諸國，欲賴搭行無礙。唐廷庚回去後，嗣德帝令復書東督略敘事之端緒已領略之矣，茲應如何而可以得便，經恃唐道面呈備悉。竝寄書清國署理通商欽差大臣李鴻章，又各以品項寄贈之（上項象牙各一對、上項犀角各一端，嗣張督以品項璧還，言受之恐啟他疑，後有何款難於請說，李督亦以詩及啟致情交，勉以各自彊之意）。[60]

這是一次很重要的密會，清國將所獲知的情報通報大南國，可惜大南國並無任何積極的準備，以致於法軍隨之入侵東京。此外，大南國要求清國允許其在廣州設立領事館，亦未獲清國積極回應，當時清國已派領事駐新加坡，就是不准其朝貢國派駐領事於清國，以致於消息不通。

（十七）翼宗嗣德三十五年（1882）7月，清國聞越南河城（河內）有事，兩廣、雲南各派重兵於沿邊內地（夾興之臨安、開化二府，夾高之歸順州，夾諒之龍州，夾廣安之廉瓊等州），厚集雲南差官謝敬彪先率三營抵館司（屬興化鎮安縣），而各道亦報取次出關住壓。北圻民聞訛言，清人來爭取北圻為自守計，興化撫臣阮光碧以聞。嗣德帝說：「以小人之心度君子之腹，清人豈為此不義之舉。」他說廣東總督來文，說法國兵侵河內之事，已由總理各國事務王大臣奏聞。清國大皇帝詔令滇粵各督撫加心防衛，並由王大臣面詢法國駐華使臣，告以越南向屬中國，聞法兵攻據越城，有礙兩國交誼，應由法使臣將此義轉告法國外部，務全邦交之誼。此外，中國出使法國曾紀澤大臣曾照會法國外務部，令在越之法兵退出河內城池，以固友誼。此皆天朝

---

60. [越] 阮仲和等纂修，**大南寔錄**，第十八冊，正編第四紀——翼宗寔錄，卷六十六，頁 41-42。

眷念屏藩之意。嗣德指示諸省臣,令加心勸曉士民,毋以非理相惑。又以清
兵如進駐,越南為東道主,應隨宜款接,探察要得體,毋失其心。[61]

(十八)嗣德三十六年(1883)2月,李鴻章致函大南國,問法國事。言
大南國為天朝藩屏二百餘年,最為恭順,總理各國衙門、王大臣暨北署遇事
關垂,深願妥為區處。尚其依前電音速派大臣來津密詢底細,便相機與法國
公使設法調停。嗣德帝命為書復之。略敘經遣使具書各款。又將法派增來兵
船,言力辦劉團,以通雲南,使南國受他保護及住河內、海陽倉屯各處等情,
祈為轉達總理各國衙門,為之相機善處,使他退讓順從。[62]由於劉永福的軍
隊阻止了法軍在越北的活動,因此法國向嗣德帝施壓,要求將劉永福驅趕回
中國境內。所以嗣德帝請中國設法促成。

與柬埔寨的關係

(一)嗣德元年(1848)1月,暹羅頭目丕雅碧位搓帶率暹人百餘人,在
烏東封詫蝌蝀〔即安敦(Ang Duang)〕為高蠻國王。詫蝌蝀遣使向大南國進香、
慶賀、歲貢等禮。[63]詫蝌蝀,前寫為匿蝌蝀,越南封他為國王後稱為詫蝌蝀。

(二)嗣德四年(1851)1月,詫蝌蝀遣使進貢,又請許回該國佛經(明
命二十一年永隆查封匿俺船貨,間有暹羅佛經八摺,交皇覺寺保管)及烏門、
七山、巴川、堅江等處(原屬蠻地,明命年間該蠻動亂,殺害越人,該地為
越南占領),並假道永濟河出海通商。嗣德帝以不合理,命督臣高有馮妥辦,
使彼心服。[64]

3月,詫蝌蝀遣使進貢。

(三)嗣德七年(1854)4月,高蠻遣使進貢,賞國王詫蝌蝀、厚賜使
臣遣歸。[65]

(四)嗣德十年(1857)2月,高蠻遣使進貢,賞國王及郡主玉雲有差。[66]

61. [越] 阮仲和等纂修,**大南寔錄**,第十八冊,正編第四紀──翼宗寔錄,卷六十八,頁 10-11。
62. [越] 阮仲和等纂修,**大南寔錄**,第十八冊,正編第四紀──翼宗寔錄,卷六十九,頁 9-10。
63. [越] 阮仲和等纂修,**大南寔錄**,第十五冊,正編第四紀──翼宗寔錄,卷二,頁 4-6。
64. [越] 阮仲和等纂修,**大南寔錄**,第十五冊,正編第四紀──翼宗寔錄,卷六,頁 6。
65. [越] 阮仲和等纂修,**大南寔錄**,第十五冊,正編第四紀──翼宗寔錄,卷十,頁 9。
66. [越] 阮仲和等纂修,**大南寔錄**,第十五冊,正編第四紀──翼宗寔錄,卷十六,頁 13-14。

（五）嗣德十三年（1860）2月，高蠻寇安江、河僊，意欲取得邊界土地。[67] 高蠻在此時攻擊越南邊境，應是鑑於法軍占領嘉定，越軍無暇注意高蠻事務。且有法國從中煽動，有天主教徒參與反越活動。

11月，國王詫蝲蠖死，大南本想利用此一機會派軍占領柬埔寨，由於柬國內亂，暫緩出兵。[68]

（六）嗣德十四年（1861）9月，詫蝲蠖二子蝲蚘、蝲蟒爭立，國內亂，清商避至平夷堡居住經商，大南國擬課稅。嗣德說他們是避難，無須課稅。[69]

（七）嗣德十八年（1865）9月，命永隆、安江、河僊三省臣嚴絕蠻酋蝲蚘入境。蝲蚘募民立屯，與蝲蟒戰爭，蝲蟒求救於法國統帥，法國統帥要大南國拿交，故前許投依，而今嚴絕之。[70]

與法國、西班牙的關係

（一）1848年，嗣德帝下令懸賞法國傳教士人頭。1850年，一艘美國船隻開抵沱灢，攜帶國書要求通商，遭到拒絕。1851年，嗣德帝又指控天主教徒陰謀推翻其地位，下令將歐洲傳教士投入海中或河中，越南傳教士則砍為兩半。在該年將史催福勒神父（Father Augustin Schoffler）斬首。1852年將波恩那德神父（Father Bonnard）斬首。翼宗嗣德四年（1851）11月，一艘法國船隻停泊邊和福勝汛，登岸採買食物及在沿海村莊射鳥，並贈送該堡率隊武政與率隊逢進短刀、洋白布各一，兩人受之。嗣德以違例，各杖八十。[71]

（二）1855年，下令所有信仰天主教的官員宣誓在一個月內放棄信仰，其他人則在半年內放棄信仰。同時懸賞每逮捕一名歐洲傳教士給賞480銀元，每逮捕一名越南傳教士給賞160銀元。在該年英國商船進入沱灢、平定，要求通商，亦被拒絕。1856年7月20日，特魯神父（Father Tru）被斬首，越南又開始屠殺傳教士。

---

67. [越] 阮仲和等纂修，**大南寔錄**，第十六冊，正編第四紀——翼宗寔錄，卷二十二，頁11。
68. [越] 阮仲和等纂修，**大南寔錄**，第十六冊，正編第四紀——翼宗寔錄，卷二十三，頁35。
69. [越] 阮仲和等纂修，**大南寔錄**，第十六冊，正編第四紀——翼宗寔錄，卷二十五，頁11。
70. [越] 阮仲和等纂修，**大南寔錄**，第十六冊，正編第四紀——翼宗寔錄，卷三十三，頁2。
71. [越] 阮仲和等纂修，**大南寔錄**，第十五冊，正編第四紀——翼宗寔錄，卷七，頁25。

（三）嗣德九年（1856）8 月，一艘法國船隻抵達沱㶞汛茶山澳，意欲投書通商，不果，轉往承天順安汛，投書於汛所，官員沒有看內容就將該書擲回小船內，法國人就將書丟向沙岸上，就離開前往沱㶞汛詢問投書事，未獲越方同意，該法船以砲擊毀沱㶞堡壘。[72]

（四）1857 年，西班牙主教狄亞茲（Mgr. Diaz）被處死。該年法使蒙蒂尼（M. de Montigny）到順化，要求嗣德帝保證天主教徒的傳教自由，允許法國在順化設立法國商務代辦處和法國領事館，均遭拒絕。

（五）1858 年 1 月，天主教徒占領一個村莊，並放火燒村，全村村民遭屠殺。嗣德十一年（1858）8 月，「洋兵入廣南省美視社，拔木柵、破土山，總統黎廷理大戰於錦荔社，為飛彈所傷，弁兵驚散。胡德秀按兵不動，遭革職拿辦。以鐵籠、鐵繩橫截順安、思賢汛口。」[73]

8 月 31 日，法軍在法王拿破崙第三（Napoleéon III）之命令下，法國和西班牙聯合艦隊海軍上將里戈・德・吉諾伊里（Rigault de Genouilly）率領 14 艘軍艦開抵沱㶞（土倫），摧毀砲台，一小隊法軍登陸，遭越軍激烈抵抗，再加上傷寒和霍亂疫病流行，法、西聯軍只好放棄土倫，約 1,000 人轉往柴棍（西貢）。

10 月，洋兵船入瀚江耐軒江（廣南沱㶞），陶致、阮惟分兵伏擊敗之。[74]洋兵船 8 艘入耐軒江，阮知方派朱福明、潘克慎、阮惟率兵分派往新屯，射破帆柱或穿破漏水。[75]此一洋兵船應是法國和西班牙聯軍。

11 月，洋兵突破化閏、耐軒二屯，協管阮朝、阮殷力戰死之，弁兵死 30 人，傷 65 人。越軍驅退洋兵 300 人。洋兵轉占據安海城。[76]

（六）嗣德十二年（1859）1 月，法軍和西班牙（西班牙之所以會出兵，因為其傳教士也遭到越南處死的命運）軍聯合的洋船 14 艘停泊慶和省子嶼，再轉往嘉定。洋兵船 20 艘射破邊和以下福勝砲台、良善砲台，嘉定福水、

---

72. [越] 阮仲和等纂修，**大南寔錄**，第十五冊，正編第四紀——翼宗寔錄，卷十五，頁 15-17。
73. [越] 阮仲和等纂修，**大南寔錄**，第十六冊，正編第四紀——翼宗寔錄，卷十九，頁 15。
74. [越] 阮仲和等纂修，**大南寔錄**，第十六冊，正編第四紀——翼宗寔錄，卷十九，頁 19。
75. [越] 阮仲和等纂修，**大南寔錄**，第十六冊，正編第四紀——翼宗寔錄，卷十九，頁 22。
76. [越] 阮仲和等纂修，**大南寔錄**，第十六冊，正編第四紀——翼宗寔錄，卷十九，頁 27-28。

名義砲台，15 日（西元 1859 年 2 月 18 日）陷嘉定城。[77]受此軍情緊急之影響，越南停止 3 月之會試。

6 月，法軍提出議和，但又縱兵燒破、騷擾廣南慶和等沿海村莊。

7 月，法軍提出割地、通商及傳教自由。嗣德不同意。雙方再戰。法軍兵力有 3,200 人，武器亦較大南好，而且作戰英勇，越軍居於下風。

（七）1859 年 6 月 25 日，英、法聯軍進攻中國大沽砲台，戰敗退出。1860 年 3 月，英、法聯軍攻北京，法國調遣駐柴棍的軍隊北上打北京。4 月，英、法聯軍占領舟山群島，5 月、6 月占領青泥窪（大連）和煙台，封鎖渤海灣。8 月 21 日，聯軍占領大沽砲台、天津。10 月 13 日，聯軍占據安定門，北京陷落。

1860 年 12 月，法國結束其在中國之侵略行動，將軍隊調至柴棍，其軍隊人數增加至 3,500—4,000 人，戰艦有 70 艘。

（八）嗣德十四年（1861）1 月，法軍萬餘人攻破嘉定大屯，越軍退駐邊和。高蠻及耶穌教徒受到法國從中煽動趁機侵擾邊地，在西寧府之越軍亦退至邊和。2 月 25 日，法軍占領志和。3 月，法軍攻占定祥省城。4 月，攻占美湫（定祥）。4 月底，越南與法軍進行談判，法軍要求傳教自由、割地賠款、領事裁判權、越南最重要的港口向歐洲商人開放、法國使節駐守順化。嗣德帝拒絕該要求。法軍續占嘉定、土龍木、邊和、鵝貢省的部分地區。11 月，法軍控制整個交趾支那、崑崙島和湄公河河口的全部小島。

（九）嗣德十五年（1862）1 月，邊和省臣阮德懽等以法軍勢強，濘珥屯不能守，退駐於勝海村分，卞卒散落，只帶數十人離開，礮械錢糧皆無收拾，嗣德認為他是絕無恩信之人，將他革職，另派按察黎克謹設法收拾錢糧礮械，招撫人民，以助兵餉。[78]

2 月，法軍占領永隆省城。

4 月，法軍統帥鋪那遣吹蒙駛蒸汽船及舢舨 3 艘、隨從二百多人至順安汛，齎書議和，要求派遣全權、賠軍需、先送錢 10 萬。越南派議和正使潘

---

77. [越] 阮仲和等纂修，**大南寔錄**，第十六冊，正編第四紀——翼宗寔錄，卷二十，頁 7。
78. [越] 阮仲和等纂修，**大南寔錄**，第十六冊，正編第四紀——翼宗寔錄，卷二十六，頁 2-3。

清簡、副使林維浹，嗣德以御酒賜兩位議和使節，並諭以土地絕不可許、邪教絕不可公行。5月9日，法、越達成和議，簽署第一次西貢條約，共12條。嗣德對於該二使節簽署喪權辱國之條約，直呼二臣非特本朝罪人、千萬古罪人也。[79]

1862年第一次西貢條約之內容如下：

1. 今後法國、西班牙和越南三國國君和人民永敦友好。

2. 越南允許法國、西班牙傳教士入境自由傳教，並准許百姓自由傳教。

3. 越南必須將邊和省、嘉定省和定祥省及崑崙島割讓給法國，並允許法國軍艦自由往來於湄公河，前往柬埔寨等處做生意。

4. 倘若越南與他國交涉，需告知法國政府。若欲割讓土地給他國時，需徵求法國的同意。

5. 越南開放沱瀼、巴瀾、廣安三港，允許法國、西班牙人自由通商，照例繳稅。越南人欲前往法國經商，一如其便。越南給予它國之商業利益，法國、西班牙人亦應同享該利益。

6. 如有緊要公事須會同辦理者，均派出欽差大臣在越南京師或法國京師、西班牙京師會辦。法國、西班牙欽使之船隻可航抵沱瀼汛，然後登陸由陸路進京。

7. 法國釋放被捕的越南人民並歸還財產，越南不得對投效法國的越南人民施予懲罰及罪其親族。

8. 越南應賠償法國和西班牙戰費400萬銀元，分作十年償付，每年應繳付40萬銀元給駐紮嘉定之法國大臣收貯。茲已收到10萬緡，將於賠款中扣除。每銀1元重7錢2分。

9. 越南匪徒海賊作亂之人若有在法國所屬地方滋擾而逃回越南地方者，或者有法國和西班牙囚犯賊徒逃往越南地方者，法國官方即知會該犯所逃往越南地方之越南地方官，將該犯拿解送法國地方官治罪。若有越南匪徒罪犯逃至法國所屬地方，越南官員亦知會法國官員將該犯拿送越南地方官治罪。

---

79. [越] 阮仲和等纂修，**大南寔錄**，第十六冊，正編第四紀——翼宗寔錄，卷二十六，頁22。

10. 自議和後，凡永隆、安江、河僊三省人民往來法國所屬地方通商者，需向法國繳稅。若因公務或軍兵糧餉、火藥、砲彈、器械等件欲從法國所屬定祥小海口往來，須在事前十日知會法國官員，俾得給票放行。若未事先知會，亦未獲得法國官員許可，法國官員查知定將該船擊毀，軍兵拿捕治罪。

11. 永隆現已為法國所得，今暫為駐守，法軍雖駐守該省，凡屬越南國之事歸越南官辦理者，法國官兵不予干涉兼理。越南現猶有奉命私探乘隙進攻之各官潛藏在嘉定、定祥二省，越南必須將此等官員召回，則法國即將永隆省交回越南國管屬。

12. 立約後三國大臣畫押蓋印，一年內三國御覽批准，在越南京城換文交存。[80]

　　在簽署該約之前，越南處死及處罰傳教士的行動並沒有減弱，賀摩西拉主教（Bishop Hermosilla）、3位西班牙主教、3位多明尼康教派（Dominicans）教士和一千多名教友遭到拷打和處死。兩位歐洲傳教士被關在監獄中，遭到拷打，在1862年6月被法軍救出來。據保守估計，從越南開始排斥天主教起至1862年之階段，約有30萬天主教徒遭驅離家園，4萬人死於虐待、飢餓、不幸的痛苦，他們的財產則被沒收。[81]

　　在簽訂該條約後，越南被迫解除教禁，越人信仰天主教者日益增加，尤其在南越地區，在1865年受洗的成年人有1,365人；1869年，受洗的人數增加到4,005人。[82]

　　（十）1863年，法國駐交趾支那行政長官（Governor）格蘭迪爾（Admiral de la Grandiere）強迫柬埔寨國王接受成為法國保護國（Protectorate）的地位，宣稱依據西貢條約法國已繼承越南對柬埔寨擁有宗主權。1867年6月，法國將南越西部三省兼併入交趾支那〔越南稱之為「南部」（Nam Bo）〕。7月，暹羅與法國達成協議，法國將柬埔寨西部吳哥（Angkor）和馬德望

---

80. [越] 阮仲和等纂修，**大南寔錄**，第十六冊，正編第四紀——翼宗寔錄，卷二十六，頁22-24。
81. Catholic Encyclopedia, "Indo-China," http://www.newadvent.org/cathen/07765a.htm 2018年3月15日瀏覽。
82. Catholic Encyclopedia, "Indo-China," http://www.newadvent.org/cathen/07765a.htm 2018年3月15日瀏覽。

（Battambang）兩省割讓給暹羅，以換取暹羅承認法國對柬埔寨擁有宗主權。

（十一）嗣德十六年（1863）2月，法國使鋪那、西班牙使坡陵歌等至順化，住在香江新館，晉見嗣德皇帝，嗣德皇帝問候兩國皇帝安好，宣訖轉譯知悉，使臣乃行三叩頭禮，趨出，群臣行朝參禮，接使回綵棚，少歇，乃接回使館。禮成，賜宴於使館。大南賠償法國 10 兩錠，凡 1 萬 3,004 錠，總共 18 萬 6111 元。法國和西班牙兩國使臣回嘉定，越南派潘清簡隨同前往嘉定，辦理收回永隆事。[83]

（十二）嗣德十七年（1864）5月，法國全權使臣何巴里至順化訂約，潘清簡為全權正使、陳踐誠、潘輝泳為副使，越南提出續約、通商二書草約，每書各 21 款，內續約書內容：(1) 越南欲贖還三省，法國同意，但須捐割八處歸法國管轄，包括嘉定西自西泰屯經省城，下至至寧市，定祥北至美貴屯至保定河畔，東自這河畔至瀝竻翁沱口，西自瀝涔沱至隆興村，南自大江畔直經省城，至保定河。共 192 社村。(2) 送交贖銀三年內每年 50 萬元，滿三年後常年每送 333,333 元。(3) 在京及沱灢、巴淶、廣安三海口各置領事官居住。(4) 道長、道民隨便立道堂，設教行禮不得阻遏。通商書內容：法、西兩國人往來於三海口通商、買置屋宅、田地，將來增開口岸，亦照此例。但須整居於一埠，不得在不同港埠居住。嗣德皇帝將該約草案送請已經退休在家居住的張登桂表示意見，張登桂奏言該約最關重要處是第二款捐割三省界限與整居等處、及第十九款賠銀分作年限。[84] 後與法國交涉，對新約條款相持不下，仍維持舊約。

（十三）嗣德十八年（1865）4月，暹羅二王烏舌以書招高蠻長蜿蟒，蜿蟒疑之，求援於法國統帥，法國統帥派兵船至芹渤保護之。[85]

9月，西班牙國派阿鹹多遞書請給為沱灢領事，令商船修書卻之。法國仍守壬戌（1862）舊約，其議立新約一事，均已擱置。又西班牙使此次不與法國使同來，要給憑，是不合條約規定的。[86]

---

83. [越] 阮仲和等纂修，**大南寔錄**，第十六冊，正編第四紀——翼宗寔錄，卷二十八，頁 5-7。
84. [越] 阮仲和等纂修，**大南寔錄**，第十六冊，正編第四紀——翼宗寔錄，卷二十九，頁 35-36。
85. [越] 阮仲和等纂修，**大南寔錄**，第十六冊，正編第四紀——翼宗寔錄，卷三十一，頁 33。
86. [越] 阮仲和等纂修，**大南寔錄**，第十六冊，正編第四紀——翼宗寔錄，卷三十三，頁 3。

（十四）嗣德二十年（1867）6月，法國人逼取永隆、安河三省。5月19日，法國統帥率兵船多艘到永隆港口，派人送書請經略潘清簡面話，潘清簡不允法兵入城，法兵不顧，強進入永隆城內，又在20日派兵取安江，23日取河僊，三省臣集中在永隆省城居住。法人之謀取該三省，與越人張功定暗助法人有關，他聯合南部六省越人協助法人。[87] 嗣德命三省臣回京。但潘清簡將朝服、印篆及遺書送回，自己絕食而死。法人將其他官員送回順化。越南之處置是加強京師和海防之防備，但「不得未事多催勞人、糜餉，亦不可稍形忙張，免人疑訝。又飭平定、廣南派探彼情動靜預報，仍諭平順省臣照常密整，有備無患，不可動形聲跡，驚惑民心」。[88] 越南真是到了莊敬自強，以不變應萬變的地步，毫無積極作為，邊疆大吏竟然讓法軍不費一兵一彈而加以占領，其怯戰如此，難怪最後會遭法國侵占。潘清簡之死甚不值得，若能為護土而戰死，亦足資流芳青史。

隨後嗣德帝下令教導弁兵如何使用火藥和施放大砲，每人實放3發，尤見其士兵之軍事訓練不足。

（十五）嗣德二十三年（1870）9月，法國和普魯士交戰，法國國王被普魯士俘虜，法國駐嘉定統帥致書通報嗣德帝。嗣德帝認為有機可乘，要求法國交還南圻六省，立即修書對於法王被執表示弔慰及要求歸還六省，結果法國統帥回信表示感謝，對於歸還六省事未置一詞。[89]

（十六）嗣德二十五年（1872）11月，法人涂普義（Jean Dupuis）率3艘船（火船2、帆船1）抵海陽禁門，擬假道前往雲南，至河內省發砲，不聽大南官員阻止，繼續雇船往雲南。

（十七）嗣德二十六年（1873）5月，法軍統帥要求立新約，以取得永隆、安江三省。

10月，法軍安業（或安鄴，Francis Garnier）攻陷河內省城。安業先遞交條約給河內省臣，要求通商，遭拒絕，遂砲攻河內，傷經略使阮知方，其子

---

87. [越] 黃高啟著，陳贊平譯，**越史鏡**，河內，無出版者，1909年，卷一，頁4。收錄在漢喃古籍文獻典藏數位化計畫。
88. [越] 阮仲和等纂修，**大南寔錄**，第十七冊，正編第四紀——翼宗寔錄，卷三十六，頁31-33。
89. [越] 阮仲和等纂修，**大南寔錄**，第十七冊，正編第四紀——翼宗寔錄，卷四十三，頁10。

駙馬阮林死,俘虜欽派潘廷許、布政武堂、提督鄧超、領兵阮登儀,用船載回嘉定。[90] 法軍續占里仁府及懷德、嘉林等縣。14 日,法軍占領海陽省城。16 日占領寧平省城。21 日占領南定省城。法軍僅約 100 人竟連下數省城市,顯見當時大南兵力羸弱。

11 月,河寧新督陳廷肅與新巡撫阮仲和前往河內,進城與安業談判。劉永福率軍至河內城下挑戰,安業正與陳廷肅談判,忽聞城外挑戰,立即策馬出城,劉永福佯裝敗走,至紙橋,伏擊安業,將他擊斃。法軍要求必須撤退劉團,才能議和。嗣德帝亦以為與法國談判已有所端緒,處置全局必非專倚劉團所能了結。嗣德帝還命造大金盤重 5、6 錢,上刻「忠信」兩字送給法軍統帥。[91] 從此可知,當時嗣德帝亦無意與法軍決戰之心,仍意圖透過傳統給予敵人好處的方式,以求在和議時取得有利地位,結果適得其反。

越南派欽差阮文祥與法軍統察霍道生在海防談判,阮文祥要求法軍先交還海陽城,再依次交還河內等城。法軍均照辦。雙方在河內談判,霍道生將商約草案帶回嘉定呈交法國統帥。阮文祥亦同到嘉定商議。

(十八)嗣德二十七年(1874)1 月,阮文祥從河內抵達順化,剛好生病,嗣德帝說議約尚未完成,不能中途退出,於是送他高麗參 15 枝、清桂一二三項各 2 片,諭令他調養身體,等他病好,偕同霍道生到嘉定。嗣德帝認為霍道生對越南友善,故特賜敕諭一道以表勞能,並賞金盤一面(重 3 錢,面刻紀功)及金銀錢、南北綵貨各項(五福四美三壽二儀金錢各 1 枚,萬世永賴銀錢一項 2 枚,二項 2 枚,雙龍大小銀錢各 3 枚,色素繒紗、葩繒紗各 2,連色南貢紗 3 匹,色南紈 10 匹,南紗 5 匹,葩紬 5 匹)。[92]

阮文祥到嘉定,1 月 27 日(西曆 3 月 15 日),與法國統帥游悲黎(Marie Jules Dupré)簽訂第二次西貢條約,共 22 條,其主要內容如下:

1. 大南國大皇帝與大法國大皇帝為永結友好,茲定新約以取代 1862 年 6
   月 5 日之條約。

---

90. [越] 阮仲和等纂修,**大南寔錄**,第十七冊,正編第四紀——翼宗寔錄,卷四十九,頁 19-20。
91. [越] 阮仲和等纂修,**大南寔錄**,第十七冊,正編第四紀——翼宗寔錄,卷四十九,頁 33-35。
92. [越] 阮仲和等纂修,**大南寔錄**,第十七冊,正編第四紀——翼宗寔錄,卷五十,頁 4。

　　大南國大皇帝特派刑部尚書欽充定約正使全權大臣黎峻、禮部左參知
欽充定約副使全權大臣阮文祥、大法國大皇帝特派總統南圻水陸軍民
大元帥欽充定約全權大臣游悲黎訂立條約如左：

2. 大富浪沙國大皇帝明知大南國大皇帝係操自主之權非有遵服何國，致大
富浪沙國大皇帝自許幫助，又約定如或大南國儻有匪梗並外國侵擾而
大南國大皇帝有咨援者，則大富浪沙國即當隨機幫助要清，亦願剿絕
海匪之擾掠於大南國洋分者，所有需費均屬大富浪沙國自受並無索還。

3. 大南國大皇帝如與它國交往，需經法國同意。大南國過去與何國交往
通使，現在仍不應改變。大南國與何國交通商賣及議定商約，各隨其
便，但此商約不可違反大南國與法國簽訂之商約。大南國在何日與何
國訂立商約，需先知會法國。

4. 法國贈送給大南國裝配有機器、槍械的軍艦 5 艘：大砲 100 尊，每尊
配備砲彈 200 發，槍 1,000 枝，子彈 50 萬發。上述武器在條約完成後
一年內交給大南國。大南國有欲借用法國有關訓練水陸軍、軍械工匠
等時，法國應為之代辦。至於借用諸人之工錢、購買械彈價錢，兩國
再議。

5. 大南國割讓嘉定、邊和、定祥、永隆、安江、河仙六省給法國。

6. 依據 1862 年舊約，大南國尚欠法國 100 萬元，今全部勾消。

7. 依據 1862 年舊約，大南國尚欠西班牙 100 萬元，由大南國依其每年收
取之關稅，除內支費外，剩餘的錢抽取一成作為賠款之用，至賠清為
止。由法國轉交西班牙，法國取收執交給大南國。

8. 大南國人有因為協助法國而財產遭沒收者、法國人有因協助大南國而
財產遭沒收者，在定此約以前兩國均予歸還。惟財產已經變賣，官方
並未持有，則毋須歸還。

9. 大南國廢除各項禁教令，允許傳教士自由傳教，並允許越南人自由信
教，教民得應試入仕，教會得購買土地興建道堂、道館。大南國公文
書不得有辱天主教之語句。教民之被沒收家產，應予發還。以上各節
適用於西班牙。該約批准後，大南國應下敕諭，將此節通告全國周知。

10. 法國允許大南國在嘉定設立教場，但教授內容不得違背風化及法國法令。法國亦允許大南國在嘉定設立廟祠祭祀，亦不得違反法國法令，違反者，應予停設及交還本國。

11. 大南國應開放平定省施耐汛（今歸仁）與海陽省寧海汛（今海防），以及從該汛上溯至珥河（又名紅河）一帶，達大清國雲南省界及河內鋪，許西洋人通商。此約應另立附署商約，上述商埠何時開通，由兩國商訂。惟平定省施耐汛應在本約批准後一年內開商。

12. 法國及西方國家得在大南國開放的港埠經商、購地置宅，並繳納稅金。惟自寧海汛由珥河至河內，又自河內達雲南諸沿岸陸地，西人均不得經商。但得聘雇大南國人助作財副、通言書（指翻譯）、手工匠、棹夫、家役做工等。

13. 法國得在已開放允許外國人通商的海港和城市派駐領事，派駐軍隊100人以內以自衛。

14. 大南國人亦得在法國及其屬國居住、經商、購地置宅，以及設立領事官。

15. 法國及其屬地與它國商人要前往大南國居住經商，需由法國開列名籍報請法國政府，轉咨大南國政府知辦。大南國人要前往法國及其屬地居住經商，亦照此一辦法。法國與它國商人欲前往大南國其他地方，需有法國給照通行與大南國政府批准簽字。仍禁沿途商賣，查獲者其貨物由大南官員沒收。

16. 法國人相訟或法國人和外國人在大南國發生訴訟，由法國領事審理之。法國人及外國人與大南國人相訟，需先由法國領事盡力秉公處理，如有困難，則咨請大南國官員會同助辦。大南國人與法國人或與外國人相訟，應先由大南國官員盡力秉公處理，如有困難，則咨請法國官員會同助辦。

17. 法國人和它國人在大南國內犯罪，應交回嘉定審理。若該犯人逃至大南國境內，經法國咨會，大南國應盡力偵緝拿交法國審理。若大南國人住在法國地轄而犯罪者，則法國照本國法律審處，仍咨大南

國領事官照知依例查究。

18. 如在法國地轄境內犯作亂及盜劫等罪，而逃至大南國地轄者，經法國官員咨會大南國官員，則大南國官員應盡力偵緝拿交法國審理。大南國有奸匪作亂及盜劫等罪而逃至法國地轄者，經大南國官員咨會法國官員，法國官員亦應盡力偵緝拿交大南國審理。

19. 法國人與它國人死亡，其在大南國境內之財產，或大南國人死亡，其在法國地轄內之財產，應交由其子孫繼承。若無繼承人，則應將該人之財產交由本國官員轉交該人之親屬認領。

20. 本約經兩國大臣簽署後滿一年，法國大皇帝特派欽使官一人駐大南國京師，以便監督該約之執行。大南國大皇帝如欲設欽使官駐法國京師，亦照此辦理。該欽使官之品秩儀制，由兩國商訂。其薪例及支費各自負責。

21. 今此新約用以替換 1862 年舊約，法國願告知西班牙共遵此新約。如西班牙不同意新約，則其與大南國之舊約繼續有效。

22. 此新約在簽署滿期一年或未滿一年由兩國大皇帝批准，在大南國京師互換交存。然後各自公布該約內容，俾各周知。[93]

（十九）嗣德二十七年（1874）7 月，大南國與法國簽訂商約，共 29 條。其要點如下：

1. 大南國大皇帝開放海陽寧海汛上溯珥河到大清國雲南邊境及河內鋪、平定施耐汛，允許外國人貿易。

2. 以上開放港埠的關稅訂為 5%，惟白鹽抽 10% 關稅，禁止貨運軍械、砲彈，鴉片煙冒〔貿〕賣依照大南國例辦理，食米進口抽 5% 關稅，出口需經大南國官員許可及知會法國駐順化欽使，抽 10% 關稅。生絲和鐵木出口，需經大南國官員同意，抽 10% 關稅。

3. 從嘉定到大南國各港埠之進出口貨物之關稅，按前述大南國與外國之進出口關稅率減半。

4. 此一商約所定之關稅例有效期為十年，如欲更改，經通知對方後，滿

---

93. [越] 阮仲和等纂修，**大南寔錄**，第十七冊，正編第四紀——翼宗寔錄，卷五十，頁 7-14。

一年才能經雙方同意修改。

5. 外國商人或稅務官員對於該約所定之關稅有不滿而提出訴訟者，由大南國所在官員和法國領事官會同處理。

6. 法國大皇帝可以隨便派出軍艦在大南國開放之港口停碇彈壓，並為領事官輔其威權。法國兵船停碇大南國各開放港口，另訂辦法。兵船免納各項鈔餉。

7. 大南國商船前往法國或其屬地之南圻各港口，法國給予最惠國待遇之稅率。

8. 法國政府將依據本年簽訂的條約第二款之規定，盡力清剿盜匪，俾通暢商路。

兩國全權大臣又續定一條款，即河內鋪既許西方人經商，則應設領事官一人，並隨兵及西商人立鋪貯貨居商並關稅一所，一如施耐寧海汛。如以後寧海汛關稅司足以徵收，則河內關稅即得省減。[94]

越南在取得法國所給予之 5 艘軍艦和 1,000 枝槍，竟然將槍枝置之倉庫，船隻則因為不會操作而將之沉於讓港門或沉於順安口。[95] 此即為大南國無法現代化之主要原因之一。

（二十）嗣德二十八年（1875）9 月，海陽法國領事請求溯紅河往上游到雲南。嗣德帝認為違反與法國和約中有關法軍不可上溯到雲南之規定，有違兩國安全，乃命舶臣修書致法國統帥，飭領事知遵。[96] 10 月，法國船隻上溯至山西江分度水，描取圖本，在金杯山掘探金氣。

（二十一）嗣德二十九年（1876）4 月，法國欽使致函大南國表示請同意河內領事溯紅河上游，嗣德帝許之。[97] 5 月，法國戰船在 3 月前往東省由六頭江溯月頭江，駛向搭抹。現在又由六頭江溯日德江駛向北寧省的陸岸。嗣德帝令院舶臣修書咨法國欽使飭辦，以其違反和約，入侵大南國內河。[98]

---

94. [越] 阮仲和等纂修，**大南寔錄**，第十七冊，正編第四紀──翼宗寔錄，卷五十一，頁 27-36。
95. [越] 黃高啟著，陳贊平譯，**前引書**，卷一，頁 6。
96. [越] 阮仲和等纂修，**大南寔錄**，第十八冊，正編第四紀──翼宗寔錄，卷五十四，頁 16。
97. [越] 阮仲和等纂修，**大南寔錄**，第十八冊，正編第四紀──翼宗寔錄，卷五十五，頁 18。
98. [越] 阮仲和等纂修，**大南寔錄**，第十八冊，正編第四紀──翼宗寔錄，卷五十五，頁 24-25。

9月，法國駐河內領事稽羅訂於15日左右前往洮江察看通商江路，由於興化上游與中國雲南省接壤，故先行致書廣西巡撫。[99]

10月，法國駐河內領事從珥河上溯至水尾州。

（二十二）嗣德三十二年（1879）12月，大南國與西班牙簽訂商約，共12條，其主要內容如下：

1. 根據嗣德二十七年法國與大南國之和約第11條之規定，大南國准予平定、施耐汛、海陽、海寧汛並該汛上溯珥河達大清雲南界，及河內鋪（即河內市），許西洋人與新世界諸國人、西班牙人通商。西班牙接受法國和大南國所簽之新約第21條所敘由法國轉告西班牙之規定。

2. 西班牙同意大南國人民到西班牙及其屬地經商、買地、置宅及工作。西班牙官員應給予保護。

3. 大南國同意西班牙人在允許開放的港口及河內鋪置產、購屋及作諸工藝生理。大南國和西班牙均得在該開放之港口和河內鋪設立領事。

4. 凡西班牙人之間相訟或與別國人相訟，均由西班牙領事處斷。若西班牙領事官員不足，則請法國領事審理。若西班牙人與大南國人相訟，先由西班牙領事秉公審理。若雙方不能和解，則可咨請大南國官員會同審理。大南國人與西班牙人相訟，先由大南國官員秉公審理。若雙方不能和解，則可咨請西班牙領事會同審理。

5. 西班牙人住在大南國開放的港口及河內鋪，若犯罪，則交由西班牙領事審理。若罪犯逃到大南國轄境內，則大南國應盡力緝捕，將之送交西班牙官員。大南國人住在西班牙轄境內而犯罪者，西班牙照本國法律處斷，仍要咨大南國領事知照。

6. 西班牙人在大南國境內死亡、大南國人在西班牙境內死亡，其財產應交給其繼承人。若無繼承人，則將該財產交給各本國領事，再轉交其親屬認領。

7. 除法國和大南國和約第4條外，其他各商業規定，西班牙亦准用。從大南國港口運出米穀，需經大南國朝廷明文咨交在京法國欽使及西班

---

99. [越] 阮仲和等纂修，**大南寔錄**，第十八冊，正編第四紀——翼宗寔錄，卷五十六，頁1。

牙領事知辦，方能運出。至於出口絲帛，需所在各社村繳完稅以及大
南國朝廷和買足用事清，才能運出。

8. 本約簽訂後滿一年，經雙方同意才能修改。[100]

（二十三）嗣德三十三年（1880）4 月，暹羅預定在 5 月遣使至大南國，
遭法國阻撓。法國統帥說，大南國需事先請得法國的同意，才能與它國互通
使節。但大南國說依據法國和大南國和約第 3 條之規定，大南國之舊有邦交
國可繼續交往，不可變異。結果法國統帥還是反對，以致於暹羅使節未到大
南國。[101]

（二十四）嗣德三十四年（1881）7 月，法國國會兩院同意撥款 240 萬
法郎，支持在北越東京採取軍事行動。9 月 14 日，清國駐法公使曾紀澤拜會
法國外長桑迪里（Saint-Hilaire），會談越南事務。9 月 24 日，曾紀澤正式向
法國外交部提出抗議照會，謂第二次西貢條約損及越南為中國屬邦，提議雙
方解決越南問題。[102] 但不為法方接受。11 月，法國駐河內領事認為劉永福違
約阻止其商業活動，要求大南國將三宣副提督劉團驅逐，否則到明年 1 月 1
日法國必有處置。河內省臣建議應請三宣提督黃佐炎儘快處理劉團，將劉團
移至三海或他處，即諒山、高平、宣化、太原等處。嗣德帝同意該建議。[103]
劉永福藉機返回欽州掃墓。

（二十五）嗣德三十五年（1882）2 月，暹羅使節致書並進方物（金、銀、
布、油席），大南國意欲遣使報聘，法國統帥反對，最後經力辯後，法國才
允許，並僱請法人安卑笠駕船搭載大南國使節和方物前往暹羅回禮。[104] 法國
意圖控制大南國之外交表露無遺。同時，法國統帥派兵船前往東京，意圖打
開通雲南商路，聲言驅逐劉團，保護商人。嗣德帝立即通知北方各省以為防
備。河內總督黃耀閉城，不讓法軍入城。3 月，法軍攻陷河內省城，總督黃
耀自縊死。

---

100. [越] 阮仲和等纂修，**大南寔錄**，第十八冊，正編第四紀——翼宗寔錄，卷六十二，頁 33-36。

101. [越] 阮仲和等纂修，**大南寔錄**，第十八冊，正編第四紀——翼宗寔錄，卷六十三，頁 33。

102. 中央研究院近代史研究所編，**中法越南交涉檔**（一），中央研究院近代史研究所，臺北市，1962 年出版，頁 169。

103. [越] 阮仲和等纂修，**大南寔錄**，第十八冊，正編第四紀——翼宗寔錄，卷六十六，頁 31-32。

104. [越] 阮仲和等纂修，**大南寔錄**，第十八冊，正編第四紀——翼宗寔錄，卷六十七，頁 6-7。

　　嗣德帝派河寧總督陳廷肅充欽差大臣、阮有度為副使搭乘法國軍艦從順化前往河內談判。統督黃佐炎上奏說：「法國每在十年改約前就出兵威脅，毀城再還城，無非威脅取得更佳和約，目的在取得河內附近更多的商業利益，最後目的在控制北圻全境。細查情勢，應當一戰而後和，才能遏其野心。若要和解，則法國駐河內商政衙所駐兵船不得違約，不得增加商路，必須賠償河內損壞。請嗣德帝鼓率軍民，守者悉力保固，戰者分途合攻，務期大加剿洗，一雪前恥。」嗣德帝的回答是：「為何不在爆發河內事件時就出兵攻之，使法軍收斂？現在去攻打，使我方陷於錯的一方。若要進攻，又要勞煩劉團出兵，此則必然使法軍更為生氣，其鬧事將防不勝防。現在法國如無奢求，給予賠償得當，就了事。若最後兵戎相見，則錯在法國一方。」[105] 嗣德帝的反應相當消極，無意與法國決戰，只想賠款求和。另一方面是北圻各省省臣，各自擁兵自衛，見河內危險，皆不願出兵相救。欽差陳廷肅和阮有度的奏言即提及此事，又建議依據閣臣建議舉國鏖戰，或派人前往法國談判其攻城殺人之過當，簽訂條約以永敦和好。無奈嗣德帝答覆稱：「你們上奏說不進兵為不是，以出兵為對，而說朝廷不採用你們的意見，藉此以卸責。你們銜命出差，怎可如此？你們主張進兵，可能阻斷和解機會，而欲歸過於朝廷罷了。我甚不取，事情沒有兩全其美的，派人前往法國談判，則緩不濟急。致函法國統帥，他也不可能立即答覆。事情緊急，不能緩待。況且有法國人員在河內，你們可就近與他們商量應如何處置。現在命統督遵照前議，將劉團移至太原，以免他壞事。你們姑緩接受法國歸還河內城，你們可住在城外各府縣，以安民心。須致函法國人員，責以民憤已極，請其及早退出河內，以熄民憤。如此省臣才能認領河內城。法國如有奢求，亦當籌擬如何使之大挫。應歸責於法方，毋持兩端而惑眾聽。」[106]

　　嗣德帝之所以不願戰，最大原因是無驍將及勇兵，他在閱覽三宣季冊兵，總數有七千五百多人，嘆說，軍隊人數如此多為何不能辦事？不盡心的關係，有臣如此，可嘆也。[107]

---

105. [越] 阮仲和等纂修，**大南寔錄**，第十八冊，正編第四紀——翼宗寔錄，卷六十七，頁 19-20。
106. [越] 阮仲和等纂修，**大南寔錄**，第十八冊，正編第四紀——翼宗寔錄，卷六十七，頁 20-22。
107. [越] 阮仲和等纂修，**大南寔錄**，第十八冊，正編第四紀——翼宗寔錄，卷六十七，頁 24。

當時有許多京內外大臣主戰，例如在順化有武文德、范廷植主戰，京外的經略統督及海陽督撫亦主戰，但阮舶臣陳踐誠認為現在增強順安築堡壘並不合宜，增修海防亦未必完整，反而增加法國人之疑慮，因此建議停建順安新堡壘，盡撤，將弁兵送回順化再進行海防訓練，並且照常整補木櫃浮筏，以養兵力，讓法國難以預測。嗣德帝接受此議。[108] 至此時，嗣德帝真是對法國有懼怕之意，而該懼怕可能與他的詩人性格有關。科道黎允成上奏彈劾統督黃佐炎、靖邊副使張光憻、經略阮政等未能事先預防、貽誤軍機，應予懲罰。嗣德帝僅對這些人給予降四級處分，仍留原職。[109] 這是很輕的處罰。

欽差陳廷肅上奏言，他無法處理北方三省事務，劉團在該三省猶有勢力，請收回封給他的「欽差大臣」四字，而讓他專辦省務。至於北圻事宜，請由黃佐炎和阮政專責處理。嗣德帝答覆稱，派你出任務已經過一個月，你的任務只有收回河內城，至於其他諸事，你不必說。你銜命出差還如此，是做臣子的道理嗎？你立即和法國官員交涉，收回河內城，注意法軍出城其兵船如何行止，以免人民不安，並求永遠和好。對於陳廷肅談判無成果，給予將之降級但留原職之處罰。[110]

黃佐炎將劉團分別調往宣太及山西上游沱江，自己則回熟練屯住。劉永福請回保勝料理家事。嗣德帝指示黃佐炎悉力商慰保勝，擇地妥善安頓劉永福。

1882 年 4 月，法國違反 1874 年條約，交趾支那總督黎米里（Le Myre de Villers）派遣里維埃（Henri Rivière）率軍進攻東京，對河內都督致送最後通牒，要求解除武裝、越軍撤出河內。4 月 25 日，法軍進攻及占領河內，都督閣曜（Hoàng Diêu）自殺。嗣德帝請求清國援助，清國派遣 10,000 名軍隊協助越軍對付法軍。法將里維埃戰死，法軍增援 4,000 人，嗣德帝欲與法軍談判謀和，所以將主戰的官員免職。

6 月，統督黃佐炎報告稱他無法處理劉團遷移事，請交河內巡撫阮有度處理，原因是阮有度和劉永福頗有往來，月前阮有度還答應給予劉永福金錢。

---

108. [越] 阮仲和等纂修，**大南寔錄**，第十八冊，正編第四紀——翼宗寔錄，卷六十七，頁 27。
109. [越] 阮仲和等纂修，**大南寔錄**，第十八冊，正編第四紀——翼宗寔錄，卷六十七，頁 30。
110. [越] 阮仲和等纂修，**大南寔錄**，第十八冊，正編第四紀——翼宗寔錄，卷六十七，頁 32-33。

嗣德帝請阮有度提出報告，阮有度說劉團素性獷悍，前曾奉命前往勸說劉團
移往太原，剿辦土匪。遵統督號令使劉團移至太原很難，何況移出保勝更難。
此時應曉以義分，不從，再誘之以厚利。如何處置劉團，統督胸中已有成算，
臣豈敢輕許以銀錢之事？統督望隆職重，劉永福追隨他已有十年。臣新進望
輕，與劉永福往來未過一月，沒有恩意可感動他。仍請由統督處辦劉團。後
嗣德帝將阮有度調回。

　　清國為了明瞭法軍在越南的入侵情況，特別邀請越南派員前往清國商議。
嗣德帝在 1882 年 12 月派遣「刑部尚書范慎遹充欽差大臣，侍郎加參知銜阮述
副之，往清國天津公幹；辦理戶部阮顥充欽派，往廣東以遞信報。……經派
阮述充欽差偕清官往呈東督，祈為轉達，尋接李伯相（指李鴻章）電音，邀
我國大臣二三人往天津詢問並商議法國之事，乃命慎遹等奉國書以行。」[111]

　　12 月，李鴻章與法國駐華公使寶海（Frédéric-Albert Bourée, 1836-1914）
達成初步協議，要點有三：(1) 中國自越南撤軍，法國聲明無侵占土地之意，
亦無害於越南主權。(2) 法國得自紅河通航貿易，中國在保勝立關。(3) 中、
法在雲南、廣西與江河間之地劃界，北界歸中國管轄，南界由法國巡查保護，
共同抵拒外力侵犯北圻。[112] 但滇省總督岑毓英、廣西巡撫倪文蔚上奏反對，
法國政府亦以該協議違反第二次西貢條約，而召回寶海。

　　（二十六）嗣德三十六年（1883）2 月 18 日，法派兵船逼攻南定省城，
經一天戰鬥，城陷落。法國火船大船一艘、小船一艘進泊廣安錄海口南岸，
法兵登山設館豎旗。大南國令省臣諮商海陽法國領事令該船撤離。法兵又攻
嘉林。3 月，清國廣西布政使徐延旭出關住壓。清統領黃桂蘭抵駐諒江府，
調派管帶陳得貴將兵進駐安勇縣，幫帶葉逢春進駐搭捄江左岸，統帶韋和禮
進駐雄攬，以為聲援。北省次臣與黃桂蘭商量，請其過江擇地駐兵，黃桂蘭

---

111. [越] 阮仲和等纂修，**大南寔錄**，第十八冊，正編第四紀──翼宗寔錄，卷六十八，頁 29。越南在該
　　年底派欽使阮述前往天津，作為中越交涉之使節。阮述將這次出使從 1883 年 1 月 16 日到 1884 年 1
　　月 26 日按日記載，寫成**往津日記**一書。〔阮述，**往津日記**，陳荊和編註，香港中文大學出版社，香
　　港，1980 年。陳重金對於越南派遣欽使到中國之說法不同，他說：「清德宗光緒八年（1882）10 月，
　　越南懷疑法國有進一步入侵之舉，為求自保，便派范慎遹赴天津乞援，因此清朝命謝敬彪、唐景崧
　　領兵前往北越，駐守在北寧和山西，後來又派廣西布政徐延旭率軍前往接應。」[越]陳重金，**前引書**，
　　頁 392。〕
112. 邵循正，**中法越南關係始末**，清華大學，北平，1935 年，頁 72。

謂未獲上級命令，未能過江駐兵。[113] 唐景崧抵越北，會見統督黃佐炎，黃佐炎有意利用唐景崧剿除土匪。

統督黃佐炎調山次（為越北山區）兵勇及劉團回河內懷德府駐兵，令劉團挑激法兵出城應戰，法兵不出，13 日，法軍六百多人出城到西門之紙橋，遭劉團伏擊，法軍指揮官韋鷺（Berthe de Villers）戰死。嗣德帝陞授劉永福提督，賜正二品冠服，加賞忠勇金牌一面。

3 月，越南風聞清軍擬撤山越境若干里，恐越軍難以應付法軍，嗣德帝出之以情，函請中國「無負上國封殖之意」，懇請清軍繼續駐兵越境，函說：

〔光緒〕八年（1882）2 月間，法兵船忽來河內惹事，下國情隔勢阻，未及聞於上國，幸蒙列位大人先機調度，以事題達。仰賴天朝柔懷盛德，即奉諭令詢催問辯。又派出水路各道兵官前往下國交界駐紮，固以搜捕逆匪為正辦，而遇事便為保援，實有深意在焉。其為下國慮者，既備以周，不勝感戴，下國節已具情布達，現又派員前謁，並上燕臺備詢候辦。惟現下事機未集，他族尚爾整居，其情叵測。而據諸省所報，則上國諸統領每謂下國曾無援書，至未奉督撫上憲列位諭示，意欲撤回。不惟下國人心將安賴以無恐，面臨辰意外有虞不肯應援，則事機阻誤，恐至負上國封殖之意。且又勞列憲大人一番注揩，下國深為憂懼。況有辭令以折其心，又有威武以狀其勢，二者並行方為穩當，想上憲列位大人籌之熟矣。崑此具由續布，統祈審諒，即為據情題達，仍飭諸營兵各留下國擇地遙紮，搜匪卒功，遇彼橫發何處，即協與下國出力剿除。諸營統領已得奉有鈞令，不至遲應，俾下國賴以安靜，不勝翹企之至。再這款甚屬緊密，向奉有籌畫何款，均由寶轄賜示，下國亦惟呈寶轄審達。茲莫敢多行投遞，旁宣未便，希將此情轉咨廣西雲貴督部堂列位大人鈞審，各飭下諸統領一體留紮，以資援應，是切禱也。幸蒙卓奪如何，早賜覆遵。[114]

1883 年 3 月，法國國會通過增援北圻議案。法軍侵占南定省的鴻開（Hòn

113. [越] 阮仲和等纂修，**大南寔錄**，第十八冊，正編第四紀——翼宗寔錄，卷六十九，頁 22。
114. 中央研究院近代史研究所編，**中法越南交涉檔**（二），中央研究院近代史研究所，臺北市，1962 年出版，頁 759-760。

Gai）和甘普（Câm Phá）兩處煤礦。越南派遣使節范慎遹到天津乞援，中國派謝敬彪、唐景崧領兵駐守北寧和山西。後又派廣西布政使徐延旭前往接應。3月，廣西布政使徐延旭率軍出鎮南關。清統領黃桂蘭抵駐諒山府，未渡江。統督黃佐炎奏言，燕派唐景崧抵次，請唐景崧在越南辦理軍務。4月，劉永福親統3千黑旗軍破法軍於河內城西紙橋，並擊斃法軍指揮官里維埃。嗣德帝賞劉永福陣授提督，為包括宣光、興化、山西三省提督，賜正二品冠服加賞忠勇金牌一面。越南史書稱劉永福係向越南投降，越王允其居住老街，收該地賦稅，以抵禦盤據在河江地區由黃崇英領導的黃旗軍。

5月，主事唐景崧率勁兵200人抵北省城，會合劉永福。黃桂蘭和趙沃前往慈山，觀察地形，分兵屯駐。6月，越南國王移書清帝，明其大義。李鴻章議餉撥兵，遙為聲應。

法國為何入侵大南國

關於法國入侵大南國，可歸納如下的原因：

第一，傳播天主教，天主教徒受迫害是法國入侵大南國的主因。

本來法國並無意侵犯越南，法國曾在1826年遣使到越南要求通商及傳教自由，遭越南拒絕。1829年，法國領事被迫驅逐返國。越南明命帝並在1832年5月公布禁教令，下令拘捕越南境內的外國傳教士，將之送至順化，命其將西方書籍譯成越南國文，目的不是在譯書，而是為了不讓他們到各地傳教。他要求傳教士放棄神職工作，教士不從，教堂和傳教所就遭到破壞，教士遭到凌虐。但教風仍熾，而引發衝突。另外明命帝亦禁止法國商人在越南的貿易。1833年，交趾支那的加格林神父（Father Gaglin）遭逮捕，並被殺頭。1835年，馬昌德神父（Father Marchand）被判處一百鞭的鞭刑。1836年，除了土倫（Tourane）港（今峴港）外，禁止歐洲人進出越南的港口。對違反規定的外國傳教士立即解送到順化，予以監禁處分。1837年，柯內神父（Father Cornay）被判砍斷手足。1838年，明命帝遣使到法國，商討法國傳教事宜。法王路易菲律普（Louis Philippe）拒絕接見該越南使節，越南使節被迫返國。明命帝採取迫害天主教的政策，處死一些傳教士，包括傑出神職

人員波瑞（Mgr. Boray）、狄爾加度主教（Bishop Delgado）。1840 年，狄拉莫特神父（Father Delamotte）死於監獄。1841 年，明命帝去世後，由紹治繼位，壓迫天主教才稍緩。

　　由於越南明命王仇視天主教及將所有傳教士監禁在順化，引起法國不滿，遂決定派遣軍艦救出這些傳教士。1843 年，法艦「女英雌號」（Heroine）開入沱瀼（即土倫，今峴港），要求釋放 5 名傳教士。1845 年，法艦「阿爾米尼號」（Alcméne）開進沱瀼，救出一名被判處死刑的法國主教。1847 年，由拉皮埃爾（De Lapierre）率領兩艘法艦又至沱瀼，法艦砲轟港口，摧毀許多大南國船隻，並要求大南國放棄禁教令並允許人民有信教自由。1848 年，嗣德帝下令懸賞法國傳教士人頭。

　　1850 年，有一艘美國船進入沱瀼攜帶國書請求通商，但遭拒絕。

　　1851 年，嗣德帝又指控天主教徒陰謀推翻其地位，下令將歐洲傳教士投入海中或河中，大南國傳教士則砍為兩半。在該年將史催福勒神父（Father Augustin Schoffler）斬首。1852 年將波恩那德神父（Father Bonnard）斬首。1855 年，下令所有信仰天主教的官員宣誓在一個月內放棄信仰，其他人則在半年內放棄信仰。同時懸賞每逮捕一名歐洲傳教士給賞 480 銀元，每逮捕一名大南國傳教士給賞 160 銀元。在該年英國商船進入沱瀼、平定，要求通商，亦被拒絕。1856 年 7 月 20 日，特魯神父（Father Tru）被斬首，大南國又開始屠殺傳教士。該年法艦又砲轟沱瀼港。1857 年，西班牙主教狄亞茲（Mgr. Diaz）被處死。該年法使蒙蒂尼（M. de Montigny）到順化，要求嗣德帝保證天主教徒的傳教自由，允許法國在順化設立法國商務代辦處和法國領事館，均遭拒絕。1858 年 1 月，天主教徒占領一個村莊，並放火燒村，全村村民遭屠殺。以後法國便展開對大南國的侵略。

　　從以上大南國採取的排教措施可知，大南國對於法國等西方國家的天主教採取過激手段，致引發法國不滿，而採取武力行動，最後占領大南國。

　　第二，當時法國控制在印度科羅曼德爾海岸的龐迪車里，從該處到中國，路途遙遠，中間需要一個靠港的加油站，在該航路上，新加坡已被英國占領，因此，大南國的沿岸港口就成為法國覬覦的對象，法國原先想占領的是峴港，

但試過幾次後發現該港越軍守衛甚嚴，占領不易，遂轉向南部越軍兵力及守衛較弱的西貢。1859 年，法軍很輕易的就占領西貢，沒有遭到重大抵抗。隨後越軍出動 1 萬兵力包圍西貢，法軍只有 800 人，後來在 1860 年英法聯軍攻打北京後，從中國退出的 3,500 名法軍轉到西貢，才擊潰越軍。西貢成為法國前進中國的跳板。

第三，法國在占領西貢後，向北推進到東京，發現大南國政府毫無現代化建設之努力，仍維持其傳統兵力和武器，更引起法國以少數兵力侵占大南國之野心。儘管清國出兵干預法國在北圻之活動，清國在陸戰獲勝，卻在海戰失利，清國終因本身國力衰弱而被迫承認法國在大南國的勢力範圍。

第二節　協和帝

協和帝（1883 年 6 月—1883 年 10 月）

嗣德三十六年（1883）6 月，准封提督劉永福為義良男，以其屢有戰功。

7 月，法船 13 艘泊於河內水屯江前，鑿堤腳，築道路，設壘柵、礮塢。法船 6 艘自北駛來茶澳。自 15 日至 18 日，法國兵船 8 艘由法將孤拔（Amédée Courbet）率領從茶澳駛往順安，連續砲轟順安鎮海城。法軍占領鎮海城，守城官黎仕、黎准、林宏、阮忠陣亡，陳叔訒投江自盡。[115] 協和帝派吏部尚書阮仲和前往議和，法欽差北圻全權大臣何羅芒（François-Jules Harmand）亦前往順化議和，此次約文多未妥適，經再三商議，至建福元年（1884）5 月始完成訂約。

法人自紙橋兵敗後，極思報復，於是招募客勇和教民自 7 月 13 日從水陸四道進攻懷德府的香梗富演、丹鳳縣的黃舍大吉諸屯，統督黃佐炎督率官軍、團勇應接，清國唐景崧亦率軍相助，殺法軍二百多人。但此時鎮海城已失陷，法國派參哺為駐京欽使。協和帝命修書給清國兩廣總督及李鴻章、總

---

115. [越] 阮仲和等纂修，**大南寔錄**，第十八冊，正編第四紀——翼宗寔錄，卷七十，頁 20-21。

理衙門，敘法國派來順安汛脅和等意思。協和帝又下令北圻各地停戰，原因
是在和約第 4 條和第 5 條規定，現在北圻征伐之軍即刻召回。現在北圻軍次
大將軍至弁兵、團勇各宜立刻撤罷，或回京或回原職，各應仍舊，以免阻誤。
協和帝之所以做此和議決定，乃因為他說先帝（指嗣德帝）梓宮尚未奉安、
慈裕太皇太后、皇太妃年高衰老且當悲痛之日、再加上海陽淪陷等，上則深
憂尊社，下則不忍兵民，故與法國議和。[116]

7 月，大南國協和帝致書兩廣總督和李鴻章，敘明法國使節威脅之意。[117]

8 月，廢嗣君瑞國公為公子，將他移居（軟禁）於太醫院講堂。

法軍再派兵船 12 艘二千餘人往山西尋釁，統督黃佐炎、劉團和清軍聯
合對抗法軍，相戰於懷德府的上姥下姥、丹鳳縣的兌溪等社，血戰三日夜（從
初一到初三），法軍中小船 3 艘沉沒、死三百多人。

8 月，曾國荃復書表示已收到大南國協和帝的信，協和帝看過來信後說：
「該督（指曾國荃）似恐為法所仇，與恭親王、李相（指李鴻章）意合，故
向來不肯明助，今雖有好意，晚矣。況現方辯論亦無了期，徒虛飾信義，而
無實益也。」[118] 大南國認為清國出兵越北，目的在「自固藩屏」。

8 月 25 日，協和帝和法國駐紮官何羅芒簽署何羅芒條約（Harmand Con-
vention），又稱第一次順化條約（Treaty of Hue），共 27 條，主要內容為：

1. 安南承認及接受法國的保護，按照歐洲外交慣例，此意即由法國負責
   安南的對外關係，包括對中國的關係。安南惟有透過法國才能與中國
   來往。

2. 平順（Bình Thuận）省併入法屬交趾支那。

3. 法軍將占領橫山（Deo Ngang）山脈，直至文古牙岬（Cape Ving Kuia）
   為止。在法國當局的指令下，將重建順安（Thuan An）砲台和順化香
   江河口的砲台。

---

116. [越] 阮仲和等纂修，**大南寔錄**，第十八冊，正編第四紀——翼宗寔錄，卷七十，頁 23-24。
117. 「清德宗光緒九年（1883 年）秋七月，越南與法蘭西立新約十三條。其第二條云：嗣後越南為法之
　　保護國，非法國許可，不得與他國交通。約成，越人始來告。」（黃鴻壽，**清史紀事本末**（下），
　　三民書局重印，臺北市，1973 年 7 月再版，頁 444。）
118. [越] 阮仲和等纂修，**大南寔錄**，第十八冊，正編第四紀——翼宗寔錄，卷七十，頁 37。

4. 安南政府立即召回派往東京的軍隊，僅保留維持治安的兵力。

5. 安南政府應令官員回到東京任職，在法國當局之同意下甄補不足的官員。

6. 從平順北界到東京邊界（依據橫山山脈來界定）之間的各省總督仍續任職務，除了海關和公共工程、以及需要歐洲專家之特別技術指導外，擁有不受法國控制的權力。

7. 安南政府開放峴港、春台（Xuan Day，位在歸仁南方）和歸仁港口給所有國家。安南政府和法國將討論開放其他港口。依據法國駐順化駐紮官之命令，法國在開放港口的租借區的範圍內派駐代理商（agents）。

8. 根據法國官員和工程師之報告建議，法國得在華列拉岬（Cap Varela）、巴達蘭岬（Cap Padaran）或西色爾島（Poulo Cecir）設立燈塔。

9. 經法國和安南之同意，安南政府應出資維修從河內到西貢之道路，俾能通行輪型車輛。法國派工程師監督橋梁和隧道之建設。

10. 在前述道路鋪設電報線，由法國雇員經營。其所收之稅款部分交給大南政府，作為其撥出土地設立電報站之用。

11. 法國在順化派駐駐紮官，他不干預順化省內政。他是法國保護國之代表，將對法國共和國的總專員（Commissioner-General）負責。總專員將負責安南王國的對外關係，有時代表所有或部分順化駐紮官的權力。

12. 法國在東京各派駐河內和海防駐紮官，未來可能在沿海城市及大省分首府再派駐紮官。如有需要，法國亦可能在小省分的首府派駐官員。

13. 駐紮官和副駐紮官依其需要設有助理官員，並由法國或當地衛隊保護其安全。

14. 駐紮官不干預各省內政，但有權監督本地官員施政及更換本地官員。

15. 安南當局與法國官員及在郵局、電報局、財政局、海關、公共工程、法國學校等之法國雇員進行官方接觸時，需經由駐紮官為之。

16. 駐紮官應負責主持有關歐洲人和大南人之間、歐洲人與擁有外國籍

的亞洲人之間的民事、刑事和商事案件之司法案件。對駐紮官之裁決不滿者可向西貢之上訴法庭提出。

17. 駐紮官應控制大城市地區的警力，他們亦可在大城市地區控制本地官員。

18. 駐紮官在與關部（quan bo，即海關）商議後應統一稅制度，並應監督徵稅和稅收之使用。

19. 海關機關應重新改組，完全委託給法國行政人員。海關機關應設在沿海和邊境及有需要的地方。與海關有關的東京之軍事當局之決定，不可上訴。

20. 法國公民和人民在東京境內以及安南的開放的各港口享有完全居住的自由。在東京境內和安南的開放的各港口享有旅行自由、經商和置產的權利。獲得法國長期或短期保護之外國人亦享有同樣的特權。

21. 想在安南境內從事科學研究或類似目的之人，需獲得在順化之駐紮官、交趾支那總督或法國在東京之總專員之旅行授權。這些主管將發給他護照，且需獲得安南政府之簽證。

22. 法國應在紅河沿岸設立軍事哨所，以維護航行自由，必要時得設立永久工事。

23. 法國保證安南國王領地的完整，防衛其主權對抗外來入侵和內部叛亂，支持其對抗外國人之主張。法國將單獨承擔驅逐在東京之黑旗軍的責任，以保障紅河沿岸之貿易安全和自由。受現行條約之限制，安南國王應繼續負責其領地之內部行政。

24. 法國應提供給安南國王必要的教師、工程師、技術專家和官員等。

25. 法國應考慮無論在安南內部或外部的所有安南人有獲得法國保護之真正要求。

26. 安南現在積欠法國的債務，應以平順省之割讓而予以免除債務。

27. 關於海關關稅、電報稅收有多少比例要支付給安南政府、東京的稅收和關稅以及在東京給予特許或工業企業的許可等，有待進一步與安南政府協商。這些呈現在收據上的稅收金額不得少於 200 萬法郎。

在法屬交趾支那流通的墨西哥金幣和銀幣應與安南國幣一樣在安南領地合法流通。[119]

依據該約，法國在北越和中越建立保護地位，大南國喪失獨立地位。

9月，廣西巡撫倪文蔚覆書，表示將遣使到越南冊封，協和帝敕令阮文祥、阮有琚往使館告訴法使。法使要看大南國告哀表文，並廣西巡撫覆書。協和帝又令院舶官員撰文交法使。[120]

9月25日，法國委任海軍少將孤拔為統督軍務兼駐北圻駐紮官。何羅芒則調回巴黎。

當時在北圻有清國官員唐景崧駐守山西，徐延旭駐守北寧，劉永福的黑旗軍駐守馮屯。順化朝廷曾命北圻官員撤回順化，但有許多官員依附清國，進行抗法，所以順化的命令無效，北圻也陷入長期的戰爭中。

協和帝因簽署何羅芒條約，被批評為賣國，再加上輔政阮文祥和尊室說（Ton That Thuyet）弄權，協和帝有意削弱其權力，將阮文祥調掌吏部，不復掌兵權，又六部片覆均交內閣閱覆，不再由該二人閱覆，另外親信吏部參知洪肥、內閣參辦洪蓼、綿寊縣公洪蕑，並設計離間阮文祥和尊室說。於是該兩人於10月31日毒死協和帝，由皇三子建福繼位，年僅十五歲。阮文祥和尊室說又派人殺害陳踐誠，以其不願與他們兩人合謀。清國對於大南國毒斃國王一事，為防其發生內亂，乃「著派張樹聲統帶兵勇，迅速前赴越南，宣布天朝威德，相機裁定，一面令該國擇賢嗣位，奏請冊封」。[121] 後因道路險阻，改派雲南的岑毓英率軍進入大南國。岑毓英率軍隊抵達興化，遭法軍遏阻，退駐保勝。

因法軍占領河內到海防一線，大南國貢使無法由陸路前往中國北京，乃於7月1日請求中國改走海道，清國同意大南國「暫准貢使由海道徑詣廣東省城，再附招商局輪船赴津入都」。[122]

---

119. " Treaty of Huế (1883)," Wikipedia, https://en.wikipedia.org/wiki/Treaty_of_Hu%E1%BA%BF_(1883)#Text_of_the_treaty_(English_translation) 2018 年 1 月 30 日瀏覽。
120. [越] 阮仲和等纂修，**大南寔錄**，第十八冊，正編第四紀——翼宗寔錄，卷七十，頁 43。
121. [清] 覺羅勒德洪等撰，**大清德宗景（光緒）皇帝實錄（三）**，卷一百七十四，頁 3-4。
122. 中央研究院近代史研究所編，**中法越南交涉檔（二）**，第 539 號檔案，「光緒九年八月十二日總署奉上諭，暫准越南使臣由海道入都」，頁 1095。

第三節　阮簡宗

阮簡宗（1883 年 10 月—1884 年 6 月）

阮簡宗，原名阮福昊，年號建福。

內政

嗣德三十六年（1883）12 月，承天府發生殺害教民二十多人及燒毀教民房屋 89 戶事件，申諭南北平教（即天主教）相安。[123]

命輔政大臣協辦大學士領吏部尚書充機密院大臣尊室說兼掌兵部事務、兼管文班駙馬。

建福元年（1884）6 月 10 日，建福帝從廣平山分回至順化，得了嵐瘴（即山中瘴癘之氣），法國欽使建議送至法國醫治，不多久即病逝。[124]

與清國的關係

（一）1883 年 11 月，法國禁止大南國遣使進貢中國。「清德宗光緒九年（大南國翼宗嗣德三十六年，1883 年）11 月，以諒平（指諒山和高平）護理巡撫呂春葳充候命正使，諒山按察使黃春漚副之。以表文遞達清國，復請俟水陸道通奉遣貢使。嗣為法官要我必絕清好，乃不復遣。」[125]

該年大南國未能遣使中國朝貢，故大南國最後一次遣使朝貢中國是在 1880 年。

（二）「清德宗光緒十年（大南國簡宗建福元年，1884 年）正月，欽差往天津（屬清國直隸省）正、副使之刑部尚書范慎遹、侍郎加參知衛阮述回抵京，準〔准〕慎遹仍舊供職，述陞署兵部右參知，隨派人等各量陞有差。」[126]

---

123. [越] 張光憻等纂修，**大南寔錄**，第十九冊，正編第五紀──簡宗寔錄，卷二，頁 3-4。
124. [越] 張光憻等纂修，**大南寔錄**，第十九冊，正編第五紀──簡宗寔錄，卷五，頁 1。
125. [越] 張光憻等纂修，**大南寔錄**，第十九冊，正編第五紀──簡宗寔錄，卷一，頁 25。
126. [越] 張光憻等纂修，**大南寔錄**，第十九冊，正編第五紀──簡宗寔錄，卷三，頁 1-2。

與法國的關係

（一）1883 年 12 月，法軍占領山西。

（二）建福元年（1884） 2 月，法軍進攻駐守北寧省的清軍，與三宣提督劉永福在興化北屯戰。

3 月，法軍占領北寧、太原和宣光，劉永福退據保勝。5 月 11 日，李鴻章與法國代表福祿諾（François Ernest Fournier, 1842-1934）在天津簽訂了「中、法會議簡明條約」（又稱「李福協定」）。主要內容是：(1) 中國同意法國與大南國之間「所有已定與未定各條約」一概不加過問，亦即承認法國對大南國的保護權；(2) 法國約明「應保全助護」中國與大南國毗連的邊界，中國約明「將所駐北圻各防營即行調回邊界」；(3) 中國同意中、越邊界開放通商，並約明將來與法國議定有關的商約稅則時，應使之「於法國商務極為有利」；(4) 本約簽訂後三個月內雙方派代表會議詳細條款。

5 月 17 日，福祿諾交給李鴻章一份節略，通知法國已派巴德諾（Jules Patenôtre）為全權公使至中國會議詳細條款，並單方面規定在大南國北部全境向中國軍隊原駐地分期「接防」的日期。李鴻章沒有肯定同意這個規定，又沒有明確反對，亦未上報清國中央政府。[127]

5 月，法軍派遣孤拔率海軍艦隊泊於福州附近，並令巴德諾向中國索取北圻戰費 2 億 5,000 萬銀元賠款。

6 月 6 日，法使巴德諾到順化，與大南國的阮文祥、范慎遹、尊室濰簽訂新的和約，就何羅芒條約加以修改及確認，稱為「順化條約」，或稱「第二次順化條約」，共 19 條，主要內容如下：

1. 法國保護大南及其人民。

2. 法軍駐守順安汛，沿香江至順化大南國軍隊撤罷。

3. 大南國界北界在寧平省，南界在邊和。原大南各省官員照舊，但需法國官員監督。

4. 除施耐已開放外，增開廣南省之沱瀼、富安省之春台等港口，法國可

127.「中法戰爭」，http://baike.baidu.com/view/23929.htm 2018 年 4 月 29 日瀏覽。

在這兩個增開港口設官，並由法國駐順化欽使大臣監督。

5. 法國駐順化欽使大臣除保護交涉外國之事外，不干預第三款界線中各省政事。他有權面奏大南國王，他住在順化城內並有法兵隨候。

6. 寧平以北各省，法國欽使大臣可決定派公使或副公使管轄，彼聽命於在京欽使大臣，彼居於省官所居之處，並有法兵或南兵隨候。

7. 駐北圻各省之法國公使，不得辦理各省民政等事，各省官吏品秩如舊。但法國公使有權更換各省大南國官員。

8. 法國官員如欲咨報大南國官員，須由法國公使咨報。

9. 法國從柴棍到河內建一條電報線，由法國管理。電報所得利潤分 10% 給大南國，因為其提供土地，以該筆錢供做興建電報人員房舍之用。

10. 從邊和到寧平，再到北圻，凡大南人與外國人、或外國人之間之法律訴訟，均由法國官員審理。

11. 法國自邊和到寧平省布政官照收稅例，歸於大南國朝廷。據依如舊，無有法國官員檢顧及此。至如在北圻地轄，則各公使一起與布政官總諸稅例，每省一處，俾得便檢顧，所收及所支用，法國與大南國官員會同准定各所支費與公需鉛錢各數干，只存數干，歸入於大南國朝廷京庫。

12. 大南國內商政各所再行立定，盡交法國官員專辦。其商政之所有應立者，應只在沿海與邊界之處而已。其以前商政各所，法國軍人所行如何，今日大南國亦應休論。至如各所商政條例並額外諸稅例及禁諸船不得入汛於有疫氣等例各款，則大南國內並北圻各所亦依照南圻六省條例。

13. 法國人及法國保護之人得在北圻自由經商、買地、造鋪和傳教。

14. 如有外國人欲前往大南國內，應經由大南國官員批押呈請在京欽使大臣或在嘉定總統官（總督）同意。

15. 法國為保護大南國大皇帝及剿除大南和北圻之賊匪得派兵入駐保護。

16. 大南國大皇帝該治國內，除已定約中等條外，餘皆如舊。

17. 大南國尚欠法國銀數，後另議定討還。未經法國同意，大南國不得

　　　　向外國借貸。

18. 兩國官員將會同分定各所開商界限、從邊和到寧平沿海設立燈塔之
　　土地讓與、北圻開礦之稅例、訂定雜稅和電報稅等。

19. 該約於建福元年 5 月 13 日，西元 1884 年 6 月 6 日在京簽訂。[128]

　　法國在控制順化王朝後，於 1884 年 6 月 6 日簽訂順化條約換文前，法國
使節巴德諾認為大南國接受法國之保護，原來清國頒給大南國的冊封國王印
璽沒有作用了，阮文祥表示要將該印交還給清國，巴德諾不同意，於是阮文
祥等大南官員祇告世廟並和謙殿，建福帝令范慎遹藩蓋印取樣，等以後將該
印式樣送回清國使知之。然後在法國使館內，當眾將清帝冊封大南國國王的
鍍金駝鈕印予以燒毀，鑄成銀塊，[129] 以示今後大南國不復向中國朝貢、不再
臣服中國、也不接受中國的冊封。以後大南國國王之登基受到法國的控制。

　　閏 5 月，清軍擊敗法軍於諒山觀音橋，收復北麗屯。

第四節　法國控制下的安南傀儡皇帝

一、咸宜帝（1884 年 6 月—1885 年 8 月）

　　（一）1884 年 6 月 10 日，建福帝病逝。阮文祥和尊室說根據遺囑擁立
建福之弟弟年僅十二歲的膺䠥，年號為咸宜，並未知會法國。根據**大南寔錄**
之記載，膺䠥之入繼皇帝位，是根據建福帝之遺囑，「皇帝遺囑云，皇帝德
薄，有弟膺䠥有學有行，皇帝如有不諱，傳知尊人、輔政當以膺䠥入繼大統，
以奉尊廟。」[130]

　　然而，陳重金的說法跟前述**大南寔錄**不同，他說：「法國駐順化欽使
（Residents-general, Résident-général）黎那（Pierre Paul Rheinart）曾去函順化
詢問立何人為帝，且需獲得法國的同意。未見順化回音，黎那欽使寫信到河

---

128. [越] 張光憻等纂，**大南寔錄**，第十九冊，正編第五紀——簡宗寔錄，卷四，頁 5-7。
129. [越] 張光憻等纂，**大南寔錄**，第十九冊，正編第五紀，卷四，頁 7-8。
130. [越] 張光憻等纂，**大南寔錄**，第十九冊，正編第五紀，卷四，頁 33。

內，統將（commander-in-chief of the French forces）眉臚（General Millot）派參謀居里埃（Guerrier）上校率領 600 名軍隊和一支砲兵進入順化，強迫安南朝廷申請立膺曆為帝。阮文祥和尊室說用字喃寫申請書遞送欽使，欽使不接受，強迫需以漢字寫申請書。6 月 27 日，居里埃和欽使走正門進入王宮，行加封咸宜帝之禮。禮畢，法軍重回河內。」[131]

駐京法欽使黎那率同駐員卞至太和殿，進晉光賀疏（即賀皇帝即位文書）並御轎一（鍍金包錦），免冠、行三叩禮，禮成，傳旨頒給有差。在晉光禮文書內記載，該法使稱，大南國政事沒有知會法國，晉光大禮及置輔政臣應知會法國，才符合事體。院臣答覆稱，已邀請貴方特來晉謁。該使又要求允許法軍入駐鎮平門外之鎮平臺。大南國同意。[132]

在順化條約下，大南國正式接受法國保護國的地位。中國對此感到震驚，因為如此一來中國將失去南方的屏障。所以中國派遣軍隊從中、越邊境進入越北，與法軍進行抗戰。

6 月 23 日，法軍突然到諒山附近的北黎（中國當時稱為觀音橋）地區「接防」，要求清軍立即退回中國境內。中國駐軍沒有接到撤軍命令，要求法軍稍事等待，法軍開槍打死清軍代表，砲擊清軍陣地。兩軍相戰兩日，法軍死傷近百人，清軍傷亡尤重。這次事件史稱「北黎衝突」或「觀音橋事變」。法國要求清政府通飭駐越軍隊火速撤退，並賠償軍費 2 億 5,000 萬法郎（約合白銀 3,800 萬兩），並威脅說，法國將占領中國一兩個海口當作賠款的抵押。[133]

中、法雙方談判至 6 月 29 日，法國政府發出最後通牒，要求中國根據 1884 年 5 月 11 日「中法會議天津簡明條約」（又稱「李福協定」）之規定應撤出北圻之軍隊而未撤兵，應賠償 8,000 萬法郎軍費，限十年付清，遭中國拒絕。7 月 3 日，海軍中將孤拔出兵攻擊福州，摧毀福州兵工廠和閩江的福州水師，8 月 5 日登陸基隆，10 月 8 日占領基隆，但登陸淡水失敗，於 10 月 23 日宣布封鎖臺灣西海岸從基隆到鵝鑾鼻（直到翌年 4 月 16 日止），禁

---

131. [越] 陳重金，前引書，頁 401。

132. [越] 張光憻等纂修，大南寔錄，第十九冊，正編第五紀──簡宗寔錄，卷五，頁 4-5。

133. 「中法戰爭」，百度百科，http://baike.baidu.com/view/23929.htm 2018 年 3 月 29 日瀏覽。

止外國船隻靠近離岸 3 海里。清軍只好從屏東和台東運補物資。這是臺灣第二次被封鎖，第一次封鎖臺灣是 1656 年鄭成功宣布的。1885 年 3 月 29 日，法軍進占澎湖。孤拔等法軍 997 人病死澎湖。

1884 年 9 月，阮文祥和尊室說上奏稱：「衛城衙疏於防守，倥傁越獄，原嗣君瑞國公子久居太醫院，當早為防患，以免其脫逃，請將他轉至承天府監獄幽禁，其子女則交各自生母帶回娘家管束。」6 日，瑞國公子死於獄中，獄卒稱其係絕食而死。[134]

12 月，法軍統帥眉臚敗清軍於諒山省揀完屯，入駐省城。

（二）1885 年 2 月，咸宜帝生病，法國欽使派西醫官前往治療，剛好太醫院進藥，治癒疾病，而沒有服用西藥。

至 1885 年初，法軍在大南國總兵力有 16,500 人。法軍在北越地區與中國軍隊進行激烈戰爭，法軍毀鎮南關關隘，回師諒山，進行防守。法軍和劉永福軍隊在宣光進行激烈爭奪戰，劉永福無功而退。2 月，中國軍隊重新占領同登。3 月 20 日，廣西提督馮子材年高八旬，作戰英勇過人，率三子打前鋒，擊退法軍，克復諒山，進攻北寧、河內。法軍慘敗的消息傳到巴黎，茹費里（Jules Ferry）內閣因此垮臺。法國除了尋求與中國簽訂停戰協議外，另派兩個師團進入北圻。6 月 9 日，李鴻章與法國駐北京公使巴德諾（Jules Patenôtre）在天津簽訂「中、法會訂越南條約」（又稱中、法天津條約），共 10 條，主要內容如下：

1. 中、法兩國對邊界毗連各地擾害百姓的匪黨流氓，各自滅亂安撫，法兵永不過北圻進入中國，中國亦不派兵赴北圻，並於六個月後勘定北圻界務。

2. 中國承認法國和越南所訂之一切條約。

3. 法人由北圻界入中國或華人入北圻，均由對方官員給照。

4. 中國在保勝以北、諒山以上指定通商處兩個，中國設關收稅。法商可居住，中、法均可設領事館。

5. 貨物進出滇桂邊界，照現在稅則減輕。

---

134. [越] 張光懁等纂修，**大南寔錄**，第十九冊，正編第五紀，卷六，頁 1。

6. 中國修築鐵路，可雇用法國工程師。

7. 此約畫押簽訂後，法軍即退出基隆，解除在海面的搜查，一個月後法軍從臺灣、澎湖全部撤退。[135]

中國經由該約承認法國與大南國簽訂的條約有效，亦間接承認大南國屬於法國的保護國。大南國是透過國際條約而脫離了中國的藩屬國地位，大南國從此不再向中國朝貢。大南國國王的人選需獲得法國的同意，國王成為法國的傀儡。以後，法國開展在大南國的殖民統治。法國將大南國分為東京（北圻）、安南（中圻）和交趾支那（南圻）三部分。交趾支那為法國直轄殖民地，安南和東京為法國的保護領地，由安南傀儡國王統治。1887 年 10 月，法國將安南、東京、交趾支那和柬埔寨合組成「法屬印度支那」（French Indochina）。1893 年，又納入寮國。至 1897 年，東京也改為直轄殖民地，由法國殖民部直接管轄。

尊室說對於大南國為法國所控制日益不滿，暗中在後晡苑訓練奮義軍，又將財寶運至牢堡屯，以備他日抗法之用。[136] 1885 年 5 月 19 日，法軍統將可爾西（Roussel de Courcy）率 500 人軍隊乘船進入順化，阮文祥到順安海口迎接，尊室說託病不到。可爾西要求他本人及其士兵走王宮正門謁見咸宜帝，大南國認為此不符合國禮，要求按照中國使臣的慣例，可爾西走中門，其他士兵走兩旁之門，可爾西拒絕此議。22 日，樞密院官員前往可爾西住處請求會見商量入宮之事，可爾西拒絕接見。慈裕太皇太后派官攜帶禮物會見可爾西，亦被拒絕。23 日，尊室說及其弟尊室詷率軍攻擊順化城內法軍兵營和「欽使府」，雙方發生戰爭，法軍控制順化，尊室說和十三歲的咸宜帝、慈裕太皇太后和二宮、署協辦大學士范慎遹、署參知張文悌、陳春撰、尊室詷及 100 名左右弁兵逃至廣治。阮文祥奉慈裕太皇太后之命，留在城內準備議和。後因慈裕太皇太后和二宮年老不堪流亡在外生活，而在 7 月 3 日回鑾順化。三宮下懿旨，由壽春王綿定攝理國政。

咸宜帝在逃亡時發布了一道命令——「效忠國王檄文」（Loyalty to the

---

135. 中法會訂越南條約十款〔1885 年 6 月 9 日（光緒十一年 4 月 27 日），天津〕。
136. [越] 黃高啟著，陳贊平譯，**前引書**，卷一，頁 9。

King Edict），有許多地方官員和仕紳、舉人起來勤王。1885—1896 年，各地愛國文紳和封建官吏紛起響應，從北圻的安興、清化到中圻的廣治、平定，勤王運動此伏彼起，持續不斷。其中著名的有潘廷逢（Phan Đình Phùng）領導的河靜省香溪起義（1885—1896）、阮善述領導的興安省蘆蕩起義（1886—1889）、宋維新領導的清化省雄嶺起義（1886—1892）、范澎領導的清化省巴亭起義（1886—1887）、廣南陳文瓌領導的義會、河靜黎寧等。這些抗法勤王的學者後來被稱為「文紳起義」（Scholars' Revolt）。尊室說（阮福說）在廣平號召勤王，將變亂之責怪罪教民，因此從 6—8 月起，各地越人攻擊教堂殺害神父，約有 8 位神父和二萬多教民被殺。

7 月 7 日，尊室說挾咸宜帝前往山防由水波社，至廣平以北。9 日夜停住該社。在順化王宮的慈裕太皇太后下懿旨，諭各地方迎駕，並治尊室說專輒之罪。同時籍沒尊室說和范慎遹的家產，逮捕其家屬。15 日，咸宜帝至鎮牢堡。20 日，至畔洴柵。27 日，至河靜省咸操。

7 月 28 日，法軍逮捕阮文祥、戶部尚書范慎遹、尊室說之父尊室訂，將他們流放崑崙島。因為尊室訂年七十四歲，免其死罪，將其改從母姓為黎訂，並流放崑崙島。[137] 范慎遹死於海上，投屍於海。阮文祥後被流放海地（Haiti）島，不久去世，其屍體運回大南國安葬。

1885 年 8 月，尊室說為了獲取中國的支持以及照顧其兒子，離開大南國前往中國，結果沒有獲得中國的支援。[138] 法國得知此一消息後向清廷施加壓力，「且問越南人來意，清政府憚法，遂安置越南人於韶州。」[139]

且各地的勤王運動因為分散孤立，沒有統一的指揮，在殖民者的軍事圍剿和政治誘惑下，相繼失敗。至 1885 年底，法軍占領諒山、同登。

二、阮景宗（1885 年 8 月—1888 年 12 月）

由於咸宜帝在廣平抗法，順化沒有皇帝主政，法國都統大臣、欽使大臣

---

137. [越] 張光憻等纂修，**大南寔錄**，第十九冊，正編第五紀，卷八，頁 21。

138. "Part 1 of Early History of Vietnam," Vietnam War-A Memoir, http://www.vwam.com/vets/history/history1. htm　2018 年 3 月 10 日瀏覽。

139. [越] 潘佩珠，**越南亡國史**，廣智書局，上海，1905 年版，頁 6。

想將順化交回大南國，慈裕太皇太后認為大南國沒有垂簾聽政之制度，應先定帝位，國家有了主君之後，女輩還宮才為妥當。於是詢問法使，如何處置。攝政綿定、大臣阮有度、潘廷評與法使商議，法軍統將可爾西請立咸宜帝的哥哥阮福昇、皇二子堅江郡公正蒙為帝。

1885 年 8 月 6 日，阮福昇親自到法國欽使館行受封禮，然後舉行登基大典，年號為同慶。同慶帝，原名為阮福昇，字為阮膺祇，為建福弟長兄。阮福昇登基時二十三歲。

內政

（一）依過去慣例，皇帝駕崩後，都是在隔年 1 月改元，這次咸宜帝並未駕崩，而是出逃京城抗法，情況特殊，慈裕太皇太后在 10 月下懿旨，認為新帝登基已過兩個月了目前尚使用咸宜年號，致人心尚存疑惑，不應等候明年初改元，應即行改元為同慶乙酉年，明年丙戌年為同慶元年。[140] 法國交還銀 2 萬兩、銅錢 2 萬緡，並修國書致賀，允為保護。

廣南紳豪結為義會，由山防使陳文璵領導，糾眾占領省城，法軍出兵驅逐。河靜黎寧糾眾占領省城，布政使秦玳遇害，按察鄭文彪被俘虜病歿，府縣均棄城逃走。富安紳豪占據省城，布政范如昌被俘虜，按察領兵皆逃逸。[141]

10 月，削尊室說尊籍，改從母姓，為黎說，其子女同。

10 月 16 日，尊室說和咸宜帝行至廣平省媯汛，將咸宜帝留此，他和陳春撰往北而去（前往中國）。11 月，法軍收復廣南山防衙，逮捕原山防使陳文璵，將之處死。

（二）同慶元年（1886） 1 月，廣義阮樂與平定裴佃、鄧題糾眾分三道攻廣義，防臣阮紳迎擊大破之。

1 月 20 日，大南國與法國簽署和約、礦約。

2 月，清化梗民三百多人謀占省城，事覺逃逸。

3 月，設立大南公報局，由國史館兼辦，每十日出版一報，從本月朔日

---

140. [越] 高春育等纂修，**大南寔錄**，第十九冊，正編第六紀，卷一，頁 34-35。
141. [越] **國朝正編撮要**，第三冊，卷六，頁 11-12。

開始。初期採用鐫刻，以後再購買活字版印製。[142]

平順黨夥攻破寧順府，進迫省城，撫臣官員均逃逸。叛軍遂占領省城。

4月，機密院奏稱：「近日清商有載東洋車（用兩輪，一人前桄）來賣，京城內外如用此車通行，比與我國肩輿頗為雅飭（指合禮制），仰懇恩准文武官員四五品以上買用，俾得簡便而合官儀。」同慶帝同意。[143]

廣平黨夥執欽派武伯濂殺之。廣治商佐黎琛、副領兵黎春崢巡緝至武舍社，為匪所攻，黎琛被俘，黎春崢遇害。

5月16日，由於各地發生動亂，同慶帝御駕親征，他駐蹕之州市，觀察當地風俗，賜給安寧社靈牧及教民金銀錢有差，避難者賜銀100元。廣平被燒教民，省臣給米800方，貴官給銀250元。靈牧裴光祿再乞籌劑，院臣以商欽使，回覆不准。仍命飭諸靈牧及住省法官員知之。[144] 8月7日，同慶帝因身體不適返回京師。

8月，法軍收回平順、慶和二省，於1887年7月交還給大南國。

9月，命修**大南國疆界彙編**，由光祿寺卿領吏部侍郎黃有秤負責，以國史館為修書所。11月，黃有秤完成**大南國疆界彙編**凡例十二條。

（三）同慶二年（1887）3月，**大南國疆界彙編**書成，凡七卷並圖一幅。

閏4月，法國駐河內官員抓獲原布政使阮高，阮高不屈而死。義安法國官員緝捕原督學阮春溫，次年4月送至京師。後釋放，不久病死。平定法國官員捕獲自稱元帥的枚春賞、裴佃、阮德潤及副將以下11人，皆斬之。

5月，法國共政節日（指法國和大南國共同治理），欽使請同慶帝在午門樓前閱兵，此為御閱兵之始。[145]

法國欽使咨言，近來使館設立養病家（醫院），派法國醫生醫治，成效不錯，建議大南國應在使貴館旁增建醫院一座，凡有疾病者可前往醫療，大南國派醫生一二位，長期駐辦，由法國醫生指導治療方法。[146] 此應為大南國

142. [越] 高春育等纂修，**大南寔錄**，第十九冊，正編第六紀，卷三，頁46。

143. [越] 高春育等纂修，**大南寔錄**，第十九冊，正編第六紀，卷四，頁2。

144. [越] **國朝正編撮要**，第三冊，卷六，頁15-16。

145. [越] **國朝正編撮要**，第三冊，卷六，頁19。

146. [越] 高春育等纂修，**大南寔錄**，第十九冊，正編第六紀，卷七，頁19。

有現代醫院之始。

6 月，阮紳出兵擊破阮斅黨夥於安林山分，斬其頭目，收繳砲械、錢糧無數。

7 月，阮紳搜獲阮斅等於福山上源，生擒匪徒 8 人及親眷。阮紳委派拿獲阮斅，以朱旗報捷，檻送回京，旬日間渠目多梟首。廣南平。

義安紳豪自首 442 人，准各回原居地安業。

（四）同慶三年（1888）1 月，建北圻經略衙，由安南國王派遣經略使主管東京事務，但受法國官員（駐紮官）節制。

4 月，法國初設大南日報局。法國欽使赫蘇（Séraphin Hector）建議派醫官往使館學植痘方法。法國官員改設廣南商政所於大占汛，撤廢原會安商政所。

5 月，准租粟改折納錢文，每斛折納錢 8 緡。

6 月，廣義痘沴流行，自去年 11 月至本月病死者有 13,934 人。請法國欽使派遣法國醫生和大南國實習醫生前往種痘。隨後義安又爆發痘沴及虎患，帝傳令該省府縣臣盡心虔禱及多給藥餌。[147]

7 月，北圻海防法文日報員致函大南國皇帝及報紙一份，該信左書萬善公司收，上大南國大蕃王等字。右邊書寫法文字，譯云：大南皇帝等字。詞體未合。院臣奏說，該報紙在本國發行，內容應符合體制，其使用之詞體頗欠莊雅。請法使曉飭遵知。同慶帝說，化外體例，不足喜怒。爾院勿咨，省去麻煩。[148]

8 月，諒山省報說尊室說和陳春撰潛往清國連城、憑祥一帶，夥同梁俊秀與該省屬客之黃文祥等。又說尊室說假裝為清國招募兵勇。[149]

將沱㶞地割讓給法國。

9 月，選官員子弟年十五至二十二歲 5 人給銀費，每人 100 元，前往法國玻璃城（指巴黎）學習西字。前經選 20 名前往，現在是欽使赫蘇咨選 5 人。[150]

---

147. [越] 高春育等纂修，**大南寔錄**，第十九冊，正編第六紀，卷十，頁 22、31。

148. [越] 高春育等纂修，**大南寔錄**，第十九冊，正編第六紀，卷十，頁 27。

149. [越] 高春育等纂修，**大南寔錄**，第十九冊，正編第六紀，卷十一，頁 3。

150. [越] 高春育等纂修，**大南寔錄**，第十九冊，正編第六紀，卷十一，頁 14。

法國為了逮捕咸宜帝，在交趾支那尋求支援，獲得華人富翁陳百祿（Tran Ba Loc）的同意協助法軍。另外法國也從山區少數民族蒙族（Muong）取得協助，法國只要給予少數賄賂，即可獲得這些少數民族的支持。尊室說將其兒子託交蒙族養育，法軍對蒙族頭領賄賂以鴉片和界予軍事頭銜，蒙族頭領遂出賣咸宜帝，咸宜帝在 1888 年 9 月 26 日被法軍逮捕。

10 月，駐廣平法屯官護送咸宜帝回順安汛，搭火船護往英車兒地（近法國地界）居住。先是張光玉、慶和省領兵阮定情向法屯自首，願迎回出駕，法國官員乃同往宣化省上源的繩局處。咸宜帝與隨從二人正枕劍熟睡，法國官員突然到達，驚起抗拒，法軍抓到咸宜帝的手，尊室說的兒子尊室詥揮劍，一欲刺法軍，一欲刺咸宜帝，不使其活著回去，法軍將他斃殺，然後將咸宜帝帶回。同慶帝本想安排咸宜帝住在順化王宮內，但法國全權欽使黎那抵達機密院，表示獲得法國屯官電報，說咸宜帝有反抗性，不適合住在京邸，應送至別處居住，等一兩年後局勢平穩後再送回順化。院臣答覆稱此恐有負同慶帝之願望，等與皇上報告後再做處理。黎那說該事延遲一二日有所妨礙，我先將咸宜帝送至順安汛，你等大臣等人可前往探慰，事畢，即將他用船載離大南國。同慶帝見黎那如此堅持，只好命院臣段文評、黎貞、工部參知范炳三人素識咸宜帝狀貌者前往順安汛。至於法國要將咸宜帝送至何處，這三人都不敢問。隨後同慶帝發表文告，譴責阮文祥、尊室說等挾持咸宜帝出逃的不是。又說法國善意要將染上嵐瘴疾病的咸宜帝送至法國就醫，等病好再送回國。[151] 此一文告明顯在遮掩大南國前皇帝遭法國俘虜至外國之事。咸宜帝前往法國醫病之費用，由其歲費支應。

咸宜帝不願見背叛他而回到順化王宮的親戚，而流放到法屬阿爾及利亞，法國每年供養 2 萬 5,000 法郎，時年僅十七歲。他後來娶法國妻子，育有子女，終老於該地。尊室說的一位兒子因為疏於保護咸宜帝，其他兒子感到不恥而自殺。前御史潘廷逢繼續發動勤王運動，直至他在 1896 年 1 月去世為止。

---

151. [越] 高春育等纂修，**大南寔錄**，第十九冊，正編第六紀，卷十一，頁 19-23。

圖 8-1：咸宜帝娶法國屬地阿爾及利亞女子 Marcelle（1904 年 11 月 4 日）
資料來源："Hàm Nghi," Wikipedia, http://en.wikipedia.org /wiki/Ham_Nghi 2018 年 3 月 15 日瀏覽。

圖 8-2：同慶帝
資料來源："Đồng Khánh," Wikipedia, http://vi.wikipedia.org/wiki/%C4%90%E1%BB%93ng_Kh%C3%A1nh 2018 年 3 月 15 日瀏覽。

11 月，法國全權黎那商議同慶帝出駕支費，應由大南國支付全年銀 4,981 元，隨員一銀 299 元。

12 月 27 日，同慶帝崩，壽二十五歲，皇子 6 人，皇女 3 人。恭宗惠帝之皇七子年僅十歲的保麟繼位，年號成泰。

「文紳起義」之失敗

大南國有許多官員接受法國的統治，也有些反對者則告老歸鄉，過退隱的生活。抗法的游擊隊在山區活動，法軍採取在山區外圍建立包圍圈的策略，導致游擊隊員生病、飢餓或自殺，直至 1897 年擊敗在東京山區的游擊隊才完全被鎮壓。為何「文紳起義」會失敗？主要原因是學者門持著儒家思想，戰鬥力不足，活動範圍受到限制。學者們只獲得他們村莊的人的支持，而未能獲得其他村莊的支持。他們無法成為全國性的抗法領袖。其次，他們也受到其忠於家

庭的傳統觀念的限制。法國威脅和恐嚇這些學者的父母，迫使他們投降。第三，學者的目標過於保守，只在於維護國王和官僚體系。法國保證給予人民文明生活，使得農民逐漸失去保護王室的熱心。儘管如此，該股抗法活動，在進入1900 年代時重新發展，出現不同的面貌，知識分子奔走海外，尋求中國、日本或蘇聯的援助。

　　另外有農民抗法運動，北圻安世地區的農民黃花探（Hoang Hoa Tham）[152]在 1887 年發動農民運動，游擊隊在河內和諒山鐵路沿線活動，迫使法國在 1894年 10 月與黃花探和談，簽訂停火協議，法軍撤出安世，雅南、牧山、安禮和友尚四總（地方行政單位）歸黃花探管轄。1895 年 11 月，法軍破壞停火協議，對安世進攻，游擊隊撤退到森林地帶。1897 年 12 月，雙方簽訂第二次停火協議。1909 年 1 月，法軍又進攻安世，抗法軍戰敗，流散各地。1913 年 2 月，黃花探被法軍收買的內奸殺害。

　　此外，亦有一些反對阮氏政權的學者，不願做官，而深入農村，組織反政府活動的分子，他們流入土匪幫派，例如高伯桔（Cao Ba Quat），他在 1854 年拒絕做官，而發動「蝗蟲之亂」（Locust Revolt），他在山西（Son Tay）省號召不滿的農民，該地區遭到蝗蟲之害，農作歉收，農民作亂持續數年才遭政府軍平定。其餘黨亦反抗法國的統治。[153]

三、成泰帝（1888 年 12 月—1907 年 9 月）

　　同慶帝在 1888 年 12 月 27 日病逝，年僅二十五歲，在位三年多，廟號景宗純皇帝。黎那欽使立同慶帝之姪、育德之子保麟為帝，保麟年方十歲，正與其母被監禁在獄中。大南朝廷將保麟迎出，立其為帝，年號成泰，由阮仲和、張光憻為輔政。成泰帝，原名為阮福昭。

---

152. 黃花探為越南北圻山西人，雇農出身。安世抗法農民軍領袖。原名張文探，又稱提（督）探。1908 年，黃花探參與謀殺法國士兵的河內投毒事件。1909 年初，法軍再次進攻安世。10 月 5 日，在朗山激戰中，抗法軍損失慘重。1913 年 1 月 10 日，黃花探被內奸殺害。參見「黃花探」，**中國大百科智慧藏**，http://163.17.79.102/%A4%A4%B0%EA%A4j%A6%CA%AC%EC/Content.asp?ID=54321&Query=1 2018 年 3 月 12 日瀏覽。
153. "Part 1 of Early History of Vietnam," Vietnam War-A Memoir, http://www.vwam.com/vets/history/history1.htm 2018 年 3 月 10 日瀏覽。

（一）成泰元年（1889）8 月，順化朝廷與法國簽署文件，將沱灢海港、河內市和海防割讓給法國。其他各地雖仍由大南國官員負責，但需由法國人指揮和監督。

（二）成泰七年（1895），大南國向法國借款 8,000 萬法郎興建鐵路及其他開發費用。1897 年 7 月 26 日，全權杜美（Paul Doumer, 1897-1902）履任印支總督，趁北圻動亂已定，不再依賴大南國的經略衙，而將之廢除，改由法國的統使治理。統使為北圻行政官之長，統轄 26 道省。道省各有公使一名為之首。輔佐統使以分治，另設有保護議會，如中圻制。[154] 大南國在該年又向法國借款 2 億法郎，修築長安南處鐵路及聯絡北圻地方，以達於雲南。

圖 8-3：成泰帝
資料來源："Thành Thái," Wikipedia, http://vi.wikipedia.org/wiki/Th% C3%A0nh_Th%C3%A1i 2018 年 3 月 15 日瀏覽。

（三）成泰十年（1898），定河南鄉試場增試譯寫法字、國語字各題。[155]

（四）成泰十四年（1902），在河內、順化和西貢設立中學，使用法語教學。同時設立議會，以備諮詢。另亦設立河內醫學校。

（五）1905 年，設立印度支那公共教育署，負責印度支那的教育政策之制訂和監督。

（六）成泰十八年（1906），頒學法試法新護，規定北圻學校分三等，幼學、小學和中學。幼學由各村社自行設立，小學和中學由國家設立。私人得設立私塾，其入學條件和公學校同。各村社兒童年滿六歲到十二歲人數達 60 人者，應設立學校。私塾教師需經國家考試通過，並依國家所定教法，得

---

154. 無作者，**安南初學史**，第三十篇，統治之政策，缺出版公司、出版地點和年代，頁 43。收錄在漢喃古籍文獻典藏數位化計畫。http://lib.nomfoundation.org/collection/1/volume/665/ 2018 年 2 月 23 日瀏覽。
155. [越] 杜文心纂，**大南典例撮要略新編（禮例）**，頁 83。

收至多 60 名學生。公校教師得免身稅及獲賞品銜；私塾教師不能免身稅，但可獲賞品銜。[156]

　　成泰帝改革見面禮節，要求官吏兵民接見上官採用拱手一揖禮，廢除拜禮。[157]

　　（七）1907 年，法國在河內設立印度支那大學，隔年因為學生發動反法運動而宣布關閉，直至 1917 年才再度開放招生。

　　（八）成泰帝對法國不滿，意圖聯合在日本之越南抗法分子疆柢，以推翻法國的統治，而於成泰十九年（1907）9 月 3 日被廢黜，在 9 月 12 日搭乘從順化到沱瀼的火車，然後搭船放逐到法國在非洲的殖民地留尼旺（Reunion）島。

四、維新帝（1907 年 9 月—1916 年 5 月）

　　成泰帝被廢黜後，由其第五子維新帝（Duy Tân）繼位，年僅八歲。[158]維新帝原名為阮福晃（阮福永珊）。以 8 月以後為維新元年。

　　（一）維新元年（1907）8 月，法國在河內城庯（河內市）嘉魚新巷（塞湖處上）設學場（即學校），以庭元二甲阮廷詢充為掌教官，又輔以舉人秀才為助教。其教法聚中西古今各科學，譯出國語，分為大學、中學、小學三等。先授以國語，為入門，而以漢字、歐字為專科。此種新式教育法，在剛推行時，遭到批評，誠如**野史略編續記**一書所言：「其教官出題目，令人課習，只依阿法官意，都向專於利上行，非有義理底蘊。即策文、論題，其間所論均屬無稽，總無矜式，師之所教如此，則弟子之所學可知，學業之成就可知。」[159]

　　（二）維新二年（1908）1 月，又於河內城庯（行禡行蒨庯）設師範場（即師範學校），要求北圻各省、社、鄉老師都入此師範場學習六個月，由西人

---

156. [越] 杜文心纂，**大南典例撮要略新編**（禮例），頁 48-49。

157. [越] 杜文心纂，**大南典例撮要略新編**（禮例），頁 77。

158. [越] 無作者，**野史略編續記**，缺出版公司、出版地點和年代，頁 27。收錄在漢喃古籍文獻典藏數位化計畫。http://lib.nomfoundation.org/collection/1/volume/737/ 2018 年 2 月 23 日瀏覽。

159. [越] 無作者，**野史略編續記**，頁 28。

為教官。[160]

3 月，停罷嘉魚學場，阮廷詢調寧平督學，其餘教師解散。

越南捉拿潘周楨回京候審結案，其罪名是妖言惑眾柴棍仕紳百餘人。

6 月，議罷鄉學，立總學，其師之口糧，照補各社丁令納與丁田項一併，置師不論人品，必取有識國語字。

（三）維新四年（1910）4 月，會試採西式，其法分四期，第四期考西字，隨其所願，此為西式考試之始。廷試取同進士 4 名，副榜 19 名，具編登龍錄（姓名和地址）。[161]

（四）維新六年（1912），潘佩珠成立「越南光復會」，鼓吹反抗法國統治。1916 年 4 月底，維新帝與「越南光復會」

圖 8-4：維新帝（1907 年攝）
資料來源：「維新帝」，維基百科，https://zh.wikipedia.org/wiki/%E7%B6%AD%E6%96%B0%E5%B8%9D 2018 年 3 月 2 日瀏覽。

分子陳高雲、蔡瑤在後湖秘密見面，支持推翻法國統治。5 月 2 日，「越南光復會」發動起義，維新帝逃離順化城，但大南士兵事先遭法軍限制活動，以致於未能呼應起義，卒致失敗，維新帝與陳高雲、蔡瑤等革命分子於 5 月 6 日在順化以南的一家寺廟被捕，陳高雲、蔡瑤等人被處死。

許多官員前往法國總督處請願，要求保留皇帝，否則人民將因失去皇帝而發生動亂，所以法國將維新帝流放至與他父親成泰帝相同流放地的非洲之法國屬地留尼旺島。法國當局隨後扶立同慶帝之子啟定（Khải Định）為大南國皇帝。

（五）1915 年，東京廢止科舉考試。

---

160. [越] 無作者，**野史略編續記**，頁 28。
161. [越] 無作者，**野史略編續記**，頁 41-42。

五、阮弘宗（1916 年 5 月—1925 年 11 月）

阮弘宗原名為阮福昶（阮福晙、阮福寶嶹），1916 年 5 月 18 日登基，年號啟定。

1919 年，越南舉行最後一次科舉考試，第一場考文策五道、經一、傳一、辰務一、南史、泰西史各一。第二場考詔一、表一、詞札一。第三場考算法二、國語設問論一。第四場考國語譯出西字一、西字譯出漢字一、西字論一。四場或三場通串得四十點以上者，將為中格（指錄取）項（西字場一點以上得計點數）。間有五卷未及點數，場官置之落項（指落榜）。由於該次考試為最後一次，故特蒙國王恩准，增額錄取五人准予參加殿試。該次考試錄取第三甲同進士出身 7 人，第一名為阮豐貽。原先屬於落項第三名的武克展和第二名的楊紹祥，竟然在殿試中分別考獲進士第六名和第七名。[162] 此後越南廢除使用漢字，改用國語，即羅馬拼音字；並廢止科舉考試。

1922 年 6 月，啟定帝前往法國馬賽，參觀殖民地博覽會。反法分子潘周楨向他遞交了「七條陳」（Thất Điều Trần），批評他奢侈不顧越南人民遭法國剝削而生活困苦。

1925 年 11 月 6 日，因結核病去世，年四十歲。

---

162. **國朝登科錄**，卷四，無作者、出版時間和地點，頁 21-22。收錄在漢喃古籍文獻典藏數位化計畫。http://lib.nomfoundation.org/collection/1/volume/543/page/21 2019 年 2 月 17 日瀏覽。

圖 8-5：啟定帝

資料來源：「啟定帝」，維基百科，https://zh.wikipedia.org/wiki/%E5%95%9F%E5%AE%9A%E5%B8%9D 2018 年 3 月 2 日瀏覽。

圖 8-6：穿戎裝的啟定帝

資料來源："Khải Định," Wikipedia, http://vi.wikipedia.org/wiki/Kh%E1%BA%A3i_%C4%90%E1%BB%8Bnh 2018 年 2 月 15 日瀏覽。

第九章

大南國最後一位皇帝

第一節　保大帝

保大帝（1925 年 11 月—1945 年 8 月；1949 年—1955 年）

1925 年 11 月，啟定帝死。1926 年 1 月 8 日，由啟定之兒子十二歲的阮永瑞登基，年號保大（意指保持偉大）。

保大在 1922 年 5 月被送到法國受教育，先入康多賽中學（Lycée Condorcet），後就讀巴黎政治學院（Paris Institute of Political Studies）。他在 1926 年登基後重回法國就讀。1934 年 3 月，與信奉天主教的平民阮有氏蘭（Nguyễn Hữu Thị Lan）結婚，育有 2 子 3 女。他後來又與兩位越南女性、一位華人女性和兩位法國女性結婚。

1932 年，保大從法國回到大南國，法國為他加冕，宣布實行君主立憲制。他執政之初，進行官吏、司法和教育的改革，獲得藩切省省長吳廷琰之支持，1933 年 5 月，任命吳廷琰為吏部尚書。9 月，吳廷琰建議法國在大南成立大南人議會，遭法國殖民當局從中阻撓，結果他憤而辭職。以後十年，吳廷琰

←←圖 9-1：幼時的保大
資料來源："Bảo Đại," *Wiki-pedia*, http:// vi.w ikipedia. org/wikiB %E 1% BA%A3o_%C4% 90%E1%BA% A1i 2018 年 3 月 15 日瀏覽。

←圖 9-2：年輕時的保大
資料來源："Bảo Đại," *Wiki-pedia*, https://en.wikipe dia. org/wiki/B%E1%BA%A3o_ %C4%90%E1%BA%A1i 2018 年 2 月 15 日瀏覽。

隱居賦閒在家。

日本在 1940 年 9 月 22 日從廣西出兵攻擊諒山和同登，然後登陸海防，取得和法國共治越北的地位。1945 年 3 月 9 日，日本發動奇襲，驅逐法軍，控制整個越南，日本支持越南獨立，稱越南國，保大繼續作日本的傀儡國王。8 月 26 日，胡志明領導的「越盟」迫使保大退位。1949 年，法國支持保大成立越南國，保大復辟，成為國家元首。1955 年 10 月，吳廷琰首相透過公投，廢除君主制，改行共和。

表 9-1：阮氏王朝歷任國王（1802—1945）

國王年號	實際姓名	在位期間	生卒年月
嘉隆（Gia Long）	阮福映（阮映、阮福暎、阮福種）（Nguyễn Phúc Ánh）	1802-1820	1762-1820
明命（Minh Mạng）	阮福晈（阮福膽）（Nguyễn Phúc Đảm）	1820-1841	1791-1841
紹治（Thiệu Trị）	阮福綿宗（阮福暶）（Nguyễn Phúc Miên Tông）	1841-1847	1807-1847
嗣德（Tự Đức）	阮福洪任（阮福蒔）（Nguyễn Phúc Hồng Nhậm）	1847-1883	1829-1883
育德（Dục Đức）	阮福膺禛（Nguyễn Phúc Ưng Ái）	1883（即位三天）	1852-1883
協和（Hiệp Hoà）	阮福洪佚（阮福昇）（Nguyễn Phúc Hồng Dật）	6/1883-11/1883	1846-1883
建福（Kiến Phúc）	阮福膺登（阮福昊，阮福膺祜）（Nguyễn Phúc Ưng Đăng）	12/1883-8/1884	1869-1884
咸宜（Hàm Nghi）	阮福明（阮福膺𠞆）（Nguyễn Phúc Ưng Lịch）	8/1884-8/1885	1871-1943
同慶（Đồng Khánh）	阮福昇（阮福膺祺）（Nguyễn Phúc Ưng K）	1885-1889	1864-1889
成泰（Thành Thái）	阮福昭（阮福寶嶙）（Nguyễn Phúc Bửu Lân）	1889-1907	1879-1954

維新（Duy Tân）	阮福晃（阮福永珊） （Nguyễn Phúc Vĩnh San）	1907-1916	1900-1945
啟定（Khải Định）	阮福昶（阮福畯、阮福寶嶹） （Nguyễn Phúc Bửu Đảo）	1916-1925	1885-1925
保大（Bảo Đại）	阮福暎（阮福永瑞） （Nguyễn Phúc Vĩnh Thuy）	1925-1945 1949-1955	1913-1997

資料來源：http://www.answers.com/topic/list-of-vietnamese-monarchs
2007 年 5 月 15 日瀏覽。

第二節　越南之抗法民族主義運動

一、右派抗法活動

　　從法國控制交趾支那起，各地即有抗法運動，越南抗法志士利用炸彈或其他方式攻擊法軍。由於這些抗法活動都是零星，缺乏領導和組織，所以大都失敗。抗法的主因是小農和佃農不堪稅賦負荷過重，而起來反抗。在1913—1916 年和 1930—1931 年，擁有 5 公頃以下的農民占大多數，小農為債所逼，只好賣地，這些因素導致他們傾向於支持共產黨。[1]

表 9-2：1913—16 年和 1930—31 年南越不安活動之地區

省分	1913-16 年之活動	1930-31 年不安活動次數	1930 年擁有 5 公頃以下地主比例 (%)	1930 年擁有 100 公頃以上地主比例 (%)
嘉定 (Gia-Dinh)	X	12	?	?
堤岸 (Cho-Lon)	X	14	73	0.3
潭安 (Tan-An)	-	2	56	9.7
美湫 (My-Tho)	X	2	80	0.4
檳椥 (Ben-Tre)	X	14	85	0.2

---

1. 關於南越地區抗法運動之詳情，請參考 R. B. Smith, "The Development of Opposition to French Rule in Southern Vietnam:1880-1940," *Past and Present*, No.54, February 1972, pp.94-129.

茶榮 (Tra-Vinh)	X	2	80	0.7
永隆 (Vinh-Long)	輕微	3	73	0.9
沙瀝 (Sa-Dec)	X	5	80	0.4
龍川 (Long-Xuyen)*	X	5	65	1.7
朱篤 (Chau-Doc)	X	1	78	0.2
芹苴 (Can-Tho)	-	3	60	1.7
薄邊 (Bac-Lieu)	-	1	38	4.8
迪石 (Rach-Gia)	-	-	50	3.7

資料來源：Y. Henry, *Economic Agricole de I'Indochine*, Hanoi,1932.
* 在龍川，受影響的縣是安賓（An-Binh）和定化（Dinh-Hoa），該兩縣在
　1930 年各有 85% 和 79% 的地主擁有 5 公頃以下土地。

資料來源：R. B. Smith, "The Development of Opposition to French Rule in Southern Vietnam:1880-1940," *Past and Present,* No.54, February 1972, p.123.

　　在 1905 年，越南抗法的主力是知識分子，主要人物是潘佩珠（Phan Bội Châu），他在該年東渡日本，企圖尋求日本的協助。潘佩珠於 1867 年生於中越的義安（宜安，Nghe An）陽梨（Dông-liệt）縣沙南（Sa Nam）村。他的父親通過文官考試，但未出仕任官，選擇在鄉下教書。他讀私塾，學習漢文。潘佩珠原名為潘文珊。1883 年，他寫了傳單要求「抗衡法國，法國退出越北」，但未獲民眾反應。當 1885 年「文紳起義」、「勤王」運動開始後，潘佩珠組織他的 60 名同學，成立「勤王學生軍」（Army of Loyalist Examination Candidates），當法軍進入他的村莊時，該一組織解散。他感覺他缺乏官員的身分地位，無法號召民眾，所以重新回去讀書。在經過六次的失敗後，終於在 1900 年通過文官考試，他的父親也在該年去世，為了使他的革命活動不影響他的家人，他與其兩位太太離婚，使其無後顧之憂，開始進行抗法鬥爭。他

圖 9-3：潘佩珠
資料來源："Phan Bội Châu," Wikipedia, http://en.wikipedia.org/wiki/Phan_Boi_Chau 2018 年 3 月 11 日瀏覽。

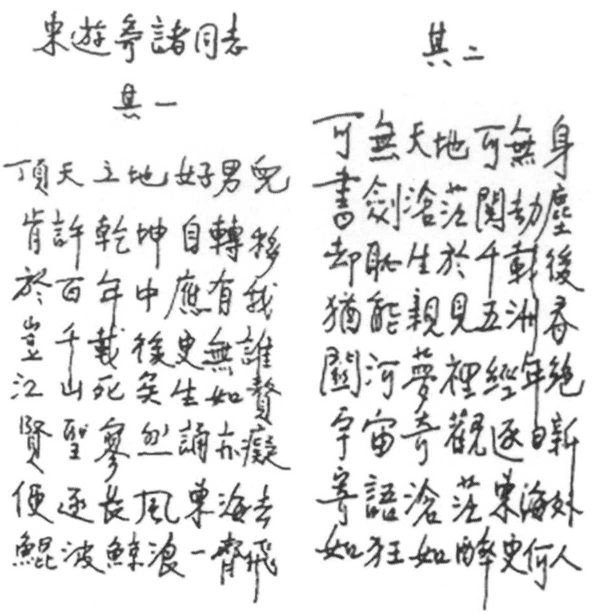
東遊寄諸同志
其一
頂天立地好男兒
肯許乾坤自轉移
於百年中應有我
豈千載後更無誰
江山死矣生如贅
賢聖寥然誦亦癡
便逐長風東海去
鯤波鯨浪一齊飛

其二
可無天地可無身
書劍滄茫閱劫塵
卻恥生於千載後
猶能親見五洲春
國河夢裡經年絕
宇宙奇觀逐日新
寄語滄茫東海外
如狂如醉更何人

圖 9-4：潘佩珠寫的寄東遊諸同志的詩
資料來源：Translated by Huỳnh Sanh Thông, “Three Poems by Phan Bội Châu, in Vinh Sinh(ed.), *Phan Bội Châu and The Dông-Du Movement*, Yale Southeast Asia Studies, New Haven, USA, 1988, p.182.

住在順化，並旅行越南各地，開始時尋求「文紳起義」的黃花探的支持，黃花探鼓勵他尋求王室可能的繼承者的支持，以吸引其他效忠王室的人的參加。極為諷刺的，他選擇的是嘉隆王的兒子阮福景的直系後裔彊柢（Cường Để）親王。阮福景曾被法國傳教士百多祿於 1784 年帶到法國。彊柢在法國受教育，成為親法人士。1903 年，彊柢親王接受潘佩珠的提議，開始推動越南獨立運動。1904 年 5 月，他與阮權（Nguyễn Thanh）組織「越南維新會」（*Reformation Society*, Vietnam Modernization Association, Duy Tân Hội）。[2]

當日本在 1904 年擊敗俄國的消息傳到越南時，他認為日本已是一個現代化的國家，且是亞洲國家中反對殖民化的國家。他認為可尋求日本援助越南獨立。1905 年，「越南維新會」派遣他和曾拔虎前往日本尋求軍事援助或武器。他會見流亡在日本的中國改革家梁啟超。梁啟超警告潘佩珠不要依賴日本的援助，因為最後會導致日本控制越南。不過，梁啟超仍親切的介紹他會見日本自由派的政治家，包括犬養毅、大隈重信、後藤新平（1898 年—1906 年出任日本臺灣總督府民政長官）。令潘佩珠感到失望的是，日本政治

2. "Phan B i Chộu," *Wikipedia*, http://en.wikipedia.org/wiki/Phan_Boi_Chau 2018 年 3 月 11 日瀏覽。

家不願給予越南軍事援助，反而建議他派遣學生到日本接受軍事訓練和現代科技。梁啟超建議潘佩珠接受日方的此一建議。

他組織「東遊」（Exodus to the East）運動，鼓勵學生到日本學習，大部分的學生進入日本軍事學校和同文學院。為了籌措資金，他組織了「公共支助社」（Public Offering Society），開始資助學生到日本學習。他向企業家、旅館主、報社老闆募款，至 1908 年夏天，有 200 名越南學生到日本讀書。其中的學生之一是疆柢親王。由於疆柢親王宣稱擁有王位繼承權，故遭到法國的通緝。潘佩珠和疆柢親王在日本成立兩個組織：維新會和越南共興會（Việt Nam Công Hiến Hội）。

1907 年，潘佩珠進行一個大膽的計畫，預計由越南下級軍人毒害在河內的控制據點的法國軍官，以便奪取重要據點。但由於下毒者是信奉天主教，他們向神父告解，神父向法國當局報告，所以法國當局很快就破獲這一陰謀，使得該項計畫中途停止。有 13 人被捕判處死刑，多人被判有期徒刑。1909 年，潘佩珠到日本，但日本因為承認法國在越南的利益，而將他及其他越南學生驅逐出境，他遂到中國避難。疆柢則避難到暹羅。

有許多越南學生轉到中國。1909 年，潘佩珠與疆柢親王前往香港，籌募資金，然後派遣其學生到暹羅，偷運宣傳小冊子進入越南。

此時黃花探在越南發動武裝暴動，他派兩個人到日本購買 500 枝阿里沙卡 30 型（Arisaka Type 30）步槍。但因無法找到船隻走私武器進入越南，所以他在該年 7 月前往暹羅，請求暹羅政府協助運送該批武器，遭到拒絕，認為將與法國為敵。潘佩珠不得不返回香港，繼續籌募資金。後來有消息傳來他的募款者去世，無法籌到資金。他遂將 480 枝步槍贈送給孫中山。並將其餘的 20 枝步槍以第一級行李運送到暹羅，遭到暹羅警方查扣。

1910 年上半年，他耗盡資金，在街上行乞為生，在酒店酗酒。後來他遇見一位老婦人周寶林（Chau Po-Lin），獲得她的協助，革命活動在她家進行。他籌得資金後，於 11 月再度前往暹羅，與其他同志從事農耕為生。

他受到中國在 1911 年 10 月爆發的民族主義革命獲得成功的影響，於是離開暹羅前往中國。1912 年 3 月底，在廣州成立「越南光復會」（Vietnam

Quang Phục Hội, Vietnam Restoration League），疆柢親王擔任會長，潘佩珠為總理。該組織之目標是「驅逐法國殖民者，爭取越南獨立，成立越南共和民國」。「越南光復會」建立了「光復軍」，基本成員是來自中國北京、南京、漢口等地軍官學校的越籍學員，其次是中、越邊境山區的人民，還有一部分中國人參加。「光復軍」曾發動攻勢，襲擊邊境線上的法國殖民軍兵營，但都遭到失敗。因為中國忙於內部事務，無暇對該一組織提供必要的金錢協助，只讓越南青年進入訓練機構受訓。他們設計越南國旗，發行越南貨幣，應允一旦取得獨立地位，立即償還。另外成立「中國復興協會」（Association for the Revitalization of China），計畫獲得中國的資金援助。他們也讓華人進入「越南光復會」的領導位置。由於資金不足，無法進行抗法活動。潘佩珠派遣 5 個人攜帶手榴彈到越北，攻擊小型目標，但收效不大。法國對潘佩珠進行通緝，要求中國政府逮捕他。由於他的抗法行動失敗，中國政府對潘佩珠的援助金額大幅減少。為了籌措資金，他在日本開設一家藥局，賒欠大筆昂貴藥品，然後迅即關門，未付債款，從而取得資金。惟因為資金不足，黨員人數銳減。再加上中國政府改組省級政府人事，使得該黨活動無從施展，關閉其辦事處。從 1913 年 12 月到 1917 年，他遭到袁世凱反革命政府廣東都督龍濟光（General Lung Chi-kuang）的監禁。在獄中，他寫自傳及其他書籍。他在獄中仍組織其黨員，在暹羅會見德國大使館官員，獲得一大筆錢在越南從事抗法活動。不過，該抗法活動最後歸於失敗。幸獲中國國民黨人的援救，他獲釋後，前往北京和日本旅遊，然後回到中國，到雲南邊境，瞭解返回越南的可行性。

1913—17 年，他被捕關在廣東監獄，在 1914 年用中文寫了**獄中記**（Nguc Trung Thủ）一書。第一次世界大戰結束後，他想與社會主義黨（Socialist Party）執政的法國合作，並寫了小冊子宣揚此一觀念，解釋與法國合作的好處。但不久，他又改變此一想法。1921 年，他開始研究社會主義思想，並企圖從蘇聯和其他社會主義黨取得援助。他翻譯考茨基（Fuse Katsuji）的**俄國革命記**（*Account of the Russian Revolution*）為中文，他前往北京會見蘇聯駐北京大使沃汀斯基（G. N. Voitinskii）和拉普（Mr. Lap）。拉普說，假如越南

將來願意從事社會革命和教授社會主義，則蘇聯願意訓練、教育和給越南學生獎學金。拉普要求潘佩珠用英文寫一本有關越南情勢的書。可惜潘佩珠不懂英文，所以無法寫英文書。潘佩珠與胡志明（Hồ Chí Minh）的父親認識，而且也認識小孩時期的胡志明。

圖 9-5：潘佩珠的獄中記封面
資料來源：Vinh Sinh(ed.), *Phan Bội Châu and The Đông-Du Movement*, Yale Southeast Asia Studies, New Haven, USA, 1988, p.24.

　　1925 年 5 月 11 日，潘佩珠為其好友阮崇炫（Nguyễn Thuong Huyen）出賣，阮崇炫向法國當局密報其行蹤，在上海火車站遭到法國特務逮捕，然後用軍艦送往越南河內監禁。[3] 他被控以在 1913 年 4 月 12 日謀殺一位越南省長、4 月 28 日謀殺兩位法國市長的罪，最後他被判終身監禁。由於他的聲望，以及人民的抗議，所以瓦倫尼總督（Governor General Alexandre Varenne）在同年 12 月 24 日將他釋放，改為在順化家中軟禁。他住在一間草屋，可以會見他的朋友，在香江泛舟，過著悠閒的生活，直至 1940 年 10 月 29 日去世為止。他著有**越南亡國史、提醒國民歌、海外血淚書**。

　　潘周楨（Phan Chu Trinh, Phan Châu Trinh, 1872-1926）亦是越南的民族主義者。他也利用化名西河（Tây Hồ），尋求結束法國對越南的統治。

　　潘周楨於 1872 年生於中越廣南省的西祿（Tay Loc）。父為富有地主，亦是學者。其父參加早期抗法的學者起義活動，於 1885 年因被懷疑反叛而

---

3. 關於潘佩珠被捕事件，有不同的說法。根據柯瑞（Cecil B. Currey）之說法，胡志明為了 10 萬元法幣賞金向法國警方密報，出賣越南國民黨領袖潘佩珠，使他在前往上海租借地時被逮捕，胡氏得此賞金有助於他在廣東的活動開銷。Cecil B. Currey, *Victory At Any Cost, The Genius of Viet Nam's Gen. Vo Nguyrn Giap*, 朱立熙譯，**勝利，不惜一切代價**，商業周刊出版公司，臺北市，1999 年，頁 35。關於披露胡志明出賣潘佩珠之著作，尚可參見 Robert Turner, *Vietnamese Communism: Its Origins and Development*, Stanford, C. A.: Hoover Institution Press, California, 1975; John T., McAlister, Jr., *Vietnam: The Origins of Revolution*, Garden City, Doubleday, New York, 1971.

圖 9-6：潘周楨
資料來源："Phan Chu Trinh, *Wikipedia*, http://en.wikipedia.org/wiki/Phan_Chu_Trinh 2018 年 3 月 10 日瀏覽。

被其他革命者殺害，故他在十三歲成為孤兒，由其長兄教導他漢文。1901 年參加文官考試，獲得第一名成績。1905 年他辭去官職，他反對君王制、傳統越南宮廷和文官體系。他呼籲廢除君王制，改行民主共和制。他認為由阮氏王朝統治比法國統治還壞。他在 1903 年會見潘佩珠，談論越南革命形勢。1906 年 3—4 月，他前往香港，再轉往廣東，他裝扮成衣衫不整的工人會見潘佩珠。他與潘佩珠一起前往日本，進行「東遊運動」。他們抵達橫濱，建立一家兩層樓日式房子，教育學生，他們稱之為平吾賢（Binh Ngo Hien）。該年 6 月，他們前往東京，訪查日本的教育和政治體系。

關於是否請求日本給予軍事援助，他與潘佩珠的意見不同。他不信任日本的軍事主義，在其他哲學觀點上，雙方亦有歧見。潘周楨在返回越南後，透過通信，他與潘佩珠討論這些觀點，他認為法國的勢力可以利用。他繼續主張「高揭民主，廢除君主制」以及「利用法國尋求進步」。此舉使得潘佩珠頗為憂心，革命勢力可能因此分裂。

1906 年，他寫信給法國總督畢歐（Paul Beau），要求法國遵守其文明使命。他譴責那些破壞越南農村的法國人和越南人。他也呼籲法國在越南發展現代法律、教育和經濟制度，革除越南官僚制度的殘餘缺點。1907 年，他創辦現代學校東京義塾（Dong Kinh Nghia Thuc, Free School of the Eastern Capital），教育越南青年男女，他在學校中任教，也使用潘佩珠的著作作為教材。學校的理想是攻擊法國占領越南的殘酷面，但主要在學習法國的現代化知識。校方要求教師放棄士大夫的觀念，向群眾學習。該校也給農民提供現代教育。該校舉辦各種有關現代化西方觀念的公開演講和討論，其目的在取代影響越南人行為和思考的傳統的儒家思想。

　　1908 年爆發農民抗稅暴動，以及 6 月 27 日對河內守衛軍人下毒事件，他遭法國當局逮捕，學校被關閉。他被判處死刑，後經其法國友人居間奧援，他被改判無期徒刑，關在崑崙島。三年後，1911 年在「爭取印度支那人民權利聯盟」（League for the Rights of Man in Indochina）之協助下他獲得釋放，[4] 改為居家軟禁。他說他寧願被關在監獄，也不願被軟禁。在 1915 年法國當局同意他前往法國，他獲得進步的法國政治家和越南流亡者的支持，惟法國警察繼續監視他。他在法國與胡志明、潘文章（Phan Van Truong）、阮世傳（Nguyen The Truyen）、阮安寧（Nguyễn An Ninh）組成「越南愛國組織」（The Group of Vietnamese Patriots）。胡志明寫文章用別號「阮愛國」（Nguyễn Ái Quốc）發表。潘周楨在法國時，跟胡志明一樣，在照相館擔任相片修改工作，以維持生計。1925 年，他返回西貢，於 1926 年 3 月 24 日去世。有 6 萬人參加他的葬禮，在西貢、河內和美萩三地的中學生發動示威要求法國退出越南，但該活動並未激起廣大鄉下民眾的響應。以後胡志明寫信給潘佩珠時稱潘周楨為「一個保守的、心胸狹隘的文人」。潘佩珠在日本見到潘周楨時，這樣的寫著：

　　「似乎在此時，在他（潘周楨）內心深處，有不同的期許。他和我在廣東一起十天。每天我們談到我國的情勢，他激烈譴責君王的邪惡行為，認為君王是人民之敵人。當談到當今的越南統治者，他咬牙切齒的說：君王帶給國家不幸和人民災難。他甚至說：如君主專制體制無法廢除，則即使恢復國家獨立亦不能帶來快樂。」

　　在東京時，潘周楨告訴潘佩珠說：

　　「他們的（指日本）人民的水準是如此高，而我國的人民的水準是如此低。為何我們不會變成奴隸？現在有些學生進入日本學校就讀，這是你最大的成就。請留在東京，從事寫作，不要對抗法國。你只要呼籲人民權利和人民開明。一旦取得人民權利，我們才能思考其他的事情。」

　　潘佩珠評論說：「此後約十天，他和我一再地辯論，我們的意見相當不同。他希望推翻君主制，以建立一個民權政府。而我則不同，主張第一驅逐

---

4. J. Kim Munholland, "The French Response to the Vietnamese Nationalist Movement, 1905-14," *The Journal of Modern History*, Vol.47, No.4, December 1975, pp.655-675, at p.658.

外國勢力，在恢復我國的獨立後，才能談其他問題。我的計畫是利用君王，這是他最為反對的。他的計畫是喚起人民推翻君主制，而這是我最反對的。換言之，他和我追求的目標相同，但我們的手段不同。他希望依賴法國作為廢除君王制的開始，但我希望以驅逐法國恢復越南獨立作為開始。無論如何，即使他的政治觀點與我不同，他頗為喜歡我，我們曾住在一起數星期。突然他決定返回越南。」[5]

在河內亦有阮權成立的「東京義塾」，於 1907 年 8 月設立，其宗旨是：反對舊習俗，提倡新風尚，反對八股文和科舉制度，注重實業，提倡國貨等。義塾經費由進步人士資助，義塾學生有成年人和兒童，達千餘人。講授課程有地理、自然和衛生等。義塾還組織一些激發愛國主義熱情的講演會，編寫了**國民讀本、越南國史略、南國輿地**等，起了文化啟蒙的作用。義塾鼓勵使用羅馬字書寫越南文。河內附近的鄉村和鄰近各省都先後開設義塾的分校。法國當局對此一發展感到憂心，於隔年 4 月即將之關閉。[6]

1912 年底，越南革命分子企圖暗殺法國印支總督沙諾特（Albert Sarraut），結果失敗。1912 年春天，又有革命分子暗殺東京的傾向法國的越南官員。兩星期後，在河內旅館的庭院發生爆炸案，2 名法國官員、1 名越南人被殺，7 名歐洲人受傷。這些爆炸案，可能與中國革命的成功有關，後者對於越南起了一定的影響。法國向北京抗議廣西和廣東政府庇護越南革命分子，但未獲滿意的答覆，所以法國總督決定設立秘密警察，在中國和香港境內誘捕越南反法分子，此一計畫獲得英國的贊同。1913 年 7—8 月，孫中山領導的二次革命失敗，袁世凱在北京取得控制權。法國當局期望與北京進行更密切的合作。法國派遣部長康提（A. R. Conty）到北京，遊說袁世凱政府說：應強化 1909 年與中國簽定的條約，中國有義務協助法國駐中國領事逮捕越南革命分子，並直接將之遣送到北圻東京受法國審判。廣東都督龍濟光將軍說，只要法國當局逮捕同盟會黨員並將之遣送回中國，則中國願意逮捕

5. "Phan Chu Trinh," *Wikipedia*, http://en.wikipedia.org/wiki/Phan_Chu_Trinh 2018 年 3 月 10 日瀏覽。
6. 「越南歷史人物事件略述表」，http://www.angelfire.com/la/kenlai/history/Vietnam.html 2018 年 3 月 11 日瀏覽。

在中國的越南革命分子並將之遣送回越南。英國也提議法國應將印度無政府主義者驅逐出巴黎，作為兩國合作的條件。法國駐香港領事賴伯特（Gaston Liébert）計畫將越南革命分子從澳門和香港驅逐出境到中國，然後由中國將之逮捕後移交給法國駐廣州領事。在沒有正式引渡的情況下，越南革命分子將送回河內受審。1914 年初，潘佩珠和麥勞逢（Mai Lao Bang）在廣州被捕，但廣州都督龍濟光將軍拒絕將他們解交給法國，所以這兩人從監獄中「脫逃」，主要原因是潘佩珠的支持者在北京還有影響力，對龍濟光將軍施加壓力。另一個原因是，龍濟光將軍個人雖有意協助法國，但其周邊的人同情越南革命分子，認為黃種人應該聯合起來對抗歐洲人。事實上，潘佩珠並沒有脫逃，他仍被龍濟光將軍監禁在廣州郊區，直至 1917 年才被釋放。[7]

1924 年 6 月 29 日，由越南革命分子組成的「心心社」成員范鴻泰（1893—1924）在廣州沙面的法租界暗殺剛從日本訪問歸來路過廣州的印支總督莫林（Marshal Martial Merlin），失敗後憤而投珠江自殺。

在 1920 年代中葉，中越地區的革命組織有「越革命黨」（Tan Viet Cach Menh Dang）、「復越黨」（Phuc Viet, Restore Viet）、「革命黨」（Hung Nam, Revive the South）、「越南革命黨」（Viet Nam Cach Menh Dang）、「越南革命同志會」（Viet Nam Cach Menh Dong Chi Hoi）。這些革命分子主要來自河內高等師範學校的學生以及從崑崙島回來的政治犯。1925 年，從崑崙島回來的政治犯和河內高等師範學校的學生和教師合作，組織「復越黨」，反對法國逮捕潘佩珠以及爭取越南獨立。在南越，裴光炤（Bui Quang Chieu）及其同志組織一個改良主義的、合作主義的立憲黨（Constitutionalist Party），希望以遊說的方式進行政治改革。另有阮安寧（Nguyễn An Ninh）組織青年黨（Youth Party），是一個改良主義、反法組織，在西貢獲得學生和工人以及鄉下富農的支持。[8]

在北越，主要的抗法勢力是 1927 年 12 月 25 日由年輕教師阮太學（Nguyễn

---

7. J. Kim Munholland, *op. cit.*, pp.670-673.

8. William J. Duiker, "The Revolutionary Youth League: Cradle of Communism in Vietnam," *The China Quarterly,* No. 51. (Jul. - Sep., 1972), pp. 475-499, at p.483.

Thai Hok）成立的越南國民黨（Viet Nam Quoc Dan Dang, VNQDD），主張推翻法國殖民統治，建立越南共和國。該黨的組織方式類似中國國民黨，採列寧（Lenin）的組織原則，即中央命令控制體系，另亦採取秘密入黨儀式。據法國秘密警察的估計，1929 年初，該黨黨員約有 1,500 人，大都來自學生、小商人、少數地主，很少官員和學者。法國警察在 1929 年逮捕該黨四百多人，阮太學逃到海防附近的村中躲藏。

1929 年，共發生了 24 起罷工事件，有 6,000 人參加，到了 1930 年，罷工達 98 次，參加者達 32,000 人。發動罷工示威的地點包括太平、義安、河靜、嘉定、堤岸、美萩等地，他們要求印度支那完全獨立；消滅封建地主土地所有制；土地歸農民等，帶有左派的主張。

1930 年初，法國人口販子巴因（Bajin）被一名越南大學生炸死，法國當局大肆逮捕越南國民黨人。越南國民黨召開會議，擬定暴動計畫，決定以法軍中越籍士兵為主力，與游擊隊相配合，進行武裝起義，計畫先攻擊北圻興化省安沛要塞，然後擴大效應。

阮太學本預定在 1930 年 2 月 9 日起事，因事跡敗露，擬延後計畫，但其他領袖未獲通知，北圻安沛越籍軍人即在預定日起事，攻擊法國公署。起義軍在北圻的太平、山西、南定、北寧各省相繼響應，南圻各省也舉行遊行示威，要求減稅。法軍鎮壓安沛、富壽（2 月 10 日）、海陽和太平（2 月 15 日）等地的抗法軍。阮太學被捕，他與其他領導人於 1930 年 6 月 17 日在安沛被送上斷頭台。殘餘領導人逃到中國南部避難。[9]

1930 年 5 月，在義靜成立蘇維埃（Soviet）政府，三個月後被法軍鎮壓瓦解。

以後，越南民族革命轉向無產階級的印度支那共產黨領導的新階段。

二、左派抗法活動

除了前述右派反法組織外，越南各地亦出現左派政黨組織。據 1920 年

---

9. "Part 1 of Early History of Vietnam," Vietnam War-A Memoir, http://www.vwam.com/vets/history/history1.htm　2018 年 3 月 10 日瀏覽。

代中期「共產國際」（Communist International）的策略，「革命青年聯盟」
（Revolutionary Youth League）的任務是將各個反帝組織聯合起來，成為一
個聯合陣線，或至少應積極參與反帝運動。但實際上，「革命青年聯盟」並
未很積極這樣做。越南「革命黨」（Hung Nam, Revive the South）首先主動
在 1925 年底派遣黎惟豔（Le Duy Diem）到廣州，與「革命青年聯盟」會談
組成聯盟一事。此時「革命青年聯盟」對於組成聯盟的興趣不大。在黎惟豔
返回越南後，革命黨在永安召開一次會議，決定派陳富到廣州與「革命青年
聯盟」會談正式結盟，並同時將黨名改為越南革命黨。陳富、黎惟豔和孫光
閥（Ton Quang Phiet）於 1926 年 7 月抵達廣州。然而，「革命青年聯盟」不
贊成兩黨合併，主張越南革命黨以個別黨員身分加入「革命青年聯盟」，其
理由是認為後者具有小資產階級性質。1928 年初，由於喪失工人之支持，許
多工人轉而支持「革命青年聯盟」，越南革命黨再度派遣阮士冊（Nguyễn Si
Sach）到廣州，重談合併事，「革命青年聯盟」仍主張越南革命黨以個別黨
員身分加入，另外給予兩個區域代表的席位，所以會談亦無結果。[10]

　　1929 年 4 月底，在三圻和暹羅的「革命青年聯盟」代表在香港召開第一
次全會，同意建立一個正式的共黨組織，但對於建立的途徑則有不同的意見，
有人主張廢棄「革命青年聯盟」，有人主張將之變成共黨的外圍組織，有人
主張建立共黨預備團體以最後建立共黨。5 月 1—9 日舉行全會，北圻代表陳
文官（Tran Van Cung）建議立即成立共黨，但遭到否決，主要理由是時間過
於匆促，沒有好好準備，另外也擔心中國國民黨的南京政府的報復。會中決
議進行反帝反殖的政策；尋求與越南革命黨合作，批評攻擊越南國民黨；越
南需要建立共黨，但目前越南無產階級力量薄弱，建立共黨的時機尚未成熟；
「革命青年聯盟」的積極分子應準備情勢轉變；請求成為「共產國際」的一
個成員黨。[11]

　　陳文官返回越南後，抨擊「革命青年聯盟」是一個虛假的革命組織，
不再為無產階級服務，也不遵守「共產國際」的命令。在 5 月底，革命黨在

---

10. William J. Duiker, *op.cit.*, p.485.
11. William J. Duiker, *op.cit.*, p.490.

河內的一家佛寺召開會議，認為此時應立即成立印度支那共黨（Communist Party of Indochina）。隨後出版鐮錘（*Bua Liem, Hammer and Sickle*）、**布爾雪維克**（*Bon-se-vich, Bolshevik*）、**紅旗**（*Co Do, Red Flag*）刊物。6 月中旬，正式成立印度支那共產黨，並選出 7 名臨時中央委員。為尋求各地的支持，派遣阮豐色（Nguyễn Phong Sac）和陳文官到安南、吳嘉嗣（Ngo Gia Tu）和陳秀成（Tran Tu Thinh）、馮峰（Bang Phong）到交趾支那宣傳。印度支那共黨的勢力主要在北圻，而革命黨和「革命青年聯盟」的勢力在中圻和南圻。

　　1929 年 8 月，在西貢成立安南共產黨（Annam Communist Party），發表聲明批評印度支那共黨為孟什維克（Menshevik），[12] 聲言將遵守「共產國際」之命令。在中圻的革命黨感受到印度支那共產黨的成立對它的影響，其黨員人數減少一半。該黨贊同與印度支那共黨合併，將其黨名改為「印度支那共產聯盟」（Dong Duong Cong San Lien Doan, Indochinese Communist League），但此舉並不能讓印度支那共黨同意其加入，只允其以個別黨員身分加入。「共產國際」執委聽到印度支那共產主義者這種分歧，感到不悅，在 10 月致函印支共黨，批評該種黨派主義將危及在越南的共產主義運動之發展，完全是一個錯誤。它要求立即組織一個由無產階級領袖領導的統一的共黨。「共產國際」將派遣一位代表來協調組成一個統一的共黨。第一個嘗試組織統一的印支共黨的人是 1929 年從中國監獄脫逃的胡東茂（Ho Tung Mau），他寫信給印度支那共黨，請其派遣代表至香港，與在香港的安南共產黨中央委員會會談。印支共黨同意派遣海防的游玉瑜（Do Ngoc Du, Phiem Chu）為代表，安南共黨派遣阮紹（Nguyễn Thieu）出席。杜國度認為惟有安南共黨解散，以個人身分加入，才能合併入印度支那共黨。會談沒有結果。1930 年 1 月，阮愛國從暹羅回到廣州，啣「共產國際」之命，協調越南各共黨派系組成統一的共黨。2 月 3 日，印支共黨代表鄭廷仇（Trinh Dinh Cuu）、安南共黨代表阮孝和周文連（Chau Van Liem）出席香港九龍協調會，

---

12. 在 1903 年俄國社會民主工黨第二次代表大會上，以馬爾托夫為代表的機會主義者反對列寧的建黨思想，反對把無產階級專政原則列入黨綱。在討論黨章時，反對建立有嚴格紀律和組織的馬克思主義政黨。在大會選舉黨中央機關成員時，他們只獲少數選票，被稱為孟什維克。故孟什維克意指少數派。

「印度支那共產聯盟」雖受邀，但沒有派代表出席。胡東茂和黎鴻山（Le Hong Son）兩人雖不介入該爭端，亦參加該項會議。阮愛國提出一個折衷方案，黨名改為越南共產黨（Communist Party of Vietnam），並通過新的政綱，選出新的 9 名臨時中央委員，包括北圻選出 3 名、中圻和南圻各選出 2 名、海外華人選出 2 名，阮愛國擔任協調人。隨後在南圻成立由印支共黨和安南共黨合組的區域委員會組織。在中圻，「印度支那共產聯盟」企圖納入越南共黨，但未能成功。4 月，三圻的越南共黨代表企圖在河內召開新的中央委員會會議，受法國警察干擾，決定在 7 月改在香港召開會議，但有兩位代表在海防登船時遭逮捕，其他人則躲藏起來。至 10 月，越南共黨第一屆全會才在香港召開。陳富被選為第一任總書記，會上通過新的黨綱。該黨申請加入「共產國際」，獲得許可後，「共產國際」要求其改名為印度支那共黨。[13]

三、胡志明與印度支那共產黨之建立

胡志明為義安（宜安）人，乳名阮生宮，十歲改名為阮大成，曾任小學老師，在法國輪船公司服務，擔任船上廚師的助手，第一次世界大戰爆發後，他前往法國巴黎，參加法國社會黨和共產黨，1923 年 6 月留學俄國。他在 1924 年 12 月前往廣州，使用化名李瑞。他擔任廣州政府政治顧問俄國人鮑羅廷（Borodin）秘書，兼任「共產國際」東方局副局長。[14]胡志明在廣州定居，積極吸收越南青年，並加以訓練。他接收了一個由黎鴻峰（Le Hong Phong, Lê Hồng Phong）、范鴻泰、胡松茂和贊英在 1923 年在廣州成立的「心心社」（Tam Tam Xa，Heart-to-Heart Association，為疆柢親王所創），1925 年 6 月重新命名為「越南青年革命同志會」（或稱越南革命青年黨，Viet-Nam Thanh-Nien Cach Menh Dong Chi Hoi, Association of Vietnamese Revolutionary Youth）。該組織是以越南青年共產團為核心，由僑居中國的越南愛國者為主體的組織。他從 1925 年 7 月到 1927 年 4 月還出版一個週刊：**青年**（*Youth*, Thanh Nien）。用船將該刊物偷運至越南，進行宣傳。同時，他模仿設在巴

---

13. William J. Duiker, *op.cit.*, p.494.
14. 中國國民黨黨史館藏，檔名：**越南黨派活動卷**，檔號：特 011,17-4。

黎的國際聯盟（International Union），在國民黨黨員廖仲愷和印度共黨分子羅伊（M. N. Roy）之協助下在廣州成立「亞洲被壓迫民族聯合會」（League of Oppressed Peoples of Asia），其成員包括韓國、印尼、馬來亞、印度、中國、越南，成為「共產國際」的陣線組織。世人對該組織所知有限，1925 年夏天，解散該組織。[15] 後來改為「東洋共產黨」（意即印度支那共產黨，越南語稱印度支那為東洋）。

胡氏選擇優秀的越南青年 300 人在廣州受訓，其中 100 人送入國民黨的黃埔軍校接受布魯車將軍（General Bluecher）的軍事訓練，有些則送至莫斯科東方大學接受政治訓練，其中包括陳富（Tran Phu）、黎鴻鋒、何孝集（Ha Hieu Tap）、阮氏明凱（Nguyễn Thi-minh Khai）等。[16] 每三個月，就需完成 20 到 30 位越南青年的訓練。在 1925 年 1 月到 1927 年 7 月間，胡氏總共派遣了約 200 位幹部潛回印度支那活動。

根據柯瑞（Cecil B. Currey）之說法，胡氏為了 10 萬元法幣賞金向法國警方密報，出賣越南國民黨領袖潘佩珠，使他在前往上海租借地時被逮捕，胡氏得此賞金有助於他在廣東的活動開銷。[17]

1926 年 1 月 6 日，胡志明化名李瑞致函中國國民黨第二次全國代表大會主席團，請求在會上發言。1 月 14 日，胡志明以「王達人」化名在中國國民黨第二次全國代表大會上發表演講，控訴法國在越南進行殖民統治的暴行，他的演講（用法語）由李富春翻譯成華語。[18] 在該年他用越南文寫了一本小冊子**革命的道路**，強調越南革命必須經過民族獨立和社會主義革命兩個階段，且認為建立革命政黨、制訂革命綱領以及用革命意識形態作為指導思

15. William J. Duiker, *op.cit.*, p.481.

16. William J. Duiker, *op.cit.*, p.482.

17. Cecil B. Currey, *Victory At Any Cost, The Genius of Viet Nam's Gen. Vo Nguyrn Giap*, 朱立熙譯，**勝利，不惜一切代價**，商業周刊出版公司，臺北市，1999 年，頁 35。關於披露胡志明出賣潘佩珠之著作，尚可參見 Robert Turner, *Vietnamese Communism: Its Origins and Development*, Stanford, C. A.: Hoover Institution Press, 1975; John T., McAlister, Jr., *Vietnam: The Origins of Revolution*, Garden City, Doubleday, New York 1971.

18. 蔣永敬，**胡志明在中國——一個越南民族主義的偽裝者**，傳記文學出版社，臺北市，1972 年初版，頁 49；廣西社會科學院編，**胡志明主席與中國**，中國大百科全書出版社，北京，1995 年，頁 26。演講稿全文見黃錚，**中越關係史研究輯稿**，廣西人民出版社，南寧市，1992 年，頁 142-146。

想的重要性。[19] 1927 年 4 月 12 日，中國國民黨清黨，逮捕共黨分子，胡志明經由中共的安排從中國武漢經上海逃到蘇聯避難。[20] 1928 年 11 月他又轉往暹羅，在暹羅和寮國邊界附近的烏隆他尼（Udon Thani）和色軍市（Sakon Nakhon）地區的越南人村（他們因逃避法國人的迫害而逃難到此）中活動。

「越南青年革命同志會」與「新越革命黨」在廣州成立合併協議，後者併入「同志會」，成為後來印支共黨之核心。到 1927 年，「同志會」擁有一千多名成員，在越南三大行政區設有委員會，吸收工農學生參加。

1929 年 5 月 1 日—9 日，「同志會」第一次全國代表會議在香港召開。會上，北圻代表團主張解散青年黨（越南青年革命同志會），成立共產黨。但中圻、南圻和泰國黨部代表的意見，主張仍然維持以共產黨人為核心的青年黨。北圻代表團的建議未被列入大會議程，於是陳文官、吳嘉嗣、阮文遵三位代表立即宣布退出大會，他們回國後，於 1929 年 5 月底成立了印度支那共產黨。

中圻和南圻的代表團，在香港開會回國以後，於 1929 年 10 月建立了安南共產黨。此外，新越革命黨中一些具有共產主義傾向的青年積極分子，於 1929 年 6 月組織了印度支那共產聯團。

1930 年 1 月，胡志明從暹羅前往香港，以「共產國際」東方部委員和東南亞司負責人的資格，召集了上述印度支那共產黨（北圻）、安南共產黨（南圻）和印度支那共產主義同盟三個共黨組織代表在香港開會，印度支那共產聯團沒有代表出席。胡志明要求他們放棄分裂，團結起來，統一組織。2 月 3 日的代表會議上，其他兩黨代表團同意統一，正式宣布成立越南共產黨，並選出臨時中央委員會。後來「印度支那共產聯團」也同意參加組織統一的越南共產黨。

1930 年 5 月榮市郊區一家火柴工廠的工人發動示威，農民和學生、婦女加入示威活動。9 月，印支共黨在義安省和河靜省分別組織蘇維埃（Soviet）

---

19. 時殷宏，「胡志明與越南革命（1920-1945）」，**暨南學報（哲學社會科學）**，第 18 卷第 2 期，1996 年 4 月，頁 48-57。
20. 黃錚，**前引書**，頁 141。

政權，進行減租減息，沒收地主土地。法國殖民當局鎮壓暴動，許多共黨分子被殺害。至 1931 年 1 月才解散該共黨政權。1930 年 10 月，臨時中央委員會在西貢召開第一次會議，陳富擔任第一任總書記，會上通過了黨綱，提出十大口號：(1) 打倒法帝國主義的封建勢力和地主階級；(2) 成立工農政府；(3) 沒收外國、本國地主和教會的全部土地，把土地分給中農和貧農，土地所有權屬於工農政府；(4) 大企業全部國有化；(5) 廢除所有現行的稅收，制定累進稅；(6) 實行八小時工作制，改善工人和勞動群眾的生活；(7) 承認印度支那完全獨立，承認民族自決權；(8) 建立工農軍隊；(9) 男女平等；(10) 擁護蘇聯，同全世界無產階級和殖民地、半殖民地革命運動團結在一起。

1931 年 6 月 5 日，胡志明在香港，奉「共產國際」之命將「越南共產黨」改稱「東洋共產黨」，[21] 被英國當局以顛覆罪判處六個月徒刑。同時他也被越南義安省省會義安的法國法庭以反法罪名判處死刑。法國以胡氏為法國公民為由向香港請求引渡胡氏。該案上訴到倫敦的樞密院，胡氏以政治犯為由，故不適用引渡。1932 年初，胡氏在「紅色國際救濟會」的協助下，聘請律師為他辯護，[22] 最後由俄國領事保釋而被釋放，化裝成商人逃往廈門，以避開法國情報人員的追捕。[23] 後來他擬潛赴英國，在路經新加坡時被以無簽證之罪名而遭扣捕，遣返香港。

印支共黨在北圻、中圻、南圻、柬埔寨和寮國等設有地區委員會。共黨的周圍還有外圍群眾組織，包括總工會、總農會、共產主義青年團、婦女聯合會、自衛隊、紅色救濟會和印支反帝同盟會等。

---

21. 越南國民黨領袖嚴繼祖於 1942 年 8 月 16 日在重慶致送中國國民黨一份「越南革命各黨派略史報告」，其中提到「越南共產黨（即東洋共產黨），成立於 1925 年，國外以香港為根據地，國內則以中圻為活動中心，其領袖為阮愛國（現已病歿）。」法國人稱印度支那三邦為東洋，東洋共產黨即印度支那共產黨。在「越南革命各黨派略史報告」中則指稱東洋為越南之別稱。（參見中國國民黨黨史館藏，檔名：**越南黨派活動卷**，檔號：特 011,17-7。越南革命各黨派略史報告。）

22. 參見長征，**胡主席：越南人民敬愛的領袖**，頁 11。

23. Bernard B. Fall, *op.cit.*, p.96. 但 Jean Lacouture 的說法不同，他說胡志明在 1930 年 10 月在香港召集越南共產黨在各地的代表，將越南共產黨改名為東洋共產黨 (Dong Duong Cong San Dong) 或印度支那共產黨，以符合共產國際的精神和規定，不以民族主義而以國際主義為號召。參見 Jean Lacouture, *op.cit.*, The Penguin Press, p.44.

四、宗教組織抗法活動

南越抗法分子亦有透過地方宗教而活動者，最主要的地方宗教是高台教（Caodaist），它具有精神主義、素食主義、佛教、道教、儒家的特性。1926年5月，該教開始運動，其據點在堤岸、嘉定和西寧省。其活動方式類似地下幫會，其主要支持者是柬埔寨人。1927年11月，柬埔寨人約一萬多農民從西寧省附近省份到西寧省高台教寺廟朝拜。12月，柬埔寨國王禁止該教在柬埔寨活動。由於該教並沒有公開其政治主張，所以法國允許其活動。1929年8月，法國禁止該教增加新的傳道所，該教的信仰者已有20萬人。1930年，該教分裂成三個派系，分別是西寧的「聖教」（holy-sees）、美萩（My-Tho, Mytho）和北柳（Bac-Lieu），該三個派系對共黨和暴力手段之態度有歧見。1932年該教又分裂，一是北寧派；二是共黨派，支持胡志明的「革命青年同志會」和印度支那共黨；三是阮安寧（Nguyễn An Ninh）派，是在1927─1928年發展起來的。阮安寧與共黨有關係，在他被捕後，他的徒眾被共黨接收，參加1930年的暴動。共黨慣用的策略是分裂對手，然後提議合併，接收其殘餘的分裂的徒眾，以壯大自己。共黨也經常和其他黨派組成聯盟，最後將之併吞。[24]

第三節　與法國合作的現代化派

在1930年，有阮文榮（Nguyễn Van Vinh）主張切斷越南古代文化，而與法國發展合作關係，學習法國的科技和文化，以期越南走上現代化之路。阮文榮於1882年6月15日生於越北的河東（Ha Dong）省豐德（Phuong Duc）村。家庭為貧農背景。在八歲時，他為了賺取生活費，在法國學校中拉竹扇子，以使教室空氣流通，他遂得以在教室中學習法語。由於他很聰明，所以法國老師建議校方給他獎學金，進學校讀書。十四歲時完成學業，考試

---

24. R. B. Smith, *op.cit*., pp.115,128-129.

名列前茅，成為優秀的法語和越語的翻譯者。[25] 他結婚數次，曾與一位法國女士結婚，又與一位越南詩人結婚。他曾在印度支那政府任秘書。在北寧省（Bac Ninh）建安（Kien An）的老街（Lao Cai）政府擔任秘書。1904 年，在河內法院工作。1906 年初，不明原因辭去政府工作，返回其故鄉。他參加小型的知識分子團體「知知學社」（Tri Tri School）。在該年，他擔任縣議員，並擔任經濟與金融利益大協會（Grand Council of Economic and Financial Interests）的會員。他與范維敦（Pham Duy Ton）都參加潘佩珠的「東京義塾」，尋求與法國合作以促進越南的現代化，其首要工作是發展越南國語以取代中國漢字；其次為學習法語，將西方的科學、運動、衛生、教育、商業和工業等觀念介紹給廣大越南民眾。阮文榮在該遊學團體中教法語。1907 年，潘周楨向殖民政府提出一套改革方案，包括：教育改革、教授法語、農業改革計畫、傳統越南服裝改為西方化。潘周楨主張改行共和制度，批評君主制度阻礙越南進步。

1906 年，法國派阮文榮擔任越南代表團一員前往馬賽（Marseille），參加殖民地博覽會（Colonial Exposition）。在該博覽會上，他遇見西方記者，瞭解報紙和印刷品的重要性。隨後他前往法國遊歷，見識西方社會的自由和繁榮，更增強他要現代化越南社會和文化的想法。他返回越南後，決心創辦一所印刷廠和報紙。1907 年，他在河內創立越南第一所印刷廠，出版**揚鼓宗報**（Dang Co Tung Bao），該報是東京地區第一份用羅馬拼音書寫的越南文報紙。1913 年，他出版國語寫的**東洋雜誌（印度支那雜誌）**（Dong Duong Tap Chi, The Indochina journal)。他將許多法國作家巴爾札克（Balzac）、雨果（Victor Hugo）、杜馬司（Alexandre Dumas）、方丹（La Fontaine）、莫里埃（Moliere）等人的古典文學作品譯為越南文，他也將英文作品譯成越南文，例如史衛福特（Jonathan Swift）的**格列佛遊記**（Gulliver's Travels）以及將越南有名的小說阮杜（Nguyễn Du）的**喬的故事**（The tale of Kieu）譯成法文。這些書都由他的印刷廠出版。由於他及其他學者的鼓吹，所以啟定帝在 1919

---

25. "Alexandre Rhodes and Nguyen Van Vinh," http://ribf.riken.go.jp/~dang/rhodes_motive.html　2018 年 3 月 1 日瀏覽。

年宣布廢除漢字，改採用羅馬拼音的越南文。[26]

　　在 1906 年或 1907 年，阮文榮加入設在河內的「人權聯盟」（League of Human Rights, Ligue des droits de l'homme），該組織成立於 1903 年，其宗旨為在殖民地推動共和思想、制裁殖民主義的濫權、闡揚個人權利和自由、公民權和平等觀念。

　　1908 年爆發農民暴動，潘周楨被懷疑與該起事件有關而遭到逮捕。同時法國殖民當局關閉「東京義塾」。阮文榮設法營救被關在崑崙島的潘周楨。阮文榮也加入「印度支那反教士與支持共和互濟會」（anti-clerical and pro-Republican freemasons in Indochina）。1913 年，他被選為「東京顧問社」（Advisory House of Tonkin, Chambre Consultative du Tonkin）的會員。1920 年代，又加入「心豔孔子社」（Human Rights order of the 'Confucius' lodge, Tam Diem Khong Tu）。在阮文榮死時，「心豔孔子社」籌辦他的葬禮，有三千多人送葬。[27]

　　他在 1931 年創辦**新安南報**（Annam Nouveau, New Annam)，他成為法國殖民統治時期的重要報人，也是西方文學翻譯成越南文的翻譯家。在 1931 年 3 月 1 日，他因為在 1929 年經濟大蕭條時積欠大筆債務，而離開報社的主管職務，他欠其法國合夥人蒙特皮薩特（de Montpezat）40,000 越南幣（piastres）。法國警察奉命要逮捕他，他只好為其親戚所辦的報紙寫文章，以償還債務。3 月，他賣掉其所屬的**新安南報**的股份，離開其妻子，前往寮國探採銀礦和金礦。他畢生主張引進西方科學和醫學知識到越南，1936 年最後卻死於痢疾，而且窮途潦倒。[28]另一項報導說，阮文榮死於寮國南部的西波爾（Sepole）河上的一條船，死時手中還握著筆和筆記本。[29]阮文榮因為

---

26. "Alexandre Rhodes and Nguyen Van Vinh," http://ribf.riken.go.jp/~dang/rhodes_motive.html　2018 年 3 月 1 日瀏覽。

27. Christopher E. Goscha, "'The modern barbarian': Nguyen Van Vinh and the complexity of colonial modernity in Vietnam," *European Journal of East Asian Studies*(Brill, Leiden), Volume 3, Number 1, 2004, pp. 135-169(35), pp.9-11.

28. Christopher E. Goscha,, *op.cit.*, p.2.

29. "Alexandre Rhodes and Nguyen Van Vinh," http://ribf.riken.go.jp/~dang/rhodes_motive.html　2018 年 3 月 1 日瀏覽。

長期努力推動將羅馬拼音越南文成為國語，而受到越南人的景仰。

與阮文榮同樣背景的人物是范貴恩（Pham Quynh），亦是主張西化者。范貴恩贊成法國直接統治越南和印度支那，推動法國文化和開明統治。他主張改革越南過時的風俗習慣。

第四節　法國建立之殖民統治體系

在第二次世界大戰前，印度支那分為五個政治單位，包括：(1) 安南（Annam）帝國，自 1884 年起成為法國保護國，總人口約 600 萬，首都在順化，人口 4 萬人。(2) 柬埔寨王國，自 1863 年起成為法國保護國，總人口約 310 萬，首都在金邊，人口 10 萬 3,000 人。(3) 交趾支那（Cochin China），自 1874 年起成為法國領土（大南國將交趾支那割讓給法國），總人口約 460 萬，首府在西貢，人口 11 萬 1,000 人。(4) 東京（Tongking, Tonkin），自 1883 年起成為法國保護地，總人口約 800 萬，首府在河內，人口 12 萬 4,000 人。另外有海防港，人口有 12 萬 2,000 人。(5) 寮國，包括受法國保護的琅勃拉邦（Luang Prabang），自 1893 年起成為法國保護國，總人口約 100 萬，首都在永珍，人口約 1 萬人。[30]

法國是在 1887 年建立印度支那聯邦（Indochinese Union），包括交趾支那殖民地、東京保護地、安南和柬埔寨二個保護國，寮國在 1893 年併入印支聯邦。

法國初期派駐在交趾支那的首長稱為行政長官（又譯為統督，Governor），派駐在東京和安南的稱為欽使（或譯為駐紮官，Résident General），以後又改為統使（或譯為資深駐紮官，Résident Supérieur）。1887 年始派全權總督（Governor-General），首任總督功增（Ernest Constans）是在該年派駐西貢。1891 年 4 月 21 日，透過命令確定總督的權力。總督有權直接

---

30. *Keesing's Contemporary Archives*, March 9-16, 1946, p.7780.

與法國政府溝通，以及與法國部長交涉，亦可與法國派駐遠東的代表交涉。他有權控制在印度支那的陸軍和海軍。他亦負責組織當地警察和官僚組織。他有權委任其權力給在交趾支那的副統督（Lieutenant-General），或委任給其他政治地區的欽使。總督人選更動頻繁，例如從1902—1945年總共有 23 位總督，其中有些總督任期只有八個月或一年左右，以致於殖民政策缺乏持續性。[31] 作滿五年任期的總督是杜美（Paul Doumer, 1897-1902），他被認為是法國在越南殖民體系的構建者。

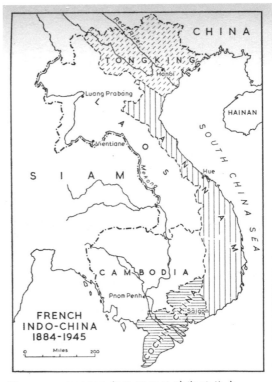

圖 9-7：1884-1945 年法國統治時期的越南
資料來源：Hoang Van Chi, From Colonialism to Communism, A Case History of North Vietnam, Frederick A. Praeger, New York, 1964, p.xv.

　　總督下設兩個評議會協助，一個是「印度支那評議委員會」（the Conseil supérieur of Indo-China），另一個是「國防評議會」（the Conseil de dé-fense）。前者為總督的諮詢機構，其成員包括總督（擔任主席）、法軍駐印度支那海軍司令和陸軍司令、交趾支那統督、其他地區的欽使、各委員會的主席、以及每年由總督任命的兩位越南代表。該評議會每年討論印度支那的總預算，從 1900 年起還討論廣州灣的預算（因為依據 1899 年 11 月 16 日中、法廣州灣租界條約，法國從中國取得廣州灣的租借區以及在租借區駐兵和築砲台之權），以及印支聯邦五個

---

31. Bernard B. Fall, *The Two Viet-nams, A Political and Military Analysis*, revised edition, Frederick A. Praeger, New York, London,1964, p.31.

領地的個別預算，對海軍和陸軍進行必要的撥款，對印度支那的重要問題進行討論。會議的地點由總督決定。國防評議會亦是由總督擔任主席，參加者包括海軍和陸軍司令以及其他軍區司令，主要討論印支的軍事部署和調配，維護地方的和平與秩序。[32]

　　法國在南圻設有一位統督，中圻、北圻和柬埔寨各設一位欽使（Residents-general, Résident-général），在寮國設一位統使（資深駐紮官，Residents-Superior），負責其轄區內的政務。1885 年 7 月 31 日，法國和安南國王簽署一項協議，安南允許法國控制其地方政府。1886 年 2 月 3 日，總督下令組織印度支那地方政府的人事，其規定適用於安南和東京的省分。1886 年將安南和東京的欽使降級，改派統使；1889 年 5 月 16 日，將柬埔寨欽使降為柬埔寨統使；1889 年 5 月 16 日到 1945 年 10 月 15 日，將派駐柬埔寨的統使（資深駐紮官）歸由順化的統使（資深駐紮官）指揮。欽使除了與其藩屬領地的主權者維持政治和外交關係外，負責當地的預算和地方行政管理。

表 9-3：法國在印度支那派駐欽使的時間和地點

1. 在越南和寮國：1884 年 6 月 11 日到 1889 年 5 月 9 日在安南（順化）和東京派駐欽使（Residents-general）。

2. 1886－1950 年代（至少 1953 年）在安南（順化）派駐統使（資深駐紮官）（Residents-Superior）。

3. 1886－1950 年代（至少 1953 年）在東京（河內，在 1888 年以前臣屬於安南）派駐統使（資深駐紮官，Residents-Superior），但在交趾支那不派統使（資深駐紮官）。

4. 1895 年 9 月到 1945 年 4 月 5 日在寮國派駐統使（資深駐紮官，Residents-superior）。

5. 1885 年 8 月 12 日到 1889 年 5 月 16 日派駐柬埔寨欽使（Residents-general）。

6. 1889 年 5 月 16 日將柬埔寨欽使降為柬埔寨統使；1889 年 5 月 16 日到 1945 年 10 月 15 日將派駐柬埔寨的統使（資深駐紮官）歸由順化的統使（資深駐紮官）指揮。

資料來源："Resident (title)," Wikipedia, http://en.wikipedia.org/wiki/Resident_(title)# In_Indochina　2018 年 3 月 28 日瀏覽。

---

32. "Indo-China," Catholic Encyclopedia, http://www.newadvent.org/cathen/07765a.htm　2018 年 3 月 14 日瀏覽。

表 9-4：法國派駐安南和東京的代辦和欽使姓名

法國在順化之代辦姓名

1875 – 1876	Pierre Paul Rheinart (1st time) (1840 – 1902)
1876 – 1879	Paul Louis Félix Philastre
1879 – 1880	Pierre Paul Rheinart (2nd time) (s.a.)
1880 – 1881	Louis Eugène Palasme de Champeaux
1881 – 1883	Pierre Paul Rheinart (3rd time) (s.a.)
1883 – 1884	François Jules Harmand

法國在順化之欽使（Residents-general）姓名

1884/6/11 – 1884/10	Pierre Paul Rheinart(1st time) (s.a.) (provisional)
1884/10 – 1885/5/31	Victor Victor Gabriel Lemaire
1885/5/31 – 1886/1	Philippe hilippe Marie André (1827 – 1887) Roussel de Courcy
1886/4/18 – 1886/11/11	Paul Bert (1833 – 1886)
1886/11 – 1887/1	Paulin François Alexandre Vial (1831 – 1907)（臨時）
1887/1/30 – 1888/1/23	Paul Louis Georges Bihouard (1846 – 19··)
1888	Étiennc Antoine Guillaume Richaud (s.a.)
1888/11 – 1889/5/9	Pierre Paul Rheinart (2nd time) (s.a.)

駐順化統使（Residents-Superior）

1886 – 1888	Charles Dillon
1888 – 1889	Séraphin Hector (1st time) (1846 – ?)
1889	Léon Jean Laurent Chavassieux (s.a.)
1889 – 1891	Séraphin Hector (2nd time) (s.a.)
1891/10 – 1897	Ernest Albert Brière (1848 – ?)
1897 – 1898	Jean Calixte Alexis Auvergne (1859 – 1942) (1st time)
1898/3 – 1900	Léon Jules Pol Boulloche (1855 – 19?..)
1901/5/9 – 1904	Jean Calixte Alexis Auvergne (2nd time) (s.a.)
1904 – 1906	Jean-Ernest Moulié
1906 – 1908	Fernand Ernest Levecque (1852 – 19?..)
1908 – 1910	Élie Jean-Henri Groleau (1859 – 19?..)
1910 – 1912	Henri Victor Sestier (1857 – 19?..)

1912 – 1913	Georges Marie Joseph Mahé
1913 – 1920	Jean François Eugène Charles
1920 – 1927	Pierre Marie Antonie Pasquier (s.a.)
1927 – 1928	Jules Fries
1928 – 1931	Aristide Eugène Le Fol
1931 – 1934	Yves Charles Châtel (1865 – 1944)
1934 – 1940	Maurice Fernand Graffeuil
1940 – 1944	Émile Louis François Grandjean
1944 – 1945/3	Jean Maurice Norbert Haelewyn (1901 – 1945)

日本駐順化行政長官（Japanese Resident）

1945/3 – 1945	Yokoyama Masayuki (1892 – 19?.)

日本駐東京代表（Commissioners）

1945/8 – 1955	the Commissioners of Tonkin

資料來源："Vietnam," http://www.worldstatesmen.org/Vietnam.html 2018 年 3 月 8 日瀏覽。

表 9-5：法國駐東京統使之姓名

Residents-Superior (at Hanoi; subordinated to Annam until 1888)

1886	Paulin François Alexandre Vial (s.a.)
1886 – 1887	Jean Thomas Raoul Bonnal (1847 – ?)
1887 – 1888	**廢除統使**
1888/4 – 1889	Eusèbe Irénée Parreau (1842 – ?)
1889 – 1891/10	Ernest Albert Brière (s.a.)
1891 – 1893	Léon Jean Laurent Chavassieux (s.a.)
1893 – 1895	François Pierre Rodier (1854 -1913)
1895 – 1897	**廢除統使**
1897	Léon Jules Pol Boulloche (1855 – 19?..)
1897 – 1904	Augustin Julien Fourès (s.a.)
1904 – 1907	Jean-Henri Groleau (1859 – 19?..)
1907/3/9 – 1907	Louis Alphonse Bonhoure (1865 – 1909)
1907 – 1909	Louis Jules Morel (1853 – 19?..)
1909 – 1912	Jules Simoni
1912/12/15 – 1915/6/8	Léon Louis Jean Georges Destenay (1861 – 1915)
1915 – 1916	Maurice Joesph Le Gallen

1917 – 1921	Jean Baptiste Édouard Bourcier (1870 – 19?...) Saint-Gaffray
1921 – 1925	Maurice Antoine François (s.a.) Monguillot
1925 – 1930	Eugène Jean Louis René Robin
1930 – 1937	Auguste Eugène Ludovic Tholance (1878 – 1938)
1937 – 1940	Yves Charles Châtel (s.a.)
1940 – 1941	Émile Louis François Grandjean
1941 – 1942	Edouard André Delsalle (1893 – 1945)
1942 – 1944	Jean Maurice Norbert Haelewyn (1901 – 1945)
1944 -1945/3/9	Camille Auphelle (1908 – 1945)
1945/3 – 1945/8	Nishimura Kumao – 日本駐紮官 (Japanese Resident) (1899 – 1980)

日本駐東京代表（Commissioners）

1945/8/18 – 1945/8/22	Pierre Messmer (acting) (1916)
1945/8/22 – 1946/3	Jean-Roger Sainteny (1st time) (1907 – 1978)
1946/3 – 1946/6	Jean-Etienne Valluy (1899 – 1970)
1946/6 – 1946/8/17	Jean Crépin (acting) (1908 – 1996)
1946/8/17 – 1946/12/2	Louis-Constant Morlière (1897 – 1980)
1948/12/2 – 1948	Jean-Roger Sainteny (2nd time) (s.a.) （臨時）
1948 – 1949	Yves-Jean Digo (1897 – 1974)
1949 – 1950/11	Marcel-Jean-Marie Alessandri (1895 – 1968)
1950/11/24 – 1950/12/29	Pierre-Georges-Jacques-Marie Boyer (1896 – 1976) De La Tour du Moulin
1950/12/29 – 1951/2/10	Raoul-Albin-Louis Salan (interim) (1899 – 1984)
1951/2/10 – 1953/5/28	François-Jean-Antonin-Marie-Amédée (1897 – 1955) Gonzalez de Linarès
1953/5/28 – 1955	René Cogny (1904 – 1968)

安南王室派在東京之代表（Kinh Luoc Bac Ky）

1888 – 1890(?)	Nguyễn Huu Do
1890 – 1897	Hoang Cao Khai

資料來源：＂Vietnam,＂ http://www.worldstatesmen.org/Vietnam.html 2018 年 3 月 8 日瀏覽。

　　此外，在 1889 年越南割讓給法國的土倫、海防、河內等城市，也成為法國殖民地。每一個省，由法國「印度支那公務服務署」（Indochinese Civil Service）派遣官員治理，在殖民地的稱為省長（chef de province），在保護地的稱為「欽使」（駐紮官，résident）。在保護地，「欽使」在理論上是安南王朝的「顧問」，實際上，他掌有實權，包括警察權和司法權。事實上，安

南國王仍存在，朝廷所在地在順化，國王之下設有各部，有部長，但無實權，例如國防部長只負責王宮的守衛。國王所發的敕令，需有法國欽使的簽署。在東京，「保護地」和直接殖民統治地雖有不同，實質上是相同的，只是名稱不同而已。[33] 安南王朝的部長會議是由法國駐越南行政長官擔任主席，每一位部長都有一位法國顧問協助。法國駐安南行政長官也是王室會議的主席。[34]

1886 年 6 月 10 日，安南國王敕令派遣「經略使」（kinh luoc, emperor's viceroy, Imperial High Commissioner）駐守東京。「經略使」以國王之名義實施統治，他有權任命東京官員和決策，除聽命於安南國王外，亦受法國統使（Résident supérieur）之節制。根據 1884 年順化條約第七條之規定，在法國當局之要求下，可以更換東京的官員，事實上，「經略使」的地位低於法國當局。東京的行政權逐漸移轉到法國官員的手裡。1897 年 7 月，法國廢掉經略衙，安南國王喪失任命「經略使」的權力，由法國駐河內的統使直接治理北圻。[35] 同一年，在安南的國王的樞密院（Privy Council, Co Mat Vien）由法國控制的部長會議（Council of Ministers）取代。1898 年，法國承擔在安南徵稅以及支付官員薪俸的責任。反對該項改變的安南官員都被貶官或改調不重要職位。

法國在 1887 年成立「印度支那聯邦」，置於法國殖民部管轄權之下。法國在印度支那設立總督，總督直接對法國殖民部負責。「印度支那聯邦」包括五個國家（pays, countries）：柬埔寨保護國（1863）、交趾支那殖民地（1874）、安南保護國（1884）、東京保護地（1897 成為法屬印支總督直接統治）和寮國（1893）。這些國家沒有主權，其人民亦未具有國際意義的國籍。在國際法上，這些國家不具有國際法的法律實體的意義。因為這些國家對外活動係以「印度支那聯邦」為名義，而由「印度支那聯邦」總督為名實施統治。[36]

1897 年，杜美總督將安南、東京、柬埔寨各保護地改為直接統治。該年

33. Bernard B. Fall, *op.cit.*, p.32.

34. Nguyen Khac Vien, *Vietnam, A Long History*, Thé Giòi Publishers, Hanoi, 1999, p.155.

35. Nguyên Thê Anh, "The Vietnamese Monarchy under French Colonial Rule 1884-1945," *Modern Asian Studies*, Vol. 19, No. 1. (1985), pp. 147-162.

36. Nguyên Thê Anh, *op.cit.*, p.149.

8 月 15 日，安南國王將徵稅權移交給法國，由法國支付安南皇室和政府官員的開支費用。9 月 27 日，成泰帝下令重組順化王朝的部會，並宣布法國駐安南的統使成為樞密院的主席。以後統使又成為皇室會議（Council of the Royal Family）的主席。安南國王僅保留儀式權力、傳統教育、與王國有關的司法和行政的項目、國庫、刑法、公法和私法的個人的地位等。但在總督和統使的治理下，安南國王上述的小部分權力也進一步受到限制。安南國王發布的敕令是沒有效力的，除非獲得統使的副署以及總督的批准。統使是安南部長會議的主席，並起草國王的各種敕令。

至 1925 年，法國進一步將安南國王的剩餘的政治和司法權力予以剝奪。11 月 6 日，法國和成泰帝簽訂一項協議，法國剝奪安南國王所有的行政活動。安南國王僅剩下儀式權力，例如在南郊祭天和祭地時獻酒、慶祝四季節慶、祭祀其祖先陵墓等。此外，安南國王還保留大赦權、對死者賜爵位、對東京和安南村莊禳災祈福、頒給貴族榮譽頭銜。法國在越南的命令體系，是從巴黎的殖民部長作決定，然後下達印度支那總督、統使、交趾支那行政長官到下層官員。1932 年，法國當局將 1925 年 11 月 6 日協議廢止，以維持保護地的地位，及避免將保護地和殖民地加以區別的作法。

表 9-6：法國駐印度支那歷任總督姓名

Ernest Constans（1887 – 1888）

Paul Bert – 1886 年被任命為安南和東京的欽使（總駐紮官）（resident-general）

Paul Doumer（1897 – 1902）

Paul Beau（1902 – 1908）

Antony Klobukowski（1908 – 1910）

Albert Sarraut（1911 – 1914）

Joost van Vollenhoven（1914 – 1915）–（代理）

Albert Sarraut（1917 – 1919）

Georges Catroux（1939 – 1940）

Jean Decoux（1940 – 1945）

資料來源："List of Governors-General of French Indochina," *Wikipedia*, http://en.wikipedia.org/wiki/Governor-General_of_Indochina　2018 年 3 月 30 日瀏覽。

在法國統治初期，三圻人民之進出各圻，需先申請通行證。法國亦嚴禁越南人民之出版、集會或組織的權利。法國透過警察任意逮捕越人，關押在獄，甚至施以拷打虐待。

1899 年，法國殖民政府取得徵稅的權力，以支付其官員的薪水。在東京和安南，各省除了由法國行政長官治理外，亦有越南官員。省行政長官由「選出的委員會」協助，該一委員會的成員包括地主、富商和高級官員。

在下層官員方面，越南官員仍維持其官職，不過會有同級或高級的法國官員在同一機關，法國官員領有多二到三倍的薪水。在河內大學的法國人警衛的薪水，比獲有巴黎大學博士學位的越南人教授還多。1927 年，在瓦倫尼總督的開明統治下，具備相同學術資格的越南人和法國人，得有升遷行政主管的平等機會。在法國統治下的柬埔寨和寮國，越南人則獲得更多的升遷機會。柬埔寨人和寮國人都認為是二度被殖民統治，第一個殖民主人是法國人，第二個是越南人。法國在 1914 年以前允許越南人出任法國軍隊中的軍官。[37]至 1910 年，法國派駐在印度支那的官員有 5,000 人，差不多等於英國在印度的官員人數。[38]

法國在交趾支那設立殖民地議會（Colonial Council），1922 年進行改革，增加越南人的席次為 10 席，另外法國人占 14 席。他們由約 2 萬 2,000 名越南選民選出。[39]在安南和東京兩個保護地，於 1898 年 8 月 13 日決定設立人民代表院（Chamber of the People's Representatives）。安南的人民代表院完全由越南人選出；東京的人民代表院亦是全由越南人選出，不過其中有四分之一的代表是由法國人認為安全而委任的。這些代表可以對社會和經濟議題表示意見，不過，這些議會還是諮詢性質。

法國在統治交趾支那初期，最感困難的是不熟習越南的法律。當時並未將越南法律譯成法文。在交趾支那和法國控制的三個城市（土倫、河內、海

37. Bernard B. Fall, op.cit., p.33.
38. Nguyen Khac Vien, op.cit., p.158.
39. "Part 1 of Early History of Vietnam," Vietnam War-A Memoir, http://www.vwam.com/vets/history/history1.htm　2018 年 3 月 10 日瀏覽。

防），設有法國法院，有法官和檢察總長（Procureur Général）。在印度支那設立三個上訴法院，有兩個設在西貢，一個在河內。民事初審法庭設在西貢、美萩、永隆、河內和海防。第二審上訴法院設在檳梂（Bentré）、朱篤（Chaudoc）、茶榮（Trà-Vinh）、龍川（Long-Xuyen）、芹苴（Cantho）和柬埔寨的金邊（Phnom-Penh）。上訴案件可上訴到法國本土的法院。在保護地，情況不同，當地傳統的法院依其本身的法律判案，涉及法國人的案件，則設有法國顧問，使量刑符合法國的懲罰標準。在 1936 年的一個判例，法國最高行政法院（French Conscil d'Etat, Administrative Supreme Court）決定法國保護地當局實際上是由「外國」（安南）進行司法管轄，因此不可上訴到法國法院。據此而言，越南人是不可能成功地向越南法庭起訴法國官員。[40]

在北圻，刑事法庭設在河內和海防，共有四種院，第一、第二和第三院專門負責審理有關法人、清人、城庸人（指河內和海防兩市人）、外國人的刑案；第四院則是審理大南人的刑案，設有兩位大南法官審理。禁止對犯人施予極刑。[41]

法國在越南頒行各種行政法規，例如，規定財產、土地、出生、死亡、結婚、遺囑等都需登記。

法國在控制交趾支那後，將約 4,000 公頃的土地分給法國殖民者（colons）。越南人只可以擔任下層官員。為應付財政需要，法國出口稻米以為彌補，1870年出口稻米 229,000 公噸。在以前，越南國王是禁止出口米的。在法國統治交趾支那頭十年，徵稅較以前多十倍。由法國交趾支那政府經營的鴉片、鹽和酒的稅收，約占政府歲入的 70%。土地集中在少數人手中益趨嚴重，1930 年，交趾支那的 80% 稻米地為 25% 的地主所控制，農村有 57% 的農民沒有土地，他們為大地主耕種。在安南，無地的農民約有 80 萬人，在東京約有 100 萬人。橡膠園約有 90% 為法國人所有。煤礦有三分之二出口以賺取外匯。

在東京，科舉考試是在 1915 年廢止；在安南，在西化派阮文榮及其他學

40. Bernard B. Fall, *op.cit.*, p.35.
41. [越] 吳甲豆，**前引書**，第四冊，冬集，本朝，頁 74。

者的鼓吹下，啟定帝在 1919 年宣布廢除漢字，改採用羅馬拼音的越南文。[42]交趾支那在 1861 年後，將越南漢字改為羅馬拼音的越南文。1896 年，殖民政府下令國語（羅馬拼音的越南文）成為官員考試的科目之一；1903 年，將法語論文納入國語。[43] 許多傳統學校由新式的法越學校取代，也設立許多專業學校。1901 年，設立醫學院，培養醫生。1905 年，設立印度支那公共教育署，負責印度支那的教育政策之制訂和監督。1907 年，設立河內大學（印度支那大學），但該校並未設立科學學院和工程學院。在 1908 年越南爆發大規模反法運動，為避免學生捲入該一運動而關閉該一大學，直到十年後才開放。

在法國統治期間，設立的學校明顯不足，學齡兒童就學率僅有 10%。學校系統採取初等小學五年，高等小學五年，中學三年的學制。整個越南僅有三所中學，可以讓越南人入學，分別設在河內、順化和西貢。法國人就讀的中學也有三所，分別設在河內、順化和西貢。至戰後，印度支那大學只有 600 名學生。[44] 有錢的越南人將子女送至法國讀書，1870 年留法學生有 90 人。在河內和南定設立師範學校，培養師資。在河內設立一所女子學校。

法國在交趾支那的教育是由督學（*Directeur*）負責，他直接向統督負責。在每個村設立小學，教授法語、國語和基本數學。

法軍在越南建立地方保安隊，這些兵戴一種繫藍帶的笠帽，並束藍腰帶，俗稱「藍帶兵」，他們由法軍統轄，負責把守各官邸和公所，並駐防於各鄉村，以防盜匪。在險要之地，則由法國兵和「紅帶兵」駐守，「紅帶兵」也是越南人擔任，他們繫紅帽帶和束紅腰帶。他們也是由法軍統轄，負責應付緊要事件。

為促進商業交通以及防守上的需要，法國在 1891 年開始鋪設從府諒商到諒山的鐵路，至 1894 年建成。在法國統治時期，在越南境內建有四條鐵路，是以河內為中心，分別延伸到海防、諒山、義安、老街。[45] 杜美總督建立東

---

42. "Alexandre Rhodes and Nguyen Van Vinh," http://ribf.riken.go.jp/~dang/rhodes_motive.html　2018 年 3 月 2 日瀏覽。

43. Nguyen Khac Vien, *op.cit*., p.156.

44. Nguyen Khac Vien, *op.cit*., p.157.

45. [越] 梁竹潭，**新訂南國地輿教書**，無出版地、公司及年代，鐵路，頁55；[越] 吳甲豆，**前引書**，第四冊，

法（法屬印度支那）全境統一的收支簿籍，制訂各種稅收：丁稅、田稅、土稅、進出口稅等，並派人壟斷領徵酒稅、鹽稅和鴉片稅。1897 年 7 月，廢除北圻經略衙門，將其權交給統使。向法國貸款 2 億法郎，以鋪設東法境內的鐵路和進一步開發農業和手工業。1902 年，杜美離任，由畢歐繼任總督，他開化民智，發展教育，設立衛生局，修建醫院。[46] 在河內及各省設立福堂（治療傷患室）、醫院、育嬰護產所。

法國在越南之經濟政策，不是在推動其現代化之工業建設，而是著重在取得天然資源，例如礦藏，以及利用越南之勞動力建立咖啡園、橡膠園、茶園、農產品加工業、運輸業。法國在越南之目的很清楚，就是掠奪越南之天然資源以及控制其市場。法國為達此目的，在越南兼併土地，至 1930 年止，全越南的耕地面積有 460 萬公頃，法國人控制的耕地就達 76 萬公頃，占 16.5%。這樣發展的結果導致越南人民依然過著貧窮的生活，並未從法國的統治中獲得好處。在東南亞國家中，未獲得殖民統治好處的國家，越南和荷蘭治下的印尼一樣，都受到殖民統治者的剝削，經濟產業構造不健全，經濟基礎薄弱，以致在戰後取得獨立地位後，經濟發展速度緩慢。

冬集，本朝，頁 75。
46. [越] 陳重金，**前引書**，頁 422-423。

第十章

越南民主共和國之建立

第一節　胡志明與越南獨立同盟

胡志明是一個天生的革命家，善於利用局勢轉換策略，以及善於溝通，將分散的團體結合成統一的陣線。胡志明在 1930 年 2 月 3 日，在香港將三個越南社會主義政黨聯合成立越南共產黨，中共也派代表饒衛華參加該項成立會議。[1] 10 月，他在香港召集越南共產黨在各地的代表，將越南共產黨改名為東洋共產黨（Dong Duong Cong San Dong）或印度支那共產黨，以符合「共產國際」的精神和規定，不以民族主義而以國際主義為號召。[2]

1941 年 1 月 26 日，胡志明將其徒眾分為兩股，一股（胡志明、馮志堅、武英）進入越北高平省的北坡，一股（黃文歡）留在靖西。胡志明則前往北坡，建立新的革命據點。[3] 這是他離開越南後第一次回國直接領導革命運動。5 月 10—19 日，在北坡召開印度支那共黨中央委員會第八次會議，通過「為了團結所有愛國分子，無論財富、年齡、性別、宗教或政治主張，應一起努力解放我們的人民及拯救我們的國家」的政治綱領，而組成了「越南獨立同盟陣線」（The League for Vietnamese Independence，Vietminh）（簡稱「越盟」），建立游擊隊和游擊根據地。[4] 會後胡志明從北坡進入靖西，在 6 月 6 日以「阮愛國」名義發表「致越南同胞號召書」。

他在 1942 年 8 月 13 日決定前往中國時改名為胡志明，[5] 他在 8 月 29 日進入中國廣西邊境，9 月 2 日在天保遭到地方警察逮捕。當時拘捕胡志明的中國第四戰區司令官張發奎及中國國民黨中央均不知胡志明的真實身分。「靖西國際反侵略會越南分會」於 10 月 29 日致國民政府立法院院長孫科一

---

1. 黃光周，「宋慶齡幫助胡志明找黨」，**廣西黨史**，1999 年 1 月，頁 37。

2. 參見 Jean Lacouture, *Ho Chi Minh*, translated by Peter Wiles, Allen Lane The Penguin Press, London, 1968, p.44.

3. William J. Duiker, *op.cit.*, p.250.

4. Jean Lacouture, *Ho Chi Minh*, The Penguin Press, pp.57-58.

5. William J. Duiker 說胡志明是持著海外華人記者證，上面的姓名是胡志明。該新聞社叫「國際新聞社」。參見 William J. Duiker, *op.cit.*, pp.263-264. 但 Donald Lancaster 卻說，胡志明在被張發奎逮捕後，張發奎建議他改名為胡志明，以討好重慶政府。參見 Donald Lancaster, *The Emancipation of French Indochina*, Oxford University Press, London, 1961, p.114.; Bernard B. Fall 亦認為是胡志明被捕後，張發奎將他的名字改為胡志明，俾便重慶政府將他釋放。參見 Bernard B. Fall, *The Viet-Minh Regime: Government and Administration in the Democratic Republic of Vietnam*, Institute of Pacific Relations, New York, 1956, p.1.

封電報，內容稱：「孫院長。敝會代表胡喀旻（Ho Ke Ming，就是胡志明）赴渝向蔣公（蔣中正）獻旗致敬，行抵靖西被執。伏乞電釋。國際反侵略會越南分會叩。」[6] 孫院長接到此一電報後，立即於 10 月 29 日轉給中國國民黨中央執行委員會秘書長吳鐵城。11 月 9 日，吳鐵城秘書長致電第四戰區司令官張發奎將軍：「密准孫（科）院長函送國際反侵略會越南分會來電，以該會代表胡自〔志〕明赴渝向總裁獻旗致敬，行抵靖西被扣，伏乞電釋等情。查此案前已電廣西省政府。特再電請轉知查明釋放，並見復為荷。」[7] 直至 1943 年 7 月，中國當局只查出胡志明是「第三國際活動分子」。他在同年 9 月 10 日被從柳州軍人拘留所移至第四戰區政治部，接受「察看感化」。此後，中國方面才知道他的真正身分為阮愛國，並在拘留期中給予優待。[8]

　　1942 年 7 月底，在中國第四戰區政治部之協助下，在柳州的越南反法革命分子組織越南革命同盟會籌備委員會，以阮海臣為籌備會主任委員，參加者有越南民族解放同盟會、越南復國同盟會（復國軍）、越南國民黨等。10 月 1 日，正式成立「越南革命同盟會」（League of Vietnamese Revolutionary Parties），執行委員會委員 7 人：包括張佩公、阮海臣、武鴻卿、嚴繼祖、陳豹、農經猷、張中奉。由於張佩公及阮海臣之反對，所以印度支那共黨和「越盟」人員未能加入「越南革命同盟會」。「越南革命同盟會」之宗旨為「親華、反法、抗日」。[9] 此時「越盟」恃其擁有一些民眾及一部分勢力，拒絕與越南革命同盟會合作。[10]

6. 中國國民黨黨史館藏，檔名：**越南胡志明案卷**，檔號：特 011,27-9。張發奎致吳鐵城函。

7. 中國國民黨黨史館藏，檔名：**越南胡志明案卷**，檔號：特 011,27-4。

8. 蔣永敬，**胡志明在中國——一個越南民族主義的偽裝者**，頁 150-151。然而，根據 Donald Lancaster 之說法，在 1939 年底，當日軍進入越北時，張發奎急需獲知日軍在越北活動的消息，因此欲從避難到廣西的越南民族主義者得到協助。而 1942 年阮愛國遭到靖西警察逮捕後，向張發奎表示他的越盟組織願意提供有關日軍在越北活動的情報。張發奎在 1927 年在廣州從事清除共黨時就知悉為鮑羅廷 (Borodin) 工作的阮愛國。因此為使阮愛國的工作能為重慶政府所接受，張發奎乃建議他改姓名為胡志明。阮愛國接受此一建議後，張發奎立即向重慶報告有一位安南人胡志明願意在越北組織情報網，為中國政府在東京地區活動。重慶政府無胡志明的個人資料檔案，結果歡迎這項建議，並釋放了胡志明，他還加入越南革命同盟會。（參見 Donald Lancaster, *op.cit.*, pp.113-114.）

9. 蔣永敬，**前引書**，頁 157-158。

10. 蔣永敬，**前引書**，頁 136。但 Donald Lancaster 認為，雖然印度支那共黨被拒參加該項會議，但越盟則派代表出席。（參見 Donald Lancaster, *op.cit.*, p.113.）另外，Jan Pluvier 也認為越盟參加了此次的會議。（參見 Jan Pluvier, *Southeast Asia from Colonialism to Independence*, Oxford University Press, London, Second impression, 1977, p.294.）

　　胡志明經中國政府感化十四個月後，於 1943 年 9 月 10 日恢復自由。[11]
胡志明與中國政府合作是其被釋放的條件。因為之前「越盟」的雲南分支部
致電蔣中正和第四廣西軍區司令張發奎，表示不承認「越南革命同盟會」，
理由是該組織不是由越南人為代表，而係由中國將軍（即指張佩公）為領導
人。第四廣西軍區司令張發奎計畫安排胡志明參加「越南革命同盟會」之預
備會議，使該組織更具代表性。

　　1944 年 3 月 25 日，越南各黨派在柳州舉行「越南革命同盟會海外革命團
體代表會議」，胡志明和范文同等共黨分子首次參加該一組織。胡志明被選為
「越南革命同盟會」中央委員會候補委員。[12] 該次會議後還成立「臨時政府」，
由張佩公出任主席，而胡志明只擔任部長職務。[13] 該臨時政府根本不能發生任
何作用，越南各黨派貌合神離。但該臨時政府發表一項聲明，將團結越南各
黨派抗日、打倒法國法西斯主義，以及在中國的協助下爭取國家獨立。[14]

　　1944 年 8 月 9 日，張發奎將軍釋放了胡志明。胡志明率領戰地工作總隊
隊員楊文祿等 18 員即行入越策動工作，並隨發該員等 19 員入越旅費國幣 5 萬
50 元，又補助費 1 萬元，胡志明的任務是招募越南革命青年幹部至柳州受訓。

　　胡志明回到越南後即在高平建立其游擊隊據點。1944 年 11 月 11 日，一
架美軍飛機在高平遭日軍擊落，飛行員蕭中尉（Lieutenant Shaw）跳傘，為「越
盟」人員所救。由胡志明陪同該蕭中尉於 12 月 20 日從越南邊境進入中國邊
境，經鎮邊至靖西，22 日再由靖西前往百色，乘飛機至昆明。[15] 胡志明利用

11. 國史館藏，外交部檔案，檔名：**我派駐越南占領軍**，目錄號： 172-1，案卷號：0601-1，何應欽於
　　1945 年 10 月 5 日呈給外交部有關他前往越南會見胡志明與保大等越南政要之報告。越南學者 Tran
　　Dan Tien 亦認為胡志明被關了 14 個月。參見 Tran Dan Tien 原著，張念式譯，**胡志明傳**，八月出版
　　社，上海市，1949 年，頁 52。Yevgeny Kobelev 認為胡志明被關了四百天或十三個月，參見 Yevgeny
　　Kobelev, *op.cit.*, pp.184,187.

12. Bernard B. Fall, *The Two Viet-nams, A Political and Military Analysis*, p.100. 有些外文著作認為在 3 月 28
　　日革命同盟會宣布成立「越南臨時共和國政府」，蔣中正答應胡氏給予不管部部長一職。Donald
　　Lancaster 也認為胡志明在該次會議中獲得部長的職務。（參見 Donald Lancaster, *op.cit.*, p.115.）但在中
　　文文獻中並無此一記載，張發奎否認有此一越南臨時共和國政府。（參見 Chen, King C., *Vietnam and
　　China: 1938-1954*, Princeton University Press, New Jersey, 1969, p.70.）蔣永敬亦認為西方學者的說法有
　　誤。（參見蔣永敬，**前引書**，頁 166-167。）

13. Jean Lacouture, *Ho Chi Minh*, The Penguin Press, p.67.

14. Donald Lancaster, *op.cit.*, p.115.

15. 佛爾的書說胡志明利用此機會護送該名美軍到中越邊境。參見 Bernard B. Fall, *The Two Viet-Nams, A*

此次機會見到了美國駐華第 14 航空隊司令陳納德將軍（Major General Claire Chennault），並取得美軍給予少數軍事武器的援助。[16] 而且美軍還給胡氏奎寧、磺胺藥劑以及維他命丸，以救治其瘧疾。在抗日的共同戰略需要下，美國與「越盟」進行了一次合作。而胡志明之目的則在獲取美軍的援助，以及希望在戰後美國能支持越南取得獨立地位。

「越盟」在北越組織了「抗日游擊隊」，開展抗日武裝鬥爭，最初稱「越南解放宣傳隊」，僅 12 人，15 發子彈。後來逐漸壯大，1944 年 12 月 22 日，擴編為「人民解放軍」，武元甲為司令員。到年底已解放高平、北坅、宣光、太原、諒山、北江和河江等七省，建立了高平、北坅、諒山根據地，以及北山—武崖根據地，成立了「解放區」。

第二節　日軍入侵越南

1940 年 6 月 19 日，當法國政府被希特勒擊潰後，政府流亡到波杜克斯（Bordeaux），日本向法國駐印支總督卡特魯（General Georges Catroux）致送最後通牒，要求共同控制中、越邊境。當時無法從巴黎取得命令，卡特魯同意了日本的要求，垂死的法國第三共和在 6 月 25 日解除了卡特魯的總督職，在該天法國與德國簽訂停戰協議，另派任一位幹練的戴古（Admiral Jean Decoux）取代他。戴古也同樣的面對日本的強大壓力，他對其政府說，他寧願戰死，也不願看到印度支那變成另一個滿洲國。[17] 他曾派一個採購團到美國採購 120 架現代戰機和現代防空砲，但為美國所拒絕。

8 月 30 日，維琪（Vichy）政府與日本簽定協議，承認日本在遠東擁有「優勢地位」（preeminent position），原則上賦予日本某些東京的過境權，此由雙方的軍事當局以協議訂之。法國的代表法軍駐東京司令馬丁（General

---

Political and Military Analysis, p.100. 但黃錚說，「蕭中尉先是騎馬，然後乘汽車去昆明。胡志明一行則一直走路。」參見黃錚，**中越關係史研究輯稿**，廣西人民出版社，南寧市，1992 年，頁 166。

16. Cecil B. Currey 原著 , 朱立熙譯，**前引書**，頁 129。

17. Bernard B. Fall, *op.cit.*, p.42.

Martin）和日本的代表西原一策少將（Major General Issaku Nishihara）自 9 月 5 日起在河內舉行談判，馬丁為期談判對法國有利，所以採取拖延戰術，其中又於 9 月 15 日向美國駐菲律賓海軍司令請求派遣海軍艦艇到東京灣示威，以嚇阻日軍，但未為美軍接受。9 月 16 日，日本和法國簽訂東京河內協定，不僅規定日本可以在越南北部駐軍，利用飛機場，而且給予日本貨物以特惠關稅待遇。日軍在沒有警告的情況下，於 9 月 22 日從廣西出兵攻擊諒山和同登，日本飛機還轟炸海防。9 月 24 日，日軍登陸海防。在中、越邊境的戰鬥，法軍死 800 人。日軍企圖占領海防機場時，亦爆發戰鬥。維琪政府立即致電戴古，接受日本的要求。在接著的談判中，法國允許日軍占領東京三個機場、日軍在東京的人數 6,000 人、另外允許不超過 2 萬 5,000 名日軍過境印度支那。[18]

1941 年 5 月 6 日，日、法簽訂「日越關稅貿易及償付辦法協定」，日本享有在越南的最惠國待遇，日貨輸入越南按最低稅率或免稅進口。日本將在越南購米、胡椒、鹽、牛皮、松香、砂石、鋅、錫、鐵錨及錳等。日本在越購米，可延期付款十二個月。日商 12 家以上准許加入越南進出口商協會。在越南對日之農業、礦業、電力及運輸各項讓與中，並准許日本財政家參加管理。另外亦簽定「日越人民居住與通航條約」，有效期間為二年半。[19]

1945 年 3 月 9 日晚上 9 點 30 分，日軍進攻法國守軍，法國資深司令不是在家中被捕，就是在與日本軍官晚宴時被捕。惟有在東京的沙巴提爾將軍（General G. Sabattier）和亞歷山德里將軍（General Alessandri）透過其情報而知悉日軍的行動，遂得以突圍逃到西北邊境山區，在奠邊府（Dien Bien Phu）和宋臘（Son-La）機場附近建立據點，並尋求盟軍的空中援助。在諒山，日軍包圍法國守軍，久攻不下，日軍將被逮捕的法國軍事行政長官黎蒙尼爾將軍（General Le Monnier）和文官欽使歐飛樂（Camille Auphelle）帶到諒山，要他們呼籲法國守軍投降，遭兩人拒絕，遂被日軍砍頭。其他地方也爆發抗日戰爭。在這次衝突中，法軍有 200 名軍官、4,000 名士兵被殺。另有 320 名法國人和越南人軍官、2,150 名歐洲人和 3,300 名越南人士兵逃到中國雲南。

---

18. Bernard B. Fall, *op.cit.*, pp.43-44.
19.「越南經濟盡入日方掌握」，**中央日報**（重慶），1941 年 5 月 9 日，版二。

日軍將越南境內的法國男性集中在集中營。有些法國人和越南人則被關在憲兵隊（Kenpeitai），該地被稱為「猴子收容所」（monkey cages）。

　　日本駐西貢大使在 1945 年 3 月 10 日抵達順化，宣布保大領導的越南國是獨立的國家。次日，保大廢除越南與法國簽訂的 1884 年順化條約，並宣布將在「大東亞共榮圈」之下與日本合作。保大的越南國成為日本的傀儡政權。

第三節　越南民主共和國之建立與潰敗

　　1945 年 7 月 17 日，美、英、蘇三國首長〔包括杜魯門（Harry S. Truman）總統、邱吉爾（Winston Churchill）首相和史達林（Joseph Stalin）國家主席〕在柏林附近的波茨坦（Potsdam）舉行會議，英國首相邱吉爾藉英、美聯合參謀團會商東南亞作戰計畫之時機，提議將北緯 16 度以南的越南歸入東南亞戰區作戰地境內，而將北緯 16 度以北歸入中國戰區內。7 月 26 日，英國大選結果，邱吉爾下台。但新任英國首相艾德禮（Clement Atlee）將此項英、美非正式意見透過其駐華大使薛穆（H. J. Seymour）在美國尚未正式承認之際於 8 月 2 日照會中國蔣中正主席。在 8 月 2 日，美國總統杜魯門亦致函蔣中正主席，獲蔣中正同意。據上可知，在英國的策畫下，越南被分由中、英兩國分區接管，設立兩個日軍受降區，在北緯 16 度以北地區由中華民國負責，以南由英國軍隊負責，而種下了日後長期的南北越戰爭。

　　1945 年 8 月 15 日，日本戰敗無條件投降。8 月 16 日，「越盟」在河內成立「全國起義委員會」（National Liberation Committee），由胡志明擔任主席、陳輝燎擔任副主席。同時成立「越南解放軍」，由武元甲擔任指揮。8 月 19 日，「越盟」控制河內，宣布成立越南民主共和國臨時政府。8 月 20 日，保大派遣一名部長前往河內，請「越盟」組織政府，以取代已在 8 月 17 日辭職的陳重金首相；另外他也致函杜魯門總統、英王喬治六世（King George VI）、蔣中正和法國臨時政府主席戴高樂（Charles André Joseph Marie de Gaulle）將軍，請求他們支持他領導越南獨立，但未獲得正面回應。「越盟」

在 8 月 23 日取得順化的控制權，25 日取得西貢的控制權，「越盟」在同日致函保大要求其退位。保大之左右大臣官員和知識分子及民眾，都認為「越盟」勢力如日中天，越南境內沒有一個團體可跟它對抗，保大在衡量情勢後決定退位，他致電報給河內同意退位。「全國起義委員會」派遣陳輝燎率領接收代表團至順化，與保大的秘書談判，同意保留屬於保大的個人財產，其餘皆屬於國家所有，並允保存其宗廟陵墓、祭拜其祖先。26 日，在王宮舉行退位典禮，早上六點，保大向民眾宣讀退位聲明，並將象徵皇權的金印和銀劍交給陳輝燎。陳輝燎在保大的衣衿上別上一個有黃星的紅色徽章，民眾高呼「恭賀永瑞公民的民主精神」。胡志明給予保大一個名字「阮永瑞公民」（Citizen Prince Nguyễn Vinh-Thuy），任命他為共和政府最高顧問。[20] 8 月 29 日，胡志明自桂越邊境進入越南。9 月 2 日，胡志明在河內巴亭廣場舉行 50 萬人開國大典，會上胡志明宣讀了獨立宣言，成立越南民主共和國。隨後越南政府頒布勞動法，改善工人生活，同時通過了取消殖民地時期的賦稅，減租 25%，廢除農民對地主的多種債務、減息等措施。10 月 23 日，中國重新在河內恢復總領事館。

8 月 24 日，英國與法國簽訂協議，同意法國恢復在印度支那的權力。美國也告訴蔣中正應讓法軍取代中國在北越的軍隊。英國、印度軍隊指揮官葛拉西（General Douglas D. Gracey）先於 1945 年 9 月 6 日開進西貢，[21] 英軍司令拒絕承認越南當局，要求越南解放軍（為「越盟」軍隊）繳械。9 月 23 日，隨著英軍之後，法軍登陸並占領了西貢，英軍將其接收的南越地區移交給法軍。

中華民國於 8 月 24 日派赴越北的第一方面軍司令官盧漢[22] 率領第 60 軍、第 62 軍和第 93 軍約 10 萬軍隊進入越南北部。9 月 16 日，盧漢在河內首次會晤胡志明，盧漢告訴胡志明說，中國在越南的目標純為軍事上解除日軍武裝，

---

20. Ellen J. Hammer, *The Struggle for Indochina 1940-1955*, Stanford University Press, Stanford, California, 1968, pp.102-104.

21. Evelyn Colbert 的書上說是 9 月 12 日。參見 Evelyn Colbert, *Southeast Asia in International Politics, 1941-1956*, Cornell University Press, Ithaca and London, 1977, p.61.

22. 盧漢為雲南省主席龍雲同母異父胞弟。早年讀雲南昭通中學，雲南講武堂第四期步科畢業，曾留學法國。1937 年任第 60 軍軍長，1938 年升第 30 軍團長，1939 年任第一集團軍總司令。1941 年奉命率部返滇，擔任越南方面防務。1945 年 5 月，當選國民黨中央委員。參見張傑民，**烽火西南話戡亂**，武陵出版公司，臺北市，1993 年，頁 29。

一旦完成接受日軍投降，他的任務即告結束。他也表明他沒有計畫干預越南民事事務，除非發生社會秩序動亂，中國軍隊才會介入。[23]天後，胡志明會晤蕭文，向他保證他及越南臨時政府將與占領軍合作，不會有反華的行為。[24]

盧漢根據中國行政院發布的「占領越南（北緯 16 度以北）軍事及行政設施原則」，「對於法、越間一切關係概嚴守中立態度不加干預」之作法，此應是當時中國政府無力介入越南事務之反應，蓋中國內部國、共兩黨衝突日益升高，中國政府無意捲入法、越之間的糾紛。而中國政府同意讓胡志明政府繼續存在，亦是很值得注意，因為中國政府還存在著讓越南左右兩派共組聯合政府的想法。

10 月 23 日，「越盟」和「越南革命同盟會」舉行聯席會議，商討合作，會後發表共同宣言，決定團結一致，「擁護越南臨時政府，一致努力反抗法人侵略，一致努力保衛我們的獨立自由。」11 月 19 日，「越盟」、越南國民黨、「越南革命同盟會」三黨召開會議，協商合作事宜，最後同意停止相互攻擊、團結一致，以謀取越南的獨立自由。[25]然而該三黨依然相互攻訐，爭議不休，甚至發生暗殺等流血事件。中國政府遂極力促使越南各黨派團結修好，以與法國談判為要。越南學者劉文利亦說，在 12 月 22 日重慶政府曾指示盧漢迅速和平解決「越盟」和越南國民黨之間的合作問題。[26]

然而，當時國民政府仍暗中支持親中國的「越南革命同盟會」和越南國民黨，後者並占領了越北的芒街、老街（Lao Cai）、安沛、富壽（Phu Tho）、永安（Vinh Yen）、北寧（Bac Ninh）、鴻基（Hon Gai）、廣安（Quang Yen）等城鎮，並在芒街、永安、安沛設立政府單位。[27]當時中國駐北越占領軍的政治部主任蕭文（他在越北負責由張發奎成立的「指導越南革命辦公

23. Peter Worthing, *Occupation and Revolution, China and The Vietnamese August Revolution of 1945*, The Regents of the University of California, USA., 2001, pp.74-75. 但謝本書和牛鴻賓的著作説，盧漢在入越之初即持「中國軍隊留在越南『中國託治，扶助越南人民獨立』」的主張。參見謝本書和牛鴻賓，**盧漢傳**，四川民族出版社，四川成都，1990 年，頁 31。

24. King C. Chen, *Vietnam and China: 1938-1954*, p.123.

25. 中國國民黨黨史館藏，檔名：**越南黨派活動卷**，檔號：特 011,17,13。盧漢於 1945 年 12 月 4 日致中央黨部電。「越南三團體團結爭獨立」，**大公報**（重慶），1945 年 11 月 23 日。

26. Luu Van Loi, *50 Years of Vietnamese Diplomacy 1945-1995,* The Gioi Publishers, Hanoi, 2000, p.19.

27. Luu Van Loi, *op.cit.*, p.13.

室」[28]），即曾向胡志明建議，越南政府之組成應包括三大勢力：越南國民黨、「越南革命同盟會」和「越盟」，而且希望由中國所支持的派系占居多數。[29] 11 月 11 日，胡志明為了拉攏其他越南各黨派之目的，自動宣布解散印度支那共產黨。11 月底，「越盟」的胡志明和越南國民黨的武鴻卿、「越南革命同盟會」的阮海臣三派達成協議，同意組成聯合政府，合併三派的武裝力量，結束衝突，停止在媒體上相互攻擊。[30] 但中國對於胡志明之作法並不信任，吳鐵城秘書長在 12 月 6 日給蔣中正的報告中說：「查越南共產黨最近雖已宣布解散，然仍暗中活動。胡志明所主持之越南臨時政府，表面雖對我表示親善，而暗中則陰謀暴動。我入越軍總部僑務處長蕭文同志支持胡志明，與親華之越南革命同盟會時有齟齬。現第一方面軍第五處業已正式成立，為統一事權起見，擬請將僑務處蕭文同志即予調回，以利國策。是否有當？理合呈請鑒核示遵。」[31]

「越盟」原訂在 1945 年 12 月 23 日舉行大選，但因與右派人士還未達成協議，若貿然舉行選舉，將帶來政局不安。中國支持右派在未來政府中擁有一定的地位，所以由中國第一方面軍的黃強進行協商。根據三方面簽署的「越南各黨派合作方案」，其中第三條規定：追認國會議席中增加越南國民黨黨員議席 50 名，「越南革命同盟會」會員議席 20 名。聯合政府之正主席為胡志明，副主席為阮海臣。[32]

1946 年 1 月 6 日，越南民主共和國舉行國民議會議員普選，選出 350 名議員。[33] 胡志明亦為河內的國會議員候選人。此次投票率高達 98.4%，但各地

---

28. Vo Nguyen Giap, *Unforgettable Days,* The Gioi Publishers, Hanoi, Third Edition, 1994, p.89.

29. Vo Nguyen Giap, *Unforgettable Days* , 1994, p.95.

30. Vo Nguyen Giap, *Unforgettable Days*, pp.95-96.

31. 中國國民黨黨史館藏，檔名：**越共卷**，檔號：特 011,2.6-17。吳秘書長給蔣中正總裁之報告（1945 年 12 月 6 日），渝（州支）機 3501 號。

32. 中國國民黨黨史館藏，檔名：**越南黨派活動卷**，檔號：特 011,17-44。Nguyen Khac Vien 則說：「盧漢在 12 月底送了一份最後通牒給越南政府，要求革除共黨部長，將政府領導權移交給民族主義反動份子，並給予他們國民議會 80 個席次（在選舉前），以及更換國旗。」（參見 Nguyen Khac Vien, *op.cit.*, p.244.）劉文利則說：「12 月 24 日，越南三派胡志明、阮海臣、武鴻卿達成合組臨時聯合政府協議，在即將成立的國民議會席次分配為，越盟 280 席，越南國民黨 50 席，越南革命同盟會 20 席。」（參見 Luu Van Loi, *op.cit.*, pp.19-20.）

33. 當時規定凡年滿十八歲的男女均有投票權。但須以越南民主共和國發的糧票為證明，以登記取得投票權。胡志明在河內市獲得 169,222 張選票，約占 98% 得票率。當時登記選民有 187,880 人，實際投

發生阻止選舉的暴力衝突、爆炸、燃燒彈和機槍掃射事件。[34]「越盟」和民族主義派協議讓人民黨（People's Party）獲得 50 席、同盟聯盟（Allied League）20 席。在北越、中越以及交趾支那法國控制不到的南越亦舉行投票。[35]

　　2 月 27 日，中國再度對胡志明表明中國的政策，吳鐵城秘書長在當日致函胡志明主席和阮永瑞顧問說：「我國對於越南渴望其能從自治漸臻於獨立，以實現大西洋憲章規定。尚希越南各黨派能精誠團結，一致為越南民族之獨立而努力。」[36] 2 月 28 日，法國和重慶國民政府在重慶達成中國從越北撤軍的「中、法重慶協議」。

　　3 月 2 日，越南民主共和國國民議會 300 名議員在河內召開會議（南方和南方中央高地的代表未能出席），成立越南民主共和國政府，選舉胡志明為國家主席，「越盟」被迫以及為了與蔣中正維持關係，任命「越南革命同盟會」的阮海臣為國家副主席，張廷芝為社會部長，普律春為農業部長；越南國民黨的阮祥三（Nguyễn Tuong Tam）為外長，周伯鳳為經濟部長；武鴻卿為軍事委員會副主席。在國會議員中，越南國民黨及其他超民族主義政黨分子有 80 人，他們都沒有參加 1 月份的國會選舉，[37] 而是經由委任的。11 月，召開國民議會第二次會議，通過越南民主共和國憲法。

　　根據中國和法國簽訂的重慶協議，中國軍隊將北緯 16 度以北之地區於

票人數為 172,765 人。但該項人數引起懷疑，因為當時河內的人口統計只有 119,000 人。另外，武元甲在義安省獲得 97% 的得票率。在鄉村地帶，越盟平均獲得 90–92% 的選票。由越南革命同盟會和國民黨控制的地區，例如 Vinh Yen、Viet Tri、Phu Tho、Yen Bay、Lao Kay、Mon Cay、Ha Giang 等地以及南越由法國控制的交趾支那則沒有舉行選舉。選出的議席分配也不平均，在選出的 374 席中，南越人口數占全越 25%，但只分到 18% 席次，中越和北越合占 356 席。參見 John T. McAlister, Jr., *op.cit.*, pp.238-239.

　　但張念式（Tran Dan Tien）的書則說，在越南中南部，選舉是在法國的炸彈下舉行，游擊戰士一手持著槍，一手拿著選票。在法軍占領下的西貢和堤岸，選舉在秘密中舉行。在夜裡，男女青年志願兵拿著藏在衣服下面的投票箱逐家去收集選舉票。參見 Tran Dan Tien 原著，張念式譯，前引書，頁 166。武元甲的書說共選出 333 名代表。參見 Vo Nguyen Giap, *Unforgettable Days*, p.109.

34. Vo Nguyen Giap, *Unforgettable Days*, p.109.

35. Robert G. Scigliano, "Electoral Process in South Vietnam: Politics in an Underdeveloped States," *Midwest Journal of Political Science*, Vol.4, No.2, May 1960, pp.138-161.

36. 中國國民黨黨史館藏，檔案：**邢森洲致吳鐵城代電請示處置法官兵案卷**，檔號：特 011,3.2,24。

37. Jean Lacouture, *Ho Chi Minh*, The Penguin Press, p.104. 但凌其翰的書說武鴻卿是抗戰委員會副委員長，國防部長是潘英。參見凌其翰，**我的外交官生涯——凌其翰回憶錄**，中國文史出版社，北京，1993 年，頁 156。

1946 年 3 月 1 日至 15 日期間開始交防給法軍，至遲應於 3 月 31 日交防完畢。為了因應中國駐軍的撤出，在中國駐軍的支持下，胡志明和法國進行談判，以安排法軍進入越北的問題，3 月 6 日，胡志明與法國駐東京專員聖德尼（Jean Sainteny）達成「初步協定」，內容要點如下：

（一）法國承認越南共和國（包括安南、東京和交趾支那）是一個自由的國家，有其自己的政府、國會、軍隊、財政，屬於印度支那聯邦和法國聯邦（Union Francaise）的一分子。法國將在安南、東京和交趾支那經由人民公投，來批准該項決定。北圻和中圻先由越南政府統治。至於南圻（交趾支那），法國將尊重當地人民的意願，於三個月後舉行公民投票決定是否參加越南民主共和國。

（二）越南政府宣布準備友好歡迎法軍依據中、法協議接替北緯 16 度以北的中國軍隊。

（三）雙方停止敵對，雙方軍隊在現地停火，為法國和安南之友好關係創造友誼氣氛。

（四）進一步談判有關越南的對外關係、印度支那聯邦的未來地位、法國和越南之間的經濟和文化問題，將來在巴黎或在河內或西貢舉行會議，來討論上述諸項問題。[38]

（五）越南同意法軍在北緯 16 度以北駐守 1 萬 5,000 名軍隊，五年內逐漸由越南軍隊接替，由法國協助訓練和裝備越南軍隊。

4 月 3 日，雙方又簽訂「一般參謀（General Staff）合作協議」，規定設立法、越聯合軍隊的規模和地點。[39] 該新協議規定越南軍隊限制在 1 萬人，其幹部和參謀人員需接受法國最高司令的命令，而法國衛戍部隊將由都會區的法國軍隊組成，在越南招募的軍隊將僅負責看管日軍戰俘。[40]

然而，此一「初步協定」引起越南內部的暗潮。在協定簽訂前夕，「越南革命同盟會」領袖阮海臣因反對聯合政府放棄對法國抗戰的策略，而負氣

---

38. *Keesing's Contemporary Archives*, March 9-16, 1946, p.7780.

39. Bernard B. Fall, *op.cit.*, p.73.

40. *Keesing's Contemporary Archives*, September 7-14, 1946, p.8108. 該資料記載簽訂補充協議〔即一般參謀（General Staff）合作協議〕的時間是在 4 月 13 日。

出走。阮海臣將其親信人員撤退至中、越邊境，並在廣西邊境招募中國失意軍人組織新軍。[41] 以致法、越「初步協定」僅由「越盟」領袖胡志明和越南國民黨領袖武鴻卿（以越南部長會議特派代表名義副署）二人簽字。代表盟軍見證者，有中國的陳修和少將、美國的伯克利少校、英國的威爾遜中校。[42]

1946 年 3 月 8 日，越南聯合政府舉行國務會議，決議事項之一為「派代表團至中國，請求中國承認越南政府」。[43] 根據此項決議，越南聯合政府於 3 月 11 日派遣越南外交次長嚴繼祖陪伴保大從河內飛往昆明轉重慶。保大向蔣中正要求協助其至香港寓居，獲蔣中正同意，並飭盧漢俟他回河內後為保大辦理由昆明赴香港的護照簽證。保大於 4 月 13 日從重慶返回河內，不久即前往香港。[44]

在中國軍隊為了交防給法軍而陸續撤退之際，「越盟」軍隊乘機攻擊「越南革命同盟會」及越南國民黨的部隊，「越南革命同盟會」的部隊向廣西撤退，有一部分竄入廣西憑祥而經中國邊防當局解除武裝。

至 5 月時，越南國民黨已與「越盟」關係惡化，其領導人相繼撤出河內，避至中、越邊境，並尋求中國的軍事援助。但中國政府對於越南國民黨與「越盟」決裂，並未給予支持，反而勸其與「越盟」合作，參加政府，團結以達獨立之目標。吳鐵城秘書長、陳立夫部長、陳慶雲部長在 6 月 1 日致電武鴻卿稱：「目前環境困難，尚希切實加強黨內團結，鞏固並擴大已有力量，並提高警覺，加強鬥爭及爭取國內人心與國際同情，一方面仍應與『越盟』尋求合作，繼續參加政府，俾能一致對外達到獨立自由之目的。」[45]

4 月、5 月間，越南與法國在大叻（Da Lat）進行談判，7 月 5 日改在法

---

41. 中國國民黨黨史館藏，檔名：**越南黨派活動卷**，檔號：特 011,17-27。「國民政府參軍處轉抄中央黨部情報：越南革命同盟會首領阮海臣在桂越邊境招募我失意軍人組織新軍情形」，1956 年 4 月 8 日及 5 月 3 日。

42. 凌其翰，**我的外交官生涯——凌其翰回憶錄**，頁 159。

43. 中國國民黨黨史館藏，檔名：**越南憲法及黨派合作卷**，檔號：特 011,18-21。國民政府參軍處於 1946 年 3 月 25 日抄送吳秘書長「越南政府國務會議議決事項」情報。

44. Bernard B. Fall 的著作說，保大在 1946 年 3 月 18 日從河內搭乘美國陸軍飛航隊的 C-47 飛機前往香港，而沒有前往重慶。他在香港獲得「夜總會皇帝」（Night Club Emperor）的渾號因為他每天都在夜總會消磨時光。參見 Bernard B. Fall, *op.cit.*, p.208.

45. 中國國民黨黨史館藏，檔名：**我國援助越南獨立之方針及步驟卷**，檔號：特 011,1.4-26。吳秘書長、陳立夫部長、陳慶雲部長於 1946 年 6 月 1 日致電武鴻卿。

國楓丹白露（Fontainebleau）舉行談判。在談判期間，法國殖民者發動武裝進攻，占領中越南部以上高原地帶、山羅省和萊州省，中、越邊界上的同登、東京的沿海地區和北寧。

在河內的局勢亦已出現風雨欲來的緊張情勢，法、越衝突有一觸即發的可能，河內市內的越南人和華僑已紛紛外遷至郊區避難。法國為了緩和與越南民主共和國的衝突，而在 9 月 15 日與越南民主共和國簽訂臨時協定，其第一條規定：僑越之法國人民及僑法之越南人民皆得享各該國之教育及商業上之權益。第二條規定：在越南之法國各種企業不得受任何差別待遇，尤其在稅則或立法方面不應被歧視。法方產業由越南政府所徵用者將全部歸還原主，並組織一混合委員會以解決一切可能發生之紛爭。[46] 依據上述臨時協定，雙方停止一切敵對行為和暴力行為，並規定兩國政府最遲在 1947 年 1 月再次舉行談判，以締結一項條約。在這期限之前，法國人仍留在越南，貨幣、關稅和財產權保持不變。然而，雙方還是衝突不斷。

9 月 18 日，中國駐越最後一批軍隊第 67 師第 3 團乘「海宿輪」從海防返回中國，結束戰後中國軍隊駐守越南之任務。總計中國派往越北接收日軍投降工作的軍隊有 10 萬人，而解除日軍武裝人數 30,081 人，日僑 1,320 人。[47]

11 月 29 日，法軍出兵占領海防、諒山。12 月 19 日，法軍對越南民主共和國發動全面攻擊，出兵占領河內。胡志明宣布對法抗戰，撤離河內，遷往河東省，轉入太原，建立抗法指揮部，展開了長達七年七個月的抗法戰爭。

至於與胡志明不和的右派分子，在 1946 年 11 月舉行國民議會第二次會議時，參加聯合政府的阮海臣、阮祥三、武鴻卿等人因與越南共黨無法相處而拒絕出席，離開越南，轉赴中國。[48] 撤退至中國廣西邊境的有阮海臣、武鴻卿、關耀宗等人，他們先後亦請求中國政府給予援助，中國國防部特於

---

46. 中國國民黨黨史館藏，檔名：**有關越南情報卷**，檔號：特 011,5.1-23。
47. 國史館編，**中華民國史事紀要**（初稿）——1945 年 7 至 12 月份，11 月 5 日，頁 615。國史館藏，外交部檔案，檔名：**越南駐軍 (1)**，目錄號：172-1，案卷號：0599，駐海防領事朱垣章於 1946 年 9 月 18 日呈外交部報告（第六號報告）。該報告稱：「中國軍隊第 67 師第 3 團已於 9 月 18 日乘『海宿輪』全部返回中國。此為中國軍隊入越受降部隊最後離境之一批。」但謝本書、牛鴻賓的書說盧漢率領入越的軍隊總計五個軍、三個獨立師，共 20 萬人。（參見謝本書、牛鴻賓，**前引書**，頁 75。）
48. Luu Van Loi, *op.cit.*, pp.21-22.

1946 年 12 月 16 日函請中國國民黨給予協助。撤退至雲南邊境的越南國民黨軍隊約五百多人，國防部暫准其居住在雲南馬安底（屏邊西南），並酌發糧服，以免凍餒。但國防部認為此事關乎對越國策，應以黨務著眼決定，請中國國民黨速訂對越方針以及對本案處置辦法。[49]

中國政府並未支持越南國民黨另外成立政府。中央黨部秘書張壽賢和汪公紀對於阮海臣等的要求，在簽注意見時表示反對他們成立新政府，認為「應促成越南各黨派之團結，以不另成立新政府為宜」，並囑阮海臣等與「越盟」通力合作，理由有三：「(1)『越盟』既能揭竿抗戰（已可證明其與法共未妥協），為民族解放而戰，其他各黨派不應再予掣肘，乘危要挾。(2) 在我國立場上，『越盟』之抗戰與我之抗戰有極相似處，道義上自應表示同情，不應另植政權，滅其聲勢。(3) 就利害上言之，『越盟』為越南唯一有力量之政黨，即令其有左傾色彩，亦應竭力設法爭取，使其內向（其理由與爭取蘇聯之友情相彷彿），蓋如我不予扶助，而另立其他政權，如阮海臣、如保大王，與法媾和，實質上必等於法人傀儡政府，越人必將視該政權如偽府，對我亦將發生懷疑，益增對『越盟』之向心力。同時法方對我之猜疑仍將無法祛除，我華僑將全無保障，更將受法人之歧視。……似乎可酌貸予阮海臣、阮祥三等回國旅費及宣傳費，電台及廣播器材似可酌撥，餘項限於國際環境未便照准。」[50]

從以上的檔案資料顯示，中國政府支持「越盟」政府，反對越南國民黨或避入中國的越南其他政黨另立政府，其主要考慮有四，第一，「越盟」是當時越南最有力量的政黨；第二，「越盟」之抗法精神跟中國抗日精神相同，值得敬佩；第三，假如阮海臣或保大王與法媾和，難保其不會成為法國的傀儡；第四，中國政府不想因為介入越南事務，而引起法國懷疑，反使越南華僑未能獲得法國保護。

49. 中國國民黨黨史館藏，檔名：**葉公超、凌其翰關於越南問題之意見卷**，檔號：特 011,1.2-8。國防部代電給中央秘書處，機外字第 998 號（1946 年 12 月 21 日），事由：請迅予簽訂對越方針並本案處置辦法見覆。
50. 中國國民黨黨史館藏，檔名：**有關越南情報卷**，檔號：特 011,6.1-4。「張壽賢和汪公紀所擬的答覆意見」。

第十一章

南北對立

第一節　保大重建越南國

　　1946 年 3 月初，越南民主共和國各黨派與法國在大叻舉行預備會議，討論越南的獨立問題。但法國堅持南圻之地位由南圻人民公投決定，法國意圖將南圻變成一個自治體，結果會議破裂。

　　從 4 月 19 日到 5 月 11 日，法國和越南代表在巴黎楓丹白露舉行談判，會議唯一的成果是設立一個聯邦的海關組織以及派遣法國的技術專家到越南、增加法國資本在越南的投資、在越南設立新的法國公司、派遣法國教授和教師到越南。越南代表在會中提出如下的要求：1. 越南在「法國聯邦」（French Union）內成為一個完全獨立的國家，法國高級專員只具有準外交的功能。2. 交趾支那應改名為「南部」（Nam Bo），為越南共和國之一部分。但法國卻主張高級專員應成為「印度支那聯邦」的主席，以及因之組成的議會的主席；交趾支那的未來應由當地人民公投決定；聯邦的成員應實施自治；聯邦法律和制度應由聯邦議會（States Assembly）規定；聯邦議會由法國和越南五個省份各派 10 名代表組成。在「法國聯邦」之架構內，越南人民有充分的權利選舉他們的國會、政府，以及制定其內部法律。由於雙方意見差距滿大，所以沒有達成任何協議。

　　6 月 1 日，法國駐印度支那高級專員（High Commissioner）達尚禮埃（Admiral Georges Thierry D'Argenlieu）在西貢宣布法國已決定承認交趾支那共和國（Republic of Cochin China）為「印度支那聯邦」內的一個獨立的國家，有其自己的政府、議會、軍隊和財政。6 月 6 日，法國和交趾支那共和國簽訂一項雙邊關係協議，內容如下：

　　（一）臨時政府主席將擁有交趾支那共和國臨時政府總統的頭銜，將由「諮商委員會」委員三分之二多數選出。總統有權委任部長，部長對其負責。但任命國防部長（Service Ministers）時，需經法國駐交趾支那高級專員的同意。

　　（二）法國高級專員將代表法國和「印度支那聯邦」派駐交趾支那，對內部和對外安全部負責，對臨時政府提供諮詢意見，為公共服務需要，得任命法國公務員和技術專家。

（三）政府將由 8 位部長和 3 位次長組成。

（四）協議是臨時的，得由專員和臨時政府協議加以修改。但該協議需經法國駐印度支那高級專員許可。[1]

在法國控制下的交趾支那，情況則有變化，「臨時交趾支那政府」（Provisional Cochin-China Government）主席阮文盛（Nguyễn Van Thinh）在 1946 年 6 月 1 日組成政府，出任交趾支那共和國主席。但因為受到內外的壓力，特別是「越盟」的壓力，而在 11 月 10 日上吊自殺。12 月 6 日，由黎文和博士組成新政府，他在就職時表示，他的政府既非分離主義者，亦非統一主義者，而是繼續與法國維持密切關係，由於受到「越盟」的壓力，他宣布他的政策是「謀求印度支那人利益的印度支那政策」。

6 月 22 日，法國政府邀請胡志明訪法，在距離巴黎 60 公里的楓丹白露與法國殖民部長莫特特（Marius Moutet）談判。7 月 2 日，胡志明會見法國總統畢多特（Georges Bidault）。7 月 6 日，法、越南民主共和國兩國的代表在楓丹白露的王宮舉行談判。法國談判代表團主席是安德瑞（Max André），越南談判代表主席是范文同。雙方同意設立小組研究在「法國聯邦」內越南的地位、越南三個部分的統一問題、起草法國和越南協議。

雙方談判直至 9 月 14 日才達成協議，簽訂「臨時協議」（Preliminary Convention, modus vivendi），主要是根據 3 月 6 日的河內協議為基礎，內容包括：(1) 南圻問題延至 1947 年 1 月解決。(2) 法、越停火，越南應允法國取得經濟和政治利益。(3) 確保南越（指交趾支那）的民主，由法、越決定舉行公投的日期和程序。[2] (4) 解決在越南的法國公民的地位和財產。(5) 促進貿易和工業，重新開辦法國學校。(6) 重新恢復以越南幣（piastre）為印度支那的共同通行貨幣。(7) 規定越南與其他「印度支那聯邦」的國家組成關稅聯盟。(8) 法、越兩國保證給予其國民和他國公民正常的民主自由。[3]

10 月 29 日，法、越南民主共和國又達成停火協議。10 月 30 日，越南民

1. *Keesing's Contemporary Archives*, September 7-14, 1946, p.8108.

2. Luu Van Loi, *op.cit.*, pp.144-145.

3. *Keesing's Contemporary Archives*, September 14-21, 1946, p.8131.

主共和國國防部下令南越軍民停火。11 月 4 日，胡志明組織新政府，由他擔任總理兼外長，其他「越盟」領袖擔任其他部會的首長。該新政府與法國進行談判，以找出雙方可以接受的解決方案。由於法、越雙方還在持續戰爭，雙方在 11 月 7 日舉行聯合軍事委員會會議，就違反停火事件進行談判。11 月 20 日，宣布談判失敗，雙方在東京和安南地區再度引發武裝衝突。11 月 20—21 日，在海防港引發戰鬥，有 20 名法國士兵被殺、25 人受傷，越南人死傷無數。諒山地區亦爆發戰鬥。

11 月 29 日，法軍占領海防、諒山。12 月 19 日，法軍對越南民主共和國發動全面的軍事進攻。胡志明宣布對法抗戰，撤離河內，退至中、越邊境的太原等地，建立抗法指揮部。法軍宣布河內戒嚴。12 月 23 日，宣布整個東京和安南北部戒嚴。12 月 25 日，法國殖民部長莫特特抵達西貢視察。

自 1946 年 12 月 19 日法軍對越南民主共和國發動全面攻擊後，「越盟」軍隊退至中、越邊境進行游擊戰，同時在全越南發動騷擾性的游擊戰，法國面對越南各地的反撲，擬改變敵我態勢，於是起用保大，企圖爭取一部分越南人建立新政權，以分散「越盟」之勢力。

在 1947 年初，越南的民族主義運動團體與保大接觸。當時越南的民族主義運動開始出現一種聲音，就是想利用保大對抗「越盟」，例如「越南革命同盟會」和越南國民黨，它們在 1946 年與「越盟」鬥爭失敗，退入中國。留在越南境內的越南國民黨分子在 1947 年 2 月組成「全國聯盟陣線」（National Union Front），支持保大。該年夏天，「全國聯盟陣線」呼籲越南各政黨、宗教團體和社會團體團結起來，在保大的領導下完成越南獨立。保大回應說，他願意為其人民犧牲奉獻。

2 月 4 日，交趾支那宣布它是「印度支那聯邦」和「法國聯邦」之架構內的自由國家，寮國和柬埔寨亦在同年 12 月 23 日在巴黎作類似的宣布。

3 月，法國派使到香港與保大會面。保大尚未對越南如何組成新政府有何政策。5 月，「越盟」亦派何達廉（Ho Dac Lien）與保大接觸，希望保大能加入胡志明政府與法國談判。保賞的政治顧問穆斯（Paul Mus）在同月到香港見保大，保大告訴他，他有求於法國者會比胡志明之要求還多。他不會

返回越南去領導一個警察國家，但假如越南人民需要他，他就會考慮返回越南。保賓在 6 月亦到香港會晤保大。[4]

5 月，法國高級專員保賓（M. Emile Bollaert）表示，法國將繼續留在印度支那，而印度支那亦將留在「法國聯邦」內。法國歡迎各方與法國共同協商。法國並未完全排除胡志明，但更希望「越盟」之外的民族主義運動能爭取領導權。

5 月 17 日，前印度支那行政長官、「全國聯盟陣線」主席阮文山（Nguyễn Van Sam）發表一份宣言，主張成立一個獨立的越南共和政府，與「法國聯邦」組成鬆散的合作組織。10 月，阮文山的主張因為與胡志明不同，而遭「越盟」暗殺。[5]

法國為了對抗「越盟」，亦開始拉攏高台教[6]與和好教（Hoa Hao），在 1946 年秋天，法國將被放逐到馬達加斯加島的高台教領袖范公達（Pham Cong Tac）送回西貢。在該年底又任命高台教的另一名領袖黎文和博士（Dr. Le Van Hoach）出任交趾支那政府主席。1947 年初，在范公達之號召下，大多數高台教信徒支持與法國合作，僅有極少數支持「越盟」。和好教亦差不多在同一個時候轉向，與法國合作。

1947 年 7 月 31 日，胡志明改組政府，溫和派多人進入政府，法國政府認為有助於改善雙邊關係。胡志明任命保大為政府最高顧問。9 月 4 日，保大呼籲越南各黨派在香港開會，以尋求永久的和平。9 月 9 日，香港會議召開。法國高級專員保賓於 9 月 10 日在北越的河東（Ha Dong）演講，他不贊成越南獨立，僅提及越南可在「法國聯邦」內維持自由，法國不干涉越南內政，但越南之國防和外交仍置於法國控制之下。至於交趾支那，將來惟有由越南人決定。法國高級專員將居於北、中、南三圻的仲裁地位，而且控制聯邦財政。[7]保賓此一說法，引發越南左右派的不滿。

---

4. Ellen J. Hammer, *op.cit.*, pp.209-210.

5. Bernard B. Fall, *op.cit.*, p.210.

6. 高台教由吳文昭、黎文忠於 1926 年所創，該教將佛教、基督教、道教和儒教融合為一個宗教，其全稱為「大道三期普渡高台教」。

7. Ellen J. Hammer, *op.cit.*, p.213.

保大在 9 月 18 日宣稱他之所以在 1945 年自願退位，主要原因在掃除新政府成立時之障礙。他說已接受人民的請願，他將與法國當局談判以謀求越南的和平。他說他的目的在獲得法國保證越南的獨立和統一。保大還將其聲明以電報傳給聯合國安理會、法國政府、美國杜魯門總統、英國首相艾德禮、中華民國總統蔣中正，呼籲他們促進印度支那的永久和平，而越南會在「法國聯邦」內保持獨立。

9 月 28 日，黎文和博士辭去交趾支那政府主席職務，由副總理兼外長阮文春准將（Brig.-Gen. Nguyễn Van Xuan）在 10 月 7 日出任總理組成新政府。黎文和博士在新政府中擔任副總理。阮文春准將已歸化為法國公民，是法國將軍中唯一的印度支那人。他上台後充當保大和胡志明之間的協調人，意圖組成統一的印度支那政治陣線，他對越南局勢的解決方案如下：(1) 法國給予越南真正的獨立，其範圍較 1947 年 9 月 10 日的法國建議還大。(2) 建立越南聯邦國，包括交趾支那、安南和東京三邦（圻）。(3) 建立「印度支那聯邦」，包括越南、柬埔寨和寮國，建立類似歐洲「比利時、荷蘭、盧森堡三國關稅同盟」（Benelux）國家的經濟聯盟。每一個國家有其武裝力量。以互助條約與法國維持密切的同盟關係。(4) 保大出任「印度支那聯邦」的主席。[8]

隨後有許多支持保大的人前往香港，包括已下台不作交趾支那政府主席的黎文和、和好教的代表吳廷琰（Ngo Dinh Diem）以及交趾支那政府的其他官員。交趾支那政府新主席阮文春將軍為使其政府具有民族主義的味道，而稱其政府為南越臨時政府（Provisional Government of South Vietnam），他隨後也到香港會見保大。

在各界支持和呼籲下，保大認為時機已成熟，他在 1947 年 12 月 6 日從香港抵達越南下龍灣（Ha Long Bay）外海，在法國軍艦「杜瓜—土羅因號」（Duguay-Trouin）上會晤法國駐印度支那高級專員保賽。12 月 23 日，保賽飛返巴黎，獲得內閣授權，與保大談判，以恢復越南的和平。胡志明政府因為拒絕法國在 9 月 10 日的條件，而被排除在談判之外。保大亦在同一天從

---

8. *Keesing's Contemporary Archives*, January 24-31, 1948, p.9075.

香港飛往倫敦，看眼科醫生，隨後宣布將與保賽在瑞士會談。胡志明本想拉攏保大，結果保大自行其是，與法國談判重建新政府，12 月，「越盟」臨時法庭以叛國罪判處他死刑，而且剝奪其越南公民權。[9]

1948 年 1 月 7—13 日，保大在日內瓦與保賽舉行會談，雙方宣稱會談在友好的氣氛下進行，雙方將謀求越南的和平以及讓越南維持在「法國聯邦」內。雙方同意在一個月後在越南外海再度會談。會談結束後，保賽返回巴黎，保大則返回香港。

高台教和和好教的領導人在 1948 年初簽署協議，保證支持保大。[10]

4 月 24 日，南越臨時政府主席阮文春聯合北圻、中圻、南圻的民族主義黨派領袖，在西貢組織「越南臨時中央政府」（Provisional Central Government of Vietnam）。5 月 20 日，阮文春被選為「越南臨時中央政府」主席，選舉是在西貢舉行，由 40 名來自交趾支那、安南和東京的代表組成的國民議會選出，結果獲得 39 票的贊同，1 票棄權。保大致函支持阮文春組織該一中央臨時政府。該中央政府共由 22 位部長組成，其中 6 位代表安南，7 位代表東京，9 位代表交趾支那。除了部長會議外，另設立「諮商樞密委員會」（Consultative Privy Council），網羅重要人物參加。首府原定設在順化，但因戰爭破壞，所以政府機構設在西貢和海防。阮文春表示，越南應納入法國憲法中，成為一個「加盟國」（Associated state）。外國領事派駐越南，應向越南政府和法國代表致送到任國書。法國應接受越南派駐法國的領事。他認為越南應取得自治領（Dominion）的地位。[11]

5 月 23 日，法國正式承認「越南臨時中央政府」。5 月 27 日，阮文春將政府人事案提交給在香港的保大，仍繼續奉保大為國王。儘管該「臨時中央政府」將越南國民黨的阮祥三名列其組織要員中，但阮祥三公開否認參加該政府，越南國民黨亦發表一篇「越南國民黨對於『越南臨時中央政府』成立聲明」，批評該「臨時中央政府」為法國殖民主義者扶植的傀儡組織，失去

9. Bernard B. Fall, *op.cit.*, p.209.
10. Ellen J. Hammer, *op.cit.*, pp.210-211.
11. *Keesing's Contemporary Archives*, August 7-14, 1948, p.9444.

了它代表民族的性格，宣布：「凡一切由該傀儡政府，阮永瑞或任何與該偽組織勾結之個人與法方所作之談判及簽署均是不合法的，完全沒有價值。」[12]

6月5日，保賽和阮文春（來自西貢）、保大（來自香港）在海防外海的下龍灣的法國巡防艦「杜瓜－土羅因號」上舉行第二次會議，簽訂法、越關係條約，法國正式承認越南獨立。至於三圻之統一，則由越南本身自由實現之。越南宣布加入「法國聯邦」為聯邦之一員，越南之獨立以隸屬「法國聯邦」為範圍。[13]

6月5日當天晚上，保大為南圻問題前往巴黎進行進一步的談判。法國重新迎立保大，宣稱他為越南的「立憲皇帝」，並在河內宣布成立「越南臨時政府」，阮文春為臨時政府主席（兼首相）。8月25日，保大再度與保賽在巴黎郊區的聖特哲曼（Saint Germain）會晤，他表示如果法國不廢除南圻的殖民政權，而且保證越南的完全獨立，他將不返回越南。[14] 當時法國在越南正陷入北越游擊隊攻擊之苦戰中，美國支持法國對越南採取更為開放的政策。[15]

11月，南越和中越的代表在河內會談。12月5日，南越和北越的代表在河內會談。12月9日，在南越代表返回南越後，中越和北越的代表舉行會談。12月31日，交趾支那共和國議會（Assembly of the Republic of Cochinchina）改名為「南越議會」（South Viet-Nam Assembly）。自後南越許多政府機關，如公共衛生、郵政等都改由越南人擔任。

1949年1月初，阮文春和法國駐印度支那高級專員皮戈農（M. Léon Pignon）前往巴黎，並與保大會晤，商談法、越關係。

最後在1949年3月8日，保大與法國總統阿里奧爾（Vincent Auriol）在巴黎簽訂「法、越協定」（又稱 Elysee Agreement），要點如下：

1. 越南統一：法國不反對交趾支那併入越南，將宣布放棄河內、海防和

---

12. 中國國民黨黨史館藏，檔名：**有關越南情報卷**，檔號：特011,5.2-70。「越南國民黨對於『越南臨時中央政府』成立聲明」。

13. *Keesing's Contemporary Archives*, August 7-14, 1948, p.9444.

14. Luu Van Loi, *op.cit.*, pp.85-86.

15 Luu Van Loi, *op.cit.*, p.86. 美國駐法國大使卡費里（Jefferson Caffery）曾告訴法國，美國歡迎法國對越南採取更開放的政策。

土倫的特別地位。

2. 外交問題：越南的外交政策應透過「法國聯邦」的理事會，與法國協調。越南涉外事務的部長們應聯合向「法國聯邦」的總統和越南國王負責。越南的外交代表得派駐中國、暹羅、教廷，他們的到任國書應由「法國聯邦」總統簽署，並由越南國王簽署。在其他國家，越南的利益則由法國代表加以保護。法國將支持越南加入聯合國。

3. 軍事問題：越南有獨立之軍隊，但由法國軍官加以訓練，越南軍隊負有防衛「法國聯邦」的責任，法國在越南駐紮的軍隊有自由移動的權利。

4. 內部主權：越南政府享有完全內部主權，但需雇用法國公民為顧問、技術人員和專家。

5. 司法問題：越南在民事、商業和刑事等司法案例擁有充分管轄權，但涉及法國人或法國國家之案件，則需依據法國法律及由混合法庭處理。

6. 文化問題：法語應為越南外交語言，在學校中應教授法語。法國應在越南設立各級學校，及由越南和法國聯合設立大學。

7. 經濟和財政問題：在越南的法國人、在法國的越南人，均享有平等的國民待遇。法國資金可以自由在越南投資。在越南的法國人民自 1945 年 3 月以來因政治動亂而遭到財產損害時，可獲得賠償。越南政府應充分控制其財政，與寮國和柬埔寨建立貨幣和關稅聯盟，印度支那貨幣需與法郎聯繫。[16]

3 月 11 日，法國國民議會通過一項法案，在交趾支那設立民選的領地議會（Territorial Assembly），以取代現行的非民選的「諮商委員會」。交趾支那將於 4 月 10 日舉行「南圻代表議會」（Council of Representatives of Nam Ky）議員選舉。選民總數有 300 萬人，但西貢和堤岸的選民缺席投票，占選民數的 90%，結果投票者僅有 1,700 人。[17] 關於選舉之資料，漢莫（Ellen J. Hammer）的書說，交趾支那擁有投票權者有 5,000 人，由於「越盟」慫恿選民不要前往投票，所以只有 700 人投票，另外法國人有 500 人前往投票。總

---

16. *Keesing's Contemporary Archives,* September 17-24, 1949, p.10233.
17. *Keesing's Contemporary Archives,* September 17-24, 1949, p.10233.

共選出 64 名交趾支那領地議會議員。[18]

由於保大堅持三圻必須統一，而法國認為「南圻共和國」為單獨的殖民地，其地位之變更，必須經過法國國民議會之決定，政府不能作主。法國國民議會決定由交趾支那組織一個交趾支那代表議會，由法國居民和越南人組成，以決定交趾支那的前途。4 月 23 日，該代表議會以 55 票對 6 票、2 票棄權，決定交趾支那與安南合併。該代表議會亦提醒保大，他曾承諾讓南越自治。[19] 4 月 24 日，保大達成其目的後始離開法國，結束其三年的自我放逐，返回越南的大叻，一直住到 1954 年。他自稱為國家元首。

5 月 21 日，法國國民議會一讀通過交趾支那新地位案。6 月 3 日，法國國民議會二讀通過交趾支那新地位案。6 月 4 日，法國國民議會以 352 票對 208 票三讀通過該案。右派和保守派主張讓交趾支那獨立，社會主義者和共產主義者則投反對票。6 月 4 日，法國總統阿里奧爾簽署該新法案，並正式照會保大，強調「越南在法國聯邦內維持獨立地位現在已實現了」，並請保大立即組織新政府。法國在同一天將交趾支那的首府西貢地區的行政權移交給南越政府（Government of South Vietnam，即交趾支那臨時政府）。[20]

6 月 14 日，保大在西貢正式復辟，他與法國高級專員皮戈農舉行一個正式儀式，交換文件，越南成為獨立國家，保大成為「越南國」（State of Vietnam）的國王，政權在西貢成立。[21] 他宣布他將暫時維持國王的頭銜，俾具備合法的國際地位，但他又說：「未來的越南憲法將由英勇地尋求祖國獨立的人民來決定」，所以他同時又宣布他是國家元首（Chief of State）。[22] 6 月 23 日，交趾支那臨時政府結束，將其權力移轉給保大。6 月 30 日，保大組成第一個內閣，他自己擔任國家元首兼首相，阮文春為副首相兼內政和國防部長，阮潘龍（Nguyễn Phan Long）為外長，阮克為（Nguyễn Khac Ve）為司法部長，陳文遠（Tran Van Van）為國家經濟部長，陳文理（Tran Van Ly）

---

18. Ellen J. Hammer, *The Struggle for Indochina 1940-1955*, p.241.

19. Ellen J. Hammer, *The Struggle for Indochina 1940-1955*, p.242.

20. *Keesing's Contemporary Archives*, June 4-11, 1949, p.10033.

21. 但劉文利說保大政權係於 6 月 7 日在河內成立。參見 Luu Van Loi, *op.cit.*, p.87.

22. Ellen J. Hammer, T*he Struggle for Indochina 1940-1955*, p.244.

為內政部長，馮渥珍（Vung Oc Tran）和范珠丹（Pham Juy Dan）任內政部國務秘書。

7月1日，保大發布一項命令，宣布在沒有選出國會之前，由國家元首委任的45名正式委員和15名候補委員組成的國家諮商會（National Consultative Assembly）將協助政府。第二項命令規定三圻（包括東京、安南、交趾支那）有其自己的政府，是由國家元首任命的行政長官負責。河內、西貢、海防、土倫、堤岸等大城市由市長管轄。由國家元首任命的審查委員會（Council of Censors），負責監督政府的行政管理。8月6日，宣布西貢為保大駐地，為政府之臨時首都。保大政府的軍事和外交仍由法國控制，他僅擁有有限的內政權。

1949年12月30日，保大與皮戈農簽署數項公約來執行3月8日「法、越協議」，法國將行政權移交給保大政府。這些公約的主要內容包括：(1) 越南政府對於其人民有完全的管轄權。(2) 設立特別混合法庭來審理涉及法國人的案子。(3) 檢察官應由越南人擔任，但西貢和海防應有兩年的過渡期仍由法國人擔任。(4) 所有警察和安全武力應由越南政府控制，惟高級官員仍暫時控制軍事安全武力。(5) 法國軍事基地和設施應接受越南的管轄。(6) 越南政府應負責小學和中學。(7) 應由越南和法國合作設立大學，其校長（可能為越南人或法國人）由「法國聯邦」總統任命，經越南政府同意。[23]

「法國聯邦」議會在1950年1月20日通過法國分別在1949年3月8日與越南、7月19日與寮國、11月8日與柬埔寨簽訂之條約。1月28日，法國國民議會亦以396票對193票通過這些條約。2月1日，共和國委員會（Council of Republic）批准這些條約。2月3日，共和國總統阿里奧爾簽署並公布這些條約，越南、寮國和柬埔寨成為在「法國聯邦」內的獨立國家。

保大在1月5日宣布辭去首相，專任國家元首，首相一職由外長阮潘龍接任。2月，美國（2月7日）、英國、澳洲、比利時、荷蘭、紐西蘭、希臘、義大利、泰國、西班牙、羅馬教廷承認越南、寮國和柬埔寨為「法國聯邦」

---

23. *Keesing's Contemporary Archives*, Jan. 28-Feb. 4, 1950, p.10493.

內的獨立國家。法國同時正式請求美國以經濟和軍事援助印度支那三邦。另一方面，胡志明領導的越南民主共和國，則獲得中華人民共和國、南斯拉夫、保加利亞、阿爾巴尼亞的外交承認。

　　1950 年 6 月 23 日，在法國巴黎召開法國與印度支那三邦的會議，越南由陳文友首相出席，會議的宗旨在澄清「法國聯邦」的政策以及組織印度支那的國家武力等問題。從 6 月 29 日到 11 月 27 日，在法國西南部的帕奧（Pau）也召開法國和印度支那關係會議，會後通過一項公約，規定：1. 越南應平等地開放西貢港口給法國、寮國和柬埔寨的船隻，以及開放給所有不與「法國聯邦」對抗之國家的商船。2. 所有「法國聯邦」的軍事武力享有進入西貢港的自由權利。3. 外國軍艦和飛機使用西貢之港口和機場，應依據聯合國憲章之規定。4. 海關的機構和管理應移轉給「加盟國」，成立一個統一的海關聯盟機構。法國和「加盟國」都應派遣代表出席該海關委員會。5. 中央銀行應發行印度支那貨幣，應移交由越南、寮國和柬埔寨三國組成的銀行來辦理。當涉及法郎或法國利益時，法國應有代表出席該跨國委員會。每一「加盟國」應有其自己的財政部，充分控制其稅收。6. 應交由「加盟國」控制自己的對外貿易，各國應協調政策。7. 湄公河的航行應由「加盟國」和法國組成委員會加以管理。8.「加盟國」應享有自己的郵政和電報服務以及移民事務的管轄權。[24] 9. 法國在印度支那的郵政、電話和電報服務由印支三邦接管。[25]

　　1950 年 12 月 8 日，保大和皮戈農在西貢簽訂軍事條約，以取代 1949 年 12 月 30 日的軍事協定。該新條約規定越南軍隊應由保大控制，但在戰術使用時，應由法國最高司令控制；應設立法、越軍官聯絡委員會；授權法國軍官出任越南軍隊指揮官。[26] 1953 年 2 月 24 日，法、越又簽訂軍事協定，越南軍隊將從 6 月 1 日起承擔在美萩、永隆、茶榮的軍事行動，西貢南方各省仍置於法軍控制之下。交趾支那南方其他各省的軍事控制，則已在該年 1 月 5 日移交給越南軍隊。[27]

---

24. *Keesing's Contemporary Archives*, October 14-21, 1950, p.11009; April 28-May 5, 1951, p.11430.
25. Ellen J. Hammer, *The Struggle for Indochina 1940-1955*, p.277.
26. *Keesing's Contemporary Archives*, April 28-May 5, 1951, p.11430.
27. *Keesing's Contemporary Archives,* July 18-25, 1953, p.13035.

　　1952 年 6 月 2 日，保大免職陳文友，另任命內政部長阮文津（Nguyễn Van Tam）為首相。阮文津在 6 月 25 日宣布政府的六大目標：1. 擴增軍隊，預定在 1952 年底前從現在的 4 個師增加到 6 個師。至 1953 年底，增加到 8 個師。2. 民選產生越南國會。3. 進行土改，以照顧小農。4. 鼓勵成立工會。5. 給予言論和出版的自由，鼓勵建設性的批評。6. 推行行政改革，包括實施分權辦法。[28]

　　1953 年 1 月和 6 月，保大政府舉行地方選舉，僅在其控制的地區辦選舉，約占越南領土的 25%，人口僅占全越總人口的一半，但合格選民只有 100 萬人，投票率達 6 成多。10 月，舉行省議會選舉，投票率一樣很低，引不起選民興趣。[29]

　　阮文津執政之初，開始進行政治改革。保大委任產生的 21 人組成的臨時國家委員會（Provisional National Council）於 1952 年 9 月 1 日在西貢集會。接著在 1953 年 1 月 25 日在越南綏靖地區選出城鎮和村議會，政府計畫由地方議會選出省議會，再選出國民議會。在全越南有 2 萬個城鎮和村，但確定為完全綏靖地區者只有 1,920 個，所以只在這些城鎮和村舉行選舉。在紅河三角洲，只有四分之一的村舉行選舉；在東京地區，總共有 4,000 個城鎮和村，只有 709 個舉行選舉。當時估計全越南人口總數約有 2,200 萬人，有選舉權者有 887,767 人，其中有半數分布在「越盟」控制區。軍人和婦女被排除在選舉權之外，另亦規定嚴格的居住條件，以防止「越盟」人員干擾選舉。該次選舉要選出 3,400 個民選議會席次，競爭相當激烈，例如在西貢，有 100 人競爭 23 個議席。[30]

　　雖然受到「越盟」的威脅，選舉過程相當平順地進行，有 712,122 人前往投票，約占選民數 80.21%，約有 5% 的廢票。在安南地區，投票率高達 92%，交趾支那為 79%，東京為 73%，西貢為 70%，河內為 60%。「越盟」為了抵制該次選舉，呼籲選民將選票上的候選人名字改為胡志明。但選民不為所

---

28. *Keesing's Contemporary Archives*, July 5-12, 1952, p.12328.

29. Robert G. Scigliano, *op.cit.*, pp.140-141.

30. *Keesing's Contemporary Archives*, June 20-27, 1953, p.12985. 但 Ellen J. Hammer 的書說，擁有投票權者有 100 萬人。參見 Ellen J. Hammer, *The Struggle for Indochina 1940-1955*, p.290.

動，在交趾支那，政府贏得 90% 的席次。在河內，政府則嚴重受挫，在 23 席中，只贏得 1 席，其餘 22 席為越南統一黨（Thong Nhat, Vietnamese Unification Party）所囊括。越南統一黨是一個左傾政黨，主張立即結束戰爭，舉行自由選舉產生制憲會議。在東京地區，特別是在海防，則大部分議席由大越黨所囊括。[31] 在河內的投票率高達 60%，越南統一黨的領導人阮世傳（Nguyễn The Truyen）獲得當選，他是胡志明的老戰友，1946 年經胡志明的說項，才從法國監獄中獲釋。該黨獲得天主教徒、醫生、律師、新聞記者和知識分子的支持。他們批評阮文津政府，主張國家統一，舉行自由選舉，最後結束戰爭。[32] 在南越，吳廷俶（Ngo Dinh Thục，為吳廷琰之二哥）主教則發表一封信致天主教徒，鼓勵天主教徒投票，否則就犯了違反上帝、教會和國家的罪。[33]

阮文津政府亦進行土改，他在 1952 年 8 月 14 日宣布政府將提供 4,000 萬到 5,000 萬越幣的信用貸款給農業工人和小農，使他們可以購買不超過 10 公頃的農地，分十年償還貸款。接著在 1953 年 4 月 21 日下令減少戰前地租的 50%。6 月 9 日，保大又簽署四項土改法案，這些法案之內容如下：1.「不在地主」所擁有的稻田的使用權，應暫時地給予耕種該稻田至少三年的佃農。2. 每一位地主所擁有及耕種的土地的最大數額，應依據人口密度和土地性質之不同而訂定，一個擁有四名子女的家長，其擁有土地的上限，在東京為 36 公頃，在安南為 45 公頃，在交趾支那為 100 公頃。在第三個小孩後，每增加一個小孩，則增加規定土地面積的 25%。3. 給予無地農民小筆土地，以前曾耕種者以及大家庭的家長有優先權，對於沒有正當理由超過兩年不耕種的土地應加以沒收。4. 地租應限於土地總收成的 15%。[34]

越南政府亦在 1952 年 9 月 26 日通過一項法案，允許設立工會以及工會聯盟。

法國總理拉尼爾（Joseph Laniel）於 1953 年 7 月 3 日致送照會給越南、寮國和柬埔寨高級專員，宣布法國政府有意完成三個「加盟國」在「法國聯邦」內的主權獨立，並建議公開討論法國與印度支那三邦之關係。保大於 8

---

31. *Keesing's Contemporary Archives*, June 20-27, 1953, p.12985.
32. Ellen J. Hammer, *The Struggle for Indochina 1940-1955*, p.290.
33. Ellen J. Hammer, *The Struggle for Indochina 1940-1955*, p.290.
34. *Keesing's Contemporary Archives*, June 20-27, 1953, p.12986.

月 28 日在巴黎近郊的藍波伊里特（Château de Rambouillet）會晤法國總統阿里奧爾和總理拉尼爾，商談法國準備讓越南獨立事宜。越南首相阮文津亦於 9 月 3 日飛抵巴黎。他與保大會晤後，在 9 月 6 日在巴黎宣布將召開國民大會，俾讓各政治團體能參加協商。他在 9 月 8 日返回越南之前，曾會晤法國總理拉尼爾，然後在記者會上談到有關召開國民大會的情形，他說：國民大會將由代表政治、經濟、專業和宗教的團體以及縣市議會選出 200 名組成，他們將討論越南獨立的條件、越南留在「法國聯邦」的條件，由該國民大會推薦 20 名候選人，然後由保大圈選 5—6 人參加與法國的談判。

　　10 月 12 日，國民大會在西貢市政廳舉行會議，由越南派駐巴黎的高級專員寶洛（Prince Buu Loc）親王和日據時期出任政府首相的陳重金主持會議，他們兩位在隔日被選為大會主席。他們堅持越南應有外交政策獨立權，國家最高軍事權應掌握在國家元首手裡，法國應撤回其遠征軍。10 月 15 日，會中決議廢止 1949 年法、越協議，作為與法國重啟談判的先決條件。10 月 16 日，會中通過下述重要決議：

1. 越南完全獨立，不參加目前形態的「法國聯邦」。
2. 在移轉由法國控制的服務和權力給越南，以及清算印度支那銀行後，越南將在平等的基礎上與法國簽署同盟條約，其條件和時間長短將由越南政府決定。
3. 所有條約需經越南國民議會的批准，國民議會議員由普選選出。
4. 在國際會議中提出的所有涉及越南的建議和決議，需獲得越南人民的同意。

10 月 17 日，會中又通過下述重要決議：

1. 要求保大制定臨時憲法，以民選產生國民議會。
2. 全力支持保大爭取越南獨立以及阮文津政府的民主政策。
3. 相信保大維護越南獨立的能力，以及基於互惠和義務與法國建立可接受的聯盟。
4. 感謝法國和美國對越南的援助。[35]

---

35. *Keesing's Contemporary Archives*, November 7-14, 1953, p.13229.

　　1954 年 1 月 12 日，阮文津下台，由保大的表兄弟寶洛親王出組內閣，他的內政方針是：繼續進行土改、成立民選國會、由各黨派組成樞密院，作為國家元首的諮商機關。在外交政策方面是，爭取越南成為國際法承認的獨立國家。繼續獲取法國的經濟援助，但需立於平等地位。[36]

　　3 月 8 日，法、越在巴黎談判有關越南完全獨立的問題，越南首相寶洛親王出席該項會談，提出要求取得完全與法國平等的獨立地位，而非在「法國聯邦」內的獨立。談判沒有結果，寶洛親王在 3 月 25 日返回西貢。保大在 4 月 11 日前往巴黎，與法國進行談判。4 月 28 日，法國總理拉尼爾和越南副首相阮忠勇（Nguyễn Trung-Vinh）發表聯合聲明：「法國仍遵守 1953 年 7 月 3 日的宣言，希望完成越南的獨立，而越南則維持及鞏固與法國人民的傳統友誼，重申其基於兩項基本條約規範法、越關係的協議。第一項條約是承認越南完全獨立以及充分和完全的主權。第二項條約是在『法國聯邦』內基於平等建立法、越協會（association），發展兩國之間的合作關係。兩國嚴肅地確定遵守這兩項條約，法國共和國政府和越南政府將同時依照各自的政治程序，批准該兩項條約。」[37]

　　保大在 4 月 10 日簽署一項命令，成立「戰爭內閣」，以對抗「越盟」。該「戰爭內閣」成員包括：國家元首保大、首相寶洛親王、內政部長、國防部長、國務部長、保大的秘書處主任和參謀長。同一天簽署的另一項命令，是將高台教、和好教、平川幫等民兵整合入越南軍隊。但阮成豐將軍在 4 月 15 日宣布不承認該項決定，反對此一合併作法。

　　「戰爭內閣」在 4 月 12 日下令動員在 1929 年至 1933 年出生的男性、禁止十八—四十五歲的越南公民離開越南、廢除所有免除服兵役的規定、對逃避兵役者和在月底前沒有返回兵營的逃兵以軍事法庭審理。越南政府期望透過上述諸項辦法，將兵力增加 50 萬人，其中包括已在軍中的 25 萬人、新兵 15 萬人、宗教民兵 2 萬 3,000 人、遠征軍 10 萬人。[38]

---

36. *Keesing's Contemporary Archives*, February 13-20, 1954, p.13411.
37. *Keesing's Contemporary Archives*, May 22-29, 1954, p.13584.
38. *Keesing's Contemporary Archives*, May 22-29, 1954, p.13584.

第二節 奠邊府戰役與日內瓦條約

奠邊府戰役

中華人民共和國在 1950 年 1 月 8 日承認越南民主共和國政府為越南之合法政府，但此時越南民主共和國已無首都、政府、領土和人民，胡志明率領其軍隊退至中、越邊境打游擊戰。胡志明在 1950 年 1 月底訪問北京，當時毛澤東在莫斯科訪問，所以周恩來陪同胡志明在 2 月初前往莫斯科會見毛澤東，回程經過北京，請求劉少奇副主席和周恩來總理給予軍經援助以及派遣軍事顧問。3 月，中國派中央軍委會辦公廳主任羅貴波赴越考察，經過協商後中國於 7 月下旬在廣西南寧成立「援助越南軍事顧問團」，由韋國清為團長，梅嘉生、鄧逸凡為副團長，梅嘉生為越軍總參謀部顧問、馬西夫為越軍總後勤部顧問，顧問團成員總共 281 人。

1950 年 4 月，中國開始運送援越物資進入北越。同時，北越軍也進入雲南硯山等地接受裝備和訓練。中國成立以廣西軍區副司令員李天佑為主任的支援委員會，負責提供糧食、彈藥、藥品等的籌集和運送。另派西南軍區副司令員兼雲南軍區司令員陳賡率工作組二十多人和韋國清領導的軍事顧問團入越。6 月，韓戰爆發，中國將注意力放在朝鮮半島的戰爭，從蘇聯來的軍備武器都用在韓戰，中國僅援助越南在中、越邊境進行小規模的抗法戰鬥。8 月 12 日拂曉，「援助越南軍事顧問團」包括 79 名幹部、250 名隨員，在團長韋國清、副團長梅嘉生、鄧逸凡率領下到達越軍總部所在地廣淵。後來陳賡示意胡志明向中共中央建議派他前往越南擔任軍事顧問。[39] 他協助戰前準備和指揮作戰，越軍全殲了法軍兩個精銳兵團三千餘人，占領了高平、七溪，那岑、同登、諒山、亭立、安州等地，駐守老街、沙巴的法國軍隊和進犯太原的軍隊也被迫撤離。在 9 月 16 日，「越盟」軍在中國之協助下，占領中、越邊境的東溪，使「越盟」在邊境的對法作戰中轉被動為主動。陳賡在 11

---

39. 文莊，「武元甲將軍談中國軍援和中國顧問在越南」，**東南亞縱橫**，2003 年 3 月，頁 38-45。該文節略武元甲將軍的著作部分段落，稱係陳賡示意胡志明向中共中央建議派其至越南。但孫福生的文章說是胡志明點名陳賡至越南協助。參見孫福生，「中國對奠邊府戰役勝利和日內瓦協議簽訂之卓越貢獻」，**南洋問題研究**，2005 年，第二期，頁 57-63。

月返回中國，以後由中國軍事顧問團在北越協助越軍。[40]

　　1951 年 2 月，越共在越北解放區召開第二次全國代表大會，大會通過了將黨公開，改名為越南勞動黨，並選出以胡志明為主席的中央委員會。

　　3 月 3 日，胡志明召開越南全國人民代表會議，會上通過了關於「越盟」和越聯（越南國民聯合會）合併的決議，成立「越南國民聯合戰線」。

　　「越盟」軍隊司令武元甲曾在 1953 年 2 月占領奠邊府，它位在紅河的上游，距離寮國邊境只有 8 英里，是個山谷地，長 18 公里，寬 6—8 公里。中央有兩條飛機跑道，主跑道在猛成（Muong Thanh），備用跑道在紅康（Hong Cum），有定期班機往來河內和海防。周邊建有數座碉堡。當時只有 9,000 苗人居住在山坡，平地有 112 戶泰族人，以種稻為生。奠邊府是寮國東部進入紅河三角洲的交通要道，也是鴉片運輸的路線。「越盟」靠此路線運輸鴉片，以取得其經費。3 月 1 日，法軍以 6 個傘兵營空降突擊，逐退「越盟」軍隊。

　　由於「越盟」採取游擊戰法，在北中南各地進行騷擾性攻擊，使法軍疲於奔命。法軍駐印度支那軍隊司令納瓦爾將軍（General Henri Navarre）估計「越盟」有 12 萬 5,000 名正規軍，配置為 6 個師，其主力部隊至少有 6 個獨立團。法軍認為應避免在越北的平原地帶與武元甲的主力部隊正面交鋒，以免折損兵力。而且「越盟」採游擊戰法，分散法軍兵力，法軍反而無法運動大規模軍隊以殲滅「越盟」軍隊，故必須採取誘引戰術，以強大戰略性機動武力作為打擊手段。[41] 法軍第一步是將「越盟」主力部隊引至南部高原地帶，以便肅清在中越和南越的「越盟」軍隊。第二步是在 1954—1955 年之間在越北與「越盟」主力部隊打一場傳統正規戰，以決定勝負，迫使「越盟」上談判桌。納瓦爾在 1953 年 6 月 16 日在西貢的軍事會議上公布該項作戰計畫，其誘敵之地點就選在奠邊府。「越盟」亦決定在奠邊府給法軍一個致命的打擊。10 月 27 日，韋國清將中國主張攻擊上寮的計畫告知胡志明、長征和武元甲，並將納瓦爾計畫交給越方，「越盟」乃決定攻擊萊州，放棄進攻紅河平原地帶。[42]

---

40. 郭明主編，**中越關係演變四十年**，廣西人民出版社，廣西南寧市，1992 年，頁 30-32。
41. Vo Nguyen Giap, *People's War People's Army*, Frederick A. Praeger, Inc., New York, 1968, p.167.
42. 郭志剛，「中國與奠邊府戰役」，**當代中國史研究**，第 12 卷第 5 期，2005 年 9 月，頁 78-86，81。

1954 年 1 月 26 日，「越盟」軍隊和「巴特寮」（Pathet Lao, Lao Issara, The Land of Lao）軍隊進攻寮國的猛高（Muong Khoa），擊退在南胡（Nam Hu）河盆地的法軍，拿下豐沙里（Phong Saly）。1 月 27 日，「越盟」軍隊占領康東（Kontum）省北部，2 月 17 日，占領康東市，進逼第 19 號公路，整個西部高地落入「越盟」手裡。

法國空軍總司令費伊在 1954 年 2 月 25 日到奠邊府視察，他發現奠邊府防禦工事形勢不佳，位在一個山谷中，而「越盟」兵力增強，「越盟」軍很容易從四周山區往下攻擊，奠邊府難守。他建議納瓦爾儘快撤離該地，但為納瓦爾所拒。

胡志明在 1953 年 12 月 6 日主持越共中央政治局會議，討論並通過了奠邊府戰役的作戰方案，並決定成立奠邊府前線黨委和指揮部，任命中央政治局委員武元甲為前線黨委書記兼總指揮，政府副總理范文同（Pham Van Dong）[43] 為「中央前線供給委員會」主席，韋國清為前線總顧問。[44]

中國提供「越盟」大量軍事援助，所有這些武器裝備，因為越北山區道路崎嶇，從中國邊境運入奠邊府附近山區，不是一件容易的事，全賴人力拖拉，武元甲以卓越的指揮能力很快地將這些武器裝備運至奠邊府。他動員 5 萬兵力和 30 萬農民運送武器和軍需物資。從中國運進 200 尊重型大砲，包括俄國製造的卡促沙（Katyusha）型火箭發射器。[45] 而中國為了協助「越盟」打這場關鍵性戰爭，派遣韋國清率軍參戰，在「越盟」軍隊每一師中安插一名中國的軍事顧問。中國派遣解放軍華北防空高砲團團長原野（袁金譜）、盧康民、史國強等 24 名為越軍高砲顧問。該批中國軍隊被派至越軍連級、排級單位。

「越盟」兵力部署在奠邊府四周山區，為了分散敵人的注意力，在 1954 年 2 月越軍主力 308 師發動上寮戰役，攻入寮國東北部琅勃拉邦（Luang

---

43. 范文同生於 1906 年，1941 年為「越盟」的創建者之一，為胡志明的親密戰友。1954 年出席日內瓦會議。1955 年，擔任北越總理。1976 年，擔任越南社會主義共和國總理。1986 年，辭去越共政治局委員。1987 年，由范雄（Pham Hung）取代他出任總理。
44. 郭明主編，**前引書**，頁 35。
45. http://www.afa.org/magazine/aug2004/0804dien.asp　2007 年 7 月 28 日瀏覽。

Prabang），掃除了那裏的法軍，解除了奠邊府越軍在西北部的後顧之憂。308 師於 3 月初回師奠邊府。事實上，這是一次佯攻，目的在吸引法軍將兵力從越北調集到琅勃拉邦，特別是空軍，以救援在琅勃拉邦的法軍。「越盟」此一動作，讓法軍以為「越盟」不再進攻奠邊府，而鬆懈防禦。不過，隨後「越盟」重新在奠邊府四周山區出現，在 1954 年 3 月 13 日零時 5 分，攻擊奠邊府的「貝雅翠絲」（Béayrice）堡東側，展開影響印度支那局勢的奠邊府戰役。

「越盟」軍進逼至奠邊府法軍碉堡附近，並挖掘坑道，中國派遣徐成功軍事顧問率數十名工兵協助指導「越盟」軍構築坑道工事。在包圍奠邊府期間，「越盟」軍占領了萊州市和萊州省，「越盟」軍和寮國「巴特寮」聯軍也占領了寮、越邊境的豐沙里省和南烏江流域。在越南西北部地區，奠邊府陷入孤立。此外，中國也援助「越盟」軍七五無後座力砲和火箭砲，增強「越盟」軍的火力。

法國眼見奠邊府戰爭屈居下風，乃尋求美國的援助。3 月 20 日，法國參謀總長艾利（General Paul Ely）訪問美國，與參謀首長聯席會議主席芮德福（Admiral Arthur B. Radford）會面，表示法國將輸掉奠邊府戰爭，而此將帶給東南亞危險的後果，請求美國提供軍援，特別是空軍戰機。芮德福遂向艾森豪（Dwight D. Eisenhower）總統建議採行一項「禿鷹作戰計畫」（Vulture）的救援行動，利用駐守菲律賓的 B-29 轟炸機與航空母艦上的戰鬥機，轟炸「越盟」在奠邊府四周的大砲陣地。美國應採取類似德國和義大利空軍在 1937 年 4 月 26 日對西班牙的瓜尼卡（Guernica）小鎮的致命轟炸，必要時，美國應動用核武器。陸軍參謀長李德格衛（General Matthew B. Ridgway）的報告是消極的，他認為美國軍事介入必然會導致地面部隊參戰，此將使中國趁機介入，其情況將會如同韓戰一樣。李德格衛坦率指出，西方國家在印度支那獲勝的代價，將遠大於韓戰的付出。[46] 艾森豪總統持折衷態度，他在 3 月 25 日的國家安全會議上提出美國出兵越南的四項條件：加盟國（Associated State，按：指保大的越南國）提出援助要求、聯合國贊同、其他國家參加、

---

46. Bernard B. Fall, *op.cit.*, pp.226-227.

美國國會同意。[47] 他表示只要歐洲盟國，特別是英國願意合作的話，美國便應允協助法軍作戰，採取芮德福的「瓜尼卡式」（Guernica-type）的大轟炸。結果，其他歐洲盟國無意支持美國的行動，「法國的拒絕、義大利的極端膽小和英國的過於怯懦」，「英國外相艾登（Anthony Eden）再次強調在使用任何原子武器之前有進行協商的必要性」，[48] 所以美國就取消了使用大轟炸的計畫。美國參議院兵役委員會主席史登尼斯（John Stennis）在 1 月底告訴國防部長威爾森（Charles E. Wilson），他不贊同派遣軍隊到越南，即使是一小部分軍隊。4 月 3 日，國務卿杜勒斯（John Foster Dulles）邀請國會議員會商，國會議員都認為若無英國及其他盟國之參加，美國不應介入越戰。美國乃表示無意介入奠邊府戰爭。[49]

美國一些退伍軍人以自願兵方式前往越北，擔任空中運輸的工作，因為奠邊府四周道路已被「越盟」軍隊切斷。法軍增派 1,530 名志願兵跳傘進入奠邊府，這些自願兵中有 680 人從未跳過傘。美國自願空軍駕駛員只從河內飛往奠邊府進行空投任務一次，即告停止，因為山區四周砲火猛烈。

至 4 月中旬，法軍飛機損失慘重，已無力飛往奠邊府進行空投任務，所以中國立即將這批連、排級高砲顧問，包括史國強等調回中國，以防機密洩漏。原野則繼續在奠邊府前線、盧康民在後勤運輸線工作。奠邊府戰爭結束後，原野回中國，盧康民繼續在越南新組建的高砲師任顧問。[50] 「越盟」知道奠邊府戰役對它極為重要，因為日內瓦會議已在 4 月 27 日召開，如要取得談判桌上的籌碼，就必須在戰場上取得勝利。「越盟」遂積極準備，部署兵力，以取得最後的勝利。

5 月 7 日，下午 5 點 30 分，法軍在「越盟」軍隊逼近前將武器、電報設施等燒毀，在經過五十五晝夜的包圍戰後，奠邊府的法軍在 5 月 8 日凌晨 1

---

47. Ronald H. Spector, *United States in Vietnam, Advice and Support: The Early Years 1941-1960*, Center of Military History, United States Army, Washington, D.C., 1985, p.199.

48. 「杜勒斯致國務院」（日內瓦，1954 年 4 月 29 日），載於陶文釗主編，**美國對華政策文件集**（1949-1972），第二卷（下），世界知識出版社，北京市，2004 年，頁 823-825。

49. 同上註。

50. 錢江，「中國高射砲兵奠邊府參戰之謎」，**中華兒女雜誌**，海外版，1994 年第三期，頁 18-25。

點 53 分向「越盟」投降，包括 1 名將軍、16 名上校、1,749 名軍官以及其他軍人、62 架飛機被毀、各種軍備和 3 萬具降落傘被擄。[51] 法國派遣由艾利將軍和沙朗將軍（General Raoul Salan）組成的調查團前往「越盟」所在地，表示法國將立即從北越撤出，並集中在北緯 16 度以南地區。

法國駐印度支那軍隊司令納瓦爾表示，「越盟」在奠邊府戰役中獲得中國的軍事援助，估計「越盟」使用武器的總數，105 公釐無後座力砲 2 萬發、75 公釐榴彈砲 2 萬發、迫擊砲彈 10 萬發、37 公釐防空彈 6 萬發。法軍有 8,000 人被俘，4,000 人死亡和受傷。「越盟」有 18,000 人傷亡，其中有 8,000 人死亡。[52] 越南平民死亡人數有 25 萬人。[53] 美國空軍戰機和人員亦損失慘重，包括 B-52 轟炸機和 C-119 運輸機在奠邊府戰役中被擊落和損毀的共有 62 架，而在其他地方遭到擊落的戰機有 177 架。[54]

「越盟」所以能在戰爭中獲勝，主要關鍵因素是武元甲運用廣大越南人民的後勤，能有效的將中國援助的武器、槍砲、彈藥在很短的時間從中、越邊境運至奠邊府四周山區，而且能將糧食補給有效率的送至前線。[55] 其次，是中國派遣政治顧問團以及其他專家顧問指導和協助「越盟」軍。中國軍事顧問團進入北越後，協助「越盟」軍組織邊界戰役、紅河中游戰役、18 號公路戰役、寧平戰役、西北戰役、上寮戰役、1953—1954 年冬春戰役，都取得勝利。中國的顧問團總團長為羅貴波、軍事顧問團團長為韋國清、副團長為梅嘉生、鄧逸凡。軍事顧問團除了協助越軍前進指揮制訂奠邊府的作戰方案，韋國清等人甚至親臨前線參與戰鬥的組織指揮。此外，亦協助「越盟」軍進行政治訓練、土改計畫和軍事戰鬥訓練。[56] 在整個第一次印度支那戰爭中，中國提供「越盟」的軍事物資包括：15.5 萬枝槍、槍彈 5,785 萬發、砲 3,692 門、砲彈 108 萬發、手榴彈 84 萬多枚、汽車 1,231 輛、軍服 140 萬多套、糧食和

---

51. Vo Nguyen Giap, *People's War People's Army*, p.187.
52. *Keesing's Contemporary Archives*, May 8-15, 1954, pp.13566-13567.
53. Bernard B. Fall, *op.cit.*, p.129.
54. Vo Nguyen Giap, *Dien Bien Phu*, The Gioi Publishers, Hanoi, 1999, p.139.
55. Vo Nguyen Giap, *Dien Bien Phu*, p.95.
56. 郭明主編，**前引書**，頁 41-42。

副食品 1.4 萬多噸、油料 2.6 萬多噸、以及其他藥品和軍用物資。[57] 中國援越軍事顧問團於 1955 年 12 月至 1956 年 3 月從越北撤退。[58] 第三個因素是「越盟」有高昂的戰鬥意志，以驅逐、打敗法國為目標。第四個因素是法軍戰略失敗，將大軍拘限在固定的碉堡內，採取被動守勢，而沒有安排其他可以進攻的軍隊，作為掩護，最後演變成躲在碉堡裡挨打，無主動進攻的軍事行動。

奠邊府戰爭之影響如下：

（一）「越盟」在戰場上獲勝，也取得日內瓦談判桌上的有利條件。

（二）法國在該次戰爭失敗後，從印支半島北緯 17 度以北撤出。

（三）越南以北緯 17 度為界分裂為南北兩部分，北越由越南民主共和國控制，南越由越南國控制。

（四）美國取代法國，開始介入印支事務，扶植南越政權，以對抗北越共黨勢力的擴張。美國企圖在南越建立圍堵共黨勢力的據點。

（五）中國為保衛其南疆，對「越盟」提供軍經援助，其暗助「越盟」，卒能擊敗法軍。從歷史來看，清國在 1884 年在清、法戰爭中，亦是在陸戰取得勝利。奠邊府戰爭之獲勝，應是該歷史之延續。

（六）寮國和柬埔寨成為脆弱的中立國。

日內瓦協議

1953 年 12 月 8 日，美、英、法在百慕達（Bermudas）開會，同意採取一致行動，以儘快解決印度支那問題。蘇聯提議在柏林舉行四巨頭會議，以化解世界各地的衝突。1954 年 1 月 25 日，美、英、法、蘇等國外長，包括杜勒斯（John Foster Dulles）、艾登、畢多特（Georges Bidault）和莫洛托夫（V. M. Molotov）在柏林集會，杜勒斯堅持僅討論德國和奧地利問題，反對召開包括中華人民共和國在內的五國會議，討論化解遠東緊張的問題。後來因為蘇聯堅持邀請中華人民共和國參加，以及英國和法國的支持，所以決定在 4 月在日內瓦召開一次會議，來解決「遠東的懸案」，包括朝鮮戰爭問題和印

---

57. 孫福生，**前引文**，頁 58。
58. 祿德安，「冷戰與越戰的起源」，**東南亞縱橫**，2005 年 2 月，頁 43-47。

度支那半島問題。

　　為解決印度支那問題，美國、英國、法國、蘇聯、中國、北越政權、越南國、寮國和柬埔寨等國於 1954 年 4 月 27 日在瑞士日內瓦集會。中國代表為周恩來，北越代表為范文同，越南國代表為阮玉廷（Nguyễn Quoc Dinh），柬埔寨王國的代表為尼迢隆（Nhiep Tieu Long），寮國代表為沙那尼空（Phoui Sananikonr）。由蘇聯和英國擔任共同主席。北越建議邀請「巴特寮」和「高棉伊沙拉克」（Khmer Issarak）派代表出席該項會議，但未獲其他國家支持。

　　經過七十五天的會議，1954 年 7 月 20 日，由法屬印度支那武裝部隊司令狄蒂爾（Brigadier Henri Delteil）與「越盟」軍指揮部代表副國防部長謝廣布（Ta Quang Buu）在日內瓦國際聯盟大廈簽訂「越南停止敵對協議」（Agreement on the Cessation of Hostilities in Viet Nam，又稱日內瓦協議）。7 月 21 日早上 3 點 50 分，狄蒂爾和寮國代表簽署寮國停火協議。11 點 30 分，狄蒂爾和柬埔寨王國代表尼迢隆簽署柬埔寨停火協議。當天簽署下述文件：(1)「恢復印度支那和平問題八國宣言」（Declaration on the problem of restoring peace in Indo-China）；(2) 法國、柬埔寨和寮國政府的宣言；3. 闡明美國政府立場的美國宣言。

　　由英國、法國、蘇聯、中華人民共和國、北越、寮國、柬埔寨等國簽署的日內瓦協議（美國和保大政府拒絕簽署），主要內容如下：

1. 劃分越南。在北緯 17 度將越南劃分為南、北越，線由瓜東（Cua Tung）河口往西劃到寮國邊境。北越由「越盟」政府控制，南越由越南國政府控制。

2. 重組織區。停火協議在 7 月 22 日午夜生效日起三百天內，在分界線以北的「法國聯邦」軍隊以及在該線以南的「越盟」軍隊，將集中在重組織區，分別從南、北越撤退，即法國聯邦軍隊往南撤退，而「越盟」軍隊往北撤退。

3. 非軍事分界線的寬度不超過 5 公里，所有在該範圍內的軍事武力和設施需在二十五天內撤走。除非獲得國際監督停火委員會的同意，任何

人不得跨過該線或進入該非軍事區。

4. 雙方禁止對在戰時敵對的人或團體的行為採取報復或歧視，保證民主自由。

5. 停火協議生效後，禁止外國軍事基地在南、北越設立，南、北越雙方保證不與外國建立軍事同盟，亦不被利用為對對方進行敵對之基地或採取侵略政策。

6. 由印度、加拿大和波蘭組成的國際停火委員會，應監督停火協議之執行，並確保在停火期間各方不會增加軍事力量。

7. 越南選舉。選舉將於 1956 年 7 月 20 日在南、北越舉行，目的在建立一個統一的政府。將在諮商「越盟」政府和越南政府後組織選舉事宜，然後由印度、加拿大和波蘭組成的國際監督委員會來監督選舉。

8. 柬埔寨。柬埔寨的獨立和政治完整應獲得「越盟」政府的承認，越南應從柬埔寨撤出所有武力。

9. 寮國。寮國的獨立和政治完整應獲得「越盟」政府的承認，越南應從寮國撤出所有武力。寮國的「異議分子」（親越南的「巴特寮」運動的支持者）應集中在豐沙里（Phong-Saly）和桑怒（Sam Neua）的東北省份，並自行控制，雖然有寮國政府代表的監督，但在 1955 年舉行選舉後，這些地區應重新併入寮國王國。

10. 外國基地。不可在「加盟國」設立外國基地，但此並不適用於法國設在寮國素旺那曲和川壙（Xieng Khouang）的基地和派駐在南越的法國遠征軍。[59]

美國鑑於越南局勢之惡化，法國勢將退出印度支那，所以未雨綢繆，於 1954 年 6 月在西貢建立秘密軍事使團。美國和保大政府的代表沒有在日內瓦協議上簽字，因為美國不願受該文件之約束，為美國日後干預印支事務，出兵協助南越埋下伏筆。

---

59. *Keesing's Contemporary Archives*, July 24-31, 1954, p.13691; *Keesing's Contemporary Archives*, October 2-9, 1954, pp.13816-13817.

第三節 第二次南北對抗

一、北越實施社會主義制度

越南歷史上第一次南北對抗發生在從第十六世紀到十九世紀初，當時南朝的國力只限於今天中越地區。根據 1954 年日內瓦協議之規定，北緯 17 度以南為越南國控制區，以北為越南民主共和國控制區，因此南朝的範圍是從越南中部到南部一帶，其範圍遠超過當年的廣南國範圍。

根據 1954 年日內瓦協議之規定，南北越分治，允許南北越人民在兩年內自由移動。在 1954 年後，離開北越，移往南越的人口有 86 萬人，其中有 60 萬人是天主教徒，其他非天主教徒，大多數是曾參加法軍的越南軍人和政府官員。這些南移人口中有 61 萬人是由法軍負責運送，其他則由美國第七艦隊運送。[60]

北越政府自 1946 年起在其控制區進行思想清洗，將有關法國的文化和思想的東西予以去除。在 1954 年後，又清除封建主義思想和文化、私有財產觀念，另外灌輸有關馬克思（Karl Marx）的社會主義思想、整肅資產階級思想、西方自由思想。政府設立各種思想改造班，受改造者需受二星期的學習課程，參加小組會議，聆聽黨幹部的訓話和思想灌輸。

北越從 1956—1957 年進行一年的經濟計畫，1958—1960 年進行三年經濟計畫，1961—1965 年進行五年經濟計畫。在 1955—1958 年之間，最困難的問題是土改，初期時，土改目的並非建立平等的土地分配模式，因為土地大部分是由耕種者持有，故不可能從土改去期待農業產量的增加。

1952 年 9 月，胡志明經中國去蘇聯參加蘇共第 19 次全國代表大會期間，史達林向胡志明提出了越南需要實行土地改革之建議。胡志明贊同。越南勞動黨中央決定參照中國的模式實行土地改革，並請中國派遣土改顧問到越南協助。[61]

1953 年 12 月，北越通過土改法，當時 60% 以上的土地在地主、教會、

---

60. Bernard B. Fall, *op.cit.*, p.154.
61. 文莊，**前引文**，頁 45。

村社手中，9% 在法國人手裡，勞動人民僅占了 30% 的土地。約 62% 的農戶沒有土地。1955 年 3 月，召開的第四次國民會議上，通過了關於 1953 年實行土地改革的補充條款。

北越在 1953—1954 年進行減租運動，接著在 1954 和 1956 年進行土改。1955 年停止土改，由於南北分治，有將近 86 萬人從北越遷移到南越。到 1956 年底，沒收了地主 81 萬公頃土地，分給了 210 萬個農戶。

為有效執行土改，設立「人民土改法庭」，對不是地主的人以及對抗法國或屬於勞動黨黨員，就不判決死刑。1956 年夏天，勞動黨首度遭逢內部危機，由於有些官員專斷濫權，威脅人民的生命和財產，爆發對黨幹部和官員的不滿和反抗。粗估北越在進行土改時有 5 萬人被處死，有 10 萬人被逮捕送至勞改營。1956 年 8 月 17 日，胡志明公開表示暫緩土改的腳步。他在一封「致愛國同胞」（To the Compatriots in the Country）的一封信中說：「在執行國家統一的過程中犯了錯誤。……黨和政府已認真對待那些缺失和錯誤，已決定改正的計畫。那些被錯誤地分類為地主和富農的人將正確地再予分類。那些黨員、幹部和人民，若被錯誤地評價，將重建其權利、特權，他們的榮譽的特性應予承認。」[62] 隨後一些黨幹部遭處分，被沒收的教會財產也發還給教會，被捕的教士也獲釋。11 月 8 日，廢止土改法庭。長征因此一事件而被免除黨總書記的職務。由胡志明擔任該職直到 1961 年。農業部長亦同樣被免職。在該月，北越當局承認宜安省的銀柳（Quynh-Luu）縣發生武裝暴動事件。據稱有 2 萬名農民拿著簡單的農具起來抗拒政府軍的鎮壓。[63]

就程度而言，北越的土改法相當溫和，它允許擁有私人農業財產，對被徵收的土地給予補償，甚至其說法類似聖經般的語氣，例如它規定：「對需要土地者，就給予土地；對需要少者，就少給土地。對不需土地者，就不給予土地。土地多者，就可以取；土地少者，就應給予。對貧瘠之土地，以富有之土地補償之。」[64] 土改採緩進過程，允許特殊情況，例如山區的少數民

---

62. Bernard B. Fall, *op.cit.*, p.156.

63. Hoang Van Chi, *From Colonialism to Communism, A Case History of North Vietnam*, Frederick A. Praeger, New York, 1964, p.228.

64. Bernard B. Fall, *op.cit.*, p.158.

族住區並不進行土改。

　　依據蘇聯專家卡拉米契夫（V. P. Karamichev）的說法，截至 1957 年，土改的成效是沒收了 70 萬 2,000 公頃土地、184 萬 6,000 個農具、10 萬 7,000 隻動物、2 萬 2,000 噸糧食。北越政府將這些沒收之物分配給 150 萬個貧窮、低收入的農民家庭。[65] 另外據武元甲的說法，在北方解放區一千多萬人口中，有八百三十多萬農民分到了八十多萬公頃土地，基本上實現了耕者有其田之目標。[66]

　　由於生產工作不經濟、耕牛不足、高地租，小農和貧農因飢餓而死亡時有所聞，於是政府在 1958 年底採取合作耕種的「換工隊」（Work Exchange Team），意即合作農場，在 1958 年底設立 4,722 個合作農場，1959 年底設立 2 萬 8,775 個合作農場，1960 年底設立 4 萬 1,401 個合作農場，包括 85% 的所有農場家庭。[67]

　　此外，北越亦從蘇聯學習設立國營農場，在 1962 年設立 32 個國營農場，約有 6 萬人耕種 20 萬公頃的土地，這些國營農場使用蘇聯和中國的機械化農具。至少有兩個國營農場位在山區部落地帶，一個在木州（Môc-Chau），另一個在奠邊府。顯示集體化耕種已逐漸擴展到少數民族住區。

　　北越實施合作農場的時間較中國的人民公社制為早，並非模仿自中國。1960—1961 年，北越每個合作農場人數約在 750 人，平均每人耕種 0.14 公頃。1965 年，每個合作農場人數約在 1,600 人，平均每人耕種 0.15 公頃。[68] 在合作農場中，農民每天早上 6 點上工，中午 11 點返家吃飯，下午 1 點再返回農場工作，六點返家晚餐。晚上還要參加政治課程和檢討會。

　　北越從 1953 年開始進行土改，至 1957 年完成。1958 年，開始進入社會主義轉型階段，至 1960 年，達成下述目標：1. 建立國家經濟部門，如工業、國內貿易和對外貿易、農業和森林等都改由國家經營。2. 將私人資本主義工業和商業轉為國家經營，或公營和民營聯合經營。3. 建立手工業合作組織。

---

65. Hoang Van Chi, *op.cit.*, p.203.
66. 文莊，**前引文**，頁 45。
67. Bernard B. Fall, *op.cit.*, p.160.
68. Bernard B. Fall, *op.cit.*, p.161.

4. 在 1960 年底，將 86% 的農民納入農業合作組織。[69]

　　總之，在 1960 年代，北越農業經濟生產出現困難，許多問題無法解決，例如生產力低，缺乏農具和耕牛，強烈的農業個人主義，不易發揮團隊精神。1956 年農民暴動後，胡志明改採用緩和路線，工業和農業並重，對農業也是獎勵和懲罰並重，對種植次要作物者給予免稅優待，對新開闢的土地給予五年優惠稅待遇，對於兩種作物輪種者給予三年優惠稅待遇。

　　北越在 1960 年 5 月 8 日舉行國民議會選舉，560 萬選民中有 99.85% 的人前往投票，458 人競爭 404 席。另外有 18 席給南越的代表，他們是委任產生的。所以國民議會議員總數有 422 人。7 月 7 日，新的國民議會選出國家主席胡志明、副國家主席孫德勝（Ton Duc Thang）、國民議會主席長征、副主席黃文歡、總理等政府領導人。1961 年 9 月，胡志明將其長期擔任的勞動黨總書記的職位交給黎筍（Lê Duan）。

　　1960 年 9 月 5—12 日，勞動黨召開第三次全國代表大會，完成了 1958-1960 年的第一個三年計畫，並制訂經濟發展的第一個五年計畫（1961—1965），基本任務是初步建立社會主義的物質和技術基礎，初步實現社會主義工業化和實現社會主義改造，其優先的重點工作在推行重工業，次為農業和輕工業。

　　基本上，北越實施社會主義經濟制度，管制外資，所以很少外來投資，工業發展落後，國家經濟大都仰賴農業。但生產力不足的國營農業形態，無法產生充足的產能以因應對南越的戰爭需要，因此其戰備物資都需仰賴蘇聯和中國之援助和供應。自 1953 年到 1964 年，北越獲得蘇聯和中國的軍事援助金額估計為 1 億 4 千萬美元，1965 年 1 月到 1967 年 3 月為 6 億 7,000 萬美元，其中 80% 來自蘇聯。從 1965 年以後，中國提供給北越的 2 億美元軍援，主要提供米格 15 和米格 17 戰機、30 艘汕頭（Swatow）級砲艇及其他小型武器、卡車、雷達等。[70]

---

69. Nguyen Khac Vien, *op.cit.*, p.294.

70. "To George C. Denney,Jr. , Acting Director of Bureau of Intelligence and Research, Department of State from Director of Research and Reports, CIA, 27 March, 1967, " Central Intelligence Agency, The Role of Foreign Aids in North Vietnam's Military and Economic Effort(S-2250). https://www.cia.gov/library/readingroom/docs/DOC_0000496488.pdf　2018 年 3 月 3 日瀏覽。

　　1968 年上半年，蘇聯提供給北越的軍援估計為 2 億 7,500 萬美元，約比 1967 年同一時期少，主因是美國對北越的轟炸減少，所以少了地對空飛彈和彈藥的進口。蘇聯提供的是防空武器，而中國提供的是陸軍武器。蘇聯、中國和北韓的軍事人員也到北越協助軍事訓練。從 1954 年到 1968 年上半年，北越接受共黨國家軍援數額達 18 億美元。[71] 其中蘇聯的軍援占共黨國家軍援北越總數額的 76%。

表 11-1：1954—1968 年上半年北越接受共黨國家軍援數額

單位：百萬美元

	1954 – 1964	1965	1966	1967	1968 年 1 – 6 月	總計
蘇聯	70	210	360	505	220	1,365
中國	70	60	95	145	50	420
東歐	缺	缺	缺	缺	5	5
北韓	0	0	缺	缺	缺	缺
合計	140	270	455	650	275	1,790

資料來源："Intelligence memorandum, communist military aid deliveries to North Vietnam, Secret ER IM 68-149, November 1968," *Communist Military Aid Deliveries to North Vietnam*, CIA, p.3. https://www.cia.gov/library/readingroom/docs/DOC_0000969833.pdf 2018 年 3 月 3 日瀏覽。

　　從 1965 年到 1970 年，蘇聯提供給北越的軍援估計有 15 億 5,500 萬美元，約占所有共黨國家軍事援助北越的四分之三。中國在同一時期則提供 5 億 9,000 萬美元。東歐國家提供 500 萬美元。北越總共獲得 21 億 5,000 萬美元。北越獲自蘇聯的軍援，其中 85% 主要是從事強化防空系統，增建 25—30 個地對空飛彈營，數百處地對空飛彈發射場，購買飛彈及數千尊防空砲。[72]

　　從 1968 年到 1973 年，北越獲得蘇聯的軍援總額為 13 億 4,500 萬美元，

---

71. "Intelligence memorandum, communist military aid deliveries to North Vietnam, Secret ER IM 68-149, November 1968," *Communist Military Aid Deliveries to North Vietnam*, CIA, p.3. https://www.cia.gov/library/readingroom/docs/DOC_0000969833.pdf 2018 年 3 月 3 日瀏覽。

72. "Memorandum, subject: Soviet military aid to North Vietnam, S-3838, 13 October 1971," *Soviet military aid to North Vietnam*, CIA, pp.1-3. https://www.cia.gov/library/readingroom/docs/DOC_0000483947.pdf 2018 年 3 月 3 日瀏覽。

從中國獲得的軍援總額有 7 億 8,000 萬美元。北越從蘇聯獲得新式武器，譬如 SA-7 防空飛彈、AT-3 線導飛彈、160 公釐迫擊砲。在 1973 年 1 月 27 日巴黎停火協議簽署後，北越軍購的重點在強化鄉下地區的防空，除了 SA-7 防空飛彈外，添購了 2 部新式防空雷達，襟翼輪（FLAP Wheel）和高大國王（Tall King）雷達。1973 年 6 月，北越和中國簽署軍事和經濟援助協議，同年 10 月簽署額外的軍援議定書。同年 7 月，北越和蘇聯簽署經濟援助協議，沒有簽署軍事協議。[73]

表 11-2：從 1968 年到 1973 年蘇聯和中國軍援北越數額

單位：百萬美元

	1968	1969	1970	1971	1972	1973	總計
蘇聯	415	175	90	160	355	150	1,345
中國	115	140	100	110	215	100	780
合計	530	315	190	270	570	250	2,125

資料來源："Memorandum, subject: Soviet and Chinese aid to North Vietnam, 10 April 1974," CIA, *Soviet and Chinese aid to North Vietnam*, p.2. https://www.cia.gov/library/readingroom/docs/CIA-RDP85T00875R001900020062-8.pdf　2018 年 3 月 4 日瀏覽。

　　從 1968 年到 1973 年，蘇聯總共提供給北越經濟援助 17 億 3,500 萬美元，中國總共援助 6 億 5,500 萬美元。以各年來看，在 1969 年達到高峰，該年北越對南越進行全面的進攻，戰況激烈，需要外來援助，蘇聯總共援助 3 億 8,500 萬美元，中國總共經援 9,000 萬美元。以後逐年下降。1972 年因為美國以水雷封鎖北越港口，北越進口船運受到限制以及道路受到轟炸損毀，故外來經濟援助減少。1973 年越戰停火，簽署巴黎協議，百廢待興，需仰賴中國協助重建，[74] 以至於中國的援助增加，而且超過蘇聯。

---

73. "Memorandum, subject: Soviet and Chinese aid to North Vietnam, 10 April 1974," CIA, *Soviet and Chinese aid to North Vietnam*, p.2. https://www.cia.gov/library/readingroom/docs/CIA-RDP85T00875R001900020062-8.pdf　2018 年 3 月 4 日瀏覽。

74. "Memorandum, subject: Soviet and Chinese aid to North Vietnam, 10 April 1974," CIA, *Soviet and Chinese aid to North Vietnam*, p.3. https://www.cia.gov/library/readingroom/docs/CIA-RDP85T00875R001900020062-8.pdf　2018 年 3 月 4 日瀏覽。

表 11-3：從 1968 年到 1973 年蘇聯和中國經援北越數額

單位：百萬美元

	1968	1969	1970	1971	1972	1973	總計
蘇聯	305	385	345	315	200	185	1,735
中國	120	90	60	100	85	200	655
合計	425	475	405	415	285	385	2,390

資料來源："Memorandum, subject: Soviet and Chinese aid to North Vietnam, 10 April 1974," CIA, *Soviet and Chinese aid to North Vietnam*, p.3. https://www.cia.gov/library/readingroom/docs/CIA-RDP85T00875R001900020062-8.pdf 2018 年 3 月 4 日瀏覽。

　　北越在 1974 年積極準備南侵，1974 年 10 月，北越派遣代表團訪問北京，獲取大量經濟援助。中國在南寧成立「中國人民援越總部」，由韋國清負責。在該市以西譚洛鄉山區，設立訓練基地一處專門訓練北越和柬埔寨軍隊關於游擊戰術及雙管火箭之操作。中國從 1975 年 1 月開始用火車將軍火運入北越邊境的嘉林，軍備包括 107 火箭砲、自動武器和彈藥。另外亦援助北越 11 艘運輸艦、援助北越擴建港口碼頭八處、援助越共在南越的西寧省黑婆山構築重砲陣地，以威脅西貢郊區。1 月底中國派遣砲兵顧問謝夷松偕同越共司令陳文茶前往該陣地視察。2 月 28 日，中國派遣 10 人軍事代表團訪問河內，由新疆軍區司令員楊勇率領，對北越提供作戰和戰備協助。[75]

二、南越實施資本主義制度

　　1954 年 5 月 7 日，奠邊府法軍投降。5 月 8 日，在日內瓦召開有關印支半島會議。美國非常擔心法國一旦退出越南後，越南將被共黨所統治，因此美國在 6 月 1 日派遣中央情報局的蘭斯岱上校（Colonel Edward G. Lansdale）前往西貢，組織「西貢美軍軍事團」，協助南越政府整建軍隊。

　　法國也想在奠邊府戰役失敗後，對於越南地位給予新的安排，1954 年 6 月 4 日，法國總理拉尼爾和越南首相寶洛親王簽訂「關於越南獨立條約」以

---

75. 國史館編，中華民國史事紀要，1975 年 4 月 4 日，頁 765-766。

及「關於越南加盟法國聯邦條約」，法國承認越南為一個主權獨立的國家。
該新條約之內容如下：

關於越南獨立的條約

第一條：法國承認越南為充分獨立和主權國家，為國際法承認具有充分
權利和義務。

第二條：越南從法國接收法國以越南國之名義所簽訂的國際條約或公約
規定的權利和義務、以及法國以法屬印度支那之名義所簽訂的影響越南之其
他條約和公約規定的權利和義務。

第三條：法國將其在越南領土上取得之權利、義務和公共服務移交給越
南政府。

第四條：現行條約在簽字之日生效，廢止以前與此相反的行為和裁決。
在法、越合格機構批准後，立即交換批准書。

「關於越南加盟法國聯邦條約」之內容如下：

越南和法國決定維持友好和信任，重申合作的共同意願，以謀求各自人
民的利益，雙方同意下述各點：

第一條：越南和法國重申在法國聯邦內自由結盟的意願，共同同意簽訂
一項公約，該公約將併入現行的條約內，並訂出該一結盟的條件和功能。

第二條：法國共和國的總統，也是法國聯邦的總統，此一頭銜和地位體
現了法、越永久的友誼——主權國家之權利和義務平等。

第三條：越南和法國在高層委員會（High Council）進行自由合作，該高
層委員會由法國聯邦總統擔任主席。作為主權平等的國家，他們合作努力協
調各自的政策，以謀求共利。

第四條：高層委員會的會期應一年召開兩次。此外，亦可因臨時需要而
召開會議。每一會期的議程，經由共識而決定。政府出席該高層委員會的會
議所做成的決議，需經全體同意。其生效需經各方政府依據一定的程序完成。

第五條：高層委員會應設立常設的秘書處，其辦法由共識決定之。這些
辦法應考慮秘書處組成的國與國特性。

第六條：關於現行條約和併入條約的公約之應用或解釋，如有法律歧見，

應交由相等人數的法、越法官組成的仲裁法庭審理。該法庭由多數決做出決定。假如票數相等，則應增加外國法官，再行審理。關於法庭的程序、組成和功能的辦法，應由簽署併入條約之公約的兩造共同決定。

　　第七條：現行條約在簽署日生效，廢止以前與此相反的行為和裁決。在法、越合格機構批准後，立即交換批准書。

　　在簽署該條約的儀式上，法國總理拉尼爾強調法國有意依照過去的宣言允許越南獨立。[76]

　　越南國依據上述兩項條約，獲得法國承認為一個主權獨立的國家，但法國仍想控制越南國，模仿英國成立「大英國協」（British Commonwealth）之作法，成立「法國聯邦」，以法國總統為「法國聯邦」總統，越南參加「法國聯邦」的高層會議，仍須聽命於「法國聯邦」總統。在體制上，越南無須奉「法國聯邦」總統為其總統，而以保大為國家元首。惟以當時越南國的國際處境，其獨立地位荏弱，無法自立自強，直至吳廷琰[77]廢黜保大後，南越

---

76. *Keesing's Contemporary Archives*, June 12-19, 1954, p.13627.

77. 吳廷琰於 1901 年 1 月 3 日生於順化，有些書說是在廣平（Quang-Binh）省的大豐（Dai-Phuong），其父吳廷凱（Ngo Dinh Kha）受過良好漢學教育，其祖先自第十七世紀以來即信奉天主教。其父吳廷凱在成泰帝（Thanh-Thai）（1888-1907）時擔任掌禮大臣（Minister of Rites and Grand Chamberlain）。當法國以精神異狀為理由逼迫成泰帝下臺時，吳廷凱不滿而辭官，回家種田，如同胡志明的父親所為一樣。此後，吳廷凱支持越南民族主義改革者，例如潘佩珠（Phan Bội Châu）（1867-1940）。吳廷凱育有六個小孩，吳廷琰排行第三，小時候在順化讀法國天主教學校，以後到河內讀法國人辦的專門訓練公務員的法律和行政學校（School for Law and Administration）。1921 年，以優異成績畢業，步其長兄吳廷闓（Ngo Dinh Khoi）後塵進入省政府擔任地方官。1929 年，他因為政清廉正直，不接受賄賂，而在二十九歲時被任命為藩切（Phan-Thiet）省省長。1933 年 5 月，他提出改革建議獲得保大讚賞，遂任命他出任內政部長。不過他建議法國成立越南人議會，未能獲得法國的同意，他在 7 月公開批評保大不過是法國的工具而已，而辭去部長職。以後他過著研究和閱讀書籍的退休生活。不過，他與國內外的越南民族主義分子有通信，例如潘佩珠和疆柢王子（Prince Cuong-Dè）。當日軍投降後，「越盟」接管順化，保大交出政權，吳廷琰逃出順化，在 Tuy-Hoa 小漁港遭「越盟」的軍隊逮捕，被送往胡志明在 Tuyên-Quang 的山區據點。胡志明對於吳廷琰的行政才能備感欣賞，譴責他的部下無知將他逮捕，欲以內政部長職位籠絡吳廷琰，因「越盟」殺害吳廷琰的哥哥吳廷闓，故吳廷琰拒絕該項工作。以後他被關在監獄，直至 1946 年 3 月 8 日法國和「越盟」簽訂協議後才被釋放。他返回順化。1949 年 5 月，保大成立新政府，邀請吳廷琰出任首相，為其拒絕。他在南越和中越成立一個小政黨，叫「風潮國家主義運動」（Phong Trao Quôc-Gia Qua Kich, Nationalist Extremist Movement），宗旨在反對法國和「越盟」，他意圖加強天主教徒的力量，以獲得越南的統一和獨立。1950 年 8 月，前往日本會見疆柢王子。因為麥克阿瑟正忙於韓戰，而沒有接見吳廷琰。1950 年 9-10 月，他前往美國訪問。然後又往羅馬和巴黎訪問，會見流亡的越南愛國團體。1951 年，他又前往美國。在密歇根、俄亥俄州、紐約等地的大學演講。他在紐澤西州的雷克烏德（Lakewood）的馬利克諾爾初級神學院（Maryknoll Junior Seminary）進修。1953 年 5 月，他前往比利時，拜會天主教會人士，然後到巴黎建立其據點。參見 Bernard B. Fall, *op.cit.*, pp.235-244. " Ngo Dinh Diem," Wikipedia, http://en.wikipedia.org/wiki/Ngo_Dinh_Diem 2018 年 3 月 28 日瀏覽。

始改向美國尋求保護。

另一方面，美國又對保大施壓，於 6 月 18 日，在法國坎城的保大任命原任保大政權的內政大臣吳廷琰替代寶洛親王為內閣首相。6 月 26 日，保大召見吳廷琰至巴黎會商。吳廷琰從法國回到越南西貢，到機場迎接的是蘭斯岱上校，保大政府高官沒有人前往迎接。在美國之支持下，吳廷琰於 7 月 7 日就任保大政府的首相職，並獲得蘭斯岱之協助。

隨後吳廷琰改組政府，將參謀總長阮文興將軍（General Nguyen Van-Hinh）免職，國防部長阮文春宣布辭職，抨擊吳廷琰。吳廷琰任命副國防部長楊文明（Lieut-General Duong Van Minh）出任國防部長，以掌握軍權。

吳廷琰政府在 1955 年 1 月 8 日公布土改令，實施溫和的土改政策，規定佃農將土地收成物的 15—25% 繳交給地主，地租由地方的地主和佃農組成的委員會訂定。地租租期為五年，可以再延長五年。佃農耕種土地十年，他將擁有該土地。2 月 11 日，下令將未耕種的土地給予政府選定的佃農，耕種三年。2 月 16 日公布命令，設立僅具諮商功能的臨時國民議會，將由省縣市議員選舉產生，代表來自政治、宗教、來自北越的難民和少數民族。1956 年 11 月，頒布土地分配法，規定大地主占有的稻田最高限額每人不得超過 100 公頃，超出者由政府根據商訂價格，以債券型式收購，十二年內還本，年息 3 厘。佃農有優先購買權，在六年內付清地價者，才能正式授予地契。大面積種植園及其他經濟作物的耕地，以及約 15 萬公頃教會土地，不受該法令影響。根據這一法令的規定，可供重新分配的稻田面積約有 68 萬 5,000 公頃。此一土改遭到地主反對，到 1962 年，土改計畫完全擱淺。這時，農民僅分配到 11 萬公頃土地。

南越的政局複雜多變，高台教、[78] 和好教、[79] 平川幫、社會主義黨

---

78. 高台教為 1925 年 12 月 25 日在南越西寧省發展的本土宗教，主要領導人是吳文昭（Ngô Văn Chiêu，1878 年生於西貢）和黎文忠（Lê văn Trung，1876 年— 1934 年 12 月 19 日），他們自稱得到至尊無上神「高臺」的啟示，創立了該一宗教。1926 年 9 月 7 日，該宗教得到了殖民地當局的批准。高台教主張三教、五道，所謂三教是指佛教、聖教和仙教；五道則是指人道（孔子）、神道（姜太公）、聖道（耶穌）、仙道（老子）和佛道（釋跡）。高台教承認有一位宇宙的最高「主宰者」——高臺神，高台教因此而得名。（「高臺」一詞出自「道德經」第二十章，「眾人熙熙，如享太牢，如春登臺」。高台教徒解釋「如春登臺」為「上禱高臺」，高臺就是神靈居住的最高的宮殿的意思。）戰後該教擁有武力 25,000 人。參見「高臺道」，維基百科，http://zh.wikipedia.org/wiki/%E9%AB%98%E5%8F

在 1955 年 3 月 4 日組成「國民勢力聯合陣線」（United Front of Nationalist Forces），發表聲明要求組成「全國統一政府」，並表示一旦該政府組成，將解除他們各自的武力，併入政府軍。但他們不滿將組成的越南國軍只容納一部分這些團體的軍隊，約 2 萬人，其他軍隊則被解散。他們要求併入國軍的軍隊應駐守在他們居住的地方，被解散的軍隊應由政府給予遣散費。他們還指控吳廷琰為獨裁者、搞裙帶主義、壓迫新聞自由。隨後聯合陣線內部出現分裂，吳廷琰利用賄賂和遊說的手段，誘使高台教的將軍們，包括鄭明世（Trinh Minh Thé）、阮成芳（Nguyễn Thanh Phuong）、陳文帥（Tran Van Soai）以及和好教的阮度吾將軍（General Nguyễn Giac Ngo）傾向政府。然後停止對平川幫的賭博業的執照。平川幫組成「國民勢力聯合陣線」，抗拒吳廷琰政府。起初和好教和高台教領袖起來附和，受到美軍駐西貢代表團團長蘭斯岱和美軍駐南越代表柯林斯（General Joseph Lawton Collins）的壓力，鄭明世、阮成芳轉而支持政府。[80] 和好教的部長辭職，而高台教則支持吳廷琰，交換條件是其武裝軍隊併入政府軍。[81]

1955 年 4 月 20 日，高台教的將軍們鄭明世和阮成芳組織「革命委員會」，並在當天下午在西貢市政廳組成「全國革命武力大會」（General Assembly of the Revolutionary Forces of the Nation）。他們要求保大退位，由吳廷琰組成新政府、舉行國民議會選舉、法國遠征軍撤出越南。當晚武裝部隊督察署署長阮文偉（Nguyen Van-Vy）和參謀長黎文悌（Le Van-Ty）到首相官邸，遭「革命委員會」的人逮捕，被迫簽署要求保大退位的聲明。一直到陸軍威脅要轟

%B0%E6%95%99　2018 年 3 月 20 日瀏覽。

　　另外根據**高台教教義**一書的説法，高台教是包含佛教、道教、儒家、祖先崇拜和西方宗教教義的綜合，其目標在實踐普世和平。該教認為過去宗教之本質常被迷信和無知誤導，該教要重建宗教的真正意義。該教相信人類精神是不朽的，最高的神是普世的先知和所有物種之父；肉體之死不是結束，而是生命的持續；肉體會死，但精神長存，或與最高的神結合為一。Sergei Blagov, *Caodaist Doctrine*, Extracted from the Caodai: A new Religious Movement, The Institute of Oriental Studies, Moscow, 1999, pp.10-12.

79. 和好教於 1939 年由越南人黃富楚所創立。該教為佛教的變體，與佛教不同的是，和好教並不興建寺廟，而是用一塊紅布代替神像，供品為鮮花和清水。和好教主要流行於越南南部的安江、同塔梅、河仙、東川等地。「和好道」，**維基百科**，http://zh.wikipedia.org/wiki/%E5%92%8C%E5%A5%BD%E6%95%99　2018 年 3 月 20 日瀏覽。

80. Ronald H. Spector, *op.cit.*, p.245.

81. *Keesing's Contemporary Archives*, June 30-July 7, 1956, p.14950.

擊首相官邸，他們兩位才被釋放。5月1日，阮文偉否認他曾簽署要求保大退位的聲明，並批評吳廷琰的專斷作法。但黎文悌則倒向吳廷琰，獲「革命委員會」的支持。阮文偉逃到大叻，再逃到法國。1956年1月13日，他未出席法庭仍被判處死刑。[82]

吳廷琰的弟弟吳廷儒（Ngo Dinh Nhu）在5月2日宣布成立「大國會」（States-General），由省市議會議員組成，預定在5月4日集會廢黜保大、選出臨時政府。當天稍後吳廷琰會見美國駐南越軍事代表柯林斯將軍，後者表示如保大遭廢黜，美國將不會保證支持吳廷琰政府。吳廷儒於5月4─5日召開「大國會」，由大多數的官員和少數的省市議員組成，都是由政府委任。會議結果要求廢黜保大，將權力移交給民選的新國民議會。

從5月到6月，吳廷琰政府採取一連串措施減弱保大的地位和聲望。例如，5月15日，廢除禁衛軍，將之併入政府軍。6月12日，將帝王領地（安南南部和交趾支那北部山嶽地帶）移交給國家管轄。6月16日，「王室家庭委員會」宣布解除保大的國家元首職務，請求吳廷琰出任越南共和國總統。保大在6月17日在巴黎聲稱該「王室家庭委員會」已在1945年廢除，所以它的決定不具法律效力。

1955年6月6日，北越發出一項聲明，要求與南越當局在7月29日舉行會談，協商在1956年7月舉行全越南普選事宜。7月16日，吳廷琰首相聲稱他不反對以選舉的民主與和平手段來實現統一，但他不承認日內瓦協議，不受該協議之拘束。7月19日，北越國家主席和總理致函南越國家元首保大和首相吳廷琰，要求依據日內瓦協議在7月20日舉行南北越協商有關舉行普選事宜。8月9日，吳廷琰反對該項提議。8月17日，北越外長范文同致函日內瓦會議共同主席艾登和莫洛托夫，表明北越希望與南越協商舉行普選事宜，要求該兩主席採取必要措施以實踐日內瓦協議。9月21日，北越再度提議談判，吳廷琰仍予拒絕。北越提出舉行南北越公投來決定越南前途之舉，無疑是一種阻撓南越舉行制憲公投的動作。

---

82. *Keesing's Contemporary Archives*, June 30-July 7, 1956, p.14950.

　　吳廷琰不理會北越的干擾，繼續按既定計畫準備在 10 月 23 日舉行公民投票，要求人民來決定是否廢除保大的國家元首地位，而由吳廷琰擔任國家元首，並執行組織共和國的任務。10 月 6 日，南越內政部長宣布將在 10 月 23 日舉行公投以決定是否要廢黜保大。10 月 18 日，在法國居住已有一年的保大，眼見形勢對自己不利，在法國的嗾使下，發布命令免除吳廷琰的首相職。保大的政治態度與法國一樣，都主張與北越和談。但美國和吳廷琰都反對與北越和談。吳廷琰認為在當前的情勢下，北越是共黨統治區，是不可能有自由選舉的，這種選舉是不可能公平的。[83] 前越南陸軍參謀總長阮文興也呼籲以前的陸軍僚屬支持保大。但越南陸軍在 10 月 19 日晚通過一項議案，要求保大退位、取消他的公民權及扣留他的財產。同時要求讓吳廷琰成為越南總統，使其「負起領導人民走上民主道路的任務」。[84]

　　在西貢掌握政府實權的吳廷琰，根本不理會保大的免職令，繼續執行首相職權。在 10 月 23 日舉行公民投票。年滿十八歲者即有投票權，合格選民數有 5,335,688 人。公投結果，贊同廢黜保大的有 5,721,735 票，反對者有 63,017 票，廢票 44,105 票，總共有 97.5% 的選民贊成廢黜保大。若干投票站遭到和好教的軍隊的轟炸。在西貢地區，投票數超過選民登記數，選民數只有 454,000 人，但開出的票有 605,000 張。[85] 26 日，吳廷琰宣布成立越南共和國，並公布臨時憲法，吳廷琰就任越南共和國總統，同時兼總理和國防部長、武裝部隊最高司令。保大在公民投票下被廢黜，是一項歷史的諷刺劇，保大的祖先阮福映於 1780 年在西貢登基，然後建立阮朝，沒有想到經過 175 年後保大也在西貢政權下結束阮朝。就吳廷琰等南越政治人物而言，如果不廢黜保大，就無法完全將法國控制支配越南之勢力剷除，廢黜保大成為政治上一個必要之惡。

　　南越政府在 1955 年 10 月 29 日通知法國終止 1954 年 12 月 30 日簽訂的法越一般貨幣與貿易協議，該協議規定兩國貨幣自由兌換、對法國進口商品

---

83. 中華日報（臺北市），1955 年 10 月 20 日，頁 2。
84. 中華日報（臺北市），1955 年 10 月 21 日，頁 2。
85. *Keesing's Contemporary Archives*, June 30-July 7, 1956, p.14951. 中華日報（臺北市），1955 年 10 月 24 日，頁 2。*New York Times*, October 24, 1955, pp.1,7. 另一說吳廷琰的支持票有 5,828,907 張，占 98.2%，而保大獲 60017 張票。見國史館編，中華民國史事紀要（初稿）——1955 年 7 至 12 月份，10 月 26 日，頁 764。

給予優惠關稅。

　　12 月 20 日，南越政府宣布貨幣和貿易協議將延長兩個月到 1956 年 2 月 29 日，稍後亦通知法國將給予法國進口產品最低的關稅率。1956 年 1 月底，南越政府通知法國政府撤出法國遠征軍。4 月 25 日，法國撤出遠征軍的主要兵力，僅留下約 3,000 人清理基地。4 月 28 日，法國駐越南最高司令部解散。6 月 30 日，法軍完全撤出越南。[86] 1956 年 6 月，美國國會宣布將幫助南越建立軍隊和警察力量。7 月 21 日，法國駐越南高級專員辦公室改為大使館。

　　1956 年 3 月 4 日，舉行國民議會選舉，選舉結果，國家革命運動（National Revolution Movement）獲 66 席、公民集會黨（Citizen's Rally）18 席、工人黨（Workers' Party）10 席、獲得自由黨（Conquest of Liberty Party）7 席、社會民主黨（Social Democrats）2 席、大越黨（Dai-Viet）1 席、獨立人士 19 席。上述六個政黨中，前面四個屬於執政黨。[87] 7 月 7 日，制憲會議通過新憲法，採三權分立制，總統由民選產生，任期六年。依據憲法之規定，制憲會議後來轉變成國民議會。國民議會也是民選產生，任期三年，其任期從 1956 年 10 月 26 日憲法生效日開始。年滿十八歲的公民有投票權，共選出 123 席，採複數選區制，每一選區選出數名議員。執政黨贏得 83 席。在該一時期，高台教、平川幫、社會主義黨等在南越地區發動叛亂，經政府軍鎮壓，暫時停歇活動。

　　1960 年 4 月 26 日，有 18 名越南高官，包括 10 名前任部長，發表聲明，反對民主選舉以及政府持續逮捕反對分子。未幾，這些人遭政府逮捕。11 月 11 日清晨，由傘兵旅旅長阮正詩上校（Colonel Nguyễn Chanh Thi）和王文東中校（Lt. Colonel Vuong Van Dong）在西貢發動政變。該政變事件平息後，吳廷儒創組「共和青年團（Republican Youth）」，加強反共思想，及約束異議分子之行動。

　　1961 年 4 月 9 日，舉行總統大選，吳廷琰當選總統。自 1959 年底起，在南越境內的南部（Nam Bô）和西部靠近柬埔寨邊境，越共（Viet Cong）游

86. *Keesing's Contemporary Archives*, June 30-July 7, 1956, p.14952.
87. *Keesing's Contemporary Archives*, June 30-July 7, 1956, p.14951.

擊武力日益增強，至 1961 年底估計，其游擊武力達 2 萬人。越共在鄉下進
行游擊騷擾活動，暗殺政府官員，導致鄉下情勢混亂。1961 年 5 月，美、越
達成協議，美國增加其在越南的軍事顧問團人數為 685 人、指派專家協訓越
南軍隊、派遣美國軍官到越南觀察其軍事行動、對南越軍隊額外的 2 萬名軍
隊給予薪水和提供武器、對 6 萬名民兵提供武器。6 月 11 日，美國國務院派
遣以斯特利（Eugene A. Staley）為首的反游擊專家小組前往南越，考察三週，
提出一份「斯特利計畫」，計畫在 1961 年 6 月至 1962 年底十八個月內消滅
南越境內的反政府武裝力量，計畫在 1962 年底建立 1 萬 7,000 個「戰略村」
(strategic hamlets)，在地方建立民兵部隊，負責自我防衛。美軍並計畫指揮南
越軍隊的作戰，在南越軍中派駐美軍軍官。吳廷琰對此項計畫並不十分支持。
7 月 14 日，美、越簽署經濟援助協議，由美國提供南越等值 1,100 萬美元的
小麥粉、棉花和煙草。

由於越共在南越之叛亂活動日益增強，吳廷琰乃在 1961 年 10 月 19 日宣
布全部南越進入緊急狀態。在當天美國甘迺迪（John F. Kennedy）總統的特
別軍事顧問馬克斯威爾 • 泰勒（General Maxwell D. Taylor）和白宮助理羅斯
陶（Walt Rostow）抵達西貢，評估美國能給予南越何種軍事援助，修正「斯
特利計畫」，以後改稱為「斯特利─泰勒計畫」（Staley-Taylor Plan）。「斯
特利─泰勒計畫」強調越戰問題主要為軍事問題，只要美國提供大量軍援，
必要時派遣大量美軍，即可解決該一問題。[88]

1962 年 2 月 27 日早晨，分別由范富國中尉和阮文古中尉駕駛的兩架南
越空軍野馬式戰鬥機攻擊總統府，以機槍掃射達二十五分鐘之久，導致總統
府內有 16 名人員受傷，以及一名美國人在附近建築物因觀看該場攻擊而從
屋頂跌落死亡。

至 1962 年底，由吳廷儒負責「戰略村」之建立，南越農村約有三分之
一的人口被納入「戰略村」。1963 年，南越政府已無法控制鄉下地區，城市
地帶亦一樣，爆發反政府示威運動。戰略村計畫無法獲得成功的原因有四：

---

88. Jeff Drake, "How the U.S. Got Involved In Vietnam," p.42. http://www.vietvet.org/jeffviet.htm　2007 年 4 月
28 日瀏覽。

第一，越南鄉下村民散居，集中居住造成不便，戰略村距離其稻田和菜地過遠。第二，越南人習慣將祖屋保留，不輕易離開祖屋和祖先的墳地。第三，越共和南越鄉下人融合，不易區別，鄉下人甚至掩護越共。第四，許多鄉下人不願遷村，遭到政府軍強迫，引發民怨。

　　1963 年夏天和秋天，最嚴重的內政問題是佛教徒和政府的衝突。5 月 3 日，吳廷琰的二哥吳廷俶樞機主教在順化舉行其授任主教神職二十五週年紀念會，梵諦岡的國旗在現場飄揚，吳廷琰的么弟吳廷瑾（Ngo Dinh Can）是順化地區的「中部領導顧問」，要求佛教領袖釋淨潔（Thich Tinh Khiet）致送賀電，但遭到拒絕。釋淨潔之所以拒絕，乃擔心此一作法將被誤會他贊同政府的宗教政策。5 月 7 日，政府禁止 5 月 8 日佛祖 2,527 歲誕辰日懸掛佛教旗幟，但梵諦岡的國旗仍可懸掛。順化電台亦在 5 月 8 日沒有廣播佛教慶典的消息。約有 2 萬名佛教徒，大多數是婦女和兒童，齊聚在順化電台前抗議，在吳廷琰的胞弟吳廷儒的授意下，地方軍事司令調派軍隊發射催淚瓦斯，並以機槍掃射群眾，有 9 人死亡（其中 7 人為兒童），20 人受傷。

　　兩天之後，3 名和尚和 16 名尼姑被剝得一絲不掛，雙手被長繩反綁在一起，由員警押解在順化市遊街。吳廷琰政府的倒行逆施激起僧眾的無比憤慨。

　　吳廷琰搞家族裙帶關係，引起民怨，他的二哥吳廷俶為順化樞機主教，四弟吳廷儒為總統政治顧問，掌握軍警、情治系統和「共和青年團」之組織。吳廷儒之妻陳麗春（Tran Le Xuan），才貌雙全，係駐美大使陳文章（Tran Van Chuong）之掌上明珠，常陪同吳廷琰出席重要典禮，儼然第一夫人，因為吳廷琰未結婚之故。陳麗春擔任國會議員、「社會關係婦女會」會長，影響吳廷琰之決策，近乎垂簾問政之幕後女王。[89] 吳廷瑾為中越政治顧問，控制中越各省之統治權。吳廷琰之弟弟吳廷練（Ngo Dinh Luyen）為駐英國大使。

　　在 1963 年時，南越人口有 1,500 萬人，其中有 10% 為天主教徒，70% 為佛教徒。[90] 但吳廷琰意圖增強天主教的力量，在政府重要職位中，吳廷琰將

89. 吳鈞，**越南歷史**，自由僑聲雜誌社，臺北市，1998 年再版，頁 316。
90. Robert G. Scigliano, "Vietnam: Politics and Religion," *Asian Survey*, Vol.4, No.1, January 1964, pp.666-673, at p.666.

佛教徒排除在外，任用來自中越地區的天主教徒。他利用教會作為政治目的之用，但此舉未獲梵諦岡和大多數越南天主教傳教士之同意，越南天主教傳教士之領導人是西貢樞機主教阮文平（Nguyễn Van Binh），他擔心此一發展將使教會失去人民的信任，吳廷琰曾數度遊說梵諦岡任命吳廷俶為西貢的樞機主教，但沒有成功。

5月18日，美國駐越大使諾爾汀（Ambassador Frederick C. Nolting）會見吳廷琰，傳達美國要求吳廷琰政府採取緩和佛教徒憤怒的作法，以恢復人民對政府的信任。這些措施包括對順化事件懲凶、對受害者賠償、重申宗教平等和沒有歧視。5月30日，約有350名和尚在國會前示威，並進行四十八小時絕食示威。6月3日，學生在順化舉行示威遊行，遭警方以催淚瓦斯驅離，有142人受傷，有些人有失明之虞。政府在順化實施戒嚴，進行宵禁。

吳廷儒是吳廷琰的弟弟，一起住在總統府內，他將天主教觀念和傳統儒家思想結合起來，成為吳廷琰政權的官方的意識形態。他控制了一支約8,000人的特別武力，由黎廣棟上校（Colonel Le Quang Tung）率領。該支武力原在北越秘密活動，接受美國中央情報局援助。該支武力有2,000人在西貢擔任秘密警察，其餘則從事對抗越共。吳廷儒也控制不少具有政治和警察功能的組織，例如「國家革命運動」（National Revolutionary Movement）、「勤勞」（Can Lao）（是「國家革命運動」內部菁英的半秘密組織）、「共和青年團」和革命勞工黨（Revolutionary Labour Party，政府支持的工會組織）。

6月11日，七十三歲老和尚釋廣德（Thich Quang Duc）在高棉駐西貢大使館前廣場自焚而死，外面由500名和尚和尼姑護衛，不讓警方進入搶救。實則釋廣德老和尚是被注射迷幻劑後被人潑灑汽油燒死的。和尚遺體被移至舍利（Xa Loi）寺，西貢各佛寺懸掛佛教旗幟，降半旗以致哀，此違反南越的法律。6月12日，美國駐南越代辦特魯哈特（William Truehart）再度會見吳廷琰，要求吳廷琰採取行動，緩和佛教徒的不滿，如再不行動，則美國將中斷與他的關係。6月14日，在美國的壓力下，副總統阮玉壽再度與佛教領袖開會。

6月16日，南越政府與佛教領袖達成協議，內容如下：1. 在順化被殺害者，由政府賠償其家屬，設立一個委員會，調查事件的責任歸屬。2. 佛教傳

教士有自由傳教權，享有與基督教傳教士平等的權利。3. 釋放被捕的佛教徒、停止虐待佛教徒。4. 佛教旗幟可以和國旗並列懸掛。

　　7 月 12 日，副總統阮玉壽宣布，經調查委員會證實，越共確實介入 5 月 8 日事件。佛教運動的領導權逐漸移轉到年輕的釋智光（Thich Tri Quang）手裡，他出生北越，在法國統治時曾兩次被逮捕，他涉嫌與「越盟」有來往。[91]

　　7 月 15 日，美國大使諾爾汀說服吳廷琰透過電台廣播，以安撫佛教徒的情緒，吳廷琰在 19 日在電台作了簡短廣播，呼籲各宗教和諧以及支持政府。

　　面對國內政局日益混亂，軍方將領感到憂心，資深將領在 8 月 18 日集會，認為局勢如再亂下去，將建議總統宣布戒嚴，並將和尚遣送回其原居地，以免影響西貢治安和秩序。該批資深將軍先與吳廷儒會商，再與吳廷琰會商，建議宣布戒嚴。吳廷琰在 8 月 21 日早上 6 點宣布緊急狀態，由吳廷儒領導的特種部隊和警察襲擊在西貢、順化、廣義、廣南和芽莊的佛寺。在西貢，有數百名重武裝的軍人和警察搜查舍利寺，逮捕 800 名和尚和尼姑，破壞建築物。在西貢的其他三座佛寺亦遭到搜查。在順化，和尚打鑼擊鼓號召人民起來反抗軍警，以木棍和石頭對抗軍警八小時，有 30 名和尚和尼姑喪生，70 人受傷，慈曇寺則遭破壞。美國新任駐越大使洛奇（Henry Cabot Lodge）在 22 日從夏威夷趕到西貢。

　　8 月 23 日，西貢大學學生在西貢舉行示威遊行。隔日，政府關閉西貢和順化的所有大學和學校，逮捕 4,000 名學生，多數是政府官員、軍官和菁英的子女。8 月 25 日，學生繼續抗爭示威，軍警逮捕 1,380 名學生，1 名女生死亡，數人受傷。

　　洛奇在 8 月 24 日致電助理國務卿希爾斯曼（Roger Hilsman），說吳廷儒的特種軍隊攻擊佛寺，其勢力愈來愈大。但鑑於西貢軍區司令的效忠，政變陰謀猶如「暗夜的槍擊」（shot in the dark）。[92] 意指吳廷儒還不至於取代吳廷琰。國務院在當天致電洛奇，說美國不再忍受吳廷儒繼續掌權，假如吳廷

---

91. *Keesing's Contemporary Archives*, April 18-25, 1964, p.20012.
92. "24 Aug 1963 Embassy Saigon message 316, Lodge to Hilsman," *The Pentagon Papers*, Gravel Edition, Volume 2, Chapter 4, "The Overthrow of Ngo Dinh Diem, May-November, 1963," Beacon Press, Boston, 1971, pp. 201-276. https://www.mtholyoke.edu/acad/intrel/pentagon2/pent6.htm 2018 年 1 月 23 日瀏覽。

琰不願將吳廷儒免職，則美國將告知越南將軍們，美國將停止對越南的經濟和軍事援助。如越南將軍們接受此議，則一旦越南政府出現臨時動亂，美國承諾給予協助。[93]

學生在 9 月 7—12 日進行反政府的示威活動，9 月 9 日，警察占據學校，約有 3,000 名學生被捕。9 月 14 日，學生示威活動從西貢蔓延到順化、大叻、邊和、芽莊、永隆。10 月 5 日，一名和尚在西貢自焚而死，10 月 27 日，當聯合國代表為瞭解南越迫害佛教徒而訪問西貢時，又有一名和尚自焚而死。

9 月 27 日，舉行國民議會選舉，結果支持政府的政黨獲得大勝。

美國國防部長麥納瑪拉（Robert S. McNamara）和參謀首長聯席會議主席馬克斯威爾・泰勒從 9 月 24 日到 10 月 1 日訪問南越，評估宗教危機對於應付越共之戰爭的影響。他們兩人雖然不贊同吳廷琰的政策，但不贊成將之更換。他們建議暫緩對吳廷琰提供經濟援助，在九十天內刪減美軍顧問人數。他們支持美國中央情報局和美國援助越南司令部的立場，即軍事對抗越共的行動尚未受到南越政治情勢的影響。10 月 2 日，甘迺迪總統在聽取他們的報告後，公開宣稱從南越撤出 1,000 名軍事顧問，並希望南越在 1965 年前完成軍隊的軍事訓練。[94]

在 1963 年 6 月，楊文明將軍、陳文敦將軍（General Tran Van Don）和黎文金（General Le Van Kim）少將就密謀政變，其他軍官逐漸參與該陰謀。其中最重要的是保安部隊司令尊室訂（General Ton That Dinh）少將，吳廷琰為使其效忠政府，任命他為駐西貢軍區司令。7 月 4 日，上述將軍同意必要時進行政變。陳文敦將軍在 7 月 8 日告訴美國中央情報局駐越南官員，可能十天內有軍變陰謀推翻吳廷琰政府。[95]

8 月 26 日，美國甘迺迪總統召集國務院、國防部和中央情報局官員開會，

---

93. "State message 243, State to Lodge," *The Pentagon Papers*, Gravel Edition, Volume 2, Chapter 4, "The Overthrow of Ngo Dinh Diem, May-November, 1963," pp. 201-276. https://www.mtholyoke.edu/acad/intrel/pentagon2/pent6.htm 2018 年 1 月 23 日瀏覽。

94. Luu Van Loi, *op.cit.*, p.168; Robert G. Scigliano, "Vietnam: Politics and Religion," p.669.

95. 1998 年 4 月美國國家安全局解密檔案。John Prados, "JFK and Diem Coup," The National Security Archives, Document 1:DCI Briefing, 9 July, 1963. in John Prados, " JFK and the Diem Coup," *The National Security Archive,* http://www.gwu.edu/~nsarchiv/NSAEBB/NSAEBB101/index.htm 2018 年 3 月 5 日瀏覽。

討論越南情勢。「馬克斯威爾 · 泰勒將軍對於沒有吳廷琰的越南局勢感到
疑慮。助理國務卿希爾斯曼報告說，現在在越南和華府最憂慮的是，吳廷儒
日益擴權，其褻瀆佛寺而未給予懲罰，則中下級軍官可能放棄武器而逃走。
所有與會者都認為，採行現在的行動有危險，但不採取行動危險更大。國防
部長麥納瑪拉提出四個問題，第一個問題是何謂『越南中央政府機器暫停運
作時，美國會給軍方直接支持。』國務卿魯斯克（Dean Rusk）回答說：『我
們的意思是給予戰場上的軍方領袖提供武器和軍需品，或不經過越南中央政
府給予後勤援助。』麥納瑪拉詢問克魯拉克將軍（General Victor H. Krulak）
提供給越南軍方領袖的後勤援助除了經由西貢外，有無其他途徑？克魯拉克
將軍回答說：『這可以立即加以研究。』麥納瑪拉提出第二個問題，當洛奇
和吳廷琰會面時，洛奇應說什麼。他認為應以電報告訴洛奇談話內容。麥納
瑪拉提出第三個問題，應查明戰地其他將軍們與陳善謙少將（General Tran
Thien Khiem）、阮慶（General Nguyễn Khanh）[96]、陳文敦的關係，以及他們
的詳細計畫。希爾斯曼同意該一問題，並說：『至目前為止，這些將軍們為
了安全而不願告訴我們他們親近的同僚名字及他們的詳細計畫，但我們希望
繼續與這些將軍們會談以取得資料。』麥納瑪拉提出第四個問題，應向這些
將軍詢問誰可以取代吳廷琰。希爾斯曼說了我們大家都有的共同看法，即現
在將軍們都希望吳廷琰繼續在位，而不是由吳廷儒取代他。將軍們認為阮玉
壽個性軟弱，不過可以做過渡的人選。代理參謀總長陳文敦可以作軍事政變
的謀劃人，但楊文明可能可擔任政變領導人。希爾斯曼說：會繼續與越南將
軍們溝通該一問題。

　　8 月 27 日，美國國安會議秘書佛李斯塔爾（Michael V. Forrestal）為甘迺
迪總統準備一份備忘錄，以備當天下午總統會見美國對越政策主要官員美國

---

96. 阮慶於 1927 年生於南越的茶榮（Tra Vinh）。1946—47 年，法國聖沙穆爾軍校〔Saint Saumur（France）
　　Military Academy〕畢業，再入大叻遠勇軍校畢業〔Vien Dong（Dalat）Military Academy〕，獲中尉軍
　　階。1952 年升少校，任第十三軍團司令。1955 年 2 月，任 Can Tho 省省長。1955 年 7 月，任空軍司
　　令。1956 年，升上校，任第一步兵師司令。1959 年，任國防部秘書長。1960 年，升少將，任陸軍參
　　謀長。1962 年，任第二集團軍司令。1963 年，任第一集團軍司令。1964 年 1 月，任國家元首兼任總理。
　　1964 年 9 月，任國防部長。1964 年 10 月，任越南武裝部隊總司令。" General Nguyen Khanh," http://
　　www.generalhieu.com/nkhanh-2.htm　2018 年 3 月 30 日瀏覽。

新聞局長莫羅（Edward R. Murrow）和美國前駐越大使諾爾汀談話之用，該備忘錄提到：『希爾斯曼和中央情報局的柯爾比（William Colby）將準備向你報告最近越南情勢。為了準備一週內發動政變，已組成一個將軍委員會。已計畫在政變後組成政府，將由副總統阮玉壽率領政變，另包括內閣中的將軍。將軍們要求透過『美國之音』以表達美國的善意。另外亦報告工會團體領袖陳國寶（Tran Quoc Buu）將發動政變，推舉楊文明將軍為總統。』該備忘錄建議總統提出三點對越政策：

1. 美國不支持由吳廷儒顧問控制的南越政府。
2. 雖然美國寧願吳廷琰繼續在位，但我們嚴重懷疑他是否能有效執政。我們應交由越南軍方領袖決定吳廷琰是否能繼續執政。
3. 美國對於南越的基本目標沒有改變：將繼續全力支持南越對抗越共恐怖分子的戰爭，將繼續支持南越能夠達成該項目標的任何政府。」[97]

根據國務院的紀錄，甘迺迪在當天會見國務院、國防部和中央情報局官員時，曾詢問前駐越大使諾爾汀政變有成功的機會嗎？諾爾汀大使回答說要看美國的態度而定。甘迺迪再問反吳廷儒而非吳廷琰的政變成功的可能性。諾爾汀大使回答說吳廷琰和吳廷儒是暹羅的雙胞胎（Siam's Twin）。諾爾汀大使建議可向吳廷琰請求他解除吳廷儒夫人的職位，以挫吳廷儒的銳氣。國務卿魯斯克認為諾爾汀大使的建議不妥。

中央情報局駐西貢官員在 10 月 5 日從西貢發了一份電報給中央情報局局長說：「10 月 3 日，柯連（Lucien Conein）與楊文明接觸，楊文明解釋說政變已計畫好，要求美國保證一旦政變成功，應給予支持。他舉出政變三個行動階段，第一階段是部署軍隊包圍西貢；第二階段是與效忠吳廷琰軍隊對抗；第三階段是暗殺吳廷儒和吳廷瑾。」中央情報局長回信說：「我們的立場是不能鼓勵、贊同或支持暗殺，但另一方面，我們不會對於阻止該種威脅的作法負責任。我們確定不支持暗殺吳廷琰。我們相信我們對該問題採取開

---

97. 1998 年 4 月美國國家安全局解密檔案。John Prados, "JFK and Diem Coup," The National Security Archives, Document 4: Memorandum for the President, August 27, 1963. in John Prados, " JFK and the Diem Coup," *The National Security Archive*, http://www.gwu.edu/~nsarchiv/NSAEBB/NSAEBB101/index.htm 2018 年 3 月 5 日瀏覽。

放的政策，使別人容易知道我們的立場，即支持政權。因此，我們的最好的作法是不介入（hands-off）。然而，我們對於該項計畫的情報自然有興趣知道。」[98]

美國國安會在 10 月 29 日致美國駐越大使洛奇一封密電，提及應通知陳文敦將軍無論是要發動政變或取消政變，都須在四小時或四十八小時前知會美方。又說美國非常關心政變發言人陳文敦，他也許不是忠誠可靠。我們急需確認楊文明及其他將軍是否參與政變。鑑於陳文敦的主張，他不能掌握軍事計畫，可否請柯連告訴陳文敦，我們需要更詳細的軍事計畫？楊文明應可以更自然而容易地將該軍事計畫交給「美軍援助越南司令部」（Military Assistance Command, Vietnam, MACV）司令史迪威將軍（General Richard Stillwell）。[99]

洛奇大使在 10 月 30 日向華府報告，他無力阻止政變發生，掌控權在越南人手裡。哈金斯將軍向泰勒將軍致電報稱反對政變。

白宮國家安全顧問麥克喬治・邦迪（McGeorge Bundy）於 10 月 30 日致美國駐越大使洛奇一封密電，提及華府關心此事，但不能接受結論說「美國無力延遲或阻止政變」。如洛奇判斷政變不能成功，則應說服越南將軍停止或延後政變。在西貢的三人小組應持續會商越南情勢，有不同意見，應上報華府。如當你返回華府，剛好發生政變，則你不需立即返回西貢，西貢使館的決策權將交給哈金斯將軍。[100]

據稱美軍太平洋司令菲爾特（Admiral Harry Felt）和美國駐西貢大使洛奇在 11 月 1 日早上會見吳廷琰，他們曾勸吳廷琰辭職，其安全將獲得美國的保護。在中午時分，美國大使館數度電吳廷琰重申美國保證，但都未獲吳廷琰答應。

98. E. Eiem, "Church Committee Report On Diem Coup," http://25thaviation.org/history/id549.htm　2018 年 3 月 6 日瀏覽。

99. 美國國家安全局解密檔案。John Prados,〝JFK and Diem Coup,〞The National Security Archives, Document 20:Draft Cable, *Eyes Only for Ambassador Saigon*, October 29, 1963. in John Prados, " JFK and the Diem Coup," *The National Security Archive*,　http://www.gwu.edu/~nsarchiv/NSAEBB/NSAEBB101/index.htm　2018 年 4 月 6 日瀏覽。

100. 美國國家安全局解密檔案。John Prados,〝JFK and Diem Coup,〞The National Security Archives, Document 21: Draft Cable, *Eyes Only for Ambassador Lodge* [CIA cable 79407, noted in upper right hand corner], October 30, 1963. in John Prados, " JFK and the Diem Coup," *The National Security Archive*, http://www.gwu.edu/~nsarchiv/NSAEBB/NSAEBB101/index.htm　2018 年 4 月 6 日瀏覽。

11 月 1 日下午 1 點 40 分，南越總統首席軍事顧問楊文明中將發動政變，政變將軍們要求吳廷琰立即辭職下台，保證吳廷琰和吳廷儒安全離開總統府。隨後政變軍迅速包圍總統府，占領陸軍和海軍總部、軍械庫、電台、電報局、警察總部和其他重要據點。政變軍成立「將軍委員會」（Council of Generals），主席為楊文明，他在當天發布第一號軍事命令如下：「現在全國已進入戒嚴統治。1963 年 11 月 1 日，越南共和國武裝部隊承擔起保衛全國公共安全的責任。禁止人民下述行為：

1. 在晚上 8 點到隔天早上 7 點離開住家。
2. 危害公共安全和秩序的集會。
3. 從事違反公共安全和秩序，例如出版、流傳、持有文件、報紙和夾頁，目的在破壞國家安全和秩序。所有印刷品和目錄應審查。
4. 所有組織和個人擁有武器者應立即向最近的軍事當局繳交武器、軍需品，包括銳利武器。

違反上述規定者，將依緊急程序由軍法庭審判。

將軍委員會主席

楊文明中將 」[101]

楊文明亦在當天成立「軍事革命委員會」（Military Revolutionary Council），作為軍事行動的指揮中心。該委員會的成員包括：代參謀總長陳文敦中將、副總參謀長陳善謙少將、總參謀部聯軍參謀長（即執行官）黎文金少將、保安部隊司令尊室訂少將等。政變者首先逮捕特別部隊司令黎廣棟上校，將之處死。叛軍以重武器進攻總統府，與總統府守軍發生激烈戰鬥。

政變發生前四分鐘，陳文敦的助理致電美國大使館的柯連，要求他儘量攜帶一大筆金錢到「聯合參謀總部」，柯連攜帶了 300 萬越南幣（約 4 萬 2,000 美元），交給陳文敦作為政變軍人之糧食以及給予被打死的政變軍人之撫恤金之用。在政變期間，柯連一直待在「聯合參謀總部」。

吳廷琰兄弟在 11 月 1 日晚上離開總統府，在一名「共和青年團」的華

---

101. Bernard B. Fall, *op.cit.*, p.454.

裔主席的陪同下約在 9 點抵達堤岸的華人區的一家俱樂部，該俱樂部為該名華裔所有。透過這名商人，尋求中國使館（按：是中華民國使館）的政治庇護，但未成功。吳氏兄弟在該俱樂部過了一夜，隔天早上 8 點，他們前往一家教堂，十分鐘後，軍隊進來抓了兩兄弟。他們被帶入一輛軍車，並被扣鎖。吳廷琰及其弟吳廷儒遭槍殺死亡。

政變發生時，吳廷儒夫人剛好在美國，她在 11 月 1 日表示：「如果沒有美國的煽惑或支持，是不可能發生政變的。」又說：「美國在我背後捅一刀。」11 月 14 日，她抵達羅馬，與她的子女會合，然後前往巴黎，並定居在巴黎。西貢政府在 1964 年 2 月 24 日通緝她，指她濫用公帑、危害國家經濟，兩天後並函請法國政府將她引渡回國受審。

在政變中，吳家在越南唯一生還的是吳廷瑾，他在 11 月 5 日向美國駐順化領事館尋求政治庇護，在群眾示威威脅要破壞他的住家及對他施行私刑，美國當局將他交給越南警方，並獲得將給予正當法律程序之審判的承諾。吳廷瑾被關在監獄中，1964 年 5 月 9 日軍事法庭判決其死刑而被槍斃。吳廷練則在英國，政變後辭去駐英大使。

11 月 3 日，革命政府下令禁止「國家革命運動」、「革命勞工黨」和「社會關係婦女會」之活動。12 月 9 日，革命政府宣布有 137 人在政變後被逮捕，前政府 13 位高官被捕，包括秘密警察首長楊文孝（Duong Van Hieu），被控以濫權和貪污。12 月 27 日，革命政府發布大赦令，赦免所有政治犯，除了共黨分子之外。凡參加政變的軍官，皆獲晉升一級，如軍隊保密局局長杜歆上校、第七步兵師師長阮文紹（Nguyễn Van Thieu）上校、代空軍司令阮高祺上校等，均一律晉升少將。

吳廷琰被殺後，由少壯派軍人執政，他們彼此不和，一再發生奪權政變。先是「軍事革命委員會」在 11 月 4 日停止憲法，另頒布臨時憲法，由前副總統阮玉壽在 11 月 4 日組織臨時政府，擔任總理。楊文明成為新的國家元首。「軍事革命委員會」在 11 月 6 日組成「中央執委會」，由 12 位將軍組成，在文人政府組成前負責所有重大決策。楊文明為「中央執委會」主席，陳文敦將軍為第一副主席，尊室訂將軍為第二副主席，黎文金將軍為秘書長。同

時亦宣布成立「賢人委員會」（Council of Sages），由各民族主義團體和專業人士組成，對政府提供諮詢意見。「賢人委員會」在 1964 年 1 月 2 日舉行第一次會議，易名為「名人委員會」（Council of Notabilities），由楊文明委任 60 人組成。

1964 年 1 月 30 日清晨，由阮慶將軍和陳善謙將軍發動不流血的政變，楊文明、陳文敦、黎文金、尊室訂遭逮捕。阮慶少將接掌「軍事革命委員會」主席的職務。2 月 8 日，「軍事革命委員會」宣布楊文明仍擔任國家元首，修改臨時憲法。規定「軍事革命委員會」的主席或由該委員會任命的人將行使國家元首的權力。阮慶在當天組織新政府，由他擔任總理。3 月 22 日，「軍事革命委員會」宣布成立新的「中央執委會」，阮慶為主席，楊文明為最高顧問。3 月 31 日，阮慶要求「名人委員會」解散，遭到拒絕。4 月 5 日，政府再度宣布解散「名人委員會」，並表示在未來四到六個月舉行國民議會選舉。

阮慶在 8 月 7 日宣布緊急狀態，因為在南越境內有 15 萬名共黨的軍隊，其中 3 萬 4,000 人是正規軍。西貢和其他大城市實施宵禁，時間從晚上 11 點到隔天清晨 4 點。

「軍事革命委員會」在 8 月 16 日通過新憲法，模仿美國的總統制，規定「軍事革命委員會」有權選舉總統、副總統、臨時國民議會的主席、副主席和議員、高層法官委員會的主席。「軍事革命委員會」由 58 人組成，結果有 50 票支持阮慶為總統。隨後阮慶宣布目前無法選舉產生國民議會，但其三分之一成員將由省縣市議會選舉產生，三分之一由政黨和團體選舉產生，三分之一由「軍事革命委員會」委任。楊文明將繼續擔任「軍事革命委員會」的顧問。

從 8 月 20 日到 25 日，佛教徒和學生在西貢和其他城市發動反軍事統治示威遊行，要求廢除新憲法，恢復文人政府，反對阮慶擔任總統，取消緊急狀態，新聞自由、學術自由，整肅吳廷琰政府時期的官員。8 月 25 日，有 2 萬名學生在總統府前示威，要求阮慶下台，廢除新憲法，結束軍事統治。當天下午阮慶宣布辭去總統，「軍事革命委員會」將在選出新的國家元首後解散。8 月 26 日，「軍事革命委員會」討論選舉新的國家元首，未能達成結論。

當天上午有 3,000 名天主教徒攜帶刀子、手斧、鐵棒、酒瓶等聚集在陸軍總部前，要求「軍事革命委員會」仍維持其權力、歡呼支持阮慶、抨擊楊文明。當他們試圖攻擊建築物時，軍隊開槍，打死 6 人。

隨後「軍事革命委員會」決定自行解散，將權力移轉給由阮慶、楊文明和陳善謙將軍[102]組成的「臨時領導委員會」（Provisional Leadership Committee），阮慶為看守政府的總理。「臨時領導委員會」是個妥協的組織，意圖獲得佛教界、天主教界和美國的支持，例如楊文明獲得佛教界的支持，陳善謙將軍獲得天主教界的支持。而美國官員表示美國對於該「臨時領導委員會」之支持，將視阮慶是否繼續當權而定。但 8 月 27 日後，佛教徒和天主教徒在西貢發生一連串的衝突。

8 月 29 日，第二副總理阮春瑩（Nguyễn Xuan Oanh）博士被任命為代理總理二個月，負責召開由各黨派、宗教團體和社團組成的國民大會，以選出臨時的國家元首。阮慶曾因心理壓力過大而前往大叻養病，他在 9 月 3 日返回西貢，恢復總理職，開始與佛教、天主教和學生進行對話。楊文明則在同一天飛到順化，宣布支持「人民革命委員會」的主張，該委員會重申反對阮慶的不合法政府，支持楊文明的立場。

9 月 13 日，一群右派和天主教的軍官（若干人與大越黨有關）發動政變，由楊文德少將（Major-General Duong Van Duc）率領 2,000 名軍隊從西貢外圍進入西貢市，占領總理署、警察總部、電台、郵政總局和其他據點，幾乎沒有遭到抵抗。當時阮慶在大叻，陳善謙將軍飛到大叻與阮慶會合，楊文明則留在西貢。後經協調，叛軍撤離西貢，楊文德被逮捕，剝奪其指揮權，其權力移交給阮文紹。

一個新的「全國最高會議」在 9 月 26 日集會，它由楊文明任命的 17 名名人組成，潘克丑（Phan Khac Suu）擔任主席。[103]重要人物包括佛教、天主

---

102. 陳善謙將軍時年 39 歲，為天主教徒，他在 1960 年 11 月鎮壓政變有功而被吳廷琰總統升為將軍。在 1963 年 1 月 30 日加入阮慶反吳廷琰的集團，阮慶任命他為國防部長兼武裝部隊最高司令，並升他為中將，成為陸軍中最高階的軍官。*Keesing's Contemporary Archives*, December 12-19, 1964, p.20460.

103. 潘克丑生於 1905 年，為農業專家，在第二次世界大戰初期，曾參與反法國統治的政變，結果失敗，遭監禁直到 1945 年。1949 年，在保大政府任農業部長。1954 年，吳廷琰政府時也入閣。在吳廷琰

教、和好教、高台教的代表、黎克貴博士（Dr. Le Khac Quyen）和尊室亨（Ton That Hanh）教授、在順化的「人民革命委員會」的主席和副主席。它在 10 月 20 日公布臨時憲法。該臨時憲法規定在國民議會產生之前，由「全國最高會議」行使國民議會的權力。在國民議會成立後，「全國最高會議」成為第二院。10 月 24 日，「全國最高會議」選舉潘克丑為總統。10 月 26 日，潘克丑接受「臨時領導委員會」的解散和阮慶政府的辭職。阮慶被委任為武裝部隊最高司令。11 月 4 日，潘克丑任命西貢市長陳文香（Tran Van Huong）[104] 為總理，組織文人政府。

阮慶將軍代表上述少壯派軍官，在 1964 年 12 月 17 日請求潘克丑總統讓 40 名資深軍官退休，其中包括楊文明將軍和「大叻派」（Dalat Group）的將軍們，包括陳文敦少將、黎文金少將、麥友春少將。總統將該案移送「全國最高會議」處理，結果未獲通過。次日，由 30 位將軍組成「武裝部隊委員會」（Armed Forces Council），以阮慶為主席，建議阮慶以其武裝部隊最高司令的身分應對武裝部隊的事務做出重要決定。「武裝部隊委員會」在 12 月 20 日宣布解散「全國最高會議」，並逮捕其主席黎文書（Le Van Thu）、秘書長陳文遠等 6 人。隨後發表聲明，除繼續支持潘克丑總統和陳文香總理外，譴責「全國最高會議」為反革命分子所操縱，阻礙武裝部隊的改組。

1965 年 1 月 27 日，「武裝部隊委員會」再度發動政變，免除陳文香總理職，認為文人政府無法應付現在緊急的情況，授權阮慶解決現行政治危機的全權。阮慶在隔天宣布總統潘克丑仍留任國家元首，擁有立法權，第二副總理阮春瑩博士為代理總統，其他內閣人選不變。總理陳文香在當天稍後宣布辭職，並躲入英國大使館，擔心其遭到佛教徒的殺害。2 月 16 日，組成新政府，由潘輝适（Dr. Phan Huy Quat）博士[105] 擔任總理，阮文紹為副總理兼

與高台教決裂時，他離開內閣。1959 年，以反對黨身分被選為國民議會議員。1960 年，簽署「進步與自由委員會」（Committee for Progress and Liberty）的宣言，要求實施自由化政策。1960 年 11 月，政變失敗後，他被捕，1963 年 7 月被判八年徒刑。但四個月後，因吳廷琰被推翻，他從監獄獲釋。*Keesing's Contemporary Archives*, December 12-19, 1964, p.20462.

104. 陳文香生於 1903 年，為教師，1954 年吳廷琰任命他為西貢市長，但數月後即辭職。他簽署「進步與自由委員會」的宣言，1960 年政變後被捕。1961 年獲釋。1964 年 9 月，又被任命為西貢市長。*Keesing's Contemporary Archives*, December 12-19, 1964, p.20462.

105. 潘輝适生於 1909 年，在北越出生，是佛教徒，為醫生，是「進步與自由委員會」的成員，1960 年

武裝部隊司令，陳文猷博士（Dr. Tran Van Do）為副總理兼外長。新政府儘量將各黨派團體的代表納入，惟大部分為佛教徒，其中有四位是天主教徒，例如阮文紹和司法部長盧文儀（Lu Van Vi），另外有高台教的國務部長黎文和博士，以及和好教的代表。2月19日，前駐華府新聞官范國壽上校 [106] 發動一次流產政變。

2月20日早上，15位「武裝部隊委員會」的委員在邊和集會，重申支持政府，但以多數決通過不信任阮慶的決議。當晚「武裝部隊委員會」投票免除阮慶的武裝部隊最高司令職，另推舉陳文明將軍（General Tran Van Minh）[107] 為代理武裝部隊最高司令。阮慶流亡香港。而楊文明亦流亡曼谷。「武裝部隊委員會」在3月3日選出五位執行委員，以取代阮慶的領導地位。這五位執行委員包括阮文紹，擔任秘書長；空軍副元帥阮高祺；高文園將軍；范文勇將軍；雲文高將軍（General Huynh Van Cao）。

至此時，南越地區大概有三分之二的鄉下地區為越共所控制，南越政府只控制沿海城市地區，因此在1965年2月和3月南越出現各種要求和平、與北越談判的組織和團體。其中較為著名的有「和平運動」（Peace Movement）和「和平與統一鬥爭運動」（Struggle Movement for Peace and Unity）。高台教亦在3月16日提出和平建議，包括立即停火；暫緩大選，將越共撤回北越；組成和諧委員會；成立南北越聯邦；美軍應沿著邊境重新集結，當恢復和平時，美軍即需撤出；假如戰爭重啟，則聯合國應派遣國際警察進駐越南。隔天，高台教在西貢召開新聞記者會，遭警方取締，並將領導人逮捕。

向吳廷琰總統請願要求改革，1963年被起訴參與1960年政變，獲判無罪開釋。1964年出任阮慶政府的外長。他否認他是極右派大越黨的黨員。*Keesing's Contemporary Archives*, March 27-April 3, 1965, p.20653.

106. 范國壽生於1922年，為天主教徒，曾在1945—1954年參加「越盟」對抗法國，指揮一個團的兵力。他的兄弟是北越政府高官。南北越分開後，他留在南越，對抗越共，也參與推翻吳廷琰。1964年，派駐華府新聞官。在12月，即被免職。他返回西貢後，即從事地下反政府活動。參見 *Keesing's Contemporary Archives*, March 27-April 3, 1965, p.20653.

107. 陳文明生於1924年，是一位非政治的職業軍人，為天主教徒，但不參與宗教爭論。他參與推翻吳廷琰的政變，楊文明任命他為經濟專員。在阮慶任內，未擔任軍職或文職。1964年11月，被任命為聯合參謀長主席。*Keesing's Contemporary Archives*, March 27-April 3, 1965, p.20654.

　　1965 年 4 月 8 日，海軍司令鍾新剛少將在一艘軍艦上發動軍事政變，但不久就被四名軍官將他逮捕。

　　潘輝适總理在 6 月 9 日宣布他已請軍方充當他與反對者之間的協調人。6 月 11 日，總統、內閣成員、國家立法委員會和軍方領袖舉行聯合會議，一致同意總統、內閣成員和國家立法委員會都辭職，將權力移交給軍方領袖。6 月 13 日，軍方領袖公布組成「三人委員會」，由空軍司令阮高祺擔任主席。但到 6 月 14 日，該項計畫夭折，因為剛從華府回到西貢的馬克斯威爾・泰勒大使對此有意見。該天稍晚，由 10 名將軍組成「國家領導委員會」（Committee for the Direction of the State），由阮文紹將軍擔任主席。6 月 19 日，「國家領導委員會」副主席阮高祺 [108] 擔任總理，組織內閣，外長是陳文猷。在當天公布新憲章，以取代 1964 年 10 月 20 日的臨時憲法。新憲章規定內閣應對「國家領導委員會」負責，而「國家領導委員會」對「武裝部隊大會」（Congress of the Armed Forces）負責，後者由一般軍官和各軍區司令組成。

　　阮高祺政府在 1965 年 9 月 4 日公布土地改革的建議書，其主要內容如下：

1. 以前法國人所擁有的土地 22 萬 5,000 公頃應分配給現在的佃農，這些佃農已耕種十二年並按收成支付租金。

2. 社區擁有的村土地 30 萬 5,000 公頃應以低租金放領給貧窮的農民（在吳廷琰政府時期，早期的耕作者喪失許多這種土地，這些土地已租給出價較高者）。

3. 即使農民尚未完全付出價款，但農民將取得土地的所有權，在吳廷琰政府時期，他們僅暫時取得土地所有權。

　　阮高祺在 1966 年 1 月 15 日表示，自此土改辦法提出後，有 3,158 名農民獲得土地，222,000 人獲得土地所有權。2 月 24 日，國家農業信貸辦公室（National Agricultural Credit Office）改組成為農業銀行，宗旨在給予農民信用貸款。2 月 16 日，阮高祺宣布設立特別法庭，審判貪污和貪圖暴利者。簡

---

108. 阮高祺於 1930 年生於北越的 Sontay，為佛教徒，在法國軍事學校就讀。1955 年，出任空軍中隊長。1963 年 12 月，出任空軍司令，鎮壓 1964 年 9 月 13 日政變有功，與阮文紹成為少壯派軍官的領袖。1965 年 2 月，推翻阮慶。1966 年 6 月，出任總理。*Keesing's Contemporary Archives*, Sept. 25-October 2, 1965, p.20981; *Keesing's Contemporary Archives*, November 11-18, 1967, p.22354.

化審訊程序，該法庭有權判處貪污者死刑或有期徒刑。3 月 7 日，該法庭將堤岸一名富有商人以囤積商品及賄賂官員的罪名判處死刑。3 月 14 日，又將大叨市的一名前會計因侵占公款 10 萬美元而將之判處死刑。[109]

　　儘管政府努力推動各項政務，但佛教徒的抗爭有增加趨勢，和尚上街頭示威，甚至自焚，威脅政府取消各種控制政策，以及釋放被捕的佛教徒，認為是政府的歧視宗教政策所致。最嚴重的一次宗教衝突是發生在峴港和順化。1966 年 1 月 20 日，政府逮捕涉嫌政變的一位退役將軍和少數年輕軍官，他們企圖尋求第一軍區司令阮正詩將軍的支持，但未獲成功。3 月 10 日，「國家領導委員會」其他九名成員一致同意免除阮正詩將軍的司令職，此事據稱亦獲得美國大使洛奇的同意。對於阮正詩將軍之去職，引發在峴港和順化的地方當局和武裝部隊的示威抗議，要求選舉制憲會議及建立文人政府，亦出現反美的口號。該項政治訴求延伸到西貢和其他城市，獲得「聯合佛教會」（United Buddhist Church）的支持。佛教徒在 3 月 16 日在西貢發動示威。3 月 23 日，在峴港和順化發生大罷工。面對社會騷亂日益嚴重，阮高祺在 3 月 25 日宣布將在兩個月內起草憲法，在憲法經公投通過後，將儘快舉行普選。又說制憲委員會將由民選的省議員、政治、宗教和專業團體的代表組成，而選舉將在 1966 年底前舉行。但政府的讓步並沒有消除人民的不滿，在 3 月 25 日，反政府活動延伸到芽莊。3 月 27 日，在順化，穿著軍服的 1,000 名軍人加入 2 萬人的示威遊行行列，高喊反美口號。3 月 31 日，有 1 萬名佛教徒在順化示威。4 月 2 日，數千名軍警在峴港和順化參加示威，阮正詩將軍公開批評「國家領導委員會」。在西貢，有 2,000 名學生要求民選國民議會、美軍立即撤出越南。

　　5 月 14 日，「國家領導委員會」舉行秘密會議，決定以武力占領峴港，15 日清晨 5 點派軍接管峴港，與當地峴港軍爆發衝突。5 月 23 日，峴港的戰事停止，有 400 名叛軍走出靜海寺和普大寺，交出武器，阮文敏被逮捕。總計在這九天的動亂中，有 76 人被殺、540 人受傷。但佛教的資料卻說，有

---

109. *Keesing's Contemporary Archives*, May 14-21, 1966, p.21395.

200 人被殺、800 人受傷。[110]

　　一名被美軍打死的南越軍官在 5 月 26 日出殯時變成反美示威，約 6,000 人示威，其中包括 200 名第一師的軍人。學生燒毀美國文化中心的圖書館和美國影片，美國副領事逃出領事館，躲到由美國軍隊層層保護的美國軍事顧問的家中。佛教徒趁機進行反政府和反美示威。6 月 6 日，佛教徒進行消極抵制，進行罷市，80% 政府機關停止上班，將家中的神龕拿到街上，約有數千個神龕堵住通往市內的大街。峴港和歸仁也有類似的路障，阻斷通往美國軍艦停泊港口的道路。6 月 9 日，釋智光下令移除在海岸主要公路上的神龕。釋智光在絕食抗議四十四小時後在 6 月 10 日被送到醫院救治。至 19 日，政府軍才完全控制順化。西貢亦發生一連串佛教徒抗爭示威運動，西貢佛教領袖在 6 月 12 日進行示威，示威者將供奉壇堆積在街上。次日，釋三洲下令將供奉壇移走。這兩次事件，顯示政府軍出現變化，有少數政府軍開始反政府，且與佛教勢力結合，南越政府稱他們受到越共滲透。

　　7 月 5 日，成立人民與武裝部隊會議，其功能在對總理提供經濟、文化、社會和其他問題的諮詢意見。該會議由 80 人組成，其中包括 20 名官員、18 名選舉法委員會委員、專業人員、商人、山地少數民族和柬埔寨人。阮高祺隨後進行內閣改組，廢棄內政部，改為安全部。另外任命由文人擔任的第二副總理阮流遠，專責文化和社會事務。阮流遠為一名醫生。另一位副總理則由國防部長兼任。

　　「佛教俗務協會」、「佛教聯合總會」（General Association of Buddhism）、天主教、高台教、和好教、基督教、越南國民黨以及其他兩個政治團體的發言人在 7 月 12 日宣布杯葛該項選舉，要求立即組織臨時文人政府，來籌辦選舉。越共抨擊該次選舉為鬧劇，呼籲人民杯葛。阮高祺在 8 月 2 日表示，他不會參選 1967 年總統選舉，將返回空軍服務，而阮文紹將可能參選總統。[111]

　　1967 年 4 月 1 日，制憲會議通過憲法，總統和副總統由民選產生，輔以

---

110. *Keesing's Contemporary Archives*, August 13-20, 1966, p.21561.
111. *Keesing's Contemporary Archives*, August 13-20, 1966, p.21564.

總理。總統和副總統任期四年，連選得連任一次。國會由眾議院和參議院組成，眾議院由 100—200 名議員組成，由普選產生，任期四年。參議員亦由民選產生，任期六年。首屆參議員分為兩種任期，一部分參議員任期三年，一部分為六年。任期三年者改選後新當選者任期為六年。

8 月 3 日，展開正副總統競選活動，有 11 組正副總統候選人參選。9 月 3 日，舉行投票。越共進行各種破壞活動，有 49 人被殺、204 人受傷。在西貢有三個投票站遭手榴彈爆炸。在廣南省兩個村子有 277 名村民遭越共綁架。9 月 5 日，公布選舉結果，在 5,853,384 名選民中有 4,868,281 人前往投票，投票率為 83%。阮文紹 [112] 獲得 1,649,561 張票，得票率為 34.8%，獲得當選。[113] 阮文紹與阮高祺為同組競選，所以阮高祺當選副總統。落選的候選人中有 8 人向臨時國民議會的選舉委員會控告選舉舞弊以及阮文紹利用政府資源競選。臨時國民議會以 58 票對 43 票、1 票棄權、4 票廢票，通過這次選舉有效。此應是南越政府繼吳廷琰之後舉行的第二次民選投票產生的國家領導人。

9 月 3 日，亦舉行參議員選舉，在選出的 60 名議員中包括 9 名高官、10 名大學教師、20 名醫生、律師、工程師和建築師。

10 月 22 日，舉行眾議員選舉，有 1,140 人競爭 137 席，結果有 72.9% 的選民投票，西貢的投票率較低，只有 57.8%。競選過程中，亦有暴力事件，有 22 人被殺，其中有越共 11 人，另有 29 人受傷。從當選議員的職業背景來看，公務員有 28 人、軍人 26 人、教師 24 人、制憲會議代表 19 人。[114] 阮文紹總統在 10 月 31 日進行內閣改組，任命阮文祿（Nguyễn Van Loc）為總理。

阮文紹政府最大的成就是推動各項經濟建設，吸引外資投資各種輕工

---

112. 阮文紹生於 1923 年 4 月 5 日，為安南南部的潘朗（Phan Rang）人，為小地主之子。1945—1946 年加入「越盟」，因不滿其主張而退出。1947 年加入法國陸軍，對抗「越盟」。1954 年，升為上校。吳廷琰時期，擔任軍官學校校長。以後出任第五步兵師師長，1963 年參加反吳廷琰軍官團領袖之一。1964 年，總理阮慶任命他為參謀總長兼第四集團軍軍司令。他支持極右派的大越黨。他被懷疑涉及 1964 年 9 月 13 日的政變，因為該次政變由天主教軍官和大越黨人發動。1964 年 9 月 12 日，辭去參謀長。1965 年 2 月，出任副總統兼國防部長。1966 年 6 月，潘輝适政府瓦解，他出任「國家領導委員會」主席兼代理國家元首。他原先信奉佛教，因其太太為天主教徒所以後來改信天主教。但他與天主教會並沒有密切的關係。參見 *Keesing's Contemporary Archives*, Sept. 25-October 2, 1965, p.20981; *Keesing's Contemporary Archives*, November 11-18, 1967, p.22354.

113. *Keesing's Contemporary Archives*, November 11-18, 1967, p.22353.

114. *Keesing's Contemporary Archives*, November 11-18, 1967, p.22355.

業，使得南越的經濟繁榮程度遠超過北越。其中經改之一是土改。阮文紹在1969 年 6 月 8 日在中途島（Midway Island）與美國尼克森（Richard Nixon）總統會晤，在聯合公報中美國答應給予南越經濟援助，協助南越從事土地重分配計畫。南越農業與土改部長高文賢（Cao Van Than）在 6 月 20 日的新聞發布上對此作了詳細的說明。他說將在 1969 年完成分配 147,221 公頃的土地，限制每人稻米地至多 100 公頃或以從法國獲得的援助款購買在南越的法國人的土地。政府將實施「耕者有其田」的政策，讓耕種 130 萬公頃稻米地的 80 萬佃農能擁有土地所有權。

　　政府向地主徵收土地將給予適當的補償，其中 20% 為現金，80% 為為期 8 年的政府債券，政府並將給予利息。地價將由地方官員根據過去五年平均產量訂出一個標準。美國提供南越從事土改的第一筆款項在 6 月 27 日簽署協議，總共有 1,000 萬美元。[115]

　　1969 年 9 月 9 日，國會通過「耕者有其田」法，參議院在 1970 年 3 月 9 日修改該法後通過，此修正案於 3 月 16 日獲眾議院通過。阮文紹在 3 月 26 日正式公布該法，其主要內容如下：

1. 未直接由地主耕種的土地，應予沒收，再分配給耕種的佃農。

2. 該法不適用於未直接由地主耕種的 15 公頃的土地；祖先祭祀地、墓地每家不超過 5 公頃土地；宗教組織擁有的土地；工業農作物生產地和果園地；工業建築用地；都市計畫預定地。任何逃避該法律的土地利用的變更，應屬無效。

3. 被徵收的土地的補償，應等於過去五年土地平均年收入的 2.5 倍。補償費的 20% 應立即以現金支付。其餘則分八年由政府公債支付，另加 10% 利息。

4. 在南方省份，每名佃農最多獲分配的土地約 3 公頃，在中越地區，則為 1 公頃。

5. 土地重分配之優先順序為：(1) 現耕作之佃農；(2) 戰死者的父母、寡

115. *Keesing's Contemporary Archives*, August 9-16, 1969, pp.23505-23506.

婦或子女；(3) 退役或退休軍人、公務員；(4) 因戰爭放棄耕種的軍人
和公務員；(5) 農場工人。

6. 獲分配土地的農民需親自耕種，在十五年內，未經政府許可不可移轉
所有權。[116]

據估計，南越約有 60% 的稻米地是由佃農耕種，他們支付 25% 的收成
穀物作為租金。

阮文紹再度當選總統

南越眾議院在 1970 年 12 月 28 日通過總統選舉法，規定總統和副總統
候選人應年滿三十五歲，候選人需取得國會兩院議員 197 人中的 40 人或省
市議員 545 人中的 100 人的連署。此舉使得阮高祺因未能獲得足夠的連署人
所以資格不符，另一候選人楊文明雖然符合選舉資格，因不滿選舉充滿欺
騙而退出選舉。最後只有阮文紹一人參選。1971 年 10 月 3 日，舉行總統選
舉，有 6,327,631 人前往投票（占 87.9% 的投票率），其中有 5,971,114 人（占
94.3%）投票支持阮文紹，阮文紹再度當選總統，副總統為陳文香。

1972 年 7 月 11 日，北越軍進攻安祿，美國出動 B-52 轟炸機協助南越軍，
才擊退北越軍。7 月 15 日，公布戒嚴令，規定由軍事法庭審判罷工者、違反
宵禁者、解僱工人的雇主、散布消息或圖片而危害國家安全者。該法令亦授
權警察射殺掠奪者、縱火者、怠工者和違令不停車的開車者。[117]

阮文紹在 8 月 5 日公布一項命令，要求每一家報社繳交 2,000 萬越幣保
證金，作為可能違反新聞法的罰鍰。另又規定刊載的消息威脅國家安全、支
持共產主義、或採取親共的中立主義立場，將被處以五年徒刑。當報紙因刊
登違反國家安全的消息而被沒收保證金，如再犯者，則內政部可禁止該報紙
發行。9 月 15 日，西貢的 43 家報紙中有 14 家，包括 4 家反對黨報紙（共有
6 家反對黨報紙）遭到禁止發行的處罰。第一個受處罰的反對黨報紙主編顏
信（Dien Tin）在 9 月 22 日被軍事法庭判處一年徒刑及 100 萬越幣罰鍰。該

---

116. *Keesing's Contemporary Archives*, December 26-31, 1970, p.24356.
117. *Keesing's Contemporary Archives*, October 14-21, 1972, p.25521.

報因詳細報導自 1965 年以來投擲在印度支那的炸彈數量，該資料係參考美國國防部文件以及康乃爾大學的研究報告。[118]

8 月 22 日，下令廢止里長（hamlet）的民選制，由省長在兩個月內任命新的里長。南越政府之所以採行此一新措施，是因為發現許多民選里長是共產黨分子。由數個里組成的村，其村長仍由民選產生，惟其副村長和幹部由任命產生。有警察局的地方，則由警長擔任副村長。

1974 年 1 月 19 日，參、眾兩院召開聯席會議通過修憲案，將總統任期由四年延長為五年、並將兩任任期延長為三任。阮文紹是在 1967 年當選總統，1971 年再度連任，所以應該在 1975 年任期屆滿。此一修憲完全是為了滿足其個人政治野心，其情況一如菲律賓的馬可仕。參、眾兩院另外通過第二個修憲案，是授權總統任命省長。阮文紹總統重新改組內閣，總理為陳善謙將軍，他還兼國防部長。

依據 1973 年 1 月 27 日巴黎和平協議，南越政府與「南越臨時革命政府」在巴黎舉行談判，南越政府代表在 1974 年 1 月 18 日建議普選應在簽署日內瓦協議 20 週年的 7 月 20 日舉行，在 2 月 1 日提出下列的時間表：(1) 關於南越之未來的所有政治和軍事問題的協議，應在 3 月 19 日簽署。(2)「民族和解與和諧全國委員會」應在 4 月 19 日之前設立。(3)「民族和解與和諧全國委員會」應計畫選舉程序，競選活動應從 5 月底開始。但「南越臨時革命政府」反對該項建議，認為應優先結束戰爭、釋放政治犯、保障民主自由。

「南越臨時革命政府」代表在 3 月 22 日提出 6 點和平解決方案如下：

1. 南越政府與「南越臨時革命政府」應立即發出停火命令，執行 1973 年 1 月 27 日和 6 月 13 日的停火協議，讓「國際監控和監督委員會」有效執行其任務。

2. 所有戰俘和政治犯應予釋放，不支持任何一方的人，應允許他們自由選擇居住地點。此一工作應在 6 月 30 日前完成。

3. 尊重民主自由，諸如應保障言論、出版、集會和結社的自由。

---

118. *Keesing's Contemporary Archives*, October 14-21, 1972, p.25522.

4.「民族和解與和諧全國委員會」應在 9 月 30 日之前設立。

5. 在「民族和解與和諧全國委員會」成立一年內，由其決定舉行制憲會
　議選舉的日期。

6. 雙方應削減武裝部隊的數量，在選舉後，組成新的政府，並組成統一
　的南越軍隊。[119]

但以後數週，因北越和「越南南方民族解放陣線」在各地發動戰爭，占領越南和柬埔寨邊境的洞里占（Tong Le Chan），而使得停火協議無法執行。西貢政府在 4 月 16 日停止了在巴黎與「南越臨時革命政府」的談判。「南越臨時革命政府」在 6 月 23 日退出了雙邊的「聯合軍事委員會」和四邊的「聯合軍事團」（Joint Military Team）。「國際監控和監督委員會」因此停止其活動。

1974 年 6 月 18 日，301 位天主教教士在陳友盛神父（Father Tran Huu Thanh）之領導下，組織「人民反貪污運動」（People's Anti-Corruption Movement, PACM），通過「反貪污、不公道和社會罪惡宣言」。9 月 8 日，天主教團體在順化進行反貪污示威，陳友盛神父宣讀「第一號公開指控」（Public Indictment No.1），指控阮文紹及其家人六項貪污罪名，包括阮文紹總統利用其職位獲取數棟房子和大筆土地；保護海龍（Hai Long）肥料公司老闆阮春元（Nguyễn Xuan Nguyen），他是阮文紹的親戚，涉嫌囤積肥料，牟取暴利；阮文紹興建的「人民醫院」，經費係來自販賣走私貨品，拒絕窮人就醫；阮文紹和總理陳善謙涉嫌海洛因毒品走私；投機客在中越操縱，造成糧食不足，這些投機客包括阮文紹的姑媽吳詩惠（Ngo Thi Huyet）。警察用催淚瓦斯驅離示威群眾。在同一天，西貢亦爆發新聞記者、出版者要求新聞自由的示威。隨後佛教徒亦在 9 月 11 日在順化示威。

眾議院在 11 月 14 日通過修改新聞法，廢除報社需繳交 2,000 萬越幣保證金之規定，對違反國家安全和公共秩序的懲罰從三年徒刑改為二年徒刑，罰鍰從 500 萬越幣改為 300 萬越幣，違反新聞法者由刑事法庭而非軍事法庭審理。但新聞檢查仍存在，新聞檢察官有權要求報社將報紙消息剔除及沒收

---

119. *Keesing's Contemporary Archives*, November 11-17, 1974, p.26809.

整版新聞。眾議院在 11 月 16 日通過修改 1972 年政黨法，放寬政黨登記的條件、允許獨立人士參選國會和總統大選。[120]

---

120. *Keesing's Contemporary Archives*, January 6-12, 1975, p.26902.

第十二章

北越南侵及其後果

第一節　北越併吞南越

　　1960 年 12 月 20 日，越共在南越成立了「南越民族解放陣線」〔即越共（Viet Cong）〕，其綱領是推翻西貢政權，建立民主聯合政府，和平統一祖國。

　　美國甘迺迪（John F. Kennedy）總統在 1961 年 1 月任命麥納瑪拉（Robert S. McNamara）為國防部長。1961 年 6 月，以經濟學家斯特利博士（Eugene A. Staley）為首的美國國務院專家小組到南越考察三週，提出一份「斯特利報告」，有兩項建議，一是目前美國已同意派遣軍隊 3 萬人到越南，斯特利建議再增加 2 萬人。二是南越吳廷琰政府的軍隊應增加至 27 萬 8,000 人，比吳廷琰的主張多 8,000 人。他對於越南準備在未來十八個月建立 100 個「戰略村」，表示應予優先支持。他還說在鄉下地區的軍事勝利仍須仰賴經濟和社會行動的成功。[1] 吳廷琰總統的特別顧問也是總統的弟弟吳廷儒在 1961 年 9 月 11 日會見到越南訪問的美國甘迺迪總統的特別軍事顧問（也是聯合參謀首長會議主席提名人）泰勒（Gen. Maxwell D. Taylor），吳廷儒表示在該年底就可以完成「戰略村」計畫，他認為有了「戰略村」，鄉下人就可以團結在政府之下，不用害怕越共的報復威脅，他們就可以進行反游擊戰，對抗越共的游擊戰。泰勒問，準備建立多少「戰略村」，吳廷儒答覆稱，準備在未來三年建 1 萬 6,000 個「戰略村」。[2] 但泰勒返國後致送總統的報告都沒有提及該「戰略村」計畫，反而提及美國軍援越南司令部司令哈金斯將軍（General Paul D. Harkins）向吳廷琰總統提出的對抗越共之計畫，就是統合全國忠誠武力（national leeve en masse）在同一個時間攻擊南越境內的越共據點。假如該概念可行，則可納入在麥納瑪拉指示下的三年消滅越共計畫。泰勒亦建議美軍應在越南建立一個統合的司令部。[3]

---

1. William Conrad Gibbons, *The U.S. Government and the Vietnam War: Executive and Legislative Roles and Relationships, Part II: 1961-1964*, Princeton University Press, New Jersey, 2014, p.51.

2. "279, Memorandum for the record, Saigon, September 14, 1962. subject: Meeting with Special Advisor to the President of Vietnam, 11 September 1962," *Foreign Relations of the United States, 1961–1963, Volume II, Vietnam, 1962*, Office of Historian, pp.636-637. https://history.state.gov/historicaldocuments/frus1961-63v02/pg_637　2018 年 3 月 2 日瀏覽。

3. "288, Paper prepared by the President's Military Representative(Taylor), Washington, September 20, 1962.

國防部長麥納瑪拉在 1962 年 8 月 1 日給美國甘迺迪總統一份備忘錄，提及美國參謀首長會議主席費爾特（General Adm. Harry D. Felt）和哈金斯將軍主張在南越三角洲地區選擇 9 個地點、長約 60 英里的道路噴灑除草劑（herbicide operations），以利於偵察越共行蹤。麥納瑪拉在與專家研究後，同意該項建議，並請總統核示。[4] 8 月 9 日，甘迺迪總統同意上述麥納瑪拉的建議。[5] 麥納瑪拉在西貢成立美國軍事援助司令部，直接指揮在南越的特種戰爭。1961—1962 年，美軍在越南人數從 3,500 人增加到 1 萬 5,000 人。1962 年 2 月，在西貢建立了美國軍事指揮部。到 1964 年底，美國在南越的軍隊達 2 萬 5,000 人，南越軍 50 萬人。而「越解」武裝力量達到 15 萬人，其中正規軍 3 萬 5,000 人。越共在南越的 1 萬 2,000 個村中建立了人民政權，在解放區的居民已有 500 萬人。

關於推動「戰略村」之計畫，美國和南越都有不同的意見。美國政府各部門包括國防部、國務院和白宮的國家安全委員會秘書佛李斯塔爾（Michael V. Forrestal）對「戰略村」構想有疑慮。國務院遠東事務助理國務卿哈里曼（Governor W. Averell Harriman）召見克魯拉克將軍商談美國在南越的軍事行動，他強調「戰略村」之戰略層面。克魯拉克將軍為了消除哈里曼對於「戰略村」的不安，他以給國防部長的資訊作為解釋。該項資訊提供了下述對於「戰略村」計畫的疑慮。例如，美國駐順化領事曾報告稱，吳廷琰的哥哥順化樞機主教吳廷瑾（Ngo Dinh Can）〔該文寫錯了，擔任樞機主教的是吳廷俶（Ngo Dinh Thục），而主張「共和青年民事行動與自我防衛計畫」（Republic Youth Civic Action and Self-defense Program）的是吳廷琰的弟弟吳廷瑾〕主張

Impressions of South Vietnam," *Foreign Relations of the United States, 1961–1963, Volume II, Vietnam, 1962*, Office of Historian, pp.660-663. https://history.state.gov/historicaldocuments/frus1961-63v02/pg_660 2018 年 3 月 2 日瀏覽。

4. "254, Memorandum from the Secretary of Defense(McNamara) to the President, Washington, August 1, 1962," *Foreign Relations of the United States, 1961–1963, Volume II, Vietnam, 1962*, Office of Historian, pp.566-567. https://history.state.gov/historicaldocuments/frus1961-63v02/pg_566 2018 年 3 月 2 日瀏覽。

5. "263, National Security Action Memorandum No.178, to Secretary of State, Secretary of Defense, Subject: Destruction of Mangrove Swamps in South Vietnam, Washington, August 9, 1962," *Foreign Relations of the United States, 1961–1963, Volume II, Vietnam, 1962*, Office of Historian, pp.586-587. https://history.state.gov/historicaldocuments/frus1961-63v02/pg_586 2018 年 3 月 2 日瀏覽。

優先採用他的「共和青年民事行動與自我防衛計畫」，而非西貢政府推動的「戰略村」計畫，他認為目前的「戰略村」成效不彰。其次，目前「戰略村」已在推行，但越共仍在村中綁架和暗殺村中幹部，顯示該項計畫沒有成效，無法保護人民。第三，省級官員執行「戰略村」計畫不力。第四，在馬來亞，「戰略村」若在晚上遭到馬共攻擊，有武裝力量維持六到八小時，等到天亮時政府軍來救，越南的「戰略村」有此能力嗎？[6]

不幸地，越南「戰略村」的創建人吳廷儒在 1963 年 11 月楊文明將軍的政變下與吳廷琰總統一起遇害，以後「戰略村」雖然存在，但其功能已大為削減，甚至許多「戰略村」轉被越共滲透，成為越共的地下支持據點。

越共在南越滲透，使南越戰爭陷於膠著，美國苦於無法制裁供應越共軍備的北越，美國想直接轟炸北越，以阻止北越繼續援助在南越的越共。美國國防部開始擬定轟炸北越的計畫，國務院則準備在轟炸前先進行外交交涉。1964 年 4 月 30 日，美國國務卿魯斯克（Dean Rusk）訪問加拿大渥太華（Ottawa），與國際監督委員會加拿大代表布萊爾 · 西伯恩（J. Blair Seaborn）會晤，要求其在 6 月訪問河內時，向范文同總理轉達假如北越停止支持越共，則美國將不準備空襲北越及有意經援北越。[7]在 6 月 8 日，美國詹森（Lyndon B. Johnson）總統舉行有關越戰之會議，國防部長麥納瑪拉（Robert S. McNamara）在會上表示：「我曾準備放棄東南亞，但現在我們必須堅持我們曾經表示堅定支持東南亞的立場。總統於 2 月 21 日在洛杉磯加州大學之演講曾傳達美國堅定支持東南亞之訊息。我們必須謹慎不要傳達言語強而實際作為弱的印象，假如我們不準備空襲（北越），我們就應改變請西伯恩到河內傳達我們的強烈的訊息。」[8] 6 月 15 日，西伯恩訪問河內結束

---

6. "314, Memorandum from the Aide to the Chairman of the Joint Chiefs of Staff(Bagley) to the Chairman(Taylor), Washington, November 12, 1962," *Foreign Relations of the United States, 1961–1963, Volume II, Vietnam, 1962,* Office of Historian, pp.727-729. https://history.state.gov/historicaldocuments/frus1961-63v02/pg_727 2018 年 3 月 2 日瀏覽。

7. James H. Willbanks, *Vietnam War Almanac: An In-Depth Guide to the Most Controversial Conflict in American History*, Skyhorse Publishing, Inc., New York, 2013, p.67.

8. Bromley Smith, "83. Memorandum of Conference With President Johnson, Washington, June 8, 1964," *Foreign Relations of the United States, 1964-1968, Vol. XXVIII, Laos, 1964,* pp.153-160. https://history.state.gov/historicaldocuments/frus1964-68v28/d83　2018 年 9 月 12 日瀏覽。

後抵達西貢，給美國國務院一份報告。至今該報告未解密，但從美國駐越南大使洛奇（Henry Cabot Lodge）給國務院的電報中可以略知該報告的主要內容，洛奇的電報說西伯恩的報告沒有提及范文同曾談到美軍突擊轟炸寮國邊境的問題。[9] 很顯然范文同並沒有同意美國的提議，北越無意從南越撤出對越共之支持。從美國委託西伯恩向北越通報美國準備轟炸北越的訊息來看，美國是做了轟炸前的告知義務。

隨後爆發了「東京灣事件」，才使得美國有了轟炸制裁北越的機會。1964 年 8 月 2 日清晨 4 點，美國第七艦隊的驅逐艦「馬杜克斯（Maddox）號」（3,300 噸）在東京灣遭到 3 艘北越魚雷艇攻擊，地點距北越海岸 30 英里，距河內東南方 80 英里。「馬杜克斯號」以 37 公釐砲還擊，後來美國航空母艦「地康德羅哥（Ticonderoga）號」上起飛的 4 架戰機趕來支援，1 艘北越魚雷艇被擊傷，3 艘船都逃逸進入其領海。

8 月 4 日晚上 10 點 30 分，「馬杜克斯號」和「特納喬伊（C. Turner Joy）號」在東京灣距海岸 65 英里處遭到數艘北越魚雷艇攻擊，美國航空母艦「地康德羅哥號」和「星座號」（Constellation）上起飛的戰機支援美國驅逐艦，雙方纏鬥四小時，北越魚雷艇被擊沉兩艘，兩艘負傷逃逸。

北越指控美軍艦進入其 11 海里領海內，所以加以驅離。美國透過國際監督停火委員會向北越遞交抗議函。美國認為 3 海里是當時可接受的領海寬度，對北越所主張的 12 海里領海不願承認。當時美國還主張 9 海里的鄰接區（contiguous zone）水域，以便對外國船舶行使管轄權。至於北越船隻尾隨攻擊美國軍艦，也不適用於緊追權（hot pursuit），因為緊追權之適用是指從領海持續追到公海，而美國船艦並未進入北越的領海。

為報復北越的挑釁攻擊，美國在 8 月 5 日轟炸北越鴻基（Hon Gay）、祿昭（Loc Chao）、富利（Phuc Loi）、廣溪（Quang Khe）等 4 個魚雷艇基地，以及在義安的儲油庫。攻擊從中午開始，從兩艘航空母艦「地康德羅哥號」

---

9. "222. Telegram from the Embassy in Vietnam to the Department of State, Saigon, June 24, 1964," *Foreign Relations of the United States, 1964-1968*, Vol. I, Vietnam, 1964, pp.525-526. https://history.state.gov/historicaldocuments/frus1964-68v01/pg_525 2018 年 9 月 12 日瀏覽。

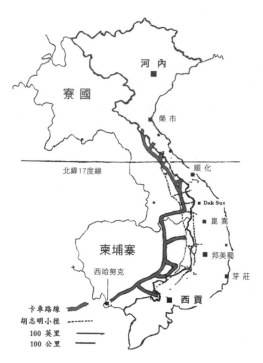

圖 12-1：胡志明小徑
資料來源：http://www.psywarrior.com/Hochiminh
Trails4.gif　2018 年 2 月 21 日瀏覽。

和「星座號」起飛 64 架戰機，進行五小時的攻擊，共摧毀 25 艘巡邏船，義安的儲油庫 90% 被摧毀。美國則有兩架戰機被擊落、兩架受創。[10]

8 月 7 日，國會參議院以 88 票對 2 票通過東京灣決議案，眾議院以全票通過決議案，授權美國總統採取必要的行動對付北越的挑戰行動。

「東京灣事件」是美國開啟越戰序幕的關鍵，在這之前，美國總統未獲國會之戰爭授權，無法越過北緯 17 度線作戰，無論在戰略和戰術上都受到空間的限制，所以只能在南越境內與越共作戰。但美國知道在南越境內的越共，其人員和裝備大都來自北越，如果未能對北越給予致命的打擊，中斷其對越共的補給援助，則美國將難以在南越獲得勝利。東京灣事件給予美國一個大好機會，美國總統因為獲得國會之戰爭授權，而開始越過北緯 17 度線大舉轟炸北越，逐漸揭開第二次印度支那戰爭之序幕。

美國和南越自 1965 年 2 月 7 日起就轟炸北越的道路、橋梁、鐵路和軍事基地，特別是「胡志明小徑」（Ho Chi Minh trail）。[11] 美國飛機越過北緯 17

---

10. *Keesing's Contemporary Archives*, August 22-29, 1964, p.20241.

11. 胡志明小徑是一條從北越和寮國邊境的小路，一直延伸到南越和柬埔寨邊境，由於位在山區，有森林遮蔽，方便車輛運輸物資，不易從空中偵察。該小徑長達 1 萬 2,000 英里，寬約 26.4 英尺。北越在該小徑沿路設置防空武器。越共並鋪設 3,125 英里的油管，有 1 萬輛車子在該小徑上活動。在初期小徑道路不良，從北越運送物資到西貢要花上半年時間。1970 年，道路改善許多，車程約 6 星期。至 1975 年，摩托化部隊只要一星期即可抵達西貢。美國在該條小徑設置各種路障、埋伏，從空中投

度線空襲越北的義安、鴻基、清化等地。1965—1968 年，有 40 個城市和村鎮被夷為平地。此引起世界的恐慌，擔心戰事擴大變成世界大戰。許多國家提出和平建議，例如印度和法國建議召開日內瓦會議，英國要求參與日內瓦會議各國提出解決問題的看法，聯合國秘書長吳譚（U Thant）建議有關各方召開會議，17 個「不結盟運動」（Non-aligned Movement）國家提議停止敵對。國際監督停火委員會在 2 月 13 日向英國和蘇聯提出一份由印度和波蘭草擬的多數意見報告，譴責美國轟炸北越是違反日內瓦協議。加拿大亦提出少數意見報告，支持美國轟炸北越是對北越入侵的報復。英國外交部於 3 月 8 日將此報告出版。

4 月 7 日，美國總統詹森（Lyndon Baines Johnson）宣布準備「無條件討論」越南問題，只要南越保持獨立，美軍即仍駐守南越。北越政府反對，主張根據日內瓦協議談判解決問題。

北越總理范文同於 4 月 8 日對國民議會報告，提出四點建議作為解決問題的綱要。這四點建議如下：

（一）承認越南人民的基本國家權力：和平、獨立、主權、統一、領土完整。根據日內瓦協議，美軍必須撤出南越。美國軍事人員、各種武器、美軍基地都需解散撤出南越，廢除美國與南越的軍事同盟關係。必須終止美國對南越的干預和入侵。根據日內瓦協議，美國政府必須停止其對北越的戰爭行為，完全停止侵犯民主共和國的領土和主權。

（二）雖然越南暫時分為兩個區域，1954 年日內瓦協議關於越南的軍事規定應予嚴格尊重，最後以和平統一越南。南北越必須禁止與外國建立軍事聯盟。在各自的領土內，不得有外國軍事基地、外國軍隊或軍事人員。

（三）南越的內政事務，應由南越人民自行解決，按照「越南南方民族解放陣線」的綱要來進行，無須外國干預。

（四）和平統一由南北越人民來解決，無須外國干預。[12]

置落葉劑，以易於從空中偵察；或投以肥皂泡沫劑以阻礙北越軍和挑伕的前進，北越軍則在該處地區鋪上竹葉，以利於行走。

12. *Keesing's Contemporary Archives*, May 29-June 5, 1965, p.20772.

4 月 24 日，美國總統詹森將北越距離海岸線 100 海里以內的海域和西沙群島的一部分海域劃定為美國武裝部隊的「戰鬥地區」（combat zones）。美國國防部決定派遣第七艦隊船隻及所謂「海岸警備隊」的船隻進入該一海域，檢查往來的船隻。

南越政府為了因應越共升高戰事，而請求澳洲派兵協助。澳洲總理孟濟茲（Sir Robert Menzies）於 1965 年 4 月 29 日宣布澳洲將派遣一個步兵營 800 名軍隊前往南越。6 月 8 日，澳洲軍隊抵達西貢，被分配到邊和基地。紐西蘭總理賀爾耀克（Keith Holyoake）亦在 5 月 27 日宣布派遣一個砲兵中隊到南越，與澳洲的軍隊並肩作戰。[13]

北越之武器主要來自中國之供應，1966 年 11 月中國和北越舉行援助越南問題會談，周恩來說：「從 1962 年到 1966 年，中國援助越南的各種槍，共 27 萬枝，各種火砲五千四百多門，各種槍彈 2 億發，各種砲彈九十多萬發，炸藥七百多噸，軍服 20 萬套，各種布四百多萬米。」「在以後的抗美戰爭中，越南南方解放軍的武器彈藥，除少量是從南越軍繳獲的外，幾乎都是中國無償提供的。為了搶運軍援物資到南越，中國政府撥出鉅款，開闢了通過柬埔寨到達南越的運輸線，並在海南島修建了一個秘密港口。中國政府每年還向南越人民提供成千萬美元的外匯，供作國際活動經費。」[14]

北越為因應美國升高越戰，美軍飛機大肆轟炸北越各大城市和港口，黎筍於 1965 年 4 月初，率領黨政代表團訪問北京，要求中國擴大援助規模及派遣軍隊到北越。於是中國與北越簽訂一系列的協議，從 1965 年 6 月到 1973 年 3 月，中國先後向北越派出防空、工程、鐵道、後勤保障等志願部隊 32 萬餘人。其中中國派遣的高砲部隊有 15 萬餘人，負責河內至友誼關鐵路線北寧至諒山段、河內至老街鐵路線安沛至老街段、新建的克夫至太原鐵路線以及太平鋼鐵基地的防空作戰任務，並掩護中國援越工程部隊的施工。[15]

美國為尋求和平解決越南問題，在 1965 年 12 月 28 日由美國政府發言人

---

13. *Keesing's Contemporary Archives*, June 5-12, 1965, p.20777.

14. 郭明主編，**前引書**，頁 69。

15. 郭明主編，**前引書**，頁 70。

提出 14 點聲明，內容如下：

1. 美國接受 1954 年和 1962 年日內瓦協議作為談判的基礎。

2. 歡迎討論東南亞或亞洲一部分的會議。

3. 準備好接受無條件談判。

4. 假如河內喜歡，也準備好接受非正式的無條件的會談。

5. 和平會議的第一要務是停火，此為此一會議的基礎。

6. 願意討論北越四點計畫。

7. 不想在東南亞有軍事基地。

8. 美國不想在南越繼續軍事介入。

9. 支持自由選舉。

10. 兩個越南的再統一，可由其人民自由選擇來決定。

11. 東南亞國家可以為不結盟或中立，美國不想有新的結盟。

12. 美國準備撥款 10 億美元從事區域發展計畫，將包括北越在內。

13. 在敵對結束後，越共的觀點可以在會議上表示出來。

14. 假如能知道下次將發生何事時，則轟炸應予停止。[16]

美國為了推銷其 14 點聲明，派人前往 30 個國家解釋和遊說，以支持美國的立場。這些國家包括日本、菲律賓、臺灣、南韓、波蘭、南斯拉夫、印度、巴基斯坦、阿拉伯聯合共和國、泰國、澳洲、義大利、法國、英國和 13 個非洲國家。北越則批評美國的和平聲明是一種詭計。教宗保祿（Pope Paul）在 1966 年 1 月 29 日說，美國發表的和平聲明至少是一個好的開始，建議由聯合國來仲裁，聯合國受中立國的信任，也許是解決越南問題的一個途徑。[17]

美國駐聯合國大使哥德伯格（Arthur J. Goldberg）在 1966 年 1 月 31 日致函聯合國安全理事會主席，請求召開緊急會議討論越南問題。哥德伯格在同一天提出美國的決議草案如下：

「安理會深深關切越南的情勢，認為透過日內瓦條約來結束敵對的原則，應作為恢復和平的基礎；鼓勵採取合適的步驟，重啟日內瓦會議的機制，

---

16. *Keesing's Contemporary Archives*, April 23-30, 1966, p.21354.
17. *Keesing's Contemporary Archives*, April 23-30, 1966, p.21357.

透過國際間有效果的討論，期待有解決方法。」[18]

北越副總理兼外長阮維楨（Nguyễn Duy Trinh）在 2 月 1 日宣布安理會通過的有關越南的決議都是無效的，惟有日內瓦會議始具有資格處理美軍在越南的活動。當安理會在 2 月 1 日開會時，對於是否將越南問題列入議程，出現不同的立場。2 月 2 日，以 9 票（包括美國、英國、紐西蘭、阿根廷、烏拉圭、中華民國、荷蘭、日本、約旦）對 2 票（蘇聯和保加利亞）通過將越南問題列入議程，而法國、馬利、奈及利亞、烏干達棄權。

聯合國安理會通過列入議程的決議如下：

「安理會深深關切越南敵對的情勢持續著，

注意到安理會的責任在維持國際和平與安全；

注意到 1954 年和 1962 年日內瓦協議並未執行；想要對和平解決和榮譽解決越南衝突有貢獻；承認所有人，包括在北越的人，有自決的權利。

(1) 呼籲有關的政府安排一項會議，立即進行無條件的討論，尋求執行
    1954 年和 1962 年日內瓦協議，在東南亞建立永久的和平。

(2) 建議此類會議的第一要務是在有效監督之下安排結束敵對。

(3) 提供協助，利用可行的方法，包括仲裁或協調，以達成本決議的目的。

(4) 呼籲所有有關國家充分合作執行本決議。

(5) 請求聯合國秘書長協助執行本決議。」[19]

安理會遂對越南問題進行非正式協商，蘇聯和保加利亞拒絕參加。美國駐聯合國大使哥德伯格在 2 月 10 日表示，美國無須壓迫安理會採取行動。安理會主席日本的松井明（Akira Matsui）在 2 月 26 日致函安理會成員國，他說：「大家認為現在安理會不適宜進一步討論越南問題，但安理會成員都有一些如下的共同的看法：(1) 對於越南敵對情勢備感關切，且升高憂慮，亟盼儘早結束敵對、和平解決越南問題。(2) 認為應透過合適的論壇，確實執行日內瓦和約，談判結束越南的衝突。」然而，法國、蘇聯和馬利的代表卻對

---

18. William Conrad Gibbons, *The U. S. Government and the Vietnam War: Executive and Legislative Roles and Relationships: July 1965-January 1968*, Princeton University Press, New Jersey, 1984, p.921.

19. William Conrad Gibbons, *The U. S. Government and the Vietnam War: Executive and Legislative Roles and Relationships: July 1965-January 1968*, p.921, footnote 56.

該信函提出批評。[20] 從此以後,關於越南問題就不直接訴請聯合國處理。

從 1966 年 8 月 30 日到 9 月 2 日,法國總統戴高樂抵柬埔寨訪問,他讚揚柬埔寨維持中立地位,並呼籲美軍從南越撤出,就如同法國從阿爾及利亞撤出一樣,雖然我們難以想像美國會在南越遭到軍事挫敗,但亞洲人民受制於來自太平洋彼岸的外國人法律之下,是沒有機會的。可以確定的,在越南無法以軍事手段加以解決,惟有政治協議才能使越南免於厄運。[21]

事實上,美軍和澳洲、南韓都增加在南越的軍隊數量。澳洲在 1966 年 3 月 8 日宣布增加軍隊從 1,500 人增加到 4,500 人,包括步兵和空軍。由於澳洲增加在南越的兵力,引起瑞典的不安,瑞典為了維持其中立的外交政策,瑞典駐澳洲大使館在 8 月 17 日宣布對澳洲進行武器禁運。紐西蘭在南越亦派駐有一個砲兵中隊,最先是由美軍指揮,1966 年 7 月 2 日改由澳洲軍隊指揮。紐西蘭亦同時宣布將增加醫療援助,增加兩個到三個流動性的醫療設施,但不考慮增加軍事承諾。

澳洲政府在 12 月 20 日宣布澳洲將在明年初增兵越南 1,700 人,使其在越南的兵力達到 6,300 人,其中陸軍有 5,200 人,其餘為空軍和海軍。

南韓亦在 1966 年 4 月 8 日宣布將在近日派遣 5,000 名軍隊前往南越,在 7—8 月再增援 1 萬 5,000 人。至該年 9 月,南韓派駐南越的軍隊人數達 4 萬人,南越政府請求南韓派遣空軍,但南韓婉拒,只派遣陸軍——著名的白馬師。

菲律賓則在該年 9 月派遣 2,000 名軍隊到南越,其中 1,000 名為工兵,將從事道路、橋梁、運河建築和修築,另外 1,000 名為安全部隊。[22]

泰國政府在 1967 年 1 月 3 日宣布將在 3 月派遣 1,000 名步兵和砲兵前往南越。[23]

美國駐聯合國大使哥德伯格在 6 月 5 日提出美國對和平談判的兩項建議,包括:(1) 南北越、美國以及其他國家結束各種衝突、結束轟炸和滲透、殺戮、恐怖主義和各種形式的暴力。(2) 目的在解決越南和寮國之衝突的 1954 年和

20. *Keesing's Contemporary Archives*, April 23-30, 1966, p.21358.
21. *Keesing's Contemporary Archives*, Sept.24-Oct.1, 1966, p.21635.
22. *Keesing's Contemporary Archives*, Nov.26-Dec.3, 1966, p.21736.
23. *Keesing's Contemporary Archives*, January 1-7, 1967, p.21804.

1962 年日內瓦協議之簽約者應重新召開，應重新確認該協議，使之成為東南亞和平之基礎。

美國建議美國與北越減少軍事活動作為和平談判的條件，並透過美國和中國在華沙會談中請中國轉達該建議給北越，也透過東歐國家的管道以及加拿大外交官龍寧（Chester Ronning）於 1966 年 3 月訪問河內時轉達，龍寧於同年 6 月再訪河內。但河內堅持美國需先停止轟炸其領土以及拒絕滲透南越。龍寧於 6 月 19 日返回渥太華（Ottawa），美國主管遠東事務的助理國務卿威廉‧邦迪（William Bundy）前往渥太華與龍寧會面。美國國務院在 6 月 22 日稱，美國準備與北越談判結束戰爭，假如北越停止滲透南越，將停止對北越的轟炸。[24]

由於美軍空襲人口眾多的河內和海防，聯合國秘書長吳譚於 6 月 29 日對於美國此舉表示遺憾。為避開美國的轟炸，北越政府在 1966 年 7 月 1 日宣布非從事戰鬥和生產的河內居民遷到郊外，據非正式估計，約 120 萬人中已有 50 萬人遷至鄉下躲避空襲。

東協外長們在 8 月 3—6 日在曼谷集會，建議召開 17 個亞洲國家會議，包括中華民國和中華人民共和國，以商討解決越南問題。但除了東協國家外只有日本支持該項會議，柬埔寨施亞努親王批評該項會議為一鬧劇。巴基斯坦拒絕，認為成功機會不大，並拒絕泰國提議由巴基斯坦邀請中國參加。北越、北韓、中國和臺灣都拒絕參加該項會議。[25]

美軍駐越南司令部在 1967 年公布美軍在越南戰死和受傷人數資料，刊登在 5 月 26 日的**紐約時報**，該資料如下：

表 12-1：1961—1967 年 5 月美軍在越南死傷人數

年代	美軍人數	死亡人數	受傷人數
1961	3,164	11 }	81*
1962	9,865	31 }	
1963	16,500	78	411

24. *Keesing's Contemporary Archives*, December 17-24, 1966, p.21767.
25. *Keesing's Contemporary Archives*, December 17-24, 1966, p.21772.

1964	23,000	147	1,039
1965	181,000	1,359	6,114
1966	389,000	5,008	30,093
1967**	453,000	3,609	23,687
合計	1,075,529	10,243	61,425

資料來源：*Keesing's Contemporary Archives*, June 17-24, 1967, p.22098.
*1961 和 1962 年美軍受傷人數為 81 人，缺各年的資料。
**1967 年的資料只到 5 月 20 日。

美國在朝鮮半島戰爭中死亡人數為 33,629 人。[26]

至 1965 年，越南戰場上死傷慘重，美軍和越共軍傷亡人數上升。1965 年 12 月 24 日，越共宣布控制南越四分之三的土地以及總人口 1,300 萬人中的 800 萬人。1963 年，政府軍死亡、受傷和失蹤人數為 2 萬 1,000 人，1964 年為 2 萬 9,500 人。美國傷亡人數從 1963 年的 504 人增加到 1964 年的 1,172 人。越共傷亡人數則從 2 萬 5,000 人下降到 2 萬 1,200 人。美國陸軍參謀長詹森將軍（General Harold Johnson）於 1965 年 3 月 3 日稱越共從開戰以來死亡人數有 7 萬 5,000 人。[27]

至 1968 年初，在南越的總兵力，包括南越軍隊 73 萬 2,000 人、美軍 48 萬 5,000 人、南韓軍隊 4 萬 8,000 人、澳洲軍隊 8,000 人、紐西蘭軍隊 540 人、泰國軍隊 2,500 人、菲律賓軍隊 2,100。美國官方估計越共兵力約 24 萬 8,000 人。[28]至 1968 年 1 月底，美軍兵力高達 53 萬 6,000 人。

1968 年應該是越戰達到最高峰的時期，美國和南、北越各動員近百萬軍隊進行一場殊死戰，其戰爭之慘烈與韓戰不相上下，但時間較韓戰長。

從 1965 年 2 月 7 日美軍開始轟炸北越起到 1968 年 11 月 1 日止，在北越上空被擊落之美軍戰機有 3,243 架。[29]

阮文紹在 1967 年 3 月 20—21 日在關島與美國總統詹森會晤，檢討戰

---

26. *Keesing's Contemporary Archives*, June 17-24, 1967, p.22098.

27. *Keesing's Contemporary Archives*, March 27-April 3, 1965, p.20655.

28. *Keesing's Contemporary Archives*, March 9-16, 1968, p.22569.

29. Luu Van Loi, *op.cit.*, p.176.

爭的進展。阮高祺在會談上表示，南越不與「越南南方民族解放陣線」談判，亦不允其參加聯合政府，美國應加強轟炸北越。教宗保祿六世（Sanctus Paulus PP. VI）於 1967 年 12 月 22 日向樞機主教會議演說，呼籲美國停止轟炸北越，呼籲北越做出渴望和平的表態，則他願意從中協調。

新春攻勢

1968 年 1 月 3 日，北越軍轟炸峴港空軍機場。越共攻擊中央高地的大叻（Darlac）省的首府邦美蜀機場。1 月 6 日，越共攻擊西貢西北方 23 英里的新淵（Tan Uyen）。1 月 7 日，越共攻擊順化東南方 25 英里的富祿（Phu Loc）。1 月 8 日，攻擊西貢西方 21 英里的後江（Hau Nghia）省的首府乾坤（Khiem Cuong）。1 月 10 日，越共攻擊西貢西北方 24 英里的美軍步兵師部以及中央高地的崑嵩（Kontum）的美軍空軍基地。1 月 21 日，北越攻擊非軍事區以南 14 英里的圻山（Khe Sanh）。1 月 25 日，北越軍在圻山周圍集結約 16,000-20,000 名軍隊。北越軍隊約 5,000 人在 1 月 29 日以化整為零的方式滲透進入西貢，他們有的搭乘汽車、公共巴士、農村載貨車或徒步進入西貢，然後利用假喪葬出殯行列載運武器到市內，再分發武器給其潛伏人員。1 月 30 日，當時正值過農曆新年，除守備部隊外，南越軍隊大都在休假，越共利用該機會發動全面攻勢，想一舉殲滅政府軍，大軍包圍南越各大城市，包括西貢、峴港、歸仁、順化等，一般稱之為「新春攻勢」（Tet offensive）。[30]

六營的「越共」軍隊和四營的北越軍隊在 1 月 31 日占領順化，並進行大屠殺。據派克（Douglas Pike）之估計，越共在順化屠殺 4,756 人。但波特（D. Gareth Porter）認為該項統計過於高估，因為其中將許多遭美國空軍轟炸死亡的數千名平民計算在內。[31] 美軍和南越軍隊在城內與北越軍進行慘烈的巷戰，雙方死傷慘重，至 2 月 25 日，美軍和南越軍隊始將順化市內的越共軍隊逐出。據估計在順化這場戰爭中，南越軍人死 421 人、傷 2,123 人，美軍

---

30. Neil Sheehan, "Westmoreland Predicted Big '68 Gains in Vietnam," *New York Time*, March 21, 1968.
31. D. Gareth Porter, "The 1968 Hue Massacre", Part Two, http://www.chss.montclair.edu/English/furr/ porterhue2.html　2018 年 3 月 25 日瀏覽。

死 142 人、傷 1,100 人,北越和越共軍人死 5,000 人。[32] 北越武元甲的部隊也
一度進入西貢,占領了美國使館。

　　阮文紹在 1 月 31 日宣布戒嚴令,禁止集會和示威、關閉所有娛樂場所。
西貢實施二十四小時宵禁。南越軍和美軍經過一場激烈反擊戰後,到 2 月 26
日始逐退越共攻勢。估計該次戰爭,南越政府軍死 2,788 人、傷 8,299 人、失
蹤 578 人。美軍及盟軍死 1,536 人、傷 7,764 人、失蹤 11 人。越共與北越軍
死 3 萬 8,794 人,被俘 6,991。平民被殺者有 7,000 人,難民有 150 萬人,其
中有 69 萬 5,396 人無家可歸,5 萬間房屋被毀。[33] 此後,南越的情勢轉變,
南越政府軍只控制城市地帶,約占南越領土三分之一不到,其他鄉下地區全
為越共控制。

　　武元甲策劃該次春節攻勢之目的,是想再度創造第二次奠邊府戰役的勝
利,以全面攻擊南越各主要城市,企圖喚起南越人民起來推翻阮文紹政府。
但在各大城市,卻被美軍和南越軍擊退,未達預期的目標。不過,美國雖在
戰術上獲勝,北越則在戰略上獲勝,以大量犧牲軍人生命方式迫使美國改變
其戰略。

　　1968 年 3 月 18 日,詹森總統外交政策顧問團在白宮集會,出席者包
括前國務卿艾奇遜(Dear Acheson)、前財政部長狄龍(Douglas Dillon)、
前總統國家安全事務特別助理麥克喬治 · 邦迪、副國務卿波爾(George
Ball)、前美國駐聯合國裁軍委員會代表狄恩(Arthur Dean)、前副國防部
長萬斯(Cyrus Vance)、李德衛(Matthew Ridgway)將軍、布拉德里(Omar
Bradley)將軍、馬克斯威爾 · 泰勒將軍。除了波爾外,所有與會者都支持
總統的政策,在 3 月 19 日建議總統削減駐越美軍數量,並認為軍事解決不
可能,惟有南、北越透過談判解決。此一建議獲得國防部長克里福特(Clark
Clifford)的支持,克里福特建議應停止轟炸北越,因為轟炸的效果不大,而

---

32. Erik Villard, *The 1968 Tet Offensive Battles of Quang Tri City and Hue*, the United States Army Center of
　　Military History, p.78. https://history.army.mil/html/books/vietnam/tet_battles/tet.pdf　2018 年 2 月 14 日
　　瀏覽。
33. *Keesing's Contemporary Archives*, May 18-25, 1968, p.22703. 另據 Neil Sheehan 的說法,該一攻勢造成 35
　　萬越南平民無家可歸,約有 80 萬人住在臨時收容所中。參見 Neil Sheehan, *op.cit.*

且產生反作用。停止轟炸北越的建議亦獲得美國駐聯合國大使哥德伯格的支持。詹森總統在 3 月 31 日宣布停止轟炸北越，除了非軍事區以北的地區之外，同時宣布不競選連任總統。4 月 3 日，北越河內電台宣布，願意與美國討論無條件停止轟炸及其他戰鬥行動，北越準備派遣代表，與美國代表接觸。5 月 3 日，美國和北越同意在巴黎舉行談判。

美、越開始談判

1968 年 5 月 13 日到 7 月 31 日，美國和北越在巴黎的國際貿易中心舉行談判，美國談判代表為哈里曼（Averell Harriman），他曾任美國駐蘇聯大使、1961—1962 年討論寮國問題之日內瓦會議美國代表團團長。北越談判代表為阮春水，曾任記者、詩人、外長。在會中，美國談判代表哈里曼發表了約 1,800 字的聲明，指控北越運送大量軍隊和補給品到南越，要求北越採取邁向和平的重要步驟。哈里曼還呼籲雙方沿非軍事區撤軍，以作為降低越戰的一個步驟。北越談判代表阮春水則發表 4,000 字聲明，譴責美國的侵略行為。他要求美國停止轟炸北越。

阮文紹在 1968 年 7 月 19—20 日在美國夏威夷州的火奴魯魯與美國總統詹森會晤，雙方除了重申加強打擊越共的軍力外，兩國元首也重申越南共和國在有關越南問題之談判中應扮演重要角色。阮文紹提出南越對於和平解決越南問題的基本條件如下：(1) 在所有越南人自由選擇統一之前，重建北緯 17 度線作為南、北越的分界線。(2) 尊重越南共和國的領土完整。(3) 充分尊重南、北越互不干涉的原則。(4) 從南越撤出來自北越的軍事和顛覆武力。(5) 終止侵略，完全停止越南全境的敵對。(6) 有效的國際監督和保障上述辦法的執行和維護。[34]

南越境內的特洛伊：越南共和國臨時革命政府

在 1968 年底和 1969 年初，為了因應美國和北越即將展開之談判，需要在南越成立一個臨時政府，因此「越南南方民族解放陣線」在南越各省和

---

34. *Keesing's Contemporary Archives*, November 23-30, 1968, p.23039.

大型城市設立革命委員會，至 1969 年 5 月 30 日在西貢和堤岸成立革命委員會。6 月 6─8 日，由各政黨、少數民族、宗教團體、社會階級、軍人、青年組織選出一個議會，共選出 88 名代表。負責召集該次選舉的機關是「越南南方民族解放陣線」和「民族、民主與和平勢力聯盟」（Alliance of National, Democratic, and Peace Forces）。6 月 10 日，由該議會選出「越南共和國臨時革命政府」（Provisional Revolutionary Government of the Republic of Vietnam）人員。該臨時政府人員，包括總理為雲新發（Huynh Tan Phat）[35]，副總理兼教育與青年部長阮文傑（Nguyễn Van Kiet）教授，另一位副總理為阮尹（Nguyễn Doan），外長為阮氏萍。[36]

該臨時政府的綱領是將美國驅逐出南越、推翻南越傀儡政府、建立臨時聯合政府、建立革命武力及擴大「解放區」、完成廣泛的民主自由、改善工人的生活條件、發展農業和工業生產、重建南、北越的正常關係。

「越南南方民族解放陣線」在 1969 年 3 月獲得古巴的承認，由古巴駐柬埔寨大使兼駐「越南南方民族解放陣線」代表。6 月 11 日，「越南共和國臨時革命政府」獲得阿爾及利亞的外交承認。6 月 12 日，獲得北韓和敘利亞的外交承認。6 月 13 日，獲得北越、柬埔寨、蘇聯、羅馬尼亞、匈牙利、東德、南斯拉夫、保加利亞、捷克、蒙古、剛果的外交承認。6 月 14 日，獲得中國承認。6 月 15 日，獲得南葉門、阿爾巴尼亞、馬利和蘇丹的承認。7 月 10 日，獲得伊拉克承認。7 月 15 日，獲得阿拉伯聯合共和國的承認。[37]

美、越邊談邊打

美國在 1968 年 10 月 31 日宣布停止轟炸北越，詹森總統也表示美國與北越的談判將擴大包括南越政府和「越南南方民族解放陣線」。阮文紹在 11 月 2 日宣布南越將有條件的參加，即南越不願與「越南南方民族解放陣線」

---

35. Huynh Tan Phat 生於 1913 年，1936 年參加民族主義運動，曾擔任民主黨的秘書長，參加反法戰爭。曾擔任「越盟」的情報頭子。1958年在西貢從事地下活動。在1960年加入「越南南方民族解放陣線」。*Keesing's Contemporary Archives*, August 9-16, 1969, p.23506.
36. 阮氏萍生於 1928 年，因反法活動而在 1951 年被捕，關了三年。在巴黎談判中，她取代 Tran Buu Kiem，而成為「南解」政府的談判代表。
37. *Keesing's Contemporary Archives*, August 9-16, 1969, p.23506.

的代表在巴黎會面，但可以在西貢會談。北越和「越南南方民族解放陣線」
對此表示反對。北越在 11 月 25 日與蘇聯在莫斯科簽署經濟援助協議，蘇聯
將提供北越糧食、油品、運輸設備、工廠設備、鐵礦和非鐵礦、武器、彈藥
後勤物品。[38]

　　11 月 27 日，南越撤銷其反對，同意參加巴黎談判，但因對於會議程序
以及會議桌的形狀有歧見，而延誤談判的時間兩個月。爭議的焦點是「越南
南方民族解放陣線」應屬於北越的代表團的一部分，還是單獨一個代表團？
北越希望會議桌用四方形，象徵是四方的會談。美國則主張用長方形桌或兩
張桌子，雙方各坐一張桌子。北越也建議雙方桌上放置國旗，但美國主張用
名牌。直到 1969 年 1 月 16 日，才達成協議，採用圓桌，不置名牌和國旗，
正反方各置一張小桌，供秘書和顧問使用。關於會談名稱，美國和南越主張
用「巴黎會談」（the Paris Meetings），[39] 而北越和「越南南方民族解放陣線」
主張用「巴黎會議」（the Paris Conference）的名稱，最後是各擇喜好使用。

南方解放陣線加入談判

　　由於哈里曼鼓吹由美國主動採取更為彈性的政策，以迅速結束越戰。他
認為如果讓越共享有一部分政治權力，逐漸統一南、北越，及美國長期援助
河內，越戰可能有解決之希望。但該項建議不為詹森同意，新就任的總統尼
克森也不贊同，故哈里曼只有辭職一途。1969 年 1 月 25 日，巴黎會議正式
開議，美國談判代表改為洛奇（Henry Cabot Lodge），南越談判代表為范丹
琳，北越談判代表為阮春水，「越南南方民族解放陣線」談判代表為陳寶劍
（Tran Buu Kiem）。惟會議到 4 月底，毫無進展。主要的歧見是美國和南越
著重使用軍事辦法來恢復和平，而北越和「越南南方民族解放陣線」則要求
美軍和盟軍無條件撤出南越。11 月，洛奇辭去談判代表職務。

　　至 1969 年 4 月，美軍在越南死亡人數已達到 3 萬 1,379 人，共和黨眾議

---

38. *Keesing's Contemporary Archives,* January 1-11, 1969, p.23107.
39. 美國參加巴黎和談的發言人表示，「會談」一詞較「對話」（conversations）一詞正式，但較「會議」
　　一詞還不正式。「會議」一詞常涉及主權政府。*Keesing's Contemporary Archives*, September 6-13, 1969,
　　p.23551.

員芬德里（Paul Findley）說：「這些重大犧牲可以因越南的事件和問題而予以合理化嗎？……假如我們的軍事政策一直以來是基於錯誤的假定命題是可以被接受的——我相信亦必然是如此 -- 則安慰戰死者的最佳辦法是採取步驟使受難者人數停止增加。」[40]

受到美國內部的強大壓力，美國總統尼克森在 1969 年 6 月 8 日下令立即從南越撤出 2 萬 5,000 人。阮文紹在 1969 年 6 月 8 日在中途島（Midway Island）與美國尼克森總統會晤，尼克森在會中休息時宣稱：「阮文紹總統告訴我，南越軍隊的訓練計畫和裝備計畫已很成功，他現在建議說由越南軍隊取代美國戰鬥部隊。駐越南美軍司令阿布蘭斯（General Creighton Abrams）在昨晚和今早對我作的報告也有相同的評估。……我已決定下令立即從越南撤出 2 萬 5,000 人，此將在三十天內開始撤軍，將在 8 月底完成。」當尼克森作此宣布時，阮文紹在場，他證實尼克森的聲明獲得他的同意。在會後的聯合公報中，重申反對在南越成立聯合政府以及撤出非南越的軍隊應是相互的和同時的。[41] 尼克森總統此項宣布應是「越戰越南化」（Vietnamization）政策的嚆矢，意即越南戰爭應由越南人自行承擔，美國只立於從旁協助的角色。

關島宣言

尼克森總統在 1969 年 7 月 25 日在關島發表美國對越戰的新政策，他強調：「美國是一個自己動手做事的民族、是沒有耐性的民族，不擅長於教別人如何做事，而喜歡自己動手做事。這就是美國外交政策之基礎。數年前，我以平民身分訪問亞洲時，一位亞洲領袖對我說：當你想要協助他國保衛其自由時，美國的政策應幫助他們打戰，而不是為他們打戰。」尼克森向其亞洲盟國保證，「美國將信守其條約承諾。關於軍事防衛問題，除了遭到主要國家之核子威脅外，美國將採取不同的立場。關於軍事防衛，美國現在鼓勵而且有權期待該項問題逐漸由亞洲盟國自行承擔責任。他最近與數位亞洲領袖談到此一問題，他們願意承當該項責任。」[42]

---

40. *Keesing's Contemporary Archives*, December 27,1969-January 3, 1970, p.23742.

41. *Keesing's Contemporary Archives*, November 8-15, 1969, p.23656.

42. "1969 The Nixon Doctrine is announced," *July 25 This Day in History*, http://www.history.com/this-day-in-

根據上項聲明，美國政府於 9 月 16 日又宣布將在 12 月 15 日以前從南越撤出 3 萬 5,000 人。

尼克森在該年 11 月 3 日在白宮辦公室對全國演講有關越南戰爭，對於此項「越戰越南化」的構想做了更清楚的說明，他提出美國對亞洲之三項政策：

1. 美國將信守其條約承諾。

2. 假如核武器攻擊美國盟邦或我們認為其安全與美國有重大關係的國家，則美國將提供保護盾牌。

3. 假如有其他種形態的侵略，我們將依據條約承諾經對方請求後，提供軍經援助。但我們希望直接受威脅的國家能承擔主要的責任，提供自我防衛的人力。[43]

美國期望其盟邦照顧好其自己的軍事防衛，這是「越戰越南化」的學說。該學說主張透過與美國盟邦的合作以尋求和平。尼克森此一宣布，獲得菲律賓、泰國、南越、南韓及其他受到共黨侵略威脅的國家領袖之歡迎。此一宣言，以後被稱為「尼克森學說」（Nixon Doctrine）或「關島宣言」（Guam Doctrine, Guam Declaration）。

談判陷入膠著

聖德尼[44] 在 1969 年 7 月會見北越巴黎和談代表阮春水，他說尼克森曾請他傳達一封信給胡志明，要求安排季辛吉（Henry Kissinger）和阮春水舉行會談，以解決長期的越戰。胡志明在 8 月 25 日覆函尼克森，說：「假如能恢復和平，美國應結束其侵略戰爭，並從南越撤軍，尊重南越人民和越南民族的自決權。這是美國從南越光榮撤軍的途徑。」[45]

美國國務卿羅吉斯（William P. Rogers）在 1969 年 11 月 18 日揭露說，當該年 9 月 2 日胡志明去世後，美國和北越曾秘密接觸，但沒有結果。參議院

---

history/the-nixon-doctrine-is-announced　2018 年 3 月 1 日瀏覽。

43. "Richard Nixon, 425 - Address to the Nation on the War in Vietnam, November 3, 1969," *The American Presidency Project*, http://www.presidency.ucsb.edu/ws/?pid=2303　2018 年 3 月 1 日瀏覽。

44. 聖德尼於 1945—1947 年擔任法國駐北越東京專員。

45. Luu Van Loi, *op.cit.*, pp.231-232.

外交委員會主席富爾布萊特（William Fulbright）在隔天表示，自尼克森總統在 11 月 3 日廣播後，美國與北越再度接觸，並挑戰巴黎會談所以沒有進展是由於北越沒有彈性所致的論點。但北越的巴黎會談代表阮春水在 11 月 20 日否認自胡志明去世後與美國有此秘密會談。

富爾布萊特說，紐約的**工人日報**（*Daily Worker*）前外國編輯司塔羅賓（Joseph Starobin）曾兩度訪問巴黎，充當美國總統安全事務助理季辛吉和阮春水的聯絡人，司塔羅賓在 1969 年 9 月報告說，北越已準備私下談判他們的觀點和美國的觀點。阮春水也說北越將與美國會談，可能讓「南越臨時革命政府」參加，也可能不，端看美國展現其善意撤出 10 萬軍隊而定。季辛吉在 11 月 20 日證實說，司塔羅賓來看他，但司塔羅賓否認充當聯絡人，並說他所提出的報告已從其他管道送給白宮。[46]

事實上，季辛吉在 8 月 4 日秘密前往巴黎，與河內來的高級官員黎德壽（Le Duc Tho）進行多次密談，目的在避開國際的壓力，尋求實際解決越戰的途徑。

美國參加巴黎談判的代表洛奇在 1969 年 11 月 20 日辭職，由哈比（Philip C. Habib）代理。1970 年 2 月 21 日，季辛吉會見北越和談代表黎德壽。7 月 1 日，尼克森總統任命布魯斯（David Bruce）為巴黎談判的新代表，而且稱其執行談判的工作具有很大的彈性。8 月 6 日，美國和北越展開巴黎會議。

「南越臨時革命政府」的代表阮氏萍在 1970 年 9 月 17 日首度參加巴黎會議，她對「南越臨時革命政府」在 5 月 8 日提出的十點和平計畫作了修正，另提出八點和平計畫，包括：

1. 如果美軍及其盟軍能在 1971 年 6 月 30 日前從南越撤出，則人民解放軍不會攻擊美軍及其盟軍，各方將立即討論美軍及其盟軍撤出越南的安全保障問題，以及釋放被捕軍事人員的問題。
2. 在南越的越南武裝部隊的問題，由越南各方自行解決。
3. 南越真正和平的解決，必須在南越組成一個不包括阮文紹、阮高祺和陳善謙（總理）的政府，成立一個代表和平、獨立和中立的政府，改善人

---

46. *Keesing's Contemporary Archives*, October 31-Nov.7, 1970, p.24273.

民生活條件，確保人民的言論、出版、集會和信仰的自由，釋放政治犯，廢除集中營，讓人犯返鄉過正常生活。「南越臨時革命政府」準備與該一政府談判，政治解決南越問題，結束戰爭，恢復南越的和平。

4. 南越人民將透過真正的自由民主的普選來決定南越的政權，選出國民議會，制訂具有民族與民主特性的憲法，建立一個能完全反應人民期望的政府，以實踐和平、獨立、中立、民主和民族和諧。

5. 臨時聯合政府將包括三個部分：「南越臨時革命政府」的人員、真正代表和平、獨立、中立和民主的西貢政府的人員、代表和平、獨立、中立和民主的各種政治和宗教勢力的代表，包括那些因政治理由而住在外國的人。

6. 越南是一個國家，越南人民也是一個民族。越南重歸統一將逐步由和平談判、南、北越達成協議來完成，沒有強制和兼併、外國干預。再統一的時間將由南、北越經由談判來決定，並立基於平等和相互尊重。

7. 各方將一起討論辦法，以確保尊重和正確執行達成的協議。

8. 在簽署結束越南戰爭和恢復和平的協議後，各方將執行越南停火的協議。[47]

9 月 24 日，布魯斯反對上述「南越臨時革命政府」的建議，認為主張改變越南政府的結構是不切實際的。尼克森總統在 10 月 7 日在訪問愛爾蘭時，透過廣播提出 5 點越南和平計畫，包括：(1) 印度支那停火，所有武裝部隊維持其現行地位。(2) 召開有關越南、寮國和柬埔寨的國際會議。(3) 談判美軍撤出的時間表。(4) 經由政治解決，允許所有南越人自行決定他們所要的政府。(5) 立即釋放所有政治犯。[48] 南越政府亦在 10 月 7 日提出和平方案，重述尼克森的五點和平計畫。英國支持美國的立場，但北越、「南越臨時革命政府」和中國、蘇聯等同聲反對。

儘管談判進展不大，但美國已從南越逐步片面撤軍，1971 年中撤出 33 萬 7,900 名軍隊，1972 年 2 月 1 日，又撤出 13 萬 9,000 名軍隊。在同一時期，

---

47. *Keesing's Contemporary Archives*, November 7-14, 1970, pp.24274-24275.

48. *Keesing's Contemporary Archives*, November 7-14, 1970, p.24275.

澳洲、紐西蘭、泰國和 1 萬名南韓軍隊撤出南越。美國參議院在 1971 年 6 月和 9 月通過兩項修正案，要求美軍在「一定期限」從南越撤軍。

1971 年 2 月，南越軍隊在美軍的協助下，對通往寮國的「胡志明小徑」和柬埔寨境內的越共庇護所進行四十四天的掃蕩攻擊。5 月 31 日、6 月 26 日、7 月 12 日、8 月 16 日、9 月 13 日，季辛吉和黎德壽進行數次秘密會談。6 月 26 日，黎德壽向季辛吉提出九點和平計畫，主要內容如下：

1. 美軍和其他外國軍隊應在 1971 年內從南越和其他印度支那國家撤出。
2. 在美軍撤出之同時，應釋放所有被俘軍人和平民。
3. 美國應停止支持南越的阮文紹、阮高祺和陳善謙，在西貢建立一個和平、獨立、中立和民主的政府。南越共和國的臨時革命政府應與南越政府會談，以解決南越內部問題，完成國家和諧。
4. 美國政府應對越南和平之破壞負完全責任。越南民主共和國和南越共和國臨時革命政府要求美國政府對於南、北越所造成的損害給予賠償。
5. 美國應尊重 1954 年關於印度支那日內瓦協議和 1962 年關於寮國之協議。美國應停止侵略和干預印度支那國家，讓他們自行解決其內部事務。
6. 現行印度支那的問題，應由印支國家基於相互尊重獨立、主權、領土完整、不干涉內政之基礎加以解決。越南民主共和國關心該一問題，準備參與解決該一問題。
7. 針對上述問題簽署協議後，所有各方應停火。
8. 應設國際監督。
9. 應由國際保證印度支那人民的基本民族權利、南越、寮國和柬埔寨的中立，以及該一地區的長期和平。[49]

7 月 1 日，「南越臨時革命政府」談判代表阮氏萍提出七點計畫，其內容包括：(1) 假如美國訂出撤軍日期，則美軍戰俘可獲釋放。(2) 成立一個三方面的聯合政府，但美國必須停止支持西貢。(3) 美國政府必須對南、北越所遭受的損失，負全部責任。8 月 1 日，尼克森改派曾駐南越的大使波特（William J. Porter）取代布魯斯為對北越談判首席代表。8 月 16 日，美國建議在達成全

---

49. *Keesing's Contemporary Archives*, June 17-24, 1972, pp.25317-25318.

盤解決的協議後九個月，美軍及盟軍全部撤退。9月13日，北越表示拒絕，仍要求推翻南越政府。9月21日，美軍出動200架次飛機轟炸廣平省。10月3日，阮文紹獲得94%的選票當選連任總統。10月11日，尼克森向北越秘密提出8點和平計畫。11月19日，美國取消了在次日與北越的密談。

1972年1月3日和2月9日北越軍隊砲擊在峴港的美軍空軍基地。

1月25日，尼克森在外交政策聲明中，提出八點和平計畫，以謀迅速結束越戰。其要點如下：(1) 所有美國軍隊於達成協議後六個月內，從越南撤退。(2) 交換戰俘，與撤軍同時進行。(3) 簽訂協議後，整個印度支那半島進行總停戰。(4) 越南於達成協議後六個月內，進行新的總統選舉，由一獨立團體監督選舉，阮文紹於選前一個月辭職。(5) 達成外國不干涉印度支那半島之協議，及尊重日內瓦協議。(6) 有關此項協議的軍事方面，由國際予以監督。(7) 所有武裝部隊需留在各自境內。(8) 由國際間保證印度支那半島人民的權利與國家地位。阮文紹同意重辦選舉和辭職，但北越和越共則批評美國未放棄「越戰越南化」以及支持西貢政府，同時對停火計畫亦不能接受。[50]

尼克森總統宣布將在未來三個月從越南撤出7萬兵力，最後將維持2萬5,000—3萬5,000人，直至北越釋放美軍戰俘為止。但北越在巴黎的談判代表對美國代表說，除非美國同意完全從越南撤軍外，否則不會釋放戰俘。

1月29日，北越軍攻擊南、北越之間的非軍事區北緣據點，持續半年時間。美軍出動B-52轟炸機進行反擊。

2月，美軍轟炸寮越（南越）邊境的「胡志明小徑」的北越軍隊。3月6—8日，北越軍隊又攻擊南越北方的據點。3月13日、25—26日、29日，北越軍攻擊順化郊外地區。3月23日，美國無限期的停止與北越的會談，理由是北越不願談具體問題。北越政府在3月27日同意在4月24日重啟會談，尼克森覆函同意在該天舉行會談。

阮惠攻勢（復活節攻勢）

1972年3月30日凌晨，北越發動「阮惠攻勢」（指第十八世紀西山軍

---

50. 國史館編，中華民國史事紀要，1973年1月23日，頁156。

的阮惠進攻在西貢的阮福映的軍隊，西方媒體稱為復活節攻勢），分兩路進攻南越，一路 3 個師約 5.4 萬名官兵，在兩百多輛俄製 T-54 戰車的協同下，越過「非軍事區」，朝向南越廣治省推進，攻擊中央高地。北越在這次「春季攻勢」南侵行動中，初次使用俄製的新式武器，例如 122 公釐火箭、130 公釐野戰砲及 152 公釐榴砲等。北越在進攻廣治後，又在其他三個方面發動攻擊，一共投入 14 個師與 26 個獨立團，總計兵力為 15 萬人。北越與越共占領過去未曾控制的領土，共占領將近 1,400 個「戰略村」。

美國亦隨之轟炸北越以及在海防外海布水雷。4 月，北越軍攻擊順化、廣義和洞海（Dong Hai）。南越軍撤出順化，獲美國海軍陸戰隊及 B-52 轟炸機之援助。4 月 4 日，尼克森授權大規模轟炸入侵南越的北越軍。

4 月 6 日，南越外交部致送英國駐南越大使館一份照會，請其轉致日內瓦會議的共同主席英國和蘇聯政府，該照會指控北越軍隊 5.4 萬人在大規模蘇聯製坦克之支持下經由非軍事區入侵南越，抗議北越違反日內瓦協議粗暴入侵南越。蘇聯駐英國大使斯米諾夫斯基（Mikhail Smirnovsky）於 4 月 7 日拒絕接受該一照會，反對重新召開日內瓦會議的建議，且認為美國應回到談判桌上。[51]

4 月 15 日，美軍為遏阻北越對南越的全面攻擊，向北越發動自 1968 年以來最猛烈的空中攻擊，轟炸海防港和河內，但北越軍隊卻不斷向西貢郊區逼近。

北越軍另一路在 4 月 8 日從柬埔寨邊境向東進攻占領南越的祿寧縣（Loc Ninh）和廣祿（Quan Loc）。北越軍在 4 月 13 日第一波攻擊安祿（An Loc），展開安祿戰役，美軍使用空中攻擊和轟炸，在 6 月 18 日逐退北越軍對安祿的包圍戰。

季辛吉在 4 月 20—24 日密訪莫斯科。在 4 月 24 日的美、越會談上，波特批評北越入侵南越，要求北越撤軍。阮春水則批評美國應為入侵越南負責，美軍應從越南撤退，應遵守 1968 年停止轟炸北越的承諾，立即停止「越戰越南化」的計畫。[52] 巴黎和會在 4 月 27 日重新開議，但至 5 月又告停會。

51. *Keesing's Contemporary Archives*, July 15-22, 1972, p.25369.
52. *Keesing's Contemporary Archives,* July 15-22, 1972, p.25370.

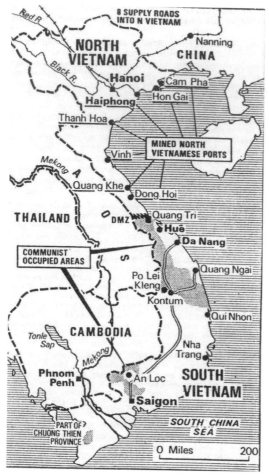

圖 12-2：1972 年 5 月美國在北越海岸布水雷圖
資料來源：*Keesing's Contemporary Archives*,
July 15-22, 1972, p.25399.

5 月 1 日，廣義落入北越手裡，北越軍推進到中越的平定省。5 月 2 日，北越軍占領廣治市。在美軍的空中武力協助下，南越軍在 7 月 14 日收復廣治市，將入侵的北越軍逐退回北緯 17 度以北。[53]

5 月 8 日，尼克森在沒有與國會協商的情況下宣布封鎖北越六大港口及在北越海岸布水雷，意圖阻斷北越從外國獲取戰略物資之通道。北越惟有依賴中國秘密運送物資，以及請中國進行掃除水雷及鋪設野戰輸油管。從 1972 年 8 月 4 日到 1973 年 5 月 17 日，中國派遣掃雷工作隊共出海 568 艇次，總航程 2.78 萬海里，其中掃雷 526 艇次，航程近 1.75 萬海里。[54]

阮文紹在 1972 年 5 月 10 日宣布全南越進入戒嚴。次日公布緊急措施，包括：十七歲男性需入營服役；三十九—四十三歲男性需入營從事非戰鬥工作；警察獲授權可以日夜搜查一般住宅以及逮捕危險人物；危害公共安全的罷工、集會和示威均予禁止；政府獲授權徵用人員和財產；被指控投機、囤積、散播謠言，

53. Kennedy Hickman, " Vietnam War: The Easter Offensive," Thought Co. website, May 8, 2017. https://www. thoughtco.com/vietnam-war-the-easter-offensive-2361344 2018 年 2 月 4 日瀏覽。
54. 郭明主編，**前引書**，頁 72。

以壟斷市場、提高價格或拒絕依官價賣貨，都受軍事法庭審判；關閉大學和技術院校；屆兵役年齡男性禁止出國旅行，官員亦禁止出國旅行；晚上 10 點到隔天清晨 5 點實施宵禁；關閉夜總會、舞廳和跑馬場。阮文紹總統將丟掉廣義的吳楚中將（Lieut. General Ngo Dzu）免職。[55]

　　1972 年 7 月 13 日，越南戰場局勢好轉，美國宣布重開與北越的巴黎談判。8 月 1 日，季辛吉在巴黎會見北越談判代表黎德壽，阮文紹表示反對在南越成立任何形式的聯合政府。

　　8 月 8 日，南越軍進攻廣祿，兩週後才收復。[56] 北越軍在遭到重創後，退回北越。北越此次從 3 月底以來的「復活節攻勢」失敗，北越軍死 4 萬人，受傷及失蹤 6 萬人，南越軍及美軍死 1 萬人，傷 3 萬 3,000 人，失蹤 3,500 人。[57] 武元甲因此次失敗被撤職，文進勇接任越南人民軍司令。[58]

美國威迫阮文紹接受不利之和議條件

　　8 月 31 日，尼克森總統致函阮文紹，表明美國已就阮文紹的意見重提建設性的和平建議，其細節將由美國駐越南大使彭克（Ellsworth Bunker）轉交給阮文紹。又說假如北越接受此項建議，則北越必須接受貴政府為談判的一方。我們不能因為意見不合而給敵人機會。[59] 9 月 11—14 日，季辛吉走訪西德、蘇聯、英國和法國的領袖。15 日，他與黎德壽在巴黎舉行第十七次的秘密會議。

　　尼克森為了說服阮文紹接受美國的和談條件，在 10 月 6 日寫了一封私函給阮文紹，該信由美國駐西貢大使彭克轉交阮文紹，信中提及：「就此而言，我鼓勵你採取各種措施，避免發生一種可能導致類似我們所憎惡的 1963 年事

---

55. http://www.bbc.co.uk/dna/h2g2/alabaster/A715060　2007 年 7 月 26 日瀏覽。

56. "Battle of An Lộc," *Wikipedia*, https://en.wikipedia.org/wiki/Battle_of_An_L%E1%BB%99c　2018 年 2 月 4 日瀏覽。

57. Kennedy Hickman, *op.cit.*

58. 「生平：越南著名軍事統帥武元甲大將」，BBC 中文網，2013 年 10 月 4 日。　http://www.bbc.com/zhongwen/simp/world/2013/10/131004_obituary_giap 2018 年 2 月 4 日瀏覽。

59. "Memorandum of conversation, Ambassador Ellsworth Bunker, Henry A. Kissinger, Peter W. Rodman, NSC Staff, August 31, 1972, The White House," http://www.gwu.edu/~nsarchiv/NSAEBB/NSAEBB193/hak-8-31-72.pdf　2018 年 2 月 18 日瀏覽。

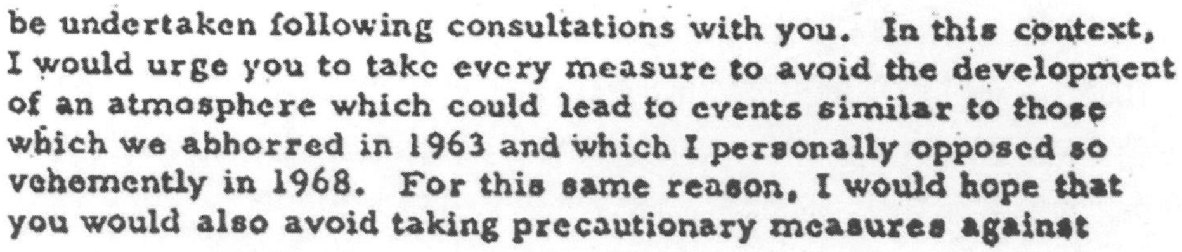

be undertaken following consultations with you. In this context,
I would urge you to take every measure to avoid the development
of an atmosphere which could lead to events similar to those
which we abhorred in 1963 and which I personally opposed so
vehemently in 1968. For this same reason, I would hope that
you would also avoid taking precautionary measures against

圖 12-3：尼克森總統在 1972 年 10 月 6 日給阮文紹的恐嚇信片段
資料來源："Indochina Archive," University California, File/Subj, Date:10/72. http://www.
clemson.edu/caah/history/FacultyPages/EdMoise/paris.html 2008 年 4 月 6 日瀏覽。

件，這是我個人在 1968 年強烈反對的。基於此相同的理由，我希望你也能避
免採取預先警戒的措施反對〔美國提出的和談條件〕。」[60]（參見圖 12-3）

　　尼克森這一封信幾近恐嚇，談到 1963 年吳廷琰被暗殺事件，且提到
1968 年他極為反對採取暗殺手段，顯然在該年美國內部有人主張將阮文紹暗
殺。尼克森明白要求阮文紹不要重蹈吳廷琰的覆轍。

　　10 月 8 日，重啟巴黎談判，並就協議條文逐字逐句討論，最後達成初步
協議。美國答應北越讓北越軍停留在南越，而北越則不主張阮文紹下台。美
國對北越做了重大讓步，阮文紹不同意，拒絕讓北越軍繼續留在南越的建議。
10 月 10 日，美國駐越大使彭克與阮文紹進行會談。10 月 16 日，尼克森再度
致函阮文紹，重申美國在與北越談判中支持阮文紹之領導地位以及美國保證
繼續給予南越軍經援助。[61] 10 月 20 日，季辛吉與陸軍參謀長艾布蘭（Creighton
Abrams）抵達西貢，和阮文紹作了 6 次共十四小時以上的會談。10 月 24 日，
阮文紹在國會演說時表示，拒絕無保證的停火與組織任何聯合政府，並獲得
參議院對他的一致支持。26 日，北越突然透過電台片面指責美國耽誤簽署雙
方達成的停火九點協議，並要求美國遵守原定於 10 月 31 日完成正式的簽字
手續。北越所公布的協議內容，包括立即停火、美國停炸北越、停止布雷；
在停火後六十天內，所有美軍和盟軍從越南撤軍及雙方釋俘；停火後，南越
政府和越共將進行談判，以籌組聯合政府的選舉。

---

60. "Indochina Archive," University California, File/Subj, Date:10/72. http://www.clemson.edu/caah/history/
　　FacultyPages/EdMoise/paris.html 2008 年 4 月 6 日瀏覽。
61. *Ibid.*

　　阮文紹於 11 月 1 日對於美國和北越在 10 月所達成的初步協議表示不滿，認為猶如投降協議，他對於該協議提出 69 點批評。他的意見包括：(1) 堅決反對由南越與越共組成聯合政府。(2) 北越應從南越撤軍。(3) 停火應包括整個印度支那半島。(4) 應重新建立非軍事區。(5) 反對由南越、南解和北越三方組成所謂的「國家和解與整合委員會（Committee for National Conciliation and Integration）。11 月 4 日，尼克森致函阮文紹，表示假如北越違反和議，美國將採取立即的和嚴重的報復手段。11 月 7 日，尼克森贏得總統大選。11 月 18 日，阮文紹派遣特使阮富裕（Nguyễn Phu Duc）到美國，會見尼克森。11 月 20 日，美國和北越再度談判，季辛吉至巴黎與黎德壽會談，由於尼克森受到阮文紹的壓力，所以季辛吉要求改變協議內容，主要包括：

1. 在協議前言刪除「南越臨時革命政府」和越南民主共和國的名稱。
2. 要求所有非南越軍隊撤出南越。各方軍隊的非軍事化應立於平等基礎。非軍事化的軍隊應返回它們原來的地方。
3. 印度支那國家的武裝部隊應維持在它們各自的國境內，當戰爭結束時，應返回其原先的駐地。美國不能接受在南越境內有兩個控制區。
4. 關於釋回戰俘以及為各方所監禁的戰俘的條文，不能提及「越南臨時革命政府」的軍事人員。
5. 關於南越的內政問題，建議刪除「國家和解委員會」的三個組成部門以及刪除該委員會的下級組織。「國家和解與整合委員會」不能具有執行由兩個政府達成的協議之功能。
6. 南越和北越應尊重非軍事區、應同意非軍事區的規範，應遵守跨越臨時軍事界線的規定。
7. 在日內瓦（不是在巴黎）舉行國際會議，以簽訂協議。
8. 建議在巴黎的克里伯街（Kleber Avenue，按：該地是美、越巴黎談判的地點）討論協議之同時，另外討論議定書。
9. 協議第一條應寫為：「美國應尊重越南的獨立、統一、主權和領土完整。」以下的句子：「美國不承諾南越任何政治趨勢或人員，不嘗試在西貢建立親美政府。」則應刪除。

10. 在越南停火後，寮國和柬埔寨同時停火。[62]

黎德壽對於季辛吉的提議表示不能接受，以後雙方繼續談判。12月9日，美國接受北越的建議，同意第一條寫為：「美國和其他國家尊重越南的獨立、統一、主權和領土完整。」另外亦同意軍隊非軍事化應儘快進行、在前言中提及「南越臨時革命政府」，由美國和越南民主共和國簽署協議，而南越和「南越臨時革命政府」應遵守該協議。

12月17日，尼克森請總統國家安全事務副助理海格（Alexander Meigs Haig Jr.）帶一封信給阮文紹，說：「假如現在我們的合作無法繼續，假如你決定不與我們合作以達到最後的解決，則唯一的後果是造成我們關係的基本改變。我相信你拒絕與我們合作，將造成一場災難，將使我們過去十年來一起奮鬥的努力歸於失敗。這是不可原諒的，因為我們將喪失榮譽的和公正的解決。」[63] 從該信可知美國對阮文紹施加重大壓力，迫使阮文紹接受美國的和議條件。

12月18日，美國發動「第二次後衛行動」（Operation Linebacker II），用 B-52 轟炸機大舉轟炸河內、海防和其他城市，以迫使北越在談判桌上讓步。22日，美國致函北越，提議在 1973 年 1 月 3 日重開談判，如北越同意，則美國將自 30 日起停止轟炸北緯 20 度以北的北越。北越提議只要美國願意回到 10 月協議，則願意在 1973 年 1 月 8 日重開談判。美國同意該項提議，在 29 日宣布從 30 日起停止轟炸北越。12 月 25 日，美軍發動毀滅性的「耶誕節轟炸」（Christmas bombing），大舉轟炸北越，在「第二次後衛行動」中，美軍在河內和海防投下 10 萬噸炸彈。12 月 26 日，北越同意在停止轟炸的五天內重開談判。1973 年 1 月 6 日，北越始重回談判桌。會談至 14 日才結束。

1973 年 1 月 5 日，尼克森致函阮文紹說：「假如你決定與我們合作，我相信你會如此，則在和議達成後，我們保證你將繼續獲得我們的援助。假如

---

62. Luu Van Loi, *op.cit.*, pp.256-257.

63. 參見 Vo Nguyen Giap, *The General Headquarters in the Spring of Brilliant Victory(Memoirs)*, The Gioi Publishers, Hanoi, 2002, p.25. 此外，該信全文可參見下述網址：https://www.encyclopedia.com/history/dictionaries-thesauruses-pictures-and-press-releases/nixons-letter-nguyen-van-thieu-17-december-1972 2018 年 3 月 28 日瀏覽。

北越破壞協議，我們將全力予以回應。因此我再度請你與我們合作。」[64] 1 月
17 日，尼克森再致函阮文紹，猶如最後通牒，該信說：「我再次答覆你，此
時最重要的問題不是協議的特殊性質，而是兩國長期合作的承諾以及我方給
予援助的承諾。顯然，我已應允給予該項援助。假如你拒絕簽署該項協議，
則你不可能期望從我們這裡獲得可能的援助。國會和民意所表達的觀點，不
允許我做額外的事。」[65]

　　1 月 20 日，尼克森就職其第二任總統，當天他致函阮文紹，承認他的政
府是越南唯一的合法政府。但尼克森要求他在 1 月 21 日中午 12 點以前同意
巴黎協議。

簽署巴黎和平協議

　　阮文紹在美國的壓力下被迫同意和議內容。1973 年 1 月 23 日，黎德壽
和季辛吉在巴黎集會，黎德壽提議美國在戰後協助北越重建，雙方同意由美
國給予 32 億 5,000 萬美元重建金。美國每年支付不用償還的援助 6 億 5,000
萬美元，此用支票支付。至於其他援助則用現款。季辛吉也交給黎德壽有關
美國總統將於 1 月 30 日給予北越正式照會的信函。2 月 1 日，美國總統尼克
森正式照會北越有關援助一事。[66] 該照會提及美國將在戰爭結束後對北越提
供沒有政治條件的重建援助。經美國初步研究，對北越的重建援助，適當的
援助額是在未來五年內給予 32 億 5,000 萬美元無償援助。其他形式的援助將
由兩國協商決定。此一預估還需經美國和北越政府協商修訂之。[67]

　　經過四年八個月的談判，終於在 1 月 27 日上午 11 時 7 分，美國國務卿
羅吉斯、南越外長陳文林、北越外長阮維楨和「南越臨時革命政府」外長阮
氏萍簽署巴黎和平協議，加拿大、波蘭、匈牙利和印尼等國際監督委員會四
國大使參觀儀式的進行。該協議之正式名稱為「結束越南戰爭與恢復和平協

---

64. "Letter from President Nixon to President Nguyen Van Thieu of the Republic of Vietnam January 5, 1973," Vietnam War.net, http://www.vietnamwar.net/Nixon-1.htm 2018 年 3 月 28 日瀏覽。

65. Vo Nguyen Giap, *The General Headquarters in the Spring of Brilliant Victory(Memoirs)*, p.25.

66. Luu Van Loi, *op.cit.*, p.274.

67. Jeff Drake, "How the U.S. Got Involved In Vietnam," p.50. http://www.vietvet.org/jeffviet.htm 2018 年 3 月 28 日瀏覽。

議」（Agreement on Ending the War and Restoring Peace in Vietnam），重要規定如下：

1. 從 1 月 28 日起停火。

2. 美軍撤出南越，在六十天內釋放所有美軍戰俘。

3. 組成四方聯合軍事委員會，執行上述規定。

4. 設立一個「國際監控和監督委員會」（International Commission of Control and Supervision, ICCS）。

5. 由南越各方依協議組成「民族和解與和諧全國委員會」（National Council of National Reconciliation and Concord），負責舉行普選。

6. 在簽署協議三十天內，舉行越南問題之國際會議。

在同一天下午 3 時 45 分，美國、北越、南越和「南越臨時革命政府」的外長簽署四項有關「南越停火聯合軍事委員會議定書」（Protocol Concerning the Cease-Fire in South Vietnam and the Joint Military Commission）、「關於國際監控和監督委員會議定書」（Protocol Concerning the International Commission of Control and Supervision）、「釋放戰俘、外國公民以及被捕和拘禁的越南平民議定書」（Protocol Concerning the Return of Captured Military Personnel and Foreign Civilians and the Captured and Detained Vietnamese Civilian Personnel）、「在越南民主共和國領海、港口、碼頭和水域掃雷之議定書」（Protocol Concerning the Removal, Permanent Deactivation, or Destruction of Mines in the Territorial Waters, Ports, Harbors, and Waterways of the Democratic Republic of Vietnam）。[68] 黎德壽曾提議簽訂一項有關美國賠償北越戰爭損害賠償 50 億美元議定書，但季辛吉不同意該議定書，說美國尼克森總統將於 1 月 30 日致照會給范文同總理，提出美國參加戰後北越重建的原則。該照會之內容，曾獲美國和北越之同意。范文同在 2 月 23 日致照會給尼克森，以確認該照會之內容。

美國政府公布從 1961 年 1 月 1 日起到 1973 年 1 月 28 日止，美國軍人在

---

68. *Keesing's Contemporary Archives*, March 19-25, 1973, p.25781.

越南戰死的人數有 4 萬 5,941 人，有 30 萬 635 人受傷，其中有 15 萬 303 人需要住院醫治。有 1,811 人失蹤、被捕或拘留在北越。另有 1 萬 298 名美國軍人死於非戰鬥因素，包括意外、生病、毒品和謀殺。美軍傷亡人數達到顛峰是在 1968 年，該年有 1 萬 4,592 人被殺、9 萬 2,564 人受傷。盟軍的澳洲、紐西蘭、南韓和泰國軍人死亡人數為 5,225 人。韓國從 1965 年開始派青龍、白馬、猛虎等戰鬥部隊，到 1973 年的九年間一共累計有 30 萬以上的韓國士兵參加了越戰，最多時有 5 萬人在越南。其中有 4,687 人戰死。美國為了支持南韓派軍之舉，對南韓提供了 10 億左右美元的援助。[69]

關於越南人的傷亡人數，則無確切的資料。譬如南越的資料會低估本身的傷亡人數，而高估北越的傷亡人數。同樣地，北越也是一樣。南越發表其本身戰死人數為 18 萬 3,528 人、受傷人數為 49 萬 9,026 人，平民死亡人數為 42 萬 5,000 人，受傷的達 200 萬人。北越和「越南南方民族解放陣線」戰死人數為 92 萬 4,048 人，北越平民有 7 萬人死於空襲。[70] 另一方面，「越南南方民族解放陣線」宣稱光在 1972 年 3 月到 10 月南越軍人戰死 8 萬人、受傷 24 萬人。

美國參議院難民小組估計從 1965 年到 1972 年 10 月之間南越平民有 41 萬 5,000 人被打死、93 萬 5,000 人受傷。美國國防部則估計從 1966—1972 年被「越南南方民族解放陣線」殺死的有 3 萬 1,463 人，被其綁架的有 4 萬 9,000 人。而國際開發總署（Agency for International Development）估計從 1968 年到 1971 年 5 月，被殺平民有 2 萬 587 人、2 萬 8,978 人被監禁。關於北越平民戰死或受傷人數則無資料。[71]

另外根據維基電子百科全書（Wikipedia）的資料，各國在越戰中傷亡人數如下：

北越正規軍和被認為是越共游擊隊的人員：110 萬人死亡，60 萬人受傷，33 萬人失蹤。

---

69. 「越戰」，維基百科，http://zh.wikipedia.org/wiki/%E8%B6%8A%E5%8D%97%E6%88%98%E4%BA%89　2018 年 3 月 3 日瀏覽。

70. 國史館編，中華民國史事紀要，1973 年 1 月 23 日，頁 152。

71. *Keesing's Contemporary Archives*, March 19-25, 1973, p.25790.

美軍：越南戰爭期間，美軍死亡 5 萬 8,000 人，受傷 30 萬 4,000 人，2,000
多人失蹤。

南越政府軍：死亡 13 萬人，受傷 50 萬人。

韓國軍隊：死亡 4,500 人。

中國軍隊：死亡 1,100 人。

澳大利亞軍隊：死亡 500 人，2,400 人受傷。

泰國軍隊：死亡 350 人。

紐西蘭軍隊：死亡 83 人。[72]

關於第二次印度支那戰爭中，使用彈藥數量相當驚人。美國國防部稱，
從 1961 年開始，美國一共投擲 750 萬噸炸彈，光是 B-52 轟炸機就投下了 260
萬噸炸彈。在第二次世界大戰期間，美國投在敵對國家的全部炸彈才 200 萬
噸。截至 1973 年 1 月 17 日為止，美國在印度支那損失的飛機有 3,695 架、
783 架直升機。美軍指揮部說，其中有 1,089 架飛機和 11 架直升機在北越上
空被擊落。但北越稱共擊落美軍 4,167 架飛機。美國對印度支那國家的軍援
總數達 1,410 億美元。蘇聯對北越的軍援每年也有 20 億美元。法國在 1954
年以前投在越戰的軍費也達 60 億美元。美軍在越南的人數是在 1969 年 4 月
達最高峰，共有 54 萬 3,400 人。[73]

總結歷經十餘年的越戰，其性質與以前的戰爭不太相同，其特點如下：

第一，它是強權國家美國、中國和蘇聯利用南、北越進行代理人戰爭。

第二，它是民主集團與共產集團之戰爭。

第三，它是美、蘇新式武器的試驗場。

第四，它是北越遂行擴張主義的侵略戰爭，完全不顧南越人民選擇的生
活方式。

第五，南越長期依賴美國之軍事協助，導致無法獨立作戰，當美軍撤離
後，終不敵越共之攻擊而瓦解。

72.「越戰」，維基百科，http://zh.wikipedia.org/wiki/%E8%B6%8A%E5%8D%97%E6%88%98%E4%BA%
89　2018 年 5 月 3 日瀏覽。

73. 國史館編，中華民國史事紀要，1973 年 1 月 23 日，頁 153。

　　第六，北越依賴中國的援助。中國從 1965 年 6 月開始派遣支援部隊到北越，協助北越作戰。1968 年 11 月 1 日起美國暫時停止轟炸北越，中國從 1969 年 3 月開始從北越撤出高砲部隊 15 萬人。以後陸續從北越撤兵。總計從 1965 年 6 月起派至越南的中國軍隊有 32 萬人。

　　從 1972 年 5 月 31 日至 1973 年 2 月 12 日，中國在憑祥至友誼關、防城灣至灘散兩地段，鋪設了五條援越野戰輸油管，總長 159 公里。從 1972 年 6 月至 1976 年 6 月，中國透過該輸油管運送越南的石油和柴油總計 130 萬噸。[74]自東京灣事件後，因美軍飛機經常轟炸的關係，北越於 1965 年 9 月將航空學校遷至中國雲南省祥雲機場，至 1975 年南越垮台後始遷回北越。

　　1972 年 5 月，美國恢復在越北大轟炸及主要港口布雷，中國根據中、越參謀部之協議，再次派出汽車運輸部隊、海上掃雷部隊等到越南工作，至 1973 年 8 月撤回中國。[75]

　　從 1950 年到 1978 年 3 月，中國援助北越的各類物資總值超過 200 億美元。這些援助大部分是無償援助，達 188.4 億美元，占援助總額的 93%。貸款為 13.5235 億美元，占援助總額的 6.7%。[76]

北越滅南越

　　根據巴黎和平協議，需組成「聯合軍事委員會」（Joint Military Commission, JMC），它是由美國、南越、北越和「南越臨時革命政府」的代表組成。另外亦由加拿大、匈牙利、印尼和波蘭組成「國際監控和監督委員會」。「國際監控和監督委員會」在 1973 年 1 月 29 日集會，由加拿大代表郭文（Michel Gauvin）擔任主席。「國際監控和監督委員會」依據「聯合軍事委員會」的指示辦事。1 月 28 日，「南越臨時革命政府」參加「聯合軍事委員會」的 10 名代表抵達西貢的成山日（Tan Son Nhut）機場，拒絕填寫入境卡的資料，理由是如此作等於承認阮文紹政府，直到 29 日美國大使請求南越政府同意

---

74. 郭明主編，**前引書**，頁 72。
75. 李丹慧，「關於 1950~1970 年代中越關係的幾個問題（上）──對越南談越中關係檔的評析」，**江淮文史**，2014 年 1 月，頁 68-84。
76. 郭明主編，**前引書**，頁 72-77。

免予填報入境卡，才結束爭執。同一天，有 90 名北越和「南越臨時革命政府」
的代表亦免除填報入境卡。

討論越南和平協議的國際會議於 1 月 26 日在巴黎召開，有美國、南越、
北越、「南越臨時革命政府」、英國、法國、蘇聯、中國、加拿大、匈牙利、
印尼和波蘭的外長出席。依和平協議之規定，聯合國秘書長華德翰（Dr. Kurt
Waldheim）亦出席會議。由加拿大外長夏普（Mitchell Sharp）和波蘭外長歐爾
卓斯基（Stefan Olszowski）擔任主席。3 月 1 日，會中提出了支持停火協議的
宣言，次日，12 位外長簽署該宣言，北越堅持華德翰不可簽署該宣言。

巴黎和平協議並沒有解決在南越境內的 15 萬北越軍隊撤出的問題，在
簽署協議後，北越又派遣二萬多軍隊滲透進入南、北越交界處，並在圻山
（Khe Sanh）建立地對空飛彈據點，南越於 2 月 26 日和 3 月 9 日分別向「聯
合軍事委員會」提出控訴。但都遭到北越和「南越臨時革命政府」的反駁。

美國和北越官員在 2 月 5 日在海防會談，協商如何消除美國自 1972 年 5
月在北越海域布置的水雷。次日，美國國防部宣布 4 艘掃雷艇已開始在北越
海防港海域進行掃雷工作。

美國總統國家安全事務特別助理季辛吉於 2 月 10—13 日訪問河內，雙
方達成協議設立聯合經濟委員會，由美國對戰後北越重建提供經濟援助。

為了促進巴黎協定和協議書得到遵守和實現，12 個國家的代表團和聯合
國秘書長於 1973 年 2 月 26 日到 3 月 2 日在巴黎召開關於越南問題的國際會議，
與會國政府代表團簽署了關於越南問題的國際會議的決議，規定美軍撤出的
日期：美軍應於同年 3 月 29 日全部撤離越南南方。在巴黎和平協議簽署時，
美軍在南越有 2 萬 3,700 人，以後美軍分批撤出，最後一批 2,501 人是在 3 月
29 日撤出。當時美軍留在東南亞尚有 10 萬兵力，其中 4 萬 8,000 人在泰國、
3 萬人在第七艦隊、2 萬人在關島，戰機有 800 架、戰艦有 50 艘。[77]

華德翰在巴黎與「南越臨時革命政府」代表阮氏萍兩度會晤，在 3
月 1 日宣布「南越臨時革命政府」將在聯合國設立聯絡辦事處（Liaison

---

77. *Keesing's Contemporary Archives*, May 14-20, 1973, p.25888.

Office），南越政府已在聯合國設立該機構，他也邀請北越在聯合國設立該類機構。[78]

美國經濟援助北越的談判在 3 月 5 日在巴黎展開。3 月 8 日，雙方宣布將組織「聯合經濟委員會」，來探討兩國未來的經濟關係，包括美國對北越重建的援助。

國際間為了解決越南善後問題，進行了各種協商會議，南越政府和「南越臨時革命政府」也在 2 月 5 日在巴黎舉行談判，目的在籌組「民族和解與和諧全國委員會」以及籌辦選舉。雙方對於將來開會地點出現歧見，南越政府主張在西貢舉行，「南越臨時革命政府」反對，因為對其不利。2 月 23 日，雙方派遣外長與會，同意開幕式在巴黎舉行會議，以後再移到南越舉行。3 月 19 日，首次會議在巴黎召開，南越政府的代表是副總理阮流遠醫生，他在會上說，除非北越軍隊完全撤出南越，否則不會舉行選舉。「南越臨時革命政府」的代表國務部長阮文孝（Nguyễn Van Hieu）則批評西貢政府有計畫的破壞停火以及促其結束對人民的政治壓迫。3 月 22 日，舉行第二次會議，阮流遠指控北越軍隊 5 萬人和 300 輛坦克進入南越，而阮文孝則批評南越政府以重兵攻擊解放區。以後雙方的談判一直沒有具體的結論。

由四方組成的「聯合軍事委員會」在 3 月 28 日舉行最後一次會議，三天後解散。美國曾建議該委員會延長工作，但遭到南、北越的反對。該委員會改由南越政府和「南越臨時革命政府」的代表組成的委員會取代。

以後北越軍隊滲透進入南越日亟，戰事持續不斷，加拿大在 1973 年 5 月 29 日決定退出「國際監控和監督委員會」。季辛吉和北越代表黎德壽於 5 月 17 日在巴黎舉行談判，一直到 6 月 13 日達成協議，簽署執行停火協議之辦法的聯合公報。南越政府和「南越臨時革命政府」的代表亦在該協議上簽字。10 月 24 日，伊朗取代加拿大的位置，擔任「國際監控和監督委員會」的委員。

北越勞動黨政治局在 1974 年 9 月 30 日到 10 月 8 日討論完全解放南越的問題，認為此時為最好的時機。從 1974 年 12 月 8 日到 1975 年 1 月 8 日，再度集會，決議在 1975—1976 年徹底解放南越，列入攻擊的對象第一個是西寧

---

78. *Keesing's Contemporary Archives*, May 14-20, 1973, p.25887.

（Tây Ninh），第二個目標是「南部」（指南越）的東部。攻擊西寧的目的是要從大叻開闢一條通路到「南部」東部。[79]

自 1975 年初起北越軍隊展開對南越的一連串攻勢，在 1 月 6 日北越第七師占領柬埔寨邊境的富平（Phuoc Binh）；1 月 6 日，北越軍占領福隆（Phuoc Long）市。美國對於北越軍的凌厲攻勢並沒有給予南越援助的承諾，國防部長史勒辛格（James Schlesinger）反而在 1 月 14 日表示：「南越目前的情勢顯示，北越無意進行全面大規模攻勢。北越的目的是弱化南越政權在全國各地的勢力，特別是阻止快成功的綏靖政策。因此，我們預見未來數月僅有數場重要戰役。此刻，我不認為會有如 1972 年的大型攻擊。」[80] 阮文紹請求美國提供經濟援助，都沒有獲得正面的回應。

3 月 24 日，北越軍在沒有抵抗的情況下占領廣南省三岐市（Tam Ky）和廣義鄰近的地方；3 月 26 日，北越軍在沒有抵抗的情況下占領順化。越南勞動黨政治局決定設立「支援南方委員會」（Council of Support to the South），由范文同擔任主席，二十年前，范文同也擔任類似的工作，動員各種力量打贏奠邊府戰役。[81]

3 月 28 日，北越軍占領會安（Hoi An）和保祿市（Bao Loc）；3 月 29 日，北越軍包圍峴港，峴港的指揮官吳廣長將軍（General Ngô Quang Truong）從海上逃亡，難民四竄。日本派出 20 艘貨船以及 3 艘小型海軍船隻在峴港疏運美國顧問、南越官員和一般難民到西貢。[82]

3 月 30 日，北越軍占領峴港；4 月 1 日，北越軍在沒有遭到抵抗的情況下占領歸仁和芽莊；4 月 2 日，南越軍放棄綏和（Tuy Hoa）、大叻；4 月 16 日，藩朗（Phan Rang）淪陷；4 月 19 日，藩切（Phan Thiet）淪陷。南越政府僅控制西貢及附近地區。

另外值得注意的是，北越在攻擊南越陸地據點的同時，也計畫奪取原由南越軍隊駐守的南沙群島。在 1975 年 4 月 14 日早上 4 點 30 分，北越軍登

---

79. Vo Nguyen Giap, *The General Headquarters in the Spring of Brilliant Victory(Memoirs)*, p.130.
80. 引自 Vo Nguyen Giap, *The General Headquarters in the Spring of Brilliant Victory(Memoirs)*, p.148.
81. Vo Nguyen Giap, *The General Headquarters in the Spring of Brilliant Victory(Memoirs)*, p.227.
82. Vo Nguyen Giap, *The General Headquarters in the Spring of Brilliant Victory(Memoirs)*, p.240.

陸並占領南沙的南子島（Song Tu Tây）。4 月 25 日，又占領敦謙沙洲（Son Ca）。4 月 27 日，占領鴻庥島（Nam Yêt）、景宏島（Sinh Tôn）。4 月 28 日，占領原先南越軍隊控制的南沙群島和安波沙洲（An Bang）。[83]

南越之所以如此快速崩潰，幾乎沒有大戰就紛紛從各城市撤出，多少受到柬埔寨戰局之影響，「赤色高棉」（Khmer Rouge）軍隊在 1975 年 4 月 1 日包圍金邊，金邊人民開始逃亡，有些人逃到西貢，更增添越南局勢的不安和混亂。高棉共和國總統龍諾（Lon Nol）在 10 日離開金邊，前往印尼，最後流亡美國。4 月 17 日，「赤色高棉」軍隊進入金邊，高棉共和國亡國。此對於陷入危機的南越更帶來嚴重的震撼，南越也出現難民流亡潮。

4 月 18 日，美國總統福特（Gerald R. Ford）下令撤出在南越的美國人，美國請求蘇聯轉告北越讓美國人安全撤出。4 月 19 日，「南越臨時革命政府」在西貢的軍事代表稱，「南越臨時革命政府」將延緩對西貢的軍事攻擊，以等候阮文紹下台以及偽裝成平民的美國軍人撤出西貢。「南越臨時革命政府」在巴黎的代表並向阮文紹提出最後通牒。4 月 20 日，美國駐南越大使馬丁（Graham Martin）會見阮文紹。同一天，駐守阮文紹故鄉藩朗的遊騎兵和海軍陸戰隊叛變，破壞阮文紹之祖墳。

4 月 21 日，南越政府軍在西貢東方 37 英里的春祿（Xuan Loc）的三個多星期的保衛戰中失利，通往西貢的第一號高速公路遭到越共切斷。西貢四周的交通線全被越共控制，西貢變成孤立的危城。阮文紹在當天向參、眾兩院發表辭職演說，他特別提及當年不願簽署巴黎和平協議，但受到美國的壓力，美國以如不簽署就斷絕軍事和經濟援助作為威脅。[84] 阮文紹還讀了一段尼克森總統在 1972 年給他的一封信，信中提及一旦南越受到威脅，美國將採取嚴重的報復手段。他批評美國沒有遵守承諾。他宣布辭職後，由副總統陳文香[85] 繼任。阮伯千擔任總理。

4 月 24 日，陳文香任命楊文明為具有全權的總理，但他拒絕，說此舉

---

83. Vo Nguyen Giap, *The General Headquarters in the Spring of Brilliant Victory(Memoirs)*, pp.282-285.

84. *Keesing's Contemporary Archives*, June 30-July 6, 1975, p.27200.

85. 武元甲稱陳文香老邁、目盲及患風濕症。Vo Nguyen Giap, *The General Headquarters in the Spring of Brilliant Victory(Memoirs)*, p.302.

無法打開與共黨談判之路。「南越臨時革命政府」隨後透過電台廣播，如果新政府包括陳文香總統、陳文敦副總理、參議院主席陳文林（Tran Van Lam），將不予接受。

越共對於陳文香總統不想下台感到不耐，在 4 月 26 日下午 5 點發動「胡志明戰役」，從五個方向（東方、東南方、西方、西北方和南方）進攻西貢，迫使陳文香下台，接受越共的條件，在 4 月 28 日下午 5 點 30 分，楊文明宣誓成為總統，4 月 30 日楊文明向越共投降，結束了越南共和國。

1976 年 4 月 25 日，越南舉行新國會議員選舉，北方投票率高達 99%，南方也達 98%，計候選人 605 人，當選 492 人，其中 41 名代表是政治幹部。1976 年 7 月 2 日，越南召開第四屆國會第一次會議，通過南北越統一案，解散「南越臨時革命政府」，更改國名為「越南社會主義共和國」。越南勞動黨改為越南共產黨。國會並推選 30 人組成「憲法起草委員會」，該委員會於第一次會議後，選出 12 人為常務委員，負責於 1978 年 1 月起草新憲法草案，俾向國會常務委員會提出，取得認可。1978 年 4 月 28 日，河內發表新憲法草案概要，稱越南為「無產階級專政國家」。1980 年 12 月 18 日，國會通過新憲法。

第二節　滅民主柬埔寨國

歷史事件雖不一定會重演，但觀察越南歷史演變，卻可看到其重演的軌跡。回顧阮朝在 1802 年建都順化後，就開始將其勢力延伸進入高棉（柬埔寨）和萬象、南掌、哀牢，將這些弱小國家納入其藩屬國，甚至在 1835 年 10 月派流官治理柬埔寨。後經暹羅干預，才在 1845 年與暹羅共管柬埔寨。法國因為占領交趾支那，切斷了越南和柬埔寨的關係，在 1863 年取得對柬埔寨之保護權，越南才退出柬埔寨。

1975 年底，北越已併吞南越，蘇聯同意在 1976 至 1980 年間，向越南提供 25 億美元的援助。1977 年 7 月，越、寮簽訂了一項為期二十五年的友好

合作條約和一系列合作協定，使寮國處於越南控制之下，越南在寮國各政府部門派有顧問，控制其政治、經濟、外交、新聞、文化教育、幹部任免，並從 1975 年起派遣 3 萬至 5 萬軍隊駐紮寮國，協助鎮壓反抗活動。[86]

1978 年 11 月 1—9 日，越南共黨總書記黎筍和總理范文同訪問蘇聯。3 日，越南與蘇聯簽訂為期二十五年的越、蘇友好合作條約，其中第六條涉及軍事合作，其規定為：「締約雙方將對涉及兩國利益的一切重要國際問題進行協商。一旦雙方之一成為進攻的目標或受到威脅的目標時，締約雙方立即進行協商，以便消除該種威脅和採取相應的有效措施來保障兩國的和平和安全。」此外，越、蘇還簽署六項經濟技術合作協議，其中包括蘇聯在越南建設國際通訊衛星的地面站，以便越南利用蘇聯間諜衛星來偵測周邊國家的軍事動態。最重要的是，越南和蘇聯同時簽訂租借金蘭灣基地協議，越南允許蘇聯派遣軍事顧問 4,000—6,000 人駐守在金蘭灣基地。

11 月 30 日，越南駐聯合國代表致函安理會主席，指控中國利用柬埔寨統治集團引發邊境戰爭，對抗越南，目的在遮掩其在東南亞進行擴張主義的陰謀。中國駐聯合國代表在 12 月 11 日回應說，該項衝突是因為越南想兼併柬埔寨所引起，越南想控制整個印度支那，建立以越南為首的「印度支那聯邦」。[87] 中國並指控蘇聯操控越南成為區域霸權。

12 月 3 日，來自柬埔寨各地的 200 名代表，在柬埔寨東部的「解放區」集會，成立「柬埔寨救國聯合陣線」（United Front for National Salvation of Kampuchea），選出 14 名中央委員，主席為橫山林（Heng Samrin），查辛（Chea Sim）為副主席，羅士沙梅（Ros Samay）為總書記。橫山林生於 1935 年，為柬埔寨駐東區第四師師長兼軍隊政委。查辛生於 1933 年，1976 年當選人民議會議員。他們兩人在 1978 年 5 月參加反抗「赤色高棉」政權的運動。「柬埔寨救國聯合陣線」之主要目標是推翻波布（Pol Pot）反動政權，

---

86. Ronald Bruce St. John, *Revolution, Reform and Regionalism in Southeast Asia, Cambodia, Laos and Vietnam*, Routledge, New York, 2006, p.32. 關於越南派遣多少軍隊駐守寮國，報導不一，大約在 3—5 萬之間。
87. 「印度支那聯邦」是法國統治時期的產物。法國在 1859 年占領越南南部，1863 年占領柬埔寨，1884 年控制整個越南。1887 年，法國將越南和柬埔寨聯合稱「法屬印度支那聯邦」。1893 年征服寮國，將之併入該一聯邦。

建立一個保障人民權利的政府。其勢力範圍在柬境東邊的柬、越邊境，包括磅占（Kampong Cham）、桔井（Kratie）、波羅勉（Prey Veng）、柴楨（Svay Rieng）等地。

12 月 25 日，越南稱其是經由柬埔寨的「柬埔寨救國聯合陣線」之請求入柬埔寨維持秩序，雙方聯合出兵進攻金邊，越軍約有 10—15 萬人，「柬埔寨救國聯合陣線」的軍隊約 2 萬人。1979 年 1 月 7 日，金邊淪陷，民主柬埔寨國亡國。波布退至泰、柬邊境。有 686 名外國外交官、軍事和民事顧問避難到泰國。這些人中有 625 名中國人、49 名北韓人。[88]

越南扶植「柬埔寨救國聯合陣線」主席橫山林在金邊成立「人民革命委員會」，由橫山林擔任主席，賓梭萬（Pen Sovan）為副主席，洪森（Hun Sen）為外長，查辛為內政部長。洪森當時才二十八歲，曾任「赤色高棉」的軍事指揮官。該金邊政權於 1 月 10 日宣布成立「柬埔寨人民共和國」（People's Republic of Kampuchea），成為越南的傀儡政權，獲得越南、寮國、蘇聯以及東歐共黨國家的承認。

柬埔寨前國王施亞努（Norodom Sihanouk）逃離柬埔寨，前往中國北京避難，然後於 1979 年 1 月 6 日前往紐約，向聯合國安理會報告柬埔寨的情況。安理會在 1 月 15 日以 13 票對 2 票通過要求所有外國軍隊撤出柬埔寨的決議，但遭蘇聯的否決。

越南入侵柬埔寨，除了引起東協國家的反對外，日本、澳洲、丹麥和英國停止對越南援助，亦引起中國的緊張，中國的媒體批評越南在印度支那製造「印度支那聯邦」，進行小霸行動，對其南部邊境安全造成威脅。因此，中國亟思加以制裁。越南總理范文同於 2 月 16—19 日訪問金邊，並在 18 日與金邊簽訂兩國的友好合作條約，為期二十五年。依據該條約，越南軍隊將協助柬埔寨人民，保障其安全。寮國亦在 3 月 20 日與金邊政權簽訂經濟、文化、教育和技術合作條約。

---

88. *Keesing's Contemporary Archives*, May 25, 1979, p.29614.

第三節　中國發動懲越戰爭

　　1977 年 7 月 16 日，中共召開第十屆三中全會，鄧小平重回領導層，出任中共中央副主席、國務院副總理、軍委會副主席、共軍參謀長，地位僅次於華國峰。1978 年 12 月 18—22 日，中共召開第十一屆三中全會，鄧小平控制黨中央，華國峰下台，陳雲任第一書記，鄧穎超任第二書記，胡耀邦任第三書記。12 月 18 日，在該會上通過了對越南發動懲罰性戰爭之決議。12 月 25 日，中國發表聲明警告越南不要入侵柬埔寨，但在該天越南就出兵進攻柬埔寨，引起中國採取懲罰戰爭。

　　1979 年 1 月 28 日到 2 月 5 日，鄧小平訪問美國，他在 29 日會見卡特（Jimmy Carter）總統，就中國出兵教訓越南一事通報美國，中國將打一場「有限戰爭」，據稱卡特總統勸告鄧小平要「節制」行動。[89] 在次日鄧小平與美國參議員午餐時說，他拒絕排除使用武力對付越南，他稱越南為霸權主義者。鄧小平回程經過日本時亦與大平正芳首相晤談，日本也瞭解中國將對越南採取軍事行動的計畫。2 月 7 日，鄧小平在會見日本前首相田中角榮時表示，越南入侵柬埔寨，應給予嚴厲的懲罰，中國正考慮採取適當的反制行動。[90]

　　1 月底，越軍在中、越邊境集結 10 萬多人。越南並下令芒街和同登的居民在 1 月 20 日前撤走，所有房屋交由部隊接管使用。

　　越南外長阮維楨在 2 月 10 日致函聯合國安理會主席和聯合國秘書長華德翰，說中國在中、越邊境部署 20 個師軍隊、數百架戰機、坦克車和其他戰爭物資，並每日進行軍事行動入侵越南領土。希望安理會和秘書長瞭解該一情勢，採取他們認為的必要措施。[91]

　　當鄧小平返回中國後，在 2 月 9 日任命廣州軍區司令許士友為征越軍司令、昆明軍區司令楊德志為征越軍副司令、空軍司令張丁發為參謀長。

---

89. James H. Mann 原著，林添貴譯，**轉向：從尼克森到柯林頓美中關係揭密**，先覺出版公司，臺北市，1999 年，頁 143。
90. *Keesing's Contemporary Archives*, October 12, 1979, p.29870.
91. *Keesing's Contemporary Archives*, October 12, 1979, p.29870.

2 月 17 日黎明，中國派遣 17 萬大軍進攻越北，[92] 進行所謂的「教訓」戰爭。越南則在中、越邊境出動 5 萬正規軍及 5 萬民兵迎戰，另有數師正規軍部署在河內附近，以保衛河內。中國軍隊從六路進軍越北，當天占領同登，18 日當前進到距離邊境 6 英里處，遭到越軍強烈的抵抗，中國開始增強兵力，19 日占領老街，22 日占領高平和河江（Ha Giang）。到 2 月 23—24 日，中國兵力增加到 60 萬人。[93] 中國沒有派出戰機，因為米格 17 和米格 19 過於老舊，無法上戰場，另一方面是越南擁有蘇聯製造的地對空飛彈，中國的戰機將成為標靶。

中國軍隊在 3 月 2 日晚上攻進諒山市，但城內的巷戰一直持續到 3 月 5 日。中國軍隊占領並掠奪諒山、高平、同登和老街等城市。中國政府在 3 月 5 日宣布中國軍隊已達到預期的目標，正準備從越南撤軍。並宣稱對越南的武裝挑釁和入侵，中國保留「自衛反擊」的權利，並建議兩國政府應儘速談判以解決兩國邊境的和平與安寧。越南在當天宣布全國總動員令，所有十八—四十五歲男性和十八—三十五歲女性都需參加民兵、游擊隊和自衛組織，所有工人和學生每天需參加二小時軍事訓練或守衛責任。[94]

中國軍隊在 3 月 16 日從越北撤回中國。在這短暫的「教訓」戰爭中，雙方損失慘重，越南國防部在 3 月 19 日宣稱中國軍人有 6 萬 2,500 人死傷，280 輛坦克和裝甲車被毀，115 座砲被毀。越南政府發言人接著說中國軍人有 2 萬人被殺。中國人民解放軍副總參謀長伍修權（Wu Xiuquan, Wu Hsiu-chuan）在 5 月 2 日說，中國軍人死傷 2 萬人，越南軍人死傷 5 萬人，平民損失更為嚴重，至於財產損失無法估計。[95] 外國通訊報導稱，中國在這次戰爭中損失慘重，主要原因如下：(1) 中國輕敵，越南邊防軍得地利之便。(2) 中國錯誤評估中、越邊境的越南人會支持中國。(3) 中國缺乏卡車和運兵車、運

---

92. 郭明主編，**前引書**，頁 183。

93. *Keesing's Contemporary Archives*, October 12, 1979, p.29871.

94. *Keesing's Contemporary Archives*, October 12, 1979, p.29873.

95. "Vietnamese casualties revealed," TKP(WS), 3-9, May 1979, p.1(citing an AFP report from Peking) 直至 2018 年中國才公布此次戰爭雙方死傷人數，越軍死 4.2 萬人，傷一萬多人，俘虜二千多人。中國軍人死六千多人，傷 2.1 萬人。軍魂之生，「揭秘：中越戰爭中國軍隊傷亡較大的真正原因」，**軍事**，每日頭條，2018 年 10 月 18 日，https://kknews.cc/military/leamjq9.html 2019 年 1 月 18 日瀏覽。

輸機,影響其軍隊運動。(4) 中國的坦克車、大砲和飛機老舊過時,越南的軍備則是獲自蘇聯和美國。(5) 中國軍隊跟越軍不同,缺乏戰鬥經驗。(6) 與韓戰一樣,中國運用人海戰術,才導致嚴重傷亡,中國仍利用吹喇叭作為協調軍隊之用,越軍只要狙擊中國的喇叭手,即可使中國軍隊大亂。[96]

在整個中國攻擊越南期間,卡特總統國家安全事務特別助理布里辛斯基(Zbigniew Brzezinski)每天夜裡在白宮與中國駐華府大使柴澤民碰面,將美國從衛星獲得的中、蘇邊境蘇聯兵力部署的情報交給他。[97] 美國事實上在背後支持中國對越戰爭。

中國對越南進行懲罰戰爭,其影響如下:

第一,中國對越南進行戰爭,目的在迫使越南從柬埔寨撤軍,同時亦迫使越南撤除對泰國的軍事威脅,其情況猶如圍魏救趙,自後泰國改變其戰略,尋求中國作為其新的保護人,雙方在 1982 年進行軍事合作,聯合生產小型武器。

第二,中國在發動對越懲罰戰爭之前,先尋求美國和日本之支持,中國善用國際局勢之轉變,以懲罰越南作為拉攏美國的手段,表演了一齣教訓越南給美國看的姿態。只是該一教訓付出慘重的代價。

第三,原本東協國家對於越南入侵柬埔寨,束手無策,僅能抗議,中國之出兵越南,間接幫東協國家解決了問題,對侵略者加以制裁。此後,基於戰略考慮之需要,東協國家改善與中國的關係。

第四,受到中國的戰爭威脅,越南對柬埔寨的併吞如鯁在喉,只好放棄柬埔寨,在 1982 年後逐步從柬埔寨撤兵,至 1989 年完全撤軍。越南不得不放棄建立「印支聯邦」的夢想。柬埔寨重新恢復成為越南和泰國之間的緩衝國地位。

第五,中國在這次戰爭中,雖小勝亦不光彩,以其大國竟然在短短一個月戰爭中損失慘重,其出動步兵和坦克作戰,而沒有空軍掩護,戰術嚴重失誤。此後中國積極進行國防現代化,尤其是改進其落後的陸戰武器和通訊設施。

---

96. *Keesing's Contemporary Archives*, October 12, 1979, p.29874.
97. James H. Mann 原著,林添貴譯,**前引書**,頁 144。

　　第六，儘管中國對越作戰未能將損失降至最低程度，但以對外戰爭喚起民族主義，對鄧小平鞏固其地位，重新凝聚內部團結，卻起了重要的作用。

　　第七，越南雖然與蘇聯簽訂友好合作條約，但中國發動對越南戰爭後，蘇聯並沒有採取援助越南的軍事行動，僅在口頭上譴責中國，主要的原因是蘇聯不想為了越南而與中國大戰，蘇聯不可能從與中國的戰爭中獲得實質利益。

　　第八，中國在印度支那半島的戰略據點，放在柬埔寨，柬埔寨的局勢牽動印度支那的權力關係。只要中國在戰略上維持與柬埔寨的關係，就可以遏阻越南在印度支那半島的擴張主義。在 1993 年以前，柬埔寨首相洪森（Hun Sen）的外交路線是傾向越南，但在 1993 年後，他也一面倒向中國，接受中國大量的軍經援助。

第十三章

革新與不必要的革命

第一節 以革新挽救瀕危的經濟

北越在併吞南越後，在 1975 年 9 月 9 日為了展開「打擊買辦資產階級，掃蕩壟斷市場」的行動，發布關於對越南南方經濟進行管制的命令，其主要內容為：「(1) 越南革命將要取得全面勝利，社會主義制度在越南南方將要建立，政府要使當地經濟儘快向社會主義方向發展，結束資產階級對經濟的掌握和取消資本主義所有權。(2) 對資產階級財產進行處理，投資商和經濟壟斷者引起市場混亂，將被逮捕，並對其罪行作相應處罰。他們的財產將全部或部分充公。(3) 華人投資商和經濟壟斷者將比照有關內容執行。」[1] 此法令公布後，即有一千多家外資企業和越南私營企業被沒收充公，而其中絕大多數為華資企業，越南當局還下令解散華人社團、封閉華校、停辦華文報紙和雜誌，各僑團的房地產、體育會、相濟會、華辦醫院等所有的產業均遭沒收。

在 1976 年 9 月 25 日對南越私營企業做出政策決定，11 月 2 日公布該項政策，即國家將控制私人企業的資本和技術，私人資本可以在國家指導下進行投資，私人企業只能從事國家無意經營或不能經營的領域。越南派出許多工作小組，分別進駐被改造對象的商店和住宅，監視其行動，進行財產登記，貼上封條，並以西貢解放前的價格徵購全部生活資料，例如電冰箱、電視機、摩托車等。每戶最多發給越幣 2,000 元現款，然後強迫這些被改造對象遷出，前往「新經濟區」開荒種田。許多華人商店因此關閉，不是被迫遷到「新經濟區」，就是從海上逃亡外國。11 月 20 日，越南政府下令南越所有工業、商業、服務業向政府登記，其是否繼續經營需取得政府的許可。

1978 年 3 月 31 日，越南廢除「資本主義私營商業」，鼓勵民營企業和國家聯合經營；5 月 3 日，宣布回收南方在 1975 年 9 月發行的新鈔，另發行全越南統一貨幣。強制規定越南人在當天兌換新幣，1 盾舊北越幣或 0.8 盾舊南越幣兌換 1 盾新越南幣。在城市，單身僅允兌換最多 100 盾；已婚夫婦可兌換 200 盾，家中成員每人可增加 50 盾，每個家庭最多兌換 500 盾。在鄉

---

1. 華僑華人百科全書編輯委員會，華僑華人百科全書·法律條例政策卷，中國華僑出版社，北京，2000 年，頁 558。

下，單身可兌換 50 盾，家庭可兌換 300 盾。超過規定數額的錢，則需轉存銀行，由政府付其利息。在 6 月 24 日，官方統計胡志明市的資產階級商人已登記從事生產工作，有 70% 的人離開城市到鄉下，從事勞動生產或農業活動。此一政策造成許多人自殺或流亡外國。胡志明市的黑市也隨之消蹤匿跡，取而代之的是 4,000 家國營商店。儘管堤岸（Cholon）有許多商店關閉，但它還是熱鬧如昔，攤販業、修腳踏車業和工廠仍然存在。[2]

越南政府宣布在南方以「社會主義改造」為名，廢除資本主義私營工商業，對許多華僑小商販與工人家庭進行掠奪和迫害，並占有華僑的不動產。限期華人強迫遷往「新經濟區」，開墾農田。同年 4 月 15 日開展掃蕩露天市場的運動，打擊露天擺攤的小販。華人不堪迫害欲離境者，每人須向政府繳交 2,670 左右美元，越人欲離境索費則更高，離境者其遺留的財產將被沒收，據估計 1979 年越南藉此每月即有 2 億 5,000 萬美元的收益。由於考量到社會主義建設所需人力，凡是到達服役年齡者、罪犯、或對國家經濟具有生存利益之關連者，越南政府則規定不能申請離境。從 1975 年南越淪陷至 1980 年代初期，此一期間，由於越南對華僑或華裔越南公民的排擠、驅趕，據估計難民潮人數多達 100 萬人。

在 1976—1980 年的五年計畫，經濟失敗是很明顯，原先預定生產稻米 2,100 萬公噸，結果只有 1,440 萬公噸。越南需進口糧食。工業成長率只有 0.1%。原預定生產 4 億 5,000 萬公尺的紡織品，結果只有 175 萬公尺。電力原預定生產 50 億千瓦，結果只有 36 億 8,000 萬千瓦。貿易亦出現赤字，通貨膨脹日益嚴重，貨幣貶值，1985 年的越幣 1 元只及 1981 年的 0.075 元，薪水只及日常生活所需的花費的三分之一。農民不願意耕種，知識分子無心工作，社會出現了新的資產階級。官員貪污問題愈來愈嚴重，從 1975—1985 年，越南共產黨將貪污的 19 萬名黨員開除黨籍。[3]

1982 年 11 月，越共中央書記處公布第 10 號文件，規定：「華人應被看作是越南 54 個少數民族中的一員，因而應被看成是越南公民。」此一政策的

2. *Keesing's Contemporary Archives*, February 23, 1979, p.29469.

3. Nguyen Khac Vien, *op.cit.*, pp.393-396.

公布，顯示留在越南的華人，大部分已接受越南國籍，成為越南人的一部分，也就是越南的少數民族。至 1989 年，越南華人人口數約有 90 萬人。[4] 從 1982 年以後越南政府開始調整對華人的政策，逐步開放華人的社會生活領域，允許華人非政治性社團的活動，將過去沒收的華人產業予以退還。越南共產黨在 1986 年底黨大會上通過改革方案，改採局部的資本主義路線，開放及歡迎外資到越南投資。

由於越南對外用兵，在南越實行強制性的社會主義改造，打擊了廣大的手工業者、小商和小販，打擊農民、城市勞動者的生產積極性，再加上天然災害等因素，「二、五計畫」徹底破產。工業總產值逐漸下降，從 1976 年至 1980 年，依次為 12.63%、9.3%、5.44%、-4.52%、-9.59%。同一時期，農業產值的增長率依次為 10.2%、-4.9%、0.05%、6.8%、6.8%。

越南領導階層長期從事戰爭，專長於作戰，而不善於治國。在滅亡南越國後，領導層沉醉於國家統一，忙於分官奪位，攫奪戰利品，以及將其勢力延伸至南越，建立一個新的社會主義社會。因為實施社會主義制度之結果，桎梏了人民的勤勞動力，其壓迫華人，更消除了經濟動力來源，使原先活力不足的社會主義經濟制度，更陷入困境。越南領導人為了擴張建立「印度支那聯邦」，於併吞南越三年多後再度出兵柬埔寨，連年征戰，使其財政枯竭，經濟建設停頓，再加上天災頻繁，導致通貨膨脹嚴重，經濟衰退。一直等到戰爭一代的領導人退出政壇後，越南於 1986 年才得以起用南方人阮文靈出任越共總書記，進行「革新」政策。

1986 年 7 月 10 日，總書記黎筍[5] 去世，由長征接任。12 月 15—18 日，

---

4. Ramses Amer, "The study of the ethnic Chinese in Vietnam: trends, issues & challenges," *Asian Culture*, Singapore Society of Asian Studies, Singapore, No.22, June 1998, pp.23-42.

5. 黎筍於 1908 年 4 月 7 日生於安南的農村，1920 年代在越南鐵道公司任職。1928 年參加「越南革命青年聯盟」（Vietnamese Revolutionary Youth League）。1930 年，參加印度支那共產黨。1931 年，被法國警察逮捕，判刑 20 年。1936 年，當法國左派人民陣線執政時，他獲釋。1939 年，擔任印度支那共黨常委。1941 年，日軍占領越南時，他再度被捕，直到 1945 年 8 月日軍投降後才獲釋。他在北越組織抗法組織，以後在南越組織印度支那共黨組織。1954 年 7 月，日內瓦和議後，越南分為南北兩部分，黎筍擔任在南越的勞動黨南越中央辦公室書記職。1960 年，擔任勞動黨總書記，當時胡志明為黨主席。1976 年，他擔任第一總書記。1986 年 1 月，前往莫斯科醫病，回國後即卸下職務。參考 *Keesing's Record of World Events*, Vol.32, December 1986, p.34809.

舉行第六屆黨大會，總書記長征、[6] 總理范文同、政治局委員黎德壽[7] 等因年事已高之理由在這次黨大會宣布辭去政治局常委職務。在 12 月 18 日另選出高齡七十一歲的南方人阮文靈為越共總書記。黨大會同時通過「革新」（Doi Moi, renovation）政策，阮文靈之責任即在執行黨的改革開放政策，其基本要點，包括：允許私營企業、國營企業民營化、吸引外資、鼓勵企業活動、增加人民收入所得、精簡機關、裁汰冗員、提高行政效率、嚴懲貪污。此一新政策獲得普遍的支持，首度在官方文件中承認以前政策的錯誤和社會的問題，公開批評官僚主義、貪污和保守主義政策，承認私人財產和私營企業可以和公營企業並存，政府並應保護私人財產。

雖然在該次黨大會中決議進行「革新」，但事實上，越共已在之前進行局部改革，開放部分的農業和工業市場。惟仍維持國家計畫經濟形態。1981年 1 月，部長會議決定給予國營企業更大的生產、貿易和財政的自主權。1985 年，越共中央委員會第八次全會，通過結束用中央行政命令來管制經濟，正確地理解和運用客觀的法律。[8]

1986 年 12 月 24 日，副總理武文傑（Vo Van Kiet）在第七屆國民議會第二十次會議中提出執行 1986 年社會經濟計畫（1986—1990 年五年經濟計畫）報告以及對 1987 年社會經濟計畫之建議。他說 1986 年穀物生產預估為 1,850

---

6. 長征於 1907 年 2 月 9 日生於北越 Ha Nam Ninh 省，原名 Dang Xuan Khu，後以紀念中國長征而改名為長征。1930 年，參加印度支那共黨。1941 年，擔任印度支那共黨中央委員會總書記，直至 1956 年下臺，因為執行農業集體化政策失敗，有許多農民暴動。1958 年，擔任副總理。1960 年，重回到政治局，擔任國會主席。1981 年 7 月，擔任國務委員會主席。參見 *Keesing's Record of World Events,* Vol.32, December 1986, p.34810.

7. 黎德壽於 1911 年生於北越。1929 年參加印度支那共產黨的創建。1930 年代遭法國逮捕關在監獄。1940 年，他逃至中國。1941 年協助創立越南獨立同盟。戰後他被派在南越工作，對抗法軍。1950 年代初返回北越，出任越共政治局委員。1960 年，出任越共政治局書記，負責意識形態和組織。1968 年，出任北越出席巴黎和談代表團的特別顧問。在 1970 年代初與美國總統尼克森的國家安全顧問季辛吉進行秘密談判，最後在 1973 年與美國簽訂巴黎和約。隨後他獲得諾貝爾和平獎，但他拒絕領獎。他返回北越後，曾密訪南越，指導最後攻擊南越據點西貢的戰爭。1976 年和 1982 年，他被選為政治局委員和書記。1986 年，辭去黨的職務，擔任中央委員會的顧問。一般認為他是保守派，對越南的改革開放並不十分支持。他在 1990 年 10 月 13 日逝世。*Keesing's Record of World Event,* October 1990, p.37776.

8. Martin Gainsborough, "Key Issues in th ePolitical Economy of Post-Doi Moi Vietnam," in Duncan McCargo(ed.), *Rethinking Vietnam,* Routledge Curzon, London and New York, 2004,pp.40-52, at pp.41-42; Gerard Clarke, "The Social Challenges of Reform," in Duncan McCargo(ed.), *Rethinking Vietnam,* Routledge Curzon, London and New York, 2004, pp.91-109, at p.93.

萬噸，比 1985 年多 30 萬噸。但較原訂計畫的 1,900 萬噸為少。之所以造成糧食歉收的原因是越北和越中沿岸地區發生天災。1986 年 12 月 3—4 日，中越數省發生水災，死 165 人。他表示造成經濟各方面落後的原因，包括：(1) 政策不良。(2) 金融部門欠缺秩序。(3) 政府各部門之間以及中央和地方之間缺乏聯繫。(4) 國家政策執行不力。(5) 部長會議在組織、指導和管理能力不足。他強調 1987 年社會經濟計畫應有創新，應根據 1986 年第六屆黨大會之決議進行改革。[9]

「革新」政策可以分為三個階段進行。第一階段是從 1987 年 11 月開始的企業改革法（Enterprise Reform Law），擴大 1981 年給予國營企業更大的自主權。

在 1987 年 12 月和 1988 年，越南公布相當開放的外人投資法，以吸引外資。通過「第 10 號契約」（Contract No.10）將土地分給農民，使用十五年，農民可以充分自由使用土地，或作為商業用途。政府將屬於國家的休耕土地分配給農民後，農民立刻將該土地開墾。此一措施大大地刺激農業生產量，1989 年底，糧食生產已超過預定產量 2,000 萬公噸。[10] 總理杜梅（Do Muoi）於 1989 年 12 月 18 日向國會提出社會經濟報告，他指出已控制惡化的通貨膨脹，從 1988 年的 14.2% 下降到 1989 年的 2.8%。但他也指出越南經濟還有許多嚴重的問題，例如預算和貿易赤字、失業率攀升、賭博、酗酒、吸毒、妓女等問題日增。

1988 年，越南人均國民生產總值為 130 美元。基礎建設落後，水利設施簡陋，電力供應嚴重短缺。1986—1988 年，國內生產增長率不到 3%，年通貨膨脹率卻高達 400% 到 500%，經濟形勢十分嚴峻。越南在 1987 年頒布外人投資法，從 1988 年 1 月起，外國資本可以在越南建立企業，權益受到越南政府保障，沒有所有權份額的限制；並在當局規定的優先投資項目上享有免利得稅二年、減半公司稅二年的優惠。此外，越南政府還採取建立加工出口區、發展合資經營、對部分進出口貨物免稅等措施來吸引外資。越南從 1989

---

9. *Keesing's Record of World Event*, Vol.XXXIII, April 1987, p.35070.
10. Nguyen Khac Vien, *op.cit.*, p.398.

年 3 月起停止對國營企業的直接財政補貼。到 1992 年，又基本上停止對國有企業的補貼性信貸，接著又對許多國營企業進行合併重組，關閉解散了 2,000 家企業，裁減約 40% 的員工，把國有企業的數目從 1990 年的 1 萬 2,000 家精簡到 1995 年的 6,000 家。[11] 虧本國營企業從 50% 降到 9.7%。[12]

1991 年 7 月 27 日到 8 月 12 日舉行第八屆第九次會議，總理杜梅辭職，由副總理武文傑繼任。杜梅在稍早前於 6 月被選為越共黨總書記。武文傑為南方人，具改革主義色彩。12 月 10 日，武文傑向國會報告 1991 年經濟執行成效。該年俄國援助雖然大幅減少，但越南在該年的國民生產總值卻增加 2.4%，糧食生產為 2,170 萬噸，其中稻米出口有 100 萬噸。工業產值增加 5.3%，計畫出口值 18 億美元，已達成目標。不過，他也承認預算赤字、通貨膨脹率高、債務增加、失業率增加、貪污嚴重、走私、詐欺等社會犯罪未有效抑制。為使國家預算平衡，今後不再對國營企業給予津貼，國營企業必須自負盈虧。中央政府需控制預算。[13]

1992 年年中，越南進行第二階段的「革新」政策，政府停止對國營企業的直接津貼，刺激國營企業與私營企業競爭。政府亦在同年推行國營企業股份化，鼓勵聯營企業，讓國家和私人共同擁有公司的股份，但國家還是擁有較大股份。至 1997 年，有 17 家國營公司股份化。儘管改革速度緩慢，但已提高這類公司的效率和競爭力。[14]

1995 年，越南政府進行改組合併，國家計畫委員會與國家合作和投資委員會合併為計畫和投資部，農業和食品工業部、林業部和水利部合併成為農業和鄉村發展部，勞動、輕工業部和重工業部合併成為工業部。

越南貪污問題嚴重，越南在 1995 年積極推動國營公司民營化，導致公司領導千方百計趕在公司民營化之前或者解散之前提取現款，致使國家企業的貪污現象蔓延成災。據報導，在 1994 年，胡志明市因貪污而損失 500 萬美

---

11. 陸丁，「越南經濟改革和開放特點（上）」，**南洋星洲聯合早報**（新加坡），1995 年 5 月 17 日，頁 25。

12. **南洋星洲聯合早報**（新加坡），1995 年 2 月 6 日，頁 18。

13. *Keesing's Record of World Event*, December 1991, p.38680.

14. Gerard Clarke, *op.cit.*, p.94.

元，河內地區則有五分之一的官員由於貪污而受紀律處分。其中官位最高者是能源部長武玉海因濫權而被判處三年有期徒刑。[15] 1996 年頒布懲罰貪污的新條例，規定凡是貪污 3 億越南盾（1996 年的匯價是 1 美元兌 11,733 盾）的官員都要被判處死刑或終身監禁。又規定官員不得經營公司、不可接受禮物，也不可將親屬安排在國營企業任職，更不可擁有外國銀行戶頭。又規定上司必須對自己的下屬官員貪污行為負責，如果下級官員貪污，上級官員也要遭受懲罰。[16] 1997 年，越共懲處涉及貪污的 1 萬 8,000 名黨員，其中有 533 人遭到起訴，有 469 人被判監禁。[17]

1998 年 2 月，越南國會通過第一個反貪污法，規定對貪污、賄賂等的處罰，也規定高級公務員應申報財產、土地和其他有價物品，並禁止高級公務員將現金、貴金屬和珠寶存放在外國銀行。[18]

越南「革新」的另一作法是放棄以前的集體農業，改為小農耕種，刺激農民的工作意願，使越南在 1989 年從一個大米進口國變為全球第三大大米出口國，僅次於美國和泰國。1995 年出口大米 150 萬噸。出口貿易額占國內生產總值的比重從 1988 年的 5% 增加到 1995 年的 40%。工業製成品的出口比重也迅速增加，以出口為導向帶動了經濟的起飛。民營經濟繁榮，私營工業的產值自 1987 年來每年增長率在 10% 以上，就業人口中 90% 以上是在非國有部門。[19]

1997 年越南進行第三階段的「革新」政策，繼續推動減少國營企業家數。1998 年，設立「國營企業重整委員會」（National Enterprise Restructuring Committee），由副總理領導，負責簡化及加速國營企業民營化的程序。至 1999 年 11 月，有 224 家國營企業完成民營化。有 210 家正在進行民營化中。另有 434 家登記要進行民營化。這些國營企業規模都不大，僅有少數幾家超

---

15. **南洋星洲聯合早報**（新加坡），1995 年 1 月 6 日，頁 31。
16. 李永明，「越南國會為何『大換血』？」，**南洋星洲聯合早報**（新加坡），1997 年 8 月 16 日，頁 32。
17. *The Straits Times*(Singapore), February 21, 1998, p.28.
18. *The Straits Times*(Singapore), March 14, 1998, p.47.
19. 陸丁，「越南經濟改革和開放特點（下）」，**南洋星洲聯合早報**（新加坡），1995 年 5 月 19 日，頁 30。

過 100 萬美元。至 1999 年底，「國營企業重整委員會」預備在 2005 年將國營企業 5,800 家減少到 3,000 家，將國營企業工人人數從 170 萬人減少到 120 萬人。「國營企業重整委員會」選擇服飾業、紡織業、海產業和咖啡業作為優先民營化的對象，因為這些行業具有出口的潛力、可增加就業人口而且可吸引外國投資。[20]

越南為活絡市場，在 2000 年 7 月 15 日在胡志明市成立證券交易中心，這是越南走向市場化的第一步。2001 年 4 月 19—22 日，越南國會通過「十年社會經濟發展策略計畫」，推動越南朝向社會主義傾向市場經濟，國家部門仍扮演重要領導角色。由於國會對於國營企業民營化出現歧見，在 2001 年廢除「國營企業重整委員會」。另設立跨部會的「企業改革與發展國家指導委員會」（National Steering Committee for Enterprise Reform and Development, NSCERD），仍由副總理擔任主席。該新機構繼續推動民營化的工作，但重點是將國營企業放在主要經濟部門的角色以及增加國營企業的資金來源。它也提出一個新公司模式，即總公司成為控股公司，完全由國家給予津貼，或與投資者共享資金和利潤。總之，新的政策方向是如何提高國營企業的效率。[21]

儘管越南政府推動國營企業轉型，裁汰沒有效率而虧損的國營企業，但 2010 年還是爆發國營造船工業集團（Vinashin）財務危機，欠下的債務至少有 80 萬億越南盾（42 億 4,886 萬美元），該公司總裁范清平（Pham Thanh Binh）在該年 8 月因偽造財務報表及其他的違法行為（包括大手筆投資酒店、釀酒、保險等其他行業，並購入廢棄船隻用於公司的海運業務。其中一艘船是在 1973 年在波蘭建造的，因為船體上有裂縫而無法使用）而被撤換。[22]

20. Gerard Clarke, *op.cit.*, p.94.
21. Gerard Clarke, *op.cit.*, p.95.
22.「越南國會要"檢討"國營造船工業集團財務危機」，**南洋星洲聯合早報**（新加坡），2010 年 10 月 21 日。

第二節　邁向政經分離的市場經濟國家

三頭馬車領導班子繼續前進

　　越南自從 1976 年南北合併後，為了避免權力過於集中，而採取三頭馬車方式，分別由黨總書記、國家主席和政府總理掌理，在初期時此三個職位在每次權力改組時，都會考慮分配給北、中、南三個政治地理區塊的政治人物。但慢慢的就不一定做此考慮，例如 2016 年的權力改組，黨總書記阮富仲是河內人，國家主席陳大光是北部寧平省人，總理阮春福是中部廣南省人。南部並無政治人物進入高層。勉強的說，國會主席阮氏金銀是南部檳椥省人。無論如何，權力改組必須考慮政治地理的分布，才能維持權力的平衡。

　　北越在 1976 年併吞南越，乃促使修改 1959 年憲法。1976 年 4 月 25 日，越南舉行新國會選舉，北方投票率高達 99%，南方也達 98%，計候選人 605 人，當選 492 人，其中 41 名代表是政治幹部。1976 年 7 月 2 日，越南召開第四屆國會第一次會議，通過南北越統一案，解散「南越臨時革命政府」，更改國名為「越南社會主義共和國」。國會並推選 30 人組成「憲法起草委員會」，該委員會於第一次會議後，選出 12 人為常務委員，負責於 1978 年1 月起草新憲法草案，俾向國會常務委員會提出，取得認可。1978 年 4 月 28 日，河內發表新憲法草案概要，稱越南為「無產階級專政國家」。1980 年制憲時，越南正遭逢中國的嚴重威脅，日益增加對蘇聯的政治和經濟依賴，制憲結果卻是模仿 1977 年蘇聯的憲法。

　　1980 年 12 月 18 日，國會通過新憲法。新憲法將權力集中在國務會議（Council of State），類似最高蘇維埃主席團，擁有立法和行政權。許多立法機關的職權仍如 1959 年憲法的規定在國會的手裡，但其他職權則移轉到行政部門。行政部門國務會議的權力強化，國會的權力減少。部長會議雖規定在憲法裡，但權力不及國務會議。

　　1980 年代中葉，越南遭逢嚴重的社會和經濟危機，乃尋求新的解決途徑。結果在 1986 年越共開啟「革新」政策，採取市場經濟政策，民主化社會生活，開放政策和融入國際社會。由於採取此項新政策，社會已發生各項改變，舊

憲法已無法反應現況，1991 年 12 月，越南公布修憲草案，尋求民意。經再度修改後，將該修憲案送國會討論，於 1992 年 4 月 15 日通過，4 月 18 日公布。

1992 年憲法共有 12 章 147 條。它繼續重申越南憲政史的基本原則，第一，強調社會主義建設的目標和國家的人民本質，即民有、民治、民享，也是基於勞工階級、農民和知識分子的聯盟。第二，強調越共對國家和社會的領導。第三，重申人民透過國會和人民議會執行國家權力，國家機關之間對行政、立法和司法權進行分工。國會、人民議會和其他國家機關是依據民主集中制的原則組織和運作。（第六條）

最重要的是，越南決定採取經濟革新為其核心工作，而政治革新將逐步進行，以確保社會和政治穩定。經濟革新表現在下述兩方面：

第一，依據社會主義取向建立多部門和多元所有權的市場經濟，所謂多部門商品經濟的多元所有權的意思，是指國有、集體所有和私人所有三制並行。（第十五條、第十六條）

第二，採取門戶開放政策，加入國際經濟組織，第十六條第二項規定：「強調擴大與國際的經濟、科學和技術合作和交流。」第二十四條又規定：「國家擴大經濟活動，基於尊重各國獨立和主權和相互利益、保護和提昇國內生產的原則，與所有國家、國際組織發展各種形式的經濟關係。」第二十五條鼓勵外國組織和個人在越南投資資金和技術，越南也保障外國投資人的資金、財產和其他利益，越南不會對之進行國有化。越南也將創造有利條件讓旅外越南人回越投資。

國家主席取代以前集體領導，擁有較為明確的權力，他有權建議國會任免國家副主席、總理、最高人民法院院長、最高人民檢察院院長；以及基於國會的決議任免副總理、部長和其他官員。國家主席可以出席政府的會議，但並非擔任主席。[23]

該次修憲還有一特殊意義，即對私有財產做出了保障的規定，例如，在憲法第 23 條保障私有財產，人民私有財產不可國有化，除非國防、安全和

---

23. Pham Diem, "Vietnam's 1992 Constitution (Amended)," http://vietnamlawmagazine.vn/vietnams-1992-constitution-amended-4486.html 2018 年 2 月 20 日瀏覽。

國家利益有需要，如欲強制徵購民產，應以市價補償。第 57 條規定：「公民享有依法決定的企業自由。」第 58 條規定：「公民享有其依法所得、儲蓄、住房、動產、生產工具、企業或其他經濟組織的基金和其他資產的權利；依據第 17、18 條規定由國家授權使用土地的權利。國家保護公民依法所有權和繼承權的權利。」

越南在 2011 年進行權力改組前，越南的通貨膨脹率在 2010 年 12 月創下 22 個月來的新高，達到將近 12%。此外，越南也正面臨龐大的貿易和財政赤字，貨幣貶值以及外匯儲備縮減等問題。當時輿論界認為此一情勢對於阮晉勇總理連任之路造成挑戰。越南經濟陷入困境主要是因為政府嘗試建立類似三星集團的韓式企業集團，但此計畫卻失敗，其中最為典型的例子就是國有越南造船業集團瀕臨破產。[24]

越南共產黨全國代表大會在 2011 年 1 月 17 日投選了中央委員會委員。中委會的成員，從 175 人增至 200 人。1 月 19 日，再由新一屆越共中央委員會的 200 名委員閉門投選 17 名政治局委員和黨總書記。隨著越共要推動內部「民主」（但不會推行重大的政治改革如推行多黨制），中委會未來將扮演更加重要的角色。有 3 人獲政治局推薦擔任中委會委員，以取代即將退休的委員，但中委會在全國代表大會召開之前，拒絕了這 3 人的提名。中委會成員都感到鼓舞。他們認為本屆會議是歷來最民主的一次。[25] 結果中央委員會選出阮富仲為新任的黨總書記。

5 月 22 日，舉行越南第十三屆國會議員選舉，全國共有 6,196 萬 5,000 個選民參加投票，投票率達 99.51%。總共選出 500 名國會議員，其中有 122 名女性，42 名黨外人士，具有大學本科及以上學歷的占 98.2%，有 333 人是首次當選國會議員。[26]

7 月 25 日，越南第十三屆國會第一次會議選舉張晉創為國家主席。26 日，越南第十三屆國會第一次會議以 94% 的贊成票，推舉阮晉勇繼續擔任總理。

---

24. 「阮晉勇有望連任越南總理」，南洋星洲聯合早報（新加坡），2011 年 1 月 20 日。
25. 「越共今選舉國家新領導 現主席料當選中央總書記」，南洋星洲聯合早報（新加坡），2011 年 1 月 17 日；「越共政治局大換血」，南洋星洲聯合早報（新加坡），2011 年 1 月 19 日。
26. 「越南選出 500 國會代表」，南洋星洲聯合早報（新加坡），2011 年 6 月 4 日。

阮晉勇年 61 歲，曾擔任中央銀行行長，被視為改革分子。他在 1997 年擔任副總理，2006 年 6 月當選總理。阮晉勇之當選，顯示經濟情況不好並非其過失，而是受到 2008 年金融海嘯之影響，他的連任表示越南仍將繼續推動經改。國會也選出阮氏緣擔任國家副主席。[27]

2011 年 11 月，約有 150 名天主教徒上街遊行，指政府奪走一塊屬於教會的土地。在南部，大概從 2000 年前後就出現因為抗議外商公司工資過低，而發動的示威活動，亦成為南越地區的特殊群眾運動。

2016 年 1 月 28 日，越共十二屆一中全會上，阮富仲再次當選越共中央委員會總書記。4 月 2 日，越南第十三屆國會第十一次會議投票選出陳大光為越南國家主席。陳大光於 1956 年出生，具有教授及博士學位，曾任公安部長。

表 13-1：歷任越南共黨和政府領導人

黨主席	黨總書記	國家主席	部長會議主席或總理	國會主席
	陳富 1930.10.27-1931.9.6）		陳仲金（1945.4.17-1945.8.30）	
	黎鴻峰（1931.10.27-1936.7.26）			
	何輝集（1936.7.26-1938.3.30）			
	阮文渠（1938.3.30-1940.11.9）			
	長征（1941.5-1956.9.24）	胡志明（1946.3.2-1969.9.2）	范文同（總理）（1955.9.20-1976.7.2）	阮文素（1946.3.2-1946.11.8）
	胡志明（第一書記）（1956.9.24-1960.9.10）		范文同（總理）（1976.7.2-1981.7.4）	裴鵬搏（1946.11.9-1955.4.13）
	黎筍（代理第一書記）（1960.9.10-1969.9.2）	孫德勝（1969.9.3-1976.7.2）	范文同（部長會議主席）（1981.7.4-1987.6.18）	孫德勝（1955.9.20-1960.5.8）

27.「越南總理阮晉勇連任」，*南洋星洲聯合早報*（新加坡），2011 年 7 月 27 日。

	黎筍（1969.9.2-1986.7.10）	孫德勝（1976.7.2-1980.3.30）	范雄（部長會議主席）（1987.6.18-1988.3.10）	長征（1960.7.15-1981.7.4）
胡志明（1951.2-1969.9.2）		阮友壽（代理）（1980.3.30-1981.7.4）	武文傑（部長會議主席）（1988.3.10-1988.6.22）	
	長征（1986.7.14-1986.12.18）	長征（1981.7.4-1987.6.18）	杜梅（部長會議主席）（1988.6.22-1991.8.8）	阮友壽（1981.7.4-1987.6.18）
	阮文靈（1986.12.18-1991.6.28）	武志公（1987.6.18-1992.9.22）	武文傑（部長會議主席）（1991.8.8-1992.9.24）	黎光道（1987.6.18-1992.9.23）
	杜梅（1991.6.28-1997.12.26）	黎德英（1992.9.22-1997.9.24）	武文傑（1992.9.24-1997.9.25）	農德孟（1992.9.23-2001.6.27）
	黎可漂（1997.12.26-2001.4.22）	陳德良（1997.9.24-2006.6.27）	潘文凱（1997.9.24-2006.6.27）	
	農德孟（2001.4.22-2006）	阮明哲（2006.6.27-2011.7.25）	阮晉勇（2006.6.27-2011.7.25）	阮文安（2001.6.27-2006.6.26）
	農德孟（2006-2011.1.19）	張晉創（2011.7.25-2016.3.31）	阮晉勇（2011.7.25-2016.3.31）	阮富仲（2006.6.26-2011.7.23）
	阮富仲（2011.1.19-2016.1.28）	阮氏緣（代理）(2016.3.31-4.2)		阮生雄（2011.7.23-2016.3.31）
	阮富仲（2016.1.28-）	陳大光（2016.4.2-2018.9.21）	阮春福（2016.4.7-）	阮氏金銀（2016.3.31-）
		鄧氏玉盛（2018.9.21-2018.10.23代理）阮富仲（2018.10.23-）		

資料來源：筆者自行整理。

邁向市場經濟

1975 年後,越共「四大」通過了第二個五年計畫（1976—1980）,主要經建路線是促進社會主義工業化,建設社會主義物質技術基礎,使越南經濟從小生產走向社會主義大生產。第二個五年計畫提出的指標是要在五年內工業總產值和糧食總產量基本上翻兩倍。工業總產值年均增長 16—18%,糧食從 1975 年的 115 萬噸增加到 1980 年的 2,100 萬噸。

1982 年 3 月 27—30 日,越共「五大」代表大會,通過了關於 1981—1985 年和 1980 年代經濟與社會發展的方針,任務與主要指標的決議,其中規定的 1981-1985 年的經濟指標,制訂一套新經濟方針,它規定國內生產總產值的年平均增長率僅 4.5%,農業生產為 6—7%,工業生產為 4—5%。

另外放鬆各個地區和各經濟部門的管制政策。在農業爭取一種合同定額制,實行包產制,規定農戶或合作社交售國家一定數量的農產品,剩餘的產品可自由處理；在工業方面,擴大企業自主權,地方政府和生產企業在生產和銷售方面擁有相當廣泛的自由,並可以自由雇傭工人,可以採用計件工資和獎金制度,放寬對國內商品流通的控制；對外貿易允許有條件的中央和地方口岸直接經營出口。

在 1980 年代初,尚未推動「革新」政策之前,糧產已開始有增加趨勢,但速度緩慢,1980 年為 1,438 萬公噸,1981 年為 1,500 多萬公噸,1982 年為 1,626 萬公噸,1983 年為 1,700 萬公噸。在推動「革新」政策後,糧產幾乎增加一倍,因為新經濟政策放棄以前的集體農業,改為小農耕種,刺激農民的工作意願。1988 年,越共公布「第十號決議」,將集體農地承包給個別農民家戶,若是生產一年生作物,則可承包十五年,若是多年生作物,則可承包四十年。農民可自由買賣耕牛、設備和機器。生產數量和價格有五年綁約,惟可將生產剩餘賣到市場。[28]

經過農業政策的改革,越南在 1989 年從一個大米進口國變為全球第三大大米出口國,出口稻米 140 萬公噸,僅次於美國和泰國。1995 年,越南出

---

28. Nguyen Do Anh Tuan, "Vietnam's Agrarian Reform, Rural Livelihood and Policy Issues," p.4, http://www.rimisp.org/wp-content/uploads/2010/05/Paper_Nguyen_Do_Anh_Tuan.pdf 2018 年 8 月 18 日瀏覽。

口大米 150 萬公噸。2000 年，稻米生產額為 3,564 萬公噸，該年稻米出口達
到最高峰，為 420 萬公噸。以後逐年稍降，2003 年，稻米產值占農業國內生
產總值（GDP）的 50%，在 730 萬公頃的稻田上種出 3,000 萬公噸稻米，該
年越南出口稻米 380 萬公噸。2004 年出口 400 萬公噸。[29]

關於工業製品之生產，越南因為長期戰亂，本身工廠資金和技術有限，
大都仰賴外商之投資，在「革新」政策下，吸引外商大量至越南投資，這些
外商以外銷為生產導向，出口貿易額占國內生產總值的比重逐年增加，從
1988 年的 5% 增加到 1995 年的 40%。工業製成品的出口比重也迅速增加，以
出口為導向帶動了經濟的起飛。民營經濟繁榮，私營工業的產值自 1987 年
來每年增長率在 10% 以上，就業人口中 90% 以上是在非國有部門。[30]

自 2002 年以來，越南企業數量保持猛增趨勢。截至 2016 年底，全國註
冊企業逾 11 萬家。民營企業數量和所占比例也日益增加。職工少於 10 個人
的微型企業占越南企業三分之二以上，[31] 此乃因為越南缺乏資金和技術，所
以偏向小型企業。

越南在 1976 年 9 月加入世界銀行，在 1978 年加入聯合國，1995 年加入東
南亞國家協會（ASEAN），1998 年 11 月加入亞太經濟合作會議（APEC）。
2006 年主辦亞太經濟合作會議年會，2007 年正式成為世界貿易組織（WTO）
第 150 個會員體。2008 年 12 月 25 日，越南與日本簽署經濟夥伴協定（Vietnam-
Japan Economic Partnership Agreement, VJEPA）。2014 年，越南與韓國簽署自由
貿易協議。2016 年，越南與歐盟簽署自由貿易協議。2016 年 2 月 4 日，越南簽
署跨太平洋夥伴協定（Trans-Pacific Partnership）。2016 年 10 月 5 日，越南與歐
亞經濟聯盟（EAEU：成員：俄羅斯、白俄羅斯、哈薩克、亞美尼亞和吉爾吉
斯斯坦）簽署之自由貿易協定正式生效，這項自由貿易協定包括商品貿易、原
產地規則、貿易保護措施、貿易服務、投資、智慧財產權、動植物檢疫和食品

---

29. Thanh Nguyen and Baldeo Trend, "Trend in rice production and export in Vietnam," *Omonrice*, No.14, January 2006, pp.111-123, at p.112,118.

30. 陸丁，「越南經濟改革和開放特點（下）」，**南洋星洲聯合早報**（新加坡），1995 年 5 月 19 日，頁 30。

31. 「越南民營經濟發展迎新時代」，**世界日報**（泰國），2017 年 4 月 28 日。

安全措施、海關通關便利化、技術性貿易壁壘、電子商務、法律和制度性問題等重要內容。根據協定，歐亞經濟聯盟各國將對越南許多出口商品開放，尤其是農產品、鞋類、木製品與加工產品等。雙方貨品貿易自由化比例達 90%。[32]

2012 年 8 月 28 日，在胡志明市動工興建越南首條地鐵，投資總額為 24 億美元。由日本住友公司和越南第六交通工程建設總公司負責施工。這條連接從濱城至仙泉的地鐵線路由地下和地上兩段組成，全長 20 公里，地下段共有三個車站，長 2.6 公里，地上段長 17.1 公里，共設 11 個車站。

為了擺脫戰爭的形象，越南學習菲律賓將蘇比克灣海軍基地轉型為工業園區的作法，越南在 2016 年 3 月 8 日宣布金蘭灣港口將成為軍民兩用的港口，也就是成為「金蘭灣國際港」。3 月中旬，新加坡海軍艦艇本擬停靠峴港，後改為金蘭灣國際港，使得新加坡軍艦捷足先登金蘭灣港。日本自衛隊的「有明」和「瀨戶霧」號 2 艘護衛艦隨後於 4 月 12 日停靠金蘭灣港，並與越南海軍舉行聯合操艦訓練四天。過去越南即曾公開歡迎美國重新使用該港口，但美國對於越戰之陰影仍存而有所顧忌。越南就轉而歡迎中國使用金蘭灣港，2016 年 3 月底中國國防部長常萬全訪越之際，越南國防部副部長阮志詠表示：「歡迎中國海軍艦艇停靠金蘭灣。」越南想將金蘭灣轉型為工商使用，已歷十多年，無法落實的原因是周邊產業鏈薄弱以及附近產業腹地過小。

北越為了意識形態問題而與南越進行長達二十年的戰爭，犧牲兩三百萬人的生命，最後將走資本主義路線的南越滅國。卻因為經不起社會主義所帶來的經濟衰退、缺乏效率、社會失序和嚴重的貪污問題而在 1986 年改走市場經濟路線。越南跟其他走回頭路的社會主義國家一樣，歷經了一場沒有必要的革命。

推動對美國正常化外交關係

美國在 1993 年解除對越南禁運，進而在同年 7 月放棄在世界銀行和國際貨幣基金組織對越南放款時行使否決權。美國參議院在 1994 年 1 月 27 日以 62 票對 38 票通過解除對越南經濟制裁之決議。美國與越南兩國政府官員

32.「越南與歐亞經濟聯盟 FTA 將生效」，世界日報（泰國），2016 年 8 月 22 日。

於 1995 年 1 月 28 日在河內簽署一項關於解決越戰遺留財產問題的協議，並宣布兩國從當天起在對方首都設立聯絡辦事處。這項協議也規定越南將歸還遭沒收的 2 億多美元的美國政府和私人財產，美國將歸還越南前南越政權被凍結在美國銀行的 3.6 億美元的存款。美國駐河內的聯絡辦事處於 2 月 8 日正式運作，開啟了兩國關係的歷史新頁。美國在 1995 年 7 月 11 日宣布與越南建交。直至 1997 年 5 月 9 日，美國才派出首任駐越大使彼得森（Douglas "Pete" Peterson）抵達河內。

美國國務卿歐布萊特（Madeleine Albright）於 1997 年 6 月 26—28 日訪問河內，為 1975 年以來首位訪問河內美國最高首長。她會見武文傑總理，並前往胡志明市參加美國在胡志明市領事館破土典禮。7 月 10 日，美國和越南簽訂版權協議。1999 年 8 月 16 日，美國駐胡志明市領事館啟用。2000 年 7 月，美、越簽訂貿易協議。美國眾議院在 2000 年 9 月、參議院在 2001 年 7 月通過該協議。依此協議，美國將削減對越南進口品的關稅。越南政府對於美國國會通過該項協議表示歡迎，但批評美國國會同時通過一項「越南人權法案」（Vietnamese Human Rights Act），規定對越南的援助將視其人權進展而定。[33] 11 月 29 日，美國總統柯林頓（William Jefferson Clinton）簽署該項貿易協議。

2000 年 11 月 17 日，柯林頓總統訪問越南，柯林頓是 1973 年美軍撤離南越以來，訪問越南的第一位美國總統。他在胡志明市訪問時向與會的商界人士宣布，美國政府將撥出 2 億美元，資助在越南投資的美國公司。[34] 2005 年 6 月，越南總理潘文凱訪問美國。潘文凱也成為自越南戰爭結束以來首位踏上美國土地的越南領導人。潘文凱訪美期間前往紐約股票交易所敲鐘，顯示越南有意強化自由化經濟。在此之前，美、越已經在尋找越戰中失蹤美軍問題上展開合作，近年來也在軍事領域進行合作，兩國在 2005 年簽署軍事合作協定，內容包括對越南軍官提供軍事教育和訓練計畫。2006 年 6 月，美

---

33. *Keesing's Record of World Event*, October 2001, p.44403.
34. 「克林頓結束訪問越南之行」，BBC 中文網， http://news.bbc.co.uk/hi/chinese/news/newsid_1031000/ 10315712.stm 2018 年 1 月 20 日瀏覽。

國國防部長倫斯斐（Donald H. Rumsfeld）首次訪問越南。

　　美國第七艦隊旗下航空母艦「約翰‧斯坦尼斯」（USS John C. Stennis）號在 2009 年成為第一艘搭乘越南軍政代表團的美國航空母艦。第七艦隊旗艦「藍嶺」（USS Blue Ridge）號也隨後到訪。美國甚至在 2009 年 11 月派遣第一位越南裔艦長黎雄波及其指揮的導彈驅逐艦「拉森」（USS Lassen）號到峴港訪問。導彈驅逐艦「約翰 S. 麥凱恩」（USS John S. McCain）號在 2010 年 8 月 9 日在峴港停泊，還出海同越南海軍進行訓練交流計畫。8 月 17 日，越南和美國舉行第一次防務合作會議。[35]

　　在越南戰爭結束後，美國就積極和越南政府協商搜尋失蹤美軍的工作，並以此作為與越南恢復邦交的條件之一。2011 年 1 月，美國同越南簽訂了一份兩年的協定，為越南提供技術援助，協助越南尋找失蹤士兵。依據這份協定，美國為越南提供訓練、器材、科技轉移，以及同越南分享資訊。美國因為越南表示不會尋找南越士兵，而凍結 100 萬美元尋找失蹤士兵資助金。越南外交部發言人說：「我們認為，人道合作應該源於善意、誠意，以及不帶任何條件。」[36]

　　2014 年 5 月，越南和中國在西沙群島為了中國在中建島附近設置鑿油平台引發衝突後，越南一再要求美國解除越南向美國購買殺傷性武器的禁令，美國當時僅解除部分禁令，允許越南購買非殺傷性的海防設備。美國在 2014 年 10 月解除了自越南戰爭以後持續約四十年的對越武器禁運措施。2015 年 6 月 1 日，美國國防部長卡特（Ash Carter）訪越，與越國防部長馮光青共同宣布美、越準備加強安全方面合作，美國提供越南 1,800 萬美元貸款購買美國金屬鯊（Metal Shark）巡邏艇，美國亦將派遣維和專家駐守河內美國大使館，協助越南訓練維和部隊，以便參加聯合國的維和行動。[37] 2016 年 5 月 23 日，美國總統歐巴馬（Barack Obama）訪問越南，重申解除對越南的武器禁運。[38]

---

35. 「美越舉行 15 年來 首次高層防務會談」，*南洋星洲聯合早報*（新加坡），2010 年 8 月 18 日。

36. 「越南：尋找失蹤美軍 美國不應設定條件」，*南洋星洲聯合早報*（新加坡），2011 年 10 月 8 日。

37. Cheryl Pellerin, "Carter: U.S., Vietnam Committed to Defense Relationship," DoD News, Defense Media Activity, U.S. Department of Defense, June 2, 2015, http://www.defense.gov/News-Article-View/Article/604763 2016 年 5 月 12 日瀏覽。

38. Gardiner Harris, "Vietnam Arms Embargo to Be Fully Lifted, Obama Says in Hanoi," *The New York Times*,

越南和美國存在的最大問題是落葉劑（橙劑，Agent Orange）問題。美軍從 1961 年到 1971 年在越南噴灑了約 1,200 萬加侖橙劑。在 2006 年初公布的一份報告稱，大部分由橙劑造成的環境損害至今都沒能夠獲得恢復。更為嚴重的是，不僅當年的受害者出現癌症和基因異常，他們的子孫也被殃及。在越戰已經過去三十多年的今天，越南仍然有大量畸形兒童出生。據越南紅十字會估計，有三百多萬人受橙劑毒害感染。[39] 美國國會在 2007 年撥款 5,950 萬美元在越南從事移除橙劑毒素及健康治療之用。但越南政府希望美國積極救助遭受橙劑毒害者及協助清除遭污染的土地。[40]

2011 年 6 月 17 日，美國和越南在峴港機場舉行遭受橙劑污染的清除儀式，當年美軍是從峴港機場起飛到胡志明小徑投放橙劑。當年美軍在那裏混合與儲存橙劑，橙劑屬於戴奧辛毒，故該機場遭到嚴重污染，美國將撥款 3,200 萬美元清除該機場 29 公頃的土地的泥土和沉積物，俾改作為商業用途。該項工程預定在 2013 年 10 月完成。下一個預定清除的地點是邊和機場。[41] 2012 年 8 月 9 日，清除工程正式開工。

與中國的關係

越南在 1989 年 9 月從柬埔寨撤軍，並採取若干積極措施尋求與中國改善關係。1989 年 10 月，越共總書記阮文靈委託訪問中國的寮國人民革命黨總書記兼政府部長會議主席凱山‧豐威漢（Kaysone Phomvihan），向鄧小平轉達了他希望訪問中國的意願，並希望儘快改善對中國關係。此一作法猶如歷史上每當越南和中國戰爭過後，越南都會尋求與中國和解，以恢復兩國之關係。

1990 年 9 月 3 日，越共中央總書記阮文靈、部長會議主席杜梅和越共中央

MAY 23, 2016. https://www.nytimes.com/2016/05/24/world/asia/vietnam-us-arms-embargo-obama.html 2018 年 2 月 12 日瀏覽。

39. Viet Thanh Nguyen and Richard Hughessept, "The forgotten victims of Agent Orange," *The New York Times,* September 15, 2017. https://www.nytimes.com/2017/09/15/opinion/agent-orange-vietnam-effects.html 2018 年 2 月 20 日瀏覽。

40. Michael F. Martin, *Vietnamese Victims of Agent Orange and U.S.-Vietnam Relations*, Congressional Research Service Report for Congress, August 29, 2012, p.36.

41.「美助越清除戰後橙劑污染」，*南洋星洲聯合早報*（新加坡），2011 年 6 月 18 日。

42.「中越南海風雲短期內急轉直下」，*世界日報*（泰國），2011 年 6 月 28 日。

顧問范文同應邀前往成都，與江澤民總書記、李鵬總理舉行了會談，雙方恢復正常化關係。中國選擇在成都而非在北京，作為兩國恢復關係的地點，顯示一種不讓有敵意的越南直接進入其首都的政治象徵，亦表示是一次非正式的會面。

　　1991 年 6 月，越共召開第七次黨大會，決議改善與中國的關係，「促進同中國關係正常化進程，逐步擴大越、中合作，通過談判解決兩國間存在的問題。」8 月 8—10 日，中國外交部副部長徐敦信與越南外交部副部長阮怡年就政治解決柬埔寨問題和中、越關係正常化問題在北京舉行磋商，中國開始接受越南官方代表到北京商談恢復關係。10 日，中國外交部長錢其琛會見了阮怡年副外長一行。9 月 9—14 日，越南外交部長阮孟琴正式訪問中國，會見李鵬總理。11 月 5 日，越共總書記杜梅、部長會議主席武文傑率團訪問北京，會見中共總書記江澤民，雙方一致同意要發展兩國的正常化關係。11 月 10 日，兩國發表聯合公報，確認「兩國之間存在的邊界等領土問題將通過談判和平解決」，雙方將在和平共處五項原則的基礎上發展睦鄰友好關係，並恢復中、越兩黨的正常關係。

　　1993 年 6 月 20 日，越、中兩國簽訂「關於兩國疆界問題決議之基本原則協議」（The Accord on the Basic Principles for the Resolution of the Question of Boundary Territory between the People's Republic of China and the Socialist Republic of Vietnam），一致同意依據公正原則以及考慮北部灣的相關的環境，劃定北部灣疆界。歷時七年，雙方共舉行了七輪政府級談判、三次政府代表團團長會晤、十八輪聯合工作組會談及多輪的專家組會談，平均每年舉行五輪各種談判或會談。中、越兩國政府在 1999 年 12 月 30 日簽署了陸地邊界條約。2000 年 6 月 19 日，越南國會通過中、越邊境條約。12 月 25 日，中、越雙方簽署北部灣領海、專屬經濟區和大陸架劃界協定。同時簽訂了中、越北部灣漁業合作協定。之後，經過近三年的談判，中、越雙方於 2004 年 4 月 29 日在北京簽署了漁業合作協定的補充議定書。

　　然而，越南和中國為了南沙群島和西沙群島主權問題仍不時發生衝突，2011 年 6 月 5 日發生反中國示威，人數接近 300 人，在接下來多個星期天的示威，示威者逐漸減少，剩約 100 人，越南民眾舉行了長達十一週的示威，

抗議中國在南中國海侵犯越南主權。

2011 年 6 月 27 日，越南特使胡春山訪問北京，雙方達成共識，包括：採取有效措施，共同維護南海和平穩定，並要加快磋商並簽署雙方海上爭議的協議；推進落實「南海各方行為宣言」（Declaration of Conduct of the South China Sea, DOC）的相關進程，以期提早取得實質進展。[42]

同年 10 月 11 日，越南共黨總書記阮富仲訪問中國，越、中雙方簽署「關於指導解決中華人民共和國和越南社會主義共和國海上問題基本原則協議」，其主要內容如下：(1) 通過友好協商，妥善處理和解決海上問題，使南海成為和平、友好、合作之海；(2) 認真落實「南海各方行為宣言」的原則和精神；(3) 對中、越海上爭議，雙方將通過談判和友好協商加以解決。如爭議涉及其他國家，將與其他爭議方進行協商；(4) 穩步推進北部灣灣口外海域劃界談判，同時積極商談該海域的共同開發問題。[43]

儘管越南和中國就南海問題達成若干協議，但 2014 年 5 月 2 日爆發了雙方在西沙群島的衝突。中國將「海洋石油 981 號」鑽油平台拖至北緯 15 度 29 分 58 秒、東經 111 度 12 分 6 秒，並宣布鑽油平台半徑 3 海里範圍內禁止其他船舶進入，並派 7 艘軍艦、33 艘海警、海監和漁政船在鑽油平台周遭護衛。該地距離西沙群島的中建島以南約 15 海里，距離越南海岸約 140 海里，越南稱該地屬於其 200 海里專屬經濟區範圍。[44] 越南立即從 5 月 3 日到 7 日派出 29 艘軍艦與海巡船隻前往，對該鑽油平台進行了 171 次騷擾，越南還派遣潛水蛙人在水下施放大型漁網和大型障礙物，企圖阻止中國船隻之航行，[45] 及阻止鑽油平台之作業。中國也派出七十多艘海監船和軍艦驅離越南船隻，結果撞毀一艘越南漁船船舷，而引發兩國衝突。越南各地舉行反中國示威。12 日晚到 13 日早上，越南南部的胡志明市、平陽省、中部的河靜省爆發嚴重的示威，

43.「中越簽署『關於指導解決中華人民共和國和越南社會主義共和國海上問題基本原則協議』」，人民網，2011 年 10 月 12 日，http://politics.people.com.cn/GB/1026/15865969.html 2016 年 5 月 12 日瀏覽。

44. "Fishermen upset with Chinese rig," May, 17 2014, Vietnam News, http://vietnamnews.vn/learning-english/254785/fishermen-upset-with-chinese-rig.html 2014 年 5 月 20 日瀏覽。

45.「越媒：中國軍艦『欺負』越南漁船追四小時差點撞沉」，大公網，2014 年 5 月 11 日，http://news.takungpao.com/world/exclusive/2014-05/2470653.html 2018 年 2 月 4 日瀏覽。

46. 富山篤、永井央紀，「中越能否重回蜜月時代？」，日經中文網，2015 年 11 月 6 日，http://zh.cn.

暴民打砸、燒搶台商工廠，受影響的台商工廠初步統計有 480 家，而其中 25 家企業公司損失慘重，工廠全被燒毀。少數香港、新加坡和日本工廠受波及，河靜省台塑公司更有兩名大陸籍管理人員遭殺害。600 名華人越界進入柬埔寨避難。北京政府派遣兩艘船隻接回其公民約四千多人，也有三千多名台胞返回臺灣。此為「513 事件」。越南之所以對中國在西沙群島進行探勘採取如此激烈的作法，除了聲明對西沙群島主權問題外，應是報復中國之作法。2008 年 7 月，美國埃克森美孚石油公司（Exxon Mobil）與越南國營石油公司簽署在南海探勘合作協議，中國立即對美國埃克森美孚石油公司與越南國營石油公司之協議提出警告，要求埃克森美孚石油公司撤銷該項協議。在 2011─2012 年間，中國在南海兩度割斷越南地質勘探船的電纜索。「513 事件」後，越南政府對於受害台商做出道歉，並允給予稅務補償，平陽省承諾加強保護台商人身安全，於主要工業區有公安巡查，事先掌握情資，加強防範措施。

2015 年 11 月 5 日，中國國家主席習近平訪問越南，與越共中央總書記阮富仲等人舉行了會談。雙方就南海領土主權問題及加強在基礎設施建設方面的合作進行了磋商。除簽署經濟合作協議外，習近平還在越南國會發表演說。中國為了緩和和越南之關係，由中國開發銀行貸款給越南投資開發銀行 2 億美元，並將在鐵路建設等方面進行合作。有關南海問題，阮富仲向中國提議：「有效管控分歧，避免雙邊關係產生嫌隙。」希望中方停止在南海島礁上的軍事建設，推進兩國共同開發計畫。習近平兩次提到中、越兩國在過去通過對話方式解決了北部邊境和北部灣劃界問題的歷史，並表示將「堅持通過對話協商，尋求雙方均能接受的海上問題基本和長久解決辦法」，敦促通過對話方式解決問題。[46]

尋求平衡的外交

越南自從在 1995 年加入東協並且與美國建交後，開始積極參與地區事務，一反過去批評地區活動和組織是美國集團的陰謀。越南的改革開放也在

nikkei.com/politicsaeconomy/politicsasociety/16834-20151106.html 2016 年 5 月 12 日瀏覽。

這股新潮流下往前進展，不僅大量引進外資，而且也積極展開與東協國家和其他國家的外交關係。

為補強此一弱點，越南只有加入東協，依賴東協的保護傘。越南也進一步拉攏印度，雙方在 2000 年底在南海舉行聯合海軍演習（越南對外稱是海上救難演習）。越南總理阮春福於 2017 年 9 月 10 日訪問中國之前，印度總理莫迪（Narendra Modi）於 9 月 2 日至 3 日訪問越南，印度提供越南 5 億美元貸款購買軍備，成為越南進行軍事合作的第四個國家，其他國家分別為美國、日本和俄羅斯。這是值得注意的舉動，越南是東協成員國，也與俄國有軍事同盟關係，但越南並沒有與東南亞國家和俄國舉行聯合軍事演習，反而與印度進行聯合軍演，顯見越南還在遂行「遠交近攻」的策略。印度勢力從印度洋延伸至南海，益使東南亞區域情勢更為複雜。儘管如此，印度對印度支那半島仍構不上有影響力，印度在傳統上支持越南的作法，不過是戰略態勢上用來抗衡中國而已。而越南過度玩弄此種遊戲，將使自己再度陷入國際強權爭鬥的泥淖中。從過去的歷史經驗可知，每當越南引入一個強權，它即成為該強權的俘虜，然後再進行一次民族獨立戰爭，使自己民族陷入戰火之中。例如，它引入法國力量進行內戰，結果成為法國殖民地；法國勢力退出後，又引入美國勢力，成為美國的禁臠；美國勢力退出後，又意圖結合蘇聯，結果引發中國的懲罰戰爭。

越南的外交手腕雖然靈活，但顯得轉折過快，以致身陷戰禍之中。在對抗美國時期，投向中國，尋求物資援助，在兼併南越後，改採遠交近攻，圖聯合蘇聯攻取柬埔寨和寮國，而與中國交惡。在占領柬埔寨時期，越南與東協集團為敵，相互對抗十多年。但當越南從柬埔寨撤兵後，與東協國家進行和解，並獲得美國等西方國家的支持，放寬國際金融機構對越南的放款限制。東協國家紛紛對越南展開雙手歡迎。

近年來，越南的獨立外交，進展有序，已贏得國際的尊重，美國、俄國、東協集團等都與越南交好，越南的國內經濟也漸次發展，其前景可期。然而，如果未能採取類似東協的中立外交路線，而欲引進強權來維護其利益，則將重蹈歷史的悲劇。

第十四章

結　論

一、受中國殖民統治

　　越南從西元前214年開始被中國秦始皇殖民統治起，至西元939年脫離中國，有1,153年成為中國的地方郡縣。因此無論是人種、文化、典章制度，甚至風俗習慣都深受中國的影響。除了政治上的統屬關係之影響外，越南的地緣位置也影響其文化的選擇取向，越南東邊面海，西邊面山，南邊是文化程度較低的高棉和占族族群，惟有北邊與中國接壤，中國的高文化自然成為越南學習的對象，也是越南別無選擇的必然趨勢。

　　以越族為核心的政治和文化思維雖然在秦始皇時期即存在，但抵不過中國的武力，而一直臣服於中國統治之下。畢竟越南在中國版圖內是居於邊陲地帶，它的民族主義思想只有隨著中國帝國版圖的擴張和縮小而起伏，當中國帝國趨於衰落，越南就開始出現脫離中國的想法和運動，等到中國重歸一統帝國，越南再度被納入中國帝國之下的邊陲小國，越南對中國的分合關係，即受到中國帝國強大或衰落而定。於是當中國本土王朝起落頻繁時，越南亦跟著受中國不同王朝的統治。當中國出現王朝承平穩定時，越南是否也跟著同享承平穩定？這卻不一定，因為中國派往越南統治的官員素質不佳，加上越民難以馴服，因此像唐朝一代，不僅中國派駐越南的官員和軍隊有叛亂，亦遭到當地土豪的叛亂攻擊，甚至遠在中國西南邊陲的南詔亦曾在859年和861年兩度占領龍編（河內）。可以這樣說，在中國殖民統治之下的越南是個戰亂頻仍的地區，即使其脫離中國成為朝貢國，亦是一個政治動亂的地區。此一動亂不安的地緣政治現象一直持續到第二十世紀。

二、朝貢關係

　　宋太祖開寶四年（971），宋太祖聽聞大瞿越王丁璉自上尊號，便遣使警告丁璉，其書略曰：「中夏之於蠻貊，猶人之有四肢也。苟心腹未安，四體庸能治乎。蕞爾交州，遠在天末，唐季多難，未遑區處。今聖朝蓋覆萬國，太平之業，亦既成矣。俟爾至止，康乎帝躬，爾毋向隅，為我小患。俾我為絕蹯斷節之計，用屠爾國，悔其焉追。」[1]丁部領和丁璉在此威脅下，只好

---

1. 陳荊和編校，**大越史略**，卷一，頁43。

遣使進貢請封。

　　宋太祖在 973 年封丁璉為交趾郡王及靜海軍節度使安南都護，才改變越南和中國的關係。這是中國給越南統治者王號的開始。越南和中國形成特殊的朝貢關係，成為中國的藩屬國，歷宋、元、明、清四代。越南新王朝建立或新王登基，則遣使入中國京城，請求中國冊封，給予正式承認。實際上中國並不過問越南內政、外交，越南則通過「朝貢」、「請冊封」的形式進行朝貢貿易，推動兩國政治、經濟、文化關係，並借助中國外交上的承認，鞏固國內的統治。該種朝貢關係猶如今天的高度自治，不過還有一點不同，越南國王雖係由中國冊封，但中國皇帝並非越南的皇帝，中國皇帝和越南國王只維持名份上的關係，無實質統屬關係。換言之，只要越南國王經過中國冊封，越南國王在名份上承認中國是其宗主國，即可透過三年或四年的朝貢方式維持雙邊的外交關係。

　　在漫長的越南和中國朝貢關係中，唯有元朝想改變這種名份關係，要求越南國王親赴中國朝貢，遭越南抗拒，而引發兩國長期的戰爭，最後越南以進貢「代身金人」的方式解決此一衝突，元朝亦以不冊封越南國王作為懲罰。

　　在名份朝貢關係中，中國從宋朝以來相當堅持不給篡弒者冊封王位，因為這樣做會給予篡弒者鼓舞，而造成越南政權不穩定。表現最為典型的例子在宋朝、明朝和清國都有。在宋朝時，十道將軍黎桓於 980 年廢丁璿，自行即位為王，建前黎王朝。宋太宗對此非常憤怒，乃派兵攻打，結果戰敗。黎桓擔心中國再度出兵，因此在 983 年遣使入貢，沒有想到宋太宗提出了一個奇怪的建議，就是丁氏已傳襲三世，你黎桓得恩於丁氏，因此想命丁璿為統帥，黎桓副之。其次，倘若丁璿年幼不克重任，則黎桓宜遣丁璿母子來歸北朝，俟其入朝，將授給黎桓節旄。這兩種方法請黎桓擇一而行，結果遭黎桓拒絕。宋朝北方有契丹（匈奴）之騷擾，所以無意再與安南作戰，最後接受黎桓之朝貢，「宋雍熙二年（985），黎桓入貢。以桓為安南都護，充靜海軍節度使。」[2] 宋朝再繼續給黎桓各種頭銜，以示籠絡。

---

2. [清] 徐延旭，**越南輯略**，世系沿革，無出版公司和出版地，1877 年（光緒三年），頁 4-5。

在明朝，黎季犛於 1400 年 2 月篡奪陳少帝之王位，故安南國王陳日煃弟陳天平於 1404 年 8 月投奔明朝，告發黎季犛政變奪權之事跡，明成祖對此非常生氣，要求黎季犛將王位歸還給陳天平，沒想到當明朝派兵護送陳天平返回越南，在邊境即遭黎季犛派軍殺害。明成祖非常憤怒，乃派軍占領安南，俘虜黎季犛父子到中國，然後派官統治安南，安南再度成為中國地方郡縣。直至 1427 年黎利以戰逼中國撤兵，中國才退出安南。

1527 年 6 月，莫登庸篡黎朝稱皇帝。1528 年 2 月，莫登庸遣使前往明朝燕京，謂黎氏子孫，無人承嗣，囑使大臣莫氏，權管國事，統撫民眾。明朝不接受其請貢。1536 年 11 月，因為明世宗得了皇子，按往例當遣使詔諭安南。禮部說：「安南不修職貢且二十年，往者兩廣守臣，言黎譓、黎廬非黎睭應立之嫡，莫登庸、陳暠等皆篡逆之賊，宜遣使按問，求罪人主名，以行天討。」明世宗說：「安南詔使不通，又久不入貢，叛逆昭然，其趣遣使勘問，征討之事，會同兵部速議以聞。」[3] 從該文可知，朝貢國久不朝貢中國，將被視為叛變，中國就會出兵。

1537 年，明世宗準備征討安南，起用右都御史毛伯溫為參贊軍務，命戶部侍郎胡璉、高公韶先前往雲、貴、兩廣調度軍食，以都督僉事江桓、牛桓為左、右副總兵，督軍征討。同年 4 月 12 日，禮、兵二部會廷臣議征討安南，都認為莫登庸有十大罪狀，不容不討。「逼逐黎譓，占據國城，罪一。逼娶國母，罪二。鴆殺黎廬，偽立己子，罪三。逼黎寧遠竄，罪四。僭稱太上皇帝，罪五。改元明德、大正，罪六。設兵關隘，阻拒詔使，罪七。暴虐無道，荼毒生靈，罪八。阻絕貢路，罪九。偽置官屬，罪十。請大發宸斷，播告中外，選將訓兵，剋期致討。」[4] 後莫登庸害怕中國出兵，於 1539 年 2 月親自負荊請罪於鎮南關，明世宗下令將安南國降為安南都統使司，授莫登庸為都統使。

在清國，當西山軍在 1787 年 10 月攻入昇龍城時，黎潛帝逃往中國，請求清國協助其復國，清國基於「興滅繼絕」之道德使命派軍護送其回到昇龍

---

3. [明] 張居正等纂修，**明實錄（世宗肅皇帝實錄）**，卷一百九十三，中央研究院歷史語言研究所校勘，臺北市，1984 年，頁 2。

4. [明] 張居正等纂修，**明實錄（世宗肅皇帝實錄）**，卷一百九十九，頁 2-3、6-7。

城，重登王位，不久又遭西山軍擊敗。乾隆皇帝以阮光平前往中國進貢作為和解之條件，孰料阮光平與兩廣總督福康安勾結，以相貌類己者代之，於是選一相貌相似之外甥范公治為替身，由福康安和廣西巡撫孫永清、越南使臣吳文楚、鄧文真、潘輝鎰護送到熱河行宮晉見乾隆皇帝。

當西山軍阮文惠擊敗黎朝軍隊時，請求清國給予冊封，而黎朝是清國承認的朝貢國，清國要改變外交承認，就找出一個藉口說：「上以黎維和再棄其國並冊印不能守，是天厭黎氏不能存立，而阮光平既請親覲，非前代莫、黎僅貢代身金人之比，且安南自五季以來，曲、矯、吳、丁、李、陳、黎、莫互相吞噬，前代曾郡縣其地，反側無常，不足廑南顧之憂。乃允其請。」[5]

當西山軍被阮福映軍隊擊敗後，阮福映又依例向清國請求冊封，清國立刻接受，其說詞是：

「清仁宗嘉慶七年（1802）8 月甲辰，嘉慶帝又諭：『阮光平臣事天朝，先大皇帝錫之敕命，恩賚優加。乃其子阮光纘竟敢窩留內地盜犯，通同劫掠，喪心背恩，實為天理所不容，是以亡不旋踵。今棄國潛逃，並天朝所給敕印，亦不能守，是阮光纘不特上負先大皇帝怙冒洪慈，抑且為阮光平不孝之子，獲罪甚重。爾國長（按指阮福映）遣使恭繳敕印，並縛獻逋盜，深得事大之理。恭進表貢，具見至誠。」[6]

從上可知，嘉慶比乾隆更採取務實主義，不再拘泥於過去重道德的朝貢關係，越南誰當權者，就給予冊封。而這種外交政策之轉變，清國多以越南前朝之錯誤做結，以取得與新政權交往的合理化理由。

歸納言之，越南與中國朝貢關係之特點如下：

1. 中國承認越南為交趾郡王或安南國王，由中國派使冊封，誥書及贈禮，給予駝鈕金印（包銀）。冊封使至越京王宮，交給接奉使，越王在隔室接封誥。

2. 越南國王更替，需向中國報告，越南國王死，也要遣使告哀，由中國遣使祭弔，並封新王。

---

5. [清] 徐延旭，**越南輯略**，世系沿革，光緒三年，頁 19。
6. [清] 覺羅勒德洪等奉敕撰，**大清仁宗睿（嘉慶）皇帝實錄（三）**，卷一百二，頁 8-10。

3. 越南遣使朝貢，大部分貢方物，即土產，貢象、象牙、犀角。在特殊情況下，如冊封新王時，則貢金器、銀器、珠寶，例如 1164 年中國封李英宗為安南國王，越南即貢金 100 兩，銀 150 兩。

4. 越王若是篡弒，而非正統繼承，中國不予承認、不予冊封，甚至出兵懲罰。不請自立，亦不行。但明朝末年，有例外，即在 1597 年，黎朝和篡權的莫朝都同時接受明朝冊封為都統使，明朝採取很務實的作法，同時和越南兩個政權建立外交關係，此與傳統中國的不接受篡弒政權的朝貢關係不同。

5. 越南遣使由陸路到中國京城，沿路由中國供應食宿，在京有時住留時間數月。中國對來使亦會封賜器幣和綢緞。在清國，在 1738 年以前貢道係由中、越邊境進入西江、湘江、湖南、湖北、順黃河而下到北京。1738 年改變貢道，即由越南進入鎮南關後，仍走廣西、湖南古道，再下長江循淮河北上的運河到北京。

6. 中國給越王之賞賜大都為器幣、紗羅、文綺、錦羅。

7. 中國對越封王，在中國的觀念中，越國是地方上的王，猶如諸侯而已，或是中國派出的官，叫靜海軍節度使，不准越王稱帝，如聽其稱帝，必予告誡。因此越南對中國採取內外兩套制度，對中國自稱王，對內稱帝。

8. 中、越兩國有疆界，經常為疆界事發生爭執，也進行邊界談判。

9. 中國禁止越南貨在中國買賣。但越南若乞求買書，則予特准（清代）。

10. 明代中國給越王之龍袍上繡青龍，且只有四爪。天下只有中國皇帝的龍袍上有黃色五爪龍。

11. 宋朝時，越王只遣使朝貢，元朝時卻要求越王親自朝貢，否則即出兵征伐。因為越南國王拒絕親朝，元朝即不給予越南國王冊封，後越南以代身金人朝貢，才恢復與元朝的關係。

12. 越南雖自 1054 年改國號為大越，但中國從未正式稱其大越國名，仍稱安南或交趾。越南在 1838 年改國號為大南國，中國亦從不稱呼它為大南國。

13. 中國對越南只維持名份上的宗主權，只管其國王之登基冊封，不干

涉其内政，猶如高度自治。

14. 中、越朝貢關係沒有透過正式條約，完全依慣例和瞭解進行朝貢關係。但此一關係之中斷卻係透過 1885 年中、法會訂越南條約。

15. 越南有外交自主權，1862 年後未請示中國而與法國簽訂條約。

16. 當越南受法國入侵而影響中國邊境安全以及越南要驅逐外敵時，經越南請求，中國才會出兵助戰，例如 1880 年代在越北之清、法戰爭。

三、越南國王對內稱帝

在中國建構的朝貢關係中，基於天無二皇帝之觀念，天下只有中國皇帝一人，其他朝貢國皆是王的位階，在中國官階中居於公和侯之間。越南自從成為宋朝的朝貢國起，其領導人就一直稱王，未有稱帝之舉。直至宋淳祐十年（1250）春 3 月，陳日煚（陳太宗）詔天下稱帝為國家，改都衛府為三司院，曰奉宣、清肅、憲正等院。這是安南正式在內部稱帝、稱國之始。

1467 年 10 月 16 日，大臣百官上表勸進黎聖宗加皇帝帝號。黎聖宗說：「皇帝之號，朕未敢言，皇上之稱於群臣，嗣皇之稱於太廟，亦足以別諸王之號。若比之言，卿當擬定，數年後如見天順於上，民安於下，雨若風調，大懷小畏，凡徽號始可與謀，卿等其熟思之。」19 日，大臣文武百官再上表勸進說：「陛下既履至尊，宜稱皇帝。」黎聖宗還是沒有接受。

12 月甲午日，冬天祭祀時，黎聖宗自稱孝孫國皇，國皇之號自此始。黎聖宗頒給都檢點黎解等制誥之命，就使用皇上制誥之命，稱皇上自此始。黎聖宗演了三次勸進的戲碼，最終接受了皇帝之稱呼。此後，越南領導人在越南內部稱呼皇帝，對中國朝貢時仍稱王，越南甚至不敢讓中國知道其稱帝。此一模式係始於趙佗。西元前 183 年，趙佗自稱南越武帝。西元前 179 年，漢文帝遣陸賈勸諭趙佗取消稱帝，向漢朝朝貢。最後趙佗跟漢朝達成和解，以後遣使中國時自稱王，而其在南越國內仍用南越帝號。

阮朝從阮福映起亦稱帝，嘉隆五年（1806）1 月，群臣復上表勸進請正帝號，阮福映從其請，命禮部齎吉鑄金冊。5 月，阮福映即皇帝位於太和殿。因此在越南史書**大南寔錄**及其他史書都記載歷代帝王實錄。儘管越南在國內

仍稱帝，但在清國仍視為王，清國亦不知越南國王稱帝，若知道，可能引發戰爭。至於中國是否知情，在中國文獻沒有記載，亦不可能記載，此乃因為中國不承認越南是完全的獨立國家。

四、越南名稱的演變

西元前 214 年秦始皇統治越北，稱之為象郡。西元前 208 年，趙佗滅蜀國，控制越北，將象郡分為交趾、九真兩郡。西元前 111 年，漢武帝滅南越國，將其地分為交趾、九真和日南三郡。西元第三世紀，中國對越北地區以交州和交趾交替使用。681 年，唐朝稱越北為安南，以後安南和交趾兩詞互用。丁部領在 968 年在越北建立大瞿越國，但中國不予承認，仍稱之為安南。

李聖宗李日尊在 1054 年將國號改為大越，以後很長一段時間越南都使用大越國一名，直至 1804 年才改為越南。但在中國文獻都不直接稱呼其為大越國，蓋中國不予承認。中國文獻仍稱之為安南。

明朝在 1407 年到 1427 年再度將越南併入版圖，稱之為交趾。1427 年以後恢復稱其為安南，直至 1804 年中國賜予越南國名為止。

阮福映在 1802 年在順化建立新政權，想要改變國號為南越國，因此遣使詢問清國的意見，結果清國擔心南越國會跟趙佗時期的南越國重複，而南越國包括廣東和廣西領土，懷疑越南對廣東和廣西有領土企圖，所以將之改為越南。阮福映雖不滿意，亦只有接受，因為還須請中國給予冊封。1804 年2 月，大越國改國號為越南，並通報暹羅、呂宋、真臘和萬象。直至 1838 年，明命帝改國號為大南國。此次更改國號之舉，未請中國同意，中國亦可能不知情，大南國一名變成越南內部使用之國號，中國文獻則一直稱呼為越南。

法國在 1862 年與越南簽訂西貢條約，越南使用大南國一名。大南國一名應該是第一次獲得國際承認。協和帝在 1883 年與法國簽署第一次順化條約時，法國已將越南地位改為安南，因為法國在此時已控制交趾支那，北圻成為法國保護領地，越南國王只控制中圻一地，故法國不再承認越南之獨立地位，而以安南稱呼。1884 年，大南國和法國簽署第二次順化條約，雖仍稱大南國，但以後法國都使用安南一詞稱呼越南。

1945 年 3 月 9 日，日本取代法國成為越南的統治者，日本支持保大成立獨立國家，日本承認保大治下的越南國，此後越南一名再度使用至今。

五、越南國王名字內外有別

在中國文獻中所記載的越南國王名字，在陳朝以前，是跟越南史書的記載一樣。但在陳朝和後黎朝兩個朝代的越南國王名字，中國文獻和越南文獻之記載就有不同。此應該是這兩個朝代比較注意國諱，不想讓中國史書直呼其國王名字，而改以別名，作為向中國進貢時的名字。西山政權時期亦有此一現象，阮文惠在登基後改名為阮光平，然後向中國進貢請封。以後阮福映王朝就無該種現象，是以其名字向中國進貢請封。

六、以中國自居的文化意識

越南長期受中國統治，文治禮樂深受中華文化薰陶，官方考試以漢學為主，是以一般士人都能閱讀書寫漢字，久之，官方文書每以「中國」自居，從**大越史記全書**到**大南寔錄**等官方文書，均不時流露此一以中國自況之歷史紀錄。例如，最早是**大越史記全書**，記載明洪武二十一年（1388）12 月 6 日早上，上皇陳明宗前往安生（為陵廟地區），令殿後扈衛，尋令祗候內人召陳廢帝來謀國事。陳廢帝還未用膳就匆匆趕到，只有兩人侍候。到達後，上皇說：「大王來。」就派人將陳廢帝帶到資福寺，予以囚禁。宣內詔說：「昨者睿宗南巡不返，用嫡為嗣，古之道也。然官家踐位以來，童心益甚，乖德不常，親暱群小，聽黎亞夫、黎與議譖誣功臣，扇搖社稷，可降為靈德大王。然國家不可以無主，神器不可以久虛，可奉迎昭定入繼大統。布告中外，咸使聞知。」[7]

1509 年 12 月，黎瀠即位後，命頭目黎廣度、黎調、阮文郎、黎嵩、劉興孝、程志森、鄭綏、梁得朋、杜履謙、丁勖、鄧鳴謙、杜絪、黎鼐、譚慎簡等上表陳情於明朝，其辭說：「端慶黎溶，襲封王爵，經四年間，寵任母

---

7. [越] 吳士連、范公著、黎僖等撰，**大越史記全書**，本紀，卷之八，陳紀廢帝條。

黨姜種、阮伯勝等，恣行凶暴，濁亂朝綱，屠戮宗親，鴆殺祖母，荼毒國人，民不堪命。姜種、阮伯勝等權傾中外，惡黨日滋，圖竊國柄。」[8]

欽定越史通鑑綱目亦有相同的記載：「雍正六年（1728）4月，清歸聚龍銅廠。……辰北邊戒嚴，中外疑懼，鄭楅獨斷，以豈有無釁而生事者，嚴飭邊吏不得妄動。」[9]

大南寔錄亦有類似的記載，嘉隆十三年（1814）10月，阮福映對群臣說：「正名乃為政之先，邇來中外章奏，其中或只稱官爵。揆之君前，臣名於義未協，至所稱人民雜用國音，尤為鄙俚。自今章疏冊籍所敘職官者，具著官銜姓名，民人則男稱名，女稱氏（如名甲，陳文甲，氏乙，李氏乙之類）。」[10]嘉隆稱「中外」，顯係將越南比附為中國，其未將清國視為中國，蓋可見其輕鄙清國之意。以後**大南寔錄**都是使用「中外」一詞，用以指稱越南和外國的關係。

明命二十年（1839）4月，明命帝諭內閣曰：「中外官員皆朝廷臣子。」[11]同年6月，吏部奏言：「中外文武官物故，蒙得陞授、寔授者。」[12]

1841年6月，水舍、火舍二國遣使進貢，憲祖諭禮部說：「火舍世處蠻荒，自古未通中國，朕嗣服伊始，乃能仰慕皇風，叩關籲懇，其畏天事大之誠，殊堪嘉獎。水舍旅庭久列，終始弗渝，而改正國號，寔自今始，使臣此來，所宜從優款給，用示懷柔。二國王應給敕書，應賞品物、色數，部查例覆，斟酌擬辦。」[13]在嘉隆、明命帝時期，以「中外」之詞暗喻自比中國，至憲祖，則公然自比中國，蓋因中國在1840年敗於英國，而遭越南鄙視，乃自比中國。其在科舉考試，亦言中進士者，才不遜於清國進士，紹治三年5月阮憲祖對張登桂說：「朕觀清朝殿試所取三魁亦無甚出色，不過彼善於此而已。本朝開科以來，鼎甲久虛，重其選也。今觀枚英俊廷對之文，頗諳政體，較前科

8. [越] 吳士連、范公著、黎僖等撰，**大越史記全書**，本紀，卷之十四，黎皇朝紀威穆帝條。
9. [越] 陳文為等纂修，**前引書**，第七冊，正編，卷之三十七，頁3346-3349。
10. [越] 張登桂等纂修，**大南寔錄**，第三冊，正編第一紀，卷五十，頁10。
11. [越] 潘清簡等纂修，**大南寔錄**，第十二冊，正編第二紀，卷二百一，頁27。
12. [越] 潘清簡等纂修，**大南寔錄**，第十二冊，正編第二紀，卷二百三，頁18。
13. [越] 陳踐誠等纂修，**大南寔錄**，第十三冊，正編第三紀，卷九，頁2。

稍勝，可實之甲第，以勸多士。」[14] 越南小國，自比中國，猶如夜郎，其嫉羨與輕鄙清國之情可見一斑。

明命帝在 1827 年曾下令瀘江以北改易衣服。到了明命十八年（1837），已過十年，農夫村婦仍未改。他批評說：「廣平以南穿著漢明冠服衣褲，看起來整齊。而北方中國舊俗男子帶褲、女子衣著交領下用圍裳，不夠美觀。」因此下令河靜以北限本年內更換衣服。開年後未改者，要處罰。[15]

在越南諸位國王中應以明命帝最有文才，他喜歡作詩，當功臣對他行抱膝禮後他都會作詩贈送，他在明命十八年（1837）還問曾前往清國的臣下李文馥他的詩和中國帝王的詩如何？李文馥答稱，清國士子說中國帝王詩集以乾隆最多，但不如明命帝**御製詩**之平淡。明命帝說：「乾隆之詩立意高邁，詞語堂皇，非騷人墨客所能比擬，但其不拘聲律，讀數遍還是無法嫻熟，詩除了吟詠性情外，亦須有韻律，若太疏放，未敢以為法也。」他出版有**御製詩**一集、二集、三集（自明命十四年春迄十五年冬，共 10 卷，凡 453 篇，目錄 2 卷）和四集（自明命十六年春迄十七年冬，共 10 卷，凡 522 篇，目錄 2 卷）。[16] 嗣德帝亦擅長作詩，有詩集多本出版。

最為特別的是，在越史中很少使用「越人」一詞，在**大南寔錄**是以漢人自稱，在明命二十一年（1840） 11 月，明命帝派吏科掌印官陳文璩察訪鎮西城（即柬埔寨），他說造成鎮西動亂的原因為：「上司平日撫馭乖宜，流官如海西知府武桁索取土目賄銀，又脅捉新民女子充為家奴，中河知縣黎伯雄奪賣水利，私設守所，要索商船禮遺，漢民、漢兵恃勢凌逼土人，擾弊多端。」[17] **大南寔錄**所講的漢人，指的是越人。若是華人，則是使用清人一詞。

七、法國入侵之原因

阮福映之得國，端賴法國傳教士百多祿之協助以及暹羅、高棉和萬象之助兵。因此在嘉隆帝任內，外國傳教士擁有傳教自由，越人亦有信教自由。

---

14. [越] 陳踐誠等纂修，**大南寔錄**，第十三冊，正編第三紀，卷三十，頁 1。
15. [越] 潘清簡等纂修，**大南寔錄**，第十一冊，正編第二紀，卷一百八十四，頁 22。
16. [越]潘清簡等纂修，**大南寔錄**，第十一冊，正編第二紀，卷一百八十五，頁 28-29、卷一百八十六，頁 3。
17. [越] 潘清簡等纂修，**大南寔錄**，第十二冊，正編第二紀，卷二百十九，頁 14。

沒有想到，明命帝鑑於天主教勢力日增，為了維護越南的傳統禮教，遂在1832 年和 1835 年宣布禁教令，逮捕及殺害外國傳教士、迫令教徒出教、拆除教堂，導致法國為了傳教問題而攻擊峴港等沿海城市，1859 年法、越兵力懸殊，越軍非法國對手，再加上南圻天主教徒因為不滿越南政府禁教及排教，而暗助法軍，卒致在嗣德帝時法軍於 1859 年占領西貢，1862 年再占領嘉定、邊和和永隆三省，1874 年越南割讓南圻六省土地給法國。

考察法國入侵越南之原因，可歸納幾個因素如下：

第一，本來法國並無意侵犯越南，法國曾在 1826 年遣使到越南要求通商及傳教自由，遭越南拒絕。1829 年，法國預派領事到越南被迫驅逐返國。越南明命帝並在 1832 年 5 月公布禁教令，下令拘捕越南境內的外國傳教士，將之送至順化和峴港監禁，命其將西方書籍譯成越南文，目的不是在譯書，而是為了不讓他們到各地傳教。他要求傳教士放棄神職工作，教士不從，教堂和傳教所就遭到破壞，教士遭到凌虐。但教風仍熾，而引發衝突。另外明命帝亦禁止法國商人在越南的貿易。

第二，1851 年，嗣德帝又指控天主教徒陰謀推翻其地位，下令將歐洲傳教士投入海中或河中，越南傳教士則砍為兩半。在該年將史催福勒神父（Father Augustin Schoffler）斬首。1852 年，將波恩那德神父（Father Bonnard）斬首。1855 年，下令所有信仰天主教的官員宣誓在一個月內放棄信仰，其他人則在半年內放棄信仰。同時懸賞每逮捕一名歐洲傳教士給賞480 銀元，每逮捕一名越南傳教士給賞 160 銀元。在該年英國商船進入沱灢、平定，要求通商，亦被拒絕。1856 年 7 月 20 日，越南又開始屠殺傳教士，特魯神父（Father Tru）被斬首。該年法艦又砲轟沱灢港。1857 年，西班牙主教狄亞茲（Mgr. Diaz）被處死。該年法使蒙蒂尼（M. de Montigny）到順化，要求嗣德帝保證天主教徒的傳教自由，允許法國在順化設立法國商務代辦處和法國領事館，均遭拒絕。1858 年 1 月，天主教徒占領一個村莊，並放火燒村，全村村民遭屠殺。以後法國便展開對越南的侵略。

第三，當時法國控制在印度科羅曼德爾海岸的龐迪車里，從該處到中國，路途遙遠，中間需要一個靠港的加油站，在該航路上，新加坡已被英國占領，

因此，越南的沿岸港口就成為法國覬覦的對象，法國原先想占領的是峴港，但試過幾次後發現該港越軍守衛甚嚴，占領不易，遂轉向南部越軍兵力及守衛較弱的西貢。1859 年，法軍很輕易的就占領西貢，沒有遭到重大抵抗。隨後越軍出動 1 萬兵力包圍西貢，法軍只有 800 人，後來在 1860 年英、法聯軍攻打北京後，從中國退出的 3,500 名法軍轉到西貢，才擊潰越軍。西貢成為法國前進中國的跳板。

八、中斷對中國之朝貢關係

至第十八、十九世紀，西洋列強繼續在東南亞蠶食併吞，清國的反應消極，惟有對法國入侵安南，直逼其邊境時，清國才起而抗拒。然終不敵法國船堅砲利。1885 年與法國簽訂中、法會訂越南條約，承認法國擁有越南之宗主權。1886 年與英國簽訂中、英會議緬甸條款，承認英國在緬甸的勢力。

「清德宗光緒十一年（1885），命李鴻章、錫珍、鄧承修等與法使巴德訥（諾）訂越南條約十款於天津。臣謹案，此約以上年五條為底本，由總理衙門敕赫德與法外部電商，密令鴻章等酌改，隨即簽字。其時正諒山大捷之後也。」[18] 清國與法國在該年簽訂中、法會訂越南條約，中國承認越南脫離中國的藩屬國地位。

1886 年，清國與緬甸簽訂中、英會議緬甸條款，規定「因緬甸每屆十年向有派員呈進方物成例，英國允由緬甸最大之大臣每屆十年派員循例舉行，其所派之人，應選緬甸國人。中國允英國在緬甸現時所秉一切政權均聽其便」。緬甸亦因此一條約而脫離與中國的朝貢關係。

暹羅在 1869 年遣使要求廢除朝貢之禮，而且相互贈禮以西洋禮節為之，要求平等往來、互派使節，為清國所拒，以後清國和暹羅即中斷外交關係。「道光中，始與英人締約，各國繼之，再認為獨立暹人亦思自振，朝貢遂缺。及咸豐初年，洪楊亂起，東南淪陷，聲播南洋，西人又加煽惑，暹人信之，乘此脫離屬國名義。同治八年（1869），暹羅遣使來上書，請廢貢獻之禮，

---

18. [清] 劉錦藻撰，（清）**皇朝續文獻通考**，卷三百四十六，外交考十，界務（法葡德）條，頁考 10889。

以後贈獻方物，彼此接受儀式，當與西洋諸國同。政府拒之。」[19] 直至清國結束，都未能恢復雙方外交關係。在**清實錄**和軍機處檔案中，均未得見該一暹羅要求平等往來之書函。

九、越南、緬甸和朝鮮三國與中國的朝貢關係親疏遠近各有不同

越南、緬甸和朝鮮三國都是位在中國周邊的重要的朝貢國，與中國邊境安全關係密切，他們與中國建立朝貢關係無須簽立條約，但他們脫離中國的朝貢關係卻是在國際條約下中斷，例如越南是依據 1885 年中、法會訂越南條約（中國承認法國是越南之保護國）、緬甸是依據 1886 年中、英會議緬甸條款（中國同意英國在緬甸之統治權）、朝鮮是依據 1895 年中、日馬關條約（中國承認朝鮮是一個獨立國家）。這三國與中國的朝貢關係亦深淺程度有別，朝鮮最為密切，越南其次，緬甸更其次。越南和緬甸擁有自主外交權，當法國在 1862 年後相繼與越南簽署各項條約，都是越南自行決定，無須請示中國，中國亦不知悉。1881 年中國知悉法越簽約，亦僅表示要密勸越南勿輕易與法國另立新約而已。

1882 年 4 月 25 日，法軍進攻及占領河內，都督閣曜（Hoàng Diêu）自殺。越南嗣德帝請求清國援助，清國派遣 1 萬名軍隊協助越軍對付法軍。清國為明瞭法軍在越南的入侵情況，特別邀請越南派員前往清國商議。越南皇帝在 1882 年 12 月派遣刑部尚書范慎遹充欽差大臣，侍郎加參知銜阮述副之，往清國天津會見李鴻章。1884 年 3 月法軍占領北寧、太原和宣光，劉永福退據保勝。5 月 11 日，李鴻章與法國代表福祿諾（François Ernest Fournier, 1842-1934）在天津簽訂了「中、法會議簡明條約」（又稱「李福協定」），清國同意法國與越南之間「所有已定與未定各條約」一概不加過問，亦即承認法國對越南的保護權。1885 年簽署中、法會訂越南條約，清國承認法國和越南簽署的條約有效。緬甸情況也是一樣，英國在 1824 年起與緬甸打仗，直至 1885 年 11 月 28 日緬王投降為止，緬甸從未向清國通報其與英國戰爭及簽訂條約。

---

19. [清] 黃鴻壽，**清史紀事本末**（下），頁 448。

　　至於朝鮮，其與清國的朝貢關係和越南及緬甸不同，1882 年 10 月，清國與朝鮮簽訂「清朝商民水陸貿易章程」，這是清國和朝鮮首次以正式條約來規範雙邊關係，主要內容包括雙方互在對方開放口岸設商務委員、擴大邊境貿易、清國兵輪可在朝鮮沿海遊弋及停泊各處港口、領事裁判權、協定關稅等。

　　朝鮮在光緒八年（1882 年）3 月與美國議立友好通商條約，請清國派員主持會辦。清國派遣道員馬建忠、水師統領提督丁汝昌率威遠、揚威和鎮海三艦會美國全權大臣薛斐爾。4 月 6 日，約成，美使薛斐爾、朝鮮議約官申櫶、金宏集盟於濟物浦，汝昌和建忠監之。以後朝鮮將約文和美國照會咨報清國禮部和北洋大臣備案。[20] 光緒八年（1882）4 月，朝鮮與英國簽署修好通商條規，亦先將約文咨報清國，並請清國派員商辦。光緒十二年（1886）5 月 3 日朝鮮與法國簽訂「條約通商章程稅則」，預定在 1887 年 4 月將此條約批准互換，因此咨報請示清國。[21] 1887 年 5 月，朝鮮又向清國咨報其已從英國人手中取回被占領三年（1885 年 4 月 15 日到 1887 年 2 月 27 日）的巨文島，並感謝清國與英國之交涉。[22]

　　1887 年 8 月，朝鮮國王派閔泳浚出使日本東京，任駐日本代理大臣，然後再將遣使事咨報清政府。光緒十三年（1887）8 月 7 日清國總理衙門曾致電朝鮮國王，謂：「朝鮮派使西國，必須先行請示，俟允准後再往，方合屬邦體制。」在此之前，朝鮮與美國簽約互派使節，已獲清國允准。8 月 22 日，朝鮮擬派遣朴定陽為駐美使節、趙臣熙為駐英德意俄法五國使節，請清國允准。9 月 3 日，光緒皇帝之上諭曰：「禮部奏：『朝鮮國派使西國，先行請示，呈進奏章一摺，披閱奏章內所陳各節，情詞恭順，具見惘忱。朝鮮與各國立約，既有派使互駐之條，現在遴員前往，自無不可。惟中國之於朝鮮，推誠相與，休戚與同。該國物產無多，商務未旺。加以頻年多故，國用日繁。若

20. 清史稿校註，第十五冊，卷五百三十三，列傳三百十三，屬國一，朝鮮，頁 12074。
21. [清] 王彥威輯，清季外交史料，「禮部奏朝鮮與法國立約情形摺：附咨文」，卷六十八，頁 3：「禮部奏朝鮮與法國訂約摺：附咨文」，卷七十一，文海出版社，臺北縣，1963 年，頁 32-33。
22. [清] 王彥威輯，清季外交史料，「禮部奏朝鮮因英國還巨文島奉表稱謝並賀親政摺」，卷七十一，頁 33。

再派使分駐各國，並無應辦之事，而從此常年頓添鉅款。嗣後若因經費不繼，竟行中輟。或勉力籌措，債負日增，既於國計無裨，轉致遠方騰笑。朝廷代為區畫，殊屬非計。該國王務當仰體中朝覆庇保全之意，將此事詳籌終始，審慎而行。至於派駐之後，體制交涉，務歸兩全。』奏章所陳，深為得體。所有派往各國之員，與中國使臣往來，均用屬邦體制。前經李鴻章電奏，該國已遵章辦理，其餘未盡事宜，仍著李鴻章隨時通問籌商，務臻妥協。將此諭知禮部李鴻章，並由該部傳諭朝鮮國王知之。」[23]

然而朝鮮想獨立派遣駐外使節，無須使用屬邦之禮，以擺脫中國的約束，李鴻章對於朝鮮的獨立外交感到不滿，訓令駐紮朝鮮總理交涉通商事務大臣袁世凱向朝鮮交涉，朝鮮議政府領議政沈舜澤於 1887 年 9 月 24 日照覆袁世凱如下：

查本國向有交涉大端，必先商北洋大臣查核示遵，非止一再。美國首先通好而派員襄助妥訂條約，嗣後泰西諸國繼至修好，後先訂約，所有條約亦皆備文咨報，均經奏准，此皆交涉大端之先商者也。查本國與各國所訂條約，內開彼此均得派遣使臣駐紮京城、商辦交際事宜等語，原約既經咨報奏准，則約內所開各節亦皆邀准。而且各國派使來住已有年所，本國並無派員前往，是以各國駐京使臣屢以遣使出洋為請，本國政府以朝鮮商民並無出洋貿易，而出使經費究亦無著，不允其請，置為緩圖。至近日而各國之請愈切，本國念及友誼，重違其請，乃派定歐美各國使臣，姑以塞西人之請。將此事由正擬商請傅相（按：指李鴻章）之際，適承來文，殊甚歉愧。

查向例本國派使出洋，均係一面派送，一面咨行，並無先咨後派之例。是以本國曾簡全權大臣派赴亞美日本等國，而均係去後始咨，今年派遣辦理大臣往駐日本，而亦去後始咨，此次赴美全權之行，自應按照向例辦理。[24]

清國對於朝鮮亟欲遣使外國，乃請李鴻章籌議朝鮮通使各國體制。

光緒十三年 11 月 14 日，直隸總督李鴻章奏，為遵旨與朝鮮國王籌商派

23. [清] 王彥威輯，**清季外交史料**，「禮部奏朝鮮國王咨報派使西國請示摺：附上諭及表咨」，卷七十三，頁 19-20。
24. 引自陳紅民，「晚清外交的另一種困境：以1887年朝鮮遣使事件為中心的研究」，**歷史研究**（北京），2008年第2期，頁 119-131。

遣使各國，未盡事宜，酌擬三端。現准咨覆照辦事。竊臣欽奉 9 月初 3 日，
寄諭朝鮮派使各國體制交涉務為求全，其未盡事宜仍著李鴻章隨時通問籌
商，務臻妥協等因。欽此。遵即電飭駐紮朝鮮辦理交涉通商事宜補用知府袁
世凱轉商該國應查駐紮公使不必用「全權」字樣。旋於 9 月 23 日接據袁世
凱電稟：「准朝鮮外署照稱：『奉國王傳教，前派國使久已束裝，如候由咨
文往返籌商，恐須時日，請先電達北洋大臣籌覆。』並據該國王咨稱：『近
年泰西各國屢請派使修聘，諸國幅員權力十倍朝鮮，不可不派大使。惟派使
之初，未諳體制，未先商請中朝，派定後即飭外署知照各國，以備接待。茲
忽改派，深恐見疑。仍請准派全權公使前往，待報聘事竣調回，或以參贊等
員代理，庶可節省經費；並飭該使至西國後，與中國大臣仍恪遵舊制。惟事
恭謹等語。』辭意尚為遜順。臣復加籌度，更將有關體制者先與約定三端：一，
韓使初至各國，應請由中國大臣挈赴外部；一，遇有讌會交際，應隨中國大
臣之後；一，交涉大事關係緊要者，先密商中國大臣核示，並聲明此皆屬邦
分內之體制，與各國無干，各國不得過問。當即電飭袁世凱轉達該國王照辦。
茲復准該國王咨稱：『10 月杪飭駐美公使朴定陽、駐英德俄義法公使趙臣熙
先後往駐，所定三端並飭遵行。』咨稱：『據情轉奏前來，臣查朝鮮派使往
駐泰西，本係無益虛名，徒糜國用，前奉諭旨開示，至為精詳。惟該國因原
約有遣使互駐之條，遽未先商請中朝，遽以全權公使報聞各國。此時應以改
派失信，自是實情。既稱遣使後與中朝使臣往來恪遵舊制，臣所定擬三端又
經遵行，於屬邦事例並無違礙。至所稱報聘等事，或以參贊等員代理，以期
節省經費，亦係遵奉諭旨審度預籌。」[25]

　　李鴻章欲以「三端」約束朝鮮駐外使節之行為，袁世凱且一再阻撓朴定
陽出使美國，朝鮮為達成出使美國之目的，只好在口頭上應允清國的「三
端」，讓朴定陽順利在 1887 年 12 月出使美國，然後不顧「三端」之約束，
在美國進行獨立外交活動。此舉引發清國不滿，遂阻撓朝鮮派遣趙臣熙赴歐
洲，趙臣熙被迫逗留香港，不敢赴歐洲履任，最後稱病返回朝鮮。

---

25. [清] 王彥威輯，**清季外交史料**，「直督李鴻章奏遵旨與朝鮮國王籌商派使各國酌擬三端准咨照辦
　　摺」，卷七十四，頁 18-19。

清國干預朝鮮之外交活動，但對於越南之外交活動則無意介入，固然越南一直隱滿其跟法國簽約割讓領土之事，以致清國無法及時反應有關係。但即使清國知道越南和法國之立約關係，清國亦無意介入，擔心越南若對中國求助，中國將難以為繼。恭親王奕訢在光緒七年（1881）10月15日上奏稱：

　　再越南自法割西貢與立條約後，疆圍日慼，內亂時起，法之添船往越，難保非乘機侵占之萌。前據曾紀澤電稱，宜密傳諭越王無論有何要務，且不可乞助於法，致成開門揖盜之災。此次法人發兵前去，必由將帥私帶一約到越，脅令畫押，應囑越王且勿與法輕立新約云云。查越南界連廣西，前年李揚才闖入越境，經廣西撫臣派兵往剿，越有軍務，中國本無不助剿之理，若必明告以勿求法助，則越將事事求助於中國，亦屬勢難為繼。至法越前立條約，非稟命中國而行，中國現尚不認此約，若密囑越南以後勿再與法另立新約，設法人臨之以兵，彼時越南既無抵制之力，中國亦鮮因應之方，此不能不謀定後動者也。總之，越南積弱已甚，為中國藩籬計，實不能以度外置之。[26]

代理粵督裕寬在光緒八年（1882）4月16日的奏摺亦主張中國不宜介入越南事務，該奏摺說：

　　越南久隸藩服，我朝乾坤涵育，豈忍膜外視之。顧其國弱不可支，而濟弱扶傾一時苦無十全之策，若徒以域中之大，蒞其城下之盟，既已無益於屬藩或且有妨於大局，則何如不預其事之為愈乎。越南自懲前失，此次如與法人更換新約，難保不籲求中國為之主持，然初與法人立約之時，未嘗請命於中國，今日雖來呼籲，並不患無詞以拒之也。[27]

儘管如此，當越南請求中國出兵協助抗法時，中國為了保衛南疆的安全最後還是捲入與法國的戰爭。

清國之所以干預朝鮮的外交活動，應是鑑於越南私下與法國議約，未通報中國，以至於喪權亡國，故對於朝鮮之外交活動就不敢大意，擔心其脫離中國後會落入列強的禁臠，而威脅到中國東北的安全，乃要求朝鮮需通報其

---

26. [清] 王彥威輯，**清季外交史料**，「總署奏越南積弱已甚中國為藩籬計不能以置之度外片」，卷二十六，頁12。
27. [清] 王彥威輯，**清季外交史料**，「代理粵督裕寬奏越南與法交涉請勿預其事片」，卷二十七，頁24。

與外國簽約事以及其使節需依附在清國公使之下活動。然而清國國勢日益衰弱，無力保護朝鮮，朝鮮內部又有獨立派及親日派抬頭，逐漸往日本方向傾斜，最後導致在 1895 年馬關條約中脫離與中國之朝貢關係，至 1910 年 8 月就被日本併吞。

十、越南自成朝貢體系

越南向中國朝貢，成為中國的藩屬國。同樣地，越南作為一個獨立政權，它本身也形成另一個朝貢體系，它要求周邊國家向其朝貢。依據陳文為編纂的**欽定越史通鑑綱目正編**及**大南寔錄**的記載，在明、清兩朝，大越和越南的藩屬國及朝貢時間如下：

真臘來貢。〔宋大中祥符四年（1011）12 月〕

真臘來貢。〔明道二年（1033）1 月〕

真臘來貢。〔寶元二年（1039）12 月〕

占城來貢。〔皇祐二年（1050）3 月〕

占城來貢。〔至和二年（1055）2 月〕

真臘來貢。〔嘉祐元年（1056）1 月〕

牛吼（興化安州）、哀牢來貢。〔治平四年（1067）2 月〕

占城來貢。〔熙寧四年（1071）春〕

真臘來貢。〔宣和元年（1119）2 月〕

占城來貢。〔宣和元年（1119）7 月〕

真臘、占城來貢。〔紹興五年（1135）2 月〕

占城來貢。〔隆興二年（1164）3 月〕

遣使封占城國王。〔慶元五年（1199）10 月〕

占城來貢。〔紹定元年（1228）10 月〕

占城來貢。〔至元二年（1265）2 月〕

占城來貢。〔至元十六年（1279）1 月〕

占城來貢。〔至元十九年（1282）2 月〕

占城來貢。〔大德九年（1305）9 月〕

占城來貢。〔至正二年（1342）5 月〕

爪哇來貢。〔至正九年（1349）5 月〕

占城來求化州故地。〔明洪武元年（1368）1 月〕

占城朝貢大越。〔明宣德二年（1427）2 月〕

哀牢[28] 朝貢大越。〔明宣德九年（1434）6 月〕

哀牢朝貢大越。〔明宣德十年（1435）1 月〕

羅羅斯甸來貢（羅羅斯甸與雲南接壤，衣服與雲南同）。〔明宣德十年（1435）3 月〕

盆蠻[29] 來貢（與玉麻[30] 接壤）。〔明宣德十年（1435）11 月〕

暹羅來貢。〔明正統二年（1437）11 月〕

盆蠻來貢。「盆蠻貢犀角、金銀及三牙、象一匹。詔賜蠻使紅緞、絹疋、瓷器，遣還。」[31]〔明正統十三年（1448）2 月〕

占城國王弟貴由弒其王麻訶貴來而自立，遣使來貢，卻之。〔明正統十四年（1449）1 月〕

遣使占城，詰以弒逆之罪。〔明正統十四年（1449）7 月〕

討盆蠻，因其竊據山洞、不修職貢。〔明天順三年（1459）12 月〕

占城朝貢大越。〔明成化三年（1467）3 月〕

暹羅國人（不是遣使）來貢方物，卻之。〔明成化三年（1467）9 月〕

哀牢求內附，大越以其地荒忽不常，卻之。〔明成化三年（1467）10 月〕

哀牢、鎮寧府、[32] 順平州（在今廣治省）、攸樸峒入貢。〔明成化七年

---

28. 哀牢，指較靠近越南的西雙朱泰（Sipsong Chau Tai），它位在包括今天越南西北部的萊州、山羅和奠邊府一帶的泰族自治區到西雙版納之間的地區。

29. 盆蠻在 1448 年請求內附越南，改為歸合州，其地東南界義安省、廣平省，西北與興化省、清化省相連。（[越] 陳重金著，**前引書**，頁 172。）其族群分布地位在今奠邊府以西至金三角湄公河止，南到琅勃拉邦，北到中寮邊界，應該位在今天寮國川壙，以及包括今天越南西北部的萊州、山羅和奠邊府的泰族自治區和西雙版納之間的地區。越南曾在 1469 年在川壙設立鎮寧府。

30. 玉麻在今天寮國甘蒙省，1827 年被越南併吞，1828 年越南設鎮定府，領有甘吉（今甘結）、甘門（今甘蒙）和甘靈（又稱帆靈）三縣，1840 年甘吉和甘門復歸寮國，1866 年甘靈亦歸寮國。參見景振國主編，**中國古籍中有關老撾資料匯編**，河南人民出版社，中國，1985 年，頁 106，註 10。

31. [越] 陳文為纂修，**欽定越史通鑑綱目**，正編，卷十八，黎仁宗太和六年，頁 2-3。

32. 越南在黎聖宗洪德十年（1469）平定盆蠻後，在該地設立鎮寧府。[越] 陳文為纂修，**欽定越史通鑑綱目**，第五冊，正編，卷二十三，黎聖宗洪德十年，頁 28-30。

（1471）2 月〕

哀牢求內附，大越黎襄翼帝新即位，恐有窺窬之意，卻之。〔明正德五
年（1510）4 月〕

哀牢來獻方物。〔明萬曆十一年（1583）7 月〕

立朝福為哀牢國王，令世奉職貢。〔清康熙三十五年（1696）9 月〕

樂凡蠻請入貢，不許（樂凡蠻為哀牢別部，約三千餘人。因其乞執朝福
以歸，使牢人別置酋長徵租稅。安南認為鎮寧久為臣屬，貢稅不缺，
且諸酋名分相等，朝廷不宜有所左右。樂凡位在義安上游之西南，地
接鎮寧，居順化背後）[33]。〔清康熙三十九年（1700）6 月〕

哀牢來貢于鄭根。〔清康熙四十五年（1706）5 月〕

盆蠻來貢〔「盆蠻在義安西上，註見仁宗太和六年（明正統十三年）。今
考盆蠻，聖宗取其地置為鎮寧。」〕。〔清康熙五十三年（1714）正月〕

哀牢遣使來聘于鄭根。〔雍正六年（1728）4 月〕

樂凡蠻入貢。〔乾隆十一年（1746）〕

樂凡蠻入貢。〔乾隆十二年（1747）正月〕

鎮寧（即盆蠻）來獻方物。〔乾隆十八年（1753）7 月〕

鎮寧（即盆蠻）來貢。〔乾隆二十年（1755）5 月〕

哀牢來貢。〔乾隆二十一年（1756）正月〕

南掌來貢。〔乾隆三十六年（1771）4 月〕

哀牢來貢。〔乾隆三十七年（1772）正月〕

樂凡蠻入貢。〔乾隆四十一年（1776）正月〕

1813 年，越南在柬埔寨金邊於蒐撞媽處起安邊臺，臺上建柔遠堂，凡正
旦、除夕、端陽、萬壽、受曆朔望，高棉國君臣都需向堂前照儀注行
望拜禮。

1816 年 7 月 6 日，「欽頒高棉國藩僚文武朝服，從此高棉官民衣服器用

---

33. [越] 吳士連、范公著、黎僖等撰，**大越史記全書**（電子版），續編，卷之四，黎皇朝紀顯宗永皇帝
（下）條。

皆效華風，而串頭、衣幅、圍裙、膜拜、摶食，諸蠻逐漸改革矣。」[34]
這裡所講的華風，就是越南風俗。

明命四年（1823）7 月，「南掌（別名牢籠）國長肥羅蛇遏牙遣使者導
字導校蛇來納款，經興化寧邊州至瑞原縣，因范叔儒以達於清范書
言，其國二十年來聞朝廷威德，四次求通貢路而不得達，今復遣使奉
書乞為臣屬，鎮臣以奏。……既至，賜之瞻拜，命禮部議定貢期、貢
品，賞賜國長及其使遣還（定三年一貢）。已而其國有事，貢不果
至。」明命十四年（1833）5 月，南掌遣使進貢。

1832 年，越南占領普安，設立鎮寧府（Tran Ninh）。越南強迫當地人穿
越南服裝、說越南語、接受越南習俗。1834 年，川壙人民起來反抗越
南統治，遭越南嚴酷鎮壓，暹羅允許寮族人避難到湄公河右岸。暹羅
為了不讓普安的人民受到越南的衣著文化影響，將他們遷徙到柯叻高
原和附近地區，以後將近十年川壙城鎮周邊的平原地帶成為廢墟。越
南順化政府在靠近川壙邊界派駐官員。[35]

1835 年 1 月，明命帝命大理寺卿兼辦刑部充機密院大臣潘清簡齎捧硃批
前往安蠻堡，宣示旨意，令督撫張明講、黎大綱領會事清，來京復命。
藩王之女玉雲應仍原名號，稱呼或可酌量加為真臘郡主。

　　2 月，明命帝面諭機密院說，真臘國俗有剃髮受制之例，今其藩僚
多有授越南官職，是否還仍舊俗剃髮？請鎮西城領保護張明講訪查，
適時曉諭，不必強行，惟務宜妥帖人情。此諭由張登桂以書信寄張明
講。封藩王次女玉雲為真臘郡主，賜之冠服。其姐玉卞，其妹玉秋、
玉原等各封為縣君。

　　10 月，詔分高棉國 33 府，派流官治理。[36] 初置鎮西城官吏，鎮西
將軍一名。

1837 年 10 月，明命帝召集文武大臣張明講、范有心、張登桂、阮公煥、

---

34. [越] 鄭懷德，嘉定通志，頁 13。
35. Grant Evans, *A Short History of Laos, The Land in Between*, Allen & Unwin, Australia, 2002, p.33; Peter Simms and Sanda Simms, *The Kingdoms of Laos, Six Hundreds Years of History*, Curzon Press, UK, 1999, p.146.
36. [越] 吳甲豆，**前引書**，第四冊，冬集，本朝，頁 35。

何維藩、阮忠懋、何權等籌議如何治理鎮西城。提出治理政策要點如下：第一，設置大員、派兵防守、分立府縣，使各有統屬。先在海西、海東〔祿兀（Louvek）〕、山定三府設宣撫使、副領兵等職。邊境增設防守尉。另選 20 名有歷練的官員擔任縣職工作。第二，屯田練兵。第三，開導藩民習漢音、漢字。第四，召集漢人前往通商墾地。真臘人民需自立自強。

1840 年 5 月，改封真臘郡主玉雲為美林郡主縣君、玉卞為闍安縣君、玉秋為輸忠縣君、玉原為輯寧縣君，給予俸例。

7 月，將美林郡主玉雲、輸忠縣君玉秋、輯寧縣君玉原等遷至嘉定，因為玉卞之舅舅名毛慫恿玉卞逃往暹羅，張明講將名毛和玉卞以謀叛律處以斬罪，其餘遷至嘉定。[37] 8 月，此事引發柬埔寨人民叛亂。

1841 年 8 月，張明講等建議，徒守鎮西城無益，只有空城，附近人民均逃逸一空，士兵勞頓疾病，應退守安江。9 月，鎮西官軍撤退至安江，張明講鬱鬱愧憤，至安江尋即病死。暹羅軍隊入占柬埔寨。

憲祖紹治五年（1845）9 月，越軍與泰國軍隊在柬埔寨境內相戰，越軍圍烏東（Oudon，為柬埔寨首都），暹羅軍頭目質知遣人致書求和。越軍以不甘失去鎮西，故拒之，續進兵，敗暹羅軍於烏東城外，包圍烏東城。11 月，命移郡主玉雲及名蟒母於南榮城居住（他們原居於安江城）。越軍泳隆軍次阮知方、尹蘊漢與暹目丕雅質知在會館和談，丕雅質知表示此次和談在令兩國重修舊好，使匿蜍蟒臣事兩國。暹羅和越南雙方形成對峙，越南支持玉雲郡主，居住在巴南〔今菠蘿勉省（Prey Veng）巴南縣（Ba Phnum）〕，暹羅支持名蟒，居住在烏東。從此時起，柬埔寨需同時向越南和暹羅納貢，成為兩國的藩屬國。

紹治七年（1847）2 月，阮憲祖在勤政殿接見高蠻（即高棉）使行朝貢禮，封高蠻國長詫蜍蟒為高蠻國王，美林郡主玉雲為高蠻郡主，共管土民。

3 月 30 日，遣使往烏東行宣封禮。詫蜍蟒為匿禎之弟、玉雲之叔父。越南與周邊小國所建立的朝貢關係，基本上是模仿中國的作法，除了柬

---

37. [越] 潘清簡等纂修，**大南寔錄**，第十二冊，正編第二紀，卷二百十五，頁 9-12。

埔寨外，越南與南掌、萬象或其他小國的朝貢關係，只維持名分上的宗藩關係。越南對柬埔寨的朝貢關係則不同，越南派遣官員實質統治柬埔寨，甚至企圖加以越南化。1845 年，越南和暹羅共同成為柬埔寨的宗主國，直至法國在 1863 年統治柬埔寨為止。1827 年，萬象（永珍）王朝為暹羅統治，也結束了它與越南的朝貢關係。1829 年，琅勃拉邦（南掌）被暹羅統治，而結束了對越南之朝貢關係。

十一、法國保留越南王朝之原因

從第十六世紀到二十世紀，當西方人到達並入侵東南亞國家時，東南亞各國都是君王政體，歷經荷蘭、西班牙、法國和英國的殖民統治，最後只有法屬印度支那越南、柬埔寨和寮國三邦、英屬馬來各土邦和汶萊保留君王體制，其他各國國王均遭廢黜或殺害。有一個簡單的原則，就是當印尼各土邦和緬甸的國王愈強烈反抗西方勢力，就愈會被殺害或流放及客死異邦。反之，如果與西方勢力合作，則君王制被保留的機會愈大，因為保留君王制，作為統治的象徵，有助於西方勢力殖民統治的平穩。

越南君王政體被法國保留下來，即是當咸宜帝抗法時，慈裕太皇太后採取親法政策，還有重要大臣也支持親法政策，法國即保留越南國王。為了便於統治，法國都挑選年幼的王室後裔擔任國王，例如咸宜、同慶、成泰、維新、啟定和保大等都是在八歲到十幾歲擔任國王。若他們長大後有反法思想，就將他們放逐到非洲。

十二、越南廢君王政體

越南最後一位國王保大在 1949 年復辟成為越南國最高元首（即國王），但他大部分時間都住在法國，而沒有在越南國土內執政，委由首相負責大政，此就給予首相有機可乘。1954 年 6 月，保大任命吳廷琰為首相，自己則待在法國。吳廷琰在 1955 年 10 月以公投廢掉君王政體，改行共和體制。

以世界各國廢除君王制的案例加以比較，俄國沙皇尼古拉二世（Nicholas II）在 1917 年俄國共黨革命中全家被殺害。中國清國溥儀皇帝在中華民國政

府之優遇下退位，由民國政府給予官俸。朝鮮最後一任國王李坧，在 1910 年被日本廢為昌德宮李王、陸軍大將。越南保大國王被廢黜而保全性命，越南民主共和國同意保大保有其名下的財產。中國、朝鮮和越南都屬於儒家文化圈，三國君王雖被廢黜而均能保存性命，應該也是東方儒家文化的一個特徵。

十三、為何越南現代化運動萌芽晚

從 1859 年越南初敗於法國以後陸續再敗於法國，終致成為法國殖民地，越南王廷並無任何更張之策，不像中國在 1868 年有同光運動、日本 1868 年進行明治維新以及泰國在 1850 年代末拉瑪四世（Rama IV）開始學習西方文化。這些現代化運動包括學習西方知識和器械，特別是機器工廠之創立和武器之製造。

越南濱海，自古海運交通便利，沿岸的會安、峴港都是重要的港口，從地緣政治而言，越南王朝首都在順化，應該有很頻繁的接觸外來事務和思想的機會，其民風應該也是較為活潑，有接受外來事務的開放性。然而越南所表現的卻較周鄰的中國和泰國為保守封閉，排拒外來思想。越南直至 1900 年代初才出現潘佩珠和潘周楨等知識分子的覺醒，惟前者是反法的革命分子，不是鼓吹越南現代化改革者，後者才是真正鼓吹現代化改革者，主張廢除君主政體、改行共和，他在 1907 年創辦現代學校東京義塾，鼓吹學習西方知識。

相較而言，越南現代化運動之萌芽晚於其他東亞國家，歸納分析其因素如下：

第一，從明命、紹治到嗣德皇帝，過於沉湎於以中國自居，以能作詩自傲，強化推行禮教文化，此影響一般士人之致知問學之態度，皆以能作詩、考功名為上，而輕於工藝技巧。越南皇帝對現代蒸汽船感到興趣第一次是明命帝在 1839 年去參觀越人自行製造蒸汽船之試航，結果沒有成功。第二次是憲祖紹治四年（1844）到香江去參觀越人自行製造蒸汽船之試航，這次成功了。此後，越南史書即無記載任何機器或工廠之創立。越南皇帝輕視西洋船堅砲利，最典型的例子是 1874 年越南在取得法國所給予之 5 艘軍艦和 1,000 枝槍，竟然將槍枝置之倉庫，船隻則因為不會操作而將之沉於讓港門或沉於

順安口。從歷史經驗可知，具有詩人氣質的統治者，都不能治理好國家。

　　第二，從明命帝以後，開始禁止天主教，逮捕甚至處死西方傳教士，沒有西方傳教士，就沒有西方知識之引入。採行文化和思想的單一化政策，也就是以傳統儒家思想作為國家政策，此禁錮了士人的思想和創發力。有關現代化的措施緩慢辦理，例如 1869 年 4 月訂定學習法文之賞罰條例。1874 年 9 月，派遣 4 人到嘉定學習迸彈小礮射法，並購買此礮。1875 年 1 月開始翻譯槍械兵法西書。1877 年 7 月選派識字女性教授王室女子。1880 年 2 月在北圻設電報。1882 年 6 月，派醫生到香港學習種痘法。1886 年 4 月，引進東洋車（用兩輪，一人前挽）。1887 年 5 月，在順化設立現代醫院。1888 年 4 月，法國初設大南日報局。1888 年 9 月，首次派遣留學生到法國巴黎學習法文。1891 年至 1894 年，鋪設從府諒商到諒山的鐵路。1897 年 7 月，修築北圻鐵路到中、越邊境。1901 年，在河內設立醫學校。1902 年，在河內、順化和西貢設立中學，使用法語教學。另設立衛生局，修建醫院。1906 年，廢除拜禮，改行拱手一揖禮。1907 年 8 月，在河內設立新式小學校。1907 年，在河內創立越南第一份用羅馬拼音書寫的越南文報紙**揚鼓宗報**。1907 年，法國在河內設立印度支那大學，隔年因為學生發動反法運動而宣布關閉，直至 1917 年才再度開放招生。1908 年 1 月，在河內設立師範學校。1915 年，東京廢止科舉考試。1919 年，安南廢除使用漢字，改用羅馬拼音字，並廢除科舉考試。

　　第三，民間缺乏改革之認識和動力。中國和日本之所以能推動現代化運動，大都由民間蔚為風氣，帶動政府改革。但在越南竟然見不到此一改革動力。直至 1885—1896 年，各地愛國文紳和封建官吏紛起響應勤王，是響應保護咸宜帝，不是動員要求現代化改革。在該運動之前，有許多叛亂活動，都是為了爭奪王位，而非要求現代化改革。

　　在該勤王運動失敗後，潘佩珠在 1904 年 5 月與阮權（Nguyễn Thanh）組織「越南維新會」。當日本在 1904 年擊敗俄國的消息傳到越南時，他認為日本已是一個現代化的國家，且是亞洲國家中反對殖民化的國家。他認為可尋求日本援助越南獨立。1905 年，「越南維新會」派遣他和曾拔虎前往日本尋求軍事援助或武器。令潘佩珠感到失望的是，日本政治家不願給予越南軍

事援助，反而建議他派遣學生到日本接受軍事訓練和現代科技。梁啟超建議潘佩珠接受日方的此一建議。

潘佩珠於是組織「東遊」（Exodus to the East）運動，鼓勵學生到日本學習，大部分的學生進入日本軍事學校和同文學院。另一個具有現代化思想的知識分子是潘周楨，他於 1905 年辭去官職，他反對君王制、傳統越南宮廷和文官體系。他呼籲廢除君王制，改行民主共和制。他認為由阮氏王朝統治比法國統治還壞。他在 1903 年會見潘佩珠，談論越南革命形勢。1906 年 3—4 月，他前往香港，再轉往廣東，他裝扮成衣衫不整的工人會見潘佩珠。他與潘佩珠一起前往日本，進行「東遊運動」。

潘周楨的最大貢獻是啟迪越南人的現代化思想，可惜時間比中國、日本和泰國晚了三、四十年，就是這個時間落差導致越南成為落後的主因。

第四，越南的經濟落後跟法國統治理念和方法有關。法國統治越南之主要目的是掠奪越南經濟資源，而非提振越南經濟發展和促進教育。法國人在越南著重橡膠、稻米、咖啡的原料種植以及煤礦的開採，很少引入工廠和現代技術。在法國統治期間，設立的學校明顯不足，學齡兒童就學率僅有10%。學校系統採取初等小學五年，高等小學五年，中學三年的學制。整個越南僅有三所中學，可以讓越南人入學，分別設在河內、順化和西貢。法國人就讀的中學也有三所。至二戰結束後，印度支那大學只有 600 名學生。[38]有錢的越南人將子女送至法國讀書，1870 年留法學生有 90 人。

十四、為何左派革命團體獲勝

在第二十世紀初，越南境內有反法的革命團體，無論是左派或右派都遭法國嚴厲打壓，所以都避難到中國廣州，右派革命團體是依附在中國國民黨之指導下，包括越南國民黨，主要領導人是張佩公（保定軍校二期）、陳豹（中央軍校）、張中奉（軍校七期）、武鴻卿、嚴繼祖，另外有大越黨阮海臣等為主幹。該右派政黨因係在中國境內活動，以致於失去越南舞台。

---

38. Nguyen Khac Vien, *op.cit.*, p.157.

　　左派的革命團體則以范鴻泰領導的心心社為主。胡志明在 1925 年 6 月在廣州將「心心社」改組為「越南青年革命同志會」。胡志明在 1930 年將北圻、中圻和南圻的三派共產黨組織整合成越南共產黨，後改名為印度支那共產黨，他們在越南領土活動生根，而成為越南境內的主要左派革命組織。

　　在 1941 年 1 月，胡志明進入越南北部成立「越南獨立同盟」，運用其組織能力將各種黨派結合成統一陣線組織，然後在越南各地建立其細胞組織。最後在日本戰敗投降後，迅速成立越南民主共和國臨時政府，讓進入越北接收日軍投降的中國政府措手不及。反觀受中國保護的越南國民黨則一直在中國境內活動，脫離其越南母國，在越南毫無群眾基礎，一般越南人也不知其存在，難以號召越南民眾。

　　胡志明成立越南民主共和國時，力量不足，想透過中國國民黨政府給予援助，因此 1946 年成立的是聯合政府，容納中國國民黨支持的越南國民黨分子。無奈不過數月間越共和越南國民黨即水火不容，越南國民黨人逃入中國境內避難，政權就完全落入越共手裡。中國國民黨政府所以未對越南事務給予關心和援助，主因是中國國內中共叛亂活動日益嚴重，中國必須將派駐越北的 10 萬軍隊調回中國。隨後法軍接替中國軍隊進入越北，法軍與「越盟」軍隊發生衝突，胡志明退至中、越邊境。直至中共在 1949 年 10 月取得政權，胡志明才接受中共政權的援助，二者關係愈趨密切。

　　就二戰後的越南情勢而言，因為中國國民黨政府受制於內部中共叛亂活動的困難，無意介入越南事務，亦無實力與法國發生爭端，乃退出越南。假如情況不是如此，中國國民黨政府和胡志明可能建立密切的合作關係，則胡志明或許不會建立社會主義政權。儘管胡志明的越南民主共和國沒有獲得中國政府的承認，但實際上獲得盧漢軍隊的支持，允許其存在，並支持其與法國談判，簽署「三六初步協定」，而獲得法國承認其地位。

十五、北越兩次接受中華人民共和國援助擊退法國和美國

　　北越在 1975 年以前，工業不發達，仰賴農業，經濟發展情況遜於南越，何以能支撐其長期的戰爭？主要是依賴中華人民共和國和蘇聯的援助。第一

次印度支那戰爭即奠邊府戰爭，完全仰賴中國的武器戰備，才能擊敗法軍。第二次印度支那戰爭從 1958 年到 1973 年，則依賴蘇聯提供先進武器，以對付美軍在越戰上使用之先進武器。北越亦從中國獲取大量的軍經援助，從 1965 年 6 月到 1969 年 3 月中國派至越南有 32 萬軍隊，從事作戰和後勤支援工作。

　　沒有中國和蘇聯的援助，越共不可能獲勝。尤其是美國從 1964 年起開始對北越進行大轟炸，如果中國不提供其避難基地和供應其石油，北越是難以支撐下去的。既然中國和蘇聯是北越獲勝的大功臣，為何在 1975 年北越在擊敗南越後，卻立即與中國反目？分析其原因為：第一，越南內部出現親中派和親蘇派的權力鬥爭，最後親中派失敗，越共政治局委員黃文歡即是親中派，他後來逃亡至中國。越南在整肅親中派後進而調整其外交政策，改採親蘇反中政策。第二，在 1975 年併吞南越之前，北越主張西沙群島和南沙群島屬於中國。但在併吞南越後，繼承南越對西沙群島和南沙群島的領土主張。此必然和中國處於對立面。第三，北越對待華人較為寬容，即使華人不入籍，在北越居住和工作都沒有問題。而南越政府對待華人較為嚴格，強迫華人入籍。北越併吞南越，也繼承南越的國籍政策，強迫華人入籍，不入籍者即遭到驅趕。此引起中國不滿。第四，中國在 1971 年改變戰略，採取與美國和解，以聯合對付蘇聯，此一改變沒有事先告知北越，北越有被中國矇騙之感，認為中國背棄社會主義同盟關係。第五，中國援助越南，以上國之姿對待越南，態度強硬，要求越南採取跟中國一樣的反蘇聯路線，引發越南人不滿。[39] 北越領導人對於中國派大軍入越，有所顧忌，擔心中國有所陰謀，也不願中國參戰而奪走戰果。因此在中國撤兵後，北越以自己的軍隊擊敗南越，自以為能打敗美國及併吞南越，益發驕矜自傲，不把中國看在眼裡，意圖聯合蘇聯，然後出兵占領柬埔寨和寮國，以建立「印度支那聯邦」，這樣就可以與中國分庭抗禮。越南領導人這種過於精算的功利主義，完全不把中國援助它的恩情放在心上，看在中國的眼裡，猶如忘恩負義者，故決定在 1979 年給予一次戰爭的教訓。越南出兵滅了民主柬埔寨，中國基於傳統的救

---

39. 李丹慧，「關於 1950~1970 年代中越關係的幾個問題（下）──對越南談越中關係檔的評析」，**江淮文史**，2014 年 3 月，頁 46-55。

難之義，必然施予援手，拯救民主柬埔寨。

十六、革新與歷史的反諷

　　意識形態是俄國在 1917 年革命成功後所塑造的革命工具，俄國鼓吹共產革命和社會主義制度是人類千年至福的遠景，於是推銷該種主義和制度於世界各國，數千萬人因為該項意識形態而喪失生命。到了 1968 年 1 月 5 日捷克爆發「布拉格之春」的政治民主化運動，不幸遭蘇聯武力鎮壓。1978 年，中國發現社會主義路線已走不下去，而進行改革開放。民性保守的越南，在共黨一黨控制下，等發現經濟出現崩潰，通貨膨脹率無法控制後，才在 1986 年 11 月改弦更張，進行「革新」政策，開放私有經濟。

　　回顧這一段慘痛的人類社會經濟制度的實驗，犧牲了數百萬人的生命，那些狂熱的社會主義分子才心不甘情不願的走下歷史舞台，換上走市場經濟路線的領導人。現在越南所走的路不就是那些北越社會主義分子亟欲加以毀滅的市場經濟嗎？撫今追昔，他們難道不感到慚愧嗎？他們怎對得起遭他們害死的千千萬萬人呢？如果能以寬容之心看待不同意識形態的人，而非把對方看成敵人，當不致於以戰爭來解決意識形態問題。北越出兵滅了南越，堂皇言之是為了驅逐外國勢力，然而，此種理由如何解釋它出兵滅了民主柬埔寨國和入侵寮國？最後，雖言北越將美國勢力逐出南越，但究實而言，是種慘勝，孰不知美國在越戰期間投下的 1,200 萬加侖的落葉劑，已造成二至三百多萬嬰兒畸形及感染毒害，該一毒劑將歷數百年而無法消除。越南和美國在 1995 年恢復友好關係，越南要求美國賠償橙劑受害人，惟未獲美國法院受理，美國政府只應允協助清除污染的土地，此誠令人感到諷刺，為求勝戰，交戰雙方無所不用其極，美國使用另類的化學戰劑，其所遺留下來的禍害遠遠超過十幾年的越戰，越南後代子孫將繼續承擔該戰爭後遺症之痛苦。

　　一部越南史，王朝興替決定於戰爭，和平日子少，戰亂日子多，惟有睿智的領導人才能帶領其人民趨吉避禍。

徵引書目

一、臺灣檔案

中央研究院近代史研究所編，**中法越南交涉檔**（一），中央研究院近代史研究所，臺北市，1962 年出版，頁 169。

中央研究院近代史研究所編，**中法越南交涉檔**（二），中央研究院近代史研究所，臺北市，1962 年出版，頁 759-760。

中央研究院歷史語言研究所藏，**內閣大庫檔案，明清史料**，題名：兵部為奉上諭加封越南國王事，登錄號：182409-001，嘉慶八年 6 月 26 日。

中央研究院歷史語言研究所藏，**內閣大庫檔案，明清史料**，題名：越南國王為進貢事，登錄號：169313-001，道光九年 1 月 11 日。

中國國民黨黨史館藏，檔名：**有關越南情報卷**，檔號：特 011,5.1-23。

中國國民黨黨史館藏，檔名：**有關越南情報卷**，檔號：特 011,5.2-70。「越南國民黨對於『越南臨時中央政府』成立聲明」。

中國國民黨黨史館藏，檔名：**有關越南情報卷**，檔號：特 011,6.1-4。「張壽賢和汪公紀所擬的答覆意見」。

中國國民黨黨史館藏，檔名：**我國援助越南獨立之方針及步驟卷**，檔號：特 011,1.4-26。吳秘書長、陳立夫部長、陳慶雲部長於 1946 年 6 月 1 日致電武鴻卿。

中國國民黨黨史館藏，檔名：**邢森洲致吳鐵城代電請示處置法官兵案卷**，檔號：特 011,3.2,24。

中國國民黨黨史館藏，檔名：**越共卷**，檔號：特 011,2.6-17。吳秘書長給蔣中正總裁之報告（1945 年 12 月 6 日），渝（州支）機 3501 號。

中國國民黨黨史館藏，檔名：**越南胡志明案卷**，檔號：特 011,27-4。

中國國民黨黨史館藏，檔名：**越南胡志明案卷**，檔號：特 011,27-9。張發奎致吳鐵城函。

中國國民黨黨史館藏，檔名：**越南憲法及黨派合作卷**，檔號：特 011,18-21。國民政府參軍處於 1946 年 3 月 25 日抄送吳秘書長「越南政府國務會議議決事項」情報。

中國國民黨黨史館藏，檔名：**越南黨派活動卷**，檔號：特 011,17,13。盧漢於 1945 年 12 月 4 日致中央黨部電。

中國國民黨黨史館藏，檔名：**越南黨派活動卷**，檔號：特 011,17-27。「國民政府參軍處轉抄中央黨部情報：越南革命同盟會首領阮海臣在桂越邊境招募我失意軍人組織新軍情形」，1956 年 4 月 8 日及 5 月 3 日。

中國國民黨黨史館藏，檔名：**越南黨派活動卷**，檔號：特 011,17-4。

中國國民黨黨史館藏，檔名：**越南黨派活動卷**，檔號：特 011,17-44。

中國國民黨黨史館藏，檔名：**葉公超、凌其翰關於越南問題之意見卷**，檔號：特 011,1.2-8。國防部代電給中央秘書處，機外字第 998 號（1946 年 12 月 21 日），事由：請迅予簽訂對越方針並本案處置辦法見覆。

國史館藏，外交部檔案，檔名：**我派駐越南占領軍**，目錄號：172-1，案卷號：0601-1，何應欽於 1945 年 10 月 5 日呈給外交部有關他前往越南會見胡志明與保大等越南政要之報告。

國史館藏，外交部檔案，檔名：**越南駐軍 (1)**，目錄號：172-1，案卷號：0599，駐海防領事朱垣章於 1946 年 9 月 18 日呈外交部報告（第六號報告）。

國立故宮博物院藏，**清代宮中檔奏摺及軍機處檔摺件**，文獻類名：軍機處檔摺件，文獻編號：062963，事由：照錄越南國阮藩呈覆原文（進貢表文及貢物清單）。

二、美國檔案

"222. Telegram from the Embassy in Vietnam to the Department of State, Saigon, June 24, 1964," *Foreign Relations of the United States, 1964-1968*, Vol. I, Vietnam, 1964, pp.525-526. https://history.state.gov/historicaldocuments/frus1964-68v01/pg_525 2018 年 9 月 12 日瀏覽。

"254, Memorandum from the Secretary of Defense(McNamara) to the President,

Washington, August 1, 1962," *Foreign Relations of the United States, 1961–1963, Volume II, Vietnam, 1962*, Office of Historian, pp.566-567. https://history.state.gov/historicaldocuments/frus1961-63v02/pg_566 2018 年 3 月 2 日瀏覽。

"263, National Security Action Memorandum No.178, to Secretary of State, Secretary of Defense, Subject: Destruction of Mangrove Swamps in South Vietnam, Washington, August 9, 1962," *Foreign Relations of the United States, 1961–1963, Volume II, Vietnam, 1962*, Office of Historian, pp.586-587. https://history.state.gov/historicaldocuments/frus1961-63v02/pg_586 2018 年 3 月 2 日瀏覽。

"279, Memorandum for the record, Saigon, September 14, 1962. subject: Meeting with Special Advisor to the President of Vietnam, 11 September 1962," *Foreign Relations of the United States, 1961–1963, Volume II, Vietnam, 1962*, Office of Historian, pp.636-637. https://history.state.gov/historicaldocuments/frus1961-63v02/pg_637 2018 年 3 月 2 日瀏覽。

"288, Paper prepared by the President's Military Representative(Taylor), Washington, September 20, 1962. Impressions of South Vietnam," *Foreign Relations of the United States, 1961–1963, Volume II, Vietnam, 1962*, Office of Historian, pp.660-663. https://history.state.gov/historicaldocuments/frus1961-63v02/pg_660 2018 年 3 月 2 日瀏覽。

"314, Memorandum from the Aide to the Chairman of the Joint Chiefs of Staff(Bagley) to the Chairman(Taylor), Washington, November 12, 1962," *Foreign Relations of the United States, 1961–1963, Volume II, Vietnam, 1962*, Office of Historian, pp.727-729. https://history.state.gov/historicaldocuments/frus1961-63v02/pg_727 2018 年 3 月 2 日瀏覽。

"Intelligence memorandum, communist military aid deliveries to North Vietnam, Secret ER IM 68-149, November 1968," *Communist Military Aid Deliveries to North Vietnam*, CIA, p.3. https://www.cia.gov/library/readingroom/docs/

DOC_0000969833.pdf 2018 年 3 月 3 日瀏覽。

"Memorandum of conversation, Ambassador Ellsworth Bunker, Henry A. Kissinger, Peter W. Rodman, NSC Staff, August 31, 1972, The White House," http://www.gwu.edu/~nsarchiv/NSAEBB/NSAEBB193/hak-8-31-72.pdf 2018 年 2 月 18 日瀏覽。

"Memorandum, subject: Soviet and Chinese aid to North Vietnam, 10 April 1974," CIA, *Soviet and Chinese aid to North Vietnam*, p.2. https://www.cia.gov/library/readingroom/docs/CIA-RDP85T00875R001900020062-8.pdf 2018 年 3 月 4 日瀏覽。

"Memorandum, subject: Soviet and Chinese aid to North Vietnam, 10 April 1974," CIA, *Soviet and Chinese aid to North Vietnam*, p.3. https://www.cia.gov/library/readingroom/docs/CIA-RDP85T00875R001900020062-8.pdf 2018 年 3 月 4 日瀏覽。

"Memorandum, subject: Soviet military aid to North Vietnam, S-3838, 13 October 1971," *Soviet military aid to North Vietnam*, CIA, pp.1-3. https://www.cia.gov/library/readingroom/docs/DOC_0000483947.pdf 2018 年 3 月 3 日瀏覽。

Prados, John, "JFK and Diem Coup," The National Security Archives, Document 1:DCI Briefing, 9 July, 1963. in John Prados, " JFK and the Diem Coup," *The National Security Archive*, http://www.gwu.edu/~nsarchiv/NSAEBB/NSAEBB101/index.htm 2018 年 3 月 5 日瀏覽。

Prados, John, "JFK and Diem Coup," The National Security Archives, Document 20:Draft Cable, *Eyes Only for Ambassador Saigon*, October 29, 1963. in John Prados, " JFK and the Diem Coup," *The National Security Archive*, http://www.gwu.edu/~nsarchiv/NSAEBB/NSAEBB101/index.htm 2018 年 4 月 6 日瀏覽。

Prados, John, "JFK and Diem Coup," The National Security Archives, Document 21: Draft Cable, *Eyes Only for Ambassador Lodge* [CIA cable 79407, noted in upper right hand corner], October 30, 1963. in John Prados, " JFK and the Diem

Coup," *The National Security Archive*, http://www.gwu.edu/~nsarchiv/NSAEBB/NSAEBB101/index.htm 2018 年 4 月 6 日瀏覽。

Smith, Bromley, "83. Memorandum of Conference With President Johnson, Washington, June 8, 1964," *Foreign Relations of the United States, 1964-1968*, Vol. XXVIII, Laos, 1964, pp.153-160. https://history.state.gov/historicaldocuments/frus1964-68v28/d83 2018 年 9 月 12 日瀏覽。

"To George C. Denney, Jr. , Acting Director of Bureau of Intelligence and Research, Department of State from Director of Research and Reports, CIA, 27 March, 1967, " Central Intelligence Agency, The Role of Foreign Aids in North Vietnam's Military and Economic Effort(S-2250). https://www.cia.gov/library/readingroom/docs/DOC_0000496488.pdf 2018 年 3 月 3 日瀏覽。

三、中文專書

[元] 徐明善，**天南行記**，載於 [元] 陶宗儀編纂，**說郛**，卷五十一，臺灣商務印書館，臺北市，1972 年。

[元]脫脫等撰，**宋史**，卷四，本紀第四，太宗一，中華書局，北京市，1985 年。

[民國] 柯邵忞撰，**新元史**，卷之二百五十一，列傳第一百四十八，安南條，成文出版社，臺北市，1971 年。

[西漢] 劉安，**淮南子**，卷十八，人間訓。收錄在**欽定四庫全書**。

[宋] 王象之，**輿地紀勝**，粵雅堂刊本，卷一二七，「廣南西路、吉陽軍、風俗形勝」條。

[宋] 司馬光，**資治通鑑**。收錄在**欽定四庫全書**。

[宋] 宋祁撰，**唐書**，卷二百二十二下，列傳第一百四十七下，南蠻條，頁 2。

[宋] 李心傳撰，**建炎以來繫年要錄**，卷六十八，趙鐵寒主編，宋史資料萃編第二輯，文海出版社，臺北縣，1968 年。

[宋] 沈括，**夢溪筆談**，卷二五，雜誌二。收錄在諸子百家中國哲學書電子化計畫。

[宋] 范煜撰，[清] 陳浩撰，**後漢書**，卷三三，郡國志第二十三。收錄在諸

子百家中國哲學書電子計畫。

[宋] 范煜撰，[清] 陳浩撰，**後漢書**，卷五十四，馬援列傳第十四，馬援傳。

[宋] 歐陽修撰，**新五代史**，卷十二，周本紀第十二，世宗，恭帝。收錄在**欽定四庫全書**。

[明] 不著撰人，**皇明外夷朝貢考**，卷下，安南國條。

[明] 毛紀、傅珪、朱希周等纂修，**明實錄（孝宗敬皇帝實錄）**，中央研究院歷史語言研究所校勘，臺北市，1984 年。

[明] 王大才等撰，**漢州全志**（電子書），卷四下，形勢志，明萬曆三十年。

[明] 佚名，**崇禎實錄**，卷十三，懷宗端皇帝十二，臺灣銀行經濟研究室，臺北市，1957 年。

[明] 宋濂等撰，**元史**，楊家駱主編，**新校本元史並附編二種**，第一冊，鼎文書局，臺北市，1977 年。

[明] 柯維騏撰，**宋史新編**，新文豐出版公司，臺北市，1974 年 11 月。

[明] 胡廣等纂修，**明太祖實錄**，江蘇國學圖書館藏嘉業堂明實錄傳鈔本，中央研究院歷史語言研究所校印，臺北市，1984 年。

[明] 徐學聚編，**國朝典彙**，卷七十，吏部三十七，冊使，臺灣學生書局，臺北市，1965 年。

[明] 張居正等纂修，**明實錄（世宗肅皇帝實錄）**，中央研究院歷史語言研究所校勘，臺北市，1984 年。

[明] 陳邦瞻撰，**宋史紀事本末**，卷十五，交州之變，中華書局，北京市，1977 年。

[明] 陳建撰，江旭奇訂，**皇明通紀集要**（二）、（四），文海出版社，臺北市，1988 年。

[明] 温體仁等纂修，**明實錄（神宗顯皇帝實錄）**，中央研究院歷史語言研究所校勘，臺北市，1984 年。

[明] 費宏等纂修，**明實錄（武宗毅皇帝實錄）**，中央研究院歷史語言研究所校勘，臺北市，1984 年。

[明] 黃省曾著，謝方校注，**西洋朝貢點錄校注**，中華書局，北京市，2000 年。

[明] 慎懋賞撰，**四夷廣記**（下），國立中央圖書館出版，正中書局印行，臺北市，1985 年。

[明] 楊士奇等纂修，**明實錄（太宗文皇帝實錄）**，中央研究院歷史語言研究所校勘，臺北市，1984 年。

[明] 楊士奇等纂修，**明實錄（宣宗章皇帝實錄）**，中央研究院歷史語言研究所校勘，臺北市，1984 年。

[明] 楊士奇等纂修，**明實錄（英宗睿皇帝實錄）**，中央研究院歷史語言研究所校勘，臺北市，1984 年。

[明] 溫體仁等纂修，**明實錄（熹宗悊皇帝實錄）**，中央研究院歷史語言研究所校勘，臺北市，1984 年。

[明] 劉吉等纂修，**明實錄（憲宗純皇帝實錄）**，中央研究院歷史語言研究所校勘，臺北市，1984 年。

[明] 鄺露（湛若），**赤雅**，卷三，馬林銅柱，嘯園叢書本，光緒戊寅（1878 年）出版。收錄在諸子百家中國哲學書電子化計畫。

[明] 譚希思撰，**明大政纂要**（二）、（六）、（十），清光緒思賢書局刊本，文海出版社，臺北縣，1988 年。

[明] 嚴從簡撰，余思黎點校，**殊域周咨錄**，中華書局，北京市，2000 年。

[明] 顧炎武，**天下郡國利病書**，卷四十，廣東上，備錄，廣東通志職官表序。

[法] 馬司培羅著，馮承鈞譯，**占婆史**，臺灣商務印書館，臺北市，1973 年。

[法] 鄂盧梭（L. Aurouseau），**秦代初平南越考**，臺灣商務印書館，臺北市，1971 年。

[後晉] 劉昫等撰，**舊唐書**，卷五，本紀第五，高宗下；卷四一，志第二十一，地理四。收錄在**欽定四庫全書**。

[後魏] 酈道元，**水經注**，卷三十七，葉榆河。收錄在**欽定四庫全書**。

[唐] 李延壽撰，**北史**，卷九十五，列傳第八十三，林邑條，收錄在**欽定四庫全書**。

[唐] 道宣著，**續高僧傳**，卷二，釋彥琮傳，文殊出版社重印，臺北市，1988 年。

[唐] 魏徵撰，**隋書**，卷三十一，志第二十六下，地理下。收錄在**欽定四庫全**

書。

[晉] 陳壽撰，**吳志**，卷四，士燮傳。收錄在**欽定四庫全書**。

[清] 允祿等監修，**大清會典（雍正朝）**，卷之一百四，禮部，文海出版社，
臺北縣，1992 年。

[清] 文慶等撰，**大清宣宗成（道光）皇帝實錄（五）**，卷一百五十八。

[清] 王彥威輯，**清季外交史料**，卷二十六、卷二十七、卷六十八、卷
七十一、卷七十三、卷七十四，文海出版社，臺北縣，1963 年。

[清] 李傳熊編修，**皇朝通典**，卷九十八，收錄在**欽定四庫全書**，史部，景印
文淵閣四庫全書，第 643 冊，臺灣商務印書館，臺北市，1986 年。

[清] 邵遠平撰，**元史類編（續弘簡錄）**，卷四十二，安南條，廣文書局重印，
臺北市，1968 年。

[清] 徐延旭，**越南輯略**，無出版公司和出版地，1877 年（光緒三年）。

[清] 徐松，**宋會要輯稿**，第一百九十七冊，蕃夷四，交趾條，中華書局，北
京市，1957 年。

[清] 馬齊、張廷玉、蔣廷錫撰，**大清聖祖仁（康熙）皇帝實錄（一）**，卷
四十五，華文書局總發行，臺北市，1964 年。

[清] 屠寄撰，**蒙兀兒史記**，第一冊，世界書局印，臺北市，1962 年 10 月初版。

[清] 崑岡等修，**欽定大清會典事例**，收錄在續修四庫全書編纂委員會編，**續
修四庫全書**，史部，政書類。

[清] 張廷玉等撰，**明史**，中華書局，北京市，1974 年。

[清] 清高宗敕撰，**清朝文獻通考**，新興書局，臺北市，1963 年重印。

[清] 陳夢雷撰，**古今圖書集成**（電子版），曆象彙編乾象典，雲南土司部，
彙考，雲南土司老撾考，乾象典，第 1515 卷，第 180 冊第 48 頁之 1。

[清] 鄂爾泰、福敏、張廷玉、徐本、三泰等撰，**大清世宗憲（雍正）皇帝實
錄（二）**，卷五十六，華文書局，臺北市，1964 年。

[清] 劉錦藻撰，（清）**皇朝續文獻通考**，新興書局，臺北市，1963 年重印。

[清] 慶桂等撰，**大清高宗純（乾隆）皇帝實錄**，華文書局，臺北市，1964 年。

[清] 覺羅勒德洪等奉敕撰，**大清仁宗睿（嘉慶）皇帝實錄**，華聯出版社，臺

北市，1964 年。

[越] 吳士連、范公著、黎僖等撰，**大越史記全書**（電子版）。

[越] 吳甲豆，**中學越史撮要**，印在行筬庯，河內，1911 年。收錄在漢喃古籍
文獻典藏數位化計畫。

[越] 杜文心纂，**大南典例撮要略新編**（禮例），無出版地和公司，越南，
1907 年。

[越] 阮文超，**地志類**，卷五，河內省，無出版地、公司及時間，該書殘缺不
全。收錄在漢喃古籍文獻典藏數位化計畫。http://lib.nomfoundation.org/
collection/1/volume/194/　2018 年 2 月 23 日瀏覽。

[越] 阮仲和等纂修，**大南寔錄**，第十七冊，正編第四紀——翼宗寔錄，越南
國家圖書館，河內，1844 年。

[越] 阮仲和等纂修，**大南寔錄**，第十八冊，正編第四紀——翼宗寔錄，越南
國家圖書館，河內，1844 年。

[越] 阮仲和等纂修，**大南寔錄**，第十五冊，正編第四紀——翼宗寔錄，越南
國家圖書館，河內，1844 年。

[越] 阮仲和等纂修，**大南寔錄**，第十六冊，正編第四紀——翼宗寔錄，越南
國家圖書館，河內，1844 年。

[越] 阮述，**往津日記**，陳荊和編註，香港中文大學出版社，香港，1980 年。

[越] 阮述、黎玳、吳季侗、尊室濯等記，**御製越史總詠集**，卷八姦臣，陳益
稷，國府 - 特別責任文化秘書出版，西貢，1970 年重印。

[越] 缺作者，**越史集要便覽**，內屬漢，無出版地、公司和時間，越南。收錄
在漢喃古籍文獻典藏數位化計畫。

[越] 高春育等纂修，**大南寔錄**，第十九冊，越南國家圖書館，河內，1844 年。

[越] **國朝正編撮要**，缺作者和出版地，1908 年。

[越] 張光懽等纂修，**大南寔錄**，第十九冊，正編第五紀，越南國家圖書館，
河內，1844 年。

[越] 張登桂等纂，**大南寔錄**，第一冊，正編第一紀，越南國家圖書館，河內，
1844 年。

[越] 張登桂等纂，**大南寔錄**，第二冊，正編第一紀，越南國家圖書館，河內，1844 年。

[越] 張登桂等纂，**大南寔錄**，第三冊，正編第一紀，越南國家圖書館，河內，1844 年。

[越] 張登桂等纂，**大南寔錄**，第四冊，正編列傳初集，越南國家圖書館，河內，1844 年。

[越] 梁竹潭，**新訂南國地輿教書**，無出版地、公司及年代。

[越] 陳文為等纂修，**欽定越史通鑑綱目前編**，中越文化經濟協會，臺北市，1969 年重印。

[越] 陳重金著，戴可來譯，**越南通史**，商務印書館，北京，1992 年。

[越] 陳踐誠等纂修，**大南寔錄**，第十三冊，正編第三紀，越南國家圖書館，河內，1844 年。

[越] 陳踐誠等纂修，**大南寔錄**，第十四冊，正編第三紀，越南國家圖書館，河內，1844 年。

[越] 無作者，**野史略編續記**，缺出版公司、出版地點和年代。收錄在漢喃古籍文獻典藏數位化計畫。http://lib.nomfoundation.org/collection/1/volume/737/　2018 年 2 月 23 日瀏覽。

[越] 黃高啟，**越史要**，卷一，無出版地和出版公司，1914 年，收藏於越南國家圖書館漢喃古籍文獻典藏數位化計畫。

[越] 黃高啟著，陳贊平譯，**越史鏡**，河內，無出版者，1909 年。收錄在漢喃古籍文獻典藏數位化計畫。

[越] 潘佩珠，**越南亡國史**，廣智書局，上海，1905 年版。

[越] 潘叔直輯，**國史遺編**，國朝大南紀，香港中文大學新亞研究所，東南亞研究室刊，香港，1965 年。

[越] 潘清簡等纂，**大南寔錄**，第五冊，正編第二紀，越南國家圖書館，河內，1844 年。

[越] 潘清簡等纂，**大南寔錄**，第六冊，正編第二紀，越南國家圖書館，河內，1844 年。

[越] 潘清簡等纂，**大南寔錄**，第七冊，正編第二紀，越南國家圖書館，河內，1844 年。

[越] 潘清簡等纂，**大南寔錄**，第八冊，正編第二紀，越南國家圖書館，河內，1844 年。

[越] 潘清簡等纂，**大南寔錄**，第九冊，正編第二紀，越南國家圖書館，河內，1844 年。

[越] 潘清簡等纂，**大南寔錄**，第十冊，正編第二紀，越南國家圖書館，河內，1844 年。

[越] 潘清簡等纂，**大南寔錄**，第十一冊，正編第二紀，越南國家圖書館，河內，1844 年。

[越] 潘清簡等纂，**大南寔錄**，第十二冊，正編第二紀，越南國家圖書館，河內，1844 年。

[越] 鄭懷德，**嘉定通志**，無出版地、公司和年代，越南。收錄在漢喃古籍文獻典藏數位化計畫。

[漢] 司馬遷，**史記**。收錄在**欽定四庫全書**。

[漢] 班固、班昭撰，[隋] 顏師古，[明] 陳仁錫，**前漢書**，卷二八下，地理志第八下。收錄在**欽定四庫全書**。

「杜勒斯致國務院」（日內瓦，1954 年 4 月 29 日），載於陶文釗主編，**美國對華政策文件集**（1949-1972），第二卷（下），世界知識出版社，北京市，2004 年，頁 823-825。

Cecil B. Currey, *Victory At Any Cost, The Genius of Viet Nam's Gen. Vo Nguyen Giap*, 朱立熙譯，**勝利，不惜一切代價**，商業周刊出版公司，臺北市，1999 年。

James H. Mann 原著，林添貴譯，**轉向：從尼克森到柯林頓美中關係揭密**，先覺出版公司，臺北市，1999 年。

Tran Dan Tien 原著，張念式譯，**胡志明傳**，八月出版社，上海市，1949 年。

中國復旦大學文史研究院和越南漢喃研究院合編，**越南漢文燕行文獻集成（越南所藏編）**，第五冊，復旦大學出版社，上海，2010 年。

中國復旦大學文史研究院和越南漢喃研究院合編，**越南漢文燕行文獻集成（越南所藏編）**，第六冊，復旦大學出版社，上海，2010年。

中國復旦大學文史研究院和越南漢喃研究院合編，**越南漢文燕行文獻集成（越南所藏編）**，第十二冊，復旦大學出版社，上海，2010年。

中國復旦大學文史研究院和越南漢喃研究院合編，**越南漢文燕行文獻集成（越南所藏編）**，第十四冊，復旦大學出版社，上海，2010年。

中國復旦大學文史研究院和越南漢喃研究院合編，**越南漢文燕行文獻集成（越南所藏編）**，第十五冊，復旦大學出版社，上海，2010年。

吳鈞，**越南歷史**，自由僑聲雜誌社，臺北市，1998年再版。

邵循正，**中法越南關係始末**，清華大學，北平，1935年。

凌其翰，**我的外交官生涯——凌其翰回憶錄**，中國文史出版社，北京，1993年。

國史館編，**中華民國史事紀要**（初稿）——1945年7至12月份，11月5日。

國史館編，**中華民國史事紀要**（初稿）——1955年7至12月份，10月26日。

國史館編，**中華民國史事紀要**，1973年1月23日。

國史館編，**中華民國史事紀要**，1973年4月4日。

國朝登科錄，卷四，無作者、出版時間和地點，頁21-22。收錄在漢喃古籍文獻典藏數位化計畫。

張傑民，**烽火西南話戡亂**，武陵出版公司，臺北市，1993年。

清史稿校註編纂小組編纂，**清史稿校註**，第一冊、第十五冊，國史館印行，臺北市，1986年。

郭明主編，**中越關係演變四十年**，廣西人民出版社，廣西南寧市，1992年。

陳佳榮、謝方、陸峻嶺編，**古代南海地名匯釋**，中華書局，北京市，1986年。

陳荊和編校，**大越史略**，興生社，日本東京，昭和62年。

陳顯泗、許肇琳、趙和曼、詹方瑤、張萬生編，**中國古籍中柬埔寨史料**，河南人民出版社，中國河南，1985年。

景振國主編，**中國古籍中有關老撾資料匯編**，河南人民出版社，中國，1985年。

無作者，**安南初學史**，第三十篇，統治之政策，缺出版公司、出版地點和年代。收錄在漢喃古籍文獻典藏數位化計畫。http://lib.nomfoundation.org/

collection/1/volume/665/ 2018 年 2 月 23 日瀏覽。

無作者，**讀史摘疑**，無出版地、公司及時間。收錄在漢喃古籍文獻典藏數位化計畫。http://lib.nomfoundation.org/collection/1/volume/751/ 2018 年 2 月 23 日瀏覽。

華僑華人百科全書編輯委員會，**華僑華人百科全書‧法律條例政策卷**，中國華僑出版社，北京，2000 年。

費瑯著，馮承鈞譯，**崑崙及南海古代航行考**，臺灣商務印書館，臺北市，1962 年。

黃錚，**中越關係史研究輯稿**，廣西人民出版社，南寧市，1992 年。

黃鴻壽，**清史紀事本末（下）**，三民書局重印，臺北市，1973 年 7 月再版。

楊家駱主編，**新校本三國志注附索引**，鼎文書局，臺北市，1990 年。

廣西社會科學院編，**胡志明主席與中國**，中國大百科全書出版社，北京，1995 年。

撰人不詳，**越史略**，叢書集成新編，第九十七冊，新文豐圖書公司，臺北市，1985 年。

蔣永敬，**胡志明在中國——一個越南民族主義的偽裝者**，傳記文學出版社，臺北市，1972 年初版。

黎正甫，**郡縣時代之安南**，商務印書館，上海市，1945 年。

謝本書和牛鴻賓，**盧漢傳**，四川民族出版社，四川成都，1990 年。

四、英文專書

Bellwood, Peter, "Southeast Asia before History," in Nicholas Tarling(ed.), *The Cambridge History of Southeast Asia*, Vol. One, From Early Times to C. 1500, Cambridge University Press, U.K., 1999.

Blagov, Sergei, *Caodaist Doctrine*, Extracted from the Caodai: A new Religious Movement, The Institute of Oriental Studies, Moscow, 1999.

Bruce, Ronald St. John, *Revolution, Reform and Regionalism in Southeast Asia, Cambodia, Laos and Vietnam*, Routledge, New York, 2006.

Chen, King C., *Vietnam and China: 1938-1954*, Princeton University Press, New Jersey, 1969.

Clarke, Gerard, "The Social Challenges of Reform," in Duncan McCargo(ed.), *Rethinking Vietnam*, Routledge Curzon, London and New York, 2004, pp.91-109.

Colbert, Evelyn, *Southeast Asia in International Politics, 1941-1956*, Cornell University Press, Ithaca and London, 1977.

Evans, Grant, *A Short History of Laos, The Land in Between*, Allen & Unwin, Australia, 2002.

Fall, Bernard B., *The Viet-Minh Regime: Government and Administration in the Democratic Republic of Vietnam*, Institute of Pacific Relations, New York, 1956.

Fall, Bernard B., *The Two Viet-nams, A Political and Military Analysis*, revised edition, Frederick A. Praeger, New York, London,1964.

Gainsborough, Martin, "Key Issues in th ePolitical Economy of Post-Doi Moi Vietnam," in Duncan McCargo(ed.), *Rethinking Vietnam*, Routledge Curzon, London and New York, 2004, pp.40-52.

Gibbons, William Conrad, *The U. S. Government and the Vietnam War: Executive and Legislative Roles and Relationships: July 1965-January 1968*, Princeton University Press, New Jersey, 1984.

Gibbons, William Conrad, *The U.S. Government and the Vietnam War: Executive and Legislative Roles and Relationships, Part II: 1961-1964*, Princeton University Press, New Jersey, 2014.

Goscha, Christopher, *The Penguin History of Modern Vietnam*, Penguin Books, Random House, UK, 2016.

Hammer, Ellen J., *The Struggle for Indochina 1940-1955*, Stanford University Press, Stanford, California, 1968.

Hoang Van Chi, *From Colonialism to Communism, A Case History of North*

Vietnam, Praeger, Frederick A., New York, 1964.

Lacouture, Jean, *Ho Chi Minh*, translated by Peter Wiles, Allen Lane The Penguin Press, London, 1968.

Lancaster, Donald, *The Emancipation of French Indochina*, Oxford University Press, London, 1961.

Luu Van Loi, *50 Years of Vietnamese Diplomacy 1945-1995*, The Gioi Publishers, Hanoi, 2000.

Martin, Michael F., *Vietnamese Victims of Agent Orange and U.S.-Vietnam Relations*, Congressional Research Service Report for Congress, August 29, 2012.

McAlister, John T., Jr., *Vietnam: The Origins of Revolution*, Garden City, Doubleday, New York, 1971.

Nguyen Khac Vien, *Vietnam, A Long History*, Thé Giòi Publishers, Hanoi, 1999.

Nguyen Khac Vien, *Vietnam: A Long History*, Foreign Languages Publishing House, Hanoi, Vietnam, 1987.

Pluvier, Jan, *Southeast Asia from Colonialism to Independence*, Oxford University Press, London, Second impression, 1977.

Simms, Peter and Sanda Simms, *The Kingdoms of Laos, Six Hundreds Years of History*, Curzon Press, UK, 1999.

Spector, Ronald H., *United States in Vietnam, Advice and Support: The Early Years 1941-1960*, Center of Military History, United States Army, Washington, D.C., 1985.

Turner, Robert, *Vietnamese Communism: Its Origins and Development*, Stanford, C. A.: Hoover Institution Press, California, 1975.

Vo Nguyen Giap, *Dien Bien Phu*, The Gioi Publishers, Hanoi, 1999.

Vo Nguyen Giap, *People's War People's Army*, Frederick A. Praeger, Inc., New York, 1968.

Vo Nguyen Giap, *The General Headquarters in the Spring of Brilliant*

Victory(Memoirs), The Gioi Publishers, Hanoi, 2002.

Vo Nguyen Giap, _Unforgettable Days_, The Gioi Publishers, Hanoi, Third Edition, 1994.

Worthing, Peter, _Occupation and Revolution, China and The Vietnamese August Revolution of 1945_, The Regents of the University of California, USA., 2001.

五、中文期刊短文

文莊，「武元甲將軍談中國軍援和中國顧問在越南」，**東南亞縱橫**，2003 年 3 月，頁 38-45。

伯希和撰，馮承鈞譯，「中國載籍中之賓童龍」，馮承鈞編譯，**西域南海史 地考證譯叢**，乙集，臺灣商務印書館，1972 年，頁 85-89。

李丹慧，「關於 1950~1970 年代中越關係的幾個問題（上）──對越南談越 中關係檔的評析」，**江淮文史**，2014 年 1 月，頁 68-84。

李丹慧，「關於 1950~1970 年代中越關係的幾個問題（下）──對越南談越 中關係檔的評析」，**江淮文史**，2014 年 3 月，頁 46-55。

孫福生，「中國對奠邊府戰役勝利和日內瓦協議簽訂之卓越貢獻」，**南洋問 題研究**，2005 年，第二期，頁 57-63。

時殷宏，「胡志明與越南革命（1920-1945）」，**暨南學報（哲學社會科學）**，第 18 卷第 2 期，1996 年 4 月，頁 48-57。

郭志剛，「中國與奠邊府戰役」，**當代中國史研究**，第 12 卷第 5 期，2005 年 9 月，頁 78-86，81。

陳紅民，「晚清外交的另一種困境：以 1887 年朝鮮遣使事件為中心的研究」，**歷史研究**（北京），2008 年第 2 期，頁 119-131。

黃光周，「宋慶齡幫助胡志明找黨」，**廣西黨史**，1999 年 1 月，頁 37。

祿德安，「冷戰與越戰的起源」，**東南亞縱橫**，2005 年 2 月，頁 43-47。

錢江，「中國高射砲兵奠邊府參戰之謎」，**中華兒女雜誌**，海外版，1994 年 第三期，頁 18-25。

六、英文期刊短文

Amer, Ramses, "The study of the ethnic Chinese in Vietnam: trends, issues & challenges," *Asian Culture*, Singapore Society of Asian Studies, Singapore, No.22, June 1998, pp.23-42.

Duiker, William J., "The Revolutionary Youth League: Cradle of Communism in Vietnam," *The China Quarterly*, No. 51. (Jul. - Sep., 1972), pp. 475-499.

Goscha, Christopher E., "'The modern barbarian': Nguyen Van Vinh and the complexity of colonial modernity in Vietnam," *European Journal of East Asian Studies*(Brill, Leiden), Volume 3, Number 1, 2004, pp. 135-169(35), pp.9-11.

Keesing's Contemporary Archives, March 9-16, 1946, p.7780.

Keesing's Contemporary Archives, September 7-14, 1946, p.8108.

Keesing's Contemporary Archives, September 14-21, 1946, p.8131.

Keesing's Contemporary Archives, January 24-31, 1948, p.9075.

Keesing's Contemporary Archives, August 7-14, 1948, p.9444.

Keesing's Contemporary Archives, June 4-11, 1949, p.10033.

Keesing's Contemporary Archives, September 17-24, 1949, p.10233.

Keesing's Contemporary Archives, Jan. 28-Feb. 4, 1950, p.10493.

Keesing's Contemporary Archives, October 14-21, 1950, p.11009; April 28-May 5, 1951, p.11430.

Keesing's Contemporary Archives, April 28-May 5, 1951, p.11430.

Keesing's Contemporary Archives, July 5-12, 1952, p.12328.

Keesing's Contemporary Archives, June 20-27, 1953, p.12985.

Keesing's Contemporary Archives, July 18-25, 1953, p.13035.

Keesing's Contemporary Archives, November 7-14, 1953, p.13229.

Keesing's Contemporary Archives, February 13-20, 1954, p.13411.

Keesing's Contemporary Archives, May 8-15, 1954, pp.13566-13567.

Keesing's Contemporary Archives, May 22-29, 1954, p.13584.

Keesing's Contemporary Archives, June 12-19, 1954, p.13627.

Keesing's Contemporary Archives, July 24-31, 1954, p.13691.

Keesing's Contemporary Archives, October 2-9, 1954, pp.13816-13817.

Keesing's Contemporary Archives, June 30-July 7, 1956, p.14950.

Keesing's Contemporary Archives, April 18-25, 1964, p.20012.

Keesing's Contemporary Archives, August 22-29, 1964, p.20241.

Keesing's Contemporary Archives, December 12-19, 1964, p.20460.

Keesing's Contemporary Archives, March 27-April 3, 1965, p.20653.

Keesing's Contemporary Archives, May 29-June 5, 1965, p.20772.

Keesing's Contemporary Archives, June 5-12, 1965, p.20777.

Keesing's Contemporary Archives, Sept. 25-October 2, 1965, p.20981.

Keesing's Contemporary Archives, April 23-30, 1966, p.21354.

Keesing's Contemporary Archives, May 14-21, 1966, p.21395.

Keesing's Contemporary Archives, August 13-20, 1966, p.21564.

Keesing's Contemporary Archives, Sept.24-Oct.1, 1966, p.21635.

Keesing's Contemporary Archives, Nov.26-Dec.3, 1966, p.21736.

Keesing's Contemporary Archives, December 17-24, 1966, p.21772.

Keesing's Contemporary Archives, January 1-7, 1967, p.21804.

Keesing's Contemporary Archives, June 17-24, 1967, p.22098.

Keesing's Contemporary Archives, November 11-18, 1967, p.22353.

Keesing's Contemporary Archives, March 9-16, 1968, p.22569.

Keesing's Contemporary Archives, May 18-25, 1968, p.22703.

Keesing's Contemporary Archives, November 23-30, 1968, p.23039.

Keesing's Contemporary Archives, January 1-11, 1969, p.23107.

Keesing's Contemporary Archives, August 9-16, 1969, pp.23505-23506.

Keesing's Contemporary Archives, September 6-13, 1969, p.23551.

Keesing's Contemporary Archives, November 8-15, 1969, p.23656.

Keesing's Contemporary Archives, October 31-Nov.7, 1970, p.24273.

Keesing's Contemporary Archives, November 7-14, 1970, p.24275.

Keesing's Contemporary Archives, December 26-31, 1970, p.24356.

Keesing's Contemporary Archives, December 27,1969-January 3, 1970, p.23742.

Keesing's Contemporary Archives, July 15-22, 1972, p.25370.

Keesing's Contemporary Archives, June 17-24, 1972, pp.25317-25318.

Keesing's Contemporary Archives, October 14-21, 1972, p.25521.

Keesing's Contemporary Archives, March 19-25, 1973, p.25790.

Keesing's Contemporary Archives, May 14-20, 1973, p.25888.

Keesing's Contemporary Archives, November 11-17, 1974, p.26809.

Keesing's Contemporary Archives, January 6-12, 1975, p.26902.

Keesing's Contemporary Archives, June 30-July 6, 1975, p.27200.

Keesing's Contemporary Archives, February 23, 1979, p.29469.

Keesing's Contemporary Archives, May 25, 1979, p.29614.

Keesing's Contemporary Archives, October 12, 1979, p.29870.

Keesing's Contemporary Archives, Vol.32, December 1986, p.34809.

Keesing's Contemporary Archives, Vol.XXXIII, April 1987, p.35070.

Keesing's Contemporary Archives, October 1990, p.37776.

Keesing's Contemporary Archives, December 1991, p.38680.

Keesing's Contemporary Archives, October 2001, p.44403.

Munholland, J. Kim, "The French Response to the Vietnamese Nationalist Movement, 1905-14," *The Journal of Modern History*, Vol.47, No.4, December 1975, pp.655-675.

Nguyên Thê Anh, "The Vietnamese Monarchy under French Colonial Rule 1884-1945," *Modern Asian Studies*, Vol. 19, No. 1. (1985), pp. 147-162.

Nguyen, Thanh and, Baldeo Trend, " Trend in rice production and export in Vietnam," *Omonrice*, No.14, January 2006, pp.111-123.

Prados, John, "JFK and Diem Coup," The National Security Archives, Document 4: *Memorandum for the President*, August 27, 1963. in John Prados, " JFK and the Diem Coup," *The National Security Archive*, http://www.gwu.

edu/~nsarchiv/NSAEBB/NSAEBB101/index.htm 2018 年 3 月 5 日瀏覽。

Robert Scigliano, "Vietnam: Politics and Religion," *Asian Survey*, Vol.4, No.1, January 1964, pp.666-673.

Scigliano, Robert G., "Electoral Process in South Vietnam: Politics in an Underdeveloped States," *Midwest Journal of Political Science*, Vol.4, No.2, May 1960, pp.138-161.

Smith, R. B., "The Development of Opposition to French Rule in Southern Vietnam:1880-1940," *Past and Present*, No.54, February 1972, pp.94-129.

七、中文報紙

大公報（重慶），1945 年 11 月 23 日，「越南三團體團結爭獨立」。

中華日報（台北市），1955 年 10 月 20 日，頁 2。

中華日報（台北市），1955 年 10 月 21 日，頁 2。

中華日報（台北市），1955 年 10 月 24 日，頁 2。

南洋星洲聯合早報（新加坡），1995 年 1 月 6 日，頁 31。

南洋星洲聯合早報（新加坡），1995 年 2 月 6 日，頁 18。

南洋星洲聯合早報（新加坡），2001 年 3 月 19 日，頁 15。

陸丁，「越南經濟改革和開放特點（上）」，**南洋星洲聯合早報**（新加坡），1995 年 5 月 17 日，頁 25。

陸丁，「越南經濟改革和開放特點（下）」，**南洋星洲聯合早報**（新加坡），1995 年 5 月 19 日，頁 30。

李永明，「越南國會為何『大換血』？」，**南洋星洲聯合早報**（新加坡），1997 年 8 月 16 日，頁 32。

「美越舉行 15 年來 首次高層防務會談」，**南洋星洲聯合早報**（新加坡），2010 年 8 月 18 日。

「越南國會要 "檢討" 國營造船工業集團財務危機」，**南洋星洲聯合早報**（新加坡），2010 年 10 月 21 日。

「越共今選舉國家新領導　現主席料當選中央總書記」，**南洋星洲聯合早報**

（新加坡），2011 年 1 月 17 日；「越共政治局大換血」，**南洋星洲聯合早報**（新加坡），2011 年 1 月 19 日。

「阮晉勇有望連任越南總理」，**南洋星洲聯合早報**（新加坡），2011 年 1 月 20 日。

「越南選出 500 國會代表」，**南洋星洲聯合早報**（新加坡），2011 年 6 月 4 日。

「美助越清除戰後橙劑污染」，**南洋星洲聯合早報**（新加坡），2011 年 6 月 18 日。

「中越南海風雲短期內急轉直下」，**世界日報**（泰國），2011 年 6 月 28 日。

「越南總理阮晉勇連任」，**南洋星洲聯合早報**（新加坡），2011 年 7 月 27 日。

「越南：尋找失蹤美軍 美國不應設定條件」，**南洋星洲聯合早報**（新加坡），2011 年 10 月 8 日。

「越南與歐亞經濟聯盟 FTA 將生效」，**世界日報**（泰國），2016 年 8 月 22 日。

「越南民營經濟發展迎新時代」，**世界日報**（泰國），2017 年 4 月 28 日。

「越南經濟盡入日方掌握」，**中央日報**（重慶），1941 年 5 月 9 日。

八、英文報紙

Sheehan, Neil, "Westmoreland Predicted Big '68 Gains in Vietnam," *New York Time*, March 21, 1968.

Nguyen, Viet Thanh and Richard Hughessept, "The forgotten victims of Agent Orange," *The New York Times*, September 15, 2017. https://www.nytimes.com/2017/09/15/opinion/agent-orange-vietnam-effects.html 2018 年 2 月 20 日瀏覽。

New York Times, October 24, 1955, pp.1,7.

The Straits Times(Singapore), February 21, 1998, p.28.

The Straits Times(Singapore), March 14, 1998, p.47.

九、網路資源

" Treaty of Huế (1883)," Wikipedia, https://en.wikipedia.org/wiki/Treaty_of_

Hu%E1%BA%BF_(1883)#Text_of_the_treaty_(English_translation) 2018 年 1 月 30 日瀏覽。

"1969 The Nixon Doctrine is announced," *July 25 This Day in History*, http://www.history.com/this-day-in-history/the-nixon-doctrine-is-announced 2018 年 3 月 1 日瀏覽。

"Alexandre Rhodes and Nguyen Van Vinh," http://ribf.riken.go.jp/~dang/rhodes_motive.html 2018 年 3 月 1 日瀏覽。

"Battle of An Lộc," *Wikipedia*, https://en.wikipedia.org/wiki/Battle_of_An_L%E1%BB%99c 2018 年 2 月 4 日瀏覽。

"Indochina Archive," University California, File/Subj, Date:10/72. http://www.clemson.edu/caah/history/FacultyPages/EdMoise/paris.html 2008 年 4 月 6 日瀏覽。

"Indo-China," *Catholic Encyclopedia*, http://www.newadvent.org/cathen/07765a.htm 2018 年 3 月 14 日瀏覽。

"Letter from President Nixon to President Nguyen Van Thieu of the Republic of Vietnam January 5, 1973," Vietnam War.net, http://www.vietnamwar.net/Nixon-1.htm 2018 年 3 月 28 日瀏覽。

"Nguyễn dynasty," http://en.turkcewiki.org/wiki/Nguy%E1%BB%85n_dynasty 2018 年 2 月 22 日瀏覽。

"Part 1 of Early History of Vietnam," Vietnam War-A Memoir, http://www.vwam.com/vets/history/history1.htm 2018 年 3 月 10 日瀏覽。

"Phan Bội Châu," *Wikipedia*, http://en.wikipedia.org/wiki/Phan_Boi_Chau 2018 年 3 月 11 日瀏覽。

"Phan Chu Trinh," *Wikipedia*, http://en.wikipedia.org/wiki/Phan_Chu_Trinh 2018 年 3 月 10 日瀏覽。

"Vietnam Population," http://www.worldometers.info/world-population/vietnam-population/ 2018 年 2 月 10 日瀏覽。

"24 Aug 1963 Embassy Saigon message 316, Lodge to Hilsman," *The Pentagon*

Papers, Gravel Edition, Volume 2, Chapter 4, "The Overthrow of Ngo Dinh Diem, May-November, 1963," Beacon Press, Boston, 1971, pp. 201-276. https://www.mtholyoke.edu/acad/intrel/pentagon2/pent6.htm 2018 年 1 月 23 日瀏覽。

"Fishermen upset with Chinese rig," May, 17 2014, Vietnam News, http://vietnamnews.vn/learning-english/254785/fishermen-upset-with-chinese-rig.html 2014 年 5 月 20 日瀏覽。

"Richard Nixon, 425 - Address to the Nation on the War in Vietnam, November 3, 1969," *The American Presidency Project*, http://www.presidency.ucsb.edu/ws/?pid=2303 2018 年 3 月 1 日瀏覽。

"State message 243, State to Lodge," *The Pentagon Papers*, Gravel Edition, Volume 2, Chapter 4, "The Overthrow of Ngo Dinh Diem, May-November, 1963," Beacon Press, Boston, 1971, pp. 201-276. https://www.mtholyoke.edu/acad/intrel/pentagon2/pent6.htm 2018 年 1 月 23 日瀏覽。

"Vietnamese casualties revealed," *TKP(WS)*, 3-9, May 1979, p.1.(citing an AFP report from Peking）

「中法戰爭」，**百度百科**，http://baike.baidu.com/view/23929.htm 2018 年 3 月 29 日瀏覽。

「中越簽署『關於指導解決中華人民共和國和越南社會主義共和國海上問題基本原則協議』」，**人民網**，2011 年 10 月 12 日，http://politics.people.com.cn/GB/1026/15865969.html 2016 年 5 月 12 日瀏覽。

「友誼關古關名辨正」，**廣西地情資料網站**，http://lib.gxdqw.com/view-h13-75.html 2017 年 5 月 5 日瀏覽。

「牛吼蠻」，**維基百科**，https://zh.wikipedia.org/wiki/%E7%89%9B%E5%90%BC%E8%9B%AE 2018 年 1 月 15 日瀏覽。

「生平：越南著名軍事統帥武元甲大將」，BBC **中文網**，2013 年 10 月 4 日。http://www.bbc.com/zhongwen/simp/world/2013/10/131004_obituary_giap 2018 年 2 月 4 日瀏覽。

「克林頓結束訪問越南之行」，BBC **中 文 網**，http://news.bbc.co.uk/hi/
chinese/news/newsid_1031000/10315712.stm 2018 年 1 月 20 日瀏覽。

「和好道」，**維 基 百 科**，http://zh.wikipedia.org/wiki/%E5%92%8C%E5%A5%
BD%E6%95%99 2018 年 3 月 20 日瀏覽。

「洪德法典」，**維 基 百 科**，https://zh.wikipedia.org/wiki/%E6%B4%AA%E5%
BE%B7%E6%B3%95%E5%85%B8 2018 年 3 月 3 日瀏覽。

「高台道」，**維 基 百 科**，http://zh.wikipedia.org/wiki/%E9%AB%98%E5%8F%
B0%E6%95%99 2018 年 3 月 20 日瀏覽。

「越南歷史人物事件略述表」，http://www.angelfire.com/la/kenlai/history/
Vietnam.html 2018 年 3 月 11 日瀏覽。

「越媒：中國軍艦『欺負』越南漁船追四小時差點撞沉」，**大公網**，2014 年
5 月 11 日，http://news.takungpao.com/world/exclusive/2014-05/2470653.html
2018 年 2 月 4 日瀏覽。

「越戰」，**維 基 百 科**，http://zh.wikipedia.org/wiki/%E8%B6%8A%E5%8D%9
7%E6%88%98%E4%BA%89 2018 年 3 月 3 日瀏覽。

「距今二百多年的大砲在廣寧省關爛島發現」，**人民報網**（越南），2017 年
12 月 28 日。http://cn.nhandan.com.vn/society/item/5735901-%E8%B7%9
D%E4%BB%8A200%E5%A4%9A%E5%B9%B4%E7%9A%84%E5%A4%A
7%E7%82%AE%E5%9C%A8%E5%B9%BF%E5%AE%81%E7%9C%81%E
5%85%B3%E7%83%82%E5%B2%9B%E5%8F%91%E7%8E%B0.html 2018
年 1 月 15 日瀏覽。

「黃花探」，**中國大百科智慧藏**， http://163.17.79.102/%A4%A4%B0%EA%
A4j%A6%CA%AC%EC/Content.asp?ID=54321&Query=1 2018 年 3 月 12
日瀏覽。

「黎中興時期」，Vietnam National Administration of Tourism, http://vietnamt
ourism.com/cn/index.php/about/items/2932 2018 年 3 月 8 日瀏覽。

Catholic Encyclopedia, "Indo-China," http://www.newadvent.org/cathen/07765a.
htm 2018 年 3 月 15 日瀏覽。

Cheryl Pellerin, "Carter: U.S., Vietnam Committed to Defense Relationship," DoD News, Defense Media Activity, U.S . Department of Defense, June 2, 2015, http://www.defense.gov/News-Article-View/Article/604763 2016 年 5 月 12 日瀏覽。

D. Gareth Porter, "The 1968 Hue Massacre", Part Two, http://www.chss.montclair. edu/English/furr/porterhue2.html 2018 年 3 月 25 日瀏覽。

E. Eiem, "Church Committee Report On Diem Coup," http://25thaviation.org/ history/id549.htm 2018 年 3 月 6 日瀏覽。

Erik Villard, *The 1968 Tet Offensive Battles of Quang Tri City and Hue*, the United States Army Center of Military History, p.78. https://history.army.mil/html/ books/vietnam/tet_battles/tet.pdf 2018 年 2 月 14 日瀏覽。

Gardiner Harris, "Vietnam Arms Embargo to Be Fully Lifted, Obama Says in Hanoi," *The New York Times*, MAY 23, 2016. https://www.nytimes.com/2016/05/24/ world/asia/vietnam-us-arms-embargo-obama.html 2018 年 2 月 12 日瀏覽。

General Nguyen Khanh," http://www.generalhieu.com/nkhanh-2.htm 2018 年 3 月 30 日瀏覽。

http://english.vietnamnet.vn/lifestyle/2004/09/265766/ 2006 年 6 月 10 日瀏覽。

http://www.afa.org/magazine/aug2004/0804dien.asp 2007 年 7 月 28 日瀏覽。

http://www.bbc.co.uk/dna/h2g2/alabaster/A715060 2007 年 7 月 26 日瀏覽。

http://www.hawaii.edu/cseas/pubs/vietnam/vietnam.html 2006 年 6 月 9 日瀏覽。

http://www.vietnamtourism.com/e_pages/vietnam/54dantoc/54dantoc.htm 2005 年 2 月 20 日瀏覽。

" Jeff Drake, "How the U.S. Got Involved In Vietnam," p.42. http://www.vietvet. org/jeffviet.htm 2007 年 4 月 28 日瀏覽。

Kennedy Hickman, " Vietnam War: The Easter Offensive," Thought Co. website, May 8, 2017. https://www.thoughtco.com/vietnam-war-the-easter-offensive-2361344 2018 年 2 月 4 日瀏覽。

Ngo Dinh Diem," *Wikipedia*, http://en.wikipedia.org/wiki/Ngo_Dinh_Diem 2018

年 3 月 28 日瀏覽。

Pham Diem,"　Vietnam's 1992 Constitution (Amended),"　http://vietnamlawma
　　gazine.vn/vietnams-1992-constitution-amended-4486.html　2018 年 2 月 20 日
　　瀏覽。

富山篤、永井央紀，「中越能否重回蜜月時代？」，**日經中文網**，2015 年 11 月
　　6 日，http://zh.cn.nikkei.com/politicsaeconomy/politicsasociety/16834-20151106.
　　html 2016 年 5 月 12 日瀏覽。

「多邦城」，**知識貝殼**，http://www.zsbeike.com/cd/40515011.html　2018 年 8
　　月 14 日瀏覽。

Nguyen Do Anh Tuan, "Vietnam's Agrarian Reform, Rural Livelihood and Policy
　　Issues," p.4, http://www.rimisp.org/wp-content/uploads/2010/05/Paper_
　　Nguyen_Do_Anh_Tuan.pdf　2018 年 8 月 18 日瀏覽。

軍魂之生，「揭秘：中越戰爭中國軍隊傷亡較大的真正原因」，**軍事**，每日頭條，
　　2018 年 10 月 18 日，https://kknews.cc/military/leamjq9.html 2019 年 1 月 18
　　日瀏覽。

索引

一劃

二劃

三劃

九劃

十一劃

歷史 世界史

越南史
史記概要

作　　者—陳鴻瑜
發 行 人—王春申
總 編 輯—李進文
編輯指導—林明昌
主　　編—王育涵
責任編輯—徐平
校　　對—鄭秋燕
封面設計—廖韡

營業組長—陳召祐
行銷組長—張傑凱
出版發行—臺灣商務印書館股份有限公司
　　　　　23141 新北市新店區民權路 108-3 號 5 樓（同門市地址）
電話 ： (02)8667-3712　傳真 ： (02)8667-3709
讀者服務專線 ：0800056196
郵撥 ： 0000165-1
E-mail ： ecptw@cptw.com.tw
網路書店網址 ： www.cptw.com.tw
Facebook ： facebook.com.tw/ecptw

局版北市業字第 993 號
初版一刷：2019 年 7 月
印刷廠：沈氏藝術印刷股份有限公司
定價：新台幣 760 元
法律顧問：何一芃律師事務所
有著作權・翻印必究
如有破損或裝訂錯誤，請寄回本公司更換

越南史：史記概要 ／ 陳鴻瑜 著. --初版. --新
北市：臺灣商務, 2019. 07
　　面 ； 公分. --（歷史）

ISBN 978-957-05-3214-2（平裝）

1. 越南史

738.31　　　　　　　　　　108007998